D1747958

Bairlein/Becker
100 Jahre Institut für Vogelforschung

Franz Bairlein | Peter H. Becker

100 Jahre Institut für Vogelforschung "Vogelwarte Helgoland"

100 Jahre Vogelforschung

mit Beiträgen von
Tim Coppack, Volker Dierschke, Klaus-Michael Exo, Marc I. Förschler,
Ommo Hüppop, Heiko Schmaljohann, Wolfgang Winkel

unter Mitarbeit von
Olaf Geiter, Ute Kieb, Rolf Nagel, Elke Schmidt, Lothar Spath

AULA

AULA-Verlag Wiebelsheim

Die Drucklegung dieses Buches haben dankenswerterweise unterstützt:
Werner-Brune-Stiftung, Wilhelmshaven/Bad Lauterberg; Gerd Möller-Stiftung, Wilhelmshaven; Oldenburgische Landschaft, Oldenburg; Verein der Freunde und Förderer der Inselstation Helgoland der Vogelwarte Helgoland; Niedersächsisches Ministerium für Wissenschaft und Kultur.

Bibliografische Information der Deutschen Nationalbibliothek
Die Deutsche Nationalbibliothek verzeichnet diese Publikation in der Deutschen Nationalbibliografie; detaillierte bibliografische Daten sind im Internet über http://dnb.d-nb.de abrufbar.

© 2010, by AULA-Verlag GmbH, Wiebelsheim
www.verlagsgemeinschaft.com

Das Werk einschließlich aller seiner Teile ist urheberrechtlich geschützt. Jede Verwertung außerhalb der engen Grenzen des Urheberrechtsgesetzes ist ohne Zustimmung des Verlages unzulässig und strafbar. Dies gilt insbesondere für Vervielfältigungen auf fotomechanischem Wege (Fotokopie, Mikrokopie), Übersetzungen, Mikroverfilmungen und die Einspeicherung und Verarbeitung in elektronischen und digitalen Systemen (CD-ROM, DVD, Internet, etc.).

Umschlagfotos: Cover: Armin Maywald, Archiv IfV;
Rücken: Ommo Hüppop, Andreas Trepte (Wikipedia)
Haupttitelblatt: Grafiken: Steffen Walentowitz; Gestaltung: AULA-Verlag GmbH
Satz/DTP: KCS GmbH, Buchholz i. d. Nordheide
Druck und Verarbeitung: Advantage-Printpool GmbH, Gilching
ISBN 978-3-89104-740-8

Inhalt

**Vorwort des Niedersächsischen Ministers
für Wissenschaft und Kultur, Lutz Stratmann** 8

**Vorwort des Direktors des Instituts für Vogelforschung
„Vogelwarte Helgoland", Franz Bairlein** 9

Geschichte des Instituts für Vogelforschung „Vogelwarte Helgoland" 11

Der Anfang auf Helgoland 11
    Die Zeit vor Heinrich Gätke

Heinrich Gätke – geistiger Urvater der „Vogelwarte Helgoland" 12
    Heinrich Gätke – sein ornithologisches Werk 17
        Gätke und die Vogelzugforschung 17
        Gätke und die Vogelwelt Helgolands 21
        Fazit 23

„Vogelwarte Helgoland" 1910–1945 23
    Prof. Dr. Rudolf Drost 30
    Der Zweite Weltkrieg 32

Neubeginn nach dem Zweiten Weltkrieg 33
    Umzug und Neugliederung 33
    Institut für Vogelforschung „Vogelwarte Helgoland" 33
    Der Wiederaufbau in Wilhelmshaven 35
    Neubeginn auf Helgoland 38
    Stationshelfer – unverzichtbar für den regelmäßigen Vogelfang auf Helgoland 42
    Weitere Entwicklung in Wilhelmshaven 43
    Dr. Friedrich Goethe 44
    Die Außenstation Braunschweig für Populationsökologie 45
    Prof. Dr. Jürgen Nicolai 47

Das Institut für Vogelforschung heute ... **48**

Struktur ... **48**

Personal ... **51**

Wissenschaftlicher Beirat ... **52**

Wissenschaftliche Kooperationen und wissenschaftliche Gäste ... **53**

Publikationen ... **54**

Wissenschaftliche Tagungen ... **54**

Beringungszentrale ... **55**

100 Jahre Vogelforschung an der „Vogelwarte Helgoland" ... **59**

Entwicklung der wissenschaftlichen Arbeit ... **59**

Neue Methoden der Freilandforschung ... **65**

    Telemetrie und Geolokation ... **65**

    Radar, Wärmebildkamera und akustische Erfassung als Schlüssel zum „unsichtbaren Vogelzug" ... **66**

    Transponder – individuelle Vogelmarkierung zur automatischen Registrierung ... **68**

    Blutentnahme bei brütenden Vögeln mit Hilfe von Raubwanzen ... **69**

    Automatische Wiegedatenerfassung ... **69**

100 Jahre Vogelberingung – Was nun? ... **71**

Aus der aktuellen Forschung ... **73**

Faszination Vogelzug ... **73**

Fett macht fit – physiologische und ökologische Kontrolle des Vogelzuges
Franz Bairlein ... **75**

Helgoland – Wiege der Vogelzugforschung
Ommo Hüppop ... **91**

Wann und in welche Richtung ziehe ich ab? – Rastplatzökologische Untersuchungen an Steinschmätzern auf Helgoland
Heiko Schmaljohann, Volker Dierschke ... **101**

Tangfliegen als Lebenselixier für Rastvögel auf Helgoland
Volker Dierschke ... **110**

Evolution und Kontrolle des geschlechtsdifferenzierten Frühjahrszugs
Timothy Coppack ... **115**

Satellitentelemetrie bei Wiesenweihen: Neue Methoden geben neue Einsichten in Zugstrategien und zum Schutz
Klaus-Michael Exo, Christiane Trierweiler, Franz Bairlein, Jan Komdeur, Ben J. Koks ... **121**

Phylogenie und die Entstehung des Vogelzuges in der Gattung *Oenanthe* (Steinschmätzer)
Marc I. Förschler ... **127**

Wie aus ziehenden Schwarzdrosseln sesshafte Amseln wurden: der Fall Helgoland
Timothy Coppack, Thomas Sacher, Franz Bairlein **130**

Die ziehenden Bluthänflinge von Helgoland: ein Modell zur Interaktion von Zugverhalten und Populationsgenetik
Marc I. Förschler **133**

Populationsbiologie **136**

Populationsökologie der Flussseeschwalbe: Das Individuum im Blickpunkt
Peter H. Becker **137**

Salzwiesen im Niedersächsischen Wattenmeer als Brutgebiet für Rotschenkel: Wertvolle Rückzugsgebiete oder ökologische Fallen?
Klaus-Michael Exo **156**

Freilandforschung mit Tradition – Das Höhlenbrüterprogramm der Außenstelle für Populationsbiologie
Wolfgang Winkel **162**

Ökologie von Seevögeln auf Helgoland und der offenen See
Ommo Hüppop **173**

Aktivitäts- und Verhaltensmuster des Austernfischers
Klaus-Michael Exo, Gregor Scheiffarth, Christiane Ketzenberg, Christian Wolf **181**

Integriertes Monitoring von Singvogelpopulationen (IMS)
Franz Bairlein **187**

Umweltforschung – Von den Grundlagen zur Anwendung **189**

Schadstoffbelastung von Seevögeln
Peter H. Becker **189**

Einfluss von Kleientnahmen aus Vorland-Salzwiesen auf Brut- und Rastvögel
Klaus-Michael Exo, Tobias Dittmann, Stefan Thyen und Arndt Wellbrock **194**

Auswirkungen menschlicher Aktivitäten auf Vögel
Ommo Hüppop **202**

Offshore-Windenergieanlagen und Vögel
Ommo Hüppop **205**

Ein großer Dank zum Schluss **208**

Liste der abgeschlossenen Dissertationen am Institut für Vogelforschung **209**

Liste der abgeschlossenen Diplom-, Master-, Bachelor-, Staatsexamens- und Hausarbeiten am Institut für Vogelforschung **211**

Veröffentlichungen aus dem Institut für Vogelforschung „Vogelwarte Helgoland" (1910–2009) **219**

Vorwort des Niedersächsischen Ministers für Wissenschaft und Kultur

Am 1. April 1910 wurde Dr. Hugo Weigold, Assistent der Preußischen Biologischen Anstalt Helgoland, mit der „Ausführung ornithologischer Aufgaben" betraut. Damit sollten die von Heinrich Gätke – einem Verwandten Theodor Fontanes – erstmalig auf Helgoland systematisch durchgeführten Untersuchungen zum Vogelzug wieder aufgegriffen werden. Der 1. April 1910 gilt seither als der „Geburtstag" der Vogelwarte Helgoland. Weigold widmete sich besonders der Beringung von Zug- und Brutvögeln, legte 1911 den „Fanggarten" an und erfand die „Helgoländer Trichterreuse" zum Fang von rastenden Vögeln. Seitdem zieht sich die Untersuchung des Vogelzuges wie ein roter Faden durch die Geschichte des Instituts.

Nach kriegsbedingter Räumung der Insel Helgoland und mit Gründung des Landes Niedersachsen am 1. November 1946 wurde die Vogelwarte als „Institut für Vogelforschung - Vogelwarte Helgoland" dem Niedersächsischen Kultusministerium unterstellt und ist seither eine Landeseinrichtung, heute im Geschäftsbereich des Niedersächsischen Ministeriums für Wissenschaft und Kultur. Im Herbst 1947 erfolgte die Ansiedlung des Instituts in Wilhelmshaven, und am 1. März 1953 wurde auch auf Helgoland die Arbeit wieder aufgenommen, jetzt als „Inselstation Helgoland". In Wilhelmshaven bezog das Institut im März 1966 einen Neubau auf dem Gelände des ehemaligen Forts Rüstersiel, wo sich der Hauptsitz seither befindet. Mit diesem Neubau war der Weg frei für die weitere Entwicklung des Instituts.

Als weltweit zweitälteste ornithologische Forschungseinrichtung hat das Institut die ornithologische Forschung, insbesondere die Erforschung des Vogelzuges, national und international mitbestimmt. Gerade die jüngsten Entwicklungen mit den Schwerpunkten Vogelzug, Populationsbiologie und angewandte Umweltforschung haben das Institut zu einer der weltweit führenden ornithologischen Forschungseinrichtungen gemacht.

Das vorliegende Buch gibt einen Einblick in die eindrucksvolle Vielfalt der wissenschaftlichen Arbeiten. Deren Qualität haben auch die Gutachter der Wissenschaftlichen Kommission Niedersachsen erkannt, die vor wenigen Jahren den innovativen Ansatz und die erstklassigen Forschungsleistungen gewürdigt haben. Die Gutachter empfahlen mit Nachdruck, das Institut auch zukünftig unbedingt als eigenständiges Forschungszentrum zu unterstützen und weiter zu fördern.

Die niedersächsische Landesregierung freut sich über diese Einschätzung und bekennt sich zu dieser Empfehlung. Der gleichsam zum Jubiläum auf den Weg gebrachte Erweiterungsbau und die begleitenden Restrukturierungs- und Sanierungsmaßnahmen in Wilhelmshaven sind dafür sichtbare Zeichen und bilden die Grundlage für die weitere wissenschaftliche Entwicklung. Besondere Erwähnung verdient in diesem Zusammenhang die seit Jahren hohe Quote an eingeworbenen Forschungsmitteln, ohne die die vielfältigen Forschungsarbeiten des Instituts nicht durchführbar wären. Sie sind neben der ausgezeichneten Publikationstätigkeit der beste Gradmesser für die hervorragende Arbeit des Instituts.

Dazu gratuliere ich herzlich und danke Herrn Professor Bairlein und Herrn Professor Becker sowie allen Mitarbeiterinnen und Mitarbeitern für ihre Arbeit. Machen Sie weiter so; die Unterstützung der Landesregierung haben Sie! In diesem Sinn beglückwünsche ich das Institut zu seinem 100-jährigen Jubiläum und möchte mit Fontane, dem berühmten Verwandten von Heinrich Gätke schließen: „Alles Alte, soweit es den Anspruch darauf verdient hat, sollen wir lieben; aber für das Neue sollen wir eigentlich leben."

Lutz Stratmann
Niedersächsischer Minister für Wissenschaft und Kultur

Vorwort des Direktors des Instituts für Vogelforschung „Vogelwarte Helgoland"

100 Jahre Vogelwarte Helgoland/Institut für Vogelforschung sind eine lange Zeit, die ereignisreich, teilweise turbulent und von Persönlichkeiten geprägt war. Struktur und Forschungsaufgaben haben sich entwickelt, wiederholt gewandelt und das Institut zu einem der heute weltweit größten ornithologischen Forschungsinstitute werden lassen. Doch bei all den vielfältigen und wechselnden Themen zieht sich ein Forschungsgebiet durch die gesamte Zeit, die Vogelzugforschung. Ausgehend von dem wissenschaftlichen Nachlass Heinrich Gätkes war es mit Gründung der Vogelwarte am 1. April 1910 der konsequente Einsatz der gerade eingeführten Vogelberingung und die Einführung der „Helgolandreuse" zum Massenfang von auf Helgoland rastenden Zugvögeln, die die Vogelzugforschung revolutioniert haben. Ohne die mittels Vogelberingung aufgeklärten Zugwege der wandernden Arten würde es unsere heutigen Arbeiten zur physiologischen und umweltbedingten Steuerung des Vogelzuges und zu Zugstrategien nicht geben.

Allerdings sehen wir Vogelzug heute nicht mehr isoliert als faszinierendes Einzelschauspiel, sondern als integralen Teil des gesamten Lebenszyklus einer wandernden Art. Es war deshalb nur konsequent, Forschungen zur Populationsbiologie und Demographie von Vogelarten zu etablieren, zumal schon bald erkannt wurde, dass Bestandsveränderungen von Vogelarten sensitive Anzeiger von Umweltveränderungen sind. Wie kaum woanders hat das Institut schon früh die große Bedeutung solcher Langzeituntersuchen erkannt und aufrechterhalten, nicht immer ohne Widerstand. Die wertvolle „Ernte" dieses Durchhaltens zeigt sich heute beispielsweise im Lichte der aktuellen Diskussion um den globalen Klimawandel. Die Verzahnung von Grundlagenforschung, der primären Aufgabe des Instituts, mit Fragen der aktuellen Umweltforschung ist der dritte Themenkomplex, mit dem wir uns heute beschäftigen. Gerade in Zeiten vielfältiger Einwirkungen des Menschen auf Natur und so auch die Vogelwelt ist es unverzichtbar, natürliche von anthropogenen Faktoren zu trennen. Nur dann können nachhaltige Strategien für ein gleichberechtigtes Miteinader von Natur und Mensch entwickelt werden.

Ziel des vorliegenden Buches ist die Synopsis von 100 Jahre Geschichte der Vogelwarte Helgoland/Institut für Vogelforschung, 100 Jahre Entwicklung der Vogelforschung am Institut und den vielfältigen heutigen wissenschaftlichen Aufgaben und Themen ist.

Nichts kann aber die wissenschaftliche Leistung eines Instituts besser dokumentieren als die Liste wissenschaftlicher Publikationen und der in einem Institut entstandenen Studienabschlussarbeiten. Deshalb schließt das Buch mit diesen Zusammenstellungen, auch wenn wir uns bewusst sind, dass diese nicht vollständig sein können. Für alle Arbeiten, die wir nicht gefunden haben, entschuldigen wir uns bei den Betroffenen.

Die vielfältigen Forschungsarbeiten des Instituts wären ohne die großartige Unterstützung durch das Land Niedersachsen und die vielen Drittmittelgeldgeber nicht möglich.

Erst recht nicht möglich gewesen wäre diese Arbeit aber ohne die engagierte Mitarbeit aller Mitarbeiterinnen und Mitarbeiter des Instituts, der Post-Doktoranden, Doktoranden, Diplomanden, Master- und Bachelorstudierenden, Examenskandidaten und der vielen nationalen und internationalen Kooperationspartner sowie der unzähligen Studierenden aus dem In- und Ausland und der zahlreichen ehrenamtlichen Helferinnen und Helfer. Ihnen allen gilt auch hier mein ganz großer Dank!

Dem AULA-Verlag schließlich danke ich für sein Interesse und die sehr konstruktive Zusammenarbeit und den Sponsoren für ihre Unterstützung der Drucklegung.

Prof. Dr. Franz Bairlein

Geschichte des Instituts für Vogelforschung „Vogelwarte Helgoland"

Institutsgebäude und Wohnung des Leiters der Vogelwarte Helgoland an der Ostklippe bis zur Zerstörung 1943 (Archiv IfV)

Über die Geschichte der „Vogelwarte Helgoland" und beteiligte Personen wurde schon mehrmals berichtet. Im Folgenden beziehen wir insbesondere folgende Quellen ein, aus denen wir teilweise auch längere Textabschnitte übernommen haben: Rohweder (1905), Drost (1956), Stresemann (1967), Vauk (1977), Vauk & Moritz (1979), Bub (1986), I. Weigold (1986), Hüppop (1990), Bairlein (1992), Hünemörder (1995), Bairlein & Hüppop (1997), Haubitz (1997), Graul (2009).

Der Anfang auf Helgoland
Die Zeit vor Heinrich Gätke

Der Beginn der Ornithologie auf Helgoland wird meist mit dem Jahr 1853 verbunden, als H. Gätke eine kurze Notiz zu *Emberiza pusilla* auf Helgoland und W. Schilling „ornithologische Notizen auf Helgoland" veröffentlichte. Doch bereits drei Jahrzehnte vorher haben „die Vogelkundlichen Deutschlands begonnen, aus dem ‚Vogelherd Helgoland' wissenschaftlichen Nutzen zu ziehen", so Stresemann (1967), der anlässlich der Jahresversammlung der Deutschen Ornithologen-Gesellschaft im Jahr 1967 auf Helgoland die Vor- und Frühgeschichte der Vogelforschung auf Helgoland beleuchtete und mit einer Meinung aufräumte, die Rohweder (1905) so beschrieb: „Bis gegen die Mitte des vorigen Jahrhunderts hat die Vogelkunde von Helgoland aus nicht die mindeste Förderung erhalten" und „Helgoland war lediglich ein Vogelherd, der jährlich viele Tausend geflügelter Passanten in die Küche des Insulaners lieferte". Letzteres war richtig, ersteres jedoch nicht.

Bereits im 16. Jahrhundert berichtete der damalige Vogt der Insel von den „unglaublichen Vogelschwärmen, die im Herbst haufenweise zusammenfliegen". Doch erst zu Beginn des 19. Jahrhunderts wurden Vogelsammler auf die Insel aufmerksam, als der Helgoländer Schuster Erich J. Koopmann erstmals Vogelbälge an das neu gegründete Bremer Museum lieferte, später auch an das Zoologische Museum Berlin. Als Mitte der 1830er Jahre die Zahl der Badegäste zunahm, „kamen mit den Badegästen auch Ornithologen nach Helgoland", wohl weil, wie es Stresemann

(1967) ausdrückte „auf der Insel jedermann nach Belieben schießen und fangen durfte." Auch Johann Friedrich Naumann wurde auf Helgoland aufmerksam und im 11. Teil seiner berühmten „Naturgeschichte der Vögel Mitteleuropas" schrieb er: „Beiläufig stehe hier die Bemerkung, daß die Insel Helgoland hinsichtlich des Vogelzugs zu den merkwürdigsten Punkten gehört, welche uns Deutschland bietet, und zwar nicht der nordischen Vögel wegen allein, sondern wunderbarerweise auch der südlichen. Es kommen dort eine Menge von Arten durchziehend vor, die man nimmermehr daselbst vermuthet haben würde, vorzüglich unter den kleinen Singvögeln, wo ich Arten von dort erhielt, die früher z. B. nur im südlichen Sibirien oder in Aegypten angetroffen waren, sogar ganz neue, …". Nachdem Naumann selbst im Juni 1840 Helgoland besucht hatte, war er so begeistert, dass er noch öfters darauf einging, so beispielsweise im Vorwort zum 11. Teil der „Naturgeschichte": „Die Insel Helgoland ist für die deutsche Ornithologie von so hohem Interesse, daß sie in diesem Werke sehr oft erwähnt werden mußte." Naumann war es auch, der 1846 die besondere Bedeutung Helgolands für den Vogelzug erstmals in einem wissenschaftlichen Beitrag aufgriff mit dem Titel „Über den Vogelzug, mit besonderer Hinsicht auf Helgoland". Schließlich schrieb er in seinen 1854 erschienenen „Reminiscenzen über stufenweise Entwicklung der vaterländischen Ornithologie in der ersten Hälfte unseres Jahrhunderts" zu Helgoland: „Erst mit dem Beginnen unseres Jahrhunderts hat sich unerwarteter Weise endlich auch ein kleiner Punkt an der äußersten Nordgrenze unseres deutschen Vaterlandes in neuerer Zeit als ein äußerst wichtiger Sammelplatz für die deutsche Ornithologie, ja eines großen Theils selbst anderer europäischer Länder, für uns erschlossen, nämlich die kleine Felseninsel Helgoland, von woher, seitdem man dort die Aufmerksamkeit mehr auf die Kenntnis der Gattungen und Arten lenkte, im Betracht des geringen Umfangs dieser isolierten, von deutscher Nordsee umwogten Klippe, eine sehr bedeutende Anzahl früher weniger oder als deutsche gar nicht gekannter Vogelarten unsern Sammlungen zukamen. In dieser Periode (Juni, 1840), wo ich meinen erwähnten Freund auf einige Tage besuchte, und in lieber Gesellschaft, von ihm und Reimers geführt, auf Lummen und Alken Jagd machte, hatte ich auch die Freude, den dort wohnenden Seemaler, Hr. Gätke, kennen zu lernen, welcher damals eben angefangen hatte, sich mit dem Studium der Ornithologie zu befassen und eine kleine Sammlung von auf Helgoland vorkommenden und daselbst erlegten Seltenheiten für sich anzulegen begann, welche jetzt, ungerechnet was er an Doubletten mehrfach an Auswärtige überlassen, die überraschendsten Resultate vor Augen stellen soll. Schwerlich möchte für Deutschland ein zweites Plätzchen aufzufinden sein, das, hinsichtlich unserer vaterländischen Vogelkunde, zu einer solchen Fundgrube für die Wissenschaft werden könnte oder bereits geworden ist, als das kleine Felseneiland Helgoland."

Heinrich Gätke – geistiger Urvater der „Vogelwarte Helgoland"

Heinrich (Carl Ludwig) Gätke wurde am 19. Mai 1814 in Pritzwalk (Brandenburg) als Sohn des Brauers und Bäckers Wilhelm Gätke geboren. Mit 18 Jahren schickte ihn sein Vater nach Berlin, wo er bei seinem Onkel August Fontane, der ein Geschäft für Farben und Kunstmalerutensilien

Heinrich Gätke (1814–1897)
(Archiv IfV)

Heinrich Gätkes Wohnhaus
(Archiv IfV)

führte, eine kaufmännische Lehre machen sollte. Doch der Umgang mit den Malern und Künstlern begeisterte ihn für die Malerei. Er bekam Zeichenunterricht an der Berliner Akademie und hat sich offensichtlich in das Gebiet der Ölmalerei autodidaktisch eingearbeitet. 1832 stellte er erstmals auf den Berliner Akademieausstellungen aus. Seine frühesten Werke zeigen Motive aus der Mark Brandenburg und von der Ostsee. 1837 fasste Heinrich Gätke den Entschluss, nach Helgoland zu reisen mit dem Ziel, dort „als Seemaler eine Reihe von Jahren in möglichster Nähe des Meeres zu leben". Daraus wurde ein lebenslanger Aufenthalt auf Helgoland und schon bald widmete sich Gätke mehr der Helgoländer Vogelwelt als seiner Malerei.

Doch zunächst war er auch auf Helgoland als Maler sehr erfolgreich. Von Kobbe (1840) schrieb dazu in seinen „Briefen aus Helgoland": „… verdient ein Maler hier rühmlichst Erwähnung. Dieser Herr, der, wenn ich nicht irre, Gädeke heißt, hat es im Copieren der See zu einer seltenen Meisterschaft gebracht. Viele Aufträge, die von fürstlichen Kunstliebhabern gemacht worden sind, vereiteln gar oft den Wunsch vermögender Badegäste, irgend eine Probe dieses Meisters von der Insel nach Hause mitzunehmen". Nur wenige der Bilder Heinrich Gätke's sind erhalten geblieben. Etliche sind in Privatbesitz, der größte Teil befindet sich im Altonaer Museum in Hamburg, neben Gemälden auch ein Skizzenbuch mit 28 Blättern, das die künstlerische Entwicklung Heinrich Gätkes zum Zeitpunkt seiner Übersiedlung nach Helgoland widerspiegelt (Haubitz 1997). Darin finden sich auch Skizzen mit Motiven von Vögeln, früher Ausdruck seiner später intensiven Beschäftigung mit der Vogelwelt Helgolands.

Nach Stresemann (1967) hatte Gätke eigentlich nicht die Absicht, viele Jahre auf Helgoland zu bleiben, „hätte ihn nicht plötzlich Gott Amor und dessen Gefolge an die Insel gekettet". Am 3. April 1841 heiratete er Anna Maria Tapp, die Tochter des englischen Pionierhauptmanns Hammond Astley Tapp und seiner Frau Stina Tapp geb. Payens. Dazu schreibt Fontane (1898): „Gätke's Sinn wandte sich einer jungen Helgoländerin zu, was er persönlich nicht sonderlich ernsthaft, die Helgoländer dagegen desto ernsthafter nahmen. Er sah sich denn auch, als er die Insel verlassen wollte, zurückgehalten, und kurze Zeit darauf wurde die junge Helgoländerin seine Frau". Mit dieser Heirat hatte sich Gätke nicht nur das Bürgerrecht erworben; es wurde ihm nach altem Helgoländer Brauch damit zugleich auch das Recht auf Grundbesitz zuerkannt. Im Dezember 1842 wurde die erste Tochter Marie geboren. Die Helgoländer sahen in Heinrich Gätke nach einigen Jahren keinen Ausländer mehr, sondern einen der Ihrigen.

Seiner Jagdleidenschaft ist der Zugang zur Vogelkunde zu verdanken. Im Oktober 1843 erlegte er einen jungen Grönländischen Jagdfalken und er schrieb dazu: „Was ich bis dahin Schönes oder Interessantes erbeutete, hatte ich, damit es nicht zu Grunde gehen möge, sammelnden Bekannten gegeben; dieser Falke war aber ein so schönes Thier, daß ich mich nicht von demselben zu trennen vermochte. Bald sammelte sich in schneller Aufeinanderfolge eine ziemlich zahlreiche und mannigfache Gesellschaft um denselben. Nun aber gesellte sich ein höheres Interesse zu der bisherigen Jagdlust, ich entlieh von Reymers Brehm's Lehrbuch der Vögel Europas, gelangte ein paar Jahre später in den Besitz von Naumann's einzig dastehendem Werke, und strebte fortan mit unermüdlichem Eifer auf dem Felde der Ornithologie."

Das Präparieren hat Gätke vermutlich von C. P. Reimers gelernt. Für alles Seltene bot Gätke den Helgoländer Jägern und Ausstopfern einen guten Preis und bereicherte so seine Sammlung. Damit wurde er „mit Vogelarten bekant, die er weder nach Brehm noch nach Naumann zu bestimmen vermochte, die also anscheinend in Deutschland noch nicht gefunden worden waren" (Stresemann 1967).

Im Januar 1847 begann Gätke ein genaues ornithologisches Tagebuch zu führen, in das er neben den ornithologischen Aufzeichnungen auch meteorologische Daten aufnahm. Seiner neuen Leidenschaft ging Gätke in den ersten Jahren noch eher im Verborgenen nach. Erst 1853, angeregt durch den Besuch des pommerschen Ornithologen W. Schilling, hat er eine erste Notiz zum Vorkommen der Zwergammer auf Helgoland im 1. Jahrgang der neu gegründeten Zeitschrift „Journal für Ornithologie" (Gätke 1853) veröffentlich. Nun war die Aufmerksamkeit der Ornithologen endgültig auf Helgoland gelenkt. Umso überraschter waren sie zu erfahren, dass sich so um 1854 Gätke mit dem Gedanken trug, nach Texas auszuwandern. Einer der Brüder Gätkes hatte sich als Landwirt in Texas angesiedelt und versucht, ihn in den neuen Bundesstaat der Vereinigten Staaten zu locken. Doch Gätke blieb auf Helgoland und hat die Insel fortan auch nur selten verlassen.

Die Insel Helgoland stand bis 1890 unter britischer Verwaltung. Gätke war von 1858–1888 als Regierungssekretär des britischen Gouverneurs tätig. Für die genannte beamtete Stellung war Heinrich Gätke durch seine Sprachkenntnisse qualifiziert. Im Nachruf von Henry Eeles Dresser (1838–1915) in der Zeitschrift „The Zoologist" ist zu lesen: „Although of German origin, he spoke and wrote English like an Englishman, and was in some respects more English than German" (Dresser 1897). Er war auch in der Lage, in der helgoländischen Sprache, einem auf der Insel gesprochenen friesischen Dialekt, zu dichten. Bei aller deutlich werdenden geistigen Affinität zum englischen Sprachraum erscheint folgende Textpassage aus dem Nachruf auf Heinrich Gätke in der Zeitschrift „Der Helgoländer" für die Charakterisierung seiner Persönlichkeit wesentlich (Haubitz 1997): „Regierungsrat Gätke war 60 Jahre auf Helgoland ansässig, doch hat er sich nie als britischer Untertan naturalisieren lassen, sondern blieb Preuße; eine preußische Fahne lag deshalb auch bei seinem am 6. Januar stattgefundenen Leichenabgängnis auf seinem Sarge. Bei seinem Rücktritt vom Dienste im Jahr 1890 verlieh ihm Kaiser Wilhelm II. wegen seiner Verdienste um Helgoland den Rothen Adlerorden. Der Entschlafene hat während seines langen Lebens in jeder Hinsicht nur Gutes erstrebt und gewirkt; seine persönliche Liebenswürdigkeit und Zuvorkommenheit machten ihn allen, die ihn kannten, zum Freunde. Sein Andenken wird deshalb in Segen bleiben." (Vauk 1982/83).

Gätkes Berichte zur Vogelwelt Helgolands lockten viele Ornithologen auf die Insel, die dann begeistert berichteten. So schreibt beispielsweise C. Bolle (1855): „Von dem Reichthume des Fanges wird man sich einen Begriff machen, wenn ich sage, daß man, um sich niederzusetzen, oft lange nach einer Stelle im Grase suchen muß, die nicht durch die Federn der gerupften Schlachtopfer verunreinigt wäre. Der große Steinschmätzer (*Saxicola oenanthe*) bildet das Hauptkontingent hierzu; nach ihm kommen der Zahl nach um diese Zeit: *Sax. rubetra*, der Wiesenschmätzer, und *Sylvia phoenicurus*, das Gartenrothschwänzchen. Fliegenschnäpper habe ich mit Steinen todtwerfen sehen. Alle diese Thierchen, von denen indess jedes seine besondere friesische Bezeichnung hat, die Hr. Gätke in seinem Buche nicht auszulassen verspricht, werden mit dem deutschen Collectivnamen „Finken" belegt und bilden stehende und höchst schmackhafte Schüsseln auf den Mittagstafeln. …. Für Helgoland schickt der Himmel zu jeder Jahreszeit etwas: im Winter die Schellfische, im Frühjahr mit den Aequinoctialstürmen die Schiffbrüche und Bergungen, im Sommer die Badegäste, im Herbst die Zugvögel. Drosseln und Stare, von denen es im October wimmelt, fängt man in Netzen, welche über vom Seewinde verkrüppelten Büschen von Hollunder und *Lycium*, die eigens hierzu dienen, zusammenschlagen. Da der Winter schneelos und mild, die Erde fast immer grün ist, so überwintern die Lerchen massenweise auf der Insel. In dunklen, regnigten Nächten, zumal auf dem Zuge, stoßen sie mit dem Kopfe, wie Nachtfalter, gegen die hellschimmernden Scheiben des Leuchtthurmes, fallen betäubt nieder und werden unten mit Käschern zu Tausenden gefangen. Die Lerchensuppen, die man aus ihnen bereitet, sind nicht ohne Ruf. …. Unten am Fuss der Klippe lebt die weisse Bachstelze …. Sie pflegen ebenso mager zu sein, als die Steinschmätzer zu kleinen Fettklumpen werden. Hr. Gätke hat mir erzählt, man könne einzelne dieser letzteren, die verspätet zurückblieben, im October müde jagen und mit Händen greifen, so sehr erschwere ihr Embonpoint ihnen dann das Fliegen. Die Zahl der Steinschmätzer ist unbeschreiblich gross, zumal auf den vom Meere ausgeworfenen Tanganhäufungen, die von Millionen kleiner Fliegen umschwärmt werden, von denen die Vögel sich nähren."

Die vielen Seltenheiten, die Gätke von Helgoland berichtete, riefen aber auch Skeptiker auf den Plan, die an der Herkunft dieser Vögel zweifelten. Sie unterstellten, die Helgoländer würden die Vögel anderorts beschaffen, um sie auf Helgoland als von Helgoland stammend an Sammler teuer zu verkaufen. Gätke selbst reagierte darauf heftig. So schrieb er (Vauk 1977): „Für die Folge werde ich alle Körper seltener hier erlegter Vögel aufbewahren, und zwar im Interesse der Ausstopfer Helgolands, um diesen armen Menschen ein Beweismittel ihrer Redlichkeit zu erhalten, falls sie in Zukunft wieder auf so nicht zu verantwortende, unmännliche und erbärmliche Weise verdächtigt werden sollten, wie dies vor nicht allzu langer Zeit in einem wissenschaftlichen Blatte ohne irgendwelche Veranlassung leider geschehen."

Die zunächst geäußerten Zweifel an der Zuverlässigkeit seiner Angaben in der deutsch- und auch englischsprachigen Fachliteratur wurden vor allem von Johann Heinrich Blasius entkräftet, der sich 1858 bei einem Besuch auf Helgoland ein Bild von der Arbeitsweise Gätkes gemacht hatte. Blasius schrieb dazu (Stresemann 1967): „Ich halte dafür, daß die Ornithologie den nun fast zwanzigjährigen unermüdlichen Bemühungen von Gätke zu Dank verpflichtet ist, und daß kein Grund vorliegt, die Zuverlässigkeit von Gätke's Angaben irdendwie in Zweifel zu ziehen". Und der britische Ornithologe Seebohm schrieb (1877): „probably the world's most interesting local collection".

Anders dagegen die führenden Berliner Ornithologen, wozu Stresemann (1967) schreibt: „Sie scheinen das Werk dieses „Außenseiters" in pharisäerhaftem Dünkel mißgünstig beurteilt und den Verlegern von dem Risiko abgeraten zu haben. Keiner von ihnen, weder Cabanis, noch Reichenow, noch Schalow, hatte sich jemals zu einer Fahrt nach Helgoland bequemt, und obgleich die British Ornithologists' Union (1880) und ihre amerikanische Schwestergesellschaft (1884) den „eminent ornithologist" durch die Verleihung der Ehrenmitgliedschaft auszeichneten, hat die Deutsche Ornithologische Gesellschaft das unterlassen. Daran muß heute mit Beschämung erinnert werden."

Herzog Ernst von Coburg-Gotha ernannte Gätke auf Grund seiner naturwissenschaftlichen Verdienste zum Ritter des Ernestinenordens, der Herzog von Dessau aus dem gleichen Grunde zum Ritter des Bärenordens. Heinrich Gätke war zudem Ehrenmitglied der Norfolk- und Norwich-Naturforscher-Gesellschaft, Korrespondierendes Mitglied der Londoner Zoologischen Gesellschaft und des Ornithologischen Vereins Wien sowie Mitglied des Permanenten Internationalen Ornithologischen Comités.

Die Auseinandersetzungen um Gätke sind vor der historischen Tatsache eines permanenten Machtkampfes der Berliner und Braunschweiger Linie der Ornithologie zu sehen, der im letzten Jahrhundert wirksam war und weitere Entwicklungen hemmte (Stresemann 1967). Personifiziert war diese Polarität zwischen Rudolf Blasius, der Gätkes Beobachtungen und Schlussfolgerungen vorbehaltlos bewunderte, und Herman Schalow, der dem Helgoländer ornithologischen Autodidakten in unverständlicher Voreingenommenheit sogar den Idealismus des Forschers absprechen wollte (Haubitz 1997). So war es Heinrich Gätke nicht gelungen, für sein Epoche machendes Buch, das auch durch zahlreiche kunstvolle Strichzeichnungen des Autors und selbst gefertigte Zwischenvignetten

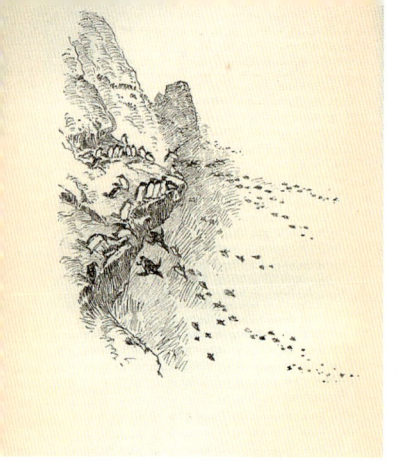

Strichzeichnung von Heinrich Gätke
(aus: H Gätke:
Die Vogelwarte Helgoland;
2. Auflage, 1900)

in der wissenschaftlichen Literatur ein Unikat darstellt, einen Verleger zu finden. „Was wäre wohl geschehen, wenn nicht zugutterletzt Rudolf Blasius hilfreich eingesprungen wäre?" fragt Stresemann (1967). Rudolf Blasius fuhr im Mai 1890 zu Gätke, der ihm verzweifelt geschrieben hatte, schaute in das Manuskript und ließ es sich kurzentschlossen nach Braunschweig schicken, wo Gätkes Werk „Die Vogelwarte Helgoland" schon im Frühjahr 1891 herauskam. Schon bald war das Werk vergriffen. 1895 erschien eine englische Übersetzung, 1900 posthum eine zweite deutsche Auflage. In einer langen Besprechung hat Leverkühn (1891) geschrieben: „Von A bis Z ist das Buch in einem überaus fesselnden, anmutigen, ja poetischen Stil geschrieben … Es ist ein besonders günstiges Zusammentreffen, dass der Autor, einer der eminentesten Vogelbeobachter, die je lebten, gleichzeitig Künstler, Maler ist, wodurch seine Auffassung der Natur von der idealen Seite, die in der Behandlung des Stoffes durchgehens zur Geltung gelangt, auf das Kräftigste unterstützt wird."

Nachdem am 9. August 1890 die Übergabe Helgolands durch den britischen Gouverneur an den Vertreter des Deutschen Reiches erfolgte, veranlassten wirtschaftliche Schwierigkeiten Gätke, seine Vogelsammlung zu veräußern. Das Britische Museum machte ein Angebot, doch Gätke richtete ein ausführliches Gesuch an den preußischen Kulturminister, worin er seine Vogelsammlung, sein Herbarium und seine Insektensammlungen zum gleichen Preis anbot mit dem Bemerken, es wäre ihm lieber, sie künftig in deutschem statt in englischem Besitz zu wissen. Die preußische Regierung kaufte 1891 die Sammlung für das von der Biologischen Anstalt Helgoland geplante Nordsee-Museum.

Zunächst aber wurde die Sammlung in Ermangelung anderer Ausstellungsräume als Attraktion für den Fremdenverkehr ins Helgoländer Conversationshaus gebracht. Nach einem dortigen Brand wurde die nur mit knapper Not gerettete Sammlung in zwei Räumen eines Fischerhauses zusammengepfercht, bevor sie 1897 auf Betreiben von Clemens Hartlaub, dem Sohn des berühmten Ornithologen Gustav Hartlaub und damaligen Leiter der Zoologischen Abteilung der Preußischen Biologischen Anstalt auf Helgoland ins neu gebaute Nordsee-Museum kam. 1894 kaufte das Preußische Kulturministerium auch Gätkes wissenschaftliche Bibliothek für die im Aufbau begriffene und von Althoff geförderte Biologische Anstalt auf Helgoland mit der Bestimmung an, dass sie bis zu Gätkes Tod in seiner Verwahrung belassen werden solle. Sie umfasste außer zahlreichen Broschüren etwa 180 Bände, darunter höchst wertvolle Werke über die Ornithologie der ganzen nördlichen Hemisphäre von Japan bis Portugal und von Labrador bis Alaska. 1897 wurde diese Bibliothek ebenfalls im Nordsee-Museum untergebracht.

Den Umzug seiner Sammlungen und Bibliothek erlebte Heinrich Gätke nicht mehr. Er starb am Neujahrstag des Jahres 1897. Der größte Teil seiner Sammlung wurde am Schluss des Zweiten Weltkrieges auf Helgoland zerstört, nur wenige ausgelagerte Stücke blieben erhalten und befinden sich heute im Institut für Vogelforschung „Vogelwarte Helgoland" in Wilhelmshaven. Teile der Sammlung sind heute im „Gätke Kabinett" des Wilhelmshavener Wattenmeerhauses ausgestellt. Auch eine Gedenktafel, die am 7. Mai 1905 an seinem Helgoländer Wohnhaus angebracht worden war, sowie sein Grab auf dem Helgoländer Friedhof wurden Opfer der Bomben. In seinem Geburtsort Pritzwalk erinnert ein „Heinrich-Gätke-Haus" an den bedeutenden Maler und Ornithologen.

Das Andenken an Gätke ist erhalten geblieben. „Gätke hat Helgoland zu einem klassischen Boden gemacht. So lange wie die Ornithologie fortbesteht, wird sein Name verbunden bleiben mit der alten sturmumbrausten Klippe." (Cordeaux 1897 in Stresemann 1967). Und eine, heute allerdings nicht mehr anerkannte Unterart des Blaukehlchens aus Südnorwegen wurde nach ihm benannt: *Luscinia svecica gaetkei*.

Heinrich Gätke – sein ornithologisches Werk

> Heinrich Gätkes damaligen Beobachtungen wirken noch heute nach. Und Gätkes ornithologischer Nachlass war letztlich Anlass, die „Vogelwarte Helgoland" zu gründen. Deshalb sei hier ein Beitrag zu seinem ornithologischen Werk weitgehend unverändert abgedruckt, wie er anlässlich seines 100. Todestages 1997 in der Zeitschrift „Die Vogelwarte" erschienen ist. Zu den darin genannten Quellen s. Bairlein & Hüppop (1997).

In seinem Buch „Die Vogelwarte Helgoland" beschäftigte sich Heinrich Gätke mit dem „Zug der Vögel", dem „Farbwechsel der Vögel durch Umfärbung ohne Mauser" und er gibt eine Zusammenstellung zu „Die bisher auf Helgoland beobachteten Vögel". Dieser Abschnitt ist zugleich der umfangreichste. Das wissenschaftlich wohl bedeutendste Kapitel ist das über den „Zug der Vögel", das Gätke sicher nicht umsonst an den Anfang seines Buches gestellt hat. Stresemann (1967) bezeichnete Gätke als einen „Pionier der Vogelzugforschung".

Gätkes Ausführungen und Theorien, gerade zum Vogelzug, wurden schon zu seiner Zeit lebhaft und teilweise in bitterem Streit diskutiert (Blasius 1906, Stresemann 1967). Seit Gätkes Aufzeichnungen ist nun über ein Jahrhundert vergangen. Vieles hat sich in dieser Zeit verändert, die Insel Helgoland selbst, die Landschaften Europas und gerade auch unser Kenntnisstand zum Zugverhalten der Vögel. So scheint es lohnend, Gätkes Lebenswerk und seine damaligen Einschätzungen und Schlussfolgerungen, aber auch seine damaligen Aufzeichnungen zu Vorkommen und Häufigkeit von Vögeln auf Helgoland im Licht heutiger Erkenntnisse zu betrachten.

Dabei berücksichtigen wir nur die beiden Abschnitte „Zug der Vögel" und „Die bisher auf Helgoland beobachteten Vögel". Zum einen, weil sie sicherlich die beiden „aktuellsten" Themen sind, zum anderen, weil zu „Farbwechsel der Vögel durch Umfärbung ohne Mauser" schon Stresemann (1967) und andere feststellten, dass Gätke sich irrte, als er annahm, dass der Wechsel von Sommer- zu Winterkleid durch Umfärben der Federn, ohne Mauser, erfolgte.

Bei der Vielzahl der von Gätke behandelten Themen ist unvermeidlich, dass wir nur einige Facetten herausgreifen konnten und eine solche Betrachtung immer nur kursorisch und subjektiv sein kann.

Gätke und die Vogelzugforschung

In neun Kapiteln beschäftigte sich Gätke ausführlich mit „Zug im Allgemeinen auf Helgoland", „Richtung des Wanderflugs", „Höhe des Wanderflugs", „Schnelligkeit des Wanderflugs", „Meteorologische Beeinflussungen des Zuges", „Zug nach Alter und Geschlecht", „Ausnahmsweise Erscheinungen",", „Was leitet die Vögel während ihrer Züge?" und „Was veranlasst den Aufbruch zum Zuge?". Grundlage für seine Erörterungen waren vor allem die vielen Aufzeichnungen zum Vogelzuggeschehen auf Helgoland, die im Einzelnen in seinen zwischen 1847 und 1887 geführten „Ornithologischen Tagebüchern" niedergelegt sind (s. Blasius 1906), seine vielen brieflichen Kontakte zu anderen Ornithologen, neben deutschen besonders britischen, und auch eine über die Zeit stattliche wissenschaftliche Bibliothek (Stresemann 1967). So ist aus heutiger Sicht schwer nachvollziehbar, was Gätke aus eigenen Beobachtungen schloss und was er der Literatur entlehnte. Wie stellte sich nun Gätke den Zugablauf vor?

Zugauslösung

Anders als viele seiner Zeitgenossen, die davon ausgingen, dass Vogelzug im Frühjahr durch den Fortpflanzungstrieb, im Herbst durch Nahrungsmangel und Kälte veranlasst sei, war Gätke davon überzeugt, „dass die ziehenden Vögel der Zeit und Bewegung nach unbewusst zweckentsprechend und somit instinktiv handeln". Gründe für diese Annahme waren für Gätke die Beobachtung, dass es „nicht der Fortpflanzungstrieb sein (kann), welcher den Aufbruch zum Frühlingszuge veranlasst, denn viele Vogelarten brüten im ersten oder zweiten, ja dritten Jahre ihres Lebens noch nicht, dennoch aber ziehen sie gleich ihren alten brutfähigen Artgenossen in die Heimat zurück; nicht etwa durch das Beispiel ihrer Eltern dazu verleitet, sondern unabhängig für sich allein und wenigstens drei bis vier Wochen später als jene" und dass „im Herbst weder

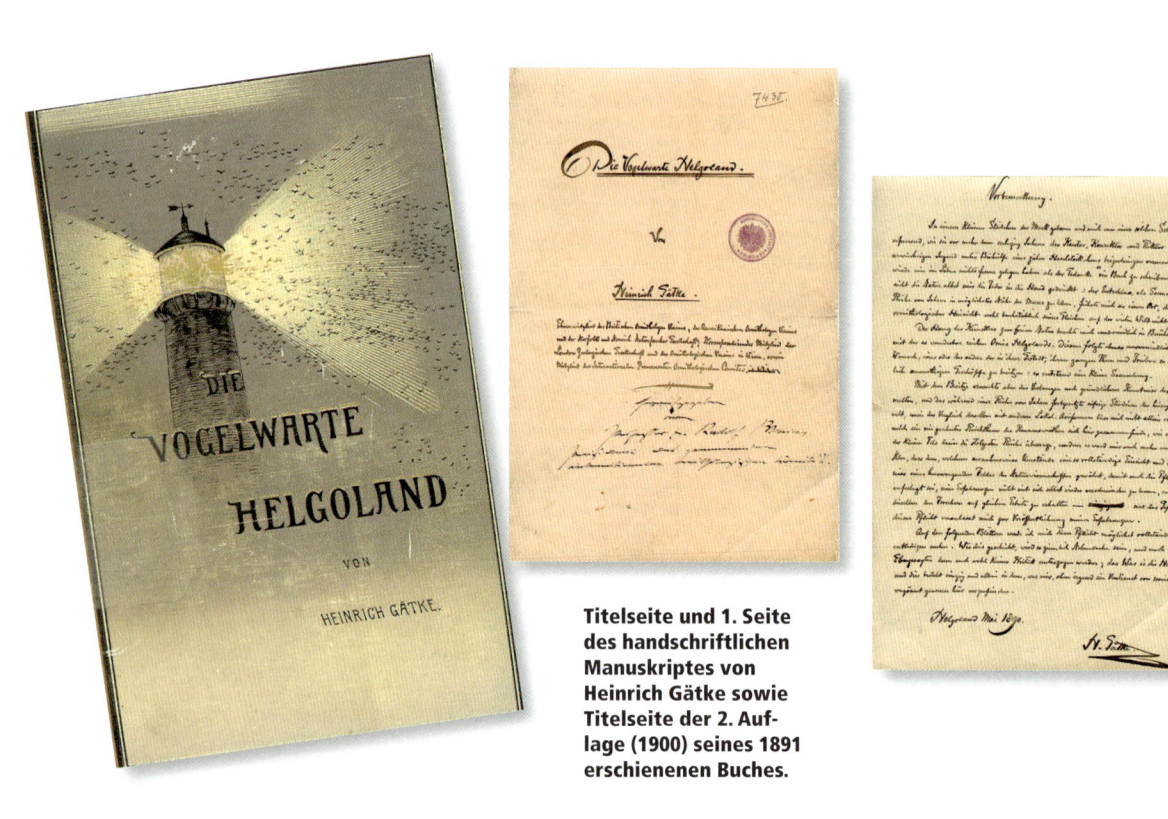

Titelseite und 1. Seite des handschriftlichen Manuskriptes von Heinrich Gätke sowie Titelseite der 2. Auflage (1900) seines 1891 erschienenen Buches.

Nahrungsmangel noch niedrige Temperaturen die bewegenden Ursachen für den Aufbruch zum Zuge" sind, „denn alle solche Vogelarten, die überhaupt einem regelmässigen Zuge unterworfen sind, verlassen ihre Heimath lange bevor Nahrungsmangel oder niedrige Temperatur … eintritt", „auch kehrt keiner derselben zurück, ehe der Frühling seine Heimath wieder wohnlich gemacht". Vehement argumentierte Gätke auch gegen die Annahme Palmens, „dass die jungen Vögel angeboren keine Kenntnis der Nothwendigkeit des Zuges überhaupt, noch auch von der Richtung desselben besässen, sondern alles von ihren Eltern erlernen müßten", und er setzte sich mit der Frage der Vererblichkeit des Zugverhaltens auseinander, ohne dass seine Position hierzu ganz klar wird.

Auch wenn Gätke meinte, „dass man bei der Frage nach der unmittelbaren Veranlassung für den Aufbruch der Vögel zu den Wanderflügen einem Räthsel gegenübersteht, das bisher jedem Lösungsversuch widerstanden, und dessen endgültige Erklärung wohl kaum jemals zu erwarten sein dürfte", so ist heute unzweifelhaft, dass für die Zugauslösung endogene Faktoren eine wesentliche Rolle spielen und dass die grundlegenden endogenen Zug-Zeitprogramme angeborene, vererbbare Eigenschaften sind.

Zugrichtungen

Aus seinen Beobachtungen leitet Gätke zwei hauptsächliche Zugrouten über der südlichen Nordsee ab: eine zwischen Ost und West und eine zwischen Nord und Süd. Funde später auf Helgoland zu den Zugzeiten beringter Vögel und Radarbeobachtungen bestätigen heute Gätkes Schlussfolgerungen aus dem Zuggeschehen über Helgoland. Für manche östliche Arten, die auf dem Herbstzug häufig, auf dem Frühjahrszug aber so gut wie niemals auf Helgoland erscheinen, hat Gätke einen Schleifenzug postuliert („sie ziehen im Frühjahr auf der Hypothenuse des Winkels, den ihr Herbstzug beschrieb"), der heute wohl bekannt ist. Gätke war auch nicht entgangen, dass eine Vielzahl von Arten im Herbst zunächst eine „von Ost nach West liegende Richtung zurücklegen, … die meisten jedoch am Schlusse ihres Westfluges sich südlich wenden". Diese Zugrichtungsänderungen erklärt er nicht aus dem Verlauf der Küstenlinien, sondern er schreibt, dass diese Richtungsänderung „vollständig unbeeinflusset von der

Physiognomie der Oberfläche des ungeheuren Kontinents, welchen sie überfliegen" erfolge. In diesem Zusammenhang hatte er sich auch gegen die Meinung anderer gewandt, die Richtung des Vogelzuges sei ausschließlich von geografischen Leitlinien, wie z. B. Flüssen, bestimmt („Flusstrassentheorie") und erfolge deshalb auf sehr schmalen „Zugstrassen". Vielmehr postuliert er einen Breitfrontzug, auf den Leitlinien nur modifizierend einwirken, weil „an solchen Oertlichkeiten mannigfaltigere Vegetation eine grössere Samenfülle und reicheres Insektenleben aufweist und somit der Mehrzahl der Wanderer willkommene Futterplätze darbietet" und sie so „den Abtheilungen des Zuges, welche etwa der Ruhe bedürfen, der Nahrung oder des Wassers halber als Rastplätze" dienten, eine Folgerung, die uns heute wohl bekannt ist.

Orientierung

Ähnlich tief wie die Frage nach der Veranlassung zum Aufbruch zum Zuge beschäftigte Gätke die Frage, was „die Vögel während ihrer Züge leitet". „Vermöge welcher Fähigkeit sind sie imstande, in schwarz-finstern Oktober- und Novembernächten den rechten Weg einzuschlagen" und er vermutet besondere „Geistes- und Sinnesfähigkeiten", welche die Vögel „allherbstlich ohne Wegweise, ohne Richtzeichen …. eine Wegstrecke von weit über 1000 Meilen zurücklegend" führt. Beim Problem der Fernorientierung sprach Gätke davon, dass sie „wohl noch lange der ernstesten Forschung widerstehen dürfte". Damit behielt er für mehr als ein halbes Jahrhundert Recht. Erst in den letzten Jahrzehnten ist es gelungen, die Orientierung von Vögeln grundsätzlich aufzuklären: Zugvögel verfügen über endogen programmierte Sollrichtungen, die sie mit Hilfe von biologischen Kompassen in aktuelle Zugrichtungen umsetzen. Dabei erweist sich heute gerade der Magnetkompass als sehr bedeutsam, worüber auch schon Gätke reflektierte, indem er sich mit der Vorstellung des „Herrn von Middendorff" auseinandersetzte, wonach den Vögeln „ein inneres magnetisches Gefühl beiwohne, welches sie auf ihren wunderbaren Zügen leite" und mit dem sie sich „immerwährend der Richtung des Magnetpols, sowie des Abweichungswinkels ihrer jeweiligen Flugrichtung bewusst (seien) und demnach ihren Flug (regelten)". Auch „lese der Vogel, der durch und durch Magnet, (seinen Kurs, Anm.) unmittelbar von seiner inneren Orientierungskarte ab". In diesem Zusammenhang sprach von Middendorff von einem „Richtsinn", der ein angeborenes Vermögen sei, der Himmelsrichtung sich bewusst zu sein und ohne Hilfe des Gesichtssinnes oder des Ortsgedächtnisses den Weg zu finden".

Zughöhe und Zuggeschwindigkeit

Mit der Feststellung, „dass der Wanderflug der Vögel, mit nur sehr wenigen Ausnahmen, weit über den Sehbereich des menschlichen Auges dahingeht", hatte Gätke Recht. Die Höhen, in denen Vögel ziehen, überschätzte er jedoch erheblich. Seine Annahme, Vögel würden in einer Höhe von „25 000 bis 35 000 Fuss" ziehen, bestätigte sich nicht. Schon Lucanus glaubte, dass die Vögel ihre Reise in geringer Entfernung von der Erde zurücklegen, die meist weniger als 1000 Meter beträgt und ungefähr mit 2000 Meter relativer Höhe ihre Grenze erreicht (Stresemann 1967). Radardaten belegen inzwischen, dass über der südlichen Nordsee und Nordwestdeutschland der Zug weit überwiegend unter 1000 m Höhe über Grund verläuft (zu 86 % im August und zu 67 % im April), und nur gerade 1,5 % des Zuges erfolgen oberhalb 2000 m. Auch in anderen Teilen Mitteleuropas ziehen Vögel so niedrig. Gätke beschrieb niedrigere Zughöhen bei Nacht als am Tag, schloss aber: „dass aber die Vögel im allgemeinen während der Nachtstunden niedriger zögen, als am Tag, ist nicht wohl anzunehmen, sondern es sind derartige Fälle nur als durch meteorologische Einwirkungen herbeigeführte Störungen der normalen Zughöhe anzusehen". Radaruntersuchungen zum Vogelzug über NW-Deutschland zeigten, dass der Nachtzug durchschnittlich höher als der Tagzug erfolgt.

Ebenfalls völlig überschätzt hat Gätke die Fluggeschwindigkeit ziehender Vögel. Auch in „reissend schnellem Zug" wird wohl kaum ein Vogel in der Lage sein, „in einer Minute bis zur 22 000 Fuss östlich von hier liegenden Austernbank" zu gelangen, eine Fluggeschwindigkeit von nahezu 400 km/h! Für Blaukehlchen nahm Gätke an, dass sie die „wenigstens 400 geographischen Meilen (zwischen Ägypten und Helgoland; Anm.) in neun Stunden durchfliegen", woraus er eine „Wandergeschwindigkeit von fünfundvierzig geographischen Meilen in einer Stunde" errechnete. Dies würde einer durchschnittlichen Zuggeschwindigkeit von etwa 330 km/h entsprechen! Im Übrigen zeigen die heutigen Funde von beringten Blaukehlchen, dass auf Helgoland durchziehende Vögel dieser Art nicht nach NE-Afrika, sondern ins westliche Mittelmeergebiet und südwärts bis W-Afrika ziehen. Heute gehen wir von einer durchschnittlichen Zuggeschwindigkeit von 30–60 km/h bei Singvögeln und 50–80 km/h bei Limikolen und anderen größeren Arten aus. Aufgefallen war Gätke auch, dass der Frühjahrszug rascher verläuft als der Herbstzug, und er erklärte diese unterschiedlichen Fluggeschwindigkeiten im Frühjahr und Herbst damit, dass im Herbst der Zug „nicht von dem Zweck beherrscht wird, ein bestimmtes Ziel in einer festen vorgeschriebenen Zeit zu erreichen", während im Frühjahr „In den Vögeln, namentlich hochnordischen, ist die Zeit für den Nestbau, das Brüten und Aufziehen der Jungen äusserst knapp bemessen, und so wird ihr Zug während eines normalen, nicht durch Witterungseinflüsse gestörten Verlaufes von den meisten ganz oder doch nahezu in einem ununterbrochenen nächtlichen Fluge zurückgelegt." Dies gilt auch heute als Erklärung für den in der Tat meist rascheren Heimzug.

Wetter und Vogelzug

Der Frage nach den „Meteorologischen Beeinflussungen des Zuges" widmete Gätke nicht nur ein eigenes Kapitel, sie zieht sich wie ein roter Faden durch alle seine Ausführungen zum Vogelzug. Meteorologischen Beeinflussungen schrieb Gätke eine sehr große Bedeutung zu, „wenn zur Zeit auch noch äusserst wenig verstanden". Daran hat sich bis heute kaum etwas geändert, und die Frage der Abhängigkeit des Vogelzuges von Witterungsfaktoren ist höchst aktuell und bisher nur teilweise verstanden. Dabei versuchte Gätke bereits eine recht umfassende, moderne Betrachtung, sich dessen bewusst, dass der Einfluss des Wetters auf das Zuggeschehen sehr komplex ist: „Nicht allein die Richtung oder die Strecke des Windes ist für den Wanderzug massgebend, sondern der geringere oder grössere Feuchtigkeitsgehalt der Atmosphäre, dessen Gestaltung als Nebel, als lose oder geballte Wolken, als gleichmässig dichte Dunsterfüllung des Firmaments, als Thau oder Reif bei klarer Luft, oder als elektrisch geladene Gewitterwolke, all und jede dieser meteorologischen Phasen üben einen entscheidenden Einfluss auf die Gestaltung des Zuges aus." Eine ganz besondere Bedeutung schrieb Gätke dem Wind zu. Insbesondere das Auftreten von seltenen Arten aus Südeuropa, Asien und Nordamerika erklärte Gätke durch entsprechende großräumige und teilweise über Tage anhaltende Windsituationen. Dabei nahm er an, dass die Wandernden in diejenige Luftströmung zu gelangen trachten, deren Richtung und Stärke zum Erreichen ihres „Zieles" am nützlichsten ist. Heute ist belegt, dass Vögel während ihrer Züge Winde ausnutzen. Das Aufsuchen dieser Bereiche erfolgt nach Gätkes Ansicht nicht „aufs Gerathewohl", „sondern es ist nur anzunehmen, dass denselben ein in sehr hohem Grade ausgebildetes Vorgefühl oder eine Empfindung für Ferne oder noch kommende Witterungsphasen innewohnt". In diesem Zusammenhang erwähnt Gätke auch „die grosse Unruhe, welche gefangene Vögel durch Flattern und häufiges Ausstossen ihres Lockrufes im Laufe solcher Tage bekunden, die ausgedehnten nächtlichen Wanderzüge vorangehen." Diese Beeinflussung auch der Zugdisposition durch meteorologische Faktoren ist inzwischen bestätigt.

Physiologie des Vogelzuges

Gätke hat sich nicht nur mit dem Verlauf des Vogelzuges beschäftigt, sondern auch versucht, die physikalischen und physiologischen Grundlagen zu verstehen.

So erkannte er einen Zusammenhang zwischen Flügelbau und Flugleistung: „Dass Vögel von knapperem Gefieder und nach unserer Ansicht sehr geformten Flugwerkzeugen, … sicherlich ungleich bedeutenderes zu leisten imstande sein müssten". Moderne aerodynamische Modelle bestätigen Gätkes Vermutung. Auch fiel Gätke ein gewisser „Konflikt" auf, den manche Zugvögel zu lösen haben: dass ein Vogel wie das Blaukehlchen überhaupt zu solchen Flugleistungen auf dem Zug befähigt ist, wo „während all seiner Lebensthätigkeiten das Fliegen nahezu eine Ausnahme ist." Solche ökomorphologischen Zusammenhänge sind heute ein höchst aktuelles Forschungsgebiet.

Besonders fasziniert war Gätke von den Fähigkeiten der Vögel, sich auch in großen Flughöhen aufzuhalten. Auch wenn er die wirkliche

Höhe des regelmäßigen Vogelzuges erheblich überschätzte, so waren seine grundsätzlichen physiologischen Überlegungen dazu durchaus solide und er schloss, dass Vögel wohl über ganz besondere Anpassungsleistungen verfügen („Organisationsverhältnisse, die den Vögeln einen vollständig isolierten Platz unter allen Warmblütern anweisen"), die es ihnen ermöglichen, „aus eigenem freien Willen sich bis zu Höhen von 35 000 bis 40 000 Fuss erheben können und daselbst unter anstrengender Muskelthätigkeit beliebig lange auszudauern vermögen, vollständig unbeeinflusst von der geringen Dichtigkeit der Luft und dem geringen Sauerstoffgehalt derselben, noch auch durch die so äusserst niedrige Temperatur, welche daselbst herrscht." Er nahm an, dass „die Vögel … mit einem Respirationsmechanismus begabt sind, welcher sie befähigt, in den so dünnen und sauerstoffarmen Luftschichten … andauernd verweilen zu können" und dass dieser Respirationsapparat so beschaffen sein muss, „dass er auch jenen sauerstoffarmen Höhen das dem Blute nöthige Quantum mit derselben Leichtigkeit abzugewinnen im Stande ist, wie den der Erdoberfläche nächsten Schichten". Hundert Jahre später wurden diese besonderen atmungs- und blutphysiologischen Anpassungen und Mechanismen aufgeklärt.

Geprägt von seiner Helgoländer Erfahrung widersprach Gätke der Vorstellung anderer, wonach Zugvögel ihre Reise regelmäßig für mehrere Tage und Nächte unterbrechen können. Dass Gätke auf Helgoland i.d.R. nur Vögel beobachten konnte, die „während der regelmässigen Zugzeit" nicht „länger als höchstens den Rest desjenigen Tages, vor, während oder nach dessen Morgendämmerung sie hier eingetroffen sind", verweilten, ist sicherlich darin begründet, dass Helgoland zu der damaligen Zeit als nahezu vegetationslose Insel für viele Landvogelarten keine adäquaten Rastmöglichkeiten bot. Eine Ausnahme davon sind aber z. B. die Steinschmätzer, die zur Rast auf Helgoland bleiben, Tangfliegen fressen und zu „kleinen Fettklumpen" werden (Bolle 1855 in Stresemann 1967). Zug in Etappen mit regelmäßigem Aufenthalt in Rastgebieten ist heute für viele Vogelarten bekannt, welche Faktoren Vögel wann, wo und wie lange zur Rast veranlassen, ist aber auch heute im Detail noch weitgehend offen.

Gätke und die Vogelwelt Helgolands

Im Folgenden soll die Bedeutung des dritten Teils „Die bisher auf Helgoland beobachteten Vögel" in ihrer historischen und aktuellen Bedeutung umrissen werden. Die Zusammenstellung kann natürlich nicht annähernd einen Anspruch auf Vollständigkeit erheben.

Das erste 211 Formen umfassende kurze Verzeichnis Helgoländer Vögel veröffentlichte J. F. Naumann bereits 1846, also zu Beginn der vogelkundlichen Interessen Gätkes. Auch Droste-Hülshoff (1869) führt in einer tabellarischen Übersicht auf Helgoland beobachtete Arten mit auf. 1889, kurz vor Erscheinen von Gätkes „Vogelwarte Helgoland" nannte Dalla Torre (1889) 396 Vogelarten für Helgoland. Gätkes „Die bisher auf Helgoland beobachteten Vögel" ist dagegen die bis heute umfassendste kommentierte Vogel-Artenliste für die Insel Helgoland. In der zweiten Auflage der „Vogelwarte Helgoland", von Blasius etwas ergänzt, sind 398 Arten genannt, während Vauk (1972) 361 Arten aufführt, und auch nach weiteren mehr als drei Jahrzehnten intensiver Beobachtungstätigkeit sind es heute gerade 425 auf Helgoland nachgewiesene Vogelarten.

Die Gründe für diese Diskrepanzen sind vielschichtig. Am Einfachsten nachvollziehbar sind Entwicklungen in der Taxonomie. Gätke hat sich in seiner Zählweise offensichtlich nach den von Naumann (1820–1860) mit Artstatus belegten Taxa gerichtet. Von diesen haben nach heutiger Kenntnis viele nicht mehr den Status eigener Spezies. Andererseits wurden Taxa, die zu Gätkes Zeiten eine Art waren, später aufgespalten. Ob Gätke den Gartenbaumläufer nicht kannte oder ob er nur der Systematik Naumanns folgte, der lediglich den (Wald-) Baumläufer aufführt, obwohl C. L. Brehm bereits 1820 den Gartenbaumläufer beschrieb, muss offen bleiben.

Weit schwieriger ist, die Richtigkeit der Artbestimmungen bei Gätke zu beurteilen. Einige Beobachtungen lassen Zweifel aufkommen, insbesondere dann, wenn die Beobachtungen nicht von Gätke selbst gemacht wurden. So sind z. B. zwei Nachweise der Alpendohle äußerst fragwürdig: Gätke erwähnt ein „schlecht gestopftes Exemplar", das sich nach seiner Meinung „in der Sammlung zu Görlitz" befinden soll. Spätere Nachforschungen von Blasius (in Gätke 1900) ergaben, dass dort kein Exemplar von Helgoland vorhanden war. Eine weitere Beobachtung von zwei Individuen erfolgte durch Gätkes ältesten Sohn. Alpendohlen wandern allenfalls bis ins Alpenvorland und Meldungen aus Norddeutschland, Belgien und den Niederlanden sind fragwürdig. Ähnliches gilt für Zitronengirlitz und Unglückshäher.

Ebenso verließ sich Gätke bei Weißbrauendrossel, Wilsondrossel, Blaumerle, Rote Spottdrossel, Diademrotschwanz, Orpheusgrasmücke, Samtkopfgrasmücke, Kalanderlerche, Hakengimpel, Rennvogel, Brauner Sichler, Dünnschnabel-Brachvogel, Drosseluferläufer, Stelzenläufer, Grasläufer, Moorente, Fischmöwe, Großer Sturmtaucher und Dickschnabellumme auf zweifelhafte Beobachtungen. Eine Bewertung dieser Beobachtungen ist aus heutiger Sicht meistens unmöglich. Erstaunlicherweise bezieht sich Gätke in seiner Artenliste niemals auf andere Publikationen. So kommt es, dass z. B. Hinweise auf Bruten der Mantelmöwe auf Helgoland, die Dalla Torre schon von Hoffmann (1824) übernahm, sowie glaubwürdige Nachweise der Bechsteindrossel, der Weißbrauendrossel und des Rotaugenvireos durch Sely (in Dalla Torre 1889) von Gätke unerwähnt und unkommentiert blieben.

Säkulare Veränderungen

Angesichts vielfältiger Veränderungen unserer Vogelwelt sind Angaben zu langfristigen Bestandstrends hoch willkommen, aber selten. Zur Abschätzung säkularer Veränderungen sind daher Artenlisten und relative Häufigkeitsangaben, wie wir sie bei Gätke finden, sehr nützlich. Einschränkend muss aber vor einer zu großen Zahlengläubigkeit gewarnt werden, da vor allem bei den Massenarten damals keine geeigneten Erfassungsmethoden erarbeitet waren und Gätke zudem zu „literarischen" Zahlenangaben neigte. So spricht er bei der zweifellos damals weit häufigeren Feldlerche von „Milliarden" (Gätke 1900), ja von „Myriaden". Griffiger und wirklich wertvoll sind einzelne Hinweise zu Jagdstrecken, berühmtes Beispiel sind Gätkes Angaben zu Massenfängen des Blaukehlchens, wonach an einzelnen Tagen 30 bis über 60 Männchen erbeutet wurden. Heute werden im Mittel jährlich weniger als 20 Individuen beobachtet. Von der Feldlerche wurden in einer Nacht 15.000 erbeutet. Auch dies ist eine Zahl, an die heute nicht mehr zu denken ist.

Ziegenmelker, Wendehals, Wasserralle und Wanderfalke waren Erscheinungen, die zu den entsprechenden Zugzeiten „fast täglich" bis „häufig" beobachtet wurden. Der Wachtelkönig war „sehr zahlreich", die Tüpfelralle kam „ziemlich oft" vor. Im Winter bei Ostwind konnte man „ziemlich sicher darauf rechnen, im Laufe des Tages einen oder mehrere" Seeadler zu sehen. Auch bei allen diesen Arten sieht es heute ganz anders aus.

Natürlich gibt es auch eine ganze Reihe von Arten, die zu Gätkes Zeiten deutlich seltener waren als heute: Der heute zahlreiche Kormoran wurde „nur ausnahmsweise und vereinzelt gesehen", die Krähenscharbe war „ein noch seltenerer Besucher Helgolands", die Rohrdommel wurde während Gätkes gesamter Beobachtungszeit nur einmal festgestellt, die Kurzschnabelgans ist nach Gätkes Wissen nur dreimal erlegt worden, von der Schnatterente sah er nur ein Exemplar und auch die Große Raubmöwe war „eine so seltene Erscheinung, dass es über dreissig Jahre gewährt hat", bis Gätke eine für seine Sammlung erhielt. Einige heute durchaus häufiger zu beobachtende Arten fehlten sogar ganz, z. B. Schwarzkopfmöwe und Türkentaube. Beide Arten haben inzwischen auf Helgoland gebrütet, die Türkentaube ist sogar regelmäßiger Brutvogel.

Verglichen mit den Vorläufer-Berichten von Helgoland und mit Avifaunen anderer Regionen aus der gleichen Epoche ist das Lebenswerk Gätkes auf dem Gebiet der Avifaunistik trotz der aufgezeigten Unstimmigkeiten und Fehler aus heutiger Sicht zweifelsohne herausragend und für den säkularen Vergleich eine einzigartige Quelle. Nur wenige Werke aus diesen frühen Jahren der Avifaunistik können einem fachlichen Vergleich mit der „Vogelwarte Helgoland" standhalten. Gebhardt (1964) schrieb sehr treffend: „Von der Anmut der gefiederten Wanderer ergriffen, baute er eine eindrucksvolle Sammlung auf. Daß sich in ihr falsch bestimmte Stücke befanden, setzt ihren Wert nicht herab. Der Maler lebte in einer Zeit, da andere noch viel weniger wußten, noch unkritischer der Formenfülle gegenüberstanden und noch viel mehr irrten." Die Zeit für derartig gründliche Lokalavifaunen war in Norddeutschland bis auf wenige Ausnahmen erst rund zwanzig Jahre nach Gätke's Tod reif. Die nächste kommentierte, aber weit kürzere Artenliste Helgolands erschien sogar erst mehr als 80 Jahre nach der Erstauflage des „Gätke" (Vauk 1972).

Fazit

Gätkes „Die Vogelwarte Helgoland" ist ein Klassiker. „Dieses Buch erregte in den beteiligten ornithologischen Kreisen das allergrößte Aufsehen"; über die Schlussfolgerungen lässt sich „sehr wohl streiten" (Blasius 1906). Leverkühn (1891) beschrieb Gätke als einen „der eminentesten Vogelbeobachter, gleichzeitig Künstler, Maler, wodurch seine Auffassung der Natur von der idealen Seite, die in der Behandlung des Stoffes durchgehens zur Geltung gelangt, auf das Kräftigste unterstützt wird". Darin und in seiner Begeisterung gerade für den Vogelzug erklärt sich sicher, dass er seine Beobachtungen gelegentlich sehr spekulativ, teilweise phantastisch und visionär interpretierte und manches eher „literarisch" darstellte. Auch halten manche seiner Artbestimmungen heutiger Sicht nicht Stand. Dennoch bleibt festzustellen, dass Gätke wichtige Probleme des Vogelzuges behandelte, die sich mit späteren Forschungsmethoden und neuen Erkenntnissen bestätigt haben, und dass er „seiner Zeit in kühnem Gedankenfluge weit vorausgeeilt war" (Stresemann 1967). Seine umfangreiche kommentierte Artenliste verdient auch heute noch, trotz ihrer Schwächen, große Aufmerksamkeit. Gleichzeitig hat Gätke den Blick auf Helgoland als hervorragenden Ort für Vogelkundler gelenkt (Blasius 1898) und den Begriff „Vogelwarte" in den deutschen Sprachgebrauch eingeführt (Ringleben 1958). Sein Werk und sein Nachlass waren schließlich Auslöser für die Gründung der „Vogelwarte Helgoland" am 1. April 1910 auf Helgoland.

„Vogelwarte Helgoland" 1910–1945

Der ornithologische Nachlass von Gätke gab den Anstoß für weitere wissenschaftlich-ornithologische Arbeit auf Helgoland. Mit der Aufnahme der Vogelsammlung in das Nordsee-Museum übernahm die 1892 gegründete Preußische Biologische Anstalt Helgoland die Verpflichtung, für die Aufstellung und den Erhalt der Sammlung Gätkes zu sorgen. Unter dem damaligen Leiter der Zoologischen Abteilung der Biologischen Anstalt, Herrn Dr. C. Hartlaub, der zwar nicht mit vogelkundlichen Aufgaben betraut, aber auch für das Nordsee-Museum verantwortlich war, erfolgte zudem eine Erweiterung der Sammlung, indem Helgoländer Jäger und Vogelkenner weiterhin Vögel sammelten.

Ein grundlegender Wandel erfolgte mit Hugo Weigold, der 1909 als 23jähriger an die Biologische Anstalt Helgoland kam, als Assistent der Deutschen Wissenschaftlichen Kommission für Meeresforschung. Max Hugo Weigold wurde am 27.05.1886 in Dresden geboren. Schon als Gymnasiast entdeckte er seine Leidenschaft für Sammlungen. Er bekam das Buch „Buch der Sammlungen" von Otto Klasing geschenkt, das ihn tief beeindruckte. Ein weiteres wichtiges Erlebnis war die erste Jagdbeute, eine mit dem Luftgewehr erlegte Goldammer. Sie wurde ausgestopft, ebenso ein Tannenhäher. Diesen seltenen Gast sah Hugo im Felde auf einem Pflug sitzen, und er bat den Vater, den unbekannten Vogel zu schießen. „Das war sozusagen meine Taufe als Ornithologe" (I. Weigold 1986). Im Herbst des Jahres 1901 bekam Weigold das ersehnte Jagdgewehr, das ihn dann bei all seinen Streifzügen durch die Natur begleitete. Als 16jähriger ging er auf seine erste große Wanderfahrt ins Riesengebirge. Alles in der Natur interessierte ihn; seit 1903 führte er darüber genaue Tagebücher.

Nach dem Abitur im Jahr 1905 studierte Weigold zunächst ein Semester Naturwissenschaften in Jena, ab dem 2. Semester dann in Leipzig. Dort fand er Anschluss an den ornithologischen Verein und lernte so namhafte Ornithologen kennen. Auf Anregung und Vermittlung eines Kommilitonen und der ungarischen Ornithologischen Zentrale unternahm Weigold 1906 eine

Dr. Hugo Weigold (1886–1973)
(Archiv IfV)

Ungarnreise, weitere Reisen folgten, so 1907 auf einem Fischdampfer nach Island und in den Ferien 1908 mit seinem Freund Arno Max auf die ostfriesische Insel Memmert, wo sie mit Otto Leege den Sommer verbrachten. Hier wurde, wie Weigold später berichtete, der Grundstein zu Hugo Weigolds erster Lebensaufgabe gelegt, der Vogelzugsforschung (I. Weigold 1986). Erneut kam ihm dabei das Glück zur Hilfe. „Vor Weihnachten 1908 sagte eines Tages Prof. Dr. Woltereck zu mir: ‚Sie scheinen ja Interesse für das Leben im Wasser, für Strand und Meer, für Fischerei zu haben, außer ihrer Ornithologie. Mein Freund, Geheimrat Prof. Dr. Heincke ist Direktor der Preußischen Biologischen Anstalt auf Helgoland. Er sucht für Ostern einen Assistenten für die internationale Meeresforschung. Wie wär's? Interessieren Sie sich dafür?'- Das war wie ein Blitz, ein Riß in den Wolken! … Gewiß, der Posten war der Seefischerei gewidmet, und ausgerechnet für Fische fühlte ich am wenigsten Neigung. – Aber Helgoland, die Insel Gaetkes, die Insel des Vogelzugs! – Mußte ich denn nicht dahin, um jeden Preis?? – Kein Zweifel, ich musste. Es war wohl vorbestimmt. Ich musste zum Mekka des Vogelzugs, auch wenn ich den nur in meiner Freizeit würde studieren dürfen. – Und so bewarb ich mich, gut empfohlen durch meine Professoren, meine Fischdampferreise und meine Strandstudien. – Ich wurde angenommen!" (I. Weigold 1986).

Als Hugo Weigold am 31. März 1909 auf Helgoland ankam, war Helgoland noch wenig verlockend. An der Biologischen Anstalt wurde Weigold beauftragt, sich mit Fischen zu befassen. Doch Weigold hatte von Anfang an die Absicht, in die Fußstapfen Gätkes zu treten, war er doch auch begeisterter Ornithologe. Es gelang ihm, Prof. Heincke für seine Pläne zu erwärmen. Heincke genehmigte Weigold, „nebenher" den Vogelzug zu studieren.

Schon im ersten Jahr seines Wirkens fand Hugo Weigold Freunde in der Ornithologenwelt, die ihn unterstützten, besonders der Herausgeber der „Ornithologischen Monatsschrift". Darin erschien Anfang 1910 sein Mahnruf „Was soll aus der Vogelwarte Helgoland werden?". Weigolds Absicht war, neben der 1901 auf der Kurischen Nehrung gegründeten „Vogelwarte Rossitten" eine solche Vogelwarte auch auf Helgoland zu gründen. Befördert wurde diese Idee durch den Besuch von Johannes Thienemann von der Vogelwarte Rossitten im Herbst 1909 und dem im Juni 1910 in Berlin bevorstehenden V. Internationalen Ornithologen-Kongress, zu dem „das Deutsche Reich bzw. Preußen durch die Neugründung der Vogelwarte Helgoland einen sichtbaren Beitrag liefern wollten." (Bub 1986). So wurde Hugo Weigold, der zu diesem Zeitpunkt noch nicht promoviert war, bereits zum 1. April 1910 etatmäßiger Assistent der Anstalt und hauptamtlich mit der Ausführung ornithologischer Arbeiten betraut. Er konnte sich von seinen bisherigen Forschungsobjekten, den Fischen, ab- und den Vögeln zuwenden. Der 1.4.1910 gilt seither als der „Geburtstag" der „Vogelwarte Helgoland". Der Bescheid kam kurz vor seiner Abreise nach

Titelseite des 1. Weigoldschen Ornithologischen Tagebuchs, das er gleich am Tag seiner Ankunft auf Helgoland begann.

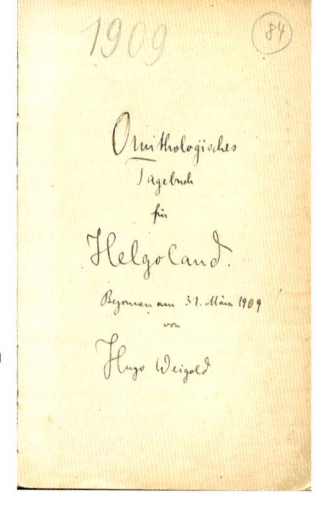

Berlin im Frühjahr 1910. Erst im Sommer 1910 promovierte Weigold mit einer Arbeit über boden- und pflanzenbewohnende Flohkrebse.

Durch eine Reihe von wissenschaftlichen Veröffentlichungen machte Weigold bald die Fachwelt darauf aufmerksam, dass auf Helgoland wieder ein Ornithologe tätig war. Zudem setzte er die von H. Gätke begonnenen „Ornithologischen Berichte" von Helgoland fort. Entscheidend für die weitere Forschungsarbeit auf Helgoland und Entwicklung der „Vogelwarte" war aber, dass Hugo Weigold bereits 1909 anfing, Zug- und Brutvögel auf Helgoland zu beringen, sicherlich begünstigt durch den Besuch von Johannes Thienemann. Zu diesem Besuch schrieb Hugo Weigold (I. Weigold 1986): „Resultat war die Verwirklichung meines schon längst gehegten Wunsches, auch auf Helgoland Vogelmarkierungen vornehmen zu können. Aber ohne Hilfe kann ich nur sehr wenig fangen wegen der großen ‚Konkurrenz' und weil ich ja gleichzeitig auch beobachten muss. Die Schwierigkeit, die Vögel, die für solche Markierungsversuche am wertvollsten wären, z. B. Schnepfen, lebend zu bekommen, wäre nur mit Geld zu beheben gewesen (eine tote Schnepfe kostete 3 M, man müßte 5–6 M geben können). Jeder Fänger will in den wenigen günstigen Stunden möglichst viel ergattern und tötet die gefangenen Vögel deshalb schnell".

Die Methode der wissenschaftlichen Vogelberingung entstand im Jahre 1890, als der Dänische Lehrer H. C. C. Mortensen begann, Staren und Haussperlingen Ringe mit Nummern und Adresse umzulegen. Schon im ersten Jahr der Beringung von Vögeln auf Helgoland ergab sich der erste Fund: Eine auf Helgoland am 16.10.1909 mit der Ringnummer „VOGELWARTE ROSSITTEN 1111" beringte Singdrossel, der erste auf Helgoland beringte Vogel überhaupt, wurde dort nach zwei Tagen geschossen. Zunächst wurden noch Ringe von der Vogelwarte Rossitten verwendet, erst ab dem Sommer 1911 gab es eigene Helgoland-Ringe mit der Inschrift „Zool. Station Helgoland", später „Biolog. Helgoland".

Dazu schreibt Bub (1986): „Auf Wunsch Thienemanns verwendete Weigold am Anfang Ringe aus Rossitten, um die Einheitlichkeit in Deutschland zu wahren und nicht zu vielerlei Ringe in die Lüfte zu schicken. Es wird darin von Laien schon allzuviel des Guten getan: jeder benutzt lustig seine eigenen Ringe ohne Adresse, und niemand weiß dann, woher die Ringe stammen, so daß die ganze Sache auf nutzlose Spielerei hinauskommt' (Weigold 1911). So ganz recht war es dem ersten Vogelwart nach Gätke aber nicht, keine Ringe z. B. mit der Inschrift ‚Zool. Inst. Helgoland' verwenden zu dürfen. Alle Ringfunde gingen zuerst nach Rossitten und kamen dann erst nach Helgoland. Weigold tröstete sich: ‚Dank unserer Portofreiheit macht das wenigstens keine Kosten, und die beiden Vogelwarten bleiben dadurch in fortwährender Verbindung'. Die Situation änderte sich aber schnell. Durch einen Zufall, veranlaßt durch die den Vogelringen gleichenden Makrelenschwanzringe, geschah es, daß 1000 Drosselringe statt mit der Aufschrift ‚Vogelwarte Rossitten' mit ‚Helgoland' geliefert wurden. ‚In der Not mußte ich sie verwenden. Damit war aber nun einmal der Anfang mit eigenen Ringen gemacht, die die Direktion schon längst dringend gewünscht hatte. Da ein Nachteil überdies nicht einzusehen war, weil ‚Zool. Stat. Helgoland' im Auslande eher verständlicher ist als ‚Vogelwarte Rossitten', so wurden nach der Saison neue Ringe (Krähen-, Möwen-, Drossel- und Schwalbenringe) angeschafft, von denen die beiden größeren Sorten die Aufschrift tragen: ‚Return!': Zool. Stat. Helgoland Nr.' bedruckten 1000 Stück, aber nur ‚Zool. Stat. Helgoland Nr.'." Das Wort ‚Return' fügte Weigold hinzu, um jedem Finder verständlich zu machen, daß der Ring zurückzusenden ist."

Im Jahr 1911 wurde auf dem damals noch völlig baum- und strauchlosen Helgoländer Oberland in einer Mulde, von den Insulanern „Sapskuhle" genannt, in der sich nach starken Regenfällen Tümpel bildeten, ein „Biologischer Versuchsgarten", der botanischen und ornithologischen Zwecken dienen sollte, angelegt. Weigold erkannte die Bedeutung dieses „Versuchsgartens" für den wissenschaftlichen Vogelfang und er begann, den Garten zu bepflanzen. Eine Baumschule bei Kiel stiftete 1000 Sträucher und fast ebenso viel ein Gutsbesitzer in Schlesien. Es war eine ausgezeichnete Zusammenstellung, mit der der ornithologische Teil gebrauchsfähig hergerichtet werden konnte. Ruhige Rastplätze sollten die Vögel anlocken, und ein „Drosselbusch" zum Fang der Schnepfen und anderer

Beginn der Anlage des Fanggartens in der Sapskuhle
(Archiv IfV)

Anlage des Fanggartens
(Archiv IfV)

Arten wurde fertig. Weitere Pflanzenspenden brachten Wasser-, Sumpf- und Schlingpflanzen, blühende Sträucher und Bäume, dichte Nadelhölzer und Kräuter. Es sollte sehr dicht gepflanzt werden, damit der Sturm weniger Schaden anrichten könnte. Dazu schreibt Vauk (1977): „Wer Helgoländer Verhältnisse kennt, der weiß, um was für ein mühsames Unterfangen es sich dabei gehandelt haben muß. Wie oft mögen alles austrocknende harte Stürme die Hoffnungen eines Gärtners zunichte gemacht haben".

In diesem „Fanggarten" wurden rastende Vögel zunächst mit Netzen gefangen, ab 1920 dann mit den von Hugo Weigold eingeführten und mittlerweile weltberühmten Helgoländer Trichterreusen. Damit war die Grundlage für erfolgreiche Vogelzugforschung gelegt: nämlich der Fang von Vögeln in großer Zahl; ein revolutionärer Schritt zum Fang von rastenden Vögeln.

Auch von Helgoland aus unternahm Weigold verschiedene Forschungsreisen, so von Anfang März bis Mitte Mai 1911 nach Kleinasien, 1912 nach Südungarn und Serbien sowie 1913 nach Portugal, Spanien und Tanger (Marokko). Schließlich folgte 1913 seine berühmte Ostasienreise. Dazu H. Weigold: „Auf Helgoland galt all meine Liebe dem ‚Botanischen Versuchs- und Vogelfanggarten' in der Sapskuhle – und am Schreibtisch dem Vogelzugproblem. – Da bekam ich eines Tages die neue Nummer der Zeitschrift „Falco", die Kleinschmidt herausgab. Darin las ich zu meiner Bestürzung die Ankündigung einer zoologischen Expedition nach Westszetschwan, jenem wilden Grenzlande zwischen China und Tibet, jener östlichen Fortsetzung des Himalajagebirgszuges. Das war ja ausgerechnet die Gegend, die ich mir schon lange als Ziel meiner Forschersehnsucht ausgesucht hatte. Dort hatte ich mir die Hauptarbeit meines Lebens erträumt! – Und das sollte mir nun vorweggenommen werden? Andre sollten nun jene wunderbaren Großtiere, jene ungeheuer reiche Vogelwelt erforschen? – Das war ein tiefer Schmerz!" Weigold schrieb dies in einem Brief an O. Kleinschmidt. Und dies hatte Wirkung. Anfang Oktober 1913 erhielt Weigold die Einladung zu dieser Reise und schon am 30.10.1913 verließ Weigold, für zwei Jahre beurlaubt, Helgoland, um an der Stöznerschen Expedition nach Szetschuan teilzunehmen. Durch den Krieg in China festgehalten, und dort zwischenzeitlich Lehrer an der Deutsch-chinesischen Schule in Kanton, kehrte er erst im Juni 1919 mit einem Gefangenentransport von China nach Deutschland zurück. Weigolds wissenschaftliche Ausbeute seiner Tibetreisen war so umfangreich, dass sie zunächst nicht publiziert wurde. Erst nach einer langen Odyssee wurde sie im Jahr 2005 veröffentlicht, als Sonderheft der Mitteilungen des Vereins Sächsischer Ornithologen (Weigold 2005).

Als sein Vertreter auf Helgoland wurde 1913 sein langjähriger Freund A. Marx berufen, der aber bei Kriegsausbruch zum Militär eingezogen wurde. Bald musste auch die Biologische Anstalt ihre Arbeit einstellen, alle Sammlungen, darunter auch die Vogelsammlung, Archive und die Bibliothek wurden ans Festland geschafft. Die Zivilbevölkerung Helgolands wurde evakuiert. Die Sapskuhle war von der Militärbehörde schon 1914 zur Unterbringung der Schafe beschlagnahmt worden. Die Tiere zerstörten den mühsam angelegten und gehegten Pflanzenbestand fast völlig. Die Vogelsammlung, die in Zinkkisten nur behelfsmäßig zum Transport verpackt werden konnte, erlitt schwere Schäden. Dennoch ruhte auch während der harten Kriegsjahre die ornithologische Arbeit auf Helgoland nicht gänzlich. Peter Krüß, Präparator der Biologischen Anstalt, wurde vom Direktor der Anstalt während der Hauptzugmonate für einige Zeit auf die Insel geschickt und veröffentlichte zwei Berichte für die Jahre 1912–1917.

Als Weigold im Sommer 1919 nach Helgoland zurückkam, gab es viel zu tun. Der Biologische Versuchsgarten war weitgehend zerstört. Zunächst hatte Weigold aber auch beim Wiederaufbau der Biologischen Anstalt mitzuarbeiten. Besonders das Museum lag ihm am Herzen. Es sollte später mehr und mehr ein Vogelzugmuseum werden. Allerdings zog es Weigold doch mehr ans Festland. Er bewarb sich bei den Museen in Berlin, München oder Wien, doch ohne Erfolg.

Weil die Garnnetze, mit denen die Drosselbüsche überspannt wurden, häufig gestohlen wurden, sann Weigold auf Abhilfe. Schon A. Marx hatte geäußert, dass man Reusen bauen müsste. So wurden Reisigwände in V-Form aufgestellt. Ein Drahtgeflechttrichter und eine verfallene Voliere, in der sich schon manchmal Vögel gefangen hatten, vollendeten die Anlage. Die Vögel wurden darin zu einem engen Ausgang gezwungen, wo man sie leicht im Netz fangen konnte, das davor gehängt werden konnte. Der Drahttrichter über dichtem Buschwerk endete in einem kleinen abnehmbaren Käfig, der durch eine Falltür verschlossen werden konnte. Schon im ersten Jahr wurden so rund 1000 Vögel gefangen. „Wo hätte man ein gleiches Untersuchungsmaterial in 40–50 Arten, ohne daß man die Natur um ein einziges ihrer Geschöpfe ärmer zu machen braucht, wenn es nicht gerade das Studienproblem nötig machte." (H. Weigold in I. Weigold 1986). Die noch heute weltberühmte „Helgoländer Trichterreuse" war erfunden! Weigold blickte noch weiter: „Wenn man solche Fangstationen, wenn auch nur mit je einer Trichterreuse, an verschiedenen bekannten Raststationen der Zugvögel hätte, dann müßte man wunderbare Aufschlüsse über den Vogelzug erhalten. – Ich wünschte, ich hätte so eine Fangstation schon in Mesopotamien, in Nord-China, in Marokko gehabt!" E. Stresemann schrieb dazu 1923: „Mit dem Ausbau der Sapskuhle als Vogelfangstation hat Weigold einen ornithologischen Lustgarten gegründet, der als Riesenreuse nach und nach alle Ornithologen einfangen wird".

Noch eine weitere „Erfindung" ist mit Hugo Weigold verbunden: Vogelschutzlampen am Leuchtturm. „Wie ich darauf kam? Nicht am grünen Tisch, sondern allein unter dem Eindruck unmittelbarer Beobachtung in mancher guten Vogelzugsnacht. Ich fand dabei, daß der Zug sowohl in mondhellen wie in dunklen Nächten stattfindet, daß aber die Leuchttürme ihre verhängnisvolle Anziehungskraft nur bei sehr unsichtigem Wetter entfalten, zumal, wenn Sturm damit verbunden ist wie gewöhnlich oder wenn der Wind dreht und die Vögel aufhält. Dann sammeln sich die Vögel um das Licht, wo sie instinktiv Orientierung erhoffen. Ist es so dunkel, daß die Strahlenbündel wie Stäbe ins Nichts stechen, dann fliegen die Vögel gegen den Turm. Kommt aber Nebeldunst, der das Licht zerstreut, so daß der Reflex auch den Turmkopf erhellt, so hört das Anfliegen auf."

Auch war Weigold der Erste, der sich neben vielen anderen Naturschutzfragen intensiv mit der Ölverschmutzung als Gefahr für Seevögel und Fischbrut beschäftigte und dafür erstmals den Begriff „Ölpest" prägte.

Vielseitig und weitblickend arbeitete Weigold in den Jahren 1919 bis 1924 auf Helgoland. Er beobachtete bereits 1919 Vögel von Flugzeugen, die zu der auf Helgoland stationierten Marine-Flugstation gehörten. Zwei dieser Maschinen

Schon 1919 führte Hugo Weigold Vogelbeobachtungen vom Flugzeug aus durch (Archiv IfV).

wurden durch Weigolds Einsatz vor der Zerstörung bewahrt. Ein Flugzeug ging sogar in den Besitz der Biologischen Anstalt über. Leider fehlten aber die Mittel, um dieses Flugzeug wirklich nutzbringend einsetzen zu können.

Für den Weitblick und den Gedankenreichtum Weigolds spricht auch die Tatsache, dass er schon damals die Bedeutung der Vögel im Haushalt des Meeres erkannte und verlangte, dass sie in die marin-biologische Forschung einbezogen wurden (1927): „Umgekehrt vernachlässigt der marine Zoologe bisher in unverantwortlicher Weise die Vögel, die ebenso über dem Wasser fliegen wie ihre Brüder über dem Land. Darum ist unsere Kenntnis der Meeresvögel, soweit sie sich rein marin benehmen, noch sehr kümmerlich … Da blamiert sich jeder, der einen Seeigel nicht von einem Seestern unterscheiden kann. Aber wunderlicherweise findet bisher niemand etwas dabei, wenn man einen Seetaucher nicht von einer Lumme oder einem Alk oder eine Trauerente nicht von einer Brandgans unterscheiden kann, obgleich das marine Tiere sind, die kein Seemann und kein Strandzoologe übersehen kann. Das eine Problem ist: die Phänologie der echten und zeitweisen Seevögel. Wann kommen die Vorläufer und wann die Massen der nordischen Alken, Lummen, Möwen, Enten an unsere Küste, in unsere Watten? Wann gehen sie? Unter welchen Wetterbedingungen bleiben sie bei uns und unter welchen wandern sie weiter? Wie sind die Zusammenhänge mit dem Erscheinen von Jungfischschwärmen, besonders Heringen?" (Vauk 1977).

Seine hauptsächliche Forschung galt aber dem Vogelzug. Weigold erkannte die große Bedeutung des wissenschaftlichen Vogelfangs auf Helgoland, der nicht nur die Möglichkeit schuf, große Mengen von Zugvögeln zu beringen, sondern darüber hinaus eine einmalige Fülle von Material für fast alle ornithologischen, ja zoologischen Forschungseinrichtungen lieferte.

Doch er war zunächst über den Verlauf der Beringung in Deutschland nicht zufrieden. So schrieb er 1912: „…. daß uns England und Ungarn bereits überflügelt haben. In England wurden in drei Jahren 20.000 Vögel gekennzeichnet. In Deutschland ist man viel zu sehr Eigenbrötler. Ein großzügiges Zusammenarbeiten ist bei uns kaum möglich und sollte es doch sein! Wo sind denn unsere Ornithologen? Bei der großen Zahl der ornithologischen Vereine und Jagd-Interessenten sollte man denken, in Deutschland wäre es ein Kinderspiel, genügende Mengen Zugvögel zu zeichnen. Statt dessen ist kaum eine Schnepfe, Ente, Krähe, Würger oder Raubvogel gezeichnet, wenn nicht von den paar staatlich angestellten Forschern. In Deutschland soll alles der Staat machen, in England und Amerika tut alles der Privatmann."

Dennoch, schon 1920 kommt Weigold anhand von Beringungsergebnissen zu wesentlichen Einsichten über das Zugverhalten der Vögel. Weigold (1920) schließt: „Es ist eins der größten Verdienste des Ringversuchs, daß er uns darüber die Augen geöffnet hat, daß es in den Lebenserscheinungen der Tiere keine Gesetze, sondern allenfalls Regeln gibt, deren Ausnahmen aber ebenfalls höchst wichtig für die Erkenntnis sind. Von den Schleswiger Lachmöwen wissen wir jetzt durch meine Markierungen, daß ‚Geschwister' teils Stand-, teils Strich-, teils Zugvögel sind, daß die einen in Hamburg an der Alster überwintern, die andern in Portugal und Spanien, die dritten in England. Genau ebenso wird es mit mancher andern Art sein. Auch die Schwarzdrossel gehört hierher."

Nicht zuletzt auf Grund der zahlreichen Berichte und wissenschaftlichen Arbeiten von Weigold wurde Helgoland wieder zum „Mekka der Ornithologie" und das von Weigold schon 1909 angelegte Gästebuch enthält viele Namen bekannter Ornithologen, doch die wirtschaftliche Situation Helgolands wurde immer schlechter und sie traf auch die Familie Weigold. Mittlerweile hatte er geheiratet (1920) und wurde Vater (1922). Um seine wirtschaftliche Situation zu verbessern, ließ Weigold eine Postkartenserie seiner besten Vogelfotos herstellen und verkaufte sie im Ausland, „denn hier ist nichts zu wollen". Aus dieser Situation heraus versuchte Weigold auch immer wieder, bei der vorgesetzten Behörde eine Versetzung auf das Festland zu erreichen, doch zunächst ohne Erfolg.

1924 war es dann aber soweit. Anfang April 1924 bekam Dr. Hugo Weigold die Stelle des Direktors am Landesmuseum Hannover. Provinzialmuseum hieß es ja damals noch. Dazu Weigold im Januar 1924 in einem Brief an seinen Freund Lintia: „Dieser Brief instruiert Dich über die große Veränderung in meinem Leben, die sich eben entschieden hat. Ich komme aufs Festland. Dadurch werde ich viel mehr Bewegungsfreiheit haben, kann eher mal an Reisen denken, werde Gelegenheit zu Vortragsreisen haben.". Ein Wunschtraum Weigolds war in Erfüllung gegangen. Doch auch in Hannover blieb er teilweise seiner wissenschaftlichen Arbeit auf Helgoland treu. In Zusammenarbeit mit Professor Dr. Ernst Schüz, Vogelwarte Rossitten, veröffentlichte er 1931 den „Atlas des Vogelzuges nach den Beringungsergebnissen bei palaearktischen Vögeln". Es war nicht nur der weltweit erste umfassende Ringfundatlas mit etwa 6.830 Ringfunden auf 262 Einzelkarten, sondern auch richtungsweisend für mittlerweile zahlreiche andere „Vogelzug-Atlanten".

Seiner „Vogelwarte" blieb er zeitlebens verbunden. Zu deren 50. Geburtstag schrieb er am 29.3.1960:

> „Der Vogelwarte Helgoland zum 50. Geburtstag!
> Selten wird ein Vater wagen zu hoffen, daß er es noch miterleben darf, wie sich eins seiner lieben Kinder in erfreulichster Weise entwickelt, groß und stark und 50 Jahre alt wird, und daß dann beide, der Vater und das Kind, immer noch voller Lust und Liebe zum Leben und zur Arbeit gemeinsam dieses glückliche Schicksal feiern dürfen. Mir, dem geistigen Vater, und dem großgewordenen Institut Vogelwarte Helgoland, meinem stolzen, gesunden und zukunftsfrohen Kinde, ist dieses seltene Glück heute beschieden. Wir dürfen uns freuen und wir müssen dankbar sein. Und so, wie man dem Vater zu seinem gut geratenen Sprößling Glück wünschen wird, so wünsche ich meinem Kinde Glück zu diesem Lebensabschnitt, Glück und weiteres Gedeihen, und das heißt hier: weitere Erfolge für die internationale Wissenschaft.
> Zwar war gar nicht ich es, der als erster die großartige Gelegenheit zum Studium des Vogelzugs auf Helgoland, der ursprünglichen Hauptaufgabe des heute feiernden Instituts, erkannte – dies große Verdienst bleibt dem verehrten unvergeßlichen Altmeister Gätke -, aber mir ist es, nur ein Jahr nach dem Verlassen der Universität, also als blutjungem Jünger der Wissenschaft, vergönnt gewesen, einen weitsichtigen und im Rahmen der damaligen engen Möglichkeiten großzügigen Chef dafür zu gewinnen, die „Vogelwarte Helgoland" wieder zu beleben und als greifbare staatliche Einrichtung anzuerkennen. Nie dürfen wir das Geheimrat Heincke vergessen.
> Der Anfang war klein – gewiß -, wie eben jedes Neugeborene erst mal klein sein muß. Es war auch gar nicht so leicht, dem Kinde eine rasche kräftige Entwicklung zu verschaffen – es kam ja der erste Weltkrieg dazwischen! Aber nach und nach ist es der Tüchtigkeit meiner Nachfolger eben doch gelungen. Und jetzt können wir stolz und freudig sehen, was aus dem Kindlein geworden ist. Es hatte eben Glück! Glück mit seinen Pflegevätern und vor allem Glück bei ein- und weitsichtigen vorgesetzten Behörden, die die große völkerverbindende Rolle des Instituts erkannten. Diese Rolle war es, die ich ins Feld führen konnte, als nach dem letzten Kriege mir die Frage vorgelegt wurde, ob man aufgeben dürfe oder trotz aller Not weitermachen müsse in einer Zeit, wo die Mittel für das Lebensnotwendigste schon so knapp waren. Aber grade nach diesem Kriege war es bestimmt das Wichtigste, der Welt zu zeigen, daß wir trotz allem noch das alte Kulturvolk waren. Internationale wissenschaftliche Interessen und Arbeiten konnten uns am ehesten wieder kulturelle Fühlung mit all den Völkern verschaffen, die uns hassen gelernt haben mußten. Welches Institut hätte sich da für einen ersten Anfang besser geeignet als eines, das seine gefiederten Sendboten des guten Willens, seine Ringvögel, alljährlich zu Zehntausenden in die Welt zu den anderen Völkern schicken konnte?!
> Heute zweifelt wohl niemand mehr, daß es so richtig war. 50 Jahre völkerverbindende Arbeit der liebenswertesten Art haben Gutes gewirkt. Wer wollte heute diese Arbeit missen, heute und in der Zukunft?! Jedem wird das klar werden, der an diesen Feierstunden teilnehmen kann.
> Wie gern würde ich, grade ich, auch dabei sein. Es fällt mir schwer, um Entschuldigung zu bitten. Aber im Ruhestand und mit 74 Jahren kann man leider nicht mehr so rasch bereit sein zu kostspieligen weiten Reisen, zumal man ja nun auch mehr an seine Gesundheit denken muß. Man ist ja schließlich kein Adenauer und kein Eisenhower. Aber niemand wird – das ist wohl sicher – mit dem Herzen mehr dabei sein als ich.
> So bitte ich denn, daß die Regierung Niedersachsens, meine Nachfolger und lieben Kollegen, alle Mitarbeiter und Freunde der schönen wissenschaftlichen Arbeit meinen herzlichsten Dank für das Geleistete, meine freudige Anerkennung, meine Grüße und meine innigen Wünsche für weiteres Gedeihen auch auf diesem schriftlichen Wege entgegennehmen.
> In herzlichster Verbundenheit
>   Ihr alter Hugo Weigold"

Dr. Hugo Weigold starb am 9. Juli 1973 am Ammersee. Schon nach seiner Pensionierung in Hannover 1952 ist Weigold nach Planegg bei München gezogen, 1957 dann an den Ammersee.

Prof. Dr. Rudolf Drost

Am 1. April 1924 übernahm Dr. Rudolf Drost die Leitung der Vogelwarte. Auch er kam zunächst als Assistent der Deutschen Wissenschaftlichen Kommission für Meeresforschung an die Biologische Anstalt Helgoland. Seine Aufgaben lagen im Bereich der Fischereibiologie. Diese Arbeit entsprach wie bei Weigold nicht den Wünschen und Neigungen des jungen Zoologen. Schon als Student war das Traumziel seiner beruflichen Laufbahn eine Tätigkeit als Ornithologe an der Vogelwarte Helgoland und so hatte er das Ziel „sich einmal nur noch mit der Ornithologie befassen zu können."

Rudolf Drost wurde am 18.8.1892 in Oldenburg (Oldenburg) als Sohn des Zoologen Dr. Karl Drost geboren, der als Oberlehrer (Studienrat) an der Städtischen Oberrealschule in Oldenburg tätig war. Nach dem frühen Tod des Vaters zog seine Mutter nach Jever. Dort wuchs Rudolf Drost auf und machte sein Abitur 1912 am Mariengymnasium. Nach dem Abitur studierte er von 1912–14 Naturwissenschaften an der Universität Tübingen, doch der Erste Weltkrieg unterbrach das Studium. Im Dezember 1918 nahm Drost das Studium der Naturwissenschaften, insbesondere der Biologie, in Göttingen wieder auf, wo er 1923 bei Prof. Dr. Alfred Kühn über „Die Planktonfauna des Seeburger Sees" promovierte. Nach einer vorübergehenden Tätigkeit als Volontärassistent der Universität Göttingen kam er im Herbst 1923 als Hydrobiologe an die Biologische Anstalt auf Helgoland. Doch seine dortige Beschäftigung mit Fischereibiologie dauerte nicht lange. Zum 1. April 1924 wurde er mit der Wahrnehmung der Geschäfte des Kustos für Vogelforschung an der Biologischen Anstalt auf Helgoland beauftragt, 1926 schließlich zum Leiter der Abteilung Vogelwarte im Rahmen der Biologischen Anstalt Helgoland berufen und 1932 zum Professor ernannt.

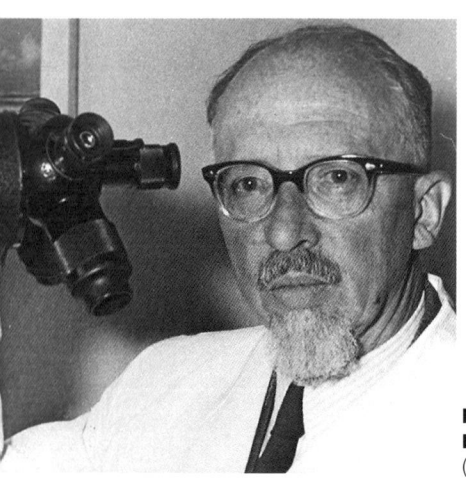

Fanggarten um 1930. Höhere Vegetation findet sich nahezu ausschließlich im Fanggarten (Archiv IfV)

Diese Abteilung „Vogelwarte" war ein „‚Ein-Mann-Institut', oder – richtiger – überhaupt kein Institut" (Drost 1956), der mehr schlecht als recht in zwei Räumen des Hafenlaboratoriums, dem früheren Trossenschuppen untergebracht war. Die „Sapskuhle" diente nicht nur als Vogelfanggarten sondern auch als Schulgarten und botanischer Versuchsgarten. Erschwerend kam hinzu, dass der Fanggarten weit weg vom Hafenlabor lag. Die für die Arbeit der „Vogelwarte" benötigte Schreibkraft wurde zunächst von Drost selbst privat bezahlt.

Die räumliche Unterbringung der Vogelwarte besserte sich erst im Oktober 1926, als die „Vogelwarte" in das ehemalige Stabsoffiziersgebäude der Marine auf dem Oberland übersiedelte, „170 Schritte vom Fanggarten entfernt". Zunächst untersagte aber das Ministerium in Berlin den Einzug in das Erdgeschoss des Nordflügels wegen Absturzgefahr, stand das Gebäude doch direkt am Klippenrand. „Dagegen durfte der Vogelwart privat, d. h. außerhalb der Dienstzeit abstürzen; denn ihm war der erste Stock als Wohnung zugewiesen." (Drost 1956). „Wir zogen dennoch ein, und es ist in all den Jahren bis zum Ende des Krieges nichts passiert." (Drost 1956). 1933 erhielt die Vogelwarte die ganze nördliche

Prof. Dr. Rudolf Drost (1892–1971) (Archiv IfV)

Hälfte des Gebäudes für dienstliche Zwecke; der südliche Teil diente als Dienstwohnung. Schon 1928 wurde nebenan ein kleines Vogelhaus mit Innen- und Außenvolieren für Versuchs- und Lockvögel errichtet, wo u. a. Limikolen für die Untersuchung von Zugrufen gehalten wurden.

Über die Entwicklung des Fanggartens zu dieser Zeit schreibt Drost (1956): „Der berühmte Garten, der in der früheren kahlen ‚Sapskuhle' geschaffen war, und dessen künftige Bedeutung Weigold – wie so viele – schon früh erkannte, muß auch hier wieder erwähnt werden. Ganz bald hatte die Vogelwarte alleiniges Verfügungsrecht und nun hieß es fortan der ‚Vogelfanggarten'. Im Jahre 1927 wurde er um 25 m verlängert und gleichzeitig mit einer 2 m hohen Mauer umgeben. Die erste Umzäunung hatte aus einer 1,80 m hohen Holzplanke bestanden. Beim Eingang wurde ein Häuschen gebaut mit mancherlei zweckmäßigen Einrichtungen für Untersuchung, Beringung und Aufbewahrung von Vögeln. Eine zweite Verlängerung um 30 m wurde 1938 durchgeführt, wobei sogar künstlich eine zweite Senke (Kuhle) geschaffen wurde. Im Laufe der Jahre wurden fünf große Fangreusen mit allerhand Neuerungen, sog. ‚Winkelreusen' errichtet. Eine Fernsprechverbindung zum Institut wurde geschaffen (1929), und schließlich auch (1933) eine Starkstromleitung nach dort verlegt."

Auch der Ausbau der wissenschaftlichen Vogelsammlung wurde vorangetrieben. Schließlich konnte 1931, als die Deutsche Ornithologische Gesellschaft erstmalig auf Helgoland tagte, auch ein Vogelzugmuseum eingerichtet werden. 1930 wurde gemeinsam mit der Vogelwarte Rossitten und der Deutschen Ornithologischen Gesellschaft eine eigene Zeitschrift der beiden deutschen Vogelwarten gegründet, „Der Vogelzug", der ab 1949 als „Die Vogelwarte" fortgeführt wurde. Die Gründung dieser Zeitschrift sollte die Veröffentlichung wissenschaftlicher Arbeiten aus diesen beiden Instituten vereinfachen; zudem diente sie zum Austausch mit anderen Zeitschriften und so dem Aufbau der Vogelwarten-Bibliothek. 1930 wurde auch die Reihe „Abhandlungen aus dem Gebiet der Vogelzugforschung" (später „Abhandlungen aus dem Gebiet der Vogelkunde") gegründet. Immer mehr weitete sich der Arbeitsbereich der Vogelwarte aus und entsprechend stieg die Zahl der Mitarbeiter.

1939 waren es neben dem Abteilungsleiter, ein wissenschaftlicher Assistent, ein Präparator, ein Laborant, ein Institutsgehilfe, drei Bürogehilfinnen, ein Bürolehrling und eine Reinigungskraft. Die Schreibarbeit war nämlich sehr umfangreich. Jährlich über 100.000 mit Ringen der Vogelwarte auf der Insel selbst und am Festland gekennzeichnete Vögel ergaben zahlreiche Wiederfunde, die es zu bearbeiten galt, mit oft umfangreicher Korrespondenz. Denn es wurden zunehmend mehr Vögel von ehrenamtlichen Beringern am Festland beringt. In Zusammenarbeit mit regionalen ornithologischen Vereinen wurden sog. Zweigberingungsstellen gegründet, beispielsweise in Schlesien, Magdeburg, Frankfurt, Marburg, Dessau, Oldenburg, Bremen und anderen Orten. So stieg die Anzahl der Beringungen außerhalb Helgolands von 2041 im Jahr 1911 auf nahezu 135.000 im Jahr 1936 und auf Helgoland von 9 (1911) auf 8785 im Jahr 1936 (Drost 1956). Seit 1931 war die Ringinschrift „Vogelwarte Helgoland".

Eine der Trichterreusen, 1934
(Archiv IfV)

Fangkasten am Ende einer Trichterreuse
(Archiv IfV)

Der Zweite Weltkrieg

Der Zweite Weltkrieg brachte das Ende der Vogelwarte auf Helgoland. Schon 1939 verließ der wissenschaftliche Assistent die Vogelwarte, die letzten beiden Mitarbeiter gingen im Herbst 1940 bzw. im Herbst 1941. Drost (1956) schreibt zur damaligen Situation: „An die persönliche Gefahr gewöhnte man sich. Was mehr bedrückte, war die große Gefahr, in der das wertvolle und unersetzliche Material der Vogelwarte schwebte, das Beringungsarchiv, die Sammlungen, die Bibliothek, das Bildarchiv. Die Erhaltung dieses Materials erschien dem Chronisten (Anmerkung: R. Drost) wichtiger als die Förderung augenblicklicher wissenschaftlicher Arbeit. So entschloß er sich, es bombensicher tief im Felsen unterzubringen. Die große Unbequemlichkeit und Erschwerung, daß man sich wegen des Nachsehens von Beringungsdaten zum Studium der Literatur bzw. nach unten in unser „Bunkerbüro" begeben mußte – wo immerhin elektrisches Licht und ein elektrischer Heizofen ein Arbeiten ermöglichten -, mußte in Kauf genommen werden. Wie nötig dieser Schutz war, zeigte der 15.5.1943, als eine schwere Bombe u. a. die Veranda wegriß und das Arbeitszimmer des Institutsleiters mit Trümmern übersäte, während wir im Keller saßen. Der Transport des Materials dorthin war keine Kleinigkeit, denn die männlichen Mitarbeiter waren zur Truppe eingezogen, und unsere ganze Vogelwartenbesatzung bestand außer dem Institutsleiter nur noch aus drei weiblichen Bürokräften. Diese letztere Bezeichnung gibt ein falsches Bild, denn was die Mitarbeiterinnen leisteten, war viel mehr als Bürotätigkeit und bleibe ihnen unvergessen. Zwei von ihnen arbeiten noch heute im Institut (L. Lührs und D. Klings; erstere noch bis zu ihrer Pensionierung 1970 in Wilhelmshaven bei der Vogelwarte tätig, letztere heute bei der Kurverwaltung auf der Insel beschäftigt). In nie ermüdender und unverzagter Arbeit packten und transportierten sie alle schweren Kisten vom Oberland zum Unterland. Viel bedeutsamer aber war eine andere Tätigkeit dieser weiblichen Hilfskräfte. Sie wirkten nämlich täglich im Fanggarten und leisteten beste ornithologische Arbeit. Sie betreuten nicht nur den Garten, fingen und beringten die Vögel, die beiden älteren bestimmten sogar die Rassen und das Alter und Geschlecht der Gefangenen. An manchen Tagen war diese Arbeit hart und aufopferungsvoll, denn ausgerechnet in die Kriegszeit – während der Leuchtturm nicht leuchten durfte und keine nächtlichen Wanderer anziehen konnte – fielen Rekordfänge im Fanggarten. Es gab Tage mit 882 und 510 (19. und 20.10.1942) und sogar einmal mit 1510 Beringungen (12.10.1940)." 1510 Beringungen pro Tag sind bis heute (2009) der Rekord!

Zerstörtes Gebäude der Vogelwarte auf Helgoland, 1952
(Archiv IfV)

Trotz aller Schwierigkeiten ruhte auch die wissenschaftliche Arbeit nicht ganz. „Aber der Krieg brachte nicht nur Schlimmes. Er bescherte auch eine wissenschaftlich bedeutsame Feststellung und Erkenntnis: Zugvögel zeigen eine Reaktion, wenn sie in den Bereich von Ultrakurzwellen geraten, wie sie von Radargeräten ausgesendet werden. Es war dem Verfasser möglich, dies systematisch zu beobachten und auch, mit Hilfe der Marine, Versuche anzustellen, über die 1949 berichtet wurde." Drost selbst musste am 10.10.1944 die Insel verlassen, da er eingezogen wurde. Acht Tage später erfolgte ein Luftangriff, der das gesamte Nordsee-Museum vernichtete. Nur die Kisten mit den wertvollsten Stücke der Gätkeschen Vogelsammlung, die Drost in den Keller der Biologischen Anstalt ausgelagert hatte, überstanden den Angriff. Die Bürotätigkeit der Vogelwarte konnte in geringem Umfang noch bis 18.April 1945 fortgesetzt werden, als die gesamte Insel durch massive Bombenangriffe zerstört wurde.

Neubeginn nach dem Zweiten Weltkrieg
Umzug und Neugliederung

Mit der Zerstörung Helgolands war nicht klar, ob es dort jemals wieder die Möglichkeit zu einer Vogelwarte geben würde. Nach Rückkehr aus der Kriegsgefangenschaft eröffnete Drost bereits im Juni 1945 die „Ausweichstelle der Vogelwarte Helgoland in Göttingen". Mit Hilfe einer geliehenen Schreibmaschine knüpfte er wieder die ehemaligen Verbindungen. Da es keine gesetzlichen Grundlagen mehr gab, schrieb Drost alle Regierungspräsidenten im Arbeitsbereich der Vogelwarte an und teilte mit, dass die Vogelwarte Helgoland weiterarbeitet. Dabei fand er allgemeine Zustimmung. Über diese Zeit schreibt Drost (1956): „Erfreulich, aber auch wechselvoll und teilweise dramatisch, verliefen die Bemühungen, nach dem Ausscheiden ‚Berlins' einen neuen Träger für die Vogelwarte und einen neuen Tätigkeitsort mit geeigneten Gebäuden zu finden. Wohl zahlte Schleswig-Holstein, wozu ja die Insel Helgoland politisch gehörte, das Gehalt für den Leiter, aber das war auch alles. Die Biologische Anstalt Helgoland war nach der Insel Sylt ausgewichen, wo sie seit Jahren in List eine Zweigstelle unterhielt, und auch sie war in finanzieller Notlage. Für die Vogelwarte konnte der damalige Direktor nur die Stelle des Leiters und einer Bürogehilfin sowie einen Sachetat von 1000 RM in Kiel beantragen. Das hätte keinen Wiederaufbau ermöglicht. Aber allein schon aus ornithologischen Gründen entschloss sich der Chronist für einen Ort, der zu Hannover gehörte, nämlich Cuxhaven-Duhnen. Es war eine Freude, wie Kollegen halfen, die Wege zu ebnen, und wie Universitätsprofessoren, Museumsdirektoren, ornithologische Vereine usw. den Verfasser mit Gutachten über die Bedeutung der Vogelwarte Helgoland ausstatteten, die in Hannover den erwarteten Erfolg brachten".

Institut für Vogelforschung „Vogelwarte Helgoland"

Drosts Bemühungen waren erfolgreich. Im Januar 1946 beschloss das Oberpräsidium der Provinz Hannover, Hauptabteilung Kultus, die Vogelwarte zu übernehmen, was dann zum 1. April 1946 vollzogen wurde. Die „Vogelwarte" wurde ein selbstständiges „Institut für Vogelforschung". Verbunden damit war auch eine Namensänderung: „Institut für Vogelforschung" mit dem früheren Namen „Vogelwarte Helgoland" als Untertitel.

Die Übernahme durch Hannover wurde jedoch von Schleswig-Holstein zunächst wenig erfreut aufgenommen. Als Drost in Kiel um Zustimmung zur Übernahme bat, wurde ihm begegnet: „Wir wollen aber die Vogelwarte Helgoland in Schleswig-Holstein behalten" (Drost 1957). Unterstützt durch Gutachten vom ehemaligen Direktor Dr. Hugo Weigold und vom Präsidenten der Deutschen Ornithologischen Gesellschaft, Prof. Dr. Erwin Stresemann, kam es aber zu entsprechenden Vereinbarungen zwischen Hannover und Schleswig-Holstein.

Zum 1. April 1946 zog auch die erste Büroangestellte, Luise Lührs, die seit 1926 an der Vogelwarte war, nach Göttingen und so wurde die „Ausweichstelle" die „Geschäftsstelle". Nur mit Hilfe privater Möbel und Mittel gelang es, diese notdürftige Unterkunft zunächst in einem Stallgebäude des ausgebrannten Zoologischen Instituts, dann im Stadtschulamt und zuletzt im Keller des Geographischen Instituts zu erhalten. Das Kassenwesen übernahm das Kuratorium der Universität im Auftrage Hannovers. Nach Gründung des Landes Niedersachsen (1946) wurde das Institut dem niedersächsischen Kultusministerium unterstellt.

Schon im September 1945 fand mit Genehmigung und Unterstützung der britischen Marine eine 1. Fahrt nach Helgoland statt. Dabei wurde alles wertvolle Material aus dem Bunkerbüro in Kisten verpackt und zum Festland transportiert. Dazu Drost (1956): „Dieses ‚Sammeln' war mühsam und schmerzlich, weil sich ein großer Teil des wertvollen Materials auf dem Fußboden befand, zertreten und beschmutzt." Das gerettete Material fand in Cuxhaven-Duhnen eine Lagermöglichkeit, zunächst aber nur im Musikpavillon am Strand. Erst im April 1946 konnte in Duhnen eine große Veranda (mit drei Seiten aus Fenstern) gemietet werden. Auf dieser „Nebenstelle" waren seit April 1946 eine weitere Büroangestellte und ein Laborant beschäftigt. Im August 1946 wurde die Insel Neuwerk als Außenstation mit einem Ornithologen besetzt, etwas später Scharhörn, in beiden Fällen maßgeblich unterstützt vom Wasserstraßen-Hafenamt Cuxhaven.

Nach hartnäckigem Anfragen beim „Naval Officer in Charge" in Cuxhaven wurden im August 1946 zwei weitere Fahrten nach Helgoland ermöglicht und all die Materialien nach Cuxhaven geholt, die ein zwischenzeitlicher Brand noch übrig gelassen hatte.

Bereits einen Monat nach der gewaltigen Sprengung auf Helgoland am 18. April 1947 wurde Drost von englischen Kollegen eingeladen, die Insel erneut zu besuchen, anläßlich ihres Aufenthaltes dort am 15. und 16. Mai. Doch leider verpasste Drost diesen Termin, da die Briefzensur das Schreiben verzögerte. Diese Kommission britischer Ornithologen kam nach Besichtigung der Insel und genauer Prüfung zu folgender Empfehlung: „Trotz der bisher schon erreichten wissenschaftlichen Ergebnisse der Vogelwarte Helgoland muß die ornithologische Arbeit an diesem einmalig günstigen Platz fortgesetzt werden. Ein Vogelwartengebäude ist neu zu bauen, ein Vogelfanggarten einzurichten. Eine Wiederaufnahme der Arbeit ist erst möglich, wenn die Bombenabwürfe der RAF beendet, ein Wiederaufbau des Ortes und die Neuansiedlung der Bewohner durchgeführt sind." (Drost 1956). Eine für den Neubeginn auf Helgoland wichtige Empfehlung. Doch dazu kam es zunächst nicht.

Seit 1945 bemühte sich Drost mit nachdrücklicher Unterstützung durch Hannover, für die Vogelwarte im Raum Cuxhaven eine andere Bleibe zu finden. Sehr hilfreich erwiesen sich dabei vor allem zwei Offiziere des englischen Hauptquartiers in Oeynhausen, Major H. G. Brownlow und Major G. H. P. Pye-Smith, die sich im Auftrag der englischen Ornithologen um die deutsche Ornithologie kümmerten und Drost in Göttingen besuchten. Sie bemühten sich um Ferngläser, um Aluminium für die Herstellung von Ringen, um die Lizenz für die Zeitschrift „Der Vogelzug" und vor allem um die Überlassung von Gebäuden im Raum Cuxhaven.

Zwei Jahre waren schließlich vergangen, bis sich eine endgültige Lösung abzeichnete. „Die Vogelwarte war noch immer nicht richtig arbeitsfähig (bis auf die Beringungszentrale und einige Außenstationen – z. B. Neuwerk und Scharhörn -), und die Mitarbeiter führten ein schwieriges und opfervolles Leben. Die ‚Nebenstelle' in Cuxhaven-Duhnen, z. B. die große Veranda, war nicht heizbar, und privat führte der gesamte Mitarbeiterstab ein Flüchtlingsdasein. In dieser Notlage hatten wir gerade mit Genehmigung der amerikanischen Behörden Gebäude auf einem aufgegebenen Flugplatz besetzt (durch zwei Mitarbeiter), obgleich er noch nicht an die Zivilbehörden übergeben war, wir mußten selbst die benötigten Gebäude vorm ‚Ausschlachten' schützen. Da erhielt der Chronist eine Einladung von der Stadt Wilhelmshaven, wo frühere Marinegebäude unbenutzt standen. Die sofortige Besichtigungsreise nach Wilhelmshaven ergab nicht nur eine besonders liebenswürdige und für die Wissenschaft aufgeschlossene Stadtverwaltung, das angebotene Gebäude war unerwartet günstig gelegen und besonders geeignet. So war der Entschluß schnell gefaßt, zumal die bisherigen ‚Hilfsbeobachtungsstellen' auf Mellum und auf Wangerooge von hier gut zu erreichen waren, und auch das Niedersächsische Kultusministerium stimmte zu. Die für Institut und Mitarbeiter so mühevollen heimatlosen Jahre, unsere ‚Flüchtlingszeit', waren zu Ende." (Drost 1956). Die Stadt Wilhelmshaven hatte die Vogelforschung in ihrem „Plan für eine Universität" im November 1946 angesprochen (Graul 2009).

Zu dieser Zeit schreibt Friedrich Goethe (in Vauk 1977): „Wilhelmshaven, dessen Rolle als Flottenstützpunkt damals ausgespielt und das 60 Prozent seines Wohnraumes im Luftkrieg verloren hatte, suchte nicht nur nach Industrien, sondern auch nach wissenschaftlichen Instituten und Hochschulen. Und so zog es zu der Forschungsanstalt Senckenberg am Meer, zur Landesstelle für Marschen- und Wurtenforschung und zum Max-Planck-Institut für Meeresbiologie (heute Max-Planck-Institut für Zellbiologie) auch gern die heimatlose Vogelwarte Helgoland in seine Mauern. Die Lage dieser Stadt schien Prof. Drost auch sehr günstig, und die ihm im Einvernehmen mit der Bundesvermögensstelle von Rat und Verwaltung angebotene ehemalige Marine-Signalstation an der ehemaligen dritten Hafeneinfahrt eignete sich nach damaligen Begriffen hervorragend für die Zwecke dieser Forschungsstätte. Hart nördlich erstreckte sich der durch Zerstörung der vierten Einfahrt abgeschlossene große ‚See' des Nordhafens, und zu den Baulichkeiten erhielt die Vogelwarte ein über 20 Hektar großes ‚Beobachtungs- und Versuchsgelände', auf dem sich viele Strand- und Sumpfvögel angesiedelt hatten."

Der Wiederaufbau in Wilhelmshaven

Am 27. September 1947 übersiedelte die „Nebenstelle Cuxhaven-Duhnen" per Schiff nach Wilhelmshaven, am 19. November folgte die „Geschäftstelle Göttingen". Das Institutsgebäude, eine frühere Unterkunft der Marinesignalstation an der ehemaligen III. Hafeneinfahrt befand sich aber in keinem guten Zustand, so dass zunächst Reparaturarbeiten anstanden und es fehlte noch an Vielem. Dazu Drost (1956): „Zunächst einmal brauchten wir Passierscheine, um zu unserem, auf einer ‚Insel' zwischen 2 Hafeneinfahrten gelegenen Gebäude gelangen zu können. Um aber überhaupt hinzukommen, wurde – bis zum Herbst 1948 – ein Fährboot eingesetzt, das nicht weit vom Bahnhof (an der Virchowstraße) abfuhr und uns nach einer viertelstündigen, oft sehr nassen und kalten Fahrt durch verschiedene Hafenteile an einem verfallenen Anleger in der Nähe des Instituts absetzte. Später führte der lange Landweg, …. , über Kaiser-Wilhelm-Brücke, Südstrand, 1. Hafeneinfahrt, 2. Einfahrt (bald zugeschüttet). Die ‚Hürde' der 3. Einfahrt zu nehmen, beide Schleusenkammern zu überqueren, war lange Zeit ‚Glückssache', oft sehr mühsam und dazu gefährlich. Anfangs waren die Schleusen noch in Betrieb, also vielfach offen für Schiffe und unpassierbar für Fußgänger. Während der langen Zeit ihrer ‚Demontage' gab es Kletterpartien über Holzgerüste und Schienen, bei Sturm ‚auf allen vieren'. Und beim Heimweg

Institut für Vogelforschung „Vogelwarte Helgoland" an der 3. Einfahrt in Wilhelmshaven, 1948 (Archiv IfV)

am späten Abend gab es auch einmal angeknackte Rippen."

Weiterhin wurde im Hafenbereich und in nächster Nähe des Instituts noch lange gesprengt.

„… die schreckliche Zeit der Sprengungen. Mehrmals mußten vorher sämtliche Fenster ausgehängt und alles wertvolle Material in den Keller geschleppt werden. Es gab böse Erschütterungen, Gebäudeschäden usw. mit nachfolgenden Handwerkerreparaturen, mit Aus- und Einräumen, usw."

Sehr viel Mühe machte die Erhaltung des Turmes, aber auch sie gelang schließlich dank des verständnisvollen Entgegenkommens des britischen Kommandanten und seiner vorgesetzten Dienststelle in Hannover. Dazu schreibt Goethe (1977): „Eines Tages erschienen britische Pioniere mit großen Sprengstoff-Paketen und dem Befehl, den Beobachtungsturm (der ehemalige Signalturm) unmittelbar neben der Vogelwarte umzulegen. Gerade dieser 25 m hohe Turm war als Beobachtungsposten und später als Studentenunterkunft so wichtig. Prof. Drost reiste sporenstreichs zum britischen ,Naval Officer in Charge', der sich den Fall vortragen ließ und dann schmunzelnd meinte: ,Get it!'- mit einer Bedingung: Der Turm mußte durch Abnehmen des Flaggenmastes ,entmilitarisiert' werden! Dieser Rear-Admiral war Amateur-Ornithologe, und der Umstand, daß in Großbritannien Vogelkunde ein ,Volks-Hobby' ist, hat der Vogelwarte in diesem wie in vielen anderen Fällen (zum Beispiel bei der raschen Rückgabe der von den Besatzungsstreitkräften beschlagnahmten Bücher, Sammlungen und anderem Material) zum Segen gereicht."

Der Neustart in Wilhelmshaven war also nur möglich durch das große Entgegenkommen des britischen Kommandeurs und „nur mit friesischer Energie und Zielstrebigkeit, die Rudolf Drost in glücklichem Maße besaß" (Goethe 1977).

Durch die Sprengungen besonders bedroht war das Nebengebäude, für das Drost seit 1947 die Einrichtung eines Museums plante. 1948 wurde dieses Gebäude der Vogelwarte überlassen, wenn auch in einem „schrecklichen Zustand" (Drost 1956). Mit den ersten Arbeiten für das Museum wurde schon bald begonnen. Ohne staatliche Mittel und fast nur mit eigenen Hilfskräften erforderte die Fertigstellung aber noch Jahre. Erst am 28. Mai.1952 fand die feierliche offizielle Einweihung statt. Das Museum präsentierte unter dem Leitmotiv „von Vogelwarten, Vogelforschung, Vogelleben" in vier Räumen einen Teil seiner Vogelsammlung, der Forschungsmethoden und der Forschungsergebnisse. Der Wilhelmshavener Künstler Hans-Joachim Beyer malte die Hintergründe der verschiedenen Dioramen, in denen typische Lebensräume der Seevögel „inszeniert" wurden, z. B. erstmalig „Aus dem Leben der Silbermöwe". Das „Vogelwarten-Museum" entwickelte sich mit dem Tourismus am Südstrand zum Publikumsmagneten und verzeichnete in den ersten Jahren durchschnittlich mehr Besucher als das städtische Küstenmuseum, allein zwischen 1953 und 1958 mehr als 10.000 pro Jahr (Graul 2009).

Auch wurde fortlaufend am Innenausbau des Institutsgebäudes gearbeitet. „Es enthielt Anfang 1956 u. a. folgende Räume: 1 Bibliothek, 1 Sammlungsraum, 1 Kurs- und Gästeraum, 2 Laboratorien, 1 Photolaboratorium, 1 Geschäftszimmer, 1 Archiv, 5 Arbeitsräume (für den Leiter und für Mitarbeiter), 1 Hausmeisterzimmer, 1 Futterküche, 1 Tischlerwerkstatt, 1 kl. Werkstatt und 4 weitere Räume für verschiedene Zwecke." (Drost 1956). Zur Unterbringung der vielen Versuchsvögel wurden neben dem Gebäude insgesamt 11 größere und solide Außenvolieren errichtet, von denen fünf dem Publikum zugänglich waren. Außerdem gab es noch Innenvolieren in zwei Nebengebäuden. Auch Vogelfanganlagen wurden errichtet, so unmittelbar neben dem Museum eine Reuse vom „Modell Helgoland", mit der im Jahr etwa 1000 Vögel für die Beringung gefangen wurden.

Die Vorteile der Lage in Wilhelmshaven für das Institut waren vor allem folgende (Goethe 1977): (1) Die Festlandslage, durch welche die Verkehrs- und Postmöglichkeiten erheblich verbessert wurden. Dies wirkte sich u. a. günstig für die Beringungszentrale und für den Kontakt mit vielen ehrenamtlichen Mitarbeitern im nördlichen Teil der Bundesrepublik zwischen Schleswig-Holstein und Hessen und bis zum 31. März 1964 auch noch die Bezirke Schwerin, Magdeburg, Halle und Erfurt in der ehemaligen DDR aus. (2) Die Hafenlage am Meer erlaubte eine schnelle Verbindung mit den Außenstationen auf Nordseeinseln vor der Küste und später mit der Inselstation Helgoland. Die maritime Lage war entscheidend für alle Forschungsvorhaben an Küsten- und Seevögeln, auch im Zusammenhang mit der Funktion des Instituts als Zentralstelle für den Seevogelschutz. (3) Die Lage unmittelbar an der Jade mit einem interessanten Leitlinienzug der Vögel. (4) Der Besitz eines großen Geländes und Versuchsareals. (5) Eine von selbst angesiedelte Brutkolonie der Silbermöwe auf der anderen Seite des Instituts, auf den Trümmern der gesprengten Mole zwischen den beiden Schleusenkammern, nur 100 m vom Fenster R. Drosts entfernt. Diese Kolonie wuchs von 2 Paaren (1948) auf 51 Paare (1955) und wurde durch die einmalige Möglichkeit zu interessanten Untersuchungen während des ganzen Jahres in Ornithologenkreisen berühmt. (6) Die Nachbarschaft zu den schon erwähnten naturwissenschaftlichen Instituten in Wilhlemshaven. Schließlich ergaben sich vogelkundliche Aufgaben auch in der Umgebung Wilhelmshavens. Nur zwei Motorbootstunden vom Institut entfernt lag die „Außenstation" Mellum, nicht viel weiter die nächste, die winzige aber äußerst vogelreiche Insel Minsener Oog. Weitere Außenstationen waren „Wangerooge-Ost" und „Wangerooge-West" sowie Scharhörn. Alle fünf Außenstationen wurden seit 1948 alljährlich vom Frühjahr bis meist in den Herbst hinein besetzt. Zu diesen Stationen kam 1955 eine weitere „Außenstation" dazu, eine Hütte auf hohen Pfählen außerhalb des Deiches am Rande des südlichen Jadebusens. Auch diese Station war fast ein halbes Jahr zu ökologischen Studien am Jadebusen und an seinen Vögeln durch einen Studenten besetzt.

Diese Erweiterung der Forschungsstandorte spiegelt sich in den Veränderungen der „Fahrzeugflotte". Zu zwei Dienstfahrrädern ab 1948 kam 1952 ein Motorrad, 1953 der längst angestrebte Dienstwagen und im gleichen Jahr auch ein kleines Ruderboot. Solche Fortschritte wurden durch eine bedeutsame Neuorganisation in der Finanzierung des Instituts möglich. Hannover-Niedersachsen hatte die Vogelwarte 1946 in überaus dankenswerter Weise aufgenommen und hat sie nach Kräften gefördert, aber das ging natürlich nur bis zu einer gewissen Grenze. Früher war die Vogelwarte Helgoland dem Kulturministerium in Berlin unterstellt gewesen, während jetzt ein viel kleineres Land dieses Institut übernahm und finanzierte. Geblieben aber war der sehr viel weitere Wirkungskreis, südlich bis nach Hessen und ostwärts bis Mecklenburg, Sachsen-Anhalt und Thüringen reichend. So wandte sich Drost mit Genehmigung des Niedersächsischen Kultusministeriums und unter Beifügung gewichtiger Befürwortungen schon 1950 an alle Länder aus dem Arbeitsgebiet der „Vogelwarte" mit der Bitte um finanzielle Unterstützung, jedoch leider vergeblich. Inzwischen hatten alle Länder der Bundesrepublik das Königsteiner Staatsabkommen zur Finanzierung wissenschaftlicher Institutionen mit überregionalem Wirkungsbereich geschlossen, das sich aber leider nur auf Anstalten mit größerem Haushalt bezog. Da wurde Helgoland die Rettung. Schon seit 1947 versuchte R. Drost immer wieder in verschiedenen Anträgen an die englischen militärischen Dienststellen zu erreichen, dass ein Ornithologe nach Helgoland entsandt werden konnte. Auch setzte er sich durch Berichte, Gutachten usw. nachdrücklich für die Freigabe der Insel ein. „Tatsächlich hat ja bei der am 1.3.1952 erfolgten Freigabe die Rücksicht auf die Vogelforschung und auf den Vogelschutz eine Rolle gespielt" (Drost 1956). Schon ein Jahr vor der Freigabe der Insel durch die britische Besatzung wurde Drost in Hannover und Kiel vorstellig, damit gleich mindestens eine Außenstation eingerichtet werden könnte. Aber dieser Plan war nicht ausführbar; denn das Institut in Wilhelmshaven war niedersächsisch und die Insel Helgoland gehörte zu Schleswig-Holstein. Drost verstand es jedoch, die Insel Helgoland als eine „gesamtdeutsche Angelegenheit" darzustellen. Zudem würde sich durch den notwendigen Bau eines neuen Stationsgebäudes auf Helgoland der Etat des Instituts zwangsläufig erhöhen, so dass damit keine formalen Bedenken mehr gegen die Aufnahme in das Staatsabkommen bestünden. So wurde das Institut am 1. April 1953 in das Staatsabkommen aufgenommen.

Neubeginn auf Helgoland

Mit diesem Staatsabkommen konnte bereits im März 1953 der erste Mitarbeiter der Vogelwarte nach Helgoland abgeordnet werden. Es war Dr. Wolfgang Jungfer. Die Inselstation Helgoland war zunächst in gemieteten Räumen eines Barackenlagers im Südhafengelände untergebracht, das von der Wasser- und Schifffahrtsdirektion Kiel für den Aufbau des Hafens unterhalten wurde. Die Insel selbst bot ein noch traurigeres Bild. Dazu O. Pratje in Vauk (1977): „Die Südwestecke von Hoyshörn bis zur ehemaligen Kommandantur ist auf diese Weise völlig in ein Kraterfeld verwandelt worden. Mehr als ein Viertel der westlichen Steilseite liegt in den Trümmern, und gegen das Unterland sind es zusammen mit der später gesprengten Luftschutzanlage im Osten mehr als zwei Drittel. In dem Hauptsprenggebiet entstand ein großer, rings von hohen Schuttwällen umgebener Krater, in dem sich drei ineinander übergehende Trichter unterscheiden ließen. Die Schuttumwallung legt sich im Norden bis zur vollen Höhe an die neu geschaffene Steilwand an, so daß man ohne Schwierigkeiten auf das Oberland hinaufkommen kann. An einer Stelle ist auf das Oberland noch ein etwa 15 m hoher Hügel aufgeschüttet worden. Der Mönch ist bei der Sprengung vernichtet worden, und annähernd an der Stelle, wo er stand, geht heute eine Schutthalde auf die Brandungsterrasse hinaus. Auch der Einzelfelsen ‚Hoyshörn' steht nicht mehr und ist an der Nordgrenze der Explosionswirkung in große Platten auseinandergefallen, die schöne Trockenrisse und Wellenfurchen zeigen."

„Die etwas später gesprengte Luftschutzanlage der Bevölkerung an der Ostecke der Insel bietet ein ähnliches Bild, die Schutthalden reichen bis auf das Oberland hinauf und machen die zerstörte Treppe und den Aufzug überflüssig."

„Das Unterland, wo nur noch wenige Hausruinen stehen, ist mit Trümmern aus den Explosionen übersät, hinzu kommen ältere und jüngere Bombentrichter, die das Vorankommen erschweren. Nicht viel anders sieht es auf dem Oberland aus, wo ein paar Ruinen mehr vorhanden sind, aber im Bereich der ehemaligen Siedlung noch die Mondkraterlandschaft herrscht. Der nördliche Teil des Oberlandes ist durch die Sprengstoffdetonationen der Länge nach aufgerissen worden, und so sind in der Mitte ein Tal von 20 m Tiefe und daneben unregelmäßige Hügel entstanden, die kaum noch die alte Ebenheit der Oberfläche erkennen lassen." (Pratje 1952)

Neben W. Jungfer waren zeitweise Studenten und andere geeignete Personen, sowie Angestellte des Instituts aus Wilhelmshaven auf Helgoland tätig. Zunächst galt es aber, den Fanggarten wieder herzustellen und in Betrieb zu nehmen. Bald konnte eine kleine Reuse gebaut werden, die einen bescheidenen Vogelfang und damit die ersten Zugvogelberingungen auf Helgoland nach dem Krieg möglich machte. Dazu kam dann eine kleine Hütte, in der unabhängig vom Wetter Beringungen vorgenommen werden konnten.

Für ein neues Stationsgebäude auf Helgoland standen zwar schon seit 1953 Mittel bereit, doch zunächst galt es, viele dem Bau entgegenstehenden Hindernisse zu beseitigen. So gehörte der Baugrund dem Land Schleswig-Holstein, einige Quadratmeter aber dem Bund. Nach langer Zeit kam eine Verständigung über einen Grundstückstausch zustande. Sie konnte aber nicht umgesetzt

Dr. Wolfgang Jungfer (links) und Prof. Dr. Rudolf Drost auf Helgoland
(Archiv IfV)

werden, weil die zuständigen Kommissionen und Ausschüsse noch nicht den Bauplan des Hauses genehmigt hatten. Längst waren die Baukosten gestiegen und die Mittel reichten nicht mehr. Es gelang die Bewilligung einer weiteren Bausumme, aber wiederum konnte noch nicht mit dem Bau begonnen werden. Notwendig waren viele Änderungen der Baupläne und „viele Reisen, Verhandlungen, Berichte usw." (Drost 1956). Doch dann war es soweit: Anfang 1956 wurde der Bau begonnen. Das Gebäude wurde, wie schon 1925 geplant, vor dem Fanggarten errichtet, so dass von einigen Arbeitszimmern aus ein unmittelbarer Blick auf den Fanggarten gegeben war. Im Neubau gab es u. a. vier Arbeitsräume einschließlich Labor, Bibliothek und Sammlung, sowie einen Präparierraum, eine Werkstatt und einen Kursraum. Zum Gebäude gehörte auch ein Turm mit wind- und wettersicherem Ausblick nach allen Seiten. Zu diesem Neuanfang auf Helgoland schrieb Drost (1956): „So darf man der künftigen Arbeit auf Helgoland optimistisch entgegensehen, zumal die viele Verwaltungsarbeit, der große Betrieb der Beringungszentrale und manches andere am Hauptsitz des Instituts in Wilhelmshaven abgewickelt werden."

Das Jahr 1956 erbrachte auch einen Wechsel in der Leitung der Inselstation. Am 1. April 1956 trat Dr. Gottfried Vauk die Nachfolge von Dr. Jungfer an. Schon während seines Studiums der Zoologie in Kiel hatte Vauk ersten „Kontakt" mit Helgoland. „Ich erinnere mich noch sehr genau an diese Jahre meines Studiums in Kiel. Sehr oft kam unser Gespräch auf Helgoland, und häufig wurden aus diesen Gesprächen lebhafte wissenschaftliche und politische Diskussionen. Da war dann nach der großen Sprengung und den andauernden Bombardierungen der Insel ihre friedliche ‚Eroberung' durch eine kleine Gruppe von Studenten Silvester 1950, eine Tat, die uns begeisterte und bei der wohl jeder von uns gerne mitgemacht hätte." (Vauk 1977).

Vauk, 1925 in Hinterpommern geboren, hat nach Rückkehr aus Kriegsgefangenschaft und zwischenzeitlich in verschiedenen Berufen tätig ab 1949 in Kiel Zoologie studiert und dort 1955 bei Prof. Dr. W. Herre mit einer Arbeit über Haushunde auf dem Gebiet der Verhaltensforschung promoviert. Kurz nachdem G. Vauk an

Dr. Gottfried Vauk in seinem Arbeitszimmer
(Archiv IfV)

die Inselstation kam, konnte auch die neu eingerichtete Stelle einer technischen Hilfskraft mit Wilhelm Bindig besetzt werden.

Die folgenden Jahre waren bestimmt vom Wiederaufbau der Inselstation. Zunächst galt es, die durch die Kriegseinwirkungen und die nachfolgenden Bombardierungen stark zerstörten Fanganlagen in der Sapskuhle für den wissenschaftlichen Vogelfang wieder herzurichten. Dazu W. Bindig (1977): „Das war ein Unternehmen, das sich über Jahre hinziehen sollte. Tag für Tag ging es über selbst angelegte Trampelpfade vom Südhafen auf das damals noch von Bombentrichtern und Trümmern übersäte Oberland in den Fanggarten, der diese Bezeichnung noch nicht wieder zu tragen verdiente, denn die Reusen waren so stark ramponiert, daß sich nur gelegentlich ein paar Vögel hinein verirrten. Schlimmer jedoch war, daß sich in zunehmendem Maße ‚betriebsfremde Elemente' für das Gelände zu interessieren begannen: Helgoländer Jäger, Fischkutterbesatzungen, die in ihrer Freizeit die Insel erkundeten, und Liebespaare, auf die die Krater, Mulden und Büsche eine besondere Anziehungskraft auszuüben schienen. Das erste große Arbeitsvorhaben bestand folglich darin, wenigstens einen provisorischen Zaun zu erstellen. Da die finanziellen Mittel anfangs gleich Null waren, standen als Baumaterialien nur Stacheldraht, auf dem Oberland herumliegende Balken und vom Meer angespülte Bretter zur Verfügung. Man kann sich unschwer vorstellen, daß da kein Schmuckstück entstand, und es dauerte auch nicht lange, bis die Gemeindeväter den Vorwurf erhoben, die Vogelwarte verschandele mit diesem Zaun das Oberland."

Das neue Institutsgebäude auf Helgoland, 1957 (Archiv IfV).

Weiterhin schreibt W. Bindig zu dieser Zeit des Wiederaufbaus auf Helgoland: „Es sollte noch beinahe zehn Jahre dauern, bis dieses Problem zu einer zufriedenstellenden Lösung kam und der Zaun seine heutige Form erhielt. Für Dutzende von Stationshelfern, die damals nach Helgoland kamen, um auf der Vogelwarte Einblick in die Geheimnisse des Vogelzuges zu gewinnen – heute sind diese ersten Stationshelfer zum großen Teil wohlbestallte Wissenschaftler, Lehrer und Forstbeamte –, wird die Erinnerung an jene Zeit eng mit der Errichtung jenes Bauwerkes verbunden bleiben. Das in den letzten Zeilen Geschilderte mag heute als Nebensächlichkeit, als Episode erscheinen wie so manches, auf das man rückblickend schaut: es spiegelt aber besonders eindringlich die Schwierigkeiten wider, mit denen sich der Wiederaufbau der Inselstation unter den damals so harten Bedingungen Helgolands vollzog. So erforderte auch die Ausstattung des Fanggartens mit den bekannten großen Winkel- oder Trichterreusen und anderen Fangeinrichtungen viel Zeit und Mühe. Neben den Schwierigkeiten bei der Materialbeschaffung verdient schließlich auch die Tatsache Erwähnung, daß alle handwerklichen Tätigkeiten von ‚ungelernten Arbeitskräften', wie man wohl heute sagt, ausgeführt werden mußten. Guter Wille und Einsatzfreude ersetzten aber auch hier häufig mangelndes technisches Können, und die Vogelwarte konnte sich glücklich schätzen, in Dr. Vauk einen Mann gefunden zu haben, der sich nicht scheute, mit zuzupacken, und der es darüber hinaus in bewundernswerter Weise verstand, die Stationshelfer für die notwendigen Aufgaben zu begeistern. Manch ein Student, der damals nach seiner Ankunft auf der Station mit gemischten Gefühlen vernahm, welche Arbeiten ihn neben dem Vogelfang erwarteten, und der dann vielleicht zum ersten Mal in seinem Leben nähere Bekanntschaft mit Hacken und Spaten, Beilen und Äxten, Draht- und Heckenscheren usw. machte, erinnert sich heute gewiß gern an die Zeit, vor allem aber an das großartige Arbeitsklima und die kameradschaftliche Atmosphäre jener Tage."

Im Februar 1957 war die Behelfslösung der Unterbringung der Inselstation in Baracken im Südhafengelände beendet.

Das neue Stationsgebäude neben der Sapskuhle wurde bezogen (die offizielle Einweihung erfolgte aber erst am 9. September) und es begann ein neuer Abschnitt, da nun sehr viel bessere Arbeitsbedingungen gegeben waren. Dennoch waren die Anfänge alles andere als wirklich bequem. Dazu W. Bindig (1977): „Noch war jedoch viel zu tun, um die neue Heimstätte einigermaßen wohnlich zu gestalten, denn Dienstwohnungen gab es damals und auch in absehbarer Zukunft für die Vogelwartenbesatzung auf der Insel nicht, so daß sich Dr. Vauk und W. Bindig bis auf weiteres im Institut – fern von ihren Familien – einquartieren mußten. Vom Leben im Südhafengelände nicht gerade an hohen Wohnkomfort gewöhnt, mußten sie doch in der ersten Zeit erhebliche Unerquicklichkeiten in Kauf nehmen. So war z. B. das Haus anfangs noch nicht an die Fernheizung angeschlossen, so daß die Besatzung vorerst mit kleinen Elektroöfen durch die Räume wanderte und die Nächte in klammen Betten verbrachte. Da auch die Brackwasserzufuhr noch nicht funktionierte, konnten gewisse sanitäre Einrichtungen noch nicht benutzt werden, was zu argem Notbehelf zwang, für den sich der Fanggarten als geeignet erwies."

Dieser Fanggarten bot zeitweilig das Bild einer großen Baustelle: Alte Reusen wurden abgerissen und neue gebaut, Bäume gefällt und an anderer Stelle neue gepflanzt, Wege gepflastert und Lockvogelvolieren errichtet. Besondere Bedeutung erlangten einige Bombentrichter. Sie wurden zu den einzigen reinen Süßwasserteichen auf Helgoland umgestaltet und entwickelten sich zu Anziehungspunkten für die rastenden Zugvögel und die Brutvögel der Insel. Der Fanggarten an

1968 wurde das Institutsgebäude um eine Dienstwohnung für den Stationsleiter erweitert (Archiv IfV)

Arbeiten am Zaun des Fanggartens, 1974 (Foto: T. Clemens)

sich war 1959 weitgehend fertig, doch fehlte immer noch eine angemessene Umzäunung, so dass die Arbeiten immer wieder durch Neugierige gestört und durch Weststürme beeinträchtigt waren. Dieser Zaunbau wurde mit der Anstellung von Felix Gräfe als Nachfolger von W. Bindig im Jahr 1960 angepackt. F. Gräfe war gelernter Handwerker und hatte ein „einmaliges Geschick, aus irgendwelchen gefundenen angespülten Brettern und Balken – den normalen Rohstoffen der Vogelwarte – mit Hilfe einiger Drähte und Nägel handfeste, gut funktionierende Volieren und Fanggeräte zu zimmern" (Bindig 1977).

Der erste Zaun bestand aus Rohrmatten und die Halterungen dafür wurden ausschließlich aus Strandgut gefertigt. Die Pfähle dafür mussten, um den Zaun gegen die oft mit unbeschreiblicher Gewalt über die Insel rasenden Herbst- und Winterstürme abzusichern, etwa zwei Meter tief in den Boden eingegraben werden, angesichts des felsigen Untergrundes ein Unternehmen, das noch heute höchste Bewunderung verdient. Die hauptsächliche Arbeit lag bei F. Gräfe, doch zahlreiche Stationshelfer der Jahre 1960 bis 1965 waren in irgendeiner Weise daran beteiligt. Mit der Fertigstellung des Fanggartens und Zaunes begann 1960 der bis heute fortgesetzte standardisierte Fangbetrieb.

1967 wurde an das Stationsgebäude eine Dienstwohnung angebaut und die Zimmer für die Stationshelfer erweitert. Am Beobachtungsturm wurde 1968 ein erstes Radargerät zur Beobachtung des Vogelzuges angebracht, das die Bundeswehr leihweise zur Verfügung stellte, das aber nur eingeschränkt für Vogelzugbeobachtungen tauglich war. Erst 1972 wurde es durch ein dafür besser geeignetes Gerät der Bundesmarine ersetzt.

Bis 1975 gab es auf Helgoland nur eine Wissenschaftlerstelle. Zum 1. März 1975 kam endlich die längst erhoffte zweite Stelle. Dr. Dieter Moritz trat seinen Dienst an und übernahm die Vogelzugforschung und damit die Betreuung des Fanggartens, Dr. Vauk widmete sich fortan vornehmlich der Seevogelökologie und Naturschutzfragen.

Eine wesentliche strukturelle Erweiterung erfuhr die Inselstation 1985 mit der Einweihung eines neuen, zweiten Institutsgebäudes anlässlich des 75. Gründungsjubiläums des Instituts im Jahr 1985. Nun standen neue Labore und Arbeitsräume zur Verfügung, insbesondere hatten sich dadurch aber die Möglichkeiten zur Unterbringung der so unverzichtbaren Stationshelfer schlagartig stark erweitert.

1984 erfolgte auf Helgoland weltweit erstmalig die Installation eines automatischen

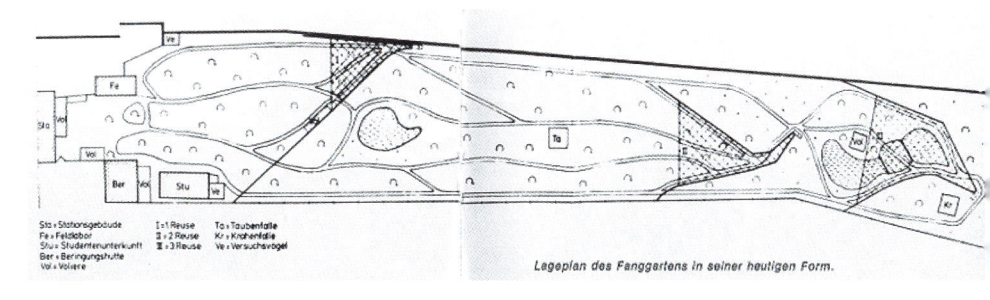

Der Fanggarten 1976 (aus: Vauk 1977).

Sta = Stationsgebäude
Fe = Feldlabor
Stu = Studentenunterkunft
Ber = Beringungshütte
Vol = Voliere

I = 1 Reuse
II = 2 Reuse
III = 3 Reuse

Ta = Taubenfalle
Kr = Krähenfalle
Ve = Versuchsvogel

Lageplan des Fanggartens in seiner heutigen Form.

Teilnehmer des Kolloquiums anlässlich des 75. Gründungsjubiläums der „Vogelwarte Helgoland" vor der Nordseehalle auf Helgoland 1985 (Archiv IfV).

„Nachtzuggerätes". Mittels automatisierter akustischer Erfassung der Rufe von nachts ziehenden Vögeln gelang es zum ersten Mal, einen Einblick in die Intensität des nächtlichen Vogelzuges über Helgoland zu gewinnen und zu erfahren, welche Arten daran beteiligt sind.

1988 verließ Dr. Gottfried Vauk die Inselstation, um die Leitung der Niedersächsischen Naturschutzakademie in Schneverdingen zu übernehmen. Verbunden bleiben werden mit Dr. Gottfried Vauk nicht nur seine immense Aufbauleistung für die Inselstation, sondern auch die von ihm eingerichteten „Silvesterkolloquien", dessen 21. Ausgabe 1987/1988 die letzte von G. Vauk organisierte war und dessen wissenschaftliche Beiträge, ergänzt um Erinnerungen und Rückblenden, als Sonderheft von „Seevögel" erschienen sind (Hartwig et al. 1988). Um diese Kolloquien ranken sich viele Geschichten, über die sicherlich noch oftmals geschmunzelt wird. Diese Kolloquien wurden anschließend in nicht mehr jährlichem Rhythmus als „Stationskolloquien" noch bis Nr. 25 an Ostern 1995 fortgesetzt.

Neubau eines zweiten Institutsgebäudes auf Helgoland; Einweihung 1985 (Foto: Insel Foto H. O. Cohrs).

Neuer Leiter der Inselstation Helgoland wurde zum 1. Juli 1988 Dr. Ommo Hüppop. Im Februar 1996 schied Dr. Moritz krankheitsbedingt aus. Die so freigewordene Planstelle wurde beibehalten, doch in eine Nachwuchsstelle mit jeweils bis zu fünf Jahren Anstellung umgewandelt. Diese Stelle wurde von 1998 bis 2002 von Dr. Volker Dierschke, von 2003 bis 2007 von Dr. Timothy Coppack und seit 2008 von Dr. Heiko Schmaljohann besetzt. Nach Empfehlung der Wissenschaftlichen Kommission Niedersachsen wurde die 2. Wissenschaftlerstelle auf Helgoland im Herbst 2006 an den Hauptsitz in Wilhelmshaven verlagert. Die übrige Arbeit der Inselstation blieb unverändert.

Stationshelfer – unverzichtbar für den regelmäßigen Vogelfang auf Helgoland

Fanggarten und regelmäßiger Vogelfang wären ohne die vielen ehrenamtlichen „Stationshelfer" undenkbar. Von Anfang an war es deshalb Ziel aller Leiter der „Vogelwarte" bzw. der späteren Inselstation, meist junge Leute für die Mitarbeit auf Helgoland zu begeistern. Viele, später auch bekannte Persönlichkeiten in der deutschen Ornithologie haben sich davon anstecken lassen, so beispielsweise 1924 Ernst Schüz, der spätere Leiter der Vogelwarte Rossitten, und Walter Banzhaf, der später eine Beobachtungsstation auf der Greifswalder Oie in der Ostsee errichtete, aber auch Hans Schildmacher, der spätere Leiter

der Vogelwarte Hiddensee, Rudolf Berndt, der spätere Leiter der Außenstation Braunschweig für Populationsbiologie des Instituts für Vogelforschung, Paul Blaszyk, der spätere Leiter des Pflanzenschutzamtes Oldenburg, Jochen Flasbarth, der heutige Präsident des Umweltbundesamtes, und viele andere mehr. Unter ihnen war 1929 auch der Schüler Joachim Steinbacher, später u. a. Kurator in der Abteilung für Ornithologie am Senckenberg-Museum in Frankfurt/Main. Er schrieb dazu 1985: „… und bald fanden sich vor allem Schüler und Studenten während ihrer Ferien ein, vor allem dann, als die Vogelwarte Zentrale des Seevogelschutzes im Nordseeraum wurde. Da wollten die jungen Ornithologen, die zur Betreuung der Schutzgebiete und Vogelinsel eingesetzt wurden, auch die Arbeit an der Vogelwarte kennenlernen. Diese wurde so neben ihrer Funktion als Forschungsstätte auch ein Ausbildungs- und Fortbildungsplatz für angehende Ornithologen und Naturfreunde, … Auch ich gehörte mehrfach zu diesen Helfern und ich erinnere mich, dass ich damals in der Emsmannstraße beim Klempner Hornsmann wohnte, wie ein Kind im Hause behandelt wurde. Der Reiz des Vogelzug-Erlebens wirkte bei uns ebenso fort wie die Faszination des Lummenfelsens, das Silbermöwen-Problem tauchte gerade erst auf, wie die Anfänge der Ölpest. Die Untersuchungen über Alter und Geschlecht von Zugvögeln durch Drost waren angelaufen und erforderten unsere Hilfe. Auch intensive Schreibtischarbeit wurde von uns erwartet, die Auswertung der Beringungslisten und die Bestandsaufnahmen von den Seevogel-Schutzgebieten mit vielseitiger Korrespondenz – aber selbst solche Heimarbeit wurde mit Eifer und Hingabe durchgeführt. … Zu dieser Zeit erlebte ich eine phantastische Zugnacht mit meinen Freunden, den Massenzug von Staren, die wie Schneeflocken um die Scheinwerfer des Leuchtturms herumschwirrten, zu Tausenden und Abertausenden. Um Mitternacht saßen sie auf dem Gestänge des Leuchtfeuers dicht an dicht, und sangen aus voller Kehle, ehe sie von uns wie Trauben ‚abgepflückt' wurden und in bereit gehaltenen Kisten und Säcke eingesammelt werden konnten. Den ganzen folgenden Tag hatten alle Helfer und die ganze Belegschaft der Vogelwarte, inklusive der Bürokräfte, damit zu tun, die Stare zu beringen, es waren mehr als 1500 gewesen, die wir so markieren konnten. ….
Ich habe es stets als besonderen Vorzug empfunden, an einer so weltbekannten Forschungsstätte tätig sein zu dürfen und mithelfen zu können, ihren vielseitigen Aufgaben nachzugehen – sei es in der praktischen Arbeit oder bei wissenschaftlichen Fragen. … Möge es immer so bleiben und auch in Zukunft Einsatzbereitschaft und Eigeninitiative alle äußeren Schwierigkeiten überwinden, die immer Merkmale der freiwilligen Mitarbeit an der Vogelwarte gewesen sind."

Dem ist auch heute nichts hinzuzufügen, außer, dass heute neben diesen Stationshelfern auch Zivildienstleistende und Mitarbeiterinnen und Mitarbeiter im Freiwilligen Ökologischen Jahr in diese Arbeiten eingebunden sind.

Weitere Entwicklung in Wilhelmshaven

Der Mitarbeiterstab am Hauptsitz in Wilhelmshaven setzte sich Anfang 1956 folgendermaßen zusammen: Institutsleiter, ein wissenschaftlicher Assistent, drei technische Angestellte (u. a. für Fang und Beringung, für Photo und Film, für Bücherei usw.), die aber gleichzeitig Ornithologen sind und auch wissenschaftliche Arbeiten ausführen und veröffentlichen, ein Präparator, ein Hausmeister, ein Institutsgehilfe und Vogelpfleger, eine Verwaltungsangestellte, zwei Bürogehilfinnen, ein Bürolehrling und eine Reinigungsfrau. Hinzu kamen noch drei promovierte wissenschaftliche „Hilfsarbeiterinnen" (Drost 1956).

Damit waren die Arbeiten gut aufgestellt, doch schon bald kam der Wunsch auf, die Behelfsunterbringung auf der Schleuseninsel zu ändern. Sprengungen an der 4. Einfahrt, die begonnene Bautätigkeit und schließlich der Schiffsverkehr nach Fertigstellung dieser größten Schleusen Europas beeinträchtigten das Vogelleben und machten deutlich, dass ein Standortwechsel unvermeidlich werden würde.

Schon 1958 hatte R. Drost das ehemalige Fort Rüstersiel am nördlichen Rand Wilhelmshaven als günstigen Ort für eine Neuansiedlung auserkoren. Das Fort Rüstersiel gehörte früher zum Befestigungsgürtel des Kriegshafens, war

Dr. Friedrich Goethe (1911–2003) (Archiv IfV)

Neubau des Instituts auf dem Gelände des ehemaligen Forts Rüstersiel, 1965 (Archiv IfV).

1874 gebaut und noch ein richtiges Fort mit Bastionen, mit Wall und Graben. Das Fort war im Rahmen der Befestigung des Jadegebiets fertig gestellt worden und diente später als Kaserne für Teile des III. Seebataillons, welches als militärische Sicherung u. a. des Pachtgebiets Kiautschou in China aufgestellt worden war. In Rüstersiel war das Stammbataillon stationiert, welches die regelmäßige Ablösung für China stellte. Nach 1918 diente die Anlage als Munitionslager, nach 1945 wurde sie teilweise gesprengt (Graul 2009). Ein breiter Fortgraben, die „Graft", mit einer 4,4 ha großen Wasserfläche umgibt das Gelände ringsum bis auf den Eingang. Graftufer und Wälle sind mit Bäumen, Sträuchern und einer vielgestaltigen Pflanzendecke überzogen, so dass hier ein idealer Platz für ein Institut gegeben war. Zudem konnten noch aus dem Krieg übrig gebliebene Gebäude ausgebaut werden.

Alternativ zur Verlegung der Vogelwarte gab es auch Pläne, auf dem Fortgelände einen Tierpark bzw. ein Erholungsgebiet anzulegen. Die Bürgervereine im Stadtnorden und der Sportfischerverein bildeten dazu die „Interessengemeinschaft Tierpark Wilhelmshaven". Das Bundesfinanzministerium und die Stadt Wilhelmshaven entschieden jedoch im Interesse des Instituts (Graul 2009). So konnte auf dem Gelände des ehemaligen Forts Rüstersiel ein Neubau errichtet und vorhandene Gebäude für die Nutzung durch das Institut hergerichtet werden. Am 10. März 1966 bezog das Institut seinen neuen Standort.

Dr. Friedrich Goethe

Neubau und Umzug nach Rüstersiel erfolgte unter Dr. Friedrich Goethe, der im September 1958 die Nachfolge von Prof. Drost als Wissenschaftlicher Direktor des Gesamtinstituts antrat. Dr. Friedrich Goethe, geboren am 30. Juni 1911 in Kiel, hatte schon als 15jähriger seinen ersten Kontakt zur Vogelwarte. Denn 1926 kam er erstmals als Schülerhelfer auf die Vogelinsel Mellum, dann 1930 als Volontär, und 1931 war er Naturschutzwart auf Mellum in der Außenstation der Vogelwarte Helgoland. Von der bündischen Jugendbewegung geprägt, studierte er zwischen 1931 und 1936 Zoologie, Botanik, Geografie und Völkerkunde an den Universitäten Freiburg i. B., Basel und Münster i. W. In Münster promovierte er im März 1936 zum Dr. phil. nat. mit der Dissertation „Biologie der Silbermöwe

Das neue Institutsgebäude in Rüstersiel, 1966 (Archiv IfV)

Heinrich-Gätke Halle (Archiv IfV)

auf Memmertsand". Bereits 1932 führte ihn eine erste Reise auf die Balearen zur Beobachtung des Vogelzuges. Diesen Inseln blieb er auch später treu. Nach seiner Promotion fand Dr. Goethe Anstellung als wissenschaftlicher Assistent in einem von der Deutschen Forschungsgemeinschaft finanzierten Projekt zur Erforschung der Ethologie der Marderartigen an der Forschungsstätte Deutsches Wild in Werbellinsee. 1938 wechselte er als wissenschaftlicher Mitarbeiter an die Biologische Station der UFA-Kulturfilmherstellung in Potsdam-Babelsberg, wo er bis zum Ausbruch des Zweiten Weltkrieges tätig war. Als Soldat war er in Norwegen und Südost-Karelien, zuletzt als Leiter einer Blindenführhundstation. Nach amerikanischer Kriegsgefangenschaft in Lothringen kam Friedrich Goethe Anfang 1946 als Assistent in die Naturkundeabteilung des Lippischen Landesmuseums Detmold. Dort übernahm er auch die Aufgabe als Kreisbeauftragter für Naturschutz und Landschaftspflege, war außerplanmäßiger Dozent für Biologie an der Pädagogische Akademie Detmold und ehrenamtlicher Leiter der Volkshochschule Detmold. 1951 folgte er einer Berufung als wissenschaftlicher Assistent an das in Wilhelmshaven neu angesiedelte Institut für Vogelforschung „Vogelwarte Helgoland". 1958 übernahm er die Leitung des Instituts als Nachfolger von Prof. Dr. Rudolf Drost. Dr. Goethe vollzog den Bau und Aufbau des Instituts am neuen Standort in Wilhelmshaven-Rüstersiel zwischen 1964 und 1966 sowie den Ausbau und die Gestaltung der „Heinrich-Gätke-Halle" des Instituts von 1970–72. 1976 trat er in den Ruhestand. Dr. Goethe verstarb am 3. Januar 2003.

Am Hauptsitz in Wilhelmshaven sowie auf der Inselstation Helgoland waren je ein Wissenschaftler hauptamtlich beschäftigt: Dr. Goethe, zugleich Direktor, und Dr. Vauk. Dies änderte sich 1959, als in Wilhelmshaven eine zweite Wissenschaftlerstelle eingerichtet wurde, die Dr. Horst Requate bis 1969 besetzte. Nachfolgend wurde diese Stelle nicht mehr mit einem Wissenschaftler besetzt, sondern war auf andere Mitarbeiter aufgeteilt. Dies änderte sich erst wieder unter Prof. Dr. Jürgen Nicolai.

Die Außenstation Braunschweig für Populationsökologie

1967 wurde dem Institut die „Außenstation für Populationsökologie" mit Sitz in Cremlingen-Weddel angegliedert. Diese Außenstelle wurde 1947 von Dr. Rudolf Berndt gegründet. R. Berndt, 1910 in Cremlingen geboren, studierte in Braunschweig, Göttingen und Leipzig Zoologie, Geologie, Physik, Chemie und Meteorologie und promovierte 1938 in Leipzig mit einem ornithologischen Thema. Schon 1935 übernahm er die Leitung der „Muster- und Versuchsstation" des Bundes für Vogelschutz in Steckby, die er bis zu seiner Wehrdiensteinberufung 1941 ausübte. Nach Rückkehr aus amerikanischer Kriegsgefangenschaft gründet er am 1. April 1947 die Vogelschutzstation Braunschweig als Außenstation der Staatlich anerkannten Vogelschutzwarte Niedersachsen mit Sitz in Steinkrug im Deister. Von 1952 ab war R. Berndt wissenschaftlicher Mitarbeiter der Vogelschutzwarte Niedersachsen, und von 1967, als diese Station dem Institut

Die Braunschweiger Außenstation für Populationsbiologie in Cremlingen-Weddel (Archiv IfV).

für Vogelforschung angeschlossen wurde, bis 1977 Leiter der „Außenstation Braunschweig für Populationsökologie". Rudolf Berndt verstarb am 2. Juni 1987.

Nachfolger von Dr. Rudolf Berndt als Leiter der „Außenstation Braunschweig" wurde 1978 Dr. Wolfgang Winkel. Geboren am 15. Juni 1941 in Danzig, promovierte W. Winkel 1968 an der Technischen Hochschule Braunschweig mit der Dissertation „Über die Bedeutung von Farben, Formen und Zuckerkonzentrationen bei der Nahrungssuche von Zuckervögeln". Nach freier Mitarbeit im Verlag Neumann-Neudamm, als Volontär im Zoo Wuppertal, einem Lehrauftrag für Biologie am Gymnasium Braunschweig und einem Forschungsstipendium der Deutschen Forschungsgemeinschaft 1969 zu „Höhlenbrütenden Vogelarten" kam Dr. Winkel am 1. Januar 1970 als wissenschaftlicher Mitarbeiter an den Hauptsitz in Wilhelmshaven. Zum 1. April 1978 wurde er dann Leiter der „Außenstation Braunschweig" in Cremlingen-Weddel.

Hier war Wolfgang Winkel zurück in seinem Element: umgeben von etwa 4000 Nistkästen in mehr als 20 „Versuchsgebieten". In der Fortsetzung der von R. Berndt begonnenen Arbeiten betreute er eine der weltweit längsten Untersuchungen zur Populationsbiologie in Höhlen brütender Singvogelarten, vor allem Meisen und Trauerschnäpper. Dabei war die Akzeptanz solcher Langzeituntersuchungen zwischenzeitlich sehr schlecht und W. Winkel hatte keinen einfachen Stand. Doch er blieb standhaft und dies war gut so. Denn heute, im Zuge von Diskussionen um Klimaverämderungen, sind diese Untersuchungsreihen von unschätzbarem Wert.

Weit weg vom Hauptsitz des Institutes konnte Wolfgang Winkel die üblichen Ressourcen eines Forschungsinstitutes nicht nutzen. Vielmehr hat er sich, wie vorher auch schon Dr. Berndt, seine eigene Welt schaffen müssen, und dies mit großem Erfolg. Mit seiner sehr umfangreichen privaten Bibliothek hat er dem Institut viel Geld gespart. Aus Mangel an Mitarbeitern seitens des Instituts schuf er sich einen sehr aktiven ehrenamtlichen Mitarbeiterstab. Ohne diese Menschen wären viele der Langzeituntersuchungen von W. Winkel wohl nicht möglich gewesen. Und dies gilt insbesondere für die Mitarbeit durch seine Frau Doris Winkel. Sie stand zwar nicht auf der Gehaltsliste des Instituts, hat aber für die Arbeiten von Herrn Winkel und damit das Institut Unschätzbares geleistet. Dies hat Herrn Winkel ermöglicht, neben seinen primären wissenschaftlichen Arbeiten auch andere Aufgaben zu übernehmen: Herr Winkel war schon in den 1970er Jahren beteiligt an der Formulierung von Kriterien für die objektive Beurteilung von Vogelgebieten. 1971 übernahm W. Winkel die Schriftleitung der Zeitschrift „Die Vogelwelt" und dann für 17 Jahre (bis1987). Langfristigkeit war offensichtlich immer sein Motto und dies gilt insbesondere für sein Engagement für die Zeitschrift „Die Vogelwarte", für die er 33 Jahre lang (von 1972–2004) für das Institut für Vogelforschung Herausgeber und Redakteur war.

Zum Jahresende 2000 wurde in Umsetzung des Erlasses zur Evaluation des Instituts für Vogelforschung die „Außenstation Braunschweig für Populationsökologie" in Cremlingen-Weddel geschlossen und als „Arbeitsgruppe Populationsökologie" im Hauptsitz integriert. Zur Fortführung der wissenschaftlichen Arbeiten in den Untersuchungsgebieten bei Braunschweig wurde W. Winkel von der Präsenzpflicht in Wilhelmshaven befreit und so führte er die Arbeiten von seinem Wohnsitz in Cremlingen aus bis zu seiner Pensionierung zum 30. Juni 2006 weiter. Seine Stelle wurde anschließend in eine weitere Nachwuchsstelle umgewandelt und wird seit 2006 von Dr. Marc Förschler besetzt.

Dr. Wolfgang Winkel beim Kontrollieren eines Nistkastens (Foto: F. Bairlein).

Prof. Dr. Jürgen Nicolai

Prof. Dr. Jürgen Nicolai wurde 1977 Nachfolger von Dr. Goethe als Direktor des Instituts. J. Nicolai wurde am 24.10.1925 in Neidenburg in Ostpreußen geboren. Noch bevor er das Gymnasium abschließen konnte, wurde er 1943 zur Wehrmacht eingezogen. Sein Abitur holte er nach Kriegsgefangenschaft, aus der 1947 zurückkehrte, 1949 im hessischen Geisenheim nach. Seine Familie war zwischenzeitlich in Wiesbaden ansässig geworden. Ab 1949 hat J. Nicolai an der Universität Mainz Zoologie, Botanik und Anthropologie studiert. Dabei begegnete er Prof. Dr. Konrad Lorenz. Unter seiner Betreuung promovierte J. Nicolai 1954 mit einer Dissertation zur Biologie und Ethologie des Gimpels. Anschließend ging Herr Dr. Nicolai als wissenschaftlicher Assistent an die Forschungsstelle für vergleichende Verhaltensforschung von Konrad Lorenz in Buldern bei Münster, die damals zum Max-Planck-Institut für Meeresbiologie in Wilhelmshaven gehörte. 1957 folgte er Prof. Lorenz an das neu gegründete Max-Planck-Institut für Verhaltensphysiologie in Seewiesen am Starnberger See. 1977 folgte Privatdozent Dr. Nicolai dem Ruf auf die Stelle des wissenschaftlichen Direktors des Instituts für Vogelforschung in Wilhelmshaven. Unter seiner

Prof. Dr. Jürgen Nicolai (1925–2006) (Archiv IfV)

Leitung erfolgte der Neubau eines zweiten Tierhauses mit einer wesentlichen Erweiterung der Möglichkeiten, Vögel für Untersuchungen unter kontrollierten Bedingungen zu halten. Zudem wurde das Dachgeschoss des Hauptgebäudes zu Archiv– und Büroflächen ausgebaut und die

An der „Vogelwarte" nach Stellenplan beschäftigte Wissenschaftler	Zeitraum	Hauptsitz	Inselstation Helgoland	Außenstation Braunschweig
Dr. Hugo **Weigold**	1910–1924		X	
Prof. Dr. Rudolf **Drost** (Dir.)	1924–1958	X	X	
Dr. Friedrich **Goethe** (Dir.)	1951–1976	X		
Dr. Wolfgang **Jungfer**	1953–1956		X	
Dr. Gottfried **Vauk**	1956–1996		X	
Dr. Horst **Requate**	1959–1969	X		
Dr. Rudolf **Berndt**	1967–1977			X
Dr. Wolfgang **Winkel**	1970–2006	X		X
Dr. Dieter **Moritz**	1975–1996		X	
Prof. Dr. Jürgen **Nicolai** (Dir.)	1977–1990	X		
Prof. Dr. Peter H. **Becker**	1978–heute	X		
Dr. Michael **Exo**	1984–heute	X		
Dr. Ommo **Hüppop**	1988–heute		X	
Prof. Dr. Franz **Bairlein** (Dir.)	1990–heute	X		
Dr. Volker **Dierschke**	1998–2002		X	
Dr. Timothy **Coppack**	2003–2007	X	X	
Dr. Marc **Förschler**	2006–heute	X		
Dr. Heiko **Schmaljohann**	2008–heute	X		

Beringungsarbeit und die Beringungszentrale wurden umstrukturiert.

Vor allem aber erfolgte unter Jürgen Nicolai eine Verjüngung des wissenschaftlichen Personals. 1978 wurde die vakante Wissenschaftlerstelle mit Dr. Peter H. Becker besetzt. Mit ihm erfolgte ein Ausbau der ökologisch ausgerichteten Küstenvogelforschung und überregionale Langzeitvorhaben wurden begonnen. Diese wurde nochmals gestärkt, als 1984 eine weitere Wissenschaftlerstelle eingerichtet werden konnte, die mit Dr. Klaus-Michael Exo besetzt wurde. Zusammen mit den mittlerweile zwei etatmäßigen Wissenschaftlerstellen auf Helgoland und der Stelle an der Außenstation Braunschweig waren nunmehr sechs wissenschaftliche Planstellen besetzt.

Mit Dr. Becker und Dr. Exo zogen neue Feldmethoden in die Küstenvogelforschung ein. Neben dem Einsatz der zunehmend auch für Vögel geeigneten Radiotelemetrie war es insbesondere die Einführung und Entwicklung von automatisierten Wägungen von Individuen während ihrer Brut auf dem Gelege, welche die Küstenvogelforschung voranbrachte. So ließen sich Ernährungsstrategien, Partnerablösung und Auswirkungen von Umweltbedingungen auf die Kondition erfassen und „Kosten" des Brutverhaltens individuell untersuchen.

Prof. Dr. Nicolai trat am 31.10.1990 in den Ruhestand und verstarb am 29. März 2006.

Das Institut für Vogelforschung heute

Struktur

Heute untersteht das Institut weiterhin dem Niedersächsischen Ministerium für Wissenschaft und Kultur und besteht aus dem Hauptsitz in Wilhelmshaven und der Inselstation auf Helgoland. Seit dem 1. November 1990 ist Prof. Dr. Franz Bairlein Leiter des Instituts.

Franz Bairlein, Jahrgang 1952, hat in Konstanz Biologie, Chemie und Physik studiert, war anschließend Postdoc-Stipendiat am Max-Planck-Institut für Verhaltensphysiologie, Vogelwarte Radolfzell, von 1982 bis 1987 wissenschaftlicher

Drei Generationen von Direktoren bei der Amtseinführung von Prof. Dr. Franz Bairlein am 31. Oktober 1990 (von links: Prof. Nicolai, Dr. Goethe, Prof. Dr. Bairlein) (Archiv IfV)

Assistent an der Universität Köln und dort nach der Habilitation bis 1990 Heisenberg-Stipendiat der Deutschen Forschungsgemeinschaft, unterbrochen von einem mehrmonatigen Forschungsaufenthalt in den USA im Jahr 1988. Sein Forschungsschwerpunkt ist die Vogelzugforschung, von den physiologischen Mechanismen des Fettwerdens bei Zugvögeln bis hin zu ökologischen Arbeiten in Rastgebieten entlang der Zugrouten und im Winterquartier europäischer Zugvögel.

Zu Beginn der 1990er Jahre erfolgte eine teilweise Modernisierung des Hauptgebäudes. Die Bibliothek wurde erweitert, neue Arbeitsräume für Doktoranden und Diplomanden wurden geschaffen, biologische Labore eingerichtet, Computernetzwerke installiert und ins Internet eingebunden, und es wurde die Elektronikwerkstatt ausgebaut. Zudem wurde die experimentelle Vogelhaltung erheblich umgebaut und erweitert. Die Innenräume der Tierhäuser wurden für die Haltung von Kleinvögeln in Käfigen unter kontrollierbaren Temperatur- und

Das Areal des Instituts für Vogelforschung in Wilhelmshaven-Rüstersiel (Archiv IfV)

liertem Magnetfeld Untersuchungen zum Orientierungsverhalten von Zugvögeln durchgeführt werden können.

Im Hauptgebäude befinden sich die Arbeitsräume der Institutsleitung, der wissenschaftlichen und technischen Mitarbeiter/innen und der Verwaltung, die Beringungszentrale, die umfangreiche Institutsbibliothek, ein zentraler

Das Hauptgebäude des Instituts in Wilhelmshaven 2004 (Archiv IfV)

Lichtbedingungen hergerichtet. Es wurden drei neue Klimakammern installiert, in denen Vögel unter simulierten Klimabedingungen untersucht werden können. Dazu wurde auch eine 6–Kanal-Stoffwechselanlage installiert. Die bestehenden Außenvolieren wurden an die Kleinvogelhaltung angepasst, und neue Volieren für Grasmücken sind entstanden. In 30 Außenvolieren ist die Haltung und Beobachtung von Vögeln unter weitgehend natürlichen Bedingungen möglich. In einer Großvoliere wurde eine kleine Silbermöwenkolonie angesiedelt. In den 2000er Jahren wurden die Außenvolieren als Brutlebensraum für Steinschmätzer umgerüstet und weitere 10 Steinschmätzer-Brutvolieren auf dem Gelände des nahen E.ON Kraftwerkes errichtet. 2006 erhielt das Institut als Anbau einen Laborcontainer, wodurch die dringendsten Engpässe im Laborbetrieb vorübergehend beseitigt werden konnten. 2009 wurden in Zusammenarbeit mit der Arbeitsgruppe Neurosensorik an der Universität Oldenburg (Prof. Dr. Henrik Mouritsen) zwei Holzhäuser mit Magnetfeldspulen in Betrieb genommen, in denen nun unter kontrol-

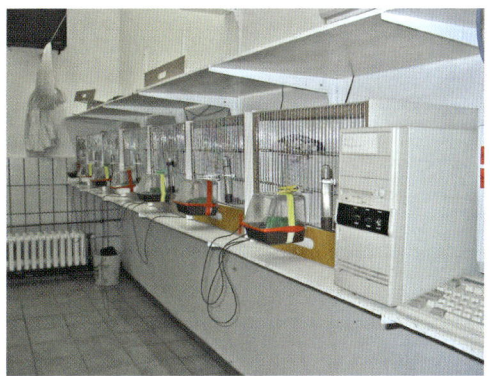

In Innenräumen können Vögel unter kontrollierten Bedingungen gehalten werden (Archiv IfV).

Klimakammern erlauben die Simulation von Umweltbedingungen (Archiv IfV).

EDV-Raum und Labore. Mit dem Haupthaus durch einen Gang verbunden ist ein Gebäude mit allgemeinen Werkstätten, einer Elektronik-Werkstatt und einem Präparationsraum. In Nebengebäuden untergebracht sind z. B. die Balgsammlung des Instituts, mit z. T. noch auf Heinrich Gätke zurückgehenden Sammlungsobjekten, die Wohnung des Hausmeisters, Gästezimmer und die Unterkunft für Zivildienstleistende. Die Heinrich Gätke-Halle wird als Ausstellungs- und Vortragsraum genutzt.

Teilansicht der Außenvolieren in Wilhelmshaven (Archiv IfV)

Derzeit (Baubeginn November 2009) ent-

Blick in die Bibliothek des Instituts in Wilhelmshaven (Archiv IfV).

steht ein Erweiterungsgebäude, das drei neue Labore, neue Räumlichkeiten für die Bibliothek, einen Seminarraum und einen Sozialraum enthalten wird. Anschließend werden im Altbau die freiwerdenden Räumlichkeiten der ehemaligen Labore und der Bibliothek zu Arbeitsplätzen für wissenschaftliche Mitarbeiter umgestaltet und zugleich überfällige brandschutzrechtliche und energetische Sanierungen erfolgen.

Dieser Erweiterungsbau war von einer hochrangig besetzten Expertengruppe, die das Institut im Auftrag des Niedersächsischen Ministeriums für Wissenschaft und Kultur im Jahr 2004 begutachtet hat, nachdrücklich empfohlen worden. Die Gutachter bescheinigten dem Institut hervorragende Forschungsarbeit und empfahlen, das Institut wegen seiner Einzigartigkeit und seiner hervorragenden Forschungsleistungen auch zukünftig unbedingt als eigenständiges Forschungszentrum zu unterstützen und weiter zu fördern. Sie stellten aber auch fest, dass die Räumlichkeiten, insbesondere die Labore, unzureichend sind, und sie empfahlen ausdrücklich einen Erweiterungsbau, um diese Defizite zu kompensieren und eine Verbesserung der experimentellen Arbeiten zu ermöglichen. Mit den drei neuen Laboren werden die bisher behelfsmäßigen und teilweise mangelhaften Möglichkeiten physiologischer Forschung behoben und bisher nicht durchführbare Untersuchungen möglich, wodurch das Institut auch zukünftig international konkurrenzfähig bleiben wird.

Besuch der Gutachtergruppe zur Evaluation des Institut für Vogelforschung im Sommer 2004 auf Helgoland (von links: Dr. Hüppop, Prof. Dr. Heldmaier, Prof. Dr. Prinzinger, Dr. Albowitz, Prof. Dr. Daan, Prof. Dr. Berthold). (Foto: F. Bairlein)

Die heutigen Institutsgebäude auf Helgoland (Foto F. Bairlein)

Gleichzeitig wird mit diesem Erweiterungsbau aber auch eine andere dringliche Empfehlung der Gutachterkommission umsetzbar, nämlich die weitere Konzentrierung der Wissenschaftler am Hauptsitz in Wilhelmshaven.

Schon mit der Auflösung der „Außenstelle Braunschweig" vor einigen Jahren, insbesondere aber in Folge der Empfehlungen der Wissenschaftlichen Kommission Niedersachsen, sind am Hauptsitz in Wilhelmshaven insgesamt drei neue Arbeitsplätze für wissenschaftliche Mitarbeiter zu schaffen. Zwei davon sind trotz allergrößter Enge behelfsmäßig realisiert, sie entsprechen aber keinesfalls dem aktuellen Stand der Ausstattung solcher Arbeitsplätze und sind dringend zu verbessern. Die Einrichtung des geforderten dritten Arbeitsplatzes und die dringend notwendige Verbesserung der behelfsmäßigen wissenschaftlichen Arbeitsplätze im Hauptgebäude sind Teil des zweiten Bauabschnittes nach dem Umzug der bisherigen Bibliothek und der bisherigen Labore in den Erweiterungsbau.

Die 2008 renovierte Bibliothek der Inselstation (Foto: O. Hüppop).

Auch an der Inselstation Helgoland erfolgten in den letzten 20 Jahren verschiedene Neuerungen. Auch dort wurden Labore eingerichtet oder ausgebaut, Computer, lokales Netzwerk und Internet hielten Einzug und es wurden Möglichkeiten für temporäre Vogelhaltung geschaffen. Im Beobachtungsturm der Inselstation wurde vorübergehend eine Wärmebildkamera für die Beobachtung des „unsichtbaren" nächtlichen Vogelzuges installiert. Ebenso wurden die Radarbeobachtungen des Vogelzugs mit modernen Geräten wieder aufgenommen. Im Jahr 2008 wurde mit Unterstützung der Freunde und Förderer der Inselstation e.V. die Bibliothek neu eingerichtet.

Personal

Dem Institut gehören neben dem Direktor und dem stellvertretenden Direktor vier wissenschaftliche Mitarbeiter, von denen zwei jeweils für längstens fünf Jahre angestellt sind (Post-Doktoranden), und 19 technische Angestellte an. Aus Mitteln Dritter (vor allem Deutsche Forschungsgemeinschaft, Umweltbundesamt, Bundesminister für Forschung und Technologie, Bundesminister für Umwelt, Naturschutz und Reaktorsicherheit, Niedersächsische Wattenmeerstiftung) ist zusätzliches wissenschaftliches und technisches Personal in wechselnder Anzahl am Institut beschäftigt. Dazu kommen noch zwei Zivildienstleistende, bis zu vier Mitarbeiter/innen aus dem „Freiwilligen Ökologischen Jahr" sowie eine Vielzahl von ehrenamtlichen Helfern, die in den zahlreichen Freilanduntersuchungen und im Fanggarten der Inselstation eingesetzt werden. Ohne ihre engagierte Mitarbeit wären viele der langfristigen Untersuchungen kaum durchführbar. Weiterhin sind in die Forschungsvorhaben am Institut eine wechselnde Zahl von Nachpromotionsstipendiaten, Doktoranden, Diplomanden, Master- und Bachelorstudierende und Examenskanditaten von verschiedenen Universitäten und Hochschulen aus dem In- und Ausland eingebunden.

Das Team 2009 in Wilhelmshaven (Archiv IfV)

Insbesondere seit Beginn der 1990er Jahre bringen sich die Wissenschaftler des Instituts in die universitäre Lehre ein. Das Institut sieht die universitäre Lehre als unverzichtbaren Bestandteil seiner wissenschaftlichen Arbeit. Prof. Bairlein und Prof. Becker sind habilitierte Mitglieder des Lehrkörpers der Universität Oldenburg, Dr. Exo, Dr. Hüppop und Dr. Winkel führen bzw. führten Lehrtätigkeiten an den Universitäten Oldenburg, Hamburg und Braunschweig durch. Das regelmäßige Lehrangebot umfasst Vorlesungen, Seminare, Praktika, Exkursionen

Das Team 2009 auf Helgoland (Foto: Philipp Becker)

und Kolloquien sowie die Anleitung zum wissenschaftlichen Arbeiten in Dissertationen und Examensarbeiten.

Auch arbeiten die Wissenschaftler des Instituts in vielfältiger Weise in zahlreichen nationalen und internationalen Gremien mit und üben mannigfache gutachterliche und beratende Tätigkeiten für Forschungsorganisationen, Behörden und Zeitschriften aus.

Wissenschaftlicher Beirat

Die wissenschaftliche Arbeit des Instituts wird von einem Wissenschaftlichen Beirat begleitet, der sich aus acht vom Niedersächsischen Minister für Wissenschaft und Kultur berufenen Wissenschaftlern/-innen zusammensetzt und das Institut und das Ministerium in wissenschaftlichen und organisatorischen Fragen berät. Seine derzeitigen (2009–2013) Mitglieder sind: Prof. Dr. Serge Daan, Universität Groningen, Niederlande; Prof. Dr. John Dittami, Universität Wien, Österreich; Prof. Dr. Heribert Hofer, Leibniz-Institut für Zoo & Wildtierforschung, Berlin; Prof. Dr. Thomas S. Hoffmeister, Universität Bremen; PD Dr. Lukas Jenni, Schweizerische Vogelwarte, Sempach Schweiz; Prof. Dr. Martin Wikelski, Max-Planck-Institut für Ornithologie, Radolfzell; Prof. Dr. Karen Wiltshire, Alfred-Wegener-Institut, Helgoland; Prof. Dr. Michael Wink, Universität Heidelberg.

Frühere Mitglieder waren: Prof. Dr. Wolf Arntz, Alfred-Wegener-Institut, Bremerhaven; Prof. Dr. Peter Berthold, Max-Planck-Institut für Ornithologie, Radolfzell; Dr. Paul Blaszyk, Oldenburg; Dr. Fritz Franck, Echterdingen; Prof. Dr. Sebastian A. Gerlach, Institut für Meeresforschung, Kiel; Prof. Dr. Eberhard Gwinner, Max-Planck-Forschungsstelle für Ornithologie, Andechs; Prof. Dr.-Ing. Dietrich Hummel, Technische Universität Braunschweig; Prof. Dr. Klaus Immelmann, Universität Bielefeld; Prof. Dr. Barbara König, Universität Zürich, Schweiz; Prof. Dr. Dietrich Neumann, Universität zu Köln; Prof. Dr. Arie van Noordwijk, Netherlands Institute of Ecology, Heteren, Niederlande; Prof. Dr. Günther Osche, Universität Freiburg/B.; Prof. Dr. Roland Prinzinger, Universität Frankfurt/M.; Prof. Dr. Karsten Reise, Wattenmeerstation, Al-

Ministerin Helga Schuchardt im Oktober 1993 mit (von links) Prof. Bairlein, Prof. Becker, Dr. Exo (Archiv IfV)

Minister Thomas Oppermann (links) im Oktober 2002 im Gespräch mit Prof. Bairlein (Archiv IfV)

Wissenschaftlicher Beirat, Februar 2008 (von links: Dr. Kollatschny, MWK; Prof. Dr. Reise, List; Prof. Dr. van Noordwijk, Heteren, Niederlande; Beate Kinnewig, MWK; Prof. Dr. Trillmich, Bielefeld; Prof. Dr. Dittami. Wien, Österreich; Prof. Dr. König, Zürich, Schweiz; Prof. Dr. Berthold, Radolfzell; Prof. Dr. Daan, Groningen, Niederlande; Prof. Dr. Wink, Heidelberg). (Foto: F. Bairlein)

anderen Fachinstitutionen. Formelle Kooperationsvereinbarungen bestehen mit: Biologische Anstalt Helgoland im Alfred-Wegener-Institut Bremerhaven; Max-Planck-Forschungsstelle für Ornithologie, Vogelwarte Radolfzell, Radolfzell; Institut für Chemie und Biologie des Meeres – Terramare, Wilhelmshaven; Amt für Geoinformationswesen der Bundeswehr, Traben-Trarbach; University of Oujda, Marokko; Institut Scientifique und Universite Mohamed V Rabat, Marokko; Irkutsk National University of Education, Irkutsk, Russia.

Daneben gibt es in vielfältiger Form projektbezogene Kooperationen, so mit mehr als 10 deutschen Universitäten und anderen deutschen Forschungseinrichtungen, wie dem Alfred-Wegener-Institut, Bremerhaven; dem Institut für Innovations-Transfer an der Fachhochschule Wilhelmshaven; dem Institut für Biologie und Umweltwissenschaften der Universität Oldenburg; dem Forschungs- und Technologiezentrum Westküste (FTZ) der Universität Kiel; dem Institut für pharmazeutische Biologie der Universität Heidelberg; dem Staatlichen Veterinäruntersuchungsamt für Fische und Fischwaren, Cuxhaven; der Bundesforschungsanstalt für Fischerei, Hamburg; dem Bundesamt für Seeschifffahrt und Hydrographie, Hamburg; der Umweltprobenbank bei der Universität Trier; der Staatlichen Vogelschutzwarte im Niedersächsischen Landesbetrieb für Wasserwirtschaft, Küsten- und Naturschutz.

Auf europäischer Ebene bestehen Zusammenarbeiten mit: Department Biologia Animal, Universitat de Barcelona, Spanien; Universiteit Antwerpen, Belgien; University of Groningen, Niederlande; University of Amsterdam, Niederlande; Centre for Isotope Research, Groningen, Niederlande; Institute of Ecological Research, Heteren, Niederlande; IBN/DLO, Texel, Niederlande; NIOZ, Texel, Niederlande; Institut voor Bos- en Natuuronderzoek, Wageningen, Niederlande; SOVON Dutch Centre for Field Ornithology; Niederlande; National Environmental Research Institute, Aarhus, Dänemark; CNRS, Chizé und Montpellier, Frankreich; Imperial College, London; University of Glasgow, U.K.; Joint Nature Conservation Council, Glasgow, U.K.; British Trust for Ornithology, Thetford, U.K.; Institute of Terrestrial Ecology, U.K., Natio-

Minister Lutz Stratman (Mitte) im Juni 2003 mit (von links) MdL Dr. Biester, Prof. Bairlein, Dr. Exo, Prof. Becker (Archiv IfV)

Minister Lutz Stratmann (rechts) im August 2004 auf Helgoland (links: Dr. Hüppop) (Foto: F. Bairlein)

fred-Wegener-Institut, List; Prof. Dr. Hermann Remmert, Universität Marburg; Prof. Dr. Georg Rüppell, Technische Universität Braunschweig; Prof. Dr. Wolfhard Schultz, Universität Kiel; Prof. Dr. Fritz Trillmich, Universität Bielefeld; Prof. Dr. Ekkehard Vareschi, Universität Oldenburg.

Wissenschaftliche Kooperationen und wissenschaftliche Gäste

Das Institut für Vogelforschung war von 1990–2007 Mitglied des Forschungszentrums Terramare e.V., Wilhelmshaven. Das Institut pflegt eine Vielzahl von nationalen und internationalen Kooperationen mit Universitäten und

nal Centre for Biosystematics, University of Oslo, Norwegen; Department of Biology, University of Oulu, Finnland; Biological Station Rybachi, Russland; Department of Vertebrate Zoology, Moscow, Russland; Schweizerische Vogelwarte, Sempach, Schweiz.

Außereuropäisch bestehen Zusammenarbeiten mit: University of Alaska, Fairbanks; USA; Prairie and Northern Wildlife Research Center, Canadian Wildlife Service, Saskatoon, Canada; Acadia University, Wolfville, Nova Scotia, Canada; University of Dar Es Salaam, Tanzania; Tanzanian Wildlife Research Institute, Arusha, Tanzania; Universidad Austral de Chile, Valdivia, Chile; Universidad Nacional de Mar del Plata, Argentinien.

Im Rahmen dieser Kooperationen, aber auch darüber hinaus, besuchen zahlreiche wissenschaftliche Gäste das Institut in Wilhelmshaven und auf Helgoland.

Publikationen

Sehr lang ist die Liste der in den vergangenen 100 Jahren aus dem Institut in regionalen, nationalen und internationalen Zeitschriften veröffentlichten Publikationen. Eine vollständige Liste ist diesem Buch beigefügt und auch auf der Homepage des Instituts (www.vogelwarte-helgoland.de) zugänglich.

Darüber hinaus war das Institut Mitherausgeber der Zeitschrift „*Vogelzug*". 1945 wurde der „*Vogelzug*" durch „*Die Vogelwarte*" abgelöst. Seither gibt das Institut „*Die Vogelwarte*" (seit 2005 „*Vogelwarte*") zusammen mit der Vogelwarte Radolfzell und der Deutschen Ornithologen-Gesellschaft heraus. Seit 1993 gibt das Institut zusätzlich zweijährig den „*Jahresbericht des Institut für Vogelforschung*" heraus, in dem in kurzer Form über laufende Arbeiten und die Tätigkeiten des Instituts berichtet wird. Die „*Jahresberichte*" richten sich auch an die interessierte Öffentlichkeit. Für die Öffentlichkeit wurden auch eine umfangreichere Broschüre und verschiedene Faltblätter erstellt sowie ein Internet-Auftritt eingerichtet.

Wissenschaftliche Tagungen

Schon in der Vergangenheit, insbesondere aber in den beiden letzten Jahrzehnten hat das Institut regelmäßig Tagungen und Workshops veranstaltet.

So lud das Institut die Jahresversammlung der Deutschen Ornithologen-Gesellschaft (DO-G) regelmäßig ein: 1931 nach Helgoland, 1951 nach Wilhelmshaven, 1967 nach Helgoland sowie 1974 und 1994 nach Wilhelmshaven. Die DO-G wird im Herbst 2010 anlässlich des 100jährigen Gründungsjubiläums der „Vogelwarte Helgoland" wiederum auf Helgoland tagen. Keine andere Institution hat die Deutsche Ornithologen-Gesellschaft öfters eingeladen als das Institut für Vogelforschung „Vogelwarte Helgoland".

Die vielen Veranstaltungen des Instituts lassen sich hier nicht einzeln aufführen. Genannt seien lediglich die seit den 1990er durchgeführten internationalen Veranstaltungen: EURING General Meeting (1999, Helgoland); 100 Years of Bird Ringing: Results and Perspectives of Bird Ringing (1999, Helgoland); 7th International Seabird Group Conference (2000, Wilhelmshaven); ICES Working Group on Seabird Ecology (2000, Wilhelmshaven); European Science Foundation Scientific Programme on Optimality in Bird Migration Workshop „Optimal bird migration – from theory to test" (2000, Wilhelmshaven); European Science Foundation Scientific Programme on Optimality in Bird Migration Steering Committee Meeting (2000, 2001, Wilhelmshaven); Common Eider Foraging Energetics Workshop (2002, Wilhelmshaven); European Science Foundation Scientific Programme on Optimality in Bird Migration Workshop „Estimating genetic components in the migratory syndrome" (2004, Papenburg); European Science Foundation Scientific Programme on Optimality in Bird Migration Workshop „Weather and bird-migration" (2004, Helgoland); International Wader Study Group Bi-Annual Meeting (2004, Papenburg); European Science Foundation Scientific Programme on Optimality in Bird Migration Final Conference „Migration and life-history syndromes" (2005, Wilhelmshaven); 24th International Ornithological Congress (2006, Hamburg); International Conference and Workshop on Radar Ornithology and Entomology (2007, Helgoland).

Beringungszentrale

Zu Beginn des 20. Jahrhunderts von Prof. Dr. Johannes Thienemann als wissenschaftliche Methode eingeführt, hat sich die Markierung von Vogelindividuen mit einem individuellen

Vogelringe (Archiv IfV)

Kennring rasch verbreitet und wurde zu einem unverzichtbaren Handwerkszeug in der Vogelzugforschung.

Bereits im Jahr 1909 beringte Hugo Weigold auf Helgoland die ersten Vögel und aus dem gleichen Jahr stammt auch der erste Fund: Eine Singdrossel war am 16.10.1909 auf Helgoland beringt und ebendort nach zwei Tagen geschossen worden. Zunächst wurden noch Ringe von der Vogelwarte Rossitten verwendet, erst ab dem Sommer 1911 gab es eigene Helgoland-Ringe.

Gemäß einer Vereinbarung mit der Vogelwarte Rossitten war die Vogelwarte Helgoland ab 1910 für alle Beringungen im Bereich der Nordsee zuständig. Dies war jedoch nicht gesetzlich geregelt. Erst durch die Verordnung über die wissenschaftliche Vogelberingung (Vogelberingungsverordnung) vom 17. März 1937 wurde erstmals die räumliche Zuständigkeit der beiden deutschen Beringungszentralen gegeneinander abgegrenzt. Die Vogelwarte Helgoland war danach zuständig für die preußischen Provinzen Sachsen, Schleswig-Holstein, Hannover, Westfalen, Hessen-Nassau, Rheinprovinz (mit Ausnahme der hohenzollerischen Lande) sowie für die Länder Bayern (mit Ausnahme des Wirkungsbereichs der Regierungen der Pfalz sowie von Schwaben und Neuburg), Thüringen, Hessen, Braunschweig, Oldenburg, Anhalt, Schaumburg-Lippe, Lippe, Hamburg, Bremen, Lübeck und Saarland.

Seit 1931 tragen die von der Vogelwarte Helgoland ausgegebenen Ringe die Inschrift „Vogelwarte Helgoland". Seit der Gründung der Bundesrepublik ist die Beringungszentrale Helgoland zuständig für die wissenschaftliche Vogelberingung in den nordwestlichen deutschen Bundesländern Niedersachsen, Bremen, Hamburg, Schleswig-Holstein, Nordrhein-Westfalen und Hessen. Bis 1963 wurden auch in der DDR Helgoland-Ringe verwendet. Darüber hinaus wurden und werden Helgoland-Ringe bei Forschungsvorhaben in vielen Teilen der Welt eingesetzt. Damit unterstützt das Institut für Vogelforschung Länder ohne Beringungszentrale. Schon vor dem Zweiten Weltkrieg wurden Helgoland-Ringe während Polarexpeditionen in der Antarktis, auf Grönland und auf Spitzbergen verwandt. In den letzten Jahrzehnten waren die Schwerpunkte der Auslandsberingungen in Griechenland, in der Ukraine, in Nordwest- und Westafrika, in der Mongolei, in Argentinien und auf den Falkland-Inseln.

In Niedersachsen war das Institut bis 1980 auch die für die Genehmigung von Fang- und Beringung wildlebender Vögel zuständige Behörde und hat diese Funktion erneut seit 2005.

Die wissenschaftliche Vogelberingung wird von Anfang an vor allem getragen von der Mitarbeit zahlreicher freiwilliger ehrenamtlicher Mitarbeiter, den „Beringern". Zur Zeit verfügt das Institut für Vogelforschung über einen Stab von etwa 260 ehrenamtlichen Mitarbeitern aus dem gesamten nordwestdeutschen Einzugbereich. Ohne die engagierte Mitarbeit dieses Personenkreises wäre die wissenschaftliche Vogelberingung nicht in ihrer ganzen Breite durchführbar. Während jedoch früher vornehmlich möglichst viele Arten in möglichst großer Anzahl „beringt" wurden, liegen heute die Schwerpunkte der wis-

Beringung eines Vogels (Archiv IfV)

Weiterhin werden im Rahmen von Monitoringvorhaben, Populationsstudien und Verhaltensstudien viele Vögel gezielt wiedergefangen. Doch nach wie vor hat auch der „normale" Wiederfund, so wie er vor allem von der Bevölkerung gemeldet wird, seine Bedeutung.

Einige „extreme" Funde von mit Helgoland-Ringen in Deutschland beringten Vögeln zum Schluss:

Die größte Distanz legte Küstenseeschwalbe „Helgoland 7492765" zurück. Am 30.6.1973 auf dem Toftumer Vorland, Föhr, Schleswig-Holstein (54° 45'N / 008° 27'E) als nicht flügger Vogel beringt, wurde sie nach 177 Tagen und 10.003 km entfernt am 24.12.1973 am Cape Recife, Eastern Cape, Südafrika (34°01S / 025° 41'E) gefangen und wieder freigelassen.

Die größte Tagesflugdistanz stammt von Singdrossel „Helgoland 80577026", die am 5.10.1971 um 10:00 Uhr auf Helgoland (54° 11'N / 007° 554'E) als diesjähriger Jungvogel beringt und schon am nächsten Tag in 1219 km Entfernung in Le Pian-sur-Garonne, Gironde, Frankreich (44° 34'N / 000° 13'W) geschossen wurde.

Der westlichste Wiederfund stammt ebenfalls von einer Singdrossel. „Helgoland 7488717" wurde am 10.10.1970 als Fängling in Hamburg-Harburg (53° 27'N / 009° 59'E) beringt und am 8.7.1972 am Strand von Goyave, Guadeloupe, Kleine Antillen (16° 12'N / 061° 36'W) tot gefunden. Der Vogel war dabei noch gut als „Drossel" zu erkennen.

Der östlichste Wiederfund stammt von Kampfläufer „Helgoland 6268226", der am 24.7.1971 als nicht-diesjähriges Männchen in den Rieselfeldern Münster (52° 02'N / 007° 39'E) beringt wurde und am 24.5.1972 bei Verkhnekolymshii, Jakutische ASSR, UdSSR (66° 30'N / 150° 33'E) tot gefunden wurde.

Den nördlichsten Wiederfund erbrachte Knutt „Helgoland 7696906", der als Altvogel am 10.09.1991 in Westerhever, Schleswig-Holstein (54° 23'N / 008° 40'E) beringt wurde und dessen Ring am 5.6.1992 bei Danmarkshavn, Ostgrönland (76° 46'N / 018° 43'W) abgelesen wurde.

Der südlichste Wiederfund schließlich stammt von Brandseeschwalbe „Helgoland 6224252", die am 8.6.1963 auf Scharhörn, Hamburg (53° 57'N / 008° 25'E) nicht flügge beringt und am 2.1.1966 frisch tot bei Hermanus, Kapprovinz, Südafrika (34° 25'S / 019° 14'E) gefunden wurde.

Der älteste Ringvogel in unserer Datenbank ist Austernfischer „Helgoland 5022926". Er wurde am 7.6.1949 auf Wangerooge-Ost, Niedersachsen (53° 47'N / 007° 58'E) nicht flügge beringt und am 27.11.1992 frisch tot zwischen Ording und Brösum, Schleswig-Holstein (54° 20'N / 008° 37'E) gefunden. Er wurde also mindestens 43 Jahre, 5 Monate und 8 Tage alt.

Quellen

Bairlein F (1992) Institut für Vogelforschung „Vogelwarte Helgoland". Geschichte, Struktur, Forschungsaufgaben. Institut für Vogelforschung Wilhelmshaven

Bairlein F, Hüppop O (1997) Heinrich Gätke – sein ornithologisches Werk heute. Vogelwarte 39: 3–13

Bub H (1986) Dr. Hugo Weigold – ein Pionier der wissenschaftlichen Vogelberingung. Beitr Naturkd Niedersachsen 39: 219–227

Drost R (1956) Geschichte der Vogelwarte Helgoland. In: Steiniger F (Hrsg.) Natur und Jagd in Niedersachsen; Festschrift Hugo Weigold. Hannover: 12–32

Graul J (2009) Wilhelmshaven muss mehr werden als es war: Der kulturelle Neuanfang 1945. Brune-Mettcker, Wilhelmshaven

Hartwig E, Clemens T, Bindig W, Böhr H-J, Mangelsdorf P, Prüter J (1988) Vogelforschung und Naturschutzarbeit auf Helgoland. Seevögel 9, Sonderband: 1–174

Haubitz B (1997) Heinrich Gätke (1814–1897) in der Literatur und in der bildenden Kunst des neunzehnten Jahrhunderts. Vogelwarte 39: 14–33

Hünemörder C (1995) Ornithology on the island of Helgoland and the role of the Biologische Anstalt up to the foundation of the separate „Vogelwarte". Helgoländer Meeresuntersuchungen 49: 125–134.

Hüppop O (1990) Wandlung von der reinen Grundlagen- zur naturschutzorientierten Forschung. In: Rickmers HP, Huster H (Hrsg.) Helgoland – 100 Jahre Deutsch. Niederelbe-Verlag H. Huster, Otterndorf: 53–57

Rohweder J (1905) Zur Vorgeschichte der Vogelwarte Helgoland. Orn Monatsschr 30: 333–349

Stresemann E (1967) Vor- und Frühgeschichte der Vogelforschung auf Helgoland. J Ornithol 108: 377–429

Vauk G (1977) Geschichte der Vogelwarte Helgoland. Niederelbe-Druck, Otterndorf.

Vauk G, Moritz V (1979) Festschrift zum 25jährigen Bestehen der Inselstation Helgoland. Abhandlungen aus dem Gebiet der Vogelkunde 6: 1–327

Weigold I (1986) Hugo Weigold, sein Weg zum Naturforscher und früher Kämpfer für Naturschutz. Beitr Naturkd Niedersachsen 39: 112–218 und 277–389

100 Jahre Vogelforschung an der „Vogelwarte Helgoland"

Entwicklung der wissenschaftlichen Arbeit

Mit seinen Aufzeichnungen zum Vogelzug auf Helgoland und seinen Ausführungen über die Hintergründe desselben hat Heinrich Gätke die Spur zur Erforschung des Vogelzuges an der „Vogelwarte Helgoland" vorgezeichnet. Ihr Gründungsauftrag war die Vogelzugforschung. Dabei stand diese anfangs ganz im Zeichen der Aufklärung der Zugwege.

Im Herbst 1899 beringte der dänische Lehrer Hans Christian Cornelius Mortensen (1856–1921) 165 Stare und zwei Haussperlinge mit Aluminiumringen, in die er „Viborg", den Namen seines Heimatortes, und eine laufende Nummer gestanzt hatte. Dieses Ereignis gilt als die Geburtsstunde der wissenschaftlichen Vogelberingung. Obwohl er im ersten Jahr keine Rückmeldung erhielt, setzte er seine Beringungen im Jahr 1900 mit weiteren 410 Staren und vier Haussperlingen fort. Die Ringe bekamen zusätzlich die Inschrift „M. Danmark". Bereits im selben Jahr erfolgten die ersten beiden Wiederfundmeldungen: je ein Star war in Holland und in Norwegen geschossen worden. Der Einstieg in eine neue Forschungsmethode war erfolgt.

Bereits beim allerersten Internationalen Ornithologen Kongress in Wien (1884) wurde der Vorschlag diskutiert, solche Kennzeichnungen als „Experiment" in die Vogelzugforschung einzuführen (Stresemann 1951), doch dauerte es noch bis 1903, bis es so weit war. In diesem Jahr hat Johannes Thienemann, zwei Jahre nach der Gründung der Vogelwarte Rossitten (heute Vogelwarte Radolfzell) den Ansatz von H. C. C. Mortensen aufgegriffen und systematisch für die Erforschung des Vogelzuges eingesetzt. Im Oktober 1903 beringte er 151 als Durchzügler auf der Kurischen Nehrung gefangene Nebelkrähen mit Aluminiumringen, auf denen eine laufende Nummer und die Jahreszahl eingestanzt waren. Noch im gleichen Winter erhielt er Nachricht über fünf dieser Vögel, die in Pommern geschossen worden waren (Stresemann 1951). 1904 erhielten die Ringe zusätzlich die Aufschrift „Vogelwarte Rossitten" und weitere durchziehende Arten wurden beringt. Trotz schon damals heftiger Angriffe von „Tierschützlern" (Stresemann 1951) war der Siegeszug der Methode nicht mehr aufzuhalten. Sie eröffnete eine völlig neue Dimension in der Erforschung der Vogelwanderungen. Und so war es nur konsequent, dass damit auch auf Helgoland gearbeitet wurde. 1909 beringte Weigold anlässlich eines Besuchs Thienemanns auf der Insel zunächst noch mit Ringen der Vogelwarte Rossitten. Nach Gründung der „Vogelwarte Helgoland" führte er eigene Ringe ein. Auch andernorts in Europa wurde die wissenschaftliche Beringung als Methode der Vogelzugforschung eingeführt und so spann sich alsbald ein internationales Netz. Die Beringung entwickelte sich zu einer in aller Welt genutzten Standardmethode der ornithologischen Forschung.

Auf Helgoland konzentrierte sich die anfängliche Arbeit nahezu vollständig auf die Beringung. Und schon 1909 wurde der erste Fund eines auf Helgoland beringten Vogels außerhalb Helgolands erzielt: eine am 12.11.1909 auf Helgoland beringte Waldschnepfe war am 12.10.1910 bei Cloppenburg geschossen worden. Der erste Auslandsfund liegt aus dem Jahr 1911 vor: eine Waldschnepfe, beringt am 6.11.1910, wurde am 16.8.1911 in Südschweden geschossen.

Um den durchziehenden Vögeln habhaft zu werden, wurde zunächst im „Fanggarten" mit über die Büsche gespannten Netzen, ab 1920 aber schon mit den für den „Fanggarten" speziell entwickelten „Helgoländer Trichterreusen" ge-

Der erste europäische Vogelzugatlas

Die von R. Drost entwickelte Anlage zur Registrierung des Vogelzugverhaltens von Vögeln im Käfig
(Archiv IfV)

fangen. Damit war ein Durchbruch in der Vogelzugforschung mit Hilfe der Beringung erreicht, denn nun war es möglich, Vögel in Massen zu fangen und zu beringen. Voraussetzung für den Erfolg der Beringung zur Aufklärung der Zugwege ist nämlich, dass sehr viele Vögel beringt werden, da die Wahrscheinlichkeit, einen toten Vogel zu finden, meist sehr gering ist. Der Erfolg war durchschlagend.

Schon bald wurden „Ringfundberichte" veröffentlicht. 1919 erfolgte die erste umfangreichere Zusammenstellung von Funden beringter Vögel durch v. Lucanus (1919), in der er bereits mehrere hundert Funde von 127 Arten analysierte und die wichtigsten Zugrouten erstmalig auf der Basis von Funden beringter Vögel darstellte. Der erste „Atlas des Vogelzuges" erschien 1931, zusammengestellt von E. Schüz und H. Weigold, in dem erstmalig für viele Arten auf 262 Einzelkarten rund 9200 Wiederfunde beringter Vögel dargestellt wurden. Für durch ihre Größe auffällige Arten (z. B. Weißstorch), für stark bejagte Arten (z. B. Enten) oder für häufige, leicht erreichbare Arten (z. B. Star) konnte schon damals ein recht gutes Bild der Zugverhältnisse gezeichnet werden. Insbesondere Helgoland lieferte dafür zahlreiche Funde. Und bis heute spielt die Vogelberingung auf Helgoland für Zwecke der Vogelzugforschung eine herausragende Rolle.

Während also anfangs und noch für mehrere Jahrzehnte die Vogelberingung im Vordergrund stand, begann schon H. Weigold, auch andere Fragen des Vogelzuges anzugehen, so zur Höhe des Vogelzuges (Weigold 1920). Zudem rückten Fragen des Vogelschutzes in das Interesse, z. B. wie verhindert werden kann, dass Vögel durch das Anfliegen an Leuchttürme zu Tode kommen. Dafür entwickelte Weigold sogar eine Beleuchtung, die den Leuchtturm für anfliegende Vögel als Hindernis sichtbar machte (Weigold 1921). Auch Seevögel wurden zunehmend in die Untersuchungen aufgenommen (Weigold 1913), und Weigold war der Erste, der auf das Problem der Verölung von Seevögeln hinwies und den Begriff „Ölpest" erstmals verwendete (Weigold 1921). Und ein heute hochaktuelles Thema hat Weigold ebenfalls schon aufgegriffen: „Kulturfortschritte als Ursachen der Massenvernichtung von Vögeln" (Weigold 1924a). Außerdem sah er den Naturschutz als eine dringende Pflicht der Naturforscher (Weigold 1924).

Auch unter Drost stand die Vogelzugforschung im Vordergrund, aber „sie wurde nicht nur in Form von Vogelbeobachtung und -beringung betrieben." (Drost 1956). Es kamen weitere Bereiche dazu, insbesondere physiologische Aspekte. Schon 1924 begann Drost mit Experimenten über die Verdauungsgeschwindigkeit; später führte er dann Kastrationsversuche durch, um ihre Wirkung auf das Zugverhalten zu untersuchen.

Zunehmend kamen Gastwissenschaftler an die Vogelwarte, um hier physiologische Untersuchungen durchzuführen, so Prof. Dr. F. Groebbels oder H. O Wagner, die sich mit Jahres- und Tagesrhythmik beschäftigten. Die physiologischen Arbeiten der Vogelwarte wurden besonders intensiviert, als 1931 Dr. H. Schildmacher (der spätere Leiter der Vogelwarte Hiddensee) als wissenschaftlicher Assistent an die Vogelwarte kam und hier insbesondere endokrinologisch arbeitete. Drost selbst führte in dieser Zeit Untersuchungen zu den Beziehungen zwischen Helligkeit und Tagesaufbruchzeit oder über die Rolle von Mondlicht und Elektrizität beim Vogelzug durch. 1927 begann Drost, die Orientierung von Zugvögeln zu untersuchen, wofür mehrfach in großem Maßstab sog. Verfrachtungsversuche gemacht wurden. Dabei wurden Vögel auf Helgoland gefangen und bis nach Italien und Griechenland transportiert und dort wieder freigelassen. Weiterhin beschäftigte sich Drost mit morphologisch-anatomischen Fragen, woraus u. a. seine „Kennzeichen zu Alter und Geschlecht bei Sperlingsvögeln" entstanden, eine für Beringer wichtige Bestimmungshilfe. Auch erstellte er eine Farbskala von Farbtypen bei männlichen Trauerschnäppern zur Unterscheidung nordischer und mitteleuropäischer Vögel, die noch heute benutzt wird.

Für Vogelzugbeobachtungen wurden wiederholt Beobachternetzwerke organisiert, einmal sogar ein internationales im gesamten Nordseeraum. 1928 unternahm Drost eine längere Reise auf die Schlangeninsel im Schwarzen Meer, um dort, dem „Helgoland des Schwarzen Meeres", wie er diese Insel selbst nannte, den Vogelzug vergleichend mit dem Geschehen auf Helgoland zu untersuchen.

Eine weitere wichtige Aufgabe erwuchs der Vogelwarte durch die zunehmend wichtige Betreuung der Küstenvogelfauna im Bereich der Deutschen Bucht, in Zusammenarbeit mit Vogelschutzorganisationen, wie z. B. dem „Verein Jordsand" und dem „Mellumrat". Die Tätigkeit auf dem Gebiet des Seevogelschutzes wurde offiziell dadurch anerkannt, dass die Vogelwarte Helgoland 1947 von Niedersachsen und von Schleswig-Holstein amtlich zur „Zentralstelle für den Seevogelschutz" gemacht wurde. Die Aufgaben wurden wie folgt umschrieben (Goethe 1962): „Gesamtüberblick über die Seevogelschutzgebiete und die aktuellen Probleme des Seevogelschutzes an den bundesdeutschen Küsten und auf den Inseln, Schutzgebiete im Wechsel besichtigen, Grundzüge für Lenkungsmaßnahmen erarbeiten, die Trägerdienststellen und –organisationen beraten, Gutachten erstellen und wissenschaftliche Untersuchungen durchführen und anregen". Auf dieser Basis wurde ein verstärkter Kampf gegen die „Ölpest" geführt (u. a. durch Wiedereinrichtung eines Meldenetzes, durch enge Zusammenarbeit mit einschlägigen Behörden, besonders dem Bundesverkehrsministerium, und durch internationale Zusammenarbeit). Ein weiteres Aufgabengebiet wurde der Schutz der riesigen Brandenten-Mengen in ihrem Mausergebiet im Winkel der Deutschen Bucht, vor allem beim Knechtsand, ebenfalls in Zusammenarbeit mit deutschen und englischen Organisationen. Auch das „Möwenproblem" wurde jetzt gründlicher und umfassender angegangen. Dabei ging es um die Frage, wie Silbermöwen, die ab den 1950er Jahren an der Nordsee stark zunahmen und andere Seevogelkolonien beeinträchtigten, kontrolliert werden können.

Die Seevogelforschung und hier insbesondere die Erforschung der Lebensweise der Silbermöwe wurden Schwerpunkte der wissenschaftlichen Arbeiten nach dem Neubeginn in Wilhelmshaven. Mit einer Silbermöwenkolonie direkt vor dem Arbeitszimmer an der 3. Einfahrt waren ideale Beobachtungsmöglichkeiten gegeben. Später, am neuen Standort in Rüstersiel, wurden die Feldbeobachtungen an Möwen durch Studien zum angeborenen Verhalten bei Möwen in Volieren erweitert.

Auch auf Helgoland nahm die Seevogelforschung neben der Vogelzugforschung einen immer größeren Raum ein. Die Lage der Insel und die Tatsache, dass Helgoland den einzigen deutschen Seevogelfelsen beherbergt, prädestinierten den Standort für die Seevogelforschung (Vauk 1979). Hinzu kam die Nähe zur Biologischen Anstalt Helgoland, die die Verbindung von ornithologischen und meereskundlichen Arbeiten begünstigte. Auch wurden erste Untersuchungen zur Rolle von Seevögeln als Bioindikatoren und ihre Beeinträchtigung durch Umweltgifte begonnen. Das Problem „Ölpest" rückte ins Zentrum, wobei es zunehmend weniger um die unmittelbare Wirkung der Verölung auf die Überlebensfähigkeit des einzelnen Vogels ging als um die mittelbare Wirkung auf ganze Seevogelpopulationen.

Tonaufnahmen der Rufe junger Silbermöwen
(1951; Archiv IfV)

Einen Aufschwung nahm die See- und Küstenvogelforschung in den 1980er Jahren, als am Hauptsitz in Wilhelmshaven Dr. Peter H. Becker und Dr. Klaus-Michael Exo und auf Helgoland Dr. Ommo Hüppop ihre Mitarbeit aufnahmen.

Die Fragestellungen wurden erheblich erweitert, es kam zu einem intensiven Ausbau der ökologisch ausgerichteten See- und Küstenvogelforschung, und es erfolgte ein Wandel von einer vorher eher beschreibenden zu einer analytischen Forschung. Neue Feldmethoden zogen in die See- und Küstenvogelforschung ein, und sie wurde um Fragen zum Energie- und Nahrungsbedarf und um physiologische Fragestellungen erweitert. Immer stärker rückte auch das Individuum in den Mittelpunkt, denn individuelle Qualität ist ein wichtiger Faktor für das Verständnis von Populationsökologie, Demographie und „life-history" (Lebensgeschichte) von Vogelarten.

Bei vielen Populationsstudien an Vögeln standen vor allem Aspekte der jährlichen Reproduktion sowie der jährlichen Sterblichkeit im Vordergrund. Es zeigte sich allerdings, dass damit die Populationsdynamik von Vogelbeständen nicht ausreichend verstanden werden konnte. So tragen meist nur sehr wenige Individuen zur hauptsächlichen Rekrutierung (Ansiedlung von Jungvögeln) in einer Population bei, und altersabhängige Effekte in Fortpflanzung und Überleben spielen eine wichtige Rolle. Vielmehr kommt es also darauf an, die Lebenszeitfortpflanzung zu erfassen unter besonderer Berücksichtigung altersabhängiger, populations- und verhaltensökologischer Faktoren. So rückten Fragen der elterlichen Investition, der individuellen Lebensstrategie und ihrer adaptiven Bedeutung in den Vordergrund.

Intensiviert wurden die Untersuchungen zur Funktion von See- und Küstenvögeln als Indikatoren für Schadstoffe in der Umwelt und ihre Wirkung auf Vögel. Es wurden Methoden entwickelt, den Bruterfolg von nestflüchtenden See- und Küstenvögeln zu ermitteln, so dass er als sensitiver Indikator für Umweltveränderungen verwendet werden kann, und es wurde das langfristige Monitoring des Bruterfolgs bei Flussseeschwalbe, Silbermöwe und Austernfischer gestartet. Diese Arbeiten waren Grundlage für die heute wattenmeerweit laufenden Monitoringuntersuchungen zur Schadstoffbelastung und zum Bruterfolg von See- und Küstenvögeln. Dazu wurde in Zusammenarbeit mit dem Institut für Innovations-Transfer an der Fachhochschule Wilhelmshaven und dem Institut für Chemie und Biologie des Meeres – Terramare der Universität Oldenburg, Standort Wilhelmshaven, eine moderne chemische Analytik von Umweltchemikalien aufgebaut.

Mit seiner Expertise in der Küstenvogelforschung war das Institut maßgeblich an den beiden in Niedersachsen und Schleswig-Holstein durchgeführten Verbundforschungsvorhaben „Ökosystemforschung Wattenmeer" beteiligt. Ziel dieser Vorhaben in den Jahren 1989–1996 war, das Wattenmeerökosystem besser zu verstehen. Da Vögel im Wattenmeer eine wichtige Rolle spielen, war das Institut mit gleich vier Projekten beteiligt: Raum-Zeit-Muster von Limikolen auf dem Frühjahrs- und Herbstzug im Rückseitenwatt der Insel Spiekeroog, die Bedeutung der Fischerei und des Schifffolgens für die Ernährung von Seevögeln im Wattenmeer, Schadstoffanreicherung im Nahrungsnetz des Wattenmeeres und Raumbedarf sowie Einfluss von Störungen auf die Vögel des Wattenmeeres.

Mit der Zugliederung der Außenstation Braunschweig für Populationsökologie im Jahr 1967 wurde das Interessenspektrum um Landvogelarten erheblich erweitert. Im Vordergrund der Arbeit dieser Außenstelle stand die Erforschung von Gesetzmäßigkeiten, welche die Bestandsdichte und die Bestandsschwankungen in Höhlen brütender Vögel bestimmen.

Wichtigste „Einrichtung" der Außenstelle in Cremlingen-Weddel waren deshalb die in verschiedenen Waldtypen (Eichen-Hainbuchenwald, Eichen-Birkenwald, Erlenbruch, Birkenbruch, Kiefernforst) mit zahlreichen künstlichen Nisthöhlen eingerichteten Versuchsgebiete in der näheren und weiteren Umgebung von Braunschweig. In über 20 Gebieten mit einer Gesamtfläche von etwa 600 ha wurden in etwa 4000 Niststätten im Jahresdurchschnitt rund 3000 Brutpaare von Trauerschnäpper, Kohlmeise, Blaumeise und anderen Höhlenbrütern erfasst. Mittlerweile sind diese Langzeituntersuchungen zur Populationsbiologie von Höhlenbrütern, vor allem Meisen und Trauerschnäpper, mit die weltweit Längsten ihrer Art und stellen heute, im Licht des intensiv diskutierten Klimawandels einen unschätzbaren Wert dar. Mit zunehmender Dauer der standardisierten Langzeituntersuchungen rückten Fragen über Bestandsentwicklungen und langfristige Änderungen in der Brutbiologie der untersuchten Arten in den Vordergrund. Schon 1991, als die Diskussion um Klimawandel noch nicht so in unseren Köpfen war, erschien eine Arbeit über langfristige Veränderungen im Zugverhalten von Blaumeisen. Eine neue Dimension in den Arbeiten der Außenstelle Braunschweig ergab sich in der Zusammenarbeit mit Dr. Thomas Lubjuhn, Universität Bonn. Mit molekularbiologischen Methoden konnten neue Einblicke in die Sozialstruktur und das Paarungssystem insbesondere von Tannenmeise und Trauerschnäpper gewonnen werden.

Anfang der 1990er Jahre erfolgte eine Neustrukturierung der Forschung am Institut. Als Leitthemen wurden Vogelzugforschung, Ernährungsstrategien und Populationsbiologie definiert und folgende Schwerpunkte im Einvernehmen mit dem Wissenschaftlichen Beirat des Instituts festgelegt.
- Räumlich-zeitlicher Ablauf des Vogelzuges und seiner komplexen physiologischen und ökologischen Grundlagen;
- räumlich-zeitliche Verteilung von Vogelarten in ihren Jahreslebensräumen unter besonderer Berücksichtigung der spezifischen Lebensraumansprüche und der Stellung von Vogelarten in Ökosystemen;
- Ernährungsbiologie von Vogelarten unter besonderer Berücksichtigung der Beziehungen zwischen Nahrungsangebot, Nahrungsqualität, Nahrungswahl und Ernährungsstrategie sowie der grundlegenden physiologischen Mechanismen;
- die Brutbiologie und Populationsbiologie von Vogelarten unter besonderer Berücksichtigung der Bestandsdynamik und demographischer Messgrößen;
- Auswirkungen anthropogener Einflüsse auf die Vogelwelt unter besonderer Berücksichtigung naturschutzbezogener Belange.

Insbesondere die Vogelzugforschung erfuhr eine Reaktivierung. Das Interesse an der Erforschung des Vogelzuges war Wegbereiter für die „Vogelwarte Helgoland" und bestimmte zunächst seine Forschung für viele Jahrzehnte. Diese frühe Arbeit der „Vogelwarte" war zugleich mitbestimmend für die Etablierung und Entwicklung einer Vogelzugforschung in Deutschland, die noch heute international führend ist. Nachdem sie im Institut aber dann lange Zeit eine untergeordnete Rolle spielte, mit Ausnahme des kontinuierlichen Fangbetriebes im Fanggarten der Inselstation, erfuhr sie seit Beginn der 1990er Jahre wieder einen erheblichen Ausbau.

Fragen nach der physiologischen und biochemischen Kontrolle von Fettdeposition und Zugverhalten rückten in den Vordergrund. Der technologische Fortschritt in der physiologischen und biochemischen Analytik erlaubte erstmalig Untersuchungen auch am lebenden Kleinvogel. Hinzu kamen Untersuchungen zum Rastplatzverhalten und über die Rastplatz- sowie Winterökologie und somit verstärkt auch Fragen nach der exogenen Kontrolle des Zugverhaltens, so beispielsweise auch zum Einfluss von Wetter auf Zugablauf und Rastverhalten. Als besonders geeignete Zielart für solche Untersuchungen stellte sich der Steinschmätzer heraus, speziell an seinem Rastplatz Helgoland.

Weitere Schwerpunkte wurden Untersuchungen zum Zug- und Rastverhalten ausgewählter Limikolen (z. B. Kiebitzregenpfeifer, Alpenstrandläufer, Pfuhlschnepfe) und zur Ökologie und Physiologie von Zugvögeln im afrikanischen Wintergebiet.

Eine Intensivierung erfuhr auch die Untersuchung von Ernährungsstrategien von Vögeln auf der Grundlage von Stoffwechsel, Energiehaushalt und Kenntnis der Kontrolle der Nahrungswahl und -aufnahme. Die Ernährung von Vögeln ist quantitativ kaum bearbeitet und gewinnt jüngst große Aufmerksamkeit. Dabei steht heute weniger die Frage nach dem „optimal foraging" im klassischen Sinn („Ernährung ist Energieoptimiert") im Vordergrund als vielmehr die Frage nach der Bedeutung spezifischer Nährstoffqualitäten („nutritional ecology") und nach der Wechselbeziehung zwischen spezifischem physiologischen Bedarf, Nahrungsqualität und

Nahrungswahl. Die adaptive Bedeutung zeitlicher Nahrungswechsel, wie sie bei vielen Vögeln saisonal sehr ausgeprägt sind, rückte dabei in den Vordergrund. Der besondere Stellenwert des Instituts für Vogelforschung liegt dabei in seinen Möglichkeiten, Untersuchungen sowohl im Freiland wie im Labor durchführen und vielfältig kombinieren zu können.

In diesem Themenkreis wurden auch Untersuchungen zur physiologischen Bedeutung der Belastung von Vögeln mit Umweltchemikalien durchgeführt. Im ornithologischen Bereich widmeten sich Fragen der Schadstoffbelastung vornehmlich dem Monitoring, einschließlich möglicher Auswirkungen auf Überleben und Brutbiologie. Nur ungenügend bekannt waren die physiologischen Auswirkungen von Umweltchemikalien auf Vögel. Dies gilt für die Mehrzahl der relevanten Umweltchemikalien. Umweltchemikalien mit endokriner Wirkung erfahren dabei jüngst eine besondere Aufmerksamkeit.

Eine weitere Fokussierung der Forschungsaufgaben des Instituts erfolgte nach einer Evaluierung des Instituts im Jahr 1996. Sie wurden wie folgt formuliert:

„Das Institut für Vogelforschung – Vogelwarte Helgoland – erforscht – unter besonderer Berücksichtigung von Küsten- und Seevögeln – die vielfältigen Beziehungen zwischen Vögeln und ihrer belebten und unbelebten Umwelt. Leitthemen der wissenschaftlichen Arbeit des Instituts sind:
1. Physiologische und ökologische Grundlagen des Vogelzuges
2. Physiologische und ökologische Grundlagen der Ernährung („nutritional ecology")
3. Mechanismen der Populationsökologie mit Berücksichtigung anthropogener Einflüsse."

Die heutigen Schwerpunkte sind das Ergebnis der jüngsten Evaluierung durch eine internationale Expertengruppe im Jahr 2004. Sie bescheinigte dem Institut für Vogelforschung hervorragende Forschungsleistungen, insbesondere in der Vogelzugforschung und in Bereichen der Populationsökologie, vor allem bei den Untersuchungen an der Flussseeschwalbe. Sie empfahlen eine ausgeprägte Schwerpunktsetzung in der Vogelzugforschung. Hierin habe das Institut ein Alleinstellungsmerkmal und verfüge über eine Stärke, die unbedingt genutzt und ausgebaut werden sollte. Der komplette Bericht der Evaluierungskommission ist unter www.vogelwarte-helgoland.de einsehbar.

Folglich sind die derzeitigen Leitthemen der Forschung am Institut die Vogelzugforschung, die Populationsbiologie der Flussseeschwalbe und Projekte der angewandten Umweltforschung, die auch neue Erkenntnisse in der Grundlagenforschung gewinnen lassen.

Gleichzeitig sprachen sich die Gutachter eindeutig dafür aus, das Institut für Vogelforschung wegen seiner Einzigartigkeit und seiner hervorragenden Forschungsleistungen auch zukünftig als eigenständiges Institut zu erhalten. Denn am Institut bestehen einzigartige Voraussetzungen für Freilanduntersuchungen und für die Vogelzugforschung und eine Infrastruktur für langfristige Forschungsaufgaben, wie sie an Universitäten kaum realisiert werden können.

Die Wurzel des Instituts für Vogelforschung und seine grundsätzliche Aufgabe ist die Grundlagenforschung an Vögeln. Ein besonderes Anliegen ist dabei die Kombination aus ökologischen Langzeitstudien und kurzfristigen Projekten sowie aus Freilandforschung und Untersuchungen von Vögeln unter kontrollierten Haltungsbedingungen.

Mehr denn je besteht heute die Einsicht, dass ökologische Langzeitstudien unverzichtbar für das Verständnis natürlich-dynamischer Prozesse sind. Gleichzeitig bedarf es der konsequenten Formulierung von Hypothesen und ihrer Überprüfung in eher kurzfristigen Vorhaben in Freiland und Labor. Gerade ornithologische Freilandforschung lässt solche tieferen analytischen und auch experimentellen Ansätze vielerorts vermissen. Im Institut für Vogelforschung sind diese Ansätze in nahezu idealer Form möglich. Gerade die in jüngerer Zeit etablierte Infrastruktur, die Lage an der Küste mit Zugang zu Großvögeln und Koloniebrütern und mit deshalb insbesondere für die vergleichende Vogelzugforschung und Populationsforschung vielen Vorteilen, die Auswahl der Versuchsgebiete, das sehr solide Fundament an laufenden Langzeitstudien und die zahlreichen Kooperationen auf regionaler, nationaler und internationaler Ebene erlauben eine Kombination verschiedener Forschungsansätze, wie sie ansonsten in dieser Form und synergistischer Vielfalt kaum gegeben ist. Letzteres drückt sich neben inhaltlichen Verbindungen der einzelnen Leitthemen und Arbeitsgruppen vor allem auch in der gemeinsamen Nutzung vorhandener und teilweise gemeinsam entwickelter Methoden wie Telemetrie, automatische Wiegedatenerfassung oder Transpondermarkierung aus.

Ornithologisch-ökologische Grundlagenforschung hat aber zwangsläufig vielfältige Beziehungen zu Aspekten der angewandten Umweltforschung.

Die Aufgabe des Institut für Vogelforschung, einem Forschungsinstitut mit Schwerpunkt Grundlagenforschung, besteht in erster Linie in der Ausarbeitung und fachlichen Begleitung von grundlegenden Konzepten und Methoden für ein fachlich begründetes Monitoring, nicht in der Durchführung von Monitoring oder von Begleituntersuchungen als reiner Umweltbeobachtung. Gleichzeitig sind die ökologischen Langzeitstudien des Instituts auch selbst „Umweltbeobachtung" und lassen vielfältige Aspekte aktueller Umweltforschung bearbeiten, z. B. zu den Ursachen von Bestandsveränderungen, zu den möglichen Folgen von Schadstoffen oder der globalen Klimaveränderung für die Vogelwelt. Die Langzeitdaten zum Vogelzug auf Helgoland sind diesbezüglich weltweit einzigartig, da nirgendwo sonst Vogelzug über einen so langen Zeitraum ganzjährig so standardisiert und ohne nennenswerte Interferenz mit lokalen Brutvögeln untersucht worden ist.

Neue Methoden der Freilandforschung

Die klassische Methode der Vogelforschung ist die visuelle Beobachtung, und sie ist heute so wichtig wie eh und je. Dies gilt in gleicher Weise für die wissenschaftliche Vogelberingung mit Fußringen und den dazu erforderlichen Fang von Vögeln.

Beide Methoden haben ihre Vor- und Nachteile. Mittels üblicher visueller Beobachtung ist es nicht möglich, fliegende Vögel in großer Höhe, in großer Entfernung, bei schlechter Sicht oder bei Nacht zu erfassen, was insbesondere in der Vogelzugforschung ein großes Handicap ist, und schon Heinrich Gätke bewusst war. Ergebnisse traditioneller Beringung von Vögeln mit Fußringen beruhen vielfach auf Zufall, da ein zu Tode gekommener Vogel gefunden und gemeldet werden muss. Zudem ist in der Regel nicht bekannt, was zwischen Beringung und Fund passiert ist. Auch der heute verstärkt durchgeführte gezielte Wiederfang befreit nicht von dem letzten Aspekt. Eine Alternative sind Markierungen, die aus der Distanz mittels z. B. Fernglas abgelesen werden können, z. B. farbige Fußringe, große, gravierte Fußringe, Halsringe oder Flügelmarken. Sie sind allerdings vielfach auf größere Vögel beschränkt und auf ein Netzwerk aus Beobachtern angewiesen und damit auch nicht unabhängig.

Telemetrie und Geolokation

Neue Möglichkeiten bieten jüngere technologische Entwicklungen. Zur „Beobachtung" ortsnaher Bewegungen und Verhaltensweisen hat sich schon in den 1960er Jahren die Radiotelemetrie etabliert. Mit Kleinstsendern ausgestattete Vögel können über einen Empfänger verfolgt werden. Auch für die kleinen Singvögel gibt es dafür heute entsprechende Sender.

Die Satelliten-Telemetrie funktioniert ganz ähnlich. Hier ist das Sendesignal so stark, dass es von Satelliten erfasst und von dort zu Boden-

Beobachtungsturm mit Empfangsantennen für die Radiotelemetrie (Foto: K.-M. Exo)

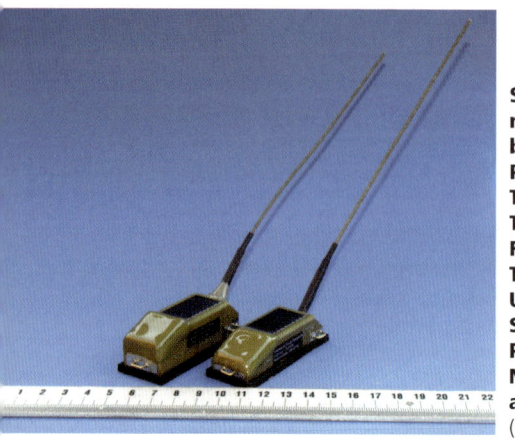

Solarbetriebener 30 (links) bzw. 22 g GPS PTT (Platform Transmitting Terminal) der Fa. Microwave Telemetry Inc. Unterhalb der Sender ist zur Polsterung eine Neoprenauflage aufgeklebt.
(Foto: R. Nagel)

stationen übertragen werden kann. Damit war es erstmals möglich geworden, einzelne Zugvögel auf ihrer Reise detailliert zu verfolgen („tracking"). Der Einsatz der Satellitentelemetrie, neuerdings auch mit GPS gekoppelt, ist trotz in jüngster Zeit erheblicher Miniaturisierung der Sender aber nach wie vor auf recht große Vögel beschränkt, welche die heute immer noch mindestens 5 g schweren Sender ohne Beeinträchtigung tragen können. Der derzeit vor allem limitierende Faktor ist dabei das Gewicht der Batterien, die auch bei Solarbetrieb für die Übermittlung von Signalen unverzichtbar sind. Das Institut für Vogelforschung setzt Satellitentelemetrie an Weißwangengänsen, Wiesenweihen, Silber- und Heringsmöwen ein.

„Tracking" ist auch das Ziel beim Einsatz sog. Geolokatoren. Sie senden kein eigenes Signal. Vielmehr zeichnen sie die Uhrzeit von Sonnenaufgang und Sonnenuntergang auf. Über die Zeiten von Sonnenaufgang und Sonnenuntergang lässt sich der geografische Ort bestimmen. Am Brutplatz zurückgekehrt und erneut gefangen, können die gespeicherten Daten aus dem Speicher ausgelesen und der Flugweg und der Winteraufenthalt ermittelt werden. Die räumliche Auflösung liegt zwar nur bei etwa ±150 km, reicht für solche großräumigen Zugbewegungen aber aus. Das Institut für Vogelforschung setzt solche Geolokatoren momentan an Flussseeschwalben und Steinschmätzern ein. Ihr Einsatz macht derzeit noch den Wiederfang der Vögel notwendig, um die Datenspeicher auszulesen, doch ist eine telemetrische Fernauslesung in Entwicklung, so dass die Vögel demnächst „nur" noch nah genug lokalisiert werden müssen.

Radar, Wärmebildkamera und akustische Erfassung als Schlüssel zum „unsichtbaren Vogelzug"

Mittels Satellitentelemetrie und Geolokation lassen sich also die Zugwege und großräumigen Ortsbewegungen einzelner Vögel detailliert beschreiben und untersuchen einschließlich beispielsweise Flughöhe und Fluggeschwindigkeit. Die räumliche und zeitliche Intensität des Vogelzuges ist damit aber nur bedingt erfassbar. Hier haben sich in jüngster Zeit der Einsatz von Radargeräten und Wärmebildkameras sehr bewährt, insbesondere in unseren Untersuchungen zur räumlichen und zeitlichen Struktur des Vogelzuges über der südlichen Nordsee und den möglichen Auswirkungen von Windenergieanlagen auf den Vogelzug.

Schiffsradargeräte sind eine relativ preisgünstige und nötigenfalls mobile Alternative, um lokales Vogelzuggeschehen zu untersuchen, wobei die Geräte je nach Fragestellung sowohl im „normalen" Einsatz mit horizontal drehendem Antennenbalken als auch im Einsatz als Höhenradar (Drehebene um 90° gekippt) oder auch mit einer Parabol- anstelle der üblichen Balkenantenne verwendet werden können. Mit einem horizontal betriebenen Schiffsradar sind zum Beispiel Flugrichtungen, aber auch Ausweichbewegungen an Hindernissen erfassbar. Mit Hilfe eines Höhenradars sind Flughöhen und Intensität des Vogel-

Steinschmätzer mit „Fahrtenschreiber". Auf dem etwas abstehenden Glasfaserstil befindet sich der Lichtsensor.
(Foto: H. Schmaljohann)

Dr. Thomas Clemens am ersten an der Inselstation installierten Radargerät (Archiv IfV)

zuges gut zu quantifizieren und selbst ungefähre Flugrichtungen bestimmbar. Allerdings sind mit rotierender Radarantenne kaum Aussagen zum Artenspektrum und zur Truppgröße möglich. Nachteilig wirken sich zudem Seegang (Horizontalradar) und Niederschlag (beide Typen) aus. Unmittelbar über der Wasseroberfläche fliegende Vögel verschmelzen im Radarbild mit dieser, Vogelzug in Entfernungen von mehr als etwa 1,5 bis 2 km ist nicht mehr quantifizierbar. Es werden aber diejenigen Höhenbereiche größtenteils abgedeckt, die visueller und akustischer Erfassung nicht mehr zugänglich sind. Während der Dunkelheit sind mobile oder stationäre Schiffsradars – neben Wärmebildkameras und ungleich teureren Zielfolgeradargeräten – derzeit sogar die einzige Möglichkeit, den Vogelzug von knapp über der Wasseroberfläche bis in maximal zwei Kilometer Höhe zu quantifizieren. Allerdings ist die Erfassbarkeit von Objekten stark von deren Größe abhängig. Die „Sichtweite" eines Radargerätes hängt zudem von den atmosphärischen Bedingungen ab, zum Beispiel der Dämpfung durch Wasserdampf oder Partikel.

Radarsignale sind grundsätzlich nichts anderes als Echos von zunächst unbekannten Objekten. So bleibt die Frage nach dem beteiligten Artenspektrum. Eine Möglichkeit zu ihrer Beantwortung ist die Analyse der Flügelschlagfrequenz eines solchen Objektes. Vögel ändern mit jedem Flügelschlag die Fläche, welche die Radarstrahlen reflektiert, und dadurch ändert sich die vom Radargerät empfangene Signalstärke. Damit lassen sich die Flügelschlagfrequenzen messen und charakteristische Flügelschlagmuster aufzeichnen. So ist ein von regelmäßigen Schlagpausen unterbrochenes Muster kennzeichnend für die meisten Singvögel. Anhand von Schlagmuster und -frequenz können somit zumindest grob die beteiligten Artengruppen bestimmt werden.

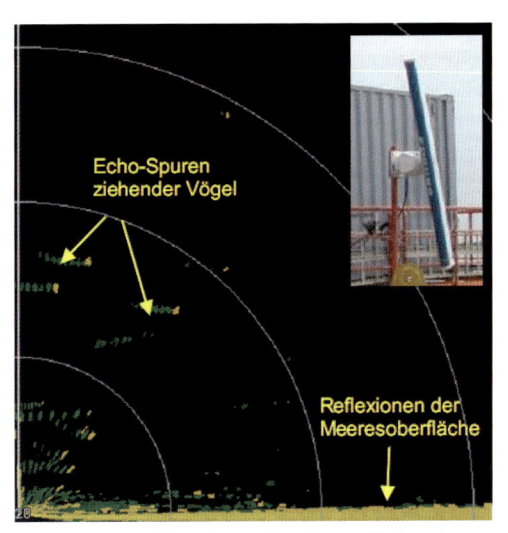

Mit einem Schiffsradargerät mit vertikal rotierendem Antennenbalken registrierter Vogelzug an der Forschungsplattform FINO 1. Bei jeder Antennenumdrehung wird ein neuer Punkt auf dem Radarschirm ausgegeben (jüngster Punkt gelb). Der Abstand zwischen den weißen Ringen beträgt jeweils eine viertel nautische Meile (463 m).

Eine andere Möglichkeit bieten Wärmebildkameras. Sie erfassen die von jedem Körper ausgehende Wärmestrahlung und sind je nach Gerät zur Erfassung des Vogelzugs bei klarem Himmel bis in etwa drei Kilometer Entfernung geeignet. Dabei sind teilweise auch Individuen in Schwärmen und im Nahbereich zumindest Artengruppen erkennbar, was diese Technik z. B. auch für Kollisionsstudien an Windkraftanlagen prädestiniert. Nachteilig sind der hohe Anschaffungspreis und die gegenüber Radar deutlich schlechteren Möglichkeiten zur Entfernungsbestimmung. Außerdem ist immer ein Kompromiss zwischen Öffnungswinkel und Auflösung bzw. Reichweite zu treffen. Starker Regen oder dichter Nebel erniedrigen die Reichweite der Erfassbarkeit von Vögeln je nach Tropfengröße deutlich, da Wärmestrahlung an ihnen reflektiert und absorbiert wird.

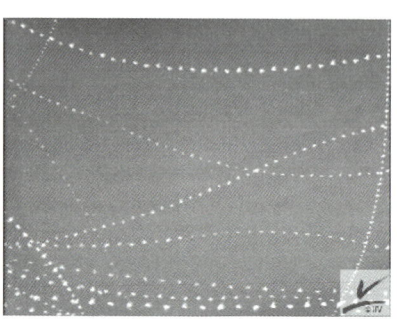

Wärmebildkamera zur Beobachtung des „unsichtbaren" Vogelzuges (links; Foto: R. Hill**) und Wärmebildaufnahme von ziehenden Vögeln (rechts).**

Eine weitere Technik ist die akustische Erfassung des „unsichtbaren Vogelzugs". Das Institut für Vogelforschung war dazu schon in den 1980er Jahren wegbereitend und setzt dieses Verfahren auch noch heute ein, so bis vor kurzem auf der Forschungsplattform „FINO 1". Für die Aufnahme und automatische Erkennung von Vogelrufen benutzen wir ein Richtmikrofon mit Windschutzkorb und eine Aufnahmesoftware, die Vogelrufe auf Grund ihres charakteristischen Leistungsspektrums automatisch erkennt und aufzeichnet, wohingegen Wind- und Regengeräusche keine Aufnahmen auslösen. Dieses Verfahren ist technisch relativ wenig aufwändig und kann grundsätzlich vielerorts eingesetzt werden, unterliegt aber auch Einschränkungen. Etliche Vogelarten rufen auf dem Zuge überhaupt nicht, während andere in Nebel, unter anderen schlechten Sichtbedingungen oder bei Attraktion durch Licht ihre Rufaktivität steigern. Damit ist eine alleinige akustische Erfassung zur Quantifizierung des Vogelzuges nicht geeignet.

Transponder – individuelle Vogelmarkierung zur automatischen Registrierung

Um von einem markierten Vogel wiederholt individuelle Daten zu bekommen, muss er entweder regelmäßig wieder gefangen werden oder z. B. mit individuellen Farbringkombinationen oder anderen Kennzeichen so markiert sein, dass er auch ohne Wiederfang individuell erkannt werden kann. Dies ist oftmals kaum möglich und zudem extrem zeitaufwändig. Eine andere und zudem automatisierbare Methode ist der Einsatz sog. Transponder. Dabei handelt es sich um reiskorngroße Mikrochips mit einem 10–stelligen Code, die unter die Haut des Tieres eingepflanzt werden und die, wie Vogelringe, die Vögel zeitlebens identifizierbar machen. Der besondere Vorteil dieser Markierungsmethode ist, dass sich die Vögel mit Antennen aus der Distanz automatisch registrieren lassen, ohne sie fangen zu müssen. Dabei regen die Antennen den Mikrochip an

Der reiskorngroße Transponder (TROVAN ID100) wird der Flussseeschwalbe unter die Haut eingepflanzt und dient als elektronischer Ausweis. Mit einer Antenne kann der markierte Vogel am Nest oder an einer Sitzwarte ohne Wiederfang identifiziert werden (Fotos: R. Nagel, C. Bauch).

Ein ausgehöhltes künstliches Ei nimmt die Raubwanze auf und wird ins Nest gelegt, bis das Insekt durch den Spalt oder die Öffnungen des Eies genügend Blut vom brütenden Altvogel gesaugt hat. Anschließend wird das Ei entnommen, aufgeschraubt und dem „Assistenten" seine Blutmahlzeit abgezapft (Fotos: C. Bauch)

und lesen seine Identifikation ab. Voraussetzung dafür ist aber, dass sich ein Vogel an solchen Antennen niederlässt und dass eine Stromquelle vorhanden ist. Diese Bedingungen finden sich beispielsweise am Koloniestandort der Flussseeschwalbe am Banter See in Wilhelmshaven, wo das Institut für Vogelforschung die weltweit umfangreichste integrierte Populationsstudie mittels Transpondermarkierung durchführt. Aber auch für verschiedene Kleinvögel, vor allem Meisen am Nistkasten, haben wir diese Methode eingesetzt. Dabei wird den Kleinvögeln der Mikrochip jedoch nicht implantiert sondern oberflächlich aufgeklebt, was für kurzfristige Untersuchungen wie z. B. die Ermittlung von Fütterungsfrequenzen ausreichend ist.

Blutentnahme bei brütenden Vögeln mit Hilfe von Raubwanzen

Für viele Fragen ist es wichtig, den Vögeln etwas Blut zu entnehmen. Dazu müssen die Vögel normalerweise gefangen werden, und dies kann durchaus störend sein und somit manche Blutparameter beeinflussen. Um dies zu vermeiden, wurde für die brütenden Flussseeschwalben am Banter See eine trickreiche Methode entwickelt, um einerseits störungsfrei und andererseits von vielen Individuen Blut zu erhalten. Zum Einsatz kommen Blut saugende Raubwanzen. Eine hungrige Wanze wird dazu in ein künstliches, ausgehöhltes Ei gesetzt und der Flussseeschwalbe im Austausch gegen ein Ei ins Nest gelegt. Ein Lochkranz und eine umlaufende Spalte im „Wanzenei" ermöglichen der Wanze, mit ihrem Rüssel die Blutgefäße des brütenden Altvogel anzuzapfen. Nach 20–30 Minuten wird die voll gesaugte Wanze aus dem Nest entfernt und ihr das Blut mit einer Injektionsnadel zur Laboruntersuchung entnommen. Die Blutparameter, Hormone oder die DNA werden durch die Wanze nicht verändert, wenn das Blut rasch abgenommen wird. Kleinste Blutmengen oder DNA-Proben genügen, um im Labor mit modernen molekularbiologischen Methoden beispielsweise das Geschlecht des Individuums zu bestimmen, Verwandtschaftsbeziehungen innerhalb einer Population aufzudecken oder um Populationen oder Arten genetisch zu charakterisieren.

Automatische Wiegedatenerfassung

Viele Fragen, wie beispielsweise zu Veränderungen des Körpergewichts während der Bebrütung, zur aufgenommenen Nahrungsmenge oder Körpergewichtsentwicklung während der Rast sowie zur altersabhängigen Veränderung der Körperkondition erfordern die regelmäßige Erfassung von Körpergewichten. Dies ist meist mit einem hohen Aufwand verbunden, da die Vögel regelmäßig wiedergefangen werden müssen, was bei vielen Arten gar nicht gelingt oder auch zu einer Beeinträchtigung des Lebenslaufes führen kann. Deshalb wurden am Institut schon früh automatische Wiegesysteme entwickelt und immer weiter verfeinert.

Vergleichsweise einfach ist dies bei brütenden Vögeln möglich, denen man unter das Nest eine elektronische Waage installieren und das Wiegeergebnis per Kabel oder Funk an eine Empfangsstation übertragen kann. Solche Wiegedaten-

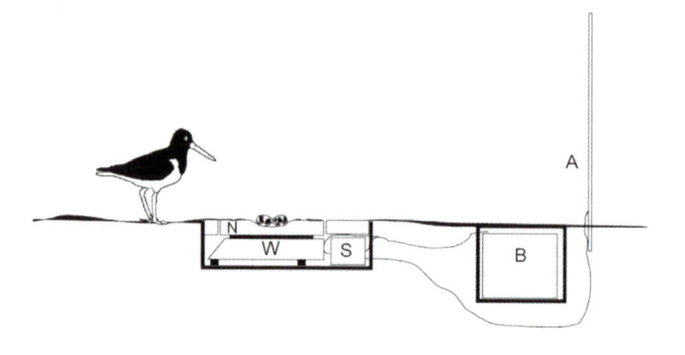

Automatische Wägung brütender Küstenvögel. Links: schematisch: Die Nestmulde (N) ist auf einer Styroporplatte nachgebildet, die Styroporplatte wird auf einer Waage (W) fixiert. S – Sender zur Datenübertragung, B – Batterie, A – Antenne; rechts: Flussseeschwalbe auf Wiegekiste (Foto: D. Frank).

erfassungsanlagen ermöglichen eine quantitative Erfassung der während der Brutpausen aufgenommenen Nahrungsmengen sowie der Körpergewichtsveränderungen während der Bebrütung. In ähnlicher Weise lassen sich Waagen auch an regelmäßig besuchten Sitzwarten installieren, wie dies intensiv bei den Flussseeschwalbenuntersuchungen am Banter See in Wilhelmshaven geschieht. So lässt sich ein Individuum mehrfach während seiner Anwesenheit wiegen, und selbst Jungvögel nach dem Ausfliegen sind der Forschung zugänglich.

Schwieriger ist eine automatische Wägung bei Zugvögeln während ihrer Rast. Doch gelingt auch dies, zumindest bei einigen Arten. Für rastökologische Untersuchungen an Steinschmätzern, z. B. auf Helgoland werden den Vögeln mit Mehlwürmern gefüllte Schalen angeboten. Unter den Schalen befinden sich Waagen, so dass das Körpergewicht der auf den Schalen stehenden und die Mehlwürmer fressenden Steinschmätzer mit einem Spektiv abgelesen werden kann. Wenn die Vögel vorher gefangen und mit einer individuellen Farbringkombination versehen wurden, können die Körpergewichte jedes einzelnen Vogels mit etwas Glück wiederholt bestimmt werden.

Ein Steinschmätzer sitzt auf einer mit Mehlwürmern gefüllten Schale, die sich auf einer Waage befindet. Auf Grund der individuellen Farbringmarkierung können das Körpergewicht für jeden Besucher bestimmt und bei wiederholtem Besuch seine Entwicklung über die gesamte Rastdauer verfolgt werden (Foto: H. Schmaljohann).

100 Jahre Vogelberingung – Was nun?

Die wissenschaftliche Vogelberingung hat unser Wissen um die Wanderungen von Vögeln revolutioniert. Mit weltweit mehreren hundert Millionen beringter Vögel und daraus resultierenden Wiederfunden lassen sich die Vogelzugrouten schon recht gut beschreiben, insbesondere in Europa. Hat diese Methode damit ausgedient? Das Gegenteil ist der Fall: die wissenschaftliche Vogelberingung ist auch heute eine der wichtigsten Methoden in der modernen Ornithologie.

War die klassische Aufgabe der wissenschaftlichen Vogelberingung die Aufklärung der Wanderungen von Vögeln, so dient sie heute ganz besonders der Populationsbiologie. Denn nur durch die individuelle Kennzeichnung können die Alterszusammensetzung, die Überlebensverhältnisse und die Austauschprozesse zwischen Populationen untersucht werden, unabdingbare Parameter zum Verständnis von Bestandsveränderungen und der Aufklärung ihrer Ursachen. Damit steht die wissenschaftliche Vogelberingung mehr denn je im Dienst von Arten- und Naturschutz und ist gerade deshalb unverzichtbar.

Die wissenschaftliche Vogelberingung wird sehr stark von vielen ehrenamtlichen Mitarbeitern getragen. Ohne ihren Einsatz wären viele Fragen der Ornithologie nicht zu bearbeiten. In Deutschland wird die wissenschaftliche Vogelberingung, historisch bedingt, durch drei Beringungszentralen organisiert: das Institut für Vogelforschung „Vogelwarte Helgoland" in Wilhelmshaven, die Beringungszentrale der Vogelwarte Hiddensee in Stralsund und die Vogelwarte Radolfzell in Radolfzell. Sie arbeiten in gemeinsamen bundesweiten Projekten eng zusammen, und sie sind zugleich Mitglieder von EURING, der Vereinigung aller europäischen Beringungszentralen. EURING unterhält eine zentrale Datenbank, in der die Funde aller nationalen Zentralen enthalten sind und so für länderübergreifende Auswertungen zur Verfügung stehen.

Blick in die „Beringungshütte" auf Helgoland
(Foto: O. Hüppop)

Aus der aktuellen Forschung

Foto: R. Nagel

Faszination Vogelzug

Die alljährlichen Wanderungen von Millionen von Zugvögeln gehören mit zu den faszinierendsten Schauspielen der Natur. Vogelzug ist auf allen Kontinenten zu finden; seine Formen sind vielfältig. In unserer heimischen Vogelwelt reicht dies von Arten, die nicht alljährlich wandern oder nur harschen Wintern ausweichen, wie der Kohlmeise, über solche Arten, die nur relativ kurze Wanderungen machen und den nordischen Winter im südlichen Europa verbringen, wie viele Greifvögel, das Rotkehlchen oder der Star, bis zu den Langstreckenziehern, die regelmäßig über riesige Distanzen wandern, wie viele arktische Limikolen, viele der heimischen Grasmücken, der Laubsänger oder der Gartenrotschwanz, die im tropischen Westafrika überwintern, oder der Weißstorch und die Rauchschwalbe, die beide im südlichen Afrika überwintern, oder gar die Küstenseeschwalbe, die alljährlich zwischen arktischen Brutgebieten und antarktischen „Überwinterungsgebieten" pendelt, eine Strecke von bis zu 40 000 km jährlich.

Während bei vielen der Kurz- und Mittelstreckenziehern häufig unmittelbare Witterungsfaktoren den zeitlichen Verlauf des Zuges bestimmen (sog. „Winterflucht"), erfolgt die Steuerung bei den Fernziehern vornehmlich nach einem angeborenen, d. h. genetisch festgelegten Raum-Zeit-Programm. Der Aufbruch zum Zug, die Zugweglänge, die Richtungsfindung einschließlich Richtungsänderungen und die Beendigung des Zuges folgen angeborenen Programmen, die über innere Jahreskalender organisiert sind. Die Orientierung erfolgt mit Hilfe biologischer Kompasse, wie der Sonne, den Gestirnen und vor allem dem Magnetfeld der Erde. Die energetischen Kosten für den Zug sind immens. Insbesondere solche Arten, die große ökologische Barrieren, wie Hochgebirge, Meere und Wüsten, überwinden, benötigen enorme Energiereserven. Nur wenige Arten, z. B. Fluginsektenjäger oder Seeschwalben, können Nahrung aufnehmen, ohne den Zug nennenswert zu unterbrechen. Die Mehrzahl der Arten muss die für den Zug benötigte Energie vor einer Flugetappe „auftanken". Vogelzug ist ein Wechsel aus Flug und Rast, wobei viele Arten deutlich mehr Zeit rastend als fliegend verbringen; bei den meisten Singvögeln macht die Rast etwa ¾ der gesamten Zugzeit aus. Dem Verständnis des Rastverhaltens und der ökologischen Ansprüche für erfolgreiche Rast kommt also in der Vogelzugforschung eine große Bedeutung zu. Deshalb bilden diese Aspekte den Schwerpunkt am Institut für Vogelforschung.

Die Vogelzugforschung der letzten Jahrzehnte war besonders von zwei Richtungen bestimmt: der Erforschung und Beschreibung der Zugwege und Überwinterungsgebiete und der Suche nach den zeitlichen und räumlichen Steuerungsmechanismen. Erst in jüngerer Zeit gewinnen Fragen innerhalb der ökologischen und evolutionären Vogelzugforschung an größerer Bedeutung, auch aus Gesichtspunkten des Arten- und Naturschutzes. Zentral ist dabei die Frage nach dem relativen Anteil genetischer und umweltbedingter Komponenten und des Alters der Individuen am realen Zugablauf. Während die grundsätzliche endogene Natur und Heritabilität des Zugverhaltens bei Singvögeln modellhaft untersucht worden ist, ist über die Rolle der Umweltinteraktion bei der Umsetzung angeborener Zugmerkmale nur wenig bekannt. Ferner sind die ultimaten „Entscheidungskriterien", die zur Evolution art- und populationsspezifischer Zugstrategien führen, nach wie vor nicht verstanden. Von besonderer Bedeutung hierbei ist die Frage nach den Wechselbeziehungen zwischen Ressourcenverfügbarkeit und den energetischen Anforderungen des Zug- und Rastverhaltens, und somit nach den ultimaten wie proximaten Entscheidungsprozessen der Individuen während des Zuges. Diese Prozesse werden von einer Vielzahl von Faktoren bestimmt.

Sie können gerade durch die am Institut für Vogelforschung in idealer Weise gegebene Kombination aus Freilandbeobachtung, Freilandexperiment und Untersuchungen in kontrollierten Haltungsbedingungen betrachtet werden. Auch die Suche nach den stoffwechselphysiologischen und biochemischen Grundlagen des Zugverhaltens gewinnt neue Bedeutung. Hierzu hat besonders der technologische Fortschritt in der physiologischen und biochemischen Analytik beigetragen, womit heute Verfahren zur Verfügung stehen, die Untersuchungen auch am lebenden Kleinvogel ermöglichen.

Mit dem von uns gewählten Untersuchungsansatz haben wir erstmals die Möglichkeit, Vogelzug integrativ zu verstehen unter gleichzeitiger Berücksichtigung der endogenen Grundlagen, der physiologischen Mechanismen der Regulation, theoretischer Modelle und umfangreicher Freilanduntersuchungen entlang der Zugwege und im Winterquartier. Damit hoffen wir, Vogelzug umfassender zu verstehen als dies bisher möglich war, zu verstehen, wie Umwelt und Gene interagieren und welche Konsequenzen sich daraus für die Anpassungsfähigkeit von ziehenden Arten ergeben.

Zugleich darf aber heutige Vogelzugforschung nicht darin verharren, den Vogelzug an sich zu verstehen. Vielmehr ist es wichtiger denn je, ihn als integrativen Bestandteil des gesamten „Lebenslaufes" („life-history") eines Zugvogels zu betrachten. Dazu gehören insbesondere z. B. Untersuchungen, in wie weit sich die Art und Weise, wie ein Vogel zieht, auf den nachfolgenden Bruterfolg auswirkt. So gibt es Hinweise, dass die Vögel, die im Frühjahr früher in ihr Brutgebiet zurückkehren, einen höheren Bruterfolg haben als die später eintreffenden. Und im Winterquartier erworbene individuelle Körperkondition kann den späteren Bruterfolg bestimmen. Für einige Arten ist gezeigt, dass früh in der Brutzeit geborene Jungvögel das Brutgebiet früher verlassen und in weiter entfernte Winterquartiere ziehen als später ausgeflogene Jungvögel. Andere Fragen sind derzeit aber völlig offen. Welche Konsequenz für die spätere Zugfähigkeit hat es beispielsweise, dass Elternvögel hohe und von Jahr zu Jahr möglicherweise unterschiedliche Kosten während des Brutgeschäfts haben? Oder, welche Rolle spielt die individuelle körperliche Kondition der ausgeflogenen Jungvögel für ihr nachfolgendes Zugverhalten? Oder, welche Konsequenz für den späteren Überwinterungserfolg hat es, dass Vögel früher oder später und in welcher körperlichen Kondition aus dem Brutgebiet abziehen? Auch nach einhundert Jahren Vogelzugforschung bleiben also eher mehr als weniger Fragen.

Fett macht fit – physiologische und ökologische Kontrolle des Vogelzuges

Franz Bairlein

Energie („Treibstoff") für den aktiven Flug während des Zuges ist hauptsächlich Fett. Ohne entsprechende Fettreserven sind lange Flüge nicht möglich. Die vom Vogel vor Aufbruch zu einem Flug deponierte Fettmenge bestimmt die Flugdauer und somit die Flugdistanz. Der Zugerfolg ist maßgeblich von einer ausreichenden Fettdeposition abhängig. Eine der auffälligsten Anpassungen an das Zugverhalten vieler Arten

Zugzeitliche Fettdeposition der Gartengrasmücke: Links: Vogel mit nur sehr wenig Fett (gelbe Partien) und deshalb nicht in der Lage, lange Strecken zu fliegen. **Rechts:** zugfetter Vogel, bestens präpariert für seine weite Reise. Für die Aufnahme wurde das Gefieder etwas zur Seite gestrichen; die Brust ist natürlicherweise unbefiedert. (Foto: F. Bairlein)

ist deshalb ein ausgeprägtes jahreszeitliches Fettwerden, die sog. zugzeitliche Fettdeposition. Manche Arten legen nur jeweils kleine Fettdepots an, die entlang einer Serie von Rastplätzen („Tankstellen") immer wieder aufgefrischt werden. Andere Arten dagegen speichern gewaltige Mengen an Fett, die bis zu 50 % ihres Körpergewichts ausmachen. Gartengrasmücken beispielsweise wiegen vor dem Herbstzug oder im afrikanischen Ruhegebiet meist zwischen 16 und 18 g. Zur Zugzeit hingegen, sowohl im Herbst wie Frühjahr, können Körpergewichte von bis zu 34 g erreicht werden, in etwa eine Verdoppelung der Ausgangsmasse.

Diese Gewichtszunahme ist überwiegend auf die Bildung umfangreicher, unmittelbar unter der Haut (subkutan) angelegter Fettpolster zurückzuführen. Bei einigen Arten werden aber auch in erheblichem Umfang Proteine deponiert, so gerade bei vielen arktischen Limikolen, wie dem Knutt und der Pfuhlschnepfe. Bei ihnen können bis zu 50 % der zugzeitlichen Massenzunahme auf die Deposition von Proteinen zurückgehen. Die Bedeutung dieser Proteindepots ist jedoch noch unklar.

Mechanismen des Fettwerdens

Grundlage für die zugzeitliche Fettdeposition ist eine angeborene Disposition. Auch gekäfigte Zugvögel werden unter konstanten Haltungsbedingungen dann fett, wenn sie im Freiland ziehen würden. Arten, die natürlicherweise früh in der Saison ziehen, werden auch in Gefangenschaft in einem früheren Alter zugfett als spät ziehende Arten, und solche, die lange Strecken ziehen, werden fetter als Kurz- oder Mittelstreckenzieher. Somit verfügen Zugvögel über ein angeborenes Programm, das den Zeitpunkt zugzeitlicher Depotfettbildung und deren Ausmaß unabhängig von äußeren Faktoren bestimmt. Damit können auch die Mechanismen und Strategien der Fettdeposition, die Ansprüche verschiedener Arten und die Voraussetzungen für erfolgreiche Fettdeposition untersucht werden, wie es mit Freilandstudien allein nicht möglich wäre. In Freilanduntersuchungen dagegen gilt es, die entscheidenden Rastgebiete zu identifizieren und das Rastverhalten (z. B. Habitatnutzung, Ernährung) der Vögel zu analysieren. Nur die Kombination von Freiland- und Laboruntersuchungen lässt den vollen Umfang der Voraussetzungen für erfolgreiche Fettdeposition erkennen und schafft so die Grundlage für erfolgreiche Schutzmaßnahmen.

Gartengrasmücke (Foto: B. Metzger)

Für Wahlversuche wurde ein künstliches Futter entwickelt (rechts unten), dessen Nährstoffzusammensetzung per Einwaage verändert werden kann, ohne dass sich äußere Form und Struktur ändern (Foto: F. Bairlein)

terscheidet. Diese Fähigkeit ist besonders wichtig bei Fruchtnahrung. Beeren und Früchte haben vielfach geringe Fett- oder Proteingehalte. Umso wichtiger ist es für die Vögel, solche Beeren und Früchte zu wählen, die nährstoffreicher sind als andere. So vermeiden sie Mangelernährung. Dies wird auch noch dadurch sichergestellt, dass sie bei Beeren- und Früchtenahrung bzw. bei künstlichem Futter, das der Nährstoffzusammensetzung natürlicher Beeren und Früchte entspricht, erheblich mehr fressen als bei tierischer Nahrung, die durchschnittlich höhere Protein- und höhere Fettgehalte hat.

Weiterhin zeigt sich, dass die Vögel während dieser Phase intensiver Frugivorie einen verminderten täglichen Eiweißbedarf haben. Darüber hinaus senken Gartengrasmücken ihren nächtlichen Ruhestoffwechsel, wenn sie ausschließlich Beeren und Früchte oder künstliche Nahrung mit sehr geringem Proteingehalt fressen. Umgekehrt ist ihr Ruhestoffwechsel stark erhöht, wenn sie mit sehr proteinreicher Nahrung gefüttert werden.

Die beim Fressen von proteinarmer Nahrung wie Beeren und Früchte gesteigerte Futteraufnahme in Kombination mit gesteigerter Effizienz der Nahrungsverwertung und abgesenktem Ruhestoffwechsel scheint auch der wesentliche Mechanismus zu sein, der die gesteigerte Fettdeposition bei Beerennahrung erklärt. Der geringe Proteingehalt stimuliert nämlich die Nahrungsaufnahme, um den täglichen Eiweißbedarf zu decken. Diese so gesteigerte Nahrungsaufnahme führt zu einer gesteigerten Aufnahme von Fett und so zur erhöhten Fettdeposition. Proteinreiche Nahrung dagegen erniedrigt die tägliche Nahrungsaufnahme, da schon mit weniger Futter der tägliche Eiweißbedarf gedeckt ist. Folglich kommt es bei eiweißreicher Nahrung zu einer geringeren Fettaufnahme und daher zu einer geringeren Rate der Fettdeposition.

Fett ist nicht gleich Fett

Die Frugivorie bei Zugvögeln hat aber auch etwas mit der spezifischen Zusammensetzung des Fettes solcher Zugvögel zu tun. Im Gegensatz zu vielen anderen tierischen Fetten besteht „Zugfett" der Gartengrasmücken und ähnlicher Arten vornehmlich aus relativ langkettigen ungesättigten Fettsäuren, insbesondere aus Ölsäure (C18:1) und Linolsäure (C18:2), die zusammen etwa 61 % aller Fettsäuren im Depotfett von Gartengrasmücken ausmachen. Die Bedeutung der ungesättigten Fettsäuren für den Stoffwechsel des fliegenden Vogels ist noch nicht geklärt, doch scheinen solche Fettsäuren, wenn sie für den Flugstoffwechsel erforderlich sind, leichter mobilisierbar zu sein. Diese Fettsäuren kommen nun vor allem in pflanzlichen Fetten vor, so auch in vielen der von Zugvögeln bevorzugten Beeren und Früchte. Wir konnten zeigen, dass Gartengrasmücken in der Lage sind, die spezifische Fettsäurequalität ihrer Nahrung zu erkennen und danach eine Nahrungswahl vorzunehmen. Füttert man Gartengrasmücken mit zwei Futtermischungen, die in ihrem Gesamtfettgehalt identisch sind, sich aber im Anteil an ungesättigten Fettsäuren unterscheiden, so wählen sie die Mischung mit dem höheren Anteil an diesen langkettigen ungesättigten Fettsäuren. Füttert man sie ausschließlich mit Futter, das diese Fettsäuren nicht enthält, so sind sie nicht in der Lage, Zugfett aufzubauen. Das zugzeitliche Fressen von Beeren und Früchten bei Zugvögeln scheint also eine besondere Anpassung an die Bildung von Treibstofffett einer ganz bestimmten Qualität zu sein.

Depotfettbildung durch Sekundäre Pflanzenstoffe?

Wenn Vögel Beeren und Früchte fressen, nehmen sie auch sog. Sekundäre Pflanzenstoffe auf. Diese sind eine umfangreiche Gruppe von chemischen Substanzen, die z. B. die Farbe von Beeren und Früchten bestimmen oder Bitterstoffe oder Giftstoffe sind. Diese dienen als Abwehr bzw. Schutzsubstanzen vor Fraß durch Pflanzen fressende Tiere oder Pflanzenparasiten, können aber auch „fördernde" Eigenschaften haben. So spielen manche eine Rolle in der sexuellen Ornamentik, beispielsweise durch die unterschiedliche Gelbfärbung des Gefieders, oder sie stärken das Immunsystem. Wir fanden Hinweise, dass sie auch die Fettdeposition von Gartengrasmücken fördern können.

Fütterten wir Gartengrasmücken mit künstlichem Futter, das der Nährstoffzusammensetzung von Schwarzem Holunder entsprach, aber die typischen sekundären Pflanzenstoffe des Schwarzen Holunders nicht enthielt, so fraßen sie zwar von diesem „künstlichen Holunder", ihre Fettdeposition war aber nicht beeinflusst. Erhielten sie dagegen Futter, das auch einen Extrakt aus Schwarzem Holunder enthielt, ohne aber die hauptsächliche Nährstoffzusammensetzung und den Energiegehalt dieses mit Extrakt angereicherten Futters zu verändern, so bevorzugten sie dieses Futter sogar gegenüber tierischem Futter, fraßen von diesem sehr viel, sogar mehr als vom Insektenfutter, was ihre Fettdeposition signifikant steigerte. Somit scheinen von sekundären Pflanzenstoffen des Schwarzen Holunders begünstigende Wirkungen auf die Nahrungsaufnahme und auf die Depotfettbildung auszugehen.

Rastgebiete – unverzichtbare Tankstellen

Depotfettbildung erfolgt bei den meisten Arten nicht nur einmal im Brutgebiet vor dem Aufbruch zum Zug, sondern meist wiederholt unterwegs. Erfolgreicher Zug hängt also bei den meisten Arten vom Vorhandensein geeigneter Rastgebiete ab, in denen sie ihre Fettdeposition vornehmen können. Dabei ist entscheidend zu wissen, wo sich die Rastgebiete befinden, in welchem Abstand Rastplätze vorhanden sein müssen und wie viel Reservefett die einzelne Art für ihre Zugetappen benötigt. Dies ist gerade deshalb so wichtig, weil in einer zunehmend veränderten Landschaft auch geeignete Rastplätze knapp werden.

Viele arktische Limikolen verbringen den nördlichen Winter in Afrika. Für sie ist das Wattenmeer der südlichen Nordsee eine einzigartige Drehscheibe ihres Zuges; etwa 8–10 Millionen Vögel benutzen es alljährlich auf ihren Wanderungen als Rastplatz, um sich hier im Herbst auf den Zug nach Afrika oder im Frühjahr auf den Zug in die arktischen Brutgebiete vorzubereiten. Wie der Weg im Einzelnen zurückgelegt wird, ist jedoch von Art zu Art verschieden. Arten, die zwischen ihrem afrikanischen Überwinterungsgebiet und dem Wattenmeer viele Stopps einlegen, benötigen für ihre kurzen Flugetappen jeweils nur recht wenig Treibstoff, dafür aber viele verschiedene Rastplätze. Ganz anderes ist dies dagegen bei Arten, die riesige Strecken in einem einzigen Flug überwinden, oder durch Gebiete ziehen, in denen eine Rast mit erneuter Nahrungsaufnahme nicht möglich ist, wie z. B. über Meeren und in Wüsten. Für diese Arten besteht die Notwendigkeit zu einer ausgeprägten Fettdeposition und sie müssen sich auf die Existenz der wenigen oder sogar des einzigen dafür erforderlichen Rastplatzes verlassen können.

Die Kenntnis der Zugstrategie einer Art oder sogar Population ist also für die Festlegung von Schutzstrategien unverzichtbar. Die für solche Flüge deponierte Treibstoffmenge ist dabei recht präzise bemessen. Ist ein „eingeplanter" Rastplatz nicht mehr vorhanden, oder so verändert, dass eine weitere Fettdeposition kaum mehr möglich ist, dann haben solche Arten meist keine Möglichkeiten, auf andere Gebiete auszuweichen. In solchen Fällen, aber auch wenn die Voraussetzungen für eine ausreichende Fettdeposition nicht gegeben sind, ist der weitere Zug oder sogar der spätere Bruterfolg gefährdet. Für arktische Limikolen und Gänse ist gezeigt, dass die Bedingungen im Rastgebiet nicht nur über den

Für Millionen von arktischen Zugvögeln ist das Wattenmeer Rastplatz während des Zuges oder Überwinterungsgebiet. (Foto: R. Nagel)

Zugerfolg entscheiden, sondern auch den folgenden Bruterfolg mitbestimmen können („carry-over Effekte"). Individuen, die im Frühjahr ihre südlichen Rastgebiete untergewichtig verlassen (müssen), haben einen geringeren Bruterfolg als normalgewichtige Tiere.

Für die Mehrzahl der Singvögel sind solche Grundlagen wenig bekannt. Gartengrasmücken ziehen, wie viele andere Arten, aus Mitteleuropa nach Westafrika, aus Osteuropa dagegen nach Ostafrika. Bei den über die südwestliche Route ziehenden Gartengrasmücken erfolgt die hauptsächliche Fettdeposition im Herbst in Nordwestafrika, unmittelbar vor Aufbruch zur Durchquerung der Sahara. Anders ist dies bei Gartengrasmücken auf der östlichen Route: Sie erreichen die notwendige Depotfettbildung im Herbst bereits nördlich des Mittelmeeres. Ursache hierfür ist, dass in Nordwestafrika vor dem Nordrand der Sahara adäquate Rastplätze vorhanden sind, in einem breiten Gürtel mediterraner Vegetation in Nordalgerien und Nordmarokko, im Osten dagegen die Wüste direkt bis an den Südrand des Mittelmeeres reicht und so dort kaum Möglichkeiten zur Fettdeposition gegeben sind. Folglich müssen diese Vögel bereits nördlich des Mittelmeeres entsprechend auftanken. Im Frühjahr erfolgt für beide Gruppen die Depotfettbildung sehr nahe dem Südrand der Sahara, vornehmlich in der Sahelzone.

Ein wichtiges Ziel einer ökologischen Vogelzugforschung ist deshalb, den räumlichen und zeitlichen Verlauf der Depotfettbildung frei lebender Zugvögel zu erarbeiten und die erforderlichen „Tankstellen" zu identifizieren. Dieses Ziel ist aber nur mit internationaler Zusammenarbeit zu erreichen, und so haben wir mit Unterstützung der European Science Foundation ein internationales Verbundvorhaben mit mehr als 50 Forschungsstationen in 17 Ländern Europas und Nord- und Westafrikas etabliert. Ziel dieses einzigartigen Projektes ist es zu erfahren, wo und wann welche Zugvogelpopulationen durchziehen und woher sie kommen, ob die Jung- und Altvögel oder die Geschlechter verschiedene Zugstrategien haben, wo welche Arten oder Populationen überwintern, und welches die ökologischen Ansprüche der verschiedenen Arten an ihre Rast- und Überwinterungsgebiete

sind. Dabei zeigte sich, dass für viele Arten die wichtigsten Rastgebiete während des Herbstzuges nicht in Europa sondern im nordwestlichen Afrika liegen, und dass Arten, die auf Schilfgebiete angewiesen sind, wie die Rohrsänger, mit insgesamt mehr Fettvorräten ziehen als Arten, die Gebüsche und Wälder bevorzugen und somit unterwegs eher „Tankstellen" finden als die auf Röhrichte angewiesenen Arten, deren Lebensräume vielerorts spärlicher sind. Weiterhin zeigte sich, dass die rastenden Vögel nur in solchen Gebieten an Gewicht zunahmen, die groß genug waren und somit ein ausreichendes Futterangebot aufwiesen.

Winterquartier – Zugvögel unter tropischer Sonne

Mit zu den am wenigsten bekannten Aspekten des Vogelzuges gehört die Ökologie der Arten in ihren fernen Überwinterungsgebieten. Welche Lebensräume und Habitate werden im Winterquartier genutzt? Wie werden diese genutzt? Wie kommen Zugvögel mit den ganz anderen ökologischen Bedingungen zurecht? Welche Interaktionen bestehen zwischen Zugvögeln und residenten Arten?

Im tropischen Afrika finden sich die meisten europäischen Zugvögel in den Savannen, nur wenige Arten dringen in den tropischen Regenwald ein. Ursache für die Bevorzugung offenerer Habitate durch Zugvögel könnte sein, dass die Regenwälder bereits so dicht von heimischen Arten besetzt sind, dass für temporäre Zuwanderer keine freien Ressourcen verfügbar sind. Andererseits scheint die morphologische Ausstattung von Zugvögeln die Besiedlung offener Habitate zu begünstigen. Der „durchschnittliche" Zugvogel ist kleiner, hat einen relativ kürzeren Schnabel und einen relativ längeren und spitzeren Flügel und ist morphologisch einheitlicher als sein tropisches Äquivalent. Zugvögel fliegen während ihrer Habitatnutzung mehr, sind bei ihrer Nahrungssuche schneller und haben eine höhere Nahrungsaufnahmerate als vergleichbare tropische Arten. Diese höhere Beweglichkeit mag auch erklären, warum Zugvögel bei der Exploration nur saisonal verfügbarer Ressourcen erfolgreicher sind als residente Arten. Viele Überwinterer sind Opportunisten und nutzen gerade Nahrungsquellen, die nur kurzfristig vorhanden sind.

Um dieser Frage nachzugehen, untersuchten wir das Vorkommen und die Ökologie von Zugvögeln, insbesondere von Fitis und Trauerschnäpper im Comoe-Nationalpark in der nordöstlichen Elfenbeinküste. Das Gebiet besteht aus einem Mosaik aus Busch-/Baumsavanne, darin eingestreut sind Inselwälder von unterschiedlicher Ausdehnung sowie Galeriewald entlang des Comoé Flusses.

Die Untersuchungen zur Habitatwahl zeigten, dass die beiden Zugvogelarten Fitis und Trauerschnäpper häufiger im Inselwald angetroffen wurden als in der offenen Busch-/Baumsavanne oder im dichteren Galeriewald. Im Gegensatz zu einheimischen Arten mit ähnlichen ökologischen Ansprüchen wie Fitis und Trauerschnäpper waren die Zugvögel die beiden einzigen Arten, die regelmäßig in allen drei untersuchten Habitattypen zu finden waren, während die einheimischen Arten jeweils nur zwei Habitattypen nutzten.

Weiterhin zeigte sich, dass Trauerschnäpper im Inselwald Territorien ausbildeten, die sie innerhalb einer Wintersaison bis zu sechs Monaten und in bis zu vier aufeinander folgenden Wintern besetzten. Dieses Territorialverhalten war in der Savanne und im Galeriewald viel weniger ausgeprägt und einzelne Individuen aus der Savanne versuchten Territorien im Inselwald zu übernehmen, wenn diese frei wurden. Fitisse dagegen zeigten kein Territorialverhalten, sondern waren häufig in artreinen oder gemischten Trupps anzutreffen.

Weder beim Fitis noch beim Trauerschnäpper fand die Nahrungssuche generell in offenerem Habitat statt als bei den einheimischen Arten. So wurden Fitisse häufiger in zentralen Bereichen der Baumkronen auf der Nahrungssuche beobachtet als die ökologisch ähnliche Graukappenerömomele, die Nahrung mehr in den Randbereichen der Kronen suchte. Dabei scheint es eine gewisse „Konkurrenz" zwischen beiden Arten zu geben. Graukappenerömomelen hielten sich bei Abwesenheit von Fitissen mehr im Inneren der Vegetation als in deren Randbereichen auf. Allerdings waren direkte Attacken nur selten zu beobachten. Vielmehr könnte es die unterschiedliche Körpergröße der beiden Arten sein, die diese unterschiedlichen Aufenthaltsorte bestimmt. Verglichen mit ähnlichen residenten Arten zeigten Fitisse und Trauerschnäpper die größere Vielfalt an Techniken der Nahrungsaufnahme und sie nutzten mehr Substrate.

Damit bestätigen diese Untersuchungen in der Elfenbeinküste nicht, dass Zugvögel generell offenere Habitate nutzen. Bisherige Untersuchungen zur Habitatnutzung paläarktischer Zugvögel in Afrika beschrieben nur, wo diese beobachtet wurden. Das Beispiel des Trauerschnäppers in der Elfenbeinküste zeigt, dass Vorsicht geboten ist und dass kaum generalisierende Angaben über das Verhalten von paläarktischen Zugvögeln in ihren afrikanischen Überwinterungsgebieten hinsichtlich Habitatwahl, Mikrohabitatwahl und Nahrungsökologie gemacht werden können. Verschiedene Arten haben unterschiedliche Habitatansprüche, Habitate unterliegen jahreszeitlichen Wechseln und ähnliche Habitate in verschiedenen Regionen bieten unterschiedliche Ressourcen. Zukünftige Untersuchungen müssen also sehr viel mehr die besonderen Ansprüche der einzelnen Arten berücksichtigen. Nur dann werden wir verstehen, warum derzeit insbesondere die Zugvögel abnehmen, die in Afrika südlich der Sahara überwintern und unter ihnen besonders die, die dort in trockeneren Lebensräumen vorkommen. Und nur dann werden wir gegebenenfalls erforderliche Schutzmaßnahmen ableiten und wirkungsvoll umsetzen können.

Winterquartier – arktische Singvögel im Wattenmeer

Ohrenlerche, Schneeammer und Berghänfling sind arktische Wintergäste im Wattenmeer, deren Überwinterungsökologie weitgehend unbekannt war. Zugleich scheinen aber ihre Bestände gerade von den Winterbedingungen abzuhängen.

Fangplatz im Comoe-Nationalpark in der Elfenbeinküste
(Foto: F. Bairlein)

Für die Ohrenlerche sind die Salzwiesen des Wattenmeeres wichtige Überwinterungsräume (Foto: J. Dierschke)

Skandinavische Ohrenlerchen überwintern überwiegend entlang der südlichen Nordseeküste, die nordwestrussische Brutpopulation dagegen im ostdeutschen und osteuropäischen Binnenland. Das Gros der an der südlichen Nordseeküste überwinternden Schneeammern stammt aus Island, doch überwintern hier auch skandinavische und ostgrönländische Vögel. Skandinavische Berghänflinge ziehen über die westliche Ostsee ins ost- und mitteleuropäische Binnenland oder entlang der Nordseeküste ins Wattenmeer und einige südwestlich angrenzende Gebiete. Die Bedeutung des Wattenmeeres als Überwinterungsgebiet wurde bisher unterschätzt: Mindestens 53 % der Ohrenlerchen und 47 % der Berghänflinge Skandinaviens überwintern an der dänisch-deutsch-niederländischen Wattenmeer-Küste; für die Schneeammer ist eine Einschätzung der Bedeutung des Wattenmeeres als Überwinterungsplatz derzeit nicht möglich.

Weiterhin häufige Wintergäste in den Salzwiesen des Wattenmeeres sind der Strandpieper, in viel geringeren Beständen auch Feldlerche, Wiesenpieper, Stieglitz, Sporn- und Rohrammer. Diese Arten lassen sich grob in zwei Gemeinschaften zusammenfassen: In Habitaten mit Vegetation der unteren Salzwiese finden sich vor allem Ohrenlerche, Schneeammer, Strandpieper und Berghänfling, von denen die ersten beiden verstärkt auch die Spülsäume nutzen. In der hochwüchsigen oberen Salzwiese rasten Feldlerche, Strand- und Wiesenpieper, Sporn- und Rohrammer, Berghänfling und Stieglitz. Der Berghänfling ist den ganzen Winter in der unteren Salzwiese anzutreffen, im Frühjahr und Herbst jedoch zusätzlich in der hohen Salzwiese.

Eingedeichte Flächen weisen – solange sie noch Salzwiesen enthalten – noch hohe Bestände von Ohrenlerchen und Berghänflingen auf, Strandpieper und Schneeammern nutzen diese dagegen kaum.

Ohrenlerchen ernähren sich überwiegend von Samen von Queller, Sode, Melde, Salzmelde und kleiner Gräser. Insektivore Nahrung spielt vor allem in nahrungsarmen Perioden eine Rolle. Die Nahrung der Schneeammer ist der der Ohrenlerche ähnlich, umfasst zusätzlich aber Dreizack. Berghänflinge nehmen dagegen fast ausschließlich Samen von Queller und Sode auf. Ein Vergleich des Nahrungsangebots mit der gefressenen Nahrung zeigte eine deutliche Bevorzugung der genannten Pflanzensamen. Viele Halophytensamen, besonders die bevorzugten, weisen einen hohen Energiegehalt auf. Besonders große Samen und solche mit einer langen Bearbeitungszeit werden aber gemieden. Errechnet man über die erfasste Zeit der Nahrungsaufnahme, über Pickraten sowie die Zusammensetzung und den Energiegehalt der Nahrung die aufgenommene Energie pro Tag, so zeigt sich, dass die Salzwiesen des Wattenmeers mit ihrem reichhaltigen Angebot an Halophytensamen ein hervorragendes Überwinterungshabitat für granivore Vogelarten darstellen. Zur Überdauerung von Perioden, in denen die Nahrung schwer erreichbar sein kann, legen alle drei Arten Winterfett an.

Schneeammern und Berghänflinge streichen im Überwinterungsgebiet weiter umher als Ohrenlerchen. Ohrenlerchen zeigen dagegen eine hohe Ortstreue. Bei Berghänflingen wurden dagegen immerhin 4,5 % der wiedergefangenen Vögel in über 200 km Entfernung nachgewiesen, und es konnten sogar 26 Wechsel zwischen dem niedersächsischen Wattenmeer und dem ostdeutschen Winterbestand festgestellt werden. Die Ergebnisse deuten auf verschiedene Überwinterungsstrategien von Ohrenlerchen auf der einen sowie Schneeammern und Berghänflingen auf der anderen Seite hin.

Nachdem seit den 1960er Jahren ein starker Rückgang der Bestände aller drei Arten im Wattenmeer festgestellt wurde, zeigten alle drei Arten in den letzten zehn Jahren nun positive Bestandsentwicklungen. Die international und national bedeutenden Rastplätze im dänisch-deutsch-niederländischen Wattenmeer liegen

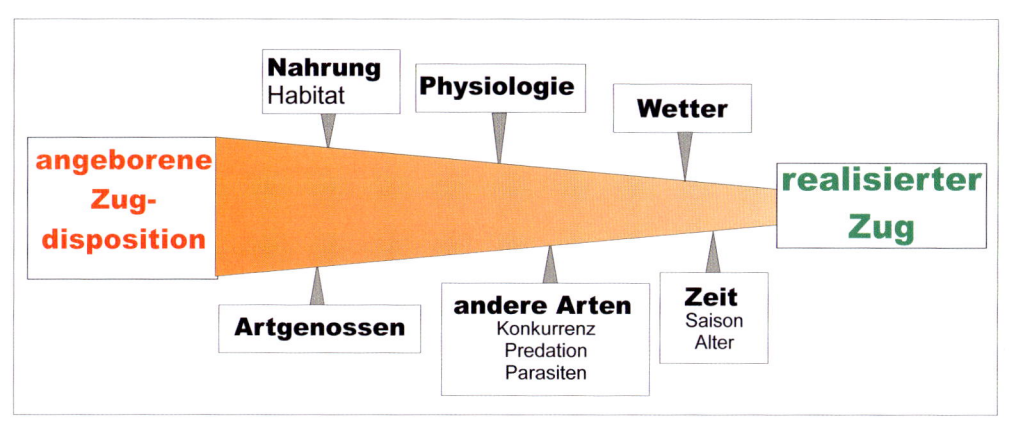

Eine Vielzahl von Umweltfaktoren wirken auf ein angeborenes Grundmuster des Zugerhaltens und „gestalten" so den Ablauf des Vogelzuges.

für die Ohrenlerche an der Festlandsküste der östlichen Niederlande bis Süddänemark sowie auf einigen der west- und ostfriesischen Inseln. Die Rastplätze der Schneeammer sind auf die gesamte Küste einschließlich der Inseln verteilt, die des Berghänflings vor allem an der Festlandsküste mit Schwerpunkten in Schleswig-Holstein, am Dollart und in den Niederlanden. Die Rückgangsursachen sind wahrscheinlich der große Verlust an Salzwiesen durch die Eindeichung von Buchten seit den 1960er Jahren. Eine Intensivierung der Salzwiesen-Beweidung dürfte ebenfalls dazu beigetragen haben. Die Zunahme der Bestände in den 1990er Jahren wird auf den Stopp der Eindeichungen, die durch Auflandung bedingte Zunahme der Salzwiesenfläche und die großflächige Extensivierung der Beweidung in den Nationalparks, woraus eine größere Samenproduktion resultiert, zurückgeführt. Konsequenterweise sollten deshalb weitere Salzwiesen aus der Beweidung genommen werden.

Moderne Zugvogelforschung – Umwelt-Gen-Interaktionen

Für ein tieferes Verständnis der langfristigen Auswirkungen von anhaltenden Umweltveränderungen, einschließlich Klimawandel, auf Vögel ist wichtig zu wissen, wie anpassungsfähig Arten sind. Dabei ist nicht die unmittelbare Verhaltensreaktion auf eine Veränderung zu verstehen, sondern wie eine Art langfristig, also über viele Generationen, auf solche Umweltveränderungen reagiert, inwieweit sie sich durch evolutive Prozesse, also Änderungen in ihren Genen anpasst. Ein Beispiel: Die Flügellänge eines Vogels ist in gewisser Weise ein Indiz für sein Zugverhalten. Vögel mit sehr langen Zugwegen haben in der Regel relativ längere und spitzere Flügel als weniger weit ziehende Arten, die mehr „runde" Flügel haben. Dies hat damit zu tun, dass längere und spitzere Flügel effizienter für den Langstreckenflug sind. Damit kann die Messung der Flügellänge genutzt werden, etwas über langfristige Anpassungen im Zugverhalten an Umweltveränderungen auszusagen, da sich solche morphologischen Maße langfristig ausschließlich über Selektion verändern. Erste Auswertungen der Flügellänge von verschiedenen Zugvögeln zeigen nun in der Tat, dass bereits in den letzten Jahrzehnten deren Flügellängen abgenommen haben. Dies ist ein Hinweis dafür, dass evolutive Veränderungen stattfinden.

Um solche Beziehungen zu erklären, ist es wichtig, bei einem Zugvogel sowohl seine angeborenen Verhaltensweisen wie auch das tatsächliche in der Umwelt gezeigte Verhalten zu untersuchen. Für viele Zugvögel dürfen wir annehmen, dass sie über ein angeborenes Grundmuster ihres Zugverhaltens verfügen, das dann in der realen Welt durch Umweltfaktoren beeinflusst wird und zu dem Zugablauf führt, den wir beobachten können. Die Anpassungsfähigkeit einer Art auf anhaltende Umweltveränderungen wird deshalb besonders davon abhängen, ob sie mehr genetisch bestimmt ist oder mehr durch ihre Umwelt.

Solche Untersuchungen sind aber schwierig.

Sie setzen voraus, dass man einerseits das Zug- und hier insbesondere das Rastverhalten einer Art im Freiland quantitativ untersuchen kann und zugleich diese Art so in Gefangenschaft halten kann, dass sich die genetischen (angeborenen) Grundlagen ihres Zugverhaltens untersuchen lassen.

Eine geeignete Art ist der Steinschmätzer. Steinschmätzer haben eines der weitesten Verbreitungsgebiete aller Singvogelarten im eurasisch-afrikanischen Raum und ein vielseitiges Zugsystem. Ihr Brutgebiet erstreckt sich von Ostkanada über Grönland und Skandinavien bis nach Sibirien und Westalaska. Die Überwinterungsgebiete liegen in Afrika südlich der Sahara. Für die kanadisch/grönländischen Vögel der Unterart *leucorhoa* wie für die meisten europäischen Populationen der Unterart *oenanthe* wird angenommen, dass sie in Westafrika überwintern; die sibirischen und alaskischen Vögel überwintern in Ostafrika. Damit finden sich innerhalb der Art sehr unterschiedliche Zugsysteme. So haben die grönländischen Vögel den Nordatlantik zu überqueren, während die kontinentaleuropäisch/asiatischen und die Vögel aus Alaska weitgehend über Land ziehen. In Folge der unterschiedlichen Zugwege der verschiedenen Brutpopulationen ist zu erwarten, dass sich auch die Zug- und Fettdepositionsstrategien unterscheiden. Vorteilhaft ist aber auch, dass sich für *oenanthe* und *leucorhoa* die Zugwege und Überwinterungsgebiete teilweise überlappen. Dies erlaubt die Untersuchung der beiden in ihren Zugzielen unterschiedlichen Unterarten unter gleichen ökologischen Bedingungen in ein und demselben Rastgebiet.

Zudem bietet der Steinschmätzer aber noch eine Reihe anderer Vorteile. Als Offenlandvogel ist er leicht zu beobachten und damit sein Verhalten, insbesondere hinsichtlich Nahrungssuche und Nahrungsaufnahme, quantifizierbar. Ebenso lassen sich bei einem Offenlandvogel die lokalen Prädationsverhältnisse leichter erfassen und quantifizieren. Er ernährt sich vornehmlich von am Boden bzw. bodennah lebenden Invertebraten. Damit ist das Nahrungsangebot ebenfalls vergleichsweise leicht zu bestimmen. Der Steinschmätzer kann zudem einfach und in großer Zahl gefangen werden. Individuell mit Farbringen markierte Vögel können gut im Freiland beobachtet werden. Weiterhin lässt er sich im Gelände gut anfüttern und gewöhnt sich schnell an elektrische Waagen, wodurch wiederholte Wägungen der über Farbberingung individuell bekannten Vögel ohne den sonst erforderlichen Wiederfang möglich sind. Damit kann das Rastverhalten von Steinschmätzern vergleichsweise leicht untersucht werden. In einem nachfolgenden Beitrag wird darüber berichtet.

Endogene Grundlage des Zugverhaltens

Mit unseren Felduntersuchungen an Steinschmätzern können wir erstmals für einen Singvogel Rastverhalten quantifizieren. So ist es möglich, aus der Flugaerodynamik abgeleitete Hypothesen zur „optimal migration" unter realen Bedingungen zu überprüfen. Für ein Gesamtverständnis seiner Zugstrategien ist es jedoch auch erforderlich, die angeborenen Grundlagen des Zugverhaltens zu kennen. Nur so können wir die Interaktion zwischen genetischen und umweltbedingten Faktoren im Vogelzug verstehen.

Deshalb war die nächste Frage, ob sich Steinschmätzer so in Gefangenschaft halten lassen, dass sich auch die angeborenen Grundlagen ihres Zugverhaltens untersuchen lassen. Dies ist durch die Entwicklung eines besonderen „Registrierkäfiges" gelungen, mit dem sich die nächtliche Zugaktivität der Steinschmätzer aufzeichnen lässt. Damit waren die Voraussetzungen für eine vergleichende Untersuchung des Zugverhaltens von Steinschmätzern unterschiedlicher geografischer Herkunft und möglicher unterschiedlicher Zugstrategien unter für alle gleichen Bedingungen möglich. Bisher untersucht haben wir Vögel aus Island, Norwegen, Norddeutschland und Marokko. Die Vögel von Island haben einen sehr weiten Weg ins afrikanische Winterquartier und haben dabei beim Wegzug im Herbst zunächst einen nonstop-Flug von über 1000 km über den Nordatlantik vor sich. Die Steinschmätzer aus Norwegen ziehen mit Ausnahme eines anfänglichen Fluges von maximal 500 km über die Nordsee weitgehend über Land, wie die Vögel aus Deutschland, die eine gegenüber den Vögeln aus Island und Norwegen kürzere Distanz zurücklegen und keine anfängliche Meeresüberquerung zu bewerkstelligen haben. Alle drei Gruppen haben aber das Mittelmeer zu überwinden. Die

Vögel aus Marokko schließlich, die der Unterart *seebohmi* angehören, ziehen ausschließlich über Land und mit etwa 1800 km Zugweg viel kürzer als die nordischen. Die für diese Untersuchungen erforderlichen Vögel wurden im Alter von 5–7 Tage aus ihren Nestern entnommen, von Hand aufgezogen, anschließend bei gleich konstanten Bedingungen gehalten und dabei ihre nächtliche Zugaktivität und ihre Körpergewichte erfasst.

Dabei zeigt sich, dass die Steinschmätzer tatsächlich über eine endogene Zugdisposition verfügen und dass diese populationsspezifische Unterschiede aufweist. Die isländischen Vögel wurden in Gefangenschaft schwerer als die norwegischen, deutschen und marokkanischen, die sich jeweils kaum unterschieden. Insbesondere die anfängliche Meeresüberquerung scheint für diesen Unterschied verantwortlich. Zudem waren die isländischen Vögel über einen längeren Zeitraum schwer als die norwegischen und deut-

Handaufzucht junger Steinschmätzer (Foto: R. Nagel)

schen Vögel und diese länger als die marokkanischen Steinschmätzer. Beides spiegelt also die unterschiedlichen Zugabläufe und Distanzen der verschiedenen Populationen wider.

Bei der nächtlichen Zugaktivität zeigten sich dagegen zwischen den Populationen kaum Unterschiede im Ausmaß der Zugunruhe, dafür aber in der Dauer der Zugunruhe und vor allem zwischen Herbst- und Frühjahrszug, wobei die Zugaktivität im Frühjahr sehr viel intensiver war als im Herbst. Letzteres zeigt, dass der beobachtete raschere Zug im Frühjahr eine genetische Grundlage hat.

Zudem ist es gelungen, Steinschmätzer in Volieren so zu halten, dass sie dort auch erfolgreich brüten. Damit war es möglich, Kreuzungen mit Vögeln verschiedener Brutpopulationen unter kontrollierten Brutbedingungen durchzuführen. Dabei zeigt sich, dass das populationsspezifische Zugverhalten vererbt wird. Die Nachkommen von Mischpaaren aus isländischen und norwegi-

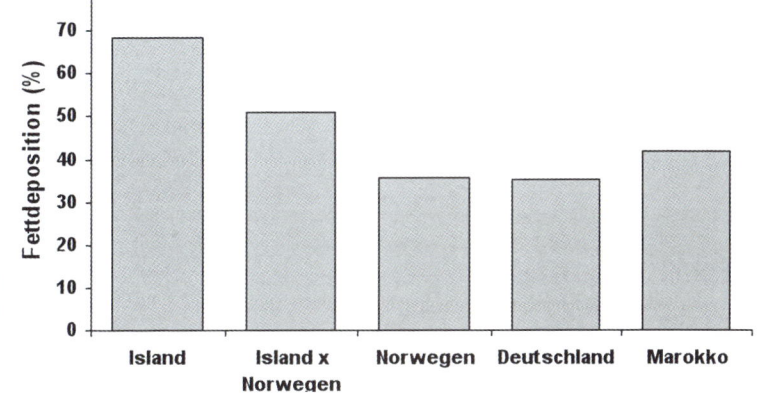

Steinschmätzerpaar in Voliere (Foto: U. Strauß)

Zugzeitliche Fettdeposition (in Bezug zum fettfreien Körpergewicht) bei Steinschmätzern aus verschiedenen Herkunftsgebieten und bei Nachkommen von Mischpaaren isländischer und norwegischer Elternvögel während der ersten Herbstzugzeit.

schen Elternvögeln zeigten einen intermediären Körpergewichtsverlauf im Vergleich zu denen ihrer jeweiligen Eltern.

Aufklärung der Zugwege und Winterquartiere

Während Funde von beringten Steinschmätzern die Zugwege der europäischen Brutvögel recht gut beschreiben, sind die Zugwege der kanadischen oder alaskischen Vögel bisher unbekannt. Ebenso kaum bekannt ist, wo die verschiedenen Brutpopulationen in Afrika überwintern. Zwei neue Verfahren bieten sich an, die Zugwege und Winterquartiere des Steinschmätzers aufzuklären.

Mittlerweile haben sich sog. Geolokatoren bei der Aufklärung der Wanderungen von Tierarten mehrfach sehr bewährt. Zur Brutzeit 2009 haben wir erstmalig Steinschmätzer mit solchen Miniaturfahrtenschreibern ausgerüstet, in Deutschland, Alaska und Nordostkanada, und sind nun gespannt auf die folgende Brutzeit.

Die zweite Methode basiert auf der Analyse der sog. Stabilen Isotope von vornehmlich Wasserstoff, Kohlenstoff und Stickstoff in Federn. Beim Gefiederwechsel während der Mauser kommt es in der wachsenden Feder zu einer Anreicherung von chemischen Elementen, die das Isotopenmuster des Ortes, an dem die Mauser stattfindet, widerspiegelt. Die ausgewachsene Feder trägt dadurch die „chemische" Signatur des Ortes, an dem sie gewachsen ist. Ist bekannt, wann im Verlauf eines Jahres die Mauser stattfindet, lässt sich über die Isotopenzusammensetzung der Feder bestimmen, wo sich der Vogel dazu aufgehalten hat.

Steinschmätzer wechseln ihr Großgefieder, so auch die Schwanzfedern, nur im Brutgebiet. Mittels der Analyse von im Winterquartier gesammelten Schwanzfedern lässt sich damit auf die Brutgebiete schließen. Vögel oder Populationen eines bestimmten Wintergebietes können so bestimmten Brutgebieten zugewiesen werden (Konnektivität). Damit kann gezeigt werden, ob verschiedene Brutpopulationen auch populationsspezifische Winterquartier haben. Für den Steinschmätzer, den wir dazu in seinem west- und auch ostafrikanischen Winterquartier untersucht haben, sind die Ergebnisse derzeit aber noch nicht schlüssig. Zwar lassen sich die Unterarten *leucorhoa* aus Island bis Kanada und *seebohmi* aus Marokko recht gut Winterquartieren in Mauretanien zuordnen, für die anderen Brutvögel sind die Muster aber uneinheitlich. Dabei zeigte sich aber auch, dass diese Signaturen auch vom Geschlecht, dem Alter der Vögel, dem Sammeljahr und den Ernährungsgewohnheiten des Individuums abhängig sein können, was eine geografische Zuordnung erschwert. Weitere Untersuchungen sollen hier Klärung bringen.

Konnektivität – Wer überwintert wo?

Die Aufklärung dieser Konnektivität ist nicht nur für das Verständnis des Zugverhaltens einer Art von grundlegendem Interesse, sondern ist gerade für den Schutz wandernder Vogelarten sehr wichtig. Es gibt heute viele Hinweise, dass die Brutbestände einer Art nicht nur von Umweltfaktoren im Brutgebiet bestimmt sind, sondern insbesondere auch durch Faktoren entlang der Zugwege und im Winterquartier. So konnten wir für Weißstörche aus dem Oldenburger Raum zeigen, dass deren Bruterfolg maßgeblich von der Regensituation in der Sahelzone abhängig ist. In Jahren mit viel Niederschlag im Winterquartier flogen mehr Jungvögel aus als in trockenen Jahren. Ursache hierfür ist, dass sich die Vögel bereits im Winterquartier auf die folgende Brutzeit vorbereiten. In Jahren mit schlechtem

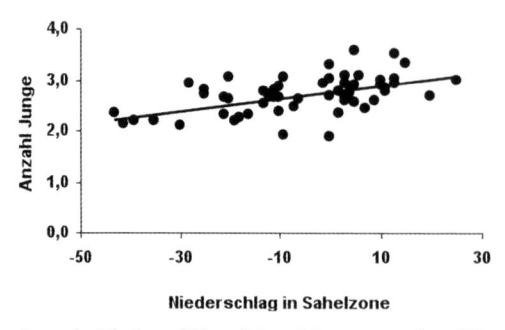

Je mehr Niederschläge (Abweichung vom langjährigen Mittelwert) in der afrikanischen Sahelzone in einem Jahr fallen, umso höher ist der Bruterfolg von Weißstörchen im Brutgebiet (nach Bairlein & Henneberg 2000)

Nahrungsangebot im Winterquartier sterben nicht nur mehr Vögel, sondern sie kommen konditionell so geschwächt im Brutgebiet an, dass sie dort trotz eines guten Nahrungsangebotes nicht so erfolgreich brüten können wie in Jahren mit gutem Nahrungsangebot im afrikanischen Wintergebiet. Für effektive, nachhaltige Schutzmaßnahmen ist es also unverzichtbar, diese populationsspezifischen Winterquartiere zu kennen.

Flugphysiologie – Das Beispiel Waldrapp

Es besteht kein Zweifel darüber, dass Fettdeposition die unverzichtbare energetische Anpassung an den Zug von Vögeln ist. Mit Ausnahme der wenigen Arten, die während des Zuges Nahrung aufnehmen und so diesen nicht unterbrechen müssen, wie z. B. Seeschwalben und viele Greifvögel, sind für die meisten Zugvögel lange Flüge ohne entsprechende Fettdepots nicht möglich. Fettdeposition ist also eine der Grundanpassungen an die energetischen Notwendigkeiten solcher Flüge.

Eine große Unbekannte des Vogelzuges ist die Frage, wie Vögel Ausdauerflugleistungen von bis zu 200 Stunden Flugzeit bewerkstelligen. Bisher war man dazu im Wesentlichen auf Untersuchungen an frisch gelandeten Vögeln in Rastgebieten angewiesen. Dabei bleibt aber unbekannt, welche Strecke diese Vögel vorher gezogen sind, wie sie geflogen sind oder wie lange sie bereits vor dem Fang im Rastgebiet waren. Zudem fehlen Messungen an denselben Individuen vor dem Flug. Eine neue Möglichkeit der Erforschung der Leistungsphysiologie ziehender Vögel bietet hier die Methode des menschengeleiteten Zuges, mit der unerfahrenen Jungvögeln ein Zugweg zum Erlernen gezeigt wird.

Ein solch menschengeleiteter Zug erfolgt im Rahmen eines Artenschutzprojektes für den Waldrapp. Der mit dem Weißstorch verwandte Waldrapp ist in Europa bereits Ende des Mittelalters ausgerottet worden. Heute gibt es in der freien Natur nur noch wenige Paare in Marokko und Syrien. Er gehört damit zu den weltweit in ihrem Bestand gefährdetsten Vogelarten. In einem Artenschutzprojekt in Österreich werden deshalb Waldrappe in Zoos erbrütet, um sie zukünftig an geeigneten Plätzen wieder heimisch zu machen.

Waldrappe folgen dem Fluggerät (Foto: F. Bairlein)

Allerdings ist der Waldrapp ein Zugvogel, da er bei uns im Winter keine Nahrung findet. Junge Waldrappe erlernen ihren zukünftigen Zugweg, indem sie ihren Eltern in das arteigene Winterquartier folgen. Bei den in den Zoos geborenen jungen Waldrappen ist dies nicht möglich, da ihre Eltern ja selbst keine Zugerfahrung haben. Deshalb werden diese jungen Waldrappe an ein Leichtflugzeug gewöhnt und mit diesem in ein geeignetes Winterquartier in der Toskana in Italien „geführt". So erlernen sie ihren Zugweg, um zukünftig eigenständig ziehen zu können. So soll eine frei lebende ziehende Population aufgebaut werden.

Mit diesem „geleiteten Zug" ergibt sich nun ein neuartiger Forschungsansatz für die Untersuchung der Leistungsphysiologie frei fliegender Vögel während des Zuges. In einem gemeinsamen Forschungsprojekt mit Prof. Dr. John Dittami vom Department für Verhaltensbiologie der Universität Wien, dem Waldrappteam Österreich, der Veterinär-Medizinischen Universität Wien und der Konrad-Lorenz-Forschungsstelle Grünau und großzügig unterstützt vom Österreichischen Nationalfonds zur Förderung der Wissenschaften wollen wir verstehen, wie Zugvögel solche langen Flüge schaffen.

Dazu wird den handzahmen Vögeln jeweils unmittelbar vor bzw. nach dem Flug eine kleine Blutprobe entnommen. Diese werden anschließend auf leistungsrelevante blutchemische Parameter (Blutgase, Energiesubstrate wie Blutzucker und Blutfett, Enzyme) analysiert. Zusätzlich werden mittels der Methode des „Doppelt Schweren Wassers" (DLW-Methode) die energetischen Kosten des Fluges ermittelt. Zudem wurden die Vögel auch noch jeweils einen Tag nach den Flügen beprobt, so dass auch Daten zu weiteren Auswirkungen des Zuges bzw. zu Erholungsvorgängen nach einem Flug vorliegen. Denn Vogelzug ist vielfach eine Folge von Flug und Rast und letztere kann auch aus der Notwendigkeit zur Erholung resultieren und nicht nur, wie meist angenommen, wegen der notwendigen Fettakkumulation als Treibstoff für die nächste Flugetappe.

Die ersten Ergebnisse sind sehr viel versprechend. Während des Herbstzuges 2008 konnten für insgesamt 12 Vögel sechs kurze Flüge mit einer durchschnittlichen Flugdauer von 81 min und durchschnittlich 48 km Flugstrecke mit sieben langen Flügen mit durchschnittlich 178 min Flugzeit und 131 km Flugstrecke verglichen werden. Die gesamte Zugstrecke betrug 1162 km. Dabei zeigte sich, dass die Vögel in Vorbereitung auf den Zug ihr Körpergewicht um etwa 13 % erhöhten, im Wesentlichen durch Akkumulation von Fett. Am Ende der Migration war davon etwa die Hälfte verbraucht. Der mittels DLW bestimmte Energieverbrauch war im Flug gegenüber der Rast 6–8x höher mit einem erheblich geringeren Verbrauch je Stunde bei langen Flügen. Nach dem Flug waren die Konzentrationen von Triglyceriden und Zucker im Blut niedriger als zu Beginn, die von Ketonkörpern, Harnsäure und Lactat dagegen erhöht. Zudem war die Aktivität der Lactatdehydrogenase im Blut gestiegen. Nach einem Tag Rast entsprachen die Werte wieder denen vor dem Flug, mit Ausnahme der Freien Fettsäuren und des Blutzuckers, die beide höher als vorher waren.

Daraus lässt sich ableiten, dass junge Waldrappe vor dem Zug angeborenermaßen eine spontane Fettdeposition machen. Ihr ursprüngliches Zugverhalten ist also auch nach vielen Generationen in Gefangenschaft nach wie vor ausgeprägt. Die Energie für den Flug ist ein „Gemisch" aus Fetten, Kohlenhydraten und Proteinen. Lange Flüge sind dabei energetisch „preiswerter" als kurze Flüge, was auf besondere Anpassungen im Stoffwechsel hinweist. Muskelazidose (Lactatbildung) scheint durch Aktivierung der Lactatdehydrogenase, die die Milchsäure abbaut, kompensiert. Mit diesen Untersuchungen erhoffen wir uns nicht nur ein besseres Verständnis des faszinierenden Naturschauspiels „Vogelzug", sondern sie liefern möglicherweise auch Einblicke in das Ausdauerleistungsvermögen des Menschen.

Zugvögel, Parasiten und Infektionskrankheiten

Zugvögel verbinden Kontinente und entfernte Regionen. Vögel können Überträger von humanen Erkrankungen sein und so ist die Rolle von Zugvögeln bei der weltweiten Verbreitung von Zoonosen schon oft diskutiert worden, jüngst insbesondere bei der Verbreitung von West Nil Virus und aviärer Influenza („Vogelgrippe"). Zoonotische Infektionskrankheiten machen 58 % der menschlichen Erkrankungen aus, sie sind global gesehen viel stärker auf bestimmte Regionen konzentriert als humanspezifische Pathogene und sie kommen überproportional häufig in tropischen Regionen vor. Zugvögel, die ihre Winterquartiere in den Tropen haben, stehen deshalb im Besonderen im Fokus als mögliche Überträger von Zoonosen. Welche Rolle Zugvögel bei der Verbreitung von Infektionskrankheiten für Mensch und Tiere spielen und inwieweit die globale Klimaerwärmung hierbei eine zusätzliche Bedeutung hat, ist bisher nur wenig bekannt.

Vögel können nicht nur die Erreger selbst, sondern auch Überträger von Krankheiten (Vektoren) über weite Distanzen verfrachten. Auf Grund klimatischer Veränderungen könnten sich in den kommenden Jahren geografische Vorkommen und Wanderwege vieler Wirtsvogelarten weiter verändern, Vektoren und Pathogene werden ebenso mit Arealveränderungen reagieren, was insgesamt neue Kontaktzonen von potenziellen Wirten und Zoonosen nach sich zieht. So ist die Ausbreitung von Erregern in bisher natürlicherweise pathogenarme Regionen (z. B. arktische Tundra) möglich, mit möglicherweise fatalen Auswirkungen.

Schafstelze mit *Hyalomma*-**Zecken aus dem afrikanischen Winterquartier** (Foto: B. Metzger)

Zugvögel könnten also in seltenen Ausnahmefällen eine Rolle bei der Verbreitung humanpathogener Infektionskrankheiten spielen. Ihre wirkliche Rolle ist derzeit nicht bekannt und sehr spekulativ. Ihre Rolle dürfte aber insgesamt gesehen recht gering sein, auch, weil viele tropische Zugvögel in trockenen Lebensräumen überwintern mit geringem Pathogenvorkommen.

Viele Zoonosen mit humanpathogener Relevanz breiten sich derzeit aus. Ein Grund ist der Klimawandel, durch den sich Häufigkeit und Verbreitung der natürlichen Reservoire und Vektoren verändern. Das Krim-Kongo Hämorrhagische Fieber (CCHF-)Virus ist eine solche Zoonose. Auf Grund hoher Mortalitätsraten beim Menschen und vermehrter Epidemien in jüngerer Zeit, z. B. in der Türkei, ist diese Zoonose von steigendem humanmedizinischem Interesse. Hauptvektor von CCHF ist die Schildzecke *Hyalomma marginatum*. Zahlreiche Vogelarten sind Wirte der immaturen Stadien. Als sog. Zweiwirte-Zecke bleibt die Larve bei der Häutung zur Nymphe auf demselben Wirt festgeheftet, wodurch sich die Zeit auf dem ersten Wirt verlängert. Dadurch können Langstreckenzieher die Zecken auf dem Heimzug über weite Distanzen aus ihren afrikanischen Winterquartieren und Rastgebieten nach Europa transportieren. Den möglichen Eintrag von *Hyalomma* durch Langstreckenzieher nach Mitteleuropa untersuchten wir in einer Pilotstudie.

Dazu wurden auf Fangstationen in Deutschland (Greifswalder Oie, Helgoland), Italien (Ventotene, Ponza), Bulgarien (Kalimoq) und Spanien (Ebro-Delta) Vögel auf dem Frühjahrszug auf Zecken untersucht. Die mittlere Prävalenz, das heißt der Prozentsatz befallener an der Anzahl aller untersuchten Individuen, betrug bei Langstreckenziehern, die in Mitteleuropa heimisch sind, je nach Standort 5–6 %, und infestierte Vögel trugen durchschnittlich 1,9–3,7 Zecken. Damit zeigt sich, dass diese Zecke im Frühjahr sehr viel häufiger und in viel größerer Zahl auf Zugvögeln nach Mitteleuropa gelangt, als bisher angenommen. Gerade am Boden oder in Bodennähe nach Nahrung suchende Vogelarten zeichneten sich durch hohe Prävalenzen aus. Ein hoher Anteil an Larven und unvollständig gesogenen Nymphen in Italien zeigt, dass die Mehrzahl der Zecken bis nach Mitteleuropa weiter transportiert wird. In Zukunft gilt es herauszufinden, ob die eingeschleppten Zecken auf Grund der Klimaerwärmung in Deutschland heimisch werden und feste Bestände etablieren. Im Gegensatz zum heimischen Holzbock ist *Hyalomma* eine xenotherme Zeckenart, die mit fortschreitender Klimaerwärmung eine Etablierung auch in Mitteleuropa in naher Zukunft möglich erscheinen lässt.

„Pharmökologie" bei Vögeln – Parasiten, Karotinoide, Nahrungswahl und Immunantwort bei der Gartengrasmücke

Zugvögel sind nicht nur mögliche Transporteure für humane Infektionskrankheiten, sie sind natürlicherweise selbst zahlreichen Parasiten und Krankheiten ausgesetzt. So sind Vögel Wirte einer Vielzahl von protozoischen Parasiten und Infektionsintensitäten mit Vogelmalaria oder Kokzidien können hoch sein. Dabei wird von negativen Effekten dieser Parasitosen im subletalen Bereich ausgegangen. So wird angenommen, dass Parasitosen dem Vogel energetische Kosten verursachen und sein Immunsystem beeinflussen. Parasiten führen zu Änderungen im Verhalten, zu einer Reduzierung der Fitness und sie haben Auswirkungen auf „life-history-traits". Gerade während Kräfte zehrender Perioden wie der Zugzeit erscheint dieser negative Einfluss problematisch. Begegnen könnten Vögel diesem negativen Einfluss dadurch, dass sie gezielt Nahrung aufnehmen, die reich an natürlichen „Arzneistoffen" ist. Eine solche Stoffgruppe sind die Karotine. Sie können freie Radikale binden, die bei oxidativem Stress wie unter Parasitenbelastung oder beim Langstreckenflug entstehen, und sie können direkt die Immunantwort verbessern, indem sie die Proliferation von Leukozyten beschleunigen. Karotinoide sind natürlicher Bestandteil der Nahrung vieler Vogelarten und so lag nahe zu prüfen, ob die Aufnahme karotinreicher Nahrung Vögeln helfen kann, besser mit Parasiten zurechtzukommen.

Um den Einfluss von Karotinen auf das Immunsystem und auf eine akute Parasitose zu untersuchen, führten wir deshalb Experimente an gekäfigten jungen Gartengrasmücken durch.

Dazu bekamen sie entweder mit Karotinen angereicherte Nahrung in zwei unterschiedlichen Dosen oder Kontrollfutter. Nach zwei Wochen wurden die Vögel mit Kokzidien (*Isospora* spp.) infiziert und drei Tage später die Infektionsintensität ermittelt. Weiterhin wurden wiederholt der Karotingehalt im Blutplasma, die Farbe des subkutanen Depotfetts und der Hämatokritwert bestimmt. Zudem wurde jeweils vor und nach Infektion mit Kokzidien der nächtliche Ruhestoffwechsel der Vögel respirometrisch gemessen. Aus Blutausstrichen wurden die Anzahl Gesamt-Leukozyten und Granulozyten je 10.000 Erythrozyten als Maß für eine Immunantwort ausgezählt. Weiterhin untersuchten wir in einem Nahrungswahlexperiment die Fähigkeit der Gartengrasmücken zur Selbstmedikation. Um herauszufinden, ob Vögel nach Infektion mit Kokzidien eine stärkere Präferenz für karotinreiche Nahrung zeigen, erhielten die Gartengrasmücken in einem Nahrungswahlversuch künstliches Futter definierter Zusammensetzung und Farbe mit unterschiedlichem Karotingehalt.

Nach zwei Wochen im Exklusivexperiment hatten die Versuchsvögel signifikant höhere Plasmakarotinwerte als Vögel der Kontrollgruppe. Dabei waren die Plasmakarotinwerte umso höher und das subkutane Depotfett umso gelber, je mehr das Futter mit Karotin angereichert war. Die Hämatokritwerte waren nach Infektion mit Kokzidien niedriger und die Ruhestoffwechselrate höher als vorher. Als Folge der Infektion mit Kokzidien zeigten die Vögel einen Anstieg der Gesamtleukozytenzahl, die aber nach Abklingen der akuten Phase wieder zurückging. In den infestierten Gruppen stieg der Anteil an Granulozyten nach Infektion stärker an als bei Vögeln der Kontrollgruppe. Die Anzahl ausgeschiedener Parasiten-Oocysten war in den mit Karotin angereicherten Gruppen deutlich niedriger als in der Kontrollgruppe, und nur Vögel, die kein Karotin erhielten, entwickelten eine hohe Infektionsintensität. Hatten die Vögel die Wahl zwischen karotinreicher und karotinarmer Nahrung, wählten sie bereits am ersten Tag nach Infektion die karotinreiche Nahrung, und diese Bevorzugung hielt während der akuten Phase der Infektion an. Am höchsten war der Anteil am vierten Tag nach Infektion, dem Höhepunkt der akuten Kokzidiose. Je mehr karotinreiche Nahrung am Morgen gefressen wurde, desto geringer war die Anzahl ausgeschiedener Kokzidien am Abend desselben Tages. Die aufgenommene Karotinmenge hatte also eine unmittelbare Wirkung auf die Parasiten. Damit ist gezeigt, dass sich Gartengrasmücken im Falle einer Parasitose durch entsprechende Nahrungswahl selbst medikamentieren können. Auch können sie sich durch entsprechende Nahrungswahl Karotinspeicher anlegen, die dann während des Fluges als Radikalfänger zur Verfügung zu stehen.

Unter Mitarbeit von Eva Burmeister, Julia Delingat, Markus Deutsch, Jochen Dierschke, Olga Dolnik, Karl-Herbert Falk, Benedikt Gießing, Frank Göken, Salima Hamidi, Arndt Hampe, Hinrich Kraus, Pavel Ktitorov, Christian Kuth, Susanne Lehmann, Ivan Maggini, Jana Mehrländer, Brigitte Meschter, Benjamin Metzger, Rolf Nagel, Ewa Niwinski, Hamid Rguibi Idrissi, Volker Salewski, Martin Schäfer, Gregor Scheiffarth, Veronika Schmidt, Dagmar Simons, Gisela Steck, Holger Stiebel, Ulrike Strauß, Dorte von Stünzner, Gerhard Thesing, Ursula Thiele, Uwe Totzke, Adolf Völk, Helmut Willms.

Zum Weiterlesen

Bairlein F (1998) Langstreckenwanderungen von Zugvögeln – energetische Meisterleistungen. Biologie in unserer Zeit 28: 270–280

Bairlein F (2002) How to get fat: nutritional mechanisms of seasonal fat accumulation in migratory songbirds (review). Naturwissenschaften 89: 1–10

Bairlein F (2003) Nutritional strategies in migratory birds. In: Berthold P, Gwinner E, Sonnenschein E (eds) Avian Migration: 321–332. Springer-Verlag, Berlin, Heidelberg

Bairlein F (2003) The study of bird migrations – some future perspectives. Bird Study 50: 243–253

Bairlein F, Hampe A(1998) Von Vögeln und Früchten – Neues zu einem alten Thema. Orn Mitt 50: 205–217

Bairlein F., Hüppop O (2004) Migratory fuelling and global climate change. Advances Ecol Research 35: 33–47

Bairlein, F, Henneberg HR (2000) Der Weißstorch (*Ciconia ciconia*) im Oldenburger Land. Isensee, Oldenburg

Dierschke J, Bairlein F (2004) Habitat selection of wintering passerines in salt marshes of the German Wadden Sea. J. Ornithol. 145: 48–58

Salewski V, Bairlein, F, Leisler B (2006) Paläarktische Zugvögel in Afrika – Konkurrenz mit tropischen Arten? Vogelwarte 44: 1–15

Helgoland – Wiege der Vogelzugforschung

Ommo Hüppop

Helgoland wurde vor allem als Standort zur Erforschung des Vogelzugs weltberühmt, auf den bereits Heinrich Gätke aufmerksam machte. Wie eine Oase in der Wüste wird auch Helgoland von zahllosen Kleinvögeln als Tagesrastplatz aufgesucht. Charakteristische Massenarten, die an manchen Tagen zu Tausenden auf der Insel Helgoland rasten, sind vor allem Kurz- und Mittelstreckenzieher, Arten, die irgendwo in Mittel- oder Westeuropa überwintern, wie Sing- und Rotdrossel, Amsel, Rotkehlchen, Heckenbraunelle, Mönchsgrasmücke, Buchfink und Star. Unter den Langstreckenziehern erreichen nur Trauerschnäpper, Fitis, Gartengrasmücke, Steinschmätzer und Gartenrotschwanz nennenswerte Zahlen. Die meisten auf Helgoland durchziehenden Langstreckenzieher überqueren auf ihrem weiteren Flug die Sahara, um südlich davon in der Sahelzone oder in den Wäldern West- und Zentralafrikas zu überwintern. Nur wenige ziehen bis ins südliche Afrika weiter. Manche Arten wie Klappergrasmücke, Sumpfrohrsänger oder Neuntöter wandern abweichend von der überwältigenden Mehrheit der Vögel über Südosteuropa.

Vor allem durch den Fang und die Beringung von Vögeln im Fanggarten, aber auch durch zahlreiche Beringungen im Rahmen anderer Projekte ist ein einzigartiges Material zusammen gekommen. Zahllose Meldungen wieder gefundener beringter Vögel geben Auskunft über Wanderwege, Lebensalter und Todesursachen. Seit 1909 wurden auf Helgoland fast 800.000 Vögel gefangen und beringt, mehr als an jedem anderen Ort in Deutschland. Kriegsbedingte Unterbrechungen im Vogelfang gab es lediglich in den Jahren 1915 bis 1918 und 1946 bis 1952. Bereits 1920 führte Hugo Weigold die „Helgoländer Trichterreuse" ein. Mit diesem Fallentyp werden auch heute noch die meisten Vögel gefangen. Seit Anfang der 1960er Jahre findet der Fangbetrieb täglich ganzjährig und in immer der gleichen Weise statt. Damit bilden vor allem die über 500.000 Vögel, die seit 1960 im Fanggarten gefangen wurden, eine sehr wertvolle Datenreihe, die hinsichtlich Veränderungen im Zugverlauf, insbesondere vor dem Hintergrund des Klimawandels, von Bestandsveränderungen oder auch in Hinblick auf Veränderungen in biometrischen Daten ausgewertet wurden.

Im Fanggarten werden zwar nicht alle Vogelarten in gleichem Maße gefangen, da für viele die entsprechenden Lebensräume fehlen, doch ist das Lebensraumangebot im Fanggarten über den gesamten Untersuchungszeitraum weitgehend konstant geblieben. Die Untersuchungen und Auswertungen beschränken sich daher auf überwiegend kleine Vogelarten der Wälder, Gärten und Parks, die während des Zuges im Fanggarten rasten.

Langjährige Veränderungen der Fangzahlen

Zur Beurteilung der Entwicklung von biologischer Vielfalt sind langjährige Datenreihen unverzichtbar. Ein solcher Datenschatz sind die Fangzahlen von Vögeln auf Helgoland. Insbesondere für Arten, deren Bestand mit den herkömmlichen Methoden nicht oder nur unzureichend zu erfassen ist oder die weit ver-

Prototyp der „Helgoländer Trichterreuse" von H. Weigold (etwa 1920, Archiv IfV) **und eine der drei heutigen Reusen im Helgoländer Fanggarten** (Foto: O. Hüppop)**.**

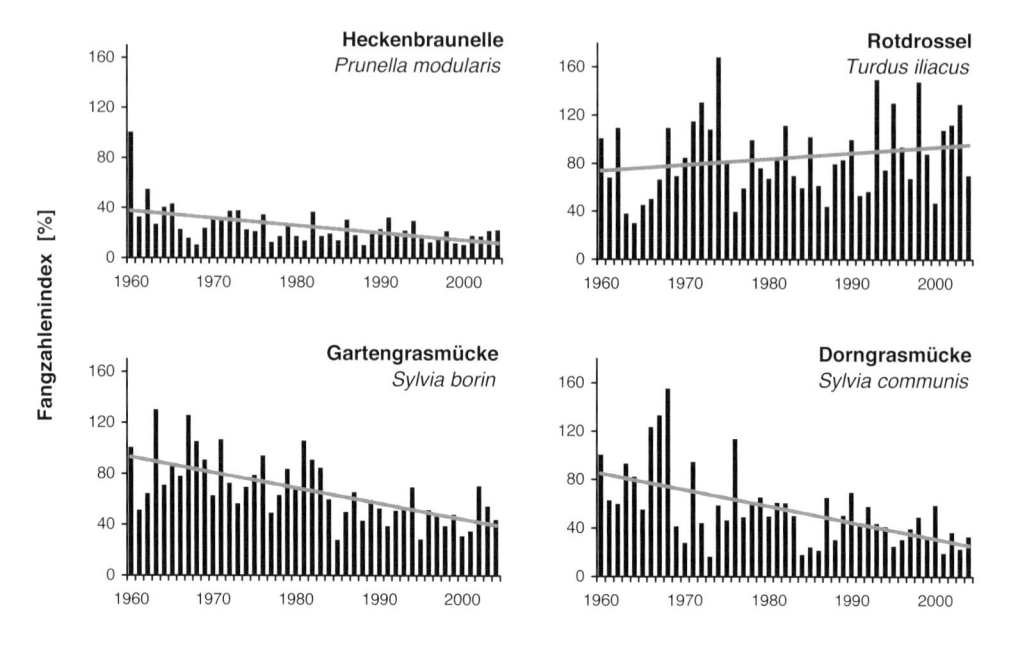

Entwicklung der Fangzahlenindices (1960 = 100 %) am Beispiel von zwei Kurz- und Mittelstreckenziehern (Heckenbraunelle und Rotdrossel) und zwei Langstreckenziehern (Garten- und Dorngrasmücke) von 1960 bis 2004.

breitet sind, aber nur in geringer Dichte brüten, kann der Fang in standardisierten Anlagen eine Alternative zur Bestandserfassung in den Brutgebieten sein. Zudem können durch Fang und Beringung von Vögeln ihre ungefähre Herkunft anhand von Körpermaßen oder durch Wiederfunde, ihre Überlebensrate, die Wanderverhältnisse sowie ihr Fortpflanzungserfolg anhand der Jungvogelanteile unter den Fänglingen ermittelt werden.

Von allen seit 1960 auf Helgoland gefangenen Vögeln wurden 43,3 % auf dem Heimzug, 56,3 % während des Wegzugs und nur 0,4 % in den Zeiten dazwischen gefangen. Am häufigsten waren Singdrossel und Amsel mit rund 23 % bzw. 22 % aller Fänge, gefolgt von Gartengrasmücke, Rotkehlchen und Buchfink mit jeweils mehr als 5 %. Fast drei Viertel aller Fänge waren Kurz- und Mittelstreckenzieher. Bei den meisten Arten ist besonders auf dem Wegzug der Jungvogelanteil größer als der Altvogelanteil. Erstaunlich ist, dass von 1970 (seither gibt es verlässliche Altersbestimmung) bis 2004 der Jungvogelanteil auf dem Wegzug bei zwölf von 16 Arten zugenommen hat, wohl eine Folge der klimabedingt längeren Aufenthalte in den Brutgebieten.

Ein großes Problem bei der Interpretation der absoluten Fangzahlen hinsichtlich möglicher Bestandsveränderungen ist, dass sich die Vegetation auf der Insel Helgoland nach dem Krieg erheblich verändert hat. Um 1960 waren 98 % des Gehölzvolumens der Insel im Fanggarten zu finden, heute befinden sich hingegen über 90 % des Gehölzvolumens außerhalb des Fanggartens, was einen Einfluss auf die absoluten Fangzahlen hat. Doch auch nach Korrektur der Fangzahlen auf Grund dieser Veränderungen nahmen von 1960 bis 2004 49 der 66 berücksichtigten Arten ab, davon 40 Arten statistisch gesichert. Am stärksten waren Langstreckenzieher wie Turteltaube, Wendehals, Klappergrasmücke, Trauerschnäpper und Gartenrotschwanz betroffen, aber auch von Kurz- und Mittelstreckenziehern wie Grünling, Bluthänfling, Feldsperling, Buchfink und Wacholderdrossel gingen die Fangzahlen zurück. Zehn Arten nahmen zu, davon sieben signifikant, und sieben Arten veränderten sich nicht.

Die Veränderung der Helgoländer Fangzahlen stimmt recht gut mit denen skandinavischer Beringungsstationen und Brutbestandstrends in Schweden und Norwegen überein. Damit

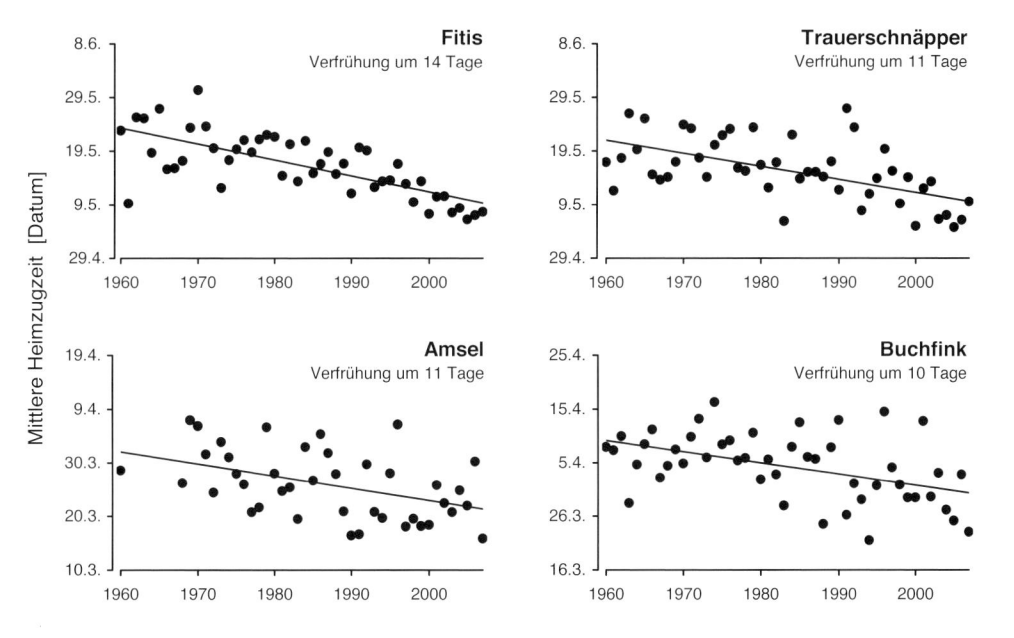

Abb. Zugzeiten: Verfrühung der mittleren Heimzugzeiten von zwei Langstreckenziehern (oben) und zwei Kurz-/Mittelstreckenziehern (unten) nach Daten aus dem Helgoländer Fanggarten von 1960 bis 2008.

zeigt sich, dass die Veränderungen auf Helgoland durchaus als Indikatoren für Bestandsveränderungen in den Brutgebieten geeignet sind. Die Helgoländer Fangzahlen hängen aber auch mit den Witterungsbedingungen in den Durchzugs- und Überwinterungsgebieten zusammen, vor allem mit den Niederschlagsverhältnissen. Je trockener es in den Regenzeit-Monaten (Juni bis Oktober) vor der Überwinterung (Oktober bis März) im Sahel war, desto geringer waren die Fangzahlen des folgenden Heimzugs bei etlichen Arten. Ebenso waren die Fangzahlen der Rückkehrer niedriger nach trockenen Sommern im mediterranen Durchzugs- bzw. Überwinterungsgebiet als nach feuchten Sommern. Offensichtlich sind besonders für eine Vielzahl von Langstreckenziehern neben lokalen und aktuellen Bedingungen während der Brutzeit, die „Vorbereitung" der vorbrutzeitlichen Durchzugs- und der Überwinterungsbedingungen fernab der Brutgebiete von großer Bedeutung für Überleben, Kondition und Bruterfolg in der folgenden Brutsaison.

Während die meisten der auf Helgoland gefangenen Arten also einerseits von einem längeren Aufenthalt in den Brutgebieten profitieren, in dem sie mehr Junge groß bekommen,

erleiden sie offensichtlich durch die verringerten Niederschläge in ihren Durchzugs- und Überwinterungsgebieten auch erhebliche Nachteile. Hier versprechen detaillierte Analysen weitere spannende Ergebnisse.

Veränderungen der Durchzugszeiten als Folge des Klimawandels

Inzwischen ist gut belegt, dass seit einigen Jahrzehnten weltweit eine außergewöhnliche Klimaveränderung, vor allem eine deutliche und anhaltende Erwärmung, stattfindet. Eine spannende Frage ist, ob und wie Vögel darauf reagieren. Besonders interessant ist auch der Vergleich von Kurz- und Mittelstreckenziehern mit Langstreckenziehern. Letztere gelten häufig als Verlierer des Klimawandels, da ihr Aufbruch in den afrikanischen Winterquartieren vor allem durch eine innere Uhr und die Tageslänge ausgelöst wird, sie also scheinbar auf einen verfrüht einsetzenden Frühling in West- und Mitteleuropa nicht oder nur langsamer reagieren können als die Kurz- und Mittelstreckenzieher, die innerhalb Europas überwintern.

Die einzigartigen Langzeitdatenreihen von Helgoland sind für die Klärung dieser Fragen ideal geeignet, denn seit nunmehr fast 50 Jahren werden im Fanggarten ohne Unterbrechungen ganzjährig unter relativ konstanten Bedingungen und mit standardisierten Methoden Vögel gefangen und beringt. Da die Zahl der Brutvögel gemessen an der Zahl der Durchzügler auf der kleinen Insel Helgoland zu vernachlässigen ist, können zuverlässige Aussagen über die Durchzugsphänologie skandinavischer Brutvögel, aus denen sich das Artenspektrum hier überwiegend zusammensetzt, gemacht und echte Zugmuster erstellt werden. Die ganzjährige Fangaktivität erlaubt die Berechnung von Durchzugmittelwerten über die gesamte Zugzeit, die eine wesentlich größere Aussagekraft als ausreißeranfällige Erstankunftsdaten haben. Im Frühjahr war bei 14 Kurz- und Mittelstreckenziehern und bei 10 Langstreckenziehern der Helgoländer Stichprobenumfang groß genug, um für jedes der 49 Jahre von 1960 bis 2008 Heimzugmittelwerte zu berechnen. Entsprechend konnten mit den Herbstdaten die Wegzugmittelwerte von 18 Kurz- und Mittelstreckenziehern und acht Langstreckenziehern berechnet werden.

Auf dem Heimzug zeigt sich bei 11 Kurz- und Mittelstreckenziehern und allen Langstreckenziehern eine Verfrühung im Durchzug seit 1960 von bis zu 17 Tagen (Mönchsgrasmücke). Kurz-, Mittel- und Langstreckenzieher unterscheiden sich nicht im Ausmaß der Verfrühung. Offensichtlich können letztere, wenn sie erst einmal in Europa angekommen sind, entgegen der Vermutung genauso flexibel auf einen zeitigeren Frühling reagieren wie die Vogelarten, die in Europa überwintern. Bei den meisten Arten geht die Verfrühung des Heimzuges mit einer Temperaturerhöhung zur Zeit des Heimzugs im Großraum Helgoland einher.

Nun hängt der zeitliche Zugablauf vermutlich aber weit weniger mit den lokalen Temperaturen zusammen als mit der generellen großräumigen Witterungssituation. Die Nordatlantische Oszillation (NAO) ist ein solches großräumiges Klimaphänomen mit unregelmäßigen, mehrjährigen Schwankungen im Luftdruckregime zwischen dem Azorenhoch und dem Islandtief, das einen bedeutenden Einfluss auf Wetter und Witterung in Nord- und Mitteleuropa hat. Für unsere Fragen besonders interessant ist dabei der sog. „Winter-NAO-Index", der die Strenge bzw. Milde eines Winters oder Frühlings beschreibt und somit ein Maß dafür ist, unter welchen Bedingungen die Vögel in ihre Brutgebiete ziehen. Ein positiver Winter-NAO-Index (hohe Luftdruck-Differenz) korrespondiert mit stärkeren westlichen Winden, welche unter anderem milde Temperaturen und höhere Niederschläge in West- und Nordwest-Europa verursachen. Ein negativer Winter-NAO-Index (geringe Luftdruck-Differenz) beschreibt dagegen einen größeren Einfluss des kontinentalen Winter-Hochdruckgebietes auf West- und Nordwest-Europa mit niedrigen Temperaturen und geringen Niederschlägen. Über den Untersuchungszeitraum gab es eine deutliche Zunahme von Jahren mit einem positiven Winter-NAO-Index, und er erklärt bei 19 von 24 Arten den früheren Durchzug auf Helgoland.

Im Herbst bestehen dagegen keine deutlichen Zusammenhänge der mittleren Wegzugzeiten mit den Temperaturen zur Brut- und Wegzugzeit oder mit großräumigen Witterungssituationen. Das Bild ist völlig uneinheitlich: Von den Langstreckenziehern zieht nur das Braunkehlchen heute später, von den Kurz- und Mittelstreckenziehern ziehen Ringdrossel und Zilpzalp heute später, Sperber und Bergfink dagegen früher.

Aus Heimzug- und Wegzugmittelwerten kann nun die Zeitspanne zwischen Frühjahrs- und Herbstzug berechnet und damit auf die Zeit des Aufenthaltes der Vögel in den Brutgebieten geschlossen werden. Mit den Helgoländer Daten war dies für 20 Arten möglich. Tatsächlich hat bei 15 dieser Arten die Zeitspanne zwischen beiden Durchzugmittelwerten seit 1960 um bis zu 26 Tage (Zilpzalp) zugenommen und zwar sowohl bei Kurz- und Mittelstreckenziehern wie auch bei Langstreckenziehern. Im Kontext der Klimaerwärmung wird vermutet, dass die Verlängerung des Aufenthalts im Brutgebiet über die letzten Jahrzehnte auch eine Erhöhung der Anzahl der Bruten in einer Saison ermöglichen kann. Für Arten, die wie die meisten Langstreckenzieher nur eine Brut aufziehen, könnte der Zeitgewinn zumindest mehr Ersatzbruten ermöglichen. Tatsächlich haben wir bei etlichen Arten während des Wegzugs eine Zunahme des Jungvogelanteils beobachtet.

Wiederfunde und Wanderwege

Die Fundrate aller auf Helgoland beringten und woanders gefundenen Vögel liegt unter 1 %. Nur rund 5 % der auf Helgoland beringten Vögel waren Nichtsingvögel, allerdings machen diese etwa 30 % aller Funde aus. 95 % aller beringten Vögel waren Singvögel, doch sie stellen nur etwa 70 % der Funde. Die Fundrate der auf Helgoland beringten Nichtsingvögel ist mit 5,65 % bedeutend höher als die der Singvögel mit lediglich 0,67 %. Die Drosseln hatten mit 0,94 % eine höhere Fundrate als die übrigen Singvögel mit 0,48 %, da sie nach wie vor in vielen ihrer Überwinterungsbiete bejagt werden.

Insgesamt liegen bisher fast 7000 Funde auf Helgoland beringter Vögel aus Gebieten abseits der Insel vor. Sie verteilen sich von Spitzbergen bis nach Namibia und von Island bis fast an den Ural und stammen aus 41 Staaten. Die meisten Vögel wurden in Deutschland gefunden, gefolgt von Frankreich, Großbritannien, Dänemark, den Niederlanden und Norwegen. Aus den osteuropäischen Staaten wurden nur wenige auf Helgoland beringte Vögel gemeldet, aus der Schweiz nur einer und aus Österreich überhaupt keiner. Auch aus Gebieten außerhalb Europas liegen nur wenige Funde vor. 6827 Meldungen von Funden aus Europa stehen nur 78 aus Afrika und 10 aus Asien gegenüber.

Die Wiederfundorte verdeutlichen, dass die Brutgebiete der beringten Vögel vor allem im südlichen und westlichen Skandinavien liegen. Die Überwinterungsbiete erstrecken sich hingegen von den Britischen Inseln und Mitteleuropa über Frankreich, die Iberische Halbinsel und Nordafrika bis ins südliche Afrika. Die allermeisten Vögel ziehen im Herbst in Nordost-Südwest-Richtung (bzw. im Frühjahr umgekehrt von Südwest nach Nordost) und umfliegen, wenn überhaupt, das Mittelmeer auf der westlichen Route über Südspanien.

Einzelne Arten können von diesem Schema selbstverständlich mehr oder weniger stark ab-

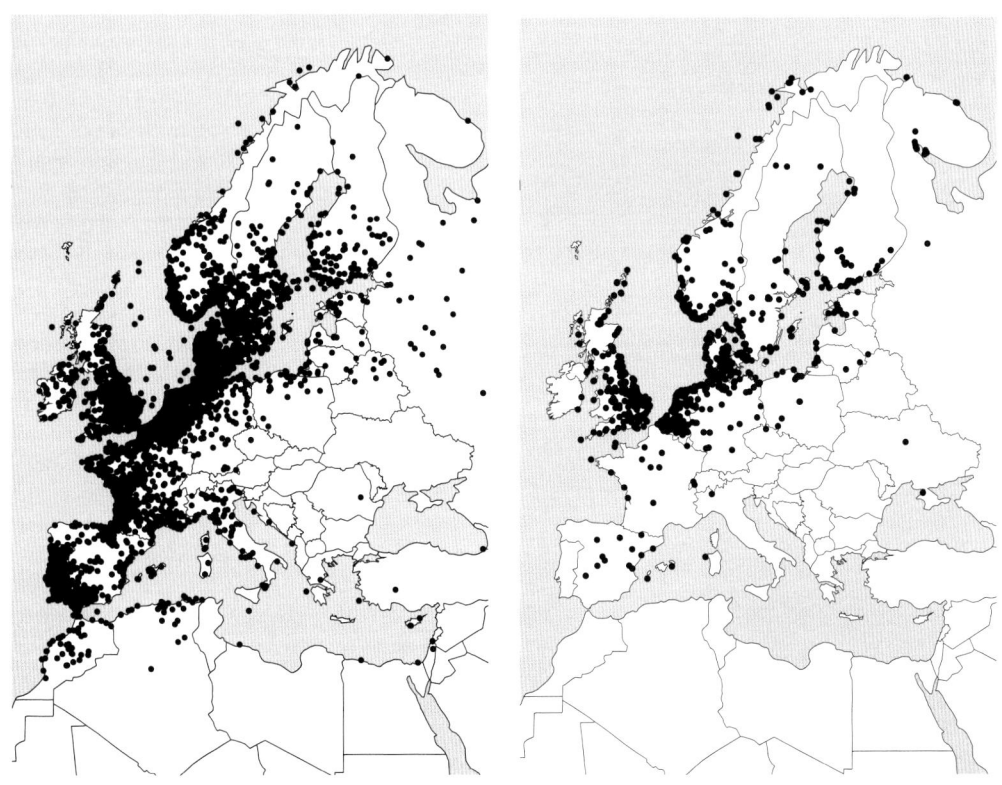

Alle 6914 Funde auf Helgoland beringter Vögel abseits von Helgoland (links) und Beringungsorte aller 1516 Fremdfunde auf Helgoland (rechts) von 1909 bis 2008.

Beringen und Vermessen von Trottellummenküken im Helgoländer Felswatt. (Foto: S. Heese)

weichen. Dies soll am Beispiel der Funde auf Helgoland beringter Trottellummen, einem typischen Brutvogel Helgolands, näher erläutert werden. Von fast 9000 seit 1909 auf Helgoland beringten Trottellummen liegen bisher 653 Fundmeldungen abseits der Insel vor. Damit ist die Trottellumme nach der Amsel und der Singdrossel die am dritthäufigsten gefundene der auf Helgoland beringten Arten.

Fast alle Trottellummenfunde stammen von Küsten oder Meeren, die meisten aus Skandinavien, insbesondere aus Norwegen und Dänemark. Auch von den deutschen und niederländischen Küsten kamen viele Rückmeldungen. Deutlich niedriger ist die Zahl der Funde von den Britischen Inseln und aus Südwest-Europa bis in die südliche Biscaya. Viele Trottellummen wurden im Skagerrak und im Kattegat gefunden, einige wenige auch in der Ostsee bis nach Lettland. Der westlichste Fundort lag auf den Äußeren Hebriden, der nördlichste und sogleich weiteste Fund einer Trottellumme (1415 km) gelang in Nordnorwegen. Auffällig ist, dass die meisten Fundorte nach der Brutzeit zunächst in nördlichen Richtungen entlang der norwegischen Küsten liegen, was durch eine passive Verdriftung der noch nicht flugfähigen Jungvögel und der ebenfalls wegen Mauser flugunfähigen Altvögel (vielleicht auch nur der Kadaver) durch die vorherrschenden nordwärts gerichteten Meeresströmungen zu erklären ist, vermutlich aber auch mit dem Nahrungsangebot zusammenhängt. Erst ab Dezember streuen die Funde dann stärker.

Auf Helgoland wurden bisher auch über 1500 Vögel aus 96 verschiedenen Arten wieder gefangen oder – weit seltener – tot gefunden, die woanders beringt worden waren. Dabei war die Amsel mit 275 Funden von allen Arten am häufigsten vertreten, an zweiter Stelle lag die Silbermöwe mit 197 Funden, an dritter die Mantelmöwe mit 86 Funden. Die Funde stammen von 950 unterschiedlichen Beringungslokalitäten in

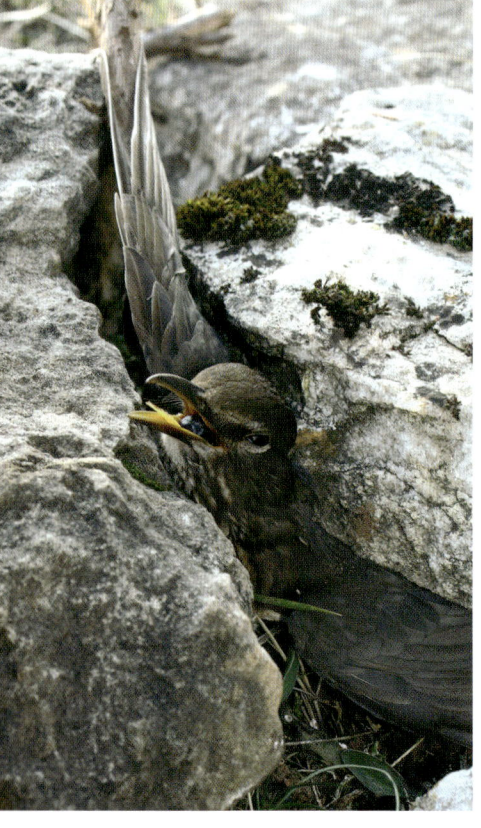

Nach wie vor werden in Süd- und Westeuropa Singvögel ganz legal gejagt. Diese Rotdrossel wurde mit einer Steinquetschfalle im Französischen Zentralmassiv getötet. (Foto: A. Hirschfeld)

22 verschiedenen Staaten, die meisten von den Britischen Inseln, gefolgt von Norwegen und Deutschland. Aus den osteuropäischen Staaten stammen wiederum nur wenige Fremdfunde, kein einziger aus Afrika oder Asien.

Zuggeschwindigkeiten

Flugleistungen basierend auf Ringwiederfunden von mehr als 500 km pro Tag sind große Ausnahmen. Den Helgoländer Rekord hält eine Singdrossel, die in einem Tag mindestens 1218 km bis nach Bordeaux geflogen ist, ihr folgt eine weitere Singdrossel mit einer Tagesleistung von mindestens 954 km und ein Gartenrotschwanz, der innerhalb eines Tages mindestens 853 km zurücklegte. Solche hohen Einzelleistungen sind natürlich nur bei ungewöhnlich günstigen Wetterbedingungen, wie anhaltendem Rückenwind, zu erreichen. Die durchschnittlichen Zugleistungen sind deutlich niedriger. Bezieht man ihre Berechnung nur auf Vögel, die acht bis vierzehn Tage nach der Beringung wieder gefunden wurden, ergibt sich z. B. auf dem Heimzug eine mittlere Tagesleistung von 38 km bei den Kurz- und Mittelstreckenziehern und von 57 km bei den Langstreckenziehern.

Lebensalter und Todesursachen

Knapp 60 % aller Funde auf Helgoland beringter Vögel erfolgten innerhalb eines Jahres nach der Beringung, weitere 20 % wurden innerhalb des zweiten Jahres und weitere 10 % innerhalb des dritten Jahres gefunden. Mehr als 95 % aller Funde erfolgten innerhalb von fünf Jahren nach der Beringung. Bei der Vielzahl der Beringungen sind dennoch einige Wiederfunde dabei, die ein besonders hohes Alter belegen. Gleich bei vier Arten sind auf Helgoland beringte Vögel „Weltmeister" ihrer Art geworden: Eine Amsel wurde mindestens 22 Jahre und drei Monate alt, eine Singdrossel über 18 Jahre, eine Gartengrasmücke über 14 Jahre und eine Nebelkrähe fast 13 Jahre. Bemerkenswert alt wurden auch ein Austernfischer (über 23 Jahre), ein Sanderling (über 16 Jahre), eine Trottellumme (über 32 Jahre) und ein Star (über 18 Jahre), während beispielsweise ein Eissturmvogel mit knapp 20 Jahren noch „in seinem besten Alter" war, denn er kann doppelt so alt werden.

Für mehr als zwei Drittel aller Funde auf Helgoland beringter Vögel gibt es Angaben zur Todesursache. Allerdings ist zu berücksichtigen, dass Fundumstände, die unmittelbar mit menschlichen Aktivitäten zusammenhängen,

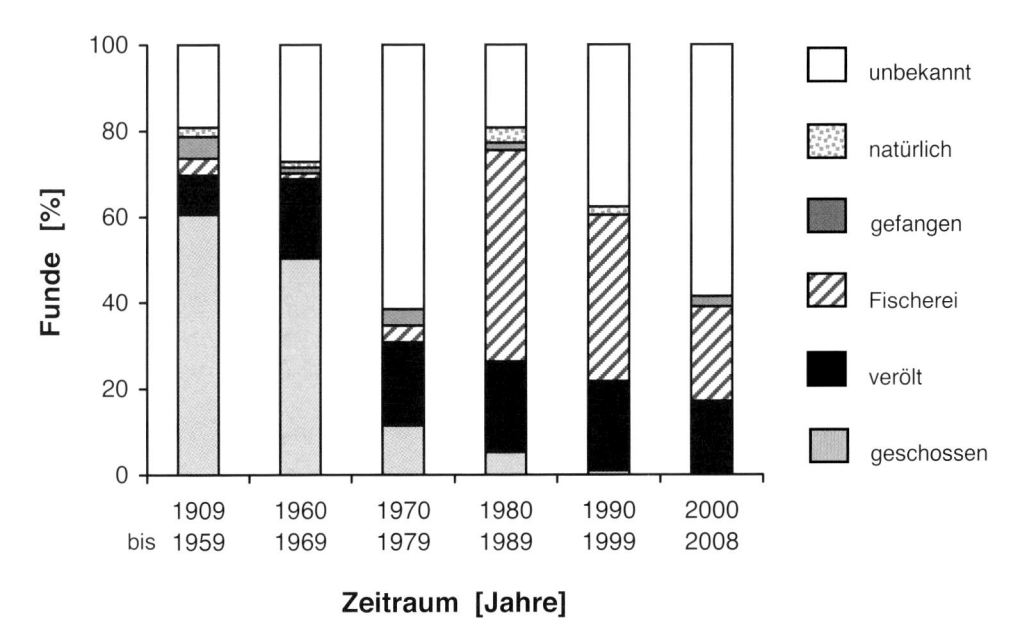

Anteile der verschiedenen Fundumstände auf Helgoland beringter Trottellummen von 1909 bis 2008.

naturgemäß überrepräsentiert sind: So werden zum Beispiel Vögel, die aktiv vom Menschen verfolgt oder von Hauskatzen erbeutet werden, gegen Glasscheiben oder Autos fliegen, in Stromleitungen oder Zäunen hängen bleiben, zwangsläufig häufiger gefunden als Vögel, die unbemerkt sterben. Andererseits werden Funde illegal getöteter oder verletzter Vögel seltener oder vielleicht sogar gar nicht gemeldet. Über den gesamten Untersuchungszeitraum waren 28 % aller Funde geschossene Vögel, wobei der Anteil im Verlauf des letzten Jahrhunderts kontinuierlich gesunken ist, jedoch nicht bei den Drosseln. Allerdings nahm die Verfolgung von Vögeln in Mitteleuropa schon seit 1945 stark ab, in Skandinavien und auf den Britischen Inseln wurden weiterhin Nichtsingvögel in nicht unbedeutender Zahl gejagt, und in Südeuropa blieb der Anteil der aktiv verfolgten Vögel bis heute sehr hoch.

Der Anteil an Funden, die auf technische Einrichtungen, inklusive Verkehr, oder Verschmutzung zurückgehen, nahm in den 1960er und 1970er Jahren stark zu, ist aber trotz weiterer Zunahme des Verkehrs und der Bebauung seit den 1980er Jahren in etwa gleich geblieben. Insgesamt macht dieser Fundumstand 8,5 % aller Funde aus. Generell überwogen die Verluste durch Gebäudeanflüge die durch den Straßenverkehr. Der Anteil Vögel, die durch Verschmutzung (Öl und ähnliches) zu Tode kamen, ging nach einem Hoch in den 1980er und 1990er Jahren im letzten Jahrzehnt wieder zurück, was einerseits vermutlich mit verbesserten Umweltschutzmaßnahmen und Kontrollen zusammenhängt, andererseits aber auch mit Vertuschung solcher Fälle erklärt werden könnte.

Besonders gut dokumentiert sind die langjährigen Veränderungen der Todesursachen bei der Trottellumme, die seit Beginn der Vogelberingung auf Helgoland stets in genügender Zahl beringt wurde. Bis Ende der 1960er Jahre wurde mit 61 % der größte Teil der Funde dieser Art als geschossen gemeldet. Der Anteil der verölt gefundenen Lummen nahm im Laufe des 20. Jahrhunderts zu, erreichte in den 1980er Jahren ein Maximum und nahm seitdem wieder leicht ab. Neben der Verschmutzung durch Öl oder andere Chemikalien stellen Fischereigeräte ein erhebliches Gefährdungspotenzial für Seevögel dar. Seit dem starken Anstieg der Energiepreise in den 1970er Jahren wird zunehmend die weniger energieaufwändige Stellnetzfischerei betrieben. Daher wurde das Gefährdungspotenzial von Seevögeln durch Fischereigeräte erst ab etwa 1980 offensichtlich. In den 1980er Jahren war der Anteil der in Fischereigeräten gefundenen Trottellummen mit 49 % am höchsten.

Erfassung des Tagzuges

Die im Fanggarten fangbaren Arten sind nur ein Ausschnitt des gesamten Vogelzuggeschehens über der südlichen Nordsee. Um auch über andere Arten etwas zu erfahren, wurden zum Beispiel auf Helgoland, Sylt und Wangerooge in den Jahren 2003 bis 2006 intensive Zugplanbeobachtungen des tagsüber sichtbaren Vogelzugs durchgeführt. Ziel der Untersuchungen war, Phänologie, Zugintensität und Artenzusammensetzung herauszufinden und zwischen küstennahen Standorten (Sylt und Wangerooge) mit vergleichsweise küstenfernen („offshore") gelegenen Standorten, wie Helgoland, zu vergleichen. Beim „Seawatching" wurde der Zug zumeist größerer Arten (überwiegend Wasservögel im weitesten Sinne) über dem Meer registriert, beim „Islandwatching" der Zug kleinerer Arten (zumeist Singvögel) über den Inseln.

Von wenigen Ausnahmen abgesehen wurde beim „Seawatching" an allen drei Standorten und bei fast allen Arten in den Morgenstunden der stärkste Zug bemerkt, mittags und abends war die Zugintensität deutlich geringer. Insgesamt wurden 156 Arten (Helgoland), 164 (Sylt) und 172 Arten (Wangerooge) erfasst. Bei Sylt und Helgoland dominierte die Trauerente (68,2 % bzw. 22,5 % aller Individuen), bei Wangerooge dagegen die Eiderente (23,7 %). Anteile von mehr als 5 % erreichten ferner Fluss-/Küstenseeschwalben (11,7 % Helgoland), Weißwangengans (17,0 % Wangerooge) und Brandseeschwalbe (6,5 % Wangerooge).

Bei den Zugbeobachtungen über der Landfläche der Inseln wurden auf Sylt 164, auf Helgoland 133 und auf Wangerooge 161 Vogelarten registriert. Über Helgoland war die Zugintensität deutlich geringer als über den beiden küstennahen Inseln. Wie beim „Seawatching" war über Sylt der Wegzug stärker als der Heimzug, während das Verhältnis über Wangerooge umgekehrt war.

Wiesenpieper und Star gehörten an allen Standorten zu den dominierenden Arten, mit Anteilen von bis zu 30,0 % beim Wiesenpieper und bis zu 23,7 % beim Star. Hohe Anteile hatten auch Buchfink (18,5 % auf Sylt), Rotdrossel (14,6 % auf Helgoland), Singdrossel (8,0 % Helgoland), und Weißwangengans (11,9 % Wangerooge).

Auffällig sind nach beiden Erfassungsmethoden saisonale Unterschiede in der Häufigkeit zwischen den Stationen. Zu beiden Zugzeiten waren zwar bei den meisten Arten die täglichen Zugintensitäten der drei Stationen miteinander korreliert, was darauf hinweist, dass über der Deutschen Bucht ausgeprägter großflächiger Breitfrontzug stattfindet. Bei vielen Arten war aber bei Sylt der Wegzug, bei Wangerooge hingegen der Heimzug stärker ausgeprägt, während dies bei Helgoland ausgeglichener war. Dies ist eine Folge eines Leitlinienzuges bei den meisten Singvogelarten: Während nur vergleichsweise wenige Individuen über Sylt (Herbst) bzw. Wangerooge (Frühjahr) auf See hinaus flogen, folgte die große Mehrheit der Vögel der Küstenlinie nach Süden (Sylt im Herbst) bzw. nach Osten (Wangerooge im Frühjahr).

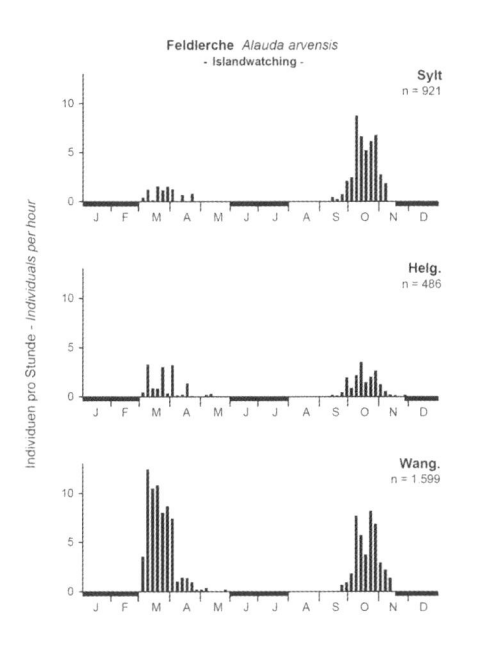

Mittlere Zugphänologie der Feldlerche auf den Inseln Sylt, Helgoland and Wangerooge nach Planbeobachtungen. Dunkle Balken kennzeichnen Zeiten ohne Zählungen.

Der „unsichtbare" Vogelzug über der Deutschen Bucht

Nicht nur während der Dunkelheit entgehen dem nur mit Fernglas und Fernrohr ausgerüstetem Beobachter große Teile des Vogelzugs. Das wusste Heinrich Gätke schon 1891: „Nach vieljährigen Beobachtungen bin ich zu der Überzeugung gekommen, daß, so lange der Zug unter normalen Bedingungen verläuft, er bei der überwiegend größten Zahl aller Vögel in einer Höhe vonstatten geht, die ihn vollständig jeder menschlichen Sinneswahrnehmung entzieht, und daß das, was vom wirklichen Zuge zur Anschauung kommt, zumeist nur die durch meteorologische Einwirkungen herbeigeführten Störungen und Unregelmäßigkeiten desselben sind."

Aber erst moderne Techniken, wie Radar und Wärmebildkameras, machen uns den „unsichtbaren Vogelzug" erfassbar. Im Rahmen von ökologischen Begleitforschungen zur Windenergienutzung auf See gelang uns mittels Radar erstmals überhaupt eine mehrjährige „rund um die Uhr" Aufzeichnung der relativen Vogelzugintensität über der Deutschen Bucht.

Dabei zeigte sich, dass über der Deutschen Bucht ganzjährig Vogelzug stattfindet, schwerpunktmäßig aber im Frühjahr und Herbst und zudem nachts meist stärker als tagsüber. Die Bevorzugung der Nacht zeigte sich mit zunehmender Flughöhe immer deutlicher. Von Jahr zu Jahr ergaben sich unterschiedliche saisonale Zeitmuster, weil sich starke Zugaktivitäten immer auf wenige Nächte bzw. Tage konzentrierten. Im Allgemeinen lief der Zug im Frühjahr wie im Herbst in Wellen ab: Drei bis vier Nächten mit starkem Zug folgte in der Regel eine mehrtägige Phase mit geringer Zugintensität. Zu allen Jahreszeiten wurde die stärkste Flugintensität immer in den untersten 100 m über See gemessen. Auf dem Heimzug war der Zug an Tagen/Nächten mit Rückenwind oder schwachem Wind besonders stark. Auf dem Wegzug gab es nur wenige Tage mit Rückenwind, dann aber herrschte besonders starker Zug.

2006

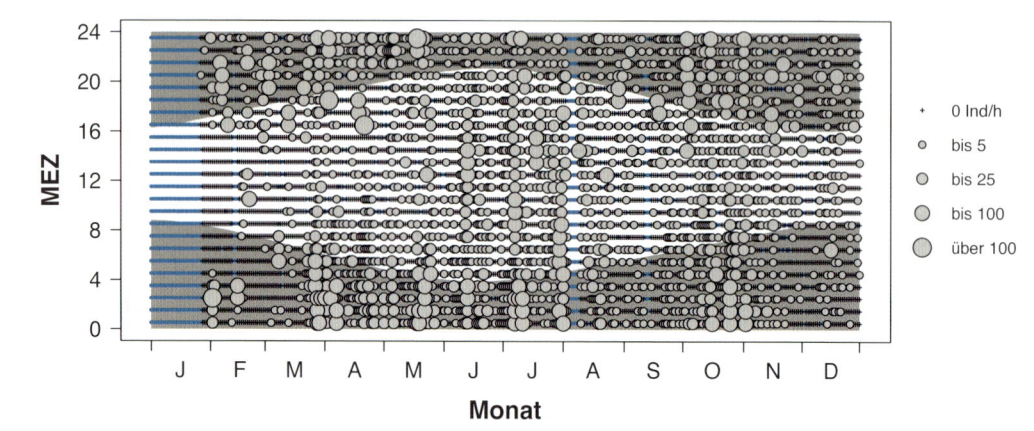

Zugintensität in Echos pro Stunde (MEZ) bei der Forschungsplattform „FINO 1" in 500 bis 1000 m Höhe nach Messungen mit einem Schiffsradargerät. Blau = Erfassungslücken. Graue Felder kennzeichnen Dunkelphasen.

Unter Mitarbeit von Raimund Barth, Wilhelm Bindig, Thomas Bleifuß, Thomas Clemens, Volker Dierschke, David Fleet, Frauke Freise, Rolf Grantsau, Felix Gräfe, Kathrin Hüppop, Joseph Huesmann, Heinrich-Reinhard Köster, Dirk Landes, Uwe Nettelmann, Edgar Schonart, Freimut Schramm, Claudia Viße.

Zum Weiterlesen:

Dierschke V (2002) Kaum ein Vogel kehrt zurück: Geringe Rastplatztreue von ziehenden Landvögeln zur Nordseeinsel Helgoland. Vogelwarte 41: 190 – 195.

Dierschke V (2005) Starker Rückgang des Rotsternigen Blaukehlchens *Luscinia svecica svecica* als Durchzügler auf Helgoland. Vogelwarte 43: 103–109.

Hüppop K, Hüppop O (2000-2009) Atlas zur Vogelberingung auf Helgoland. Teil 1–5. Vogelwarte 41: 161–180, 42: 285–343, 43: 217–248, 45: 145–207, 47: 189–249

Hüppop K, Hüppop O, Bairlein F (2008) Immer früher wieder zurück: Veränderung von Zugzeiten. Falke: 294–299

Hüppop O, Hüppop K. (2003) North Atlantic Oscillation and timing of spring migration in birds. Proc R Soc Lond B 270: 233–240

Wann und in welche Richtung ziehe ich ab? – Rastplatzökologische Untersuchungen an Steinschmätzern auf Helgoland

Heiko Schmaljohann, Volker Dierschke

Das paläarktisch-afrikanische Zugsystem entwickelte sich vermutlich in den letzten 10.000 Jahren, so dass die hohe Variabilität des heutigen Zugverhaltens von verschiedenen Arten und Populationen darauf hindeutet, dass schnelle Evolutionsprozesse die Zugmuster verändern. Besonders das Zugverhalten von Singvögeln ist in diesem Zusammenhang interessant, da es stark endogen kontrolliert wird, also genetisch programmiert ist. Die meisten nachts ziehenden Singvögel, wie Nachtigall, Gartengrasmücke, oder Steinschmätzer, ziehen einzeln. Für Jungvögel, die zum ersten Mal in die Überwinterungsgebiete fliegen, bedeutet dies, dass sie die Reise vollkommen unerfahren antreten. Allerdings erfolgt der Zug nicht ganz unvorbereitet, denn es ist bekannt, dass die Vorbereitungen auf den Zug (Mauser, Energieanlagerung), der Beginn des Zuges, die generelle saisonale Zugrichtung und der zeitliche Ablauf des Zuges genetisch programmiert sind. Das endogen gesteuerte Zugverhalten führt also die unerfahrenen Vögel räumlich und zeitlich zu ihren entsprechenden Zugzielen.

Dieses räumlich und zeitlich endogen gesteuerte Zugverhalten reicht jedoch nicht aus, um ein erfolgreiches Ankommen in den Überwinterungs- und Brutgebieten zu gewährleisten. Dafür müssen die aktuellen exogenen Umweltfaktoren (Tageslichtperiode, Wetter etc.) berücksichtigt werden. So ist die Tageslichtperiode ein wichtiger Synchronisator für den Biorhythmus der Vögel und kann den Abzug aus Überwinterungsgebieten hemmen oder hervorrufen. Wetterbedingungen, insbesondere Windverhältnisse, wirken sich gravierend auf die Flugreichweite der Vögel aus: Gleiche Distanzen können bei Rückenwind schneller zurückgelegt werden als bei Gegenwind. Ein Abzug bei Rückenwind ist daher einem bei Gegenwind vorzuziehen. Diese und andere exogene Faktoren haben daher einen bedeutenden Einfluss auf den Zugerfolg der Vögel und modulieren das Zugverhalten innerhalb des genetisch vorgegebenen Rahmens. Da während des Zuges viel mehr Zeit mit Rasten als mit aktivem Flug verbracht wird und gleichzeitig während der Rast auch mehr Energie benötigt wird als während des Fliegens, ist die Erforschung der Rastplatzökologie für das Verständnis des Zugverhaltens und der exogenen Faktoren, die dieses beeinflussen, von besonders großer Bedeutung.

Während der Rast ist ein Zugvogel zwei wichtigen Entscheidungen ausgesetzt: 1) Wann ziehe ich ab? und 2) In welche Richtung ziehe ich ab?

Bedeutend wichtiger als die zeitliche oder räumliche Beschreibung dieser Abzugsereignisse ist jedoch die Frage nach den Faktoren, welche den zeitlichen Ablauf des Rastens oder die Wahl der Zugrichtung beeinflussen. Exogene Faktoren, die das endogen gesteuerte Zugverhalten modulieren, sind das Wetter, der Prädationsdruck, innerartliche Konkurrenz, die Körperkondition des Vogels, die verfolgte Zugstrategie sowie übergeordnet das Zugziel, da sich die Zugvögel je nach Distanz und zu überquerendem Terrain unterschiedlich auf die Flüge vorbereiten müssen.

Neben dem Zugziel haben vor allem Winde und die Körperkondition einen bedeutenden Einfluss auf die Wahl der Abzugsrichtung. Zwar können sich Vögel frei im Raum bewegen, doch stellen ökologische Barrieren, wie Meere, Wüsten oder Berge, gewisse Gefahren dar. Die möglichen Konsequenzen der Überquerung einer solchen ökologischen Barriere muss ein Zugvogel im Voraus abschätzen können. Entscheidet sich ein Vogel für eine Überquerung, so ist der Flug bei günstigen Rückenwinden weniger riskant als bei starken Gegenwinden. Ein Zugvogel sollte daher aus einem Rastgebiet abziehen, wenn gute Windbedingungen vorherrschen. Zudem sollte die Körperkondition für eine Abzugsentscheidung eine bedeutende Rolle spielen. Denn unabhängig vom Wind müssen ausreichende Energiereserven für die „geplante" Zugdauer bzw. Zugstrecke vorhanden sein.

Helgoland, ein ideales Untersuchungsgebiet

Um die Fragen nach der Abzugszeit und Abzugsrichtung zu beantworten, stellt Helgoland ein hervorragendes Untersuchungsgebiet dar. Auf Grund der Abgeschiedenheit in der deutschen Nordsee kann das Rastplatzverhalten von Zugvögeln hier sehr gut untersucht werden. Singvögel, die von Helgoland abziehen, haben ihren Zug tatsächlich fortgesetzt, da die nächsten Rastplätze mindestens 50 km entfernt liegen. Am Festland ergibt sich bei rastplatzökologischen Untersuchungen hingegen immer wieder das Problem, ob ein aus dem Untersuchungsgebiet „abgezogener" Vogel auch wirklich den Zug fortgesetzt hat oder aber sich nur ein paar hundert Meter oder einige Kilometer vom Untersuchungsgebiet entfernt hat. Die geringe Größe Helgolands (< 2 km²) ermöglicht es außerdem, farbberingte Vögeln mit einer sehr hohen Wahrscheinlichkeit wiederzufinden. Die relative Häufigkeit der Wiederentdeckungen liegt für Arten, die offene Habitate bevorzugen, zwischen 60 und 83 %. Bei radiotelemetrischen Untersuchungen ist auf Grund der kleinen Fläche Helgolands ein vergleichsweise geringer Aufwand erforderlich, um die An- oder Abwesenheit eines bestimmten Individuums zu ermitteln. Während des Heim- und Wegzugs zieht eine Vielzahl an Vögeln an Helgoland vorbei und ein kleiner Teil nutzt die Insel als Rastplatz. Dadurch entstehen zum einen unterschiedliche Konkurrenzsituationen und zum anderen häufig wechselnde Prädationsdrucke, da auch Greifvögel von Tag zu Tag in unterschiedlicher Anzahl auftreten. Bedingt durch die Meereslage herrschen auf Helgoland wechselnde Windbedingungen, so dass der Einfluss von Wind und Windrichtung auf die Abzugsentscheidung von Rastvögeln gut untersucht werden kann.

Für solche Untersuchungen ist der Steinschmätzer ideal. Steinschmätzer, die Helgoland auf ihrem Zug passieren, gehören entweder der Nominatform *oenanthe* an, die in Mitteleuropa, Skandinavien und Nordeurasien brütet, oder zur *leucorhoa*-Unterart, deren Brutgebiete auf Island, Grönland und im östlichen Kanada liegen. Beide Unterarten kommen auf dem Heim- wie Wegzug auf Helgoland in großen Zahlen vor; zeitweise können sich bis zu 500 Steinschmätzer auf der Insel aufhalten. Damit besitzen Individuen derselben Art auf dem Frühjahrszug unterschiedliche Zugziele. Da die Unterarten gut unterscheidbar sind, kann untersucht werden, wie Zugvögel in Abhängigkeit ihres Zugziels das Rastplatzverhalten organisieren und inwieweit verschiedene exogene Faktoren die Abzugsentscheidung und -richtung modulieren.

Abzugsentscheidung innerhalb der Saison

Wetterbedingungen

Generell ziehen Steinschmätzer bei günstigen meteorologischen Bedingungen, d. h. gute Sichtbedingungen und Rückenwinde sind für die Ab-

Steinschmätzer
(Foto: H. Schmaljohann)

zugsentscheidung wichtig. Allerdings hängt die Abzugsentscheidung auch stark von dem Zugziel ab. Auf dem Heimzug verlassen Steinschmätzer der isländischen/grönländischen Unterart *leucorhoa* Helgoland nur bei geringer Bewölkung, womit ein gute Orientierungsmöglichkeit sowie eine niedrige Niederschlagswahrscheinlichkeit einhergehen, und bei Rückenwinden, die sie in die Richtung ihrer Brutgebiete tragen. Die hohe Selektivität günstiger Zugbedingungen ist für die *leucorhoa*-Vögel von besonderer Bedeutung, wenn sie auf direktem Weg in ihre Brutgebiete fliegen und dabei einige hundert bis tausend Kilometer nonstop über die offene Nordsee fliegen. Eine solche Reise bei starken Gegenwinden und/oder einer hohen Regenwahrscheinlichkeit anzutreten wäre sehr riskant. Die skandinavischen Brutvögel hingegen, die Helgoland in Richtungen zwischen Ost und Nord verlassen, zeigen keine so hohe Sensitivität für günstige meteorologische Bedingungen, da sie a) nur eine relative kleine ökologische Barriere überqueren müssen, b) im Falle einer Wetterverschlechterung überall auf dem Festland landen können und c) ihre Brutgebiete teilweise nur einige Flugstunden entfernt liegen. Die biologische Bedeutung dieser beiden exogenen Faktoren (Wind und Bewölkung), die den Abzug auslösen oder hemmen können, hängt also stark von dem Zugziel und dem zu überquerenden Terrain (ökologische Barriere) ab.

Während des Fliegens können Vögel abschätzen, ob sie unter Rücken- oder Gegenwindbedingungen fliegen. Es stellt sich aber die Frage, wie die Zugvögel vor ihrem Abzug Informationen über die Windrichtung und -stärke bekommen. Radiotelemetrische Untersuchungen auf Helgoland geben dazu erste Hinweise. Mehr als die Hälfte der untersuchten Steinschmätzer flog nachts vor dem eigentlichen Abzug auf (wie hoch ist unbekannt), verweilte einige Minuten in der Luft und kehrte dann wieder an denselben oder einen anderen Ort auf der Insel zurück. Drei von 37 Vögeln flogen zunächst auf die benachbarte Düne, bevor sie nach ca. 1,5 Stunden tatsächlich abzogen. Man kann davon ausgehen, dass die Vögel aus eigener Motivation aufflogen und nicht durch Prädatoren (Katzen, Eulen) aufgeschreckt wurden, da die Steinschmätzer nach diesen Flügen zum Teil wieder an denselben Ort zurückkehrten. Die Zeitspanne von solchen explorativen Flügen bis zum eigentlichen Abzug variierte von wenigen Minuten bis hin zu etwa zwei Stunden. Die Vermutung liegt nahe, dass sich die Steinschmätzer auf diese Weise über die meteorologischen Bedingungen (v. a. Windstärke und Windrichtung) vor dem Abzug informieren. Wenn diese explorativen Flüge ein generelles Verhalten nachts ziehender Singvögel sind, so könnte dies klären, wie Zugvögel ihre Abzugsentscheidung mit günstigen meteorologischen Bedingungen abstimmen.

Prädationsdruck

Besonders an Tagen mit östlichen Winden ziehen viele Greifvögel an Helgoland vorbei oder verweilen z. T. für einige Stunden auf der Insel. An solchen Tagen erfahren Singvögel einen hohen Prädationsdruck (bis zu 5 Greifvogelüberflüge pro Stunde), während an Tagen mit vermehrt westlichen Winden kaum Greifvögel auf der Insel beobachtet werden. Auf Grund dieser hohen Variabilität an durchziehenden Greifvögeln kann getestet werden, ob Steinschmätzer das Prädationsrisiko an einem Rastplatz meiden und Helgoland in der Nacht nach einem greifvogelreichen Tag verlassen. Dies ist jedoch nicht der Fall: Abziehende Steinschmätzer erlebten im Mittel 0,55 Greifvogelüberflüge und 0,30 Greifvogeljagdflüge pro Stunde, während verweilende Steinschmätzer 0,61 und 0,44 entsprechende Flüge pro Stunde erfuhren. Dennoch beeinflussen Greifvögel das Rastplatzverhalten der Steinschmätzer, da die Fähigkeit, Gewicht zuzunehmen, mit Zunahme des Prädationsdruckes abnimmt.

Diese Abnahme kann drei Gründe haben: a) Ein hoher Prädationsdruck führt zu erhöhten physiologischen Kosten (erhöhte Herzschlagrate), so dass sich die maximal mögliche Energieaufnahme reduziert. b) Die Steinschmätzer sind aufmerksamer und zeigen ein vermehrtes Feindvermeidungsverhalten, so dass sie das tatsächliche Prädationsrisiko minimieren. Eine Form der Feindvermeidung ist ein bewegungsloses Verharren; dieses „freezing" kann dabei bis zu 30 Minuten andauern. Dadurch reduziert sich allerdings die Zeit für die Nahrungsaufnahme und folglich könnte die Energieanlagerungsrate abnehmen. c) Steinschmätzer könnten auf den

Zugdauer und damit eine hohe durchschnittliche Zuggeschwindigkeit. Daher sollten „Zeitminimierer" einen Rastplatz verlassen, wenn sie niedrige Energieanlagerungsraten erreichen. Denn dies bedeutet, dass sie langsam unterwegs sind. Können sie jedoch schnell viel Energie aufnehmen, so sollten sie lange verweilen und erst mit einer großen Energiereserve abziehen. Die Abzugsentscheidung bei „Zeitminimierern" ist also abhängig von der Energieanlagerungsrate. Daraus ergibt sich für „Zeitminimierer" schließlich die charakteristische positive Abhängigkeit des Abzugsgewichtes von der Energieanlagerungsrate.

Wenn aber die energetischen Kosten für das eigentliche Fliegen die bedeutendsten energetischen Kosten während des gesamten Zuges sind, dann sollten Zugvögel diese energetischen Flugkosten so niedrig wie möglich halten. Da die energetischen Flugkosten von der zu transportierenden Masse abhängen, sollten „Energieminimierer" nur mit der für das Erreichen des nächsten Rastortes nötigen Energiemenge abziehen. Ein Zugvogel optimiert so die pro Zeiteinheit verbrauchte Energie auf ein Minimum. Daher sollten „Energieminimierer" mit einem bestimmten, von der Energieanlagerungsrate unabhängigen Energievorrat den Rastplatz verlassen.

Eine intensive Energieanlagerung, wie sie bei „Zeitminimierern" unter günstigen Rastbedingungen vorhergesagt wird, geht auf Grund des stark ansteigenden Körpergewichts mit einer verminderten Flugagilität einher. Dies erhöht das Prädationsrisiko immens, da die Vögel Angreifern schlechter ausweichen bzw. fliehen können. Vögel, die das Prädationsrisiko minimieren, sollten daher bei einem hohen Prädationsdruck und unabhängig von der erfahrenen Energieanlagerungsrate abziehen.

Die Energieanlagerungsrate und die Energiereserven beim Abzug sind also für das Verständnis der Zugstrategie von großer Bedeutung. Mit Hilfe dieser beiden Parameter und der Information über den Prädationsdruck kann man erkennen, welche der drei Strategien ein Zugvogel verfolgt.

Allerdings sind solche Daten von frei lebenden Vögeln nur schwer zu bekommen. Um die Energieanlagerungsrate und die Energiereserven beim Abzug zu bestimmen, wurden Steinschmätzer im Feld „automatisch" gewogen, indem mit Mehlwürmern gefüllte Schalen auf Waagen angeboten wurden. Für die Bestimmung der Energiereserven beim Abzug wurden die Gewichte bis zu zwei Stunden vor dem jeweiligen Sonnenuntergang berücksichtigt. Zudem wurde über den gesamten Untersuchungszeitraum für jeden Tag der Prädationsdruck für die Steinschmätzer als die Anzahl an Greifvogelüberflügen über das Untersuchungsgebiet abgeschätzt.

Im Herbst verhielten sich die Steinschmätzer so, wie es für „Zeitminimierer" theoretisch vorhergesagt wurde. Die Energiereserven beim Abzug korrelierten signifikant mit den Energieanlagerungsraten. Steinschmätzer verließen also Helgoland, wenn sie eine geringe Energieanlagerungsrate (also eine niedrige Zuggeschwindigkeit) erfuhren, verweilten dagegen lange, wenn diese hoch war, und zogen dementsprechend

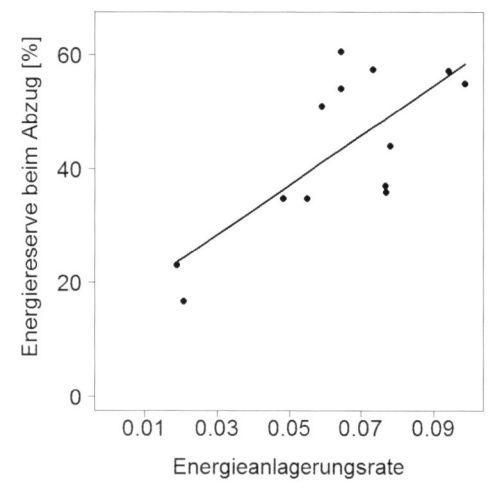

Die Variation der Energiereserve beim Abzug hängt signifikant und zu 52 % von der Variation der Energieanlagerungsrate ab. Diese deutliche Abhängigkeit der Energiereserve beim Abzug von der Energieanlagerungsrate besagt, dass die Steinschmätzer sich entsprechend den Vorhersagen der optimalen Zugstrategie wie Zeitminimierer verhalten. Sie versuchen die Zuggeschwindigkeit zu maximieren, indem sie an Rastplätzen mit sehr hohen Energieanlagerungsraten mit sehr großen Energiereserven abziehen. Berücksichtigt wurden hier nur Steinschmätzer mit einer Rastdauer von mehr als 3 Tagen. Die Energiereserven beim Abzug und Energieanlagerungsraten wurden im Feld bestimmt.

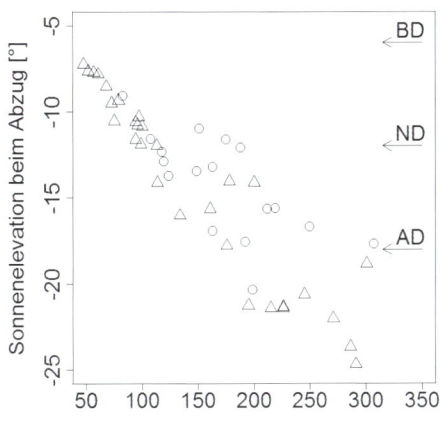

Abzugszeit der Steinschmätzer in Relation zur Sonnenelevation auf Helgoland. Die Sonnenelevation ist die Positionsangabe der Sonne relativ zum Horizont. Die Kreise beziehen sich auf die Abzugszeiten der *oenanthe*- und die Dreiecke auf die der *leucorhoa*-Steinschmätzer. Beim Ende der bürgerlichen Dämmerung (BD) ist die Sonne 6°, beim Ende der nautischen Dämmerung (ND) 12° und beim Ende der astronomischen Dämmerung (AD) 18° unterhalb des Horizonts. Die Mehrheit der Steinschmätzer zog nach dem Ende der bürgerlichen und vor dem Beginn der astronomischen Dämmerung von Helgoland ab.

mit sehr großen Energiereserven von Helgoland ab. Diese Zeitminimierungsstrategie führt dazu, dass die Vögel schneller als andere Konkurrenten die „attraktiven" Rast- und Überwinterungsgebiete erreichen und so von einer frühen Besetzung der besten Reviere profitieren. Zwar konnte trotz der hohen Variabilität an durchziehenden Greifvögeln nicht gezeigt werden, dass der Prädationsdruck die Abzugsentscheidung direkt beeinflusste, dennoch reduzierten Steinschmätzer kontinuierlich ihre Energieanlagerungsrate bei einer Zunahme des Prädationsdrucks. Mit dieser reduzierten Energieanlagerungsrate geht eine Verlängerung der gesamten Zugdauer einher und somit eine geringere Gesamtzuggeschwindigkeit.

Weibchen und Männchen unterscheiden sich in ihrer Zugstrategie. Bei im Frühjahr auf Helgoland rastenden Steinschmätzern der *leucorhoa*-Unterart zeigten sich die Männchen als „Zeitminimierer". Die Weibchen dagegen zogen unabhängig von der Energieanlagerungsrate von Helgoland ab, was sie als „Energieminimierer" darstellt. Doch waren auch ihre Energiereserven beim Abzug so hoch, dass sie damit mindestens bis nach Schottland kommen. Daher verhielten sich die Weibchen im Grunde ähnlich wie „Zeitminimierer". Generell kann man daher sagen, dass der Zug der Männchen „schneller" und möglicherweise riskanter als der der Weibchen ist. Dies würde dann erklären, warum die Männchen vor den Weibchen in den Brutgebieten ankommen.

Abzugsentscheidung innerhalb der Nacht

Es wird angenommen, dass Zugvögel die Kompasse für ihre Orientierung vor dem Abzug kalibrieren müssen und dass die dafür benötigten atmosphärischen Kalibrierungshilfsmittel am besten während der Dämmerungsphase zu sehen sind. Demnach sollten Zugvögel kurz nach der Dämmerungsphase abziehen.

Um die Abzugszeit der Steinschmätzer bestimmen zu können, wurden 0,8 g leichte Radio-Telemetriesender mittels eines Rucksacktragesystems an 47 Vögeln befestigt. Im Frühling zogen alle telemetrierten Steinschmätzer deutlich nach dem Ende der Dämmerung ab, wenn die Sonne mindestens 5° unter dem Horizont war. Der späteste Abzug erfolgte 5,5 Stunden nach Sonnenuntergang. Zwar stehen diese Abzugszeiten im Einklang mit denen anderer untersuchter Singvogelarten (Teichrohrsänger, Rotkehlchen), doch weiß man erstaunlich wenig über den Mechanismus, der für ein frühes oder spätes Ab-

Auf dem Rücken dieses vorjährigen männlichen Steinschmätzers wurde ein Radio-Telemetriesender befestigt, den man zwischen den Schirmfedern sieht. Am Ende des Senders ragt die Antenne heraus.

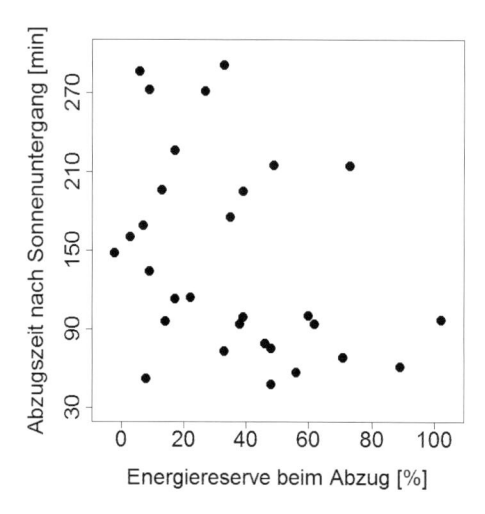

Abzugszeit der *leucorhoa*-**Steinschmätzer. Je größer die Energiereserven waren, desto früher zogen die** *leucorhoa*-**Steinschmätzer in der Nacht von Helgoland ab.**

ziehen innerhalb der Nacht verantwortlich ist. Erste Auswertungen der Radio-Telemetriestudie an *leucorhoa*-Steinschmätzern weisen daraufhin, dass die Abzugsrichtung einen Einfluss auf die Abzugszeit hat. Die Individuen, die in die Richtung ihrer Brutgebiete abziehen, verlassen Helgoland früher in der Nacht als Vögel, die in östliche oder gar südliche Richtung aufbrechen. Des Weiteren hat die Energiereserve beim Abzug einen bedeutenden Einfluss auf die Abzugszeit. Je höher die Energiereserven sind, desto früher ziehen die Vögel ab. Die Abzugsrichtung und die Energiereserve beim Abzug ergeben zusammen den so genannten „Flugvektor" (Flugrichtung x Flugreichweite). Ist dieser lang und in die Richtung der Brutgebiete ausgerichtet, so ist ein frühes Abziehen vom Rastplatz sinnvoll.

Abzugsrichtung

Auf dem Heimzug verlassen die skandinavischen Steinschmätzer Helgoland in östlicher bis nordöstlicher Richtung und vermeiden damit große Flugstrecken über der Nordsee, da schon nach gut einer Stunde Flugzeit das Festland erreicht werden kann. Die auf Island und Grönland brütenden Steinschmätzer zeigen hingegen keine einheitliche Abzugsrichtung von Helgoland.

Der direkte und damit schnellste Weg in die Brutgebiete wäre für sie nach Nordwesten und würde etwa 1700 bis 2400 km über die Nordsee und den Nordatlantik führen. Zwar sind Singvögel zu solchen Flugleistungen in der Lage, doch erfordert ein derart langer Nonstop-Flug ausreichend große Energiereserven. Auf Grund der unvorhersehbaren Wetterverhältnisse für die gesamte Distanz und dem Mangel an Rastmöglichkeiten ist dieser Weg jedoch sehr riskant. Eine zeitlich zwar kostspielige aber sichere Alternative wäre es, die ökologische Barriere zu umfliegen. So könnten *leucorhoa*-Steinschmätzer ohne große Energiereserven von Helgoland in östliche oder nordöstliche Richtung abziehen und erst dann in nordwestliche Richtung fliegen, wenn ausreichend große Energiereserven angelegt werden konnten, um den Sprung über den Atlantik zu wagen. Die Steinschmätzer könnten also in Abhängigkeit von ihrer Körperkondition von Helgoland aus verschiedene Routen wählen: Vögel mit großen Energiereserven wählen den schnellen aber riskanten Weg über die Nordsee, während Vögel mit geringen Energiereserven Helgoland in Richtung der nächsten Rastplätze in Schleswig-Holstein oder Dänemark verlassen. Falls die Rastplatzbedingungen auf Helgoland für Vögel besonders schlecht sind und Rastvögel bedingt durch geringe Nahrungsverfügbarkeit,

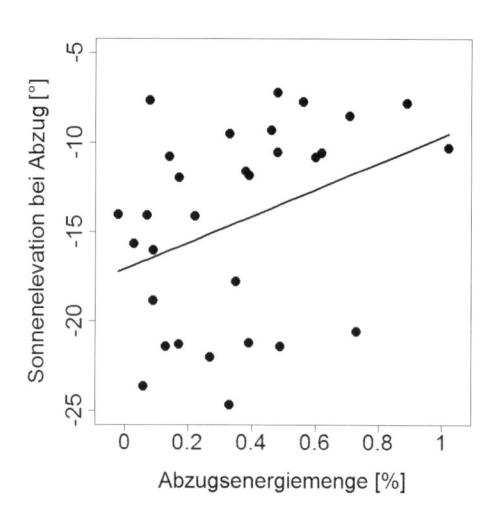

Die Abzugsrichtung von *leucorhoa*-**Steinschmätzern korreliert signifikant mit deren Energiereserve beim Abzug. Die eingezeichnete Linie stellt eine Trendlinie dar, um die Bedeutung der Korrelation zu veranschaulichen.**

hohen Konkurrenzdruck und/oder hohen Prädationsdruck nur wenig fressen können, kann sogar ein Umkehrzug erfolgen. Das bedeutet, dass Rastvögel aktuell schlechten Bedingungen ausweichen, in dem sie in die Richtung des vorherigen Rastplatzes (Südwest bis Südost) zurückkehren, wo aus ihrer Erfahrung die Nahrungsbedingungen besser waren. Wenn dieses Modell der körperkonditionsabhängigen Abzugsrichtung richtig ist, dann würde die Energiereserve beim Abzug zu einem gewissen Teil (hier ohne Berücksichtigung des Windes) das Zugziel erklären. Im Rahmen einer Radio-Telemetriestudie an *leucorhoa*-Steinschmätzern konnte zum ersten Mal ein solcher korrelativer Zusammenhang zwischen der Energiereserve beim Abzug und der Abzugsrichtung gezeigt werden. Vögel mit großen Energiereserven zogen vermehrt in nordwestliche Richtung ab, während „schwache" Vögel die Insel in südlicher Richtung verließen.

Die Energiereserve beim Abzug und die daraus resultierenden nächsten potenziellen Zugziele haben somit eine zentrale Bedeutung für die Interpretation der Abzugsrichtung von einem Rastplatz und sind demnach essentiell für das Verständnis des Rastplatzverhaltens. Generell gilt, dass die Energiereserve beim Abzug einen großen Einfluss auf die endogen gesteuerte Zugrichtung hat und diese stark modulieren kann. Dennoch darf man in diesem Zusammenhang nicht den Einfluss des Windes vernachlässigen, da die *leucorhoa*-Steinschmätzer trotz großer Energiereserven beim Abzug den Zug über die ökologische Barriere nach Nordwesten nur bei günstigen Winden fortsetzen können.

Die auf Island und Grönland brütenden Steinschmätzer müssen, wenn sie von ihren afrikanischen Überwinterungsgebieten kommen, irgendwann ihre Zugrichtung von Nord nach Nordwest oder gar West ändern. Dieser „Zugknick" ist sehr wahrscheinlich endogen gesteuert. Eine derartige Änderung in der Zugrichtung, mit der ein langer Flug über den Atlantik oder die Nordsee verbunden ist, konnte sich sicherlich nur dann entwickeln, wenn es einen „sinnvollen" Auslöser für diese Richtungsänderung gibt. Im Falle der *leucorhoa*-Steinschmätzer scheint eine Änderung der Zugrichtung nur dann vorteilhaft zu sein, wenn die Vögel ausreichend große Energiereserven angelagert haben, die in Verbindung mit günstigen Winden einen erfolgreichen Flug über die ökologische Barriere, den Atlantik, ermöglichen. Der mögliche geografische Bereich für eine Änderung in der Zugrichtung nach Nordwest und die saisonale Hauptzugrichtung sind wahrscheinlich genetisch determiniert. Je nach dem, wo ein Steinschmätzer große Energiereserven anlagern kann, könnte es zu einer Änderung in der Zugrichtung nach Nordwest kommen. Ich vermute daher, dass die genetisch vorprogrammierte Richtungsänderung erst durch eine sehr gute Körperkondition ausgelöst wird. Es wäre ein „einfacher" Mechanismus: Fliege erst dann nach Nordwesten, wenn du sehr große Energiereserven hast!

Unter Mitarbeit von Celia Grande, Julia Delingat, Bettina Mendel.

Zum Weiterlesen

Bairlein F (2008) The mystery of bird migration – still a lot to be learned. Brit Birds 101: 68–81

Delingat J, Dierschke V, Schmaljohann H, Mendel B, Bairlein F (2006) Daily stopovers as optimal migration strategy in a long-distance migrating passerine: the Northern Wheatear. Ardea 94:593–605

Dierschke V, Delingat J (2001) Stopover behaviour and departure decision of northern wheatears, Oenanthe oenanthe, facing different onward non-stop flight distances. Behav Ecol Sociobiol 50:535–545

Dierschke V, Mendel B, Schmaljohann H (2005) Differential timing of spring migration in northern wheatears Oenanthe oenanthe: hurried males or weak females? Behav Ecol Sociobiol 57:470–480

Schmaljohann H, Dierschke V (2005) Optimal bird migration and predation risk: a field experiment with northern wheatears Oenanthe oenanthe. J Anim Ecol 74:131–138

Tangfliegen als Lebenselixier für Rastvögel auf Helgoland

Volker Dierschke

Die kleine Insel Helgoland ist bekannt für ihren Vogelreichtum, doch wollen die vielen Individuen auch ernährt werden. Während die meisten der brütenden Seevogelarten weit auf das Meer hinausfliegen, um dort Fische und andere Meeresorganismen zu erbeuten, haben die zeitweise sehr vielen auf der Insel während des Zuges rastenden Landvögel kaum eine Wahl: Entweder sie finden auf Helgoland etwas zu fressen, oder sie müssen schnell wieder weiterfliegen, um woanders ihre für den Zug benötigten Fettvorräte aufzufüllen. Letzteres ist leicht gesagt, denn bis zur nächsten Küste sind es 50 km und auch der Flug dorthin muss durch Energiereserven im Körper befeuert werden. Ein Rundgang auf Helgoland und Düne zeigt schnell, dass die Ernährungsmöglichkeiten für viele Landvogelarten sehr begrenzt sind. Zwar gibt es etwas Grasland, einige Dünen und Gebüsche, doch nur letztere sind von August bis November lohnende Nahrungsgebiete, wenn dort zahlreiche Beeren zur Verfügung stehen. Wie sich gezeigt hat, sind diese Beeren (zumeist Schwarzer Holunder) durch die vielen tausend Rastvögel bereits Mitte Oktober fast völlig ausgebeutet. Erstaunlich viele Vögel sind dagegen zu fast allen Jahreszeiten am Strand zu finden – nicht nur typische Strandvögel wie Limikolen und Möwen, sondern auch viele Singvogelarten, die man sonst eher als Bewohner von Wäldern und anderen Gehölzen kennt. Dass man am Strand Mantelmöwe, Singdrossel und Zilpzalp unmittelbar nebeneinander sehen kann, hat einen Grund: die Tangfliegen.

Wie kommen Tangfliegen an Helgolands Strände?

Der Helgoland umgebende, größtenteils unter Wasser liegende Felssockel ist stellenweise dicht mit Braunalgen (vor allem Säge-, Finger-, Palmen- und Zuckertang) bewachsen. Aus dem Untergrund gerissene Pflanzen werden an den Strand gespült, was in besonders starkem Ausmaß bei Stürmen geschieht. Am Strand finden sich dann gelegentlich großflächige, manchmal meterhohe Tanghaufen, oft sind es aber nur schmale Streifen.

Bei genauerem Hinsehen entdeckt man auf dem Tanganwurf viele kleine Fliegen, die Tangfliegen (vor allem die Art *Coelopa frigida*). Beim Umdrehen des Tangs sind unter den blattartigen Teilen bzw. im Inneren des Tanganwurfs Unmengen gelblich weiße Larven zu sehen, die sich dort von den Bakterien ernähren, die das angespülte Pflanzenmaterial zersetzen. In getrocknetem Tang oder einfach im Sand sind zusätzlich auch noch verpuppte Larven zu finden, denn innerhalb von etwa knapp zwei Wochen ist die Larvalentwicklung abgeschlossen. Fliegen, Puparien und Larven sind insgesamt in solch ungeheurer Zahl am Strand vorhanden, dass sie eine ausgesprochen häufige und darüber hinaus auch energiereiche Nahrung darstellen.

Allerdings können ausbleibende Stürme und damit fehlender Tanganwurf dazu führen, dass auch dieses von so vielen Vogelarten genutzte Nahrungsangebot zeitweise nicht zur Verfügung steht. Häufig wird allerdings an den Strand gespülter Tang samt in ihm lebender Fliegenlarven

Tangfliegen-Larven
(Foto: O. Hüppop)

	Anzahl	Ind./m²
Zweiflügler		
Larven (*Coelopa* spec.)	534	59 200
Puparien (überw. *Coelopa* spec.*)	264	29 300
Imagines (*Coelopa frigida*, Sphaeroceridae)	33	3 700
Käfer Larven (Staphylinidae)	2	200

* auch wenige Anthomyiidae und Sphaeroceridae

Anzahl und Dichte von Insekten in einem 90 cm² großen Ausstich im von Wellen durchwühlten Tanganwurf am Helgoländer Nordoststrand am 16.9.1994.

von Wellen ins Wasser zurückgerissen. An der Oberfläche treibend sind sie leichte Beute vor allem für Möwen. Gerade bei stürmischem Wetter sieht man oft hunderte Silber-, Mantel-, Sturm- und Lachmöwen (und gelegentlich seltenere Möwenarten sowie Stockenten) in Strandnähe schwimmen und unaufhörlich auf die Wasseroberfläche picken. Lach- und Zwergmöwen tun dies auch aus dem Flug heraus, vor allem in der Brandungszone. Möwen gehen allerdings gern am Strand der Larvensuche nach, dann ständig nach den für sie relativ kleinen Beuteobjekten pickend.

Welche Vögel fressen Tangfliegen und ihre Larven?

Unter den über 420 auf Helgoland nachgewiesenen Vogelarten sind etwa 200, die alljährlich dort vorkommen, sei es als Brutvogel, Überwinterer oder rastender Durchzügler. Von diesen 200 Arten können 80 als regelmäßige Nutzer der Tangfliegen gelten, dazu kommen viele seltene Gäste der Insel, die sich ebenfalls von Tangfliegen ernähren. Im Folgenden soll ein kurzer Überblick zeigen, welche Arten(-gruppen) auf welche Weise von den Tangfliegen profitieren.

Die zahlreichsten sich von Tangfliegenlarven ernährenden Vögel sind Stare. In dichten Schwärmen bevölkern sie manchmal große Bereiche des Tanganwurfs und graben mit dem Schnabel nach Larven und sicherlich auch Puppen. Da Stare ganzjährig auf Helgoland vorkommen, trifft man sie fast immer auch in günstigen Nahrungsbereichen des Spülsaums an. Nur im Spätsommer und Herbst sind sie etwas von Holunder- und anderen Beeren „abgelenkt". Vor allem im Herbst und Winter sind zwischen den Staren auch zahlreiche Drosseln zu sehen, besonders Rotdrosseln, aber auch Amseln, Sing- und Wacholderdrosseln. Für sie sind Tangfliegen im Winter, wenn sie wegen des Kälteeinbruchs in Skandinavien auf Helgoland eintreffen und in den Landlebensräumen der Insel kaum Nahrung finden, überlebenswichtig. In solchen Situationen sind Drosseln mager und ausgezehrt.

Viele andere Singvögel sind auf dem Zug regelmäßig im Spülsaum zu sehen. Manche konzentrieren sich auf die Fliegen, nach denen sie von Steinen oder anderen erhöhten Punkten aus spähen, um sie dann mit einem kurzen Schnäpperflug zu fangen. Zu diesen Arten gehören Steinschmätzer, Braun- und Schwarzkehlchen und Zilpzalp. Weiterhin ist diese Jagdweise bei Gartenrotschwanz und Grauschnäpper zu beobachten, meist aber nur zum Ende der Wegzugzeit, wenn andere Bereiche der Insel nur noch wenig Insektennahrung aufweisen. Ähnlich jagen Bachstelzen, doch verfolgen sie die Fliegen mit kurzen Trippelschritten. Zu den Singvögeln, die Larven aus dem Tang auflesen, gehören vor allem Wiesenpieper und Steinschmätzer, regelmäßig aber auch Rabenkrähen. Die meisten dieser Arten nutzen die energiereiche Nahrung, um auf dem Zug ein paar Tage lang ihre Fettreserven aufzufüllen, bevor sie dann in Richtung Brutgebiet bzw. Winterquartier weiterfliegen.

Nach Larven stochern oder sie mit geschickten Schnabelbewegungen freilegen, das ist die Methode, die eine ganze Reihe von Watvögeln beherrscht. Besonders auf dem Wegzug (August bis Oktober) halten sich mitunter Scharen von Strandläufern und Regenpfeifern sowie Austernfischer, Rotschenkel und Steinwälzer an den Stränden auf. Auch sie bleiben größtenteils nur für wenige Tage auf der Insel. Eine Ausnahme stellen Steinwälzer und Meerstrandläufer dar, die mit jeweils 100–200 Individuen auf Helgoland überwintern. Zwar ernähren sie sich vorzugsweise von Schnecken, Muscheln und Krebsen im Felswatt und an den Molen, doch sind diese Bereiche wegen Hochwasser oder starkem Wellengang oft nicht zugänglich. Ganz selbstverständ-

Auch seltene Gäste wie der Rotkehlpieper ernähren sich an Helgolands Stränden von Tangfliegen.
(Foto: G. Schuler)

lich wechseln sie dann zum Strand herüber und profitieren dort vom Angebot an Tangfliegenlarven. Ebenso verhalten sich übrigens Strandpieper, die ebenfalls auf Helgoland überwintern, auf den Molen aber regelmäßig Fliegen fressen.

Lohnt es sich, Tangfliegen(larven) zu fressen?

Neben ihrer Häufigkeit haben Tangfliegenlarven noch weitere Vorteile für die Ernährung rastender Vögel. Zum einen sind sie leicht erreichbar und dadurch schnell in großer Menge aufnehmbar, zum anderen haben sie einen hohen Energiegehalt (25,3 kJ/g aschefreies Trockengewicht, d. h. bei großen Larven etwa 134 J pro Individuum). Die Kombination dieser Eigenschaften ermöglicht es Rastvögeln, in sehr hoher Rate Energie aufzunehmen und damit schnell die nötigen Fett- und Proteinreserven für den Weiterflug zu deponieren. Für Wintergäste ist hinzuzufügen, dass die hohe Energieaufnahme eine kürzere Dauer der Nahrungsaufnahme und dadurch eine kürzere Exposition gegenüber Prädatoren wie Sperber und Katzen erlaubt. Auch für Brutvögel wie Sandregenpfeifer und Silbermöwe gilt, dass sie in Form von Tangfliegenlarven eine energiereiche Nahrung zum Füttern ihrer Brut vorfinden. Dass sich Tangflieglarven als Nahrung lohnen, zeigt sich nicht zuletzt darin, dass sich selbst Mantelmöwen, die sonst große Fische im Ganzen verschlingen, die Mühe machen, Larve für Larve aus dem Wasser zu picken.

Bei der Ernährung von Fliegen ist die Bilanz nicht so günstig, da ein höherer Aufwand zum Fang nötig und gleichzeitig der Energiegehalt geringer ist (25,0 kJ/g aschefreies Trockengewicht, d. h. 45 J pro Fliege). Bei drei Vogelarten wurde die Energetik der Ernährung von Tangfliegen und ihren Larven genauer untersucht (s. Tabelle).

Im Oktober 1990 fraßen die auf Helgoland von Oktober bis April auf Helgoland verweilenden Meerstrandläufer durchschnittlich 13,6 Larven pro Minute, was unter Annahme mittlerer Larvengröße einer Energieaufnahme von 22,7 J/s entspricht (davon 16,8 J/s assimilierbar). Die höchste beobachtet Aufnahmerate lag bei 27,7 Larven/min.

Deutlich anstrengender und zugleich ineffizienter war es für Meerstrandläufer im Januar 1991. Zwar wurde in einem alten Spülsaum eine Dichte von 35.000 Tangfliegenpuparien pro m² gemessen, doch waren diese Puparien klein. Nähmaschinenartig stocherten die Vögel mit dem Schnabel im Sand. Mit Hilfe von Videoaufnahmen wurde eine Aufnahmerate von 55,4 Puparien/min festgestellt. Auf Grund des geringen Energiegehalts der Puparien von 5,8 J erbrachte dies aber nur eine Energieaufnahmerate von 5,4 J/s (davon 4,0 J/s assimilierbar).

Im März 1991 konnte beobachtet werden, wie Meerstrandläufer am Strand im Laufen Tangfliegen verfolgten und pro Minute durchschnittlich 18,3 Individuen erbeuteten. Die resultierende Energieaufnahmerate von 13,7 J/s (davon 10,1 J/s assimilierbar) erschien zwar günstiger als beim vorgenannten Fressen von Puppen, doch

Art	Zeit	Nahrung	Aufnahme Ind./min	assimilierbare Energieaufnahme W (J/s)	Gewichtszunahme g/Tag
Meerstrandläufer	Okt 1990	L	13,6	16,8	
Meerstrandläufer	Jan 1991	P	55,4	4,0	
Meerstrandläufer	Mär 1991	F	18,3	10,1	
Alpenstrandläufer	Sep 1994	L	17,8	8,4	2,2
Steinschmätzer *oenanthe*	Mai 1999	L+F	1,3		
Steinschmätzer *leucorhoa*	Mai 1999	L+F	2,7		1,7
Steinschmätzer	Sep 1999	F	1,7		1,8*
Steinschmätzer	Sep 1999	L	3,2		1,8*

* Daten aus mehreren Jahren

Kenndaten zur Ernährung von Tangfliegen bei Meerstrandläufer, Alpenstrandläufer und Steinschmätzer auf Helgoland. F = Fliegen (Imagines), L = Larve, P = Puparien.

war in diesem Fall der Energieaufwand zum Erlangen der Beute beträchtlich größer. Von der im Herbst beobachteten Aufnahmerate beim Fressen von Larven war die Fliegenjagd sogar noch weit entfernt.

Die Ernährung von auf dem Wegzug rastenden Alpenstrandläufern wurde im September 1994 untersucht. Mit ihren langen Schnäbeln stocherten sie im Tang und fraßen vor allem mittelgroße Larven, während sie die noch häufigeren kleineren Larven weitgehend ignorierten. Durchschnittlich erbeuteten sie 17,8 Larven/min, was einer Brutto-Energieaufnahme von 11,1 J/s (davon 8,4 J/s assimilierbar) entspricht. Dies bedeutete, dass der Tagesbedarf schon mit fünfstündigem Fressen zu erreichen war. Da aber allein tagsüber eine Dauer der Nahrungssuche von 10 Stunden ermittelt wurde und zudem auch nachts fressende Alpenstrandläufer im Tanganwurf festgestellt wurden, konnten die Vögel ein großes Plus in ihrer täglichen Energiebilanz ausweisen. Dies drückte sich schließlich in einer hohen Gewichtszunahme von durchschnittlich 2,2 g/Tag aus, im September 1993 lag dieser Mittelwert sogar bei 3,3 g/Tag. Durchschnittlich rasteten die Alpenstrandläufer nur 4–5 Tage, viele steigerten in den wenigen Tagen ihr Gewicht von ca. 40 g auf ca. 60 g und hatten damit Fettreserven für ca. 2300–3200 km Flug angelegt – genug um alle europäischen Winterquartiere inklusive Portugal zu erreichen.

Steinschmätzer rasten auf Helgoland zwar auch in Bereichen mit schütterer Vegetation oder mit kurzem Gras, in sehr viel höherer Dichte sind sie aber stets an den Stränden anzutreffen. Dort fressen sie sowohl Tangfliegen, die sie im Schnäpperflug von Steinen oder vom Boden aus erbeuten, als auch Tangfliegenlarven, die sie aus dem Tanganwurf picken. Liegen die Larven nicht offen, so werden sie mit Grabbewegungen des Schnabels freigelegt. Im September 2000 fingen die Steinschmätzer in einem älteren Spülsaum mit bereits getrocknetem Tang durchschnittlich 1,7 Fliegen/min. Nachdem wieder frischer Tang angespült worden war, in dem sich schnell Tangfliegenlarven entwickelten, wurden diese mit einer Rate von 3,2 Larven/min aufgenommen – angesichts des höheren Energiegehalts der Larven eine deutliche Verbesserung.

Im Mai 1999 zeigten sich Unterschiede zwischen den beiden Unterarten des Steinschmätzers in der Aufnahmerate, wobei in diesem Fall bei den Beobachtungen nicht zwischen Tangfliegen und Larven unterschieden worden war. Die nach Skandinavien ziehenden Vögel der Unterart *oenanthe* nahmen pro Minute im Mittel 1,3 Beuteobjekte auf, die nach Island und Grönland ziehenden Vögel der Unterart *leucorhoa* dagegen mit 2,7 Individuen/min etwa doppelt so viele. Darin spiegelt sich der unterschiedliche Nahrungsbedarf wieder. Während die skandinavischen Steinschmätzer bei der Rast auf Helgoland ihr Brutgebiet schon fast erreicht haben bzw. weitere Zwischenstopps in der Nähe möglich sind, haben die isländischen/grönländischen Vögel noch bis zu 2500 km vor sich. Demzufolge verlassen die skandinavischen Vögel Helgoland mit vergleichsweise geringen Fettvorräten, während die bis nach Grönland fliegenden Vögel umfangreiche Fettreserven benötigen. Um diese anzulegen, ist das reichhaltige Angebot von Fliegen und Larven an den Stränden ideal. Zeitbudgets haben ergeben, dass die Nahrungssuche im Frühjahr stets etwa neun Stunden dauerte, also nur etwas mehr als die Hälfte der Tageslichtperiode genutzt wurde. Allem Anschein nach erreichen die Steinschmätzer an Helgolands Stränden eine physiologische Grenze, d. h. noch mehr Fressen geht nicht mehr, weil der Stoffwechsel keine weitere Steigerung mehr zulässt. Deutlich wird dies auch in der Gewichtsentwicklung von mehrfach gefangenen und gewogenen Individuen, die durchschnittlich 1,7–1,8 g/Tag zunahmen – auch dies sind maximal mögliche Werte für Vögel dieser Größe.

Die Steinschmätzer wissen die Gunst dieses Lebensraumes zu schätzen: Im Gegensatz zu den Grünlandhabitaten der Insel werden im Tanganwurf von vielen Individuen bis zu 250 m² große Nahrungsreviere gegen Artgenossen und kleinere Singvögel verteidigt. Durch Farbberingung konnte nachgewiesen werden, dass diejenigen Steinschmätzer, die dadurch aus den günstigen Strandbereichen ferngehalten werden und in Grünlandhabitaten geringere Raten der Nahrungsaufnahme hatten, viel kürzer rasteten und die Insel schon bald wieder verließen.

Bedeutung des Tanganwurfes für die Helgoländer Vogelwelt

Die Beispiele der beiden Strandläufer und des Steinschmätzers zeigen, dass die Tangfliegen und besonders ihre Larven eine ungemein effiziente Ernährung erlauben. Rastenden Durchzüglern kommt dies insofern zu Gute, als sie in kurzer Zeit Energiereserven anlegen und gleichzeitig Zeit für die Suche nach Nahrung sparen können. Diese gewonnene Zeit steht für andere Aktivitäten zur Verfügung, und das sind vor allem „Sicherheitsmaßnahmen" gegen Prädatoren. Diese sind nämlich auf Helgoland in Form von freilaufenden Katzen und ebenfalls auf dem Zug befindlichen Sperbern und Merlinen durchaus zahlreich vorhanden. Darüber hinaus dienen Tangfliegen und ihre Larven vielen Vögeln als Notnagel in einer Umgebung, in der sie angesichts des rauen Meeresklimas nicht immer andere Nahrung vorfinden. Insbesondere viele Landvögel fallen auf Helgoland zur Rast ein, ohne dass sie dort ihre bevorzugten Lebensräume vorfinden. Letztlich können sie in diesem maritimen Milieu aber doch von marinen Organismen profitieren, denn Ausgangspunkt für die günstigen Ernährungsmöglichkeiten an den Stränden sind die rund um die Insel wachsenden Tange.

Unter Mitarbeit von Fabian Bindrich Julia Delingat, Sophia Engel, Felix Jachmann Bettina Mendel, Indra Ottich Annegret Walter.

Zum Weiterlesen:
Delingat J, Dierschke V (2000) Habitat utilization by Northern Wheatears (*Oenanthe oenanthe*) stopping over on an offshore island during migration. Vogelwarte 40: 271–278

Dierschke V (1993) Food and feeding ecology of Purple Sandpipers *Calidris maritima* on rocky intertidal habitats (Helgoland, German Bight). Neth J Sea Res 31: 309–317

Dierschke V (1998) High profit at high risk for juvenile Dunlins *Calidris alpina* stopping over at Helgoland (German Bight). Ardea 86: 59–69

Dierschke V (2003) Rastverhalten von Steinschmätzern *Oenanthe oenanthe* in Abhängigkeit von den Ernährungsbedingungen während des Wegzugs auf Helgoland. Vogelwelt 124: 165–176

Dierschke V, Delingat J (2001) Stopover behaviour and departure decision of northern wheatears, *Oenanthe oenanthe*, facing different onward non-stop flight distances. Behav Ecol Sociobiol 50: 535–545

Dierschke V, Delingat J, Schmaljohann H (2003) Time allocation in migrating Northern Wheatears (*Oenanthe oenanthe*) during stopover: is refuelling limited by food availability? J Ornithol 144: 33–44

Evolution und Kontrolle des geschlechtsdifferenzierten Frühjahrszugs

Timothy Coppack

Die Brut-, Mauser- und Zugperioden der Vögel folgen in einzigartiger Weise dem Lauf der Jahreszeiten. Reguliert durch das Zusammenwirken von endogener Periodik und dem Jahresgang der Tageslänge (Photoperiode) sind Vögel in ihrer zeitlichen Präzision den meisten Säugetieren deutlich überlegen. Dies liegt vor allem daran, dass es bei Vögeln ganz genau darauf ankommt, wann die Jungen zur Welt kommen, denn sie können, im Gegensatz zu Säugern, Nahrungsengpässe nicht durch die Bereitstellung von Milch überbrücken. Der derzeitige Klimawandel droht jedoch, die feine Balance zwischen Jahresperiodik und Nahrungsverfügbarkeit aus dem Takt zu bringen. Umso wichtiger ist es, die Faktoren, die die Kalender der Vögel steuern und zeitlich begrenzen, genau zu benennen.

Selbst wenn wir von der endogenen Natur und den genetischen Grundlagen des Vogelzugs nichts wüssten, wäre die schlichte Beobachtung von Geschlechtsunterschieden im Zugablauf ein gutes Indiz dafür, dass die Kontrolle des Zuggeschehens eine genetische, in diesem Fall, geschlechtsgebundene Komponente besäße. Der nach Geschlecht gestaffelte Heimzug in die Brutgebiete stellt eines der konsistentesten Muster im phänologischen Kalender der Singvögel dar.

Dabei treffen in der Regel die Männchen vor den Weibchen in den Brutgebieten ein. Die frühere Ankunft der Männchen am Ort der Reproduktion ist ein weit verbreitetes biologisches Prinzip – nicht nur bei Vögeln. Und es gilt auch für die Reihenfolge der Gonadenreife. Zusammenfassend spricht man von Protandrie (aus d. Griech. *protos* „der erste" und *andros* „Mann").

Bereits Charles Darwin sah den Konkurrenzkampf unter Männchen als Hauptursache für den protandrischen Heimzug der Vögel. In seinem epochalen Werk zur „geschlechtlichen Zuchtwahl" schreibt Darwin um 1874: „*In zahlreichen Fällen aber machen besondere Umstände den Kampf zwischen den Männchen besonders heftig. So kommen bei unsern Zugvögeln allgemein die Männchen vor den Weibchen auf den Brüteplätzen an, so dass viele Männchen bereit sind, um jedes Weibchen zu kämpfen. Die Vogelfänger behaupten, dass dies unabänderlich bei der Nachtigall und dem Plattmönche der Fall ist, wie mir Mr. Jenner Weir mitgetheilt hat, welcher die Angabe in Bezug auf die letztere Species selbst bestätigen kann.*" (1875 aus d. Engl. übers. von Julius Victor Carus)

Wenige Jahre später wird die Geschlechtsabhängigkeit des Vogelzugs durch die langjährigen Beobachtungen Heinrich Gätkes auf Helgoland bestätigt. 1879 schreibt Gätke im Wissenschaftsmagazin *Nature* (aus d. Engl. übers.): „[…] *die jungen Vögel des Sommers eröffnen den großen herbstlichen Flug, unbegleitet von jeglichem Altvogel, wobei die aller feinsten, alten Männchen das Schlusslicht der Saison bilden. Im Frühjahr jedoch*

Originalausschnitt aus dem Artikel „The migration of birds" von Heinrich Gätke (1814–1897; links) mit den von Charles Darwin (1809–1882; rechts) markierten Zeilen zum geschlechtdifferenzierten Frühjahrszug (Cambridge University Library)

geschieht unabänderlich das Umgekehrte, dann erscheinen die perfektesten alten Männchen zuerst, bald gefolgt von alten Weibchen und später von jüngeren Vögeln von weniger perfekter Erscheinung […]"

Gätke schildert hier erstmals, dass der Zug auch innerhalb der Geschlechter nach Alters- und Qualitätsmerkmalen gestaffelt abläuft. Zwar hat Darwin diese Zeilen Gätkes mit Interesse gelesen, wie eigene Archivrecherchen belegen, doch die Zusammenführung von Darwinscher Theorie und Gätkescher Phänomenologie sollte erst mit Begründung der Verhaltensökologie in der zweiten Hälfte des 20. Jahrhunderts erfolgen.

Historisch gesehen hatten Vogelbeobachtungen auf Helgoland nicht immer den leichtesten Stand: „*Es ist überhaupt ein schwierig und gefährlich Ding, mit Helgoländer Vogelbeobachtungen zu wirtschaften. Dort zeigt sich alles so zwangsmäßig und unnatürlich, und darum ist der Vogelfang dort so einfach und leicht. Aber einseitige Helgoländer Beobachtungen könnten die allgemeine Vogelzugforschung auf falsche Bahnen bringen.*" (J. Thienemann 1931). Allen Bedenken zum Trotz haben sich die aus dem regelmäßigen Vogelfang resultierenden, phänologischen Muster auf Helgoland als aufschlussreich erwiesen, indem sie beispielsweise die qualitativen Aussagen Gätkes zum geschlechtsspezifischen Frühjahrszug quantitativ belegen.

In der Literatur finden sich mittlerweile mindestens sieben Hypothesen zur Evolution des protandrischen Heimzugs, die die folgenden Selektionsfaktoren unterschiedlich gewichten: (1) intrasexuelle Rangvorteile bei früher Ankunft, (2) Geschlechtsunterschiede in der Kältetoleranz, (3) geschlechtsspezifische Eigenschaften, die den Frühjahrszug indirekt beeinflussen (z. B. unterschiedliche Habitate im Winter), (4) erhöhte Paarungschancen polygyner Männchen, (5) Minimierung der Kosten der Partnerwahl (etablierte Rangordnung unter Männchen als Auswahlkriterium für Weibchen), (6) Minimierung der Wartezeit und -kosten für Weibchen, (7) Inzuchtvermeidung (Begünstigung von Neuverpaarungen durch räumlich-zeitliche Geschlechtertrennung).

Von diesen teils überlappenden Hypothesen ist die Paarungschancen-Hypothese aus heutiger Sicht die plausibelste. Sie geht davon aus, dass die Wahrscheinlichkeit zur multiplen Verpaarung mit der zeitigeren Ankunft des polygamen Geschlechts steigt. Diese Hypothese erweitert die klassische Rangvorteil-Hypothese, die nicht die Fitnesskonsequenzen der Ankunftstermine der Männchen relativ zur Ankunft des anderen Geschlechts in Betracht zieht. Zahlreiche Populationsstudien liefern empirische Unterstützung für die Paarungschancen-Hypothese. In der Regel besetzen alte, qualitativ hochwertige Männchen die besten Brutplätze zuerst und paaren sich früher, häufiger und erfolgreicher als Spätankömmlinge. Die Rolle der intersexuellen Selektion bei der Ausprägung des geschlechtsspezifischen Heimzugs wird zudem durch interspezifische Vergleiche gestützt. So steigt die mittlere Zeitdifferenz zwischen Männchen- und Weibchenankunft sowohl mit dem Grad des Geschlechtsdimorphismus und -dichromatismus als auch mit der Rate außerpaarlicher Vaterschaft an. Folgende Ausnahmeerscheinung verdeutlicht die Rolle des Paarungssystems bei der Evolution des geschlechtsspezifischen Vogelzugs: Beim Odinshühnchen, und einigen anderen sequentiell polyandrischen Küstenvögeln, sind die

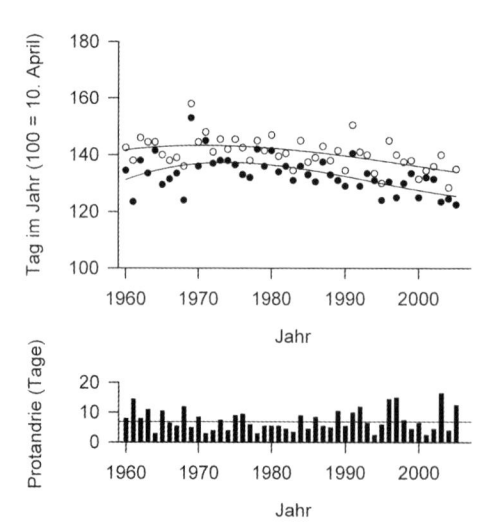

Mittlere Fangtermine (Mediane) aller männlicher (schwarze Punkte) und weiblicher (offene Kreise) Gartenrotschwänze auf Helgoland zwischen 1960 und 2005 (Kurven der polynomialen Regression). Die untere Grafik zeigt den alljährlichen Zeitvorsprung der Männchen relative zum Durchschnittswert (horizontale Linie).

klassischen Geschlechterrollen vertauscht. Das Männchen übernimmt die Brutpflege, während sich die Weibchen kurz nach der Eiablage vom Gelege entfernen, um sich neu zu verpaaren. Weibliche Odinshühnchen sind größer und auffälliger gefärbt als ihre männlichen Artgenossen und kommen, wie es die Paarungschancen-Hypothese vorhersagt, im Frühjahr vor den Männchen in den Brutgebieten an. Bei der Evolution dieses geschlechtspezifischen Zugsystems spielt die territoriale Rangordnung offenbar keine Rolle, da weder Männchen noch Weibchen des Odinshühnchens ausgesprochen territorial sind.

Während die evolutionären Gründe des protandrischen Frühjahrszugs hinreichend geklärt zu sein scheinen, wissen wir über die mechanistischen Ursachen des Phänomens verhältnismäßig wenig. Drei grundlegende Verhaltensmechanismen sind denkbar: (1) Männchen ziehen schneller als Weibchen, indem sie unterwegs seltener oder für kürzere Zeit rasten; (2) Männchen ziehen kürzere Strecken, indem sie näher an den Brutplätzen überwintern; (3) Männchen beginnen im Winterquartier vor den Weibchen zu ziehen.

Bei der Untersuchung dieser möglichen Ursachen ist es zwingend, zwischen Faktoren, die den Zeitplan des Frühjahrszugs unmittelbar steuern, und Einflüssen, die den Zugablauf modifizieren, klar zu unterscheiden. Da es bei ziehenden Singvögeln im Freiland kaum möglich ist, Zugmerkmale wiederholt am gleichen Individuum zu messen (und korrelative Analysen von Einmalmessungen keine eindeutigen Schlüsse auf Mechanismen zulassen), bieten Laboruntersuchungen derzeit die einzige Möglichkeit, intrinsische und umweltbedingte Verhaltensdeterminanten zu trennen.

Um zu testen, ob Männchen eventuell schneller als Weibchen ziehen, indem sie kürzer oder seltener rasten und/oder zeiteffizienter Nahrung finden und aufnehmen, wurden auf Helgoland Verhaltensbeobachtungen an Gartenrotschwänzen unter konstanten Haltungsbedingungen durchgeführt. Dazu wurden im Mai rastende Gartenrotschwanzmännchen und -weibchen

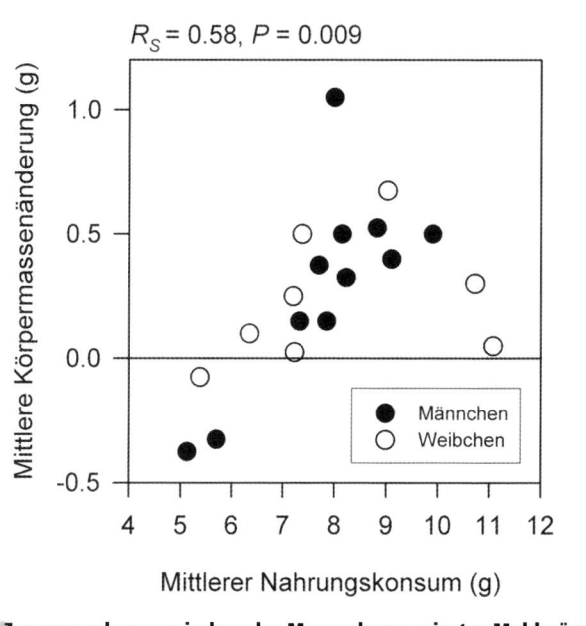

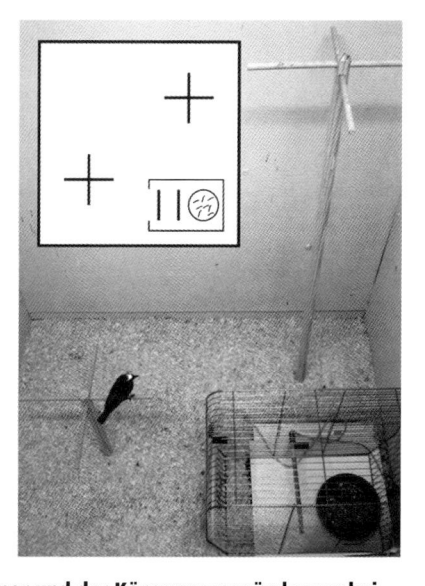

$R_S = 0.58$, $P = 0.009$

Zusammenhang zwischen der Menge konsumierter Mehlwürmer und der Körpermassenänderung bei 11 männlichen und 9 weiblichen Gartenrotschwänzen, die auf dem Frühjahrszug auf Helgoland gefangen wurden und für vier Tage unter den gleichen Umweltbedingungen in Einzelvolieren (rechts) gehalten wurden. Es gab weder im Nahrungskonsum noch in der Körpermassenänderung signifikante Geschlechtsunterschiede. Fangdatum und Ausgangsgewicht hatten keinen Einfluss auf das Fressverhalten der Vögel in der Voliere.

aus dem Fanggarten einzeln in Innenvolieren überführt und bei konstanter Temperatur und standardisierter Tageslänge vier Tage lang gehalten. Jede Voliere war mit zwei Sitzwarten und einer Futterschale ausgestattet. Die mit Mehlwürmern gefüllte Futterschale befand sich in einem einseitig offenen Registrierkäfig. Vögel hatten somit ganztägig Futterzugang. Mittels auf Mikroschalter gelagerten, beweglichen Sitzstangen konnten die Häufigkeit und Dauer der Besuche an der Futterstelle automatisch erfasst werden. Zur Charakterisierung des Nahrungssuchverhaltens von Männchen und Weibchen wurde die Zeitspanne zwischen Auflassung (bzw. Tagesanbruch) und erster Kontaktaufnahme mit dem Futterkäfig (Latenzzeit), die Häufigkeit der Sitzstangenkontakte in Relation zur Aufenthaltsdauer am Futterkäfig und der Nahrungskonsum bezogen auf die Aufenthaltsdauer ermittelt. Die Vögel wurden allabendlich gewogen. An keinem der vier Tage gab es statistisch signifikante Geschlechtsunterschiede im Nahrungssuchverhalten und im Nahrungskonsum. Dementsprechend zeichnete sich auch kein Geschlechtsunterschied in der Änderung des Körpergewichts ab. Eine unabhängige Analyse der circadianen Rhythmik auf dem Frühjahrszug gefangener Gartenrotschwänze zeigte ferner keine Unterschiede im tageszeitlichen Muster des Rast- und Zugverhaltens zwischen Männchen und Weibchen. Das Fehlen von Geschlechtsunterschieden im Eingewöhnungs- und Fressverhalten sowie im Aktivitätsbudget machen geschlechtsspezifische Raststrategien als Grundlage für das zeitlich differenzierte Heimzugverhalten des Gartenrotschwanzes unwahrscheinlich.

Als weiterer Mechanismus könnte eine räumliche Geschlechtertrennung unterschiedliche Ankunftstermine bei Männchen und Weibchen bewirken. Bei einer Vielzahl von Kurzstreckenziehern, wie Amsel oder Rotkehlchen, neigen die Männchen dazu, näher als Weibchen an den Brutgebieten zu überwintern. Das bekannteste Beispiel ist wohl der Buchfink, den Carl von Linné, im Hinblick auf die saisonale „Ehelosigkeit", „coelebs" nannte. Bei Trans-Saharaziehern hingegen gibt es derzeit keine Anhaltspunkte dafür, dass Männchen und Weibchen in verschiedene Winterquartiere ziehen. In den Tropen sind Wiederfunde markierter Vögel und die Zahl mittels stabiler Isotopen untersuchter Arten bislang zu gering, um allgemeine Schlussfolgerungen zum geschlechtsdifferenzierten Zug von Weitstreckenziehern abzuleiten. Die Verfolgung von Singvögeln mithilfe von Kleinstsendern oder der Einsatz von „Flugschreibern" könnte künftig diese Lücke schließen.

Sofern Männchen nördlicher als Weibchen überwintern, ist der Zugweg zu den Brutgebieten für Männchen verkürzt, so dass sie auch ohne spezielle Anpassung im Zeitprogramm oder in der Zuggeschwindigkeit vor den Weibchen ankämen. Darüber hinaus könnte die nach Norden hin rascher zunehmende Tageslänge im Frühjahr

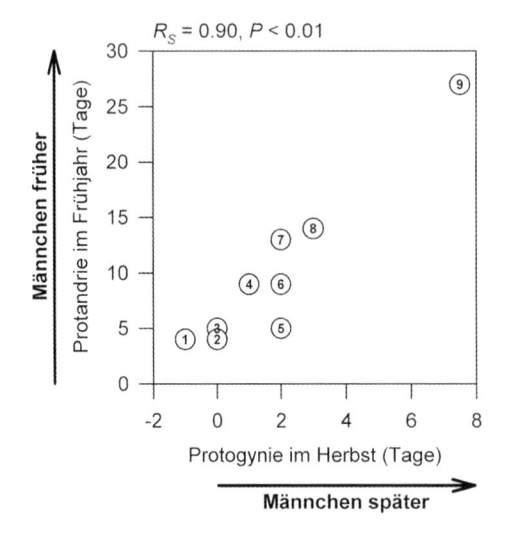

Zusammenhang zwischen den auf Helgoland gemessenen, mittleren Zeitdifferenzen im Durchzug von Männchen und Weibchen im Frühjahr und im Herbst bei neun Singvogelarten (basierend auf Medianwerten aus Hüppop und Hüppop 2004, Vogelwarte 42:285–343): (1) Mönchsgrasmücke, (2) Bluthänfling, (3) Dorngrasmücke, (4) Gartenrotschwanz, (5) Ringdrossel, (6) Amsel, (7) Wintergoldhähnchen, (8) Buchfink, (9) Rohrammer. Disruptiv ziehende Arten (Wachholderdrossel, Kohlmeise, Bergfink, Grünfink) wurden nicht berücksichtigt. Statistische Angaben der Spearmanschen Rangkorrelation. Der Zusammenhang bleibt nach phylogenetischer Korrektur signifikant.

einen zeitigeren Zugbeginn bei Männchen auslösen. Die räumliche Geschlechtertrennung im Winter setzt lediglich genetische Anpassungen im Umfang des Herbstzugs voraus. Diesbezüglich gibt es einen interessanten, interspezifischen Zusammenhang zwischen dem Ausmaß der herbstlichen Protogynie, d. h. dem Zeitvorsprung der Weibchen beim Wegzug aus den Brutgebieten, und dem Ausmaß der Protandrie im Frühjahr. Je größer der Zeitvorsprung der Männchen im Frühjahr, umso deutlicher zeichnet sich der Vorsprung der Weibchen im Herbst ab. Dabei spiegelt die Protogynie möglicherweise eine zugzeitliche Anpassung der Weibchen an potenziell weitere Zugstrecken wider. Die längere Verweildauer der Männchen im Herbst könnte wiederum mit der Ausprägung von Territorialität und sozialer Dominanz zusammenhängen.

Neben Geschlechtsunterschieden in der Zugstrecke könnten Unterschiede im Startzeitpunkt des Frühjahrszugs dazu führen, dass Männchen vor Weibchen am Brutplatz eintreffen. Geschlechtsunterschiede im Startzeitpunkt könnten entweder durch unterschiedliche, endogene Zeitprogramme oder durch unterschiedliche Reaktionsschwellen in der photoperiodischen Antwort bedingt sein. Feldbeobachtungen in den Winterquartieren liefern erste Hinweise, dass die Geschlechter zu unterschiedlichen Zeiten aufbrechen. Es bleibt jedoch ungewiss, ob die im Feld erfassten Männchen und Weibchen zu den gleichen Brutpopulationen gehören. Die bislang handfestesten Hinweise, dass Männchen vor Weibchen aufbrechen, liefern Untersuchungen an Vögeln bekannter Populationszugehörigkeit, die unter kontrollierten Laborbedingungen gehalten wurden, d. h. bei konstantem Nahrungsangebot, konstanter Temperatur und unter den gleichen photoperiodischen Bedingungen. Sowohl beim nordamerikanischen Junko als auch bei der Gartengrasmücke, der Mönchengrasmücke, beim Trauerschnäpper und Gartenrotschwanz zeigt sich, dass Männchen im Frühjahr früher ihre nächtliche Zugunruhe entwickeln als Weibchen. Bei allen bisher untersuchten Arten waren die Geschlechtsunterschiede im Zugbeginn mindestens so groß wie die im Freiland beobachten Zeitdifferenzen bei der Ankunft im Brutgebiet. Dies deutet darauf hin, dass bei Singvögeln Geschlechtsunterschiede im Heimzugverhalten maßgeblich durch verschiedene endogene Rhythmen und/oder photoperiodische Empfindlichkeiten verursacht werden.

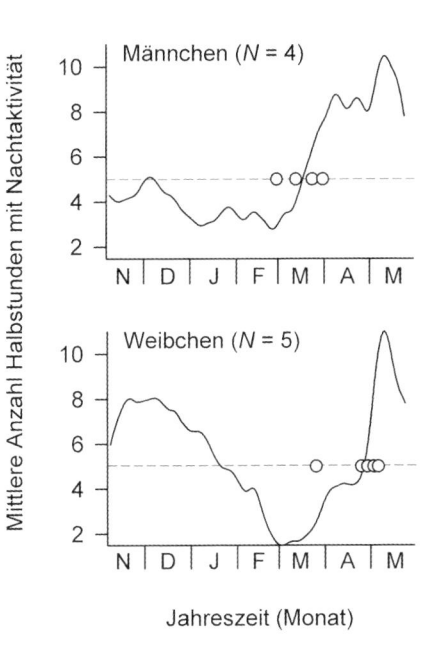

Experimenteller Hinweis auf einen Geschlechtsunterschied im Beginn des Frühjahrszugs beim Gartenrotschwanz. Erstjährige Gartenrotschwänze wurden im Herbst auf Helgoland gefangen und nach der Eingewöhnung nach Wilhelmshaven überführt. Dort wurden sie in einer klimatisierten Kammer bei konstanter Photoperiode und Fütterung einzeln bis zum Frühjahr gehalten. Die Menge der nächtlichen Zugunruhe wurde mittels Vibrationssensoren an den Käfigen gemessen. Die angepassten Kurven stellen den Zeitverlauf der mittleren Zugaktivität dar. Die Punkte markieren die individuellen Zugbeginne (Nächte in denen mindestens 5 Halbstunden an Aktivität erreicht wurden).

Protandrie und Klimawandel

Abschließend bleibt zu erörtern, welche Konsequenzen das geschlechtsspezifische Zugverhalten für die Reaktion von Vogelpopulationen auf die globale Klimaveränderung haben wird. Da der Klimawandel sich nicht in allen Regionen und zu allen Jahreszeiten in derselben Weise auswirkt, und die Geschlechter unterschiedliche Winterquartiere aufsuchen und zu unterschiedlichen Jahreszeiten ziehen können, sind geschlechtsspezifische Reaktionen auf den Klimawandel wahrscheinlich. Neben unmittelbaren Reaktionen auf veränderte Zugbedingungen sind vor allem evolutionäre Konsequenzen für den geschlechtsspezifischen Heimzug zu erwarten. Die in der Regel früher heimkehrenden Männchen könnten von den zunehmend milderen Bedingungen im Frühjahr profitieren, indem sie eine höhere Überlebenschance erhalten. Somit käme es im Klimawandel zu einer Abschwächung der natürlichen Selektion, die der sexuellen Selektion auf das Merkmal „frühe Männchenankunft" entgegenwirkt. Auf Populationsebene sollte sich dies längerfristig in einer Zunahme des zeitlichen Vorsprungs der Männchen niederschlagen. Da Männchen in einer Populationen gut 50 % ausmachen, ist zu erwarten, dass bei ausgeprägt polygamen Vogelarten, bei denen die sexuelle Selektion einen erheblichen Einfluss auf die Zugzeit der Männchen hat, eine stärkere Verfrühung im mittleren Heimzugtermin der Gesamtpopulation zu verzeichnen ist als bei monogamen Arten. In einem vergleichenden Ansatz wurde diese Hypothese getestet. Hierzu wurden phänologische Veränderungen im Singvogelzug über der Deutschen Bucht (Helgoland) und der Ostsee (Christiansø, Dänemark) indirekten Maßen der sexuellen Selektion (z. B. Anteil außerpaarlichen Vaterschaften, Geschlechtsdichromatismus, relative Hodengröße) gegenübergestellt. Es zeigte sich ein negativer Zusammenhang zwischen der Stärke der Verfrühung des Heimzugs und der Stärke der sexuellen Selektion der jeweiligen Art. Waldlaubsänger, Heckenbraunelle und Sumpfrohrsänger zählen zu den Arten mit dem geringsten Anteil an außerpaarlichen Nachkommen und zeigten keine Verfrühung im Heimzug, wohingegen Amsel, Fitis und Rohrammer eine starke Verfrühung zeigten und zu den polygamsten Arten zählen. Dies deutet daraufhin, dass die Stärke der durch Weibchenwahl bewirkten, intersexuellen Selektion die Anpassung von Zugvögeln an die globale Klimaänderung mit beeinflussen könnte. Bei der Erstellung möglichst realitätsnaher Vorhersagemodelle müssen daher neben abiotischen Umweltindices auch komplexe, biotische Zusammenhänge berücksichtigt werden.

Unter Mitarbeit von Philipp Becker, Simon Fabian Becker.

Zum Weiterlesen:

Coppack T, Tøttrup AP, Spottiswoode CN (2008) Verfrühung des Heimzugs von Singvögeln in Abhängigkeit vom Paarungssystem. Jber Institut Vogelforschung 8:7

Förschler MI, Coppack T (2008) Der protandrische Heimzug von Singvögeln: Spielen geschlechtsspezifische Körpermassenunterschiede eine Rolle? Jber Institut Vogelforschung 8:6

Coppack T (2006) Nahrungssucheverhalten männlicher und weiblicher Gartenrotschwänze auf dem Heimzug. Jber Institut Vogelforschung 7:9

Coppack T (2006) Beeinflusst die globale Klimaveränderung den geschlechtsspezifischen Heimzug von Singvögeln? Jber Institut Vogelforschung 7:10

Coppack T (2003) Proximate Ursachen des geschlechtsspezifischen Heimzugs beim Gartenrotschwanz. Jber Institut Vogelforschung 6:7

Satellitentelemetrie bei Wiesenweihen: Neue Methoden geben neue Einsichten in Zugstrategien und zum Schutz

Klaus-Michael Exo, Christiane Trierweiler, Franz Bairlein, Jan Komdeur, Ben J. Koks

Über die Hälfte der Weltpopulation der Wiesenweihe brütet in Europa. Global sind Wiesenweihen derzeit nicht gefährdet, sie stehen aber seit Jahren in mehreren europäischen Ländern auf den „Roten Listen" als im Bestand abnehmend bzw. stark gefährdet, so auch in Deutschland. Die Gefährdung hat in den letzten Jahrzehnten zugenommen, da viele Weihen seit Ende des 20. Jahrhunderts nicht mehr in traditionellen, natürlichen Habitaten wie Dünen, Mooren oder Staudenvegetation brüten, sondern vielmehr auf intensiv ackerbaulich genutzten Flächen, vor allem in Winterweizen, Wintergerste und Triticale (einer Kreuzung aus Weizen und Roggen). Die Gelege, brütende Weibchen und Jungvögel sind dort durch Mahd bzw. Ernte gefährdet. Vielerorts kann der Bruterfolg deshalb nur durch intensive Nestschutzmaßnahmen sichergestellt werden. Doch was passiert außerhalb der Brutsaison, auf den Zugwegen und im Winterquartier dieses Langstreckenziehers, der in Afrika südlich der Sahara überwintert? Wiesenweihen verbringen ca. acht Monate des Jahres auf dem Zug bzw. in ihren afrikanischen Winterquartieren. Sie können nur durch einen Erhalt ihrer Jahreslebensräume geschützt werden, d. h. nur durch ein Schutzgebietsnetzwerk, das die Brut-, Rast- und Überwinterungsgebiete umfasst.

Analyse des Jahreslebensraumes: Forschung von Europa bis Afrika

Die Zugwege und Lage der Winterquartiere von Wiesenweihen waren bisher weitgehend unbekannt. Im Rahmen eines Kooperationsprojekts zwischen der Niederländischen Stiftung Wiesenweihe (Stichting Werkgroep Grauwe Kiekendief; SWGK), der Universität Groningen und dem Institut für Vogelforschung „Vogelwarte Helgoland" – gefördert durch die Deutsche Bundesstiftung Umwelt, die Provinz Flevoland und die Nederlandse Aardolie Maatschappij – wurden deshalb erstmals Wiesenweihen mit 9,5 bzw. 12 g leichten solarbetriebenen Satellitensendern markiert: 20 Brutvögel aus den Niederlanden, Deutschland und Dänemark und 10 Brutvögel aus Polen und Weißrussland. Parallel zu den satellitentelemetrischen Ortungen wurden Detailstudien in den Brutgebieten und alljährliche Expeditionen in die afrikanischen Winterquartiere durchgeführt.

Wiesenweihenmännchen „Franz"
(Foto: T. van Kooten)

Die Altvögel wurden kurz vor dem Ausfliegen ihrer Jungen am Nest gefangen. Die Sender wurden mittels eines rucksackartigen Geschirrs auf dem Rücken angebracht. Das Gesamtgewicht machte etwa 3–4 % des Körpergewichts des Vogels aus und lag damit unterhalb der allgemein anerkannten Grenze von 5 %, so dass nicht von einem negativen Einfluss auf das Verhalten der Wiesenweihen auszugehen ist. Alle markierten Vögel wurden bis zum Abzug über Wochen regelmäßig beobachtet. Die Beobachtungen, das erfolgreiche Brüten im Jahr der Sendermarkierung, die hohen Rückkehrraten sowie auch der Wiederfang eines brütenden Weibchens im Folgejahr, das keinerlei Gefiederverletzungen oder Hautirritationen aufwies, deuten darauf hin, dass die Vögel sich normal verhielten und durch die Markierung nicht gravierend beeinflusst wurden.

Die Sender wurden so programmiert, dass sie entweder über 10 Stunden Positionsdaten sendeten, gefolgt von einer 48-stündigen Sendepause zum Aufladen der Batterie, oder für 6 Stunden, gefolgt von einer 16-stündigen Sendepause. Die von den Sendern ausgestrahlten Signale werden von Satelliten beim Überflug empfangen und über das ARGOS-System übermittelt.

Ca. ¾ aller 20 in den Niederlanden, Deutschland und Dänemark markierten Brutvögel zogen auf dem Herbst- und Frühjahrszug über eine westliche Route, über Frankreich/Spanien, in ihre Winterquartiere bzw. Brutgebiete, ca. ¼ der Vögel zog jeweils über eine zentrale Zugroute, über Italien/Sardinien. Damit bestätigte sich der früher auf Grund von Zählungen für nordwesteuropäische Wiesenweihen angenommene Schleifenzug mit einem herbstlichen Zugweg über Gibraltar und einem Zug im Frühjahr über die Meerenge von Messina (Italien) nicht.

Nordosteuropäische Brutvögel scheinen hingegen im Herbst und Frühjahr unterschiedliche Routen zu nutzen: Die Herbstzugrouten der in Ostpolen und Nordwest-Weißrussland markierten Wiesenweihen verliefen über Griechenland/Kreta, die Heimzugrouten über Sardinien/Italien. Dieser Zugweg war bisher vollkommen unbekannt. Für den vermuteten Zug über den Bosporus ins östliche Afrika fanden sich keinerlei Anhaltspunkte. Wiesenweihen ziehen somit offensichtlich auf populationsspezifischen Routen. Erste mehrjährige Registrierungen der Zugrouten einzelner Individuen deuten darauf hin, dass die Individuen sogar über Jahre an den einmal gewählten Zugrouten festhalten.

Die Weibchen verließen die Brutgebiete im Herbst etwa vier Wochen vor ihren Männchen, gegen Anfang August, die Männchen erst Anfang September. Da die Männchen etwas schnel-

Herbstzugrouten von mit Satellitensendern markierten NW- und NO-europäischen Wiesenweihen (2005-2008). Von 30 markierten Vögeln lagen bis zum Herbst 2008 Ortungen von 34 Herbstzugrouten vor. Rot: Weibchen, Blau: Männchen, Grün: einjährige Vögel. Die Linien stellen nicht unbedingt die genaue Zugroute dar, eingezeichnet ist vielmehr jeweils die kürzeste Verbindung zwischen aufeinander folgenden Ortungen (Punkte).

ler zogen, erreichten Männchen und Weibchen die Winterquartiere mehr oder weniger zeitgleich gegen Ende September. Männchen und Weibchen verließen die Winterquartiere in den letzten Märztagen. In der ersten Maidekade trafen sie wieder in den Brutgebieten ein.

Nordwesteuropäische Brutvögel legten auf dem Frühjahrs- und Herbstzug jeweils gut 5000 km zurück. Die täglichen Zugstrecken variierten in Abhängigkeit von der geografischen Lage: In der Nähe der Brutgebiete sowie nach Überquerung der Sahara, nahe den Winterquartieren, zogen die Vögel mit im Mittel 50–100 km/Tag vergleichsweise langsam. Die Sahara wurde mit einer höheren Zuggeschwindigkeit überflogen; die Weihen legten im Mittel gut 350 km/Tag zurück. Ein im Jahr 2005 markiertes Weibchen legte bei der Überquerung der Sahara sogar 623 km/Tag zurück. Dass Wiesenweihen zu noch weitaus größeren Zugleistungen im Stande sind, belegt ein 2006 in den Niederlanden markiertes Männchen. Es flog im Nonstop-Flug aus den Niederlanden bis nach Nordspanien und legte dabei innerhalb von knapp 24 Stunden 1196 km zurück, die bisher größte Tagesstrecke, die für einen Greifvogel jemals nachgewiesen wurde.

Auffallend ist, dass nur relativ wenige Individuen die Meerenge von Gibraltar zur Querung des Mittelmeeres nutzten. Das Gros der Südwestzieher wählte vielmehr eine etwas östlichere Route, bei der sie ca. 150 km über das offene Meer flogen. Brutvögel der östlichen Populationen nahmen Überquerungen von 300–400 km in Kauf. Auch mehrere Hundert Kilometer breite Wasserstraßen können offensichtlich problemlos überflogen werden. Wiesenweihen nutzen auf Grund ihrer schmalen Flügel und vergleichsweise geringen Flügelbelastung die Thermik nur selten, vielmehr ziehen sie im Schlagflug. Deshalb sind Wiesenweihen zur Querung des Mittelmeeres nicht auf Meerengen angewiesen und ihre Zugrouten verlaufen wesentlich geradliniger als bisher angenommen. So können ostpolnische Brutvögel auf einer vergleichsweise kurzen Route in ihre Winterquartiere ziehen. Eine Route von Ostpolen über die Türkei in ein Überwinterungsgebiet im Ostsudan wäre insgesamt 5000 km lang, die Strecke über Griechenland oder Italien in den Niger beträgt nur etwa 4200 km.

Die Zugrouten: eine Kette von Rastmöglichkeiten

Für viele Vogelarten kann man die Zugrouten als eine Kette von Rastmöglichkeiten beschreiben. Auch die meisten Wiesenweihen rasteten während des Zugs mehr oder weniger regelmäßig. Die Herbstzugperiode erstreckte sich vom Abzug

Vereinfachte Darstellung der Herbst- und Frühjahrszugrouten sowie der Lage der Brut- und Überwinterungsgebiete von Wiesenweihen aus westlichen und östlichen Brutpopulationen. Schwarz: Herbstzugrouten, Rot: Frühjahrszugrouten, Gelb/grün: NW-europäische Brutpopulationen, rot: osteuropäische Brutpopulationen. Gelb: Zugroute über Italien, grün: Zugroute über Spanien (aus Trierweiler et al. 2009).

ges den Tod fand, verendeten im Frühjahr 2008 fünf von 12 mit Satellitensendern überwachten Vögeln. Darüber hinaus schritten zwei der fünf noch lebenden Brutvögel im Frühjahr 2008 nicht zur Brut. Die hohen Verluste zur Zeit des Frühjahrszuges wie auch die Brutausfälle deuten auf energetische Engpässe während des Zuges hin.

Ausblick

Mittels Satellitentelemetrie konnten erstmalig die Zugrouten von Wiesenweihen aufgeklärt, wichtige Rastgebiete identifiziert, das Verhalten im Winterquartier und Gefährdungsursachen außerhalb der Brutzeit erkundet werden. Zukünftig wird es darauf ankommen, diese ersten Erkenntnisse zu vertiefen. Von besonderer Bedeutung ist die Analyse von „carry-over" Effekten zwischen Bedingungen in den Überwinterungs- bzw. Rastgebieten und dem nachfolgenden Bruterfolg. Dabei verdient auch das Zugverhalten der Jungvögel Beachtung, die bisher aus praktischen Gründen nicht in die Untersuchungen mit einbezogen waren. Jungvögel ziehen unabhängig von ihren Eltern und sie brüten in der Regel erst in ihrem dritten Lebensjahr. Wo sie sich in den ersten Jahren aufhalten, wo sie sich später ansiedeln und welche Habitatparameter die Ansiedlung bestimmen ist bisher nahezu unbekannt, ist aber für die erforderlichen großräumigen Schutzkonzepte unverzichtbar.

Zum Weiterlesen:

Trierweiler C, Exo K-M (2009) Zugstrategien und Schutz NW-europäischer Wiesenweihen *Circus pygargus* durch Satellitentelemetrie. Institut für Vogelforschung „Vogelwarte Helgoland", Wilhelmshaven; Stichting Werkgroep Grauwe Kiekendief, Scheemda; Animal Ecology Group, University of Groningen, Haren. – Der Bericht kann von der Internetseite des Instituts für Vogelforschung heruntergeladen werden: http://www.fh-oow.de/ifv//downloads/96/wiesenweihe_dbu_abschlussbericht_ifv_jan_2009.pdf

Koks BJ, Trierweiler C, Visser EG, Dijkstra C, Komdeur J (2007) Do voles make agricultural habitat attractive to Montagu's Harrier *Circus pygargus*? Ibis 149: 575–586

Trierweiler C, Koks BJ (2009) Montagu's Harrier *Circus pygargus*. In: Zwarts L, Bijlsma RG, Van der Kamp J, Wymenga E (eds) Living on the edge. Wetlands and birds in a changing Sahel. KNNV Publishing, Zeist/Niederlande: 312–327

Trierweiler C, Koks BJ, Drent RH, Exo K-M, Komdeur J, Dijkstra C, Bairlein F (2007) Satellite tracking of two Montagu's Harriers (*Circus pygargus*): dual pathways during autumn migration. J Ornithol 148: 513–516

Phylogenie und die Entstehung des Vogelzuges in der Gattung *Oenanthe* (Steinschmätzer)

Marc I. Förschler

Steinschmätzer (Gattung *Oenanthe*) repräsentieren einen wichtigen Bestandteil der Avifauna der Alten Welt. Sie besiedeln ein weites Areal, welches von der Kapregion Südafrikas bis ins westliche China reicht. Der Schwerpunkt ihrer Verbreitung liegt allerdings in der Westpaläarktis und hier vor allem im Norden Afrikas und im Vorderen Orient. Insgesamt sind innerhalb der Gattung *Oenanthe* 18–22 Arten und mindestens 45–47 Unterarten beschrieben worden, wobei die systematische Einordnung der einzelnen Formen bei verschiedenen Autoren recht unterschiedlich gehandhabt wird und auf die großen phylogenetischen Unsicherheiten in der Gruppe hinweist.

Taxonomisch gesehen gehört die Gattung *Oenanthe* innerhalb der Passeriformes (Singvögel) zur Familie der Turdidae (Drosseln). Als Schwestergruppe wird im Allgemeinen die Gattung *Cercomela* betrachtet, die überwiegend in Afrika verbreitet ist und sich vor allem durch sehr ähnlichen Körperbau, Gefiederfärbung und Verhalten auszeichnet. Einzelne Vertreter dieser Gattung, wie der südafrikanische Oranjeschmätzer, wurden daher auch lange Zeit zur Gattung *Oenanthe* gezählt. Die nächsten Verwandten finden sich in den ebenfalls afrikanischen Gattungen *Campicoloides*, *Myrmecocichla*, *Pentholaea*, *Pinarochroa* und *Thamnolaea*, die wie auch die Gattung *Cercomela* allesamt ein gering ausgeprägtes Zugverhalten zeigen. Zur weiteren Verwandtschaft zählen zudem die Vertreter der eurasisch-afrikanischen Gattung *Saxicola*.

Der überwiegende Teil der Steinschmätzer lebt in sehr offenen Lebensräumen, insbesondere in Halbwüsten, Steppen und trockenen Gebirgslandschaften mit heißen Sommern und relativ milden Wintern. Nur wenige Arten sind echte Zugvögel, die auch nördlichere und feuchtere Gefilde besiedeln, in denen die härteren Winterbedingungen einen saisonalen Zug erforderlich machen. Eine Besonderheit bildet dabei der auch in Deutschland brütende Steinschmätzer *O. oenanthe*, welcher der Gattung seinen Namen verleiht. Er hat es durch die Entwicklung von außerordentlichen Zugeigenschaften geschafft, neben ganz Eurasien sogar Grönland und Kanada zu besiedeln.

Arten-„Hotspots" Nordafrika und Vorderer Orient

Die höchste Artendichte erreichen die Steinschmätzer in den Wüsten- und Steppengebieten Nordafrikas und des Nahen und Mittleren Ostens. In diesen Regionen liegt möglicherweise das Herkunftsgebiet dieses vermutlich noch recht jungen Taxons. Mehrere Arten kommen hier häufig sympatrisch, also gemeinsam nebeneinander vor. So findet man beispielsweise in Marokko allein sieben brütende Steinschmätzer-Arten, die je nach ihren ökologischen Ansprüchen in offenen Gebirgs-, Steppen- und Wüstenlandschaften anzutreffen sind. Hitzeliebende Arten wie der Saharasteinschmätzer und der Wüstensteinschmätzer besiedeln dabei die direkten Ränder der Sahara entlang von Wadis, Fahlbürzelsteinschmätzer und Berbersteinschmätzer die angrenzenden sommerheißen Steinwüsten. Der etwas „kühlere" Temperaturen bevorzugende Trauersteinschmätzer findet sich in den Schluchten des Atlasgebirges und der Maurensteinschmätzer in den eher mediterran geprägten und vegetationsreicheren Gegenden Nordmarokkos. Der auffällig gefärbte Seebohm-Steinschmätzer, eine für Nordafrika endemische Unterart unseres Steinschmätzers, die sich durch einen charakteristischen schwarzen Kehllatz von der Nominatform unterscheidet, lebt schließlich in den höheren und kühleren Gegenden des At-

Arfoud, Marokko. Bruthabitat des Wüstensteinschmätzers und des Saharasteinschmätzers (Foto: M. I. Förschler)

lasgebirges. Alle Steinschmätzer-Arten besetzten somit spezielle ökologische Nischen und können so nebeneinander existieren.

Umstrittene Taxonomie

Trotz genetischer und morphologischer Untersuchungen bleiben große Teile der Verwandtschaftsverhältnisse der Steinschmätzer weiterhin ungeklärt. So ist einerseits umstritten, ob es sich bei der Gattung *Oenanthe* überhaupt um eine monophyletische Gruppe handelt, d. h. ob alle heute lebenden Steinschmätzer-Arten auf einen gemeinsamen Vorfahren zurückgeführt werden können, und wie gut die nah verwandten Vertreter, beispielsweise der Schwestergattung *Cercomela*, von den eigentlichen Steinschmätzern abtrennbar sind. Andererseits wurde bisher auch die systematische Stellung und die Verwandtschaft der einzelnen Arten und Unterarten innerhalb der Gattung *Oenanthe* noch nicht vollständig aufgelöst, und es bleiben zahlreiche offene Fragen hinsichtlich des Artstatus der häufig allopatrisch vorkommenden, aber sehr ähnlichen Formen, die bisweilen auch Polymorphismen ausbilden. Zudem sind zahlreiche Artpaare und Artkomplexe nicht zuletzt auf Grund der schwierigen politischen Situation in ihren Vorkommensgebieten (z. B. Somalia, Eritrea, Sudan, Irak) noch unzureichend untersucht.

So ist beispielsweise noch nicht eindeutig geklärt, ob es sich bei dem am Horn von Afrika vorkommenden Somali-Steinschmätzer und dem nordafrikanischen Seebohm-Steinschmätzer um eigene Arten oder nur regionale Ausprägungen des Steinschmätzers handelt. Auch die Auftrennung von eurasischem Nonnensteinschmätzer, endemischem Zypernsteinschmätzer, südosteuropäischem Balkansteinschmätzer und südwesteuropäischem Maurensteinschmätzer ist bislang nicht hinreichend untersucht und somit nicht endgültig bestätigt. Einen wenig verstandenen Artkomplex bildet zudem die Gruppe der Schwarzrückensteinschmätzer *O. lugens*, zu denen zum einen die Formen *O. „lugens" persica* (Iran), *O. „lugens" lugens* (Naher Osten), *O. „lugens" halophila* (Nordafrika), *O. „lugentoides" lugentoides* (Arabische Halbinsel) und *O. „lugentoides" boscaweni* (Südarabien) gerechnet werden, wie auch die afrikanischen Unterarten *O. „lugubris" lugubris* (Äthiopien), *O. „lugens" schalowi* (Kenia, Tansania) und *O. „lugens" vauriei* (Somalia). Daneben gibt es in dieser Gruppe auch wenig bekannte Farbvarianten wie beispielsweise den Basaltsteinschmätzer *O. „lugens" basalti*, der ausschließlich in der syrischen und jordanischen Basaltwüste lebt.

Erschwert wird die taxonomische Untersuchung der Steinschmätzer durch das recht häufige Auftreten von Hybridisierung, was auf eine junge und zum Teil unvollständige Auftrennung der einzelnen Arten hindeutet. So werden Nonnensteinschmätzer und Balkansteinschmätzer allgemein als unabhängige Arten anerkannt, bilden jedoch im Iran eine breite Hybridzone. Die schwierig aufzulösenden taxonomischen Beziehungen eröffnen aber auch die einzigartige Chance, grundlegende Mechanismen während der Artbildungsprozesse bei jungen Arten genauer zu untersuchen und zu verstehen.

Zur Auflösung dieser komplexen Zusammenhänge arbeiten wir derzeit in Kooperation mit Mansour Aliabadian (Institute for Biodiversity and Ecosystem Dynamics, Amsterdam) an der

Neben dem bei uns vorkommenden Steinschmätzer ist auch der Isabellsteinschmätzer ein Langstreckenzieher. (Foto: M. I. Förschler)

Erstellung einer neuen, vollständigen Taxonomie der Gattung *Oenanthe* und ihrer näheren Verwandten. Dazu haben wir in den letzten Jahren bei unseren Exkursionen nach Jordanien, Niger, Mali, Mauretanien, Kenia und Marokko Blutproben gesammelt. Mithilfe der Sequenzierung mehrerer genetischer Marker (mitochondriale Gene, Kerngene) klären wir derzeit die Verwandtschaftsverhältnisse zwischen den Arten auf und entwickeln verlässliche Stammbäume für weitergehende Analysen.

Evolution des Langstreckenzuges

Das Zugverhalten der verschiedenen Steinschmätzer ist sehr variabel. Während viele Arten des Mittleren Ostens und Afrikas reine Standvögel oder zumindest Kurzstreckenzieher sind, sind einige wenige euro-asiatische Arten echte Langstreckenzieher, die überwiegend südlich der Sahara überwintern. Insbesondere der auch bei uns weit verbreitete Steinschmätzer hat es dabei geschafft, nahezu die gesamte Nordhalbkugel zu besiedeln und sogar in die Arktis vorzustoßen. Innerhalb der Gattung der Steinschmätzer kann nur der nah verwandte Isabellsteinschmätzer mit vergleichbaren Zugleistungen aufwarten.

Der Wandel vom Kurzstrecken- zum Langstreckenzieher schlägt sich auch in fundamentalen Veränderungen in der Körpergestalt nieder, insbesondere in der Flügelmorphologie. Um diese morphologischen Umgestaltungen zu erfassen, haben wir in verschiedenen europäischen Museen (Berlin, Bonn, Bremen, Dresden, Hamburg, London, München, Paris, Stuttgart) an allen Steinschmätzer-Arten umfangreiche Vermessungen durchgeführt. Ziel dieser Untersuchungen ist es herauszufinden, welche speziellen morphologischen Anpassungen zur Entwicklung des Langstreckenzuges beitragen. So zeigt sich beispielsweise in ersten Analysen, dass Steinschmätzerarten mit weiten Zugwegen deutlich spitzere Flügel haben als Kurzstreckenzieher bzw. Standvögel. In weiterführenden Untersuchungen widmen wir uns derzeit den phylogenetischen Grundlagen dieser Merkmalsveränderungen. Interessant ist dabei besonders die Frage nach dem genauen Zeitpunkt, an dem der Langstreckenzug in der Evolutionsgeschichte der Steinschmätzer erstmals entstanden ist. Möglicherweise ist die junge adaptive Radiation der Gattung *Oenanthe*, die auch zur Evolution des „Zugweltmeisters" Steinschmätzer geführt hat, ein phylogenetisch gesehen recht junges Ereignis und ein Beispiel dafür, dass die Entwicklung von Vogelzug unter Umständen die Entstehung neuer Arten begünstigen kann.

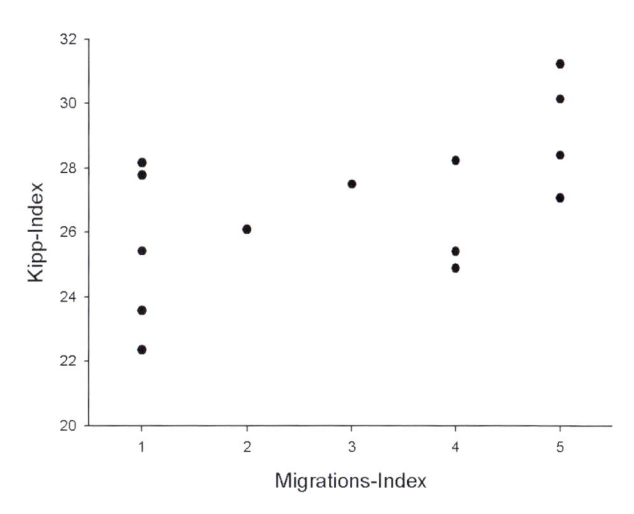

Zusammenhang zwischen Flügelspitzigkeit (gemessen als Kipp-Index) und Zugverhalten (gemessen als Migrations-Index von 1=Standvogel bis 5=Langstreckenzug) bei verschiedenen Steinschmätzer-Arten.

Unter Mitarbeit von Mansour Aliabadian, Martin Haase, Fares Khoury, Ivan Maggini, Jochen Martens, Benjamin Metzger, Hamid Rguibi Idrissi, Michael Wink, Reuven Youssef.

Zum Weiterlesen

Förschler, M. I., Metzger, B., Maggini, I., Neumann, R., Bairlein, F. (2008) Seebohm's Wheatear *Onanthe oenanthe seebohmi* in West Afrika. ABC Bulletin 15: 242–244

Khoury, F., Förschler, M. I. (2008) Habitat and foraging of Hooded Wheatears *Oenanthe monacha* in Jordan. Sandgrouse 30: 146–149

Wie aus ziehenden Schwarzdrosseln sesshafte Amseln wurden: der Fall Helgoland

**Timothy Coppack,
Thomas Sacher,
Franz Bairlein**

Kleine, isolierte Inseln waren schon immer von besonderer Bedeutung für die Entwicklung biologischer Theorien, da evolutionäre Prozesse dort oft ganz eigene Wege einschlagen und die resultierenden Merkmalsverteilungen populationsumfassend untersucht werden können. Nicht zuletzt war es Charles Darwin, der während seines fünfwöchigen Aufenthalts auf den Galápagos-Inseln im Jahre 1835 zu seinen bahnbrechenden Erkenntnissen über die Artentstehung gelangte. Die Vielfalt der auf dem Galápagos-Archipel verbreiteten Spottdrosseln spielte dabei eine Schlüsselrolle. Evolutionärer Wandel schien langsam und stetig voranzuschreiten, und eine Vogelart konnte bei hinreichend starker Isolation anscheinend aus einer anderen hervorgehen. Gut ein Jahrhundert später beschrieb Ernst Mayr den so genannten „Gründereffekt", wonach nur wenige Individuen einer Art, die zufällig an einen abgeschiedenen Ort verdriftet werden, den evolutionären Wandel sprunghaft einleiten könnten. Abgeschnitten vom Rest des Genpools und unter dem Einfluss neuer Lebensumstände, würden vor allem kleine Populationen den Nährboden für genetische und phänotypische Neugestaltung bilden.

Trotz der Vielzahl an ornithologischen Arbeiten, die sich mit evolutionsbiologischen Fragen beschäftigen, sind die Mechanismen, die zur Etablierung neuer Brutgemeinschaften führen, weitestgehend unverstanden. Dies liegt unter anderem daran, dass Gründungszeitpunkt und demographische Vorgeschichte bei vielen Vogelpopulationen nicht bekannt sind. Ferner bleibt oft unklar, ob eine beliebige Stichprobe von Individuen die biologisch-effektive Population repräsentiert, da die genauen Abstammungsverhältnisse und der Genfluss entlang kontinuierlicher Habitatsysteme nur schwer nachzuvollziehen sind. Ohne diese Grundkenntnis aber bleibt jede Aussage zu den Mechanismen von Differenzierungsprozessen reine Spekulation. Bei Vögeln kommt erschwerend hinzu, dass sie zu den mobilsten Organismen zählen und sich rasch unserem Blickfeld entziehen. Zwar ist diese Mobilität die Grundvoraussetzung für den Vorstoß von Gründerindividuen in neue Lebensräume, eine erhöhte Mobilität scheint jedoch gleichzeitig der lokalen Rekrutierung entgegenzuwirken. Somit ähnelt die Frage nach den Mechanismen der Populationsgründung einem „Henne-Ei-Problem".

Amsel-Männchen (Foto: M. Kraschl)

Auf Helgoland treffen gleich mehrere glückliche Umstände zusammen, welche die Untersuchung von Singvogelpopulationen erleichtern. Zum einen ist die Insel klein (rund ein Quadratkilometer) und gut überschaubar, so dass individuell markierte Vögel innerhalb der klar definierten Habitatgrenzen leicht aufgespürt werden können. Zum anderen gibt es weltweit kaum einen Flecken Erde, der eine so lange Tradition in der ornithologischen Beobachtung und Dokumentation genießt, wie Helgoland. Diesem Umstand ist es zu verdanken, dass heute genau bekannt ist, in welchen Jahren eine Vogelart als Brutvogel auf der Insel vorkam oder lediglich als Durchzügler registriert wurde.

Bis weit in das 20. Jahrhundert kam die Amsel auf Helgoland lediglich als flüchtiger Durchzügler und nordischer Wintergast vor. Was zu Gätkes Zeiten ausschließlich als waldbewohnende Schwarzdrossel (Helgoländisch: Swart Troossel) bekannt war, sollte sich binnen weniger Jahrzehnte zur stadtbekannten Amsel entwickeln.

Die erste Helgoländer Amselbrut wurde 1923 von Rudolf Drost im Fanggarten der Vogelwarte dokumentiert. Nach der Verwüstung der Insel im Jahr 1947 wurden erst wieder ab 1969 einzelne Amselbruten verzeichnet. Ab Mitte der 1980er Jahre nahm die Anzahl der auf Helgoland brütenden Amseln stetig zu. Wahrscheinlich begünstigt durch mildere Winter mit erhöhtem Nahrungsangebot und der zunehmenden Verbuschung der Insel begann in den 1990er Jahren ein rasanter Populationsanstieg auf über 100 Brutterritorien.

Der Anteil der auf Helgoland beringten Amseln mit bekannter Bruterkunft war bis 2003 verschwindend gering, da kaum eine Helgoländer Amsel am Nest beringt worden war. Grundwissen zum relativen Anteil ortstreuer Amseln auf Helgoland konnte seit 2004 mithilfe der Farbberingung am Nest und der Radiotelemetrie geschaffen werden. Den Ergebnissen zufolge setzt sich der heutige Brutbestand aus einem sehr hohen Anteil von Standvögeln zusammen, darunter auch eine auffallend hohe Zahl ortstreuer Jungvögel.

Sind Helgoländer Amseln genetisch isoliert?

Mit biochemischen Methoden zur Bestimmung von Populationszugehörigkeiten war es möglich, die genetische Struktur dieser jungen Inselpopulation im Detail aufzudecken. Das Potenzial für eine Einbringung neuer Gene in die Helgoländer Brutpopulation erschien anfangs immens. Mit jährlich rund 2500 Erstfängen, ist die Amsel nach der Singdrossel die zweithäufigst gefangene Zugvogelart auf Helgoland. Auch könnten Amseln des benachbarten Festlandes während ihrer nachbrutzeitlichen Zerstreuungswanderungen, der so genannten Dismigration, auf die Insel verdriftet werden und sich im folgenden Jahr mit ortsansässigen Vögeln paaren – auch außerhalb fester Paarbindungen, denn die Amsel gilt trotz sozialer Monogamie als polygam. Mittels molekulargenetischer Marker (Mikrosatelliten) war es möglich, die Helgoländer Amseln eindeutig von ihren zur Zugzeit gefangenen Artgenossen zu unterscheiden. Mit dieser Methode konnte das Ausmaß der genetischen Immigration in die Inselpopulation quantifiziert werden. Innerhalb des Untersuchungszeitraums (2004 bis 2007) wurde lediglich ein einziger Fall von genetischer Immigration nachgewiesen, d. h. nur ein Nestling (von insgesamt 779 beprobten) zeigte einen abweichenden Genotyp. Die genetische Abgrenzung zwischen Zugamseln und ortsansässigen Inselamseln erscheint, gemessen an dem Ausmaß des Zuggeschehens über Helgoland, äußerst bemerkenswert.

Die Tatsache, dass sich die „Zugamseln" nicht mit der Inselpopulation durchmischen, spricht dafür, dass ihr Zugverhalten als Teil eines populationsspezifischen „Zugsyndroms" genetisch determiniert ist und sich nicht opportunistisch abschalten lässt. Das gleiche gilt möglicherweise auch für die ausgeprägte „Standvogeligkeit" der Helgoländer Amseln. Auch hierbei scheinen Selektionsprozesse die Verteilung von Zug- bzw. Nicht-Zugmerkmalen zu einem Extrem hin verschoben zu haben. Denn bei keiner der Helgoländer Amseln gab es einen Hinweis auf saisonalen Pendelzug zwischen Insel und Festland.

Zusätzlich zu den telemetrischen Freilanduntersuchungen wurde die Zugtendenz der Helgoländer Amseln auf der Grundlage ihrer lokomotorischen Aktivität im Labor quantifiziert. Die Ergebnisse zeigen, dass es innerhalb der Inselpopulation definitionsgemäß sowohl Standvögel (Individuen ohne nächtliche Zugunruhe) als auch Zugvögel (Individuen mit signifikanten Zugunruhemengen) gibt. Der Anteil von Standvögeln überwiegt aber bei Weitem, was die Verhältnisse im Freiland bestätigt. Die Laborergebnisse belegen, dass das stark eingeschränkte Zugverhalten der Helgoländer Amseln eine angeborene genetische Grundlage besitzt und durch evolutionäre Prozesse (Gründereffekt, gerichtete Selektion) geprägt wurde.

Anhand morphologischer Merkmale (Flügel- und Teilfederlänge, Tarsus- und Schnabellänge, Kippscher Index) wurden weitere phänotypische Unterschiede zwischen Helgoländer Amsel und dort durchziehenden Vögeln festgestellt. Im Vergleich zu den auf Helgoland rastenden Durchzüglern waren die ansässigen Brutvögel kurzflügeliger (aber nicht eindeutig rundflügeliger) als ihre durchziehenden Artverwandten und zeigten kürzere Schnäbel und teilweise auch kürzere Tarsi.

Zug- und Inselamseln scheinen voneinander isoliert zu sein. Auf Helgoland durchziehende Amseln befinden sich offensichtlich noch nicht in Brutstimmung und verpaaren sich deshalb nicht (oder nur selten) mit ortsansässigen Amseln. Außerdem brüten die Helgoländer Standvögel früher als ihre durchziehenden Artgenossen und paaren sich bevorzugt untereinander (positive assortative Paarung). Die hohe Populationsdichte kombiniert mit einer hohen Rekrutierungsrate des eigenen Nachwuchses sind für die Ansiedlung potenzieller Immigranten wahrscheinlich ebenso hinderlich. Auf der postzygotischen Ebene könnte ein verminderter Rekrutierungserfolg von Amseln mit Migrationshintergrund die genetische Isolation zwischen Zug- und Inselamseln verstärken.

Unter Mitarbeit von Jan Engler, Antje Gorschewski, Martin Gottschling.

Zum Weiterlesen:
Coppack T, Sacher T, Engler J, Elle O (2008) Zur Dispersion erstjähriger Amseln *Turdus merula* auf Helgoland. Jber Institut Vogelforschung 8: 8
Sacher T, Coppack T, Bairlein F (2006): Brutvorkommen und Zugverhalten der Amsel auf Helgoland. Jber Institut Vogelforschung 7: 11
Sacher T, Engler J, Gorschewski A, Gottschling M, Hesler N, Bairlein F, Coppack T (2006) Die Helgoländer Amselpopulation: ein Modell für Populationsgenetik und Zugbiologie. Ornithol Jber Helgoland 16: 76–84
Sacher T, Coppack T, Bairlein F (2003) Die Untersuchung einer Gründerpopulation der Amsel (*Turdus merula*). Jber Institut Vogelforschung 6: 12

Die ziehenden Bluthänflinge von Helgoland: ein Modell zur Interaktion von Zugverhalten und Populationsgenetik

Marc I. Förschler

Nach dem „Big Bang" im Jahre 1947, der mit einem Schlag nahezu alles Leben auf Helgoland auslöschte, haben es neben Haussperling und Amsel mit je über 100 Brutpaaren (Bp) nur wenige andere Singvogelarten geschafft, sich dauerhaft als Brutvogel auf der Hauptinsel oder der vorgelagerten Düne zu etablieren, darunter Star (30 Bp), Bachstelze (16 Bp), Wiesenpieper (23 Bp) und Bluthänfling (29 Bp). Einige der Helgoländer Kleinvogel-Populationen gehen möglicherweise auf „hängengebliebene" Zugvögel zurück, so wie immer wieder und in jährlich wechselnder Zahl beispielsweise Einzelpaare von Buchfink oder Mönchsgrasmücke Brutversuche auf der Insel unternehmen. Andere Vorkommen haben ihren Ursprung vielleicht eher in der Ansiedlung von dispergierenden Jung- oder Altvögeln aus benachbarten Brutgebieten.

Im Vergleich zur Amsel, von der wir mittlerweile wissen, dass sie bereits überwiegend ein reiner Standvogel geworden ist, sind die Helgoländer Bluthänflinge nach wie vor Zugvögel, welche die Insel im Herbst verlassen und erst im nächsten Frühjahr zurückkehren. Ob dies jedoch immer wieder dieselben Individuen sind, oder ob möglicherweise ständig ein Zuzug von fremden Bluthänflingen aus anderen Brutgebieten erfolgt ist bisher nicht bekannt.

Die geringe Größe der Insel, die isolierte Lage und die gute Infrastruktur eröffnen einzigartige Möglichkeiten für Studien zur Populationsbiologie und zum Zugverhalten des Bluthänflings und bieten nahezu „Laborbedingungen" im Freiland. 2008 haben wir daher begonnen, die Helgoländer Brutpopulation mit individuellen Farbkombinationen zu beringen. Bis Herbst 2009 konnten wir rund 70 % der Population farbig beringen, womit wir nun die jeweilige Lebensgeschichte („life-history") und die Fitness der verschiedenen Individuen detailliert untersuchen können.

Brutbiologie und Nahrungswahl

Der Bluthänfling besiedelt auf Helgoland vor allem halboffene Habitate mit Dorngebüsch, die sich in den letzten Jahrzehnten insbesondere im Bereich der Hafenanlagen und in den alten Bombentrichtern stark ausgebreitet haben. Leitarten der Vegetation sind dabei neben der Brombeere und dem Weißdorn vor allem verschiedene Rosenarten, insbesondere Hunds- und Kartoffelrose. In diesen dornenreichen Gebüschen finden Bluthänflinge sichere Neststandorte, die sie weitgehend vor der Prädation durch Elster, Aaskrähe und Hauskatze schützen. Während in den 1960er Jahren nur einzelne Bluthänflinge als Brutvögel auf Helgoland festgestellt wurden, entwickelten

Nestling des Bluthänflings auf Helgoland im beringungsfähigen Alter. Die Vögel werden mit einer individuellen Farbkombination aus drei Farbringen und einem Vogelwartenring markiert. (Foto: M. I. Förschler)

sich die Bestände von den 1990er Jahren an zunehmend positiv, zeitgleich mit der anhaltenden Verbuschung der Insel. Derzeit brüten auf Helgoland jährlich rund 25–30 Paare.

Erste Ergebnisse unserer Studie deuten darauf hin, dass der Fortpflanzungserfolg der Helgoländer Bluthänflinge für einen Finkenvogel außerordentlich hoch ist. So lag der Bruterfolg in den letzten beiden Jahren jeweils bei über 60 %, und auch die Jungensterblichkeit nach dem Ausfliegen war sehr niedrig. Ein solch positiver Effekt ist für Inselpopulationen nicht ungewöhnlich, da vor allem die Prädation eine meist geringere Rolle spielt als am Festland und die zwischenartliche Konkurrenz um Nahrungs- und Brutressourcen geringer ist („Inselsyndrom"). Daneben scheint dem Bluthänfling auf Helgoland, ganz im Gegensatz zur ausgeräumten Agrarlandschaft im Binnenland, noch eine Vielzahl von mosaikartigen Nahrungshabitaten zur Verfügung zu stehen, die von den samenreichen Ruderalflächen in den Hafengebieten über die extensiven Weiden des Oberlandes bis hin zu den kräuterreichen Seevogel-Klippen reichen. Dabei werden je nach Jahreszeiten ganz unterschiedliche Ressourcen sukzessive von der gesamten Brutpopulation genutzt. So spielt beispielsweise im Mai der Löwenzahn, im Juni der Wiesenbocksbart und im Juli der „Klippenkohl" eine entscheidende Rolle. Die Insel Helgoland stellt daher auch ein hervorragendes Modell für die Untersuchung der Zusammenhänge von Nahrungsverfügbarkeit und Fortpflanzungserfolg dar.

Zugverhalten und Rekrutierung

Bei den Helgoländer Bluthänflingen handelt es sich um eine reine Zugvogelpopulation. Die Vögel kehren im April zurück und verlassen die Insel wieder bis Ende September/Anfang Oktober. Ringfundanalysen von auf Helgoland gefangenen Bluthänflingen haben gezeigt, dass ihr Zugweg in südwestliche Richtung über Belgien und Frankreich verläuft. Das genaue Winterquartier ist bisher hingegen nicht bekannt. Durch einen Glücksfall konnten wir das Überwinterungsgebiet der Helgoländer Bluthänflings-Population jedoch ein wenig eingrenzen. Ein 2008 als Jungvogel auf Helgoland beringtes Weibchen wurde im Dezember desselben Jahres in einem Bluthänflingstrupp etwa 50 km östlich von Madrid in Spanien gefangen. Dies entspricht einer doch beachtlichen Zugstrecke von 1760 Kilometern. Der dort zunächst für die Haltung bestimmte Vogel wurde glücklicherweise wegen der Farbringe vor Ort wieder freigelassen und kam im Frühjahr 2009 nach Helgoland zurück, wo er in zwei aufeinander folgenden Bruten mit demselben Partner acht Jungvögel groß zog.

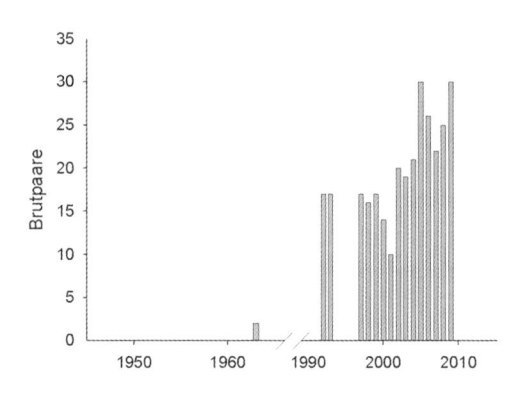

Entwicklung des Brutbestandes des Bluthänflings auf Helgoland. Erstmals nach dem Krieg brütete der Hänfling im Jahre 1963 wieder auf der Insel (Daten teilweise entnommen aus den Ornithologischen Jahresberichten Helgoland 1–19 der OAG Helgoland).

Dieses Beispiel zeigt, dass sich die Helgoländer Bluthänflings-Population hervorragend eignet, um wichtige Fragen der sog. Konnektivität zu beantworten, d. h. die Frage nach den Wechselbeziehungen von Brutgebiet, Winterquartier und Zugwegen. Kenntnisse zur Verbindung dieser drei Abschnitte im Leben eines Zugvogels sind von fundamentaler Bedeutung bei der Interpretation von Populationsentwicklungen und zur Ausarbeitung von Schutzstrategien.

Der Bluthänfling ist ein Tagzieher, der nur an wenigen Tagen im Herbst ausgeprägtes Zugverhalten zeigt. Es ist aber bisher nicht bekannt, unter welchen Voraussetzungen der Zug erfolgt. Im Gegensatz zu den bei Nacht und einzeln ziehenden Vogelarten scheinen beim Bluthänfling exogene Faktoren wie Witterung, Nahrungsverfügbarkeit und Sozialkontakte eine weit bedeutendere Rolle zu spielen. Eigene erste Beobachtungen deuten darauf hin, dass die Helgoländer Bluthänflinge nur unter günstigen Witterungsbedingungen, wie ausgeprägte Hochdruckwetterlagen, und in kleinen Trupps von der Insel abziehen.

Eine zentrale Frage, mit der wir uns in unserem Bluthänflingsprojekt befassen, ist zudem das Dispersionsverhalten und die Rekrutierung von auf Helgoland erbrüteten Jungvögeln. Insbesondere interessieren wir uns für die Frage, wie es einer so isolierten Population wie derjenigen von Helgoland gelingt, jährlich genügend Individuen zu rekrutieren, um die Population am Leben zu erhalten. Dazu bestimmen wir momentan die Rückkehrrate von auf Helgoland erbrüteten Jungvögeln und untersuchen, ob und in welchem Umfang regelmäßig eine Zuwanderung von außen stattfindet, oder ob es sich bei den Helgoländer Bluthänflingen vielmehr um eine sich selbst tragende Zug-Population handelt.

Erste Ergebnisse zeigen, dass die Rückkehrrate von Altvögeln im zu erwartenden Bereich bei 40 % liegt. Außergewöhnlich hoch ist jedoch die beobachtete Rückkehrrate von Jungvögeln mit 38 %. Dieser Wert liegt deutlich über den bisher bekannten Werten von anderen Hänflingspopulationen und auch über dem anderer ziehender Singvogelpopulationen. Scheinbar führt die Isolation auf der Insel zu einer vermehrten Rückkehr und unterstützt so den Erhalt der lokalen Population.

Populationsgenetik und Besiedlungsgeschichte

Zur Analyse der Struktur und Verwandtschaftsbeziehungen in einer Population ist die Populationsgenetik eine der wichtigsten modernen Methoden. Mit Hilfe von polymorphen Mikrosatelliten ist es möglich, Verwandtschaftsmuster hoch aufzulösen. In unserer Studie benutzen wir diese Methode, um zu klären, wie hoch die genetische Diversität in unserer Population ist und wie häufig Einwanderungsereignisse bei dieser räumlich stark isolierten Population vorkommen. Daneben beschäftigen wir uns mittels geeigneter genetischer Marker mit der Frage, aus welchem geografischen Raum die Einwanderung von Bluthänflingen auf die Insel Helgoland erfolgte oder bis heute erfolgt. Neben einer Zuwanderung von anderen Inseln ist auch eine Besiedlung aus dem skandinavischen Raum denkbar. Unterstützend kommen bei unseren Untersuchungen auch weitere moderne Methoden wie die Analyse von Spurenelementen und stabilen Isotopen zum Einsatz. So zeigen beispielsweise Deuteriumwerte der Schwanzfedern von Helgoländer Bluthänflingen, dass die Jungvögel eines Jahres eine sehr einheitliche Signatur aufweisen, die sich von der der Altvögel signifikant unterscheidet. Deuterium ist demnach gut als Marker geeignet, der uns Aufschluss über die Herkunft, die Mausergebiete und über die wetterbedingte jährliche und saisonale Variation in der Isotopensignatur geben kann.

Unter Mitarbeit von Timothy Coppack, Esther del Val, Rolf Nagel.

Zum Weiterlesen:
Förschler M, Del Val E (2009) Farbberingte Bluthänflinge auf Helgoland – einmal Spanien und zurück. Ornithol. Jber Helgoland 19: 106–107
Förschler MI, del Val E, Bairlein F (2010) Extraordinary high natal philopatry in a migratory passerine. J Ornithol 151. DOI: 10.1007/s10336-010-0495-y

Populationsbiologie

Die zeitliche und räumliche Bestandsentwicklung und -dynamik von Vogelbeständen wird im Wesentlichen durch Fortpflanzung und Sterblichkeit sowie Zu- und Abwanderung bestimmt. Die demographischen Parameter unterliegen natürlichen Schwankungen und menschlichen Einflüssen, wie beispielsweise Zunahme der Mortalität in Kältewintern, Verringerung der Reproduktion in Folge ungünstiger Witterung und/oder Prädation, sowie Verfolgung und Umweltgifte. Diese demographischen Zusammenhänge zu verstehen, ist nicht nur von grundsätzlicher Bedeutung für das Verständnis biologischer Prozesse, sondern auch essenzielle Grundlage für Vorhersagen zur Entwicklung der Bestände gefährdeter Arten und damit für nachhaltige Schutzkonzepte.

Untersuchungen zur Populationsbiologie von Vogelarten haben im Institut für Vogelforschung eine lange Tradition. Sie waren bisher vornehmlich bestimmt von der Beschreibung und Langzeitanalyse der strukturellen und funktionellen Parameter wie Bestandsgröße, jährliche Fortpflanzung, Dismigration und deren Beziehung zu biotischen (z. B. Dichte, Nahrungsangebot) und abiotischen Faktoren (z. B. Witterung, Jahreszeit). Diese Langzeituntersuchungen des Instituts für Vogelforschung, gerade der ehemaligen Außenstelle für Populationsbiologie, gehören mit zu den längsten Datenreihen und haben wichtige Erkenntnisse zur Populationsdynamik von Vögeln geliefert.

Die bisher vielfach eher deskriptiven Vorhaben werden heute mit experimentellen Ansätzen verknüpft. Gerade weil die Populationsbiologie von Vögeln in ihrer Gesamtheit recht gut untersucht ist, bietet sie ausgezeichnete Möglichkeiten, Hypothesen zu formulieren und experimentell zu prüfen, z. B. zur Bedeutung des Einflusses des Ankunftstermins auf den Bruterfolg, zur Dichteregulation oder zu den Konsequenzen spezifischer Nährstoffsituationen für Bruterfolg, Jungvogelkondition, Mauser und Zugbeginn.

Bei vielen Studien an Vögeln standen bisher vor allem Aspekte der jährlichen Reproduktion und der jährlichen Sterblichkeit von Populationen im Vordergrund. Neuerdings zeigt sich, dass damit die Populationsdynamik, insbesondere die Evolutionsdynamik von Vogelbeständen, nicht ausreichend verstanden werden kann. So tragen meist nur sehr wenige Individuen zur Rekrutierung in einer Population bei, und bei langlebigen Arten spielen Effekte von Alter und Erfahrung eine wichtige Rolle für die Ausprägung vieler life-history Merkmale wie Ankunfts- und Abzugstermin, Brutbeginn, Kondition, Fortpflanzungserfolg und Überleben.

Vielmehr kommt es also darauf an, das Individuum in den Mittelpunkt zu stellen, die Lebenszeitfortpflanzung zu erfassen unter besonderer Berücksichtigung geschlechtsspezifischer, alters- und statusabhängiger populations- und verhaltensökologischer Faktoren. So werden Fragen der elterlichen Investition und der individuellen Lebensstrategie in ihrer adaptiven Bedeutung untersucht. Der Beitrag des Individuums zu den nächsten Generationen der Population kann sowohl über die Erfassung der rekrutierten Nachkommen als auch mit populationsgenetischen Methoden erfolgen. Im Blickpunkt stehen außerdem die Frage, was ein Individuum hoher Qualität auszeichnet, die Vererblichkeit von Fitnesskomponenten sowie deren Beeinflussung durch den unterschiedlichen reproduktiven Aufwand der Eltern. Die vom Institut entwickelten Methoden der automatischen Erfassung großer Anzahlen von Individuen liefern neben dem Reproduktionserfolg weitere zur individuellen Charakterisierung erforderliche Informationen, z. B. zu Ankunftstermin, Kondition oder Verpaarung.

Auch die Frage nach den Ursachen und dem adaptiven Wert der art-, alters- und geschlechtsspezifisch unterschiedlichen Dismigration erfährt mehr Aufmerksamkeit. Ebenso finden Fragen nach der Rolle von Populationsreserven oder nach unterschiedlichen Paarungsstrategien und deren Abhängigkeit von inneren (z. B. Brutreife, Alter, Qualität, Kondition) und äußeren (z. B. Nahrungsangebot, Habitatqualität, Populationsdichte) Faktoren Beachtung. Daneben verdient die Rolle von Parasiten Augenmerk, zeigt sich doch gerade in jüngeren Untersuchungen, dass

Endo-, wie Ektoparasiten die Populationsdynamik von Vögeln erheblich beeinflussen können und dass deren Bedeutung in Wildtierpopulationen lange unterschätzt wurde.

Die Langzeitstudien des Instituts sind für die Bearbeitung aktueller Fragen der Populationsbiologie von Vögeln und Tieren im Allgemeinen eine unabdingbare Basis. Sie liefern sowohl die grundsätzliche Expertise als auch die langfristigen demographischen Werte, eine große Anzahl von individuell markierten Tieren mit Informationen über ihre Lebensgeschichte und schaffen damit zugleich die Möglichkeit zu experimenteller Prüfung von Hypothesen.

Populationsökologie der Flussseeschwalbe: Das Individuum im Blickpunkt

Peter H. Becker

Die Seeschwalben stehen an der deutschen Nordseeküste seit Beginn des vergangenen Jahrhunderts im Mittelpunkt des Interesses von Ornithologen, Vogel- und Naturschützern. Die Bestände der vier an der Nordseeküste häufigen Arten Fluss-, Küsten-, Brand- und Zwergseeschwalbe unterlagen starken Schwankungen mit Phasen deutlicher Rückgänge, z. B. in den 1950er und 1960er Jahren. Die Kolonien waren durch anthropogene Einflüsse wie Eiersammeln, Verfolgung zur Gewinnung von Federn oder durch Schadstoffe bedroht, Faktoren, die zeitweise zu kritisch niedrigen Bestandsgrößen führten. Auch ökosystemare Veränderungen, wie die Zunahme der Überflutungshäufigkeit durch sommerliche Springtiden, Veränderungen in den Habitaten und Brutvogelgemeinschaften der Seeschwalben, gekennzeichnet besonders durch die Zunahme von Möwen, wirkten auf die Seeschwalbenbestände ein. Daneben sind mögliche Rückgänge der Bestände der wichtigsten Nahrungsfische Hering und Sprotte diskutiert worden, aber als Faktor für den Bruterfolg nicht Gegenstand gezielter Forschung gewesen. Die Seevogelforschung des Instituts für Vogelforschung war unter den Direktoren R. Drost und F. Goethe der Populationsbiologie und dem Verhalten der Möwenarten des Wattenmeeres zugewandt, wobei deren negativer Einfluss auf die Seeschwalben überbetont wurde („Möwenproblem"). Die Folge war die während der 1960er und 1970er Jahre intensive Möwenbekämpfung, ohne dass diese sich positiv für die Seeschwalben ausgewirkt hat.

Seit nunmehr 30 Jahren ist die Ökologie der Seeschwalbenarten im Wattenmeer zu einem der Forschungsschwerpunkte des Instituts geworden. Vor den oben geschilderten Hintergründen und angesichts der starken Bestandsverluste in den 1960er Jahren galt es zunächst, grundlegende Fragen zur Ökologie der Seeschwalben zu klären, nämlich
1) die Ursachen der Bestandsveränderungen;
2) die Kontamination und den Einfluss von Umweltchemikalien;
3) den Bruterfolg unter den gegebenen Umweltbedingungen in seiner räumlichen und zeitlichen Variation, um festzustellen, ob er die Bestandserhaltung gewährleistet;
4) die Umweltbedingungen, die im Wattenmeer für den Bruterfolg der Seeschwalben ausschlaggebend sind.

Um diese Fragen zu beantworten, wurde die häufigste Seeschwalbenart im deutschen Wattenmeer, die Flussseeschwalbe, gewählt und an mehreren Koloniestandorten an der Jade über viele Jahre hinweg untersucht. Sie ist ein relativ kleiner Seevogel, brütet in Kolonien auf Inseln, an der Küste und auch an Binnengewässern, und sie ist ein Langstreckenzieher, der den Winter an der afrikanischen Westküste verbringt. Die Art ist geburtsorts- und brutstandortstreu, monogam und geht langjährige Ehen ein. Beide Eltern betreuen mit unterschiedlicher Rollenverteilung Gelege und Brut: Das Männchen sichert über Balzfütterungen die Eibildung seines Weibchens. Während beide Partner brüten, übernimmt die Mutter in den ersten Lebenstagen der Jungen deren Betreuung am Nest wie z. B. das Hudern, während der Vater die Nahrung herbeischafft, kleine Fische und andere Wassertiere. Jedes der in der obersten Wasserschicht durch Stoßtauchen mühsam erbeuteten Nahrungsobjekte wird dann einzeln im Schnabel zur oft mehrere Kilometer entfernten Kolonie transportiert, was gewaltige Jagdleistungen und Flugstrecken zur

Flussseeschwalbe am Banter See hudert ihre drei Küken (Foto: A. Maywald)

Brutzeit erfordert. Trotz der hohen Lebensleistungen können Flussseeschwalben älter als 20 Jahre werden.

Aus der reproduktionsökologischen Forschung in den 1980er Jahren hat sich das Flussseeschwalbenprojekt „Banter See" in Wilhelmshaven entwickelt, ein für intensive demographische Forschung hervorragend geeigneter Platz. Die seit 1992 eingesetzten modernen Markierungsmethoden und die automatisierte Erfassung der Brutvögel, die den jährlichen Fang erübrigt, hat zu einmaligen, detaillierten und intensiven Einblicken in die Demographie und den Lebenslauf des langlebigen Seevogels geführt.

Der Schwerpunkt dieses Kapitels liegt in der Darstellung der jüngsten Forschungsarbeiten an der Flussseeschwalbenkolonie am Banter See, ohne dabei die grundlegenden ökologischen Arbeiten aus den 1980er Jahren zu vernachlässigen.

Bruterfolg der Flussseeschwalbe an der Jade

Um brutbiologische Untersuchungen langzeitlich und vergleichbar durchzuführen, sind zunächst die entsprechenden methodischen Instrumente zu entwickeln und zu etablieren. Während der Schlüpferfolg einer Stichprobe markierter Gelege an vielen bodenbrütenden Küstenvogelarten einfach zu bestimmen ist, sind zur Ermittlung des Ausfliegeerfolges spezielle Ansätze nötig, wie z. B. bei Möwen und Seeschwalben die Einzäunung ausgewählter Nester. Auf diese Weise lässt sich das Schicksal der Jungen bis zum Ausfliegen aus der Einzäunung sicher bestimmen. Diese Methoden waren Voraussetzung für die langfristigen Untersuchungen des Bruterfolgs von Flussseeschwalbe, Silbermöwe und Lachmöwe an der Jade, wurden schließlich in einem Pilotprojekt Wattenmeer-weit mit Erfolg eingesetzt und sind

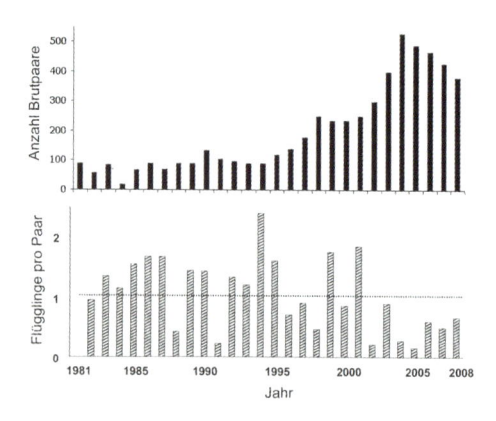

Bestandsentwicklung und Bruterfolg der Flussseeschwalbe in Wilhelmshaven von 1981 bis 2008. In den Jahren 1984 und 1985 siedelte die Kolonie vom Nordhafen an den Banter See um. Gepunktete Linie: Durchschnittliche Anzahl der Flügglinge pro Paar und Jahr über dem 28jährigen Untersuchungszeitraum (im Mittel 1,0 Flügglinge pro Paar und Jahr). Seit 2002 ist der Bruterfolg unterdurchschnittlich, was sich von 2005 an in einem kontinuierlichen Bestandsrückgang auswirkte. Die Individuen-basierte Studie begann im Jahre 1992.

Grundlage für das Bruterfolgsmonitoring innerhalb des Trilateralen Wattenmeer-Monitorings (TMAP). Langzeituntersuchungen sind erforderlich, um unter den von Jahr zu Jahr stark schwankenden Umweltbedingungen den durchschnittlichen Wert des Fortpflanzungserfolges und zeitliche Trends ermitteln zu können. Dies gilt insbesondere für langlebige Arten wie See- und Küstenvögel.

Die Langzeituntersuchungen in den 1980er und 1990er Jahren in den Flussseeschwalbenkolonien auf den Wattenmeerinseln Wangerooge, Minsener Oog und Mellum und an der Küste in Wilhelmshaven und im Augustgroden belegen die starken Schwankungen im Bruterfolg von Jahr zu Jahr und zwischen Brutgebieten. Im Mittel fliegen an der Jade 0,8 Junge pro Brutpaar und Jahr aus. Wie die späteren demographischen Untersuchungen in Wilhelmshaven zeigten, ist mit dieser Bruterfolgsrate der Bestand der Flussseeschwalbe langfristig gesichert. Die Untersuchungen zum Bruterfolg werden in den beiden Kolonien auf Minsener Oog und in Wilhelmshaven, Banter See, bis heute fortgeführt und zeigen, dass die durchschnittliche Reproduktionsrate aus den 1980er und 1990er Jahren seit 2002 nicht mehr erreicht wird. Besonders gravierend waren die jüngsten Rückgänge im Bruterfolg auf Minsener Oog, aber auch am Banter See. In beiden Kolonien waren drastische Einbußen der Brutpaarzahlen die Folge, und die Kolonie auf Minsener Oog hat sich bis 2009 mehr und mehr aufgelöst.

Die Brutverluste der Flussseeschwalbe an der Jade betrafen hauptsächlich die Kükenphase: So spielten auf Minsener Oog und in Wilhelmshaven die durch Witterung und Ernährungssituation bedingten Kükenverluste die entscheidende Rolle, im Augustgroden und auf Wangerooge dagegen das Ertrinken der Jungen durch Überflutung in Folge von Springtiden und Sturm. Auf Mellum führte jahrelange Prädation durch Silbermöwen zu sehr hohen Kükenverlusten und schließlich zur Aufgabe des Brutplatzes zu Anfang der 1980er Jahre. Zwischen 1981 und 1996 gingen in den Flussseeschwalbenkolonien an der Jade nach unseren Hochrechnungen 2 % der Jungen durch Hochwasser, 30 % durch Prädation und 68 % durch kombinierte Effekte von Witterung und Nahrungsmangel zu Grunde. Umweltchemikalien spielten dagegen an der Jade keine wesentliche Rolle für die Reproduktion der

Der Koloniestandort der Flussseeschwalbe am Banter See in Wilhelmshaven (Foto: R. Nagel)

Seeschwalben, anders als an der Elbe, wo wir mit ähnlicher Methodik den Bruterfolg von Flussseeschwalbe, Silber- und Sturmmöwe untersucht haben, deren Reproduktion durch PCBs (Polychlorierte Biphenyle) oder Insektizide negativ beeinflusst war.

Nahrungsökologie

Effekte von Witterung und Ernährungssituation auf die Überlebensrate der Küken können mit anderen Einflussgrößen zusammenwirken und so beispielsweise die Verlustraten durch Prädation und Springtiden verstärken. Denn die Ernährung der Altvögel im Wattenmeer ist stark tideabhängig, wie unsere nahrungsökologischen Untersuchungen in den 1980er Jahren ergaben. Um die Abhängigkeit der Nahrungssuche der Seeschwalben von Umweltfaktoren zu untersuchen, mussten Methoden entwickelt und erprobt werden, die weitgehend störungsfrei Körpergewichte und Fütteraktivitäten der Altvögel zu dokumentieren erlauben. Dies gelang durch elektronische Waagen, die unter dem Nest eingegraben die Gewichte des brütenden Altvogels permanent aufzeichnen und Auskunft über gute und schlechte Ernährungsbedingungen geben, sowie durch Filmkameras am Nest, welche die Fütterungen, aber auch die Anwesenheit der Altvögel und ihr Huderverhalten dokumentieren. Mit Hilfe dieser Feldtechniken haben wir die deutliche Tiden- und Witterungsabhängigkeit der Nahrungsökologie der Flussseeschwalbe belegt: In den Stunden vor Niedrigwasser ist die Nahrungssuche am erfolgreichsten, wenn sich die Nahrungstiere, hauptsächlich juvenile Schwarmfische, im abnehmenden Wasservolumen konzentrieren, durch die Strömungen des ablaufenden Wassers an die Oberfläche verwirbelt und zur Beute der stoßtauchenden Flussseeschwalben werden. Starker Wind und Regen behindern die Sicht des optischen Jägers in die Oberflächenschicht des Wassers, beeinträchtigen aber auch den Jagdflug selbst. Wenn ungünstige Witterungs- und Tidenbedingungen zusammenfallen, kann sich die Kondition der Altvögel, aber auch der Jungvögel in der Kolonie in wenigen Tagen drastisch verschlechtern und zum Tode nicht nur vieler Jungen sondern sogar einzelner Altvögel führen. Gerade im Juni und Juli treten an der Jade häufig Sturmperioden auf und führen von Jahr zu Jahr immer wieder zu starken Verlusten der Küken, die selbst nach dem Ausfliegen bei Nahrungsmangel noch verhungern. Aber auch lange Hitzeperioden können Verluste bedingen, da Fische die sauerstoffarmen oberen Wasserschichten meiden und die heringsartigen Fische – die Hauptbeute der Flussseeschwalbe an der Jade – das Wattenmeer in Richtung Nordsee verlassen, um kühlere und tiefere Wasserschichten zu erreichen. Dies konnten wir in einem Projekt zur „Bedeutung umweltbedingter Verteilungsmuster von Schwarmfischen im Ökosystem Niedersächsisches Wattenmeer", unterstützt von der Niedersächsischen Wattenmeerstiftung, belegen.

In einer Studie Ende der 1980er Jahre wurden Flussseeschwalben mit Radiotransmittern versehen und auf ihren Nahrungsflügen mehrere Tage lang angepeilt, so dass Nahrungsflüge von Individuen verfolgt und zeitlich und räumlich dokumentiert werden konnten. Die Ergebnisse haben eindrucksvoll gezeigt, welche enormen Leistungen die Altvögel während der Brutphase vollbringen, um ihren Nachwuchs und sich selbst ausreichend zu versorgen. Die mittlere Distanz der Nahrungsgebiete auf Minsener Oog brütender Vögel betrug 6,3 km. Die Altvögel nutzten unter Berücksichtigung der Tide Flachwassergebiete im Wattenmeer sowie Tiefwassergebiete in größerer Entfernung von der Kolonie im tideabhängigen Wechsel. Diese tideabhängigen Nutzungsmuster der verschiedenen Meeresgebiete und ihre Verschiebung von Tag zu Tag deuten darauf hin, dass jedes Individuum sich bei seiner Jagd einer durch mit den Jahren und während jeder Saison weiter angepassten und verfeinerten „Karte" bedient, die ihm sagt, in welchem Nahrungsgebiet bei welchen Gezeiten und Bedingungen am ehesten Beute zu machen ist. Wir schätzen, dass ein Flussseeschwalben-Vater als Alleinversorger der kleinen Küken täglich mehrere hundert Kilometer zurücklegt, um diese zu sättigen. Dies kann nur gelingen, wenn genaue Kenntnisse der gebiets- und gezeitenabhängigen Nahrungsverfügbarkeit vorhanden sind.

Die große Bedeutung, die das Nahrungsangebot sowie die Nahrungsverfügbarkeit für das Brutergebnis der Flussseeschwalben haben, führte uns in den Jahren 2005–2008 zur näheren Beschäftigung mit den Beutetieren selbst im Rahmen des bereits erwähnten Projekts zur Ökologie von Schwarmfischen im Wattenmeer. Wichtigste Beutetiere der Flussseeschwalbe an der Jade sind Hering, Sprotte und Wittling, in den küstenferneren Gebieten auch Sandaale, die an den küstennahen Brutplätzen durch den Stint ersetzt werden. An den Brutplätzen am Jadebusen selbst spielte der im Binnenland erbeutete Dreistachlige Stichling in den 1980er und 1990er Jahren eine wichtige Rolle als Ergänzungsnahrung, ähnlich wie Garnelen, Plattfische und in jüngster Zeit auch Seenadeln. Unsere aktuellen Untersuchungen der Bestandsschwankungen der Fische im Zusammenhang mit der Nahrungs- und Brutökologie von Fluss- und Küstenseeschwalbe haben eindrucksvoll gezeigt, wie stark die Verfügbarkeit der Fische das Brutergebnis und die Kondition der Jungen beeinflussen. Auch wenn Fluss- und Küstenseeschwalbe beim Fehlen einer wichtigen Beuteart auf andere verfügbare Beuteorganismen umschwenken können, spielt die jährliche Abundanz der wichtigsten pelagischen Schwarmfischarten die wesentliche Rolle für das Brutergebnis. Dies zeigen die nordseeweiten ICES (Internationaler Rat für Meeresforschung)-Erhebungen zu den Beständen von Hering und Sprotte, die mit reproduktionsbiologischen Parametern der Flussseeschwalben erstaunlich gut korrelieren. Die seit 2002 niedrigen Bestände junger Heringe erklären somit zum Teil die geringen Reproduktionsraten der Flussseeschwalben an der Jade mit für den Brutbestand negativen Folgen, welche die Art im Jahre 2007 wieder als stark gefährdet auf die Rote Liste gebracht haben.

Langzeitforschung zur Demographie und life-history auf Basis der elektronischen Tiermarkierung

Nach der ersten Phase der Langzeituntersuchungen zur Ökologie der Flussseeschwalben standen Anfang der 1990er Jahre zwei Fragen im Raum, die wir mit den damals verfügbaren methodischen Instrumenten nicht lösen konnten: Dies war zum ersten die große interindividuelle Variabilität im Bruterfolg, die sich unter den verschiedenen Extrembedingungen im Wattenmeer in jedem Jahr zeigte: Nur wenigen Individuen gelingt die Aufzucht von zwei oder drei Küken und dies nur in sehr guten Brutjahren, während im Durchschnitt etwa die Hälfte aller Flussseeschwalben-Paare ohne Erfolg bleibt. Sind es aber von Jahr zu Jahr stets die gleichen Brutvögel, die guten bzw. schlechten Bruterfolg haben, beruhen die Kontraste im Erfolg also auf Qualitätsunterschieden zwischen den Altvögeln? Die zweite Frage betraf die Demographie: Der konstante Bestand der Flussseeschwalbe in den 1980er Jahren ließ erwarten, dass der durchschnittliche Bruterfolg von 0,8 Jungen pro Paar und Jahr in etwa die Sterblichkeit der subadulten und adulten Tiere aufwog. Außer Informationen zum jährlichen Bruterfolg fehlten seinerzeit aber exakte demographische Daten, wie die Über-

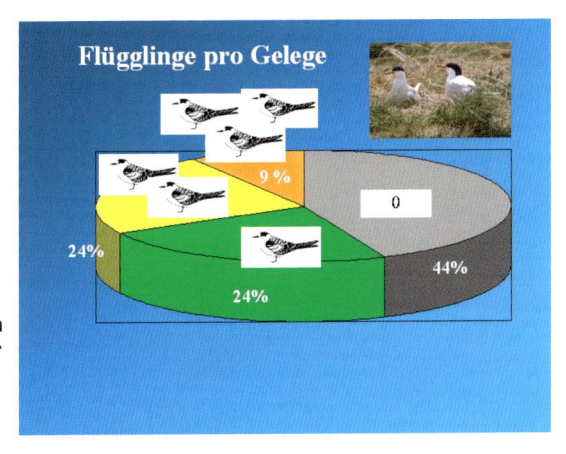

Erfolg von Gelegen der Flussseeschwalbe am Banter See (660 Gelege, 1995–2002). Bei einer modalen Gelegegröße von drei Eiern flogen nur bei 9 % der Gelege alle drei Jungen aus. Dagegen blieben 44 % der Gelege erfolglos.

Sechs Betoninseln bilden den Koloniestandort der Flussseeschwalbe am Banter See in Wilhelmshaven. Nestpflöcke kennzeichnen die Gelege auf den dicht besiedelten Inseln. Der Rattenschutz an den Mauern verhindert Raub durch Wanderratten, die Bojenkette minimiert Störungen durch Wassersportler. Auf den Mauern gestatten erhobene Rastplätze die automatische Registrierung der markierten Individuen über ein vernetztes Antennensystem. An der Innenseite der Mauern sind die elektronischen Erfassungsgeräte sowie der Kabelschacht zur Stromversorgung und Datenweiterleitung an das Festland zu erkennen. (Foto: P. H. Becker)

lebensrate der subadulten Tiere und Altvögel oder die Ein- und Auswanderungsraten. Beide Fragenkomplexe setzten ganz neue methodische Ansätze und langjährige individuenbasierte Daten voraus, welche nur durch die individuelle Markierung vieler Flussseeschwalben und ihre jährliche Registrierung am Koloniestandort zu erzielen waren.

Dies war eine besondere Herausforderung bei den am Brutplatz als empfindlich geltenden Seeschwalben. Umfangreiche Fangaktionen in den dichten Kolonien verbieten sich auf Grund der großen Störung und der sich über Jahre verstärkenden Fallenscheu der Seeschwalben. Farbringe sind von geringer Haltbarkeit und bieten nur begrenzte Kombinationsmöglichkeiten an den kurzen Läufen der Seeschwalben. Ein Ausweg war hier die Markierung mit Transpondern.

Sie lässt sich besonders effektiv bei in großer Dichte nistenden Koloniebrütern wie Seevögeln einsetzen. Voraussetzung dafür ist aber ein geeigneter Standort, der charakterisiert ist durch Überschaubarkeit, Distanz zur nächsten Kolonie, leichte Erreichbarkeit, gute Beobachtungsbedingungen und Vorhandensein einer Stromquelle. Diese Bedingungen fanden wir am Koloniestandort der Flussseeschwalbe am Banter See in Wilhelmshaven. Gern nutzen die Altvögel die Sitzplätze auf den Betonmauern, welche die sechs künstlichen Inseln umgeben, so dass sie sich sehr gut beobachten lassen. Außerdem ermöglichen die Mauern, dass wir die Jungvögel bei den brutbiologischen Kontrollen leicht auffinden, bis sie zum Ausfliegen die Mauern überwinden. So können wir, anders als in den allermeisten anderen Kolonien, sicher sagen, welcher Jungvogel ausgeflogen ist. Ein nahe gelegenes Gebäude, das die Stadt Wilhelmshaven zur Verfügung stellt, bietet Einsicht in die Kolonie, Strom und Wasser sowie Unterbringungsmöglichkeiten für die Mitarbeiter – ein ideales Umfeld für intensive Seevogelforschung. Seit 1994 sind die Inseln mit einem Rattenschutz versehen, der Verluste durch diese räuberischen Bodenfeinde ausschaltet.

Wir haben die Studie gestartet mit einigen gefangenen Altvögeln, deren Alter teilweise durch die Beringung als Jungvogel in den 1980er Jahren bekannt war. Die Jungen fliegen am Banter See durchschnittlich im Alter von 26 Tagen aus. Vorher wird der Transponder an der Brust unter die Haut injiziert. Seit 1992 werden alle Flügglinge aus der Kolonie mit einem Transponder markiert, einschließlich der Brutsaison 2009 inzwischen 3630 Individuen. Von 1998 an entnehmen wir den Küken wenige Federchen des Kleingefieders, um im Labor eine molekular-biologische Geschlechtsbestimmung durchzuführen (in Kooperation mit Prof. Dr. Michael Wink, Universität Heidelberg). So lassen sich beispielsweise Rückkehrraten geschlechtsbezogen auswerten, und die zeitaufwändige Beobachtung der Kopulationen zur Geschlechtsbestimmung der Altvögel erübrigt sich.

Automatisierte Erfassung der Koloniemitglieder mittels Transponder

Am Banter See haben wir die Methode der elektronischen Tiermarkierung für die integrierte Populationsstudie eingesetzt: Auf den Mauern bieten 44 erhöhte Sitzplätze, jeweils 6–10 pro Insel, den Flussseeschwalben beliebte Rastmöglichkeiten mit einem guten Überblick über die Brutinsel (= Subkolonie). An jedem Rastplatz ist eine Antenne angebracht, um markierte Individuen zu identifizieren. Jede Antenne wird durch ein so genanntes „Motherboard" gesteuert, das die Antenne mit Strom versorgt und die Transponder decodiert. Alle „Motherboards" sind über ein Computernetz mit dem zentralen Messrechner in der Feldstation verbunden, der die eingehenden Signale im Fünf-Sekunden-Takt sammelt und abspeichert. Da der Transponder-Code schwer zu merken ist, sind alle markierten und zum Banter See zurückgekehrten Individuen mit einem Vornamen bezeichnet. Sobald eine markierte Flussseeschwalbe auf einer Sitzwarte identifiziert ist, wird ihr Vorname auf dem Bildschirm angezeigt. Während einer Brutsaison wird ein Individuum im Mittel 2365mal abgelesen, und am Ende einer Saison belaufen sich die Lesungen der 400–500 markierten Altvögel auf bis zu 10 Millionen. 16 Rastplätze sind zusätzlich mit elektronischen Waagen ausgestattet, die das sich einfindende Individuum automatisch wiegen, so dass neben dem Namen das Gewicht online angezeigt und abgespeichert wird. Ein besonderer Vorteil unserer Methodik ist, dass wir auch die nicht-brütenden, meist subadulten Tiere erfassen können, was in vielen der auf Brutvögel konzentrierten populationsbiologischen Studien unmöglich ist. Die Rundum-Überwachung der Brüter und Nicht-Brüter am Banter See erlaubt sehr genaue

Flussseeschwalben während der automatischen Registrierung am Banter See. Auf Rastplatz Nr. 10 wird ein Individuum identifiziert und gleichzeitig gewogen. Am Neststandort Nr. 248 wird der über dem Gelege stehende Altvogel gerade von einer Nestantenne abgelesen. (Foto: P. H. Becker)

Angaben zu ihrem Ankunfts- und Abflugdatum, zu ihrem Aufenthalt auf den verschiedenen Inseln und Rastplätzen, sowie zum Körpergewicht, das im Laufe der Brutsaison in Abhängigkeit von Belastungen durch das Brutgeschäft und durch wechselnde Umweltbedingungen schwankt.

Doch wie wird festgestellt, ob ein Altvogel zur Brut schreitet und mit wem er verpaart ist? Hierzu nutzen wir die Antennen als sog. „Nestantenne" und legen diese für 1–2 Tage um jedes Gelege in der Brutkolonie. So können wir die brütenden Paarpartner identifizieren und feststellen, ob beide, einer oder keiner der Partner mit einem Transponder markierte Individuen sind. Jedes Nest wird alle 2–3 Tage bei den brutbiologischen Kontrollen kontrolliert, Nester und Eier in der Legefolge markiert sowie die geschlüpften Küken beringt, so dass wir ihr Schicksal bis zum Verlassen des Koloniestandorts sicher verfolgen können. Im Laufe der mehrmonatigen Datenauswertungen nach der Brutsaison werden die brutbiologischen Daten zu den Erkenntnissen über Anwesenheiten und Körpergewichte der Altvögel hinzugefügt und in eine Langzeitdatei für alle am Koloniestandort registrierten Flussseeschwalben seit 1992 übertragen. Diese Datei gibt uns Informationen über den gesamten Lebensweg eines Individuums und ist die Basis für die umfangreichen Untersuchungen zur Demographie, individuellen Qualität, zu Verpaarungsverhalten und altersabhängigen Veränderungen, die Flussseeschwalben im Laufe ihres Lebens durchmachen.

Lebenswege und Verpaarung

Prominentes Beispiel eines Lebensweges ist der von „Lotti", geschlüpft 1989. Obwohl dieses Weibchen 1992 ihre Erstbrut mit „Jan" mit Erfolg abgeschlossen hatte, hat es sich im Folgejahr mit „Otto" verpaart, und diese Ehe hielt bis 2008! Die 16-jährige Verpaarung mit „Otto" ist die längste für Flussseeschwalben in der Literatur beschriebene. Im Jahre 2009 ist „Otto" nicht mehr heimgekehrt, und „Lotti" hat ein 10 Jahre jüngeres Männchen, „Hartmut", zum Partner gewählt, doch blieben Gelege und Nachgelege erfolglos. In ihrem langen Leben hat „Lotti" 30 Flügglinge großgezogen, von denen neun die Geburtskolonie als Brutplatz gewählt haben und weitere fünf als Prospektor (= subadulte Nicht-Brüter) ebenfalls zum Banter See heimgekehrt sind. In drei Jahren hat „Lotti" außerdem Nachgelege gezeitigt, die aber erfolglos blieben.

Langjährige Verpaarung, wie bei „Lotti und Otto", ist der Regelfall bei der monogamen Flussseeschwalbe, denn wie bei anderen Seevögeln begünstigt das jahrelange Zusammenhalten der Paarpartner den Bruterfolg. Nur wenn der Partner nicht aus dem Winterquartier zurückkommt, suchen sich Flussseeschwalben Ersatz. Dabei ist besonders interessant, dass sie sich einen Partner ähnlichen Alters auswählen; doch woran sie dessen Alter erkennen, ist ein weiteres ungelöstes Rätsel. Erstbrütende Flussseeschwalben verpaaren sich meist mit ebenfalls unerfahrenen Individuen. Auch Scheidung kommt bei Fluss-

Brutbiologische Kontrolle am Koloniestandort Banter See. Ungewöhnlich ist die geringe Fluchtdistanz der Flussseeschwalben, die sich an unsere Forschungsarbeiten gewöhnt haben. (Foto: P. H. Becker)

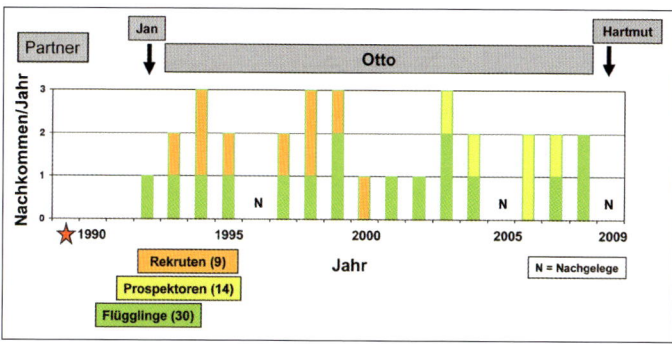

Lebensweg, Paarpartner und jährlicher Bruterfolg (Anzahl Flügglinge und deren Schicksal) des Flussseeschwalben-Weibchens „Lotti", geboren am Banter See im Jahr 1989. Gemeinsam mit dem Partner „Otto", mit dem Lotti 16 Jahre lang verpaart war, gehört sie zu den ältesten und erfolgreichsten Individuen der Kolonie. Sie hat bis zum Jahr 2009 mit neun Nachkommen, die ihrerseits brüten (Rekruten), erheblich zum Brutbestand der Kolonie beigetragen; weitere fünf Flügglinge halten sich als Nichtbrüter (Prospektoren) am Koloniestandort auf. Das Foto (H. Wendeln) **zeigt „Lotti" im Jahre 1997 mit drei Küken, eines davon ist unter dem Flügel der Mutter verborgen.**

seeschwalben vor, allerdings nur in etwa 19 % der Ehen, meist unter den jüngeren Brutvögeln. In Zusammenarbeit mit Dr. Jacob González-Solís, Universität Barcelona, haben wir herausgefunden, dass die Scheidungswahrscheinlichkeit vom Ankunftstermin der beiden Paarpartner abhängt: Je größer die Differenz im Ankunftstermin der Partner, desto höher ist die Wahrscheinlichkeit, dass es zur Scheidung kommt. Dies ist eine sinnvolle Anpassung, da die Vögel wertvolle Zeit verschenken, wenn sie zu lange auf den Partner warten, der unter Umständen gestorben ist. Früh in der Saison zu brüten ist ein entscheidender Vorteil und wirkt sich günstig auf den Bruterfolg aus.

Auf vielen solchen dokumentierten individuellen Lebenswegen beruhen weitere Untersuchungen, die wir gegenwärtig verfolgen, wie die Aufstellung von Stammbäumen und Verwandtenverpaarung oder die Bedeutung langjähriger Verpaarung, von Verpaarungsstrategien oder zum Alter des gewählten Paarpartners sowie zur Erblichkeit von Merkmalen.

Demographie

Die Bestandsentwicklung der Kolonie ist durch gleich bleibende Paarzahl in den 1980er Jahren, zwei deutliche Anstiege durch Immigration (1990, 1998) sowie einen stetigen Zuwachs von 1995 bis 2004 gekennzeichnet. Im Anschluss ging der Bestand kontinuierlich zurück. Der Bruterfolg zeigt die bereits oben erwähnten starken Schwankungen zwischen den Jahren. Die sehr niedrigen Bruterfolge in den Jahren 1988, 1991, 1996 und 1998 sowie 2005 gingen auf Prädation durch Wanderratten und/oder Waldohreulen zurück. Die Spitzenwerte des Brutergebnisses in den Jahren 1994, 1995, 1999 und 2001 wurden durch hervorragende Ernährungsbedingungen ermöglicht. Der über 28 Jahre gemittelte Erfolg liegt mit 1,0 Flügglingen pro Paar und Jahr deutlich über dem für die Jade gemessenen Wert von 0,8 Jungen pro Paar und Jahr.

Die Rückkehrraten der Altvögel haben wir seit 1993 bestimmen können. Im Vergleich zum Bruterfolg schwanken sie wenig von Jahr zu Jahr, liegen zwischen 83 % und 96 % und erreichen im Mittel 90 %. Da die Abwanderung von Brutvögeln vernachlässigbar ist, entspricht die Rückkehrrate der Altvögel nahezu ihrer Überlebensrate. Die Rückkehrrate der Jungvögel ist dagegen deutlich geringer und erreicht nur 35 % bei viel größeren Schwankungen zwischen den Jahren. Diese geringere Rate als die der Altvögel erklärt sich vor allem dadurch, dass die Jungvögel wie andere Seevögel im ersten Lebensjahr deutlich niedrigere Überlebensraten als die Altvögel aufweisen und zum zweiten, dass die Rate sich über zwei Jahre ergibt. Denn erst nach einem Sommer und zwei Wintern in Afrika kehren sie als subadulte Nichtbrüter, sog. „Prospektoren", wieder zum Geburtsort zurück (nur wenige Individuen

Demographische Raten der Flussseeschwalbenkolonie Banter See im Zeitraum 1992–2008. Mittelwerte für den Gesamtzeitraum (in Klammer: Spannweite, Anzahl berücksichtigter Jahre), für die „blühende" Phase 1992–2001 und die „welkende" Phase 2002–2008. Reproduktionserfolg = Flügglinge pro Paar und Jahr.

Parameter	Zeitraum		
	1992–2008	1992–2001	2002–2008
Anzahl Brutpaare	275 (90–530, 17)	169	427
Wachstumsrate Kolonie (%)	11 (-11–39, 16)	15	8
Reproduktionserfolg	1.0 (0.2–2.4, 17)	1,4	0,5
Rückkehrrate Altvögel (%)	90 (83–96, 16)	90	89
Rückkehrrate Jungvögel (%)	35 (15–48, 14)	39	30
Rekrutierungsrate (%)	25 (5–37, 12)	28	9

bewältigen die Rückkehr erst im Alter von drei Jahren). Auch die Rekrutierungsrate schwankt stark zwischen den Jahren und erreicht im Mittel 25 %. Nur jeder vierte am Banter See ausgeflogene Jungvögel verstärkt später einmal als Brutvogel den Bestand. Das bedeutet aber auch, dass jeder Altvogel, um sich selbst in der Kolonie zu ersetzen, durchschnittlich mindestens vier Flügglinge in seinem Leben hervorbringen muss. Der Lebensbruterfolg eines Paares muss also etwa acht Junge betragen, damit der Bestand gesichert bleibt.

Damit die Kolonie die gegebenen Sterblichkeiten auszugleichen und ihren Bestand zu halten vermag, muss sie pro Paar und Jahr 0,8 Flügglinge produzieren – das entspricht dem Wert, der sich durchschnittlich an der Jade ergibt. Der mit 1,0 Jungen pro Paar und Jahr gegebene Überschuss am Banter See sollte also Koloniewachstum erzeugen, das mit durchschnittlich 11 % auch eintrat, aber deutlich höher ausfiel als der auf Basis der demographischen Raten errechnete Bestandsanstieg von nur 2,5 %. Dies deutet auf erhebliche Einwanderung ortsfremder Vögel in die Kolonie Banter See hin.

Das Zusammenspiel der demographischen Raten bei der Entwicklung der Flussseeschwalbenkolonie Banter See wird im Vergleich von zwei Perioden, die unterschiedliche Umweltbedingungen widerspiegeln, besonders deutlich: Der Zeitraum 1992 bis 2001 war durch ein insgesamt gutes Nahrungsangebot gekennzeichnet, das zum „Aufblühen" der Kolonie führte. Der Zeitraum ab 2002 hingegen war durch Nahrungsmangel charakterisiert, in seiner Wirkung möglicherweise noch verstärkt durch die stark gestiegene Anzahl der Koloniemitglieder, die zu dichteabhängiger Regulation führte. Im Vergleich zum ersten Zeitraum ging in Folge des reduzierten Bruterfolgs auch die Rückkehrrate der Jungvögel, die Rekrutierungsrate und als Konsequenz daraus dann die Wachstumsrate der Kolonie zurück und der Bestand nahm ab. Auch das Rekrutierungsalter ist in den letzten Jahren angestiegen. Die Rückkehrrate der Altvögel jedoch blieb konstant, was darauf hinweist, dass die Ursachen der Bestandsabnahmen nicht im Winterquartier oder auf dem Zugweg lagen. Die Verschlechterung der Umweltbedingungen für die Brutkolonie wirkt sich also in verschiedenen demographischen Raten aus, die anzeigen, dass die Kolonie derzeit nicht mehr „blüht" wie in den 1990er Jahren, sondern „welkt" und eine schwierige Phase durchläuft.

Interessant ist auch die Frage, welche der demographischen Größen einen besonders starken Einfluss auf die Bestandsänderung der Flussseeschwalbenkolonie hat. Dieser Problematik sind wir in Kooperation mit Prof. Dr. Tim Coulson und Dr. Thomas Ezard, Imperial College, nachgegangen. In Übereinstimmung mit anderen Untersuchungen an langlebigen Arten sind dies an erster Stelle die Rückkehrrate der subadulten Tiere zur Heimatkolonie sowie die Sterblichkeit der Altvögel, während der Bruterfolg selbst einen relativ geringen Einfluss hat, trotz seiner besonders hohen Jahresschwankungen. Wenn man die Ursachen von Bestandsschwankungen langlebiger Arten erfassen will, kommt man folglich ohne exakte Informationen zu den Überlebensraten nicht zum Ziel.

Unterscheiden sich die Überlebensraten nach Geschlecht und Alter? Dazu haben wir bislang keine Hinweise gefunden: Männchen und Weibchen haben sehr ähnliche Überlebensraten, und auch Unterschiede zwischen den Altersgruppen sind gering. Allerdings zeigen sich deutliche Differenzen in der Rückkehr- und Rekrutierungsrate der subadulten Flussseeschwalben: Etwa 10 % mehr Männchen als Weibchen kehren an ihren Geburtsstandort zurück und rekrutieren dort. Wie bei anderen Vogelarten sind die Weibchen weniger geburtsortstreu. Sowohl vor der Erstrückkehr zum Heimatort als auch im Zeitraum nach der Erstrückkehr bis zur Rekrutierung bleiben sie an anderen Koloniestandorten „hängen", wo sie sich als Brutvogel ansiedeln. Die ermittelten geschlechtsspezifischen Rückkehrraten finden ihren Beleg auch in einigen Ringfunden: Fast nur weibliche Emigranten wurden in anderen, überwiegend westlich des Banter Sees in den Niederlanden oder Belgien gelegenen Brutkolonien entdeckt, während wir umgekehrt am Banter See selbst einige Weibchen über den Ring ablesen konnten, die aus Fremdkolonien zugewandert sind. Unter den Prospektoren, die aus einer benachbarten kleinen Brutkolonie im Marinearsenal in Wilhelmshaven stammten und den Banter See gegenüber der Heimatkolonie bevorzugten, überwogen ebenfalls die Weibchen. Offenbar vollzieht sich also der Austausch zwischen Kolonien hauptsächlich über weibliche Aus- und Einwanderer, die für genetische Auffrischung der Kolonien sorgen. Die gerade erfolgte Auswertung einer großen Zahl an komplett erfassten Stammbäumen aus der Kolonie am Banter See ergab nur als äußerst seltene Ausnahmen Verpaarungen zwischen Familienmitgliedern, was sicherlich auch eine Folge der beträchtlichen Einwanderung in die Flussseeschwalbenkolonie Banter See ist.

Die Rückkehrraten verschiedener Altersklassen können Hinweise auf Umwelteffekte während des Heim- und Wegzugs sowie der Überwinterung auf die Überlebensraten geben. Auch Ankunftsdaten am Koloniestandort nach dem Heimzug sowie die Körpergewichte der eintreffenden subadulten und adulten Tiere können Anzeiger für die Güte der Zugsaison sein. Ihr Einfluss kann sich selbst im Brutgeschäft des betreffenden Jahrs bemerkbar machen, neben den Umweltbedingungen am Brutstandort. In einer Pilotstudie in Zusammenarbeit mit Dr. Marco Favero, Universidad Nacional de Mar del Plata, Argentinien, haben wir negative Zusammenhänge der Rückkehrraten der Brutvögel mit dem NAO-Index (Nordatlantische Oszillation, positive Werte bei stürmischen Westwindlagen) und positive Zusammenhänge der Rückkehrraten von zweijährigen Individuen mit den SOI-Werten (Südliche Oszillation, El Niño) gefunden. Desweiteren treffen die subadulten Tiere später an der Brutkolonie ein, wenn der Heimzug durch Sturm aus westlichen Richtungen (hohe NAO-Werte) erschwert ist. Diese Befunde zeigen, dass die subadulten Flussseeschwalben während der Zugzeiten und der Überwinterung stärker durch Umweltfaktoren beeinflusst werden als die Altvögel. In weiteren Studien wollen wir uns der Klärung der Mechanismen dieser Zusammenhänge widmen.

Vom Ausfliegen über Lehrjahre bis zur Erstbrut

Basierend auf einer großen Anzahl detaillierter Jungvogeldaten in Kombination mit den hohen Rückkehrraten der flüggen Flussseeschwalben zu ihrer Geburtskolonie am Banter See gelang uns die Analyse der Bedeutung von Faktoren, die während der Jugendphase vor dem Ausfliegen, aber auch zwischen Ausfliegen, erster Rückkehr zur Geburtskolonie und Rekrutierung wirken und die Überlebenswahrscheinlichkeit bestimmen. Nur ein mit dem Jahrgang schwankender Anteil ausfliegender Küken überlebt bis zur ersten Rückkehr der subadulten Tiere zum Geburtsort. Natale Merkmale, welche die Überlebenswahrscheinlichkeit des einzelnen Kükens bis zum Ausfliegen bestimmen, wirken möglicherweise auch noch für eine gewisse Zeit nach dem Ausfliegen auf die Jungvögel ein. Ihre Wirkungen sollten sich in den Rückkehrraten der subadulten Vögel niederschlagen. Die Untersuchungen ergaben einen positiven Zusammenhang zwischen den Gewichten flügger Jungvögel und deren Rückkehr- und Rekrutierungswahrscheinlichkeit. Die Gelegegröße, die Schlupffolge im Nest, aus dem der Jungvogel stammte, oder auch die Anzahl der Geschwister, die miteinander in Konkurrenz stehen, hatten dagegen weder

Einfluss auf die Rückkehr- noch auf die Rekrutierungswahrscheinlichkeit. Neben dem Körpergewicht war auch das Alter beim Ausfliegen von Bedeutung: Je älter ein Küken beim Ausfliegen ist, desto geringer ist die Wahrscheinlichkeit, dass es aus dem Winterquartier in die Heimatkolonie zurückkehrt. Trotz eines leichten Geschlechtsunterschieds in Kopfgröße und Körpergewicht – Söhne fliegen bei größerer Kopf-Schnabellänge mit höherem Gewicht aus als Töchter – sowie der geschlechtsspezifischen Unterschiede hinsichtlich der Geburtsortstreue gelten diese Zusammenhänge für beide Geschlechter.

Mit Hilfe der automatischen Wägung wurde es sogar möglich, die Gewichtsentwicklung nach dem Ausfliegen weiter zu verfolgen. Die Jungvögel halten sich nämlich durchschnittlich noch 14–23 Tage in der Kolonieumgebung auf und nutzen die mit Waagen versehenen Rastplätze, bevor sie den Banter See endgültig verlassen, um ihre lange Reise nach Afrika anzutreten. Die Wägungen zeigen eindrucksvoll, dass die ausgeflogenen Jungvögel nach anfänglichem Gewichtsverlust kontinuierlich zunehmen und mehr und mehr das Altvogelgewicht erreichen. Im Jahre 2000, als viele Junge durch schlechte Ernährungs- und Witterungsbedingungen nach dem Ausfliegen starben, hatten Flügglinge, die erst im hohen Alter ausflogen, einen Überlebensnachteil. Das Körpergewicht nach dem Ausfliegen wirkt aber nicht nur kurzfristig auf die Überlebenschancen juveniler Flussseeschwalben, sondern hat auch langfristige Konsequenzen: In weiteren Analysen beleuchteten wir die Bedeutung des zuletzt vor dem Abflug registrierten Körpergewichts für das Überleben des subadulten Individuums bis zur ersten Rückkehr zur Geburtskolonie, meist im Alter von zwei Jahren. Unter einer ganzen Reihe von Merkmalen, welche ein Individuum in der Zeit vor und nach dem Ausfliegen charakterisieren, war nur das zuletzt gemessene Körpergewicht entscheidend für die Überlebensrate der subadulten Vögel bis zur ersten Heimkehr. Der Zusammenhang zwischen der Überlebensrate und dem zuletzt registrierten Körpergewicht war darüber hinaus wesentlich deutlicher als mit dem Flügglingsgewicht selbst. Die Befunde belegen somit die besondere Bedeutung der Wochen nach dem Ausfliegen, wenn die Jungvögel noch gänzlich von der Versorgung durch die Eltern abhängig sind, für ihre Körperkondition und Überlebenswahrscheinlichkeit bis zur Rückkehr in die Kolonie.

In Vogelpopulationen treten während der Brutsaison häufig Nichtbrüter auf (sog. Prospektoren), vor allem bei langlebigen Arten ist ihr Anteil hoch. Prospektoren sind in erster Linie subadulte Vögel, die in einer Erkundungsphase potenzielle Brutplätze aufsuchen und dort „Lehrjahre" absolvieren, bevor ihnen ihr erster Brutversuch gelingt. 92 % aller am Banter See geschlüpften Prospektoren kehren im Alter von zwei Jahren zum ersten Mal dorthin zurück. 89 % der am Banter See geschlüpften Erstbrüter waren in mindestens einer vorhergehenden Saison dort als Prospektoren nachgewiesen worden, was zeigt, dass eine Prospektionsphase vor der Erstbrut (=Rekrutierung) bei Flussseeschwalben den Regelfall darstellt. In den Jahren 2001 und 2003, als die geburtenstarken Jahrgänge 1999 und 2001 in die Heimat zurückkehrten, waren fast die Hälfte der Koloniemitglieder am Banter See Nichtbrüter (45 % bzw. 48 %)! Zur Erklärung, warum Prospektoren zwar potenzielle Brutplätze aufsuchen, dort jedoch noch nicht zur Brut schreiten, existieren zwei grundlegende Hypothesen, deren Zutreffen wir für die Flussseeschwalbe geprüft haben: Die eine geht davon aus, dass manche Fähigkeiten, die für eine Erstbrut notwendig sind, noch unzureichend entwickelt sind („Constraint"-Hypothese). Die zweite Hypothese besagt, dass die Erstbrut (Rekrutierung) auf einen späteren Zeitpunkt verschoben wird, um die Bedingungen für zukünftige Bruten und damit den Lebensbruterfolg zu verbessern („Restraint"-Hypothese). Bei der Flussseeschwalbe lassen Unterschiede zwischen den Geschlechtern im Fortpflanzungsverhalten, z. B. im Hinblick auf Territorialität und Balzverhalten oder die elterlichen Rollen bei der Brutversorgung, vermuten, dass Zwänge und Chancen während der Prospektionsphase je nach Geschlecht unterschiedlich stark wirken. So muss das Männchen zum Beispiel in der Lage sein, sehr effizient über den eigenen Bedarf hinaus Fische zu fangen, um sie einem Weibchen als Balzgeschenk anzubieten und damit eine Brut zu beginnen, während dieses nur um die Balznahrung betteln muss.

Bei Zugvögeln wie der Flussseeschwalbe ist die rechtzeitige Ankunft im Brutgebiet eine wichtige

Voraussetzung für eine Brut im gleichen Jahr. Die Ankunftstermine erweisen sich als altersabhängig, und Prospektoren erscheinen deutlich später in der Saison als Brüter. Dies zeigt, wie wichtig es ist, bei Analysen zur Terminierung des Vogelzuges das Alter der Vögel zu berücksichtigen. Denkbare Gründe, die eine frühere Ankunft verhindern, sind eine altersabhängige physiologische Reife, die einen späteren Heimzug jüngerer Vögel bedingt, sowie geringere Erfahrung oder geringere individuelle Qualität, die zu verlängerten Zugdauern führen. Gesammelte Erfahrungen der Individuen in Hinsicht auf vorteilhafte Zugwege wie auch zunehmende Effizienz bei der Nahrungssuche könnten sich auf die Zugdauer und den Ankunftstermin auswirken. Die Effizienz bei der Nahrungssuche ist indirekt anhand der Körperkondition messbar. Im Gegensatz zu bisherigen Untersuchungen gelang es in unserem Vorhaben, Alter und Erfahrung der Flussseeschwalben hinsichtlich der Ankunftstermine getrennt voneinander zu betrachten: Drei Jahre alte Prospektoren, die bereits im Vorjahr an der Kolonie nachgewiesen worden waren, kehren ca. drei Wochen früher zurück als Erstrückkehrer desselben Alters. Demgegenüber kommen drei Jahre alte Erstrückkehrer im Schnitt nur sechs Tage früher an als zwei Jahre alte Erstrückkehrer. Offenbar wirkt also die Erfahrung eines bereits im Vorjahr geglückten Heimzugs stärker auf die Fähigkeit eines Vogels, zeitig im Brutgebiet anzukommen, als der Altersfortschritt an sich. Weiterhin sind späte Ankunftstermine mit geringeren Körpergewichten am Ankunftstag assoziiert. Somit wirken mehrere Faktoren bei Prospektoren über das Ankunftsdatum einschränkend auf die Fähigkeit zur Erstbrut, und dies bestätigt die Constraint-Hypothese.

Des Weiteren haben wir die in der Kolonie verbrachte Zeit in Beziehung zum Ankunftsdatum sowie zum Status des Vogels im Folgejahr gesetzt. Je früher ein Prospektor in der Saison ankam, desto mehr Zeit verbrachte er in dieser Saison in der Kolonie. Damit stieg die Wahrscheinlichkeit, im Folgejahr dort zu brüten, anstatt für eine weitere Saison zu prospektieren oder gar nicht mehr an den Koloniestandort zurückzukommen. Die Ergebnisse weisen darauf hin, dass für eine Brut im Folgejahr eine gewisse am späteren Brutplatz verbrachte Zeitspanne notwendig ist, welche wiederum ein hinreichend frühes Ankunftsdatum erfordert. Vermutlich findet während der Prospektionsphase eine individuelle Integration in das soziale Gefüge einer Kolonie statt. Damit deutet sich insgesamt ein enges Zusammenspiel von „Restraints" und „Constraints" während der Prospektionsphase an.

Die Hürde der Rekrutierung

Mit der Rückkehr der subadulten Individuen zum Heimatort beginnt der Rekrutierungsprozess der Flussseeschwalbe, also die Etablierung als Erstbrüter, die sich über mehrere Jahre erstrecken kann und für die jungen Individuen eine schwierige Lebensphase ist: Sie müssen sich in die Kolonie integrieren, ein Territorium etablieren, nach Balzpartnern Ausschau halten und lernen, die Nahrungsressourcen so effektiv zu nutzen, dass sie nicht nur sich selbst, sondern auch einen Partner versorgen können. Die Schwierigkeiten werden einmal deutlich in dem langen Zeitraum, den die Rekrutierung einnehmen kann (bis zum Alter von fünf oder in Einzelfällen sogar mehr Jahren), und zum zweiten im Anteil der Individuen, die diese Hürde zum Brutvogel nehmen: 40 % der subadulten Vögel rekrutieren mit zwei bis drei Jahren, 27 %, wenn sie vier Jahre oder älter sind, und 33 % rekrutieren nie.

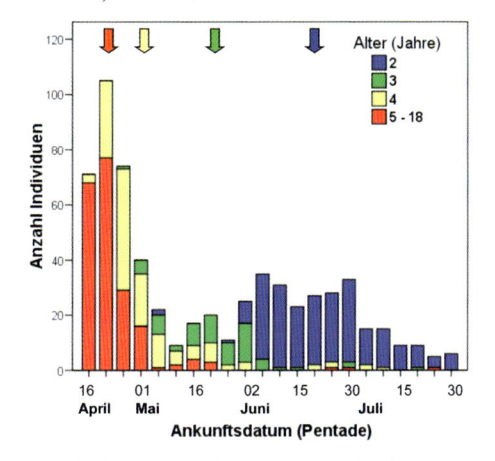

Ankunftsdatum von Flussseeschwalben bekannten Alters im Jahr 2003 (630 markierte Individuen, aufgetragen über Jahrespentaden). Die Pfeile zeigen die mittlere Ankunftspentade (=Fünftageszeitraum) von Altersgruppen. Die zweijährigen Tiere sind fast ausnahmslos Nichtbrüter, die dreijährigen teilweise.

Die Mehrzahl rekrutierender Flussseeschwalben wird im Alter von zwei Jahren erstmals wieder an der Geburtskolonie beobachtet. Nach der Prospektionsphase von mindestens einem Jahr rekrutieren Weibchen im Mittel mit 3,2 und Männchen mit 3,6 Jahren. Dass Weibchen in jüngerem Alter rekrutieren, Männchen aber beim Ausfliegen schwerer sind, zeigt die Notwendigkeit, bei populationsbiologischen Untersuchungen nach Geschlechtern zu differenzieren. Von allen geburtsortstreuen Flussseeschwalben ist die Mehrheit der Individuen bei der ersten Brut drei Jahre alt (57 %), nur 6 % sind zwei Jahre alt (vor allem Weibchen), und 37 % brüten das erste Mal mit vier bis sechs, einzelne Tiere sogar erst mit sieben Jahren. Die mittleren Ankunftsdaten der Erstbrüter in der Kolonie und deren Legedaten sind dabei um 17 bzw. 19 Tage im Vergleich zu erfahrenen Brütern verspätet.

Jedes Jahr verfrüht sich die Ankunft der Individuen, die zurückkehren, aber die Erstbrut nicht tätigen, also weitere Jahre an der Kolonie prospektieren. Späte Ankünfte individueller Flussseeschwalben werden somit kompensiert durch über die Jahre wachsende Erfahrung, indem die Rekrutierung um weitere Jahre verschoben wird.

Unterschiede zwischen den Brutvögeln: Individuelle Qualität

Ein anderer Schwerpunkt des Langzeitvorhabens sind die auffälligen Unterschiede zwischen Individuen, die sich in verschiedener „individueller Qualität" ausprägten. Tatsächlich haben unsere Untersuchungen ergeben, dass erhebliche Unterschiede zwischen Individuen bestehen z. B. im Körpergewicht und im Bruterfolg. Diese Unterschiede sind von Jahr zu Jahr konstant: Mit hoher Wahrscheinlichkeit ist ein Brutvogel, der in einem Jahr im Vergleich mit seinen Artgenossen viele Junge hervorbrachte, auch in anderen Jahren vergleichsweise produktiv. Individuelle Qualität ist fassbar in vielen Kennwerten des Individuums: In der Körpergröße, im Körpergewicht, das bei Flussseeschwalben weitgehend unabhängig von der Größe ist, oder im Ankunftstermin. Unter den reproduktionsbiologischen Parametern finden sich ebenfalls viele individualtypische Parameter, wie der Legetermin, die Gelege- und Eigröße, der Schlüpf- und Ausfliegeerfolg sowie die pro Individuum und Jahr hervorgebrachte Anzahl Flügglinge. Ein Beispiel für einen sehr erfolgreichen Brutvogel ist „Lotti", die mit wenigen Ausnahmen Jahr für Jahr relativ besser abschneidet als die Artgenossen der Kolonie im Durchschnitt. Auch an den neun eigenen Rekruten gemessen, die bis heute auf sie und ihren Partner „Otto" zurückgehen, ist „Lotti" weit überdurchschnittlich und hat sich selbst in der Kolonie vervierfacht. Wenn wir die bis 2007 abgeschlossenen Lebensläufe betrachten (263 Individuen), dann gibt es nur den sehr geringen Anteil von 13 % der Altvögel, die es geschafft haben, mit mehr als vier aufgezogenen Flügglingen den Wert zu erreichen, der erforderlich ist, um den Altvogel selbst zu ersetzen.

Was aber zeichnet einen besonders erfolgreichen Brutvogel aus, gemessen an seinem Lebensbruterfolg und seiner Fitness? Ein bei kleinen Seevögeln wie Blaufußsturmtauchern und Flussseeschwalben bedeutendes Qualitätsmerkmal ist eine ausreichende Körperkondition, die sich in einem relativ hohen Körpergewicht wider-

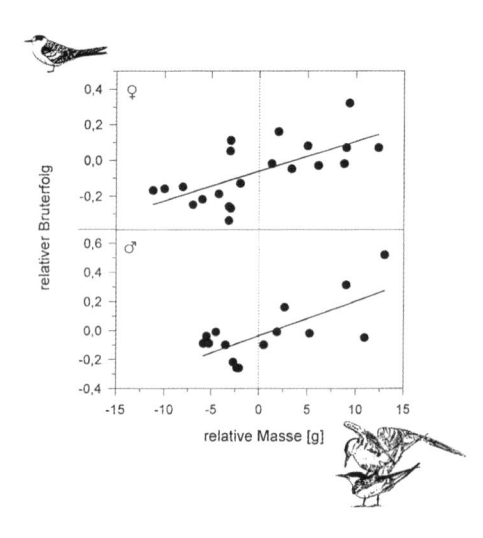

Zusammenhang der relativen Körpermasse von Flussseeschwalben mit dem relativen Bruterfolg von Männchen und Weibchen am Banter See. Jeder Punkt entspricht einem Altvogel, dessen Gewicht und Bruterfolg relativ zum jeweiligen Jahresmittel über mindestens drei Jahre bestimmt wurde. Die schweren Individuen sind die erfolgreicheren.

spiegelt. Dieses zeigt die Körperreserven für die Reproduktionsleistung der Altvögel an, die sie in ihre Brut und Nachkommenschaft investieren. Die Investition in die Brut ist bei Vater und Mutter eng positiv korreliert mit dem Körpergewicht. Nur wenn gute Kondition gegeben ist, können die hohen Leistungen erbracht werden, wie große Gelege und Eier zu produzieren, das Gelege im Partnerwechsel zu bebrüten oder die aufwändige Fütterung der Jungen sicherzustellen. Nur ganz wenigen Alttieren gelingt es selbst in guten Jahren, alle drei geschlüpften Junge zum Ausfliegen zu bringen.

Ein weiterer Parameter, der individuelle Qualität ausmacht, ist das Alter einer Flussseeschwalbe, denn mit jedem Brutjahr steigern langlebige Seevögel ihren Lebensbruterfolg und ihre Fitness. Erste Analysen unseres Datenmaterials zeigen, dass sowohl die bedeutsame Körperkondition als auch ein durchschnittlich hoher Bruterfolg mit hohen Überlebensraten in positivem Zusammenhang stehen. Das bedeutet, dass Flussseeschwalben, die viel in ihre Nachkommenschaft investieren, die dadurch erhöhten Kosten offenbar besser verkraften als Individuen, die von schlechter Kondition sind und einen damit einhergehenden geringen Lebensbruterfolg aufweisen. So steigert das Zusammenwirken von überdurchschnittlichem Bruterfolg und höherer Überlebensrate die Lebensleistungen der durch besondere Qualität hervorgehobenen Individuen, die ein hohes Alter erreichen.

Ein weiteres Merkmal individueller Qualität ist ein frühes Ankunftsdatum in jungem Alter, das wiederum eine frühe Rekrutierung ermöglicht und dem Individuum gestattet, bereits in jungen Jahren Bruterfahrung zu sammeln. Auf diese Weise kann es seine Kondition und das Brutergebnis rasch steigern, so dass es einen Vorsprung an Lebensreproduktion erzielt im Vergleich zu einem Altvogel, der die Rekrutierung lange hinauszögert. Wir sind jetzt dabei zu erarbeiten, inwieweit das Rekrutierungsalter Konsequenzen für den Lebensbruterfolg des Individuums hat.

Bei der großen Stichprobe von subadulten Flussseeschwalben, die wir von ihrer ersten Ankunft am Banter See bis zur Rekrutierung verfolgen konnten, sind uns weitere interessante Zusammenhänge zwischen dem jährlichen Ankunftstermin nach dem Frühjahrszug und dem Rekrutierungsalter aufgefallen. Der Termin der Erstankunft mit zwei Jahren sagt nämlich das Rekrutierungsalter voraus: Kommt eine Flussseeschwalbe sehr spät am Koloniestandort an, dann wird sie auch erst in höherem Alter rekrutieren. Dem Spätankömmling fehlt in der ersten Saison an der Heimatkolonie sozusagen die Zeit, um wichtige Erfahrungen zu sammeln, so dass er im nächsten Jahr diese Zeit nachholen muss und erst in höherem Alter rekrutieren wird.

Alle Flussseeschwalben verfrühen in den ersten Lebensjahren ihren Ankunftstermin von

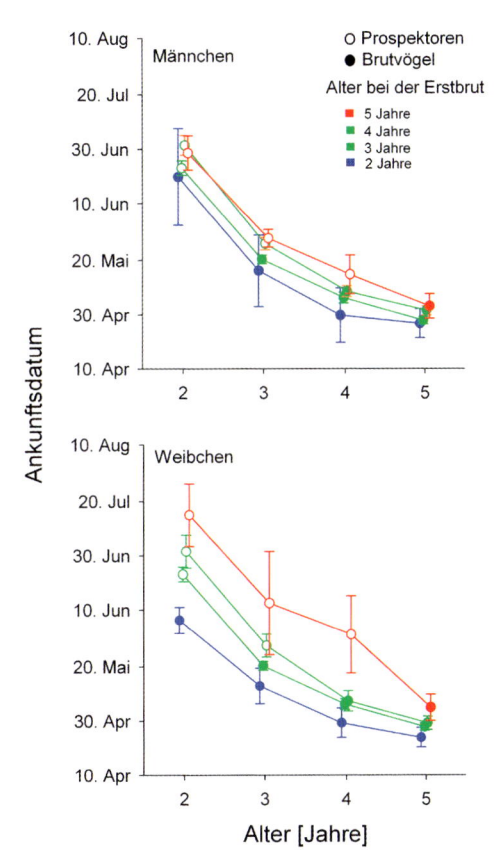

Altersabhängige Verfrühung im Ankunftstermin von Flussseeschwalben getrennt nach Geschlecht, Erstbrutalter und Brutstatus. 420 Individuen wurden Jahr für Jahr am Banter See registriert. Vögel, die im Alter von zwei Jahren vergleichsweise spät eintrafen, begannen älter zu brüten als Frühankömmlinge. Alle Individuen zeigen eine zunehmende Verfrühung der Ankunft am Standort mit dem Alter, unabhängig davon, ob sie Nichtbrüter (Kreise) oder Brutvögel (Punkte) waren.

Jahr zu Jahr. Dabei kommt aber ein zweijähriger Spätankömmling auch in den folgenden Jahren relativ später an als solche Artgenossen, die schon im Alter von zwei Jahren früh in der Saison zurückkehrten. Dieser Zusammenhang ist unabhängig davon, ob ein Individuum schon Brutvogel ist oder noch Prospektor. In dieser Verknüpfung von Terminierung der Rückkehr und Terminierung der Erstbrut deuten sich verschiedene Lebensformtypen der Flussseeschwalben an: Individuen, die sich Zeit lassen und spät zurückkehren sowie in höherem Alter die Erstbrut beginnen, stehen solchen Individuen gegenüber, die keine Zeit verlieren möchten, früh am Standort eintreffen und auch schon jung an Jahren die Erstbrut starten. Interessant wird es, den weiteren Lebensweg dieser beiden Gruppen zu verfolgen und festzustellen, ob Konsequenzen für den Lebensbruterfolg und die Fitness die Folge sind, und welche Gruppe die letztlich erfolgreichere ist. Die Heterogenität im Lebensrhythmus dürfte eine wichtige evolutionäre Anpassung sein: Unter bestimmten Umweltbedingungen kann die eine, unter anderen die andere Strategie die erfolgreichere sein und die betreffenden Individuen über den Lebensbruterfolg und ihren Fitnessbeitrag zur Population begünstigen. Die Stammbaumforschung, die sich inzwischen auf eine immer größere Zahl an Flussseeschwalben-Familien stützen kann, soll uns nun auch Aufschluss darüber geben, inwieweit Ankunfts-, Legetermine oder das Rekrutierungsalter eine erbliche Grundlage haben.

Physiologische Qualität

Auf der Suche nach den Ursachen für individuelle Qualität haben wir uns in den letzten Jahren weiteren Eigenschaften aus dem physiologischen Bereich zugewandt, nämlich blutchemischen Parametern, Hormonen und den Längen von Telomeren. Telomere sind Nukleoproteinstrukturen am Ende von Chromosomen und gewährleisten deren Unversehrbarkeit. Um von vielen Individuen störungsfrei Blutplasma zu erhalten, nutzen wir die von uns dafür entwickelte Methode mittels Blut saugender Raubwanzen. Seit 2005 wird diese Methode sehr erfolgreich in unserem Projekt am Banter See eingesetzt und hat Blutproben von mehreren hundert Altvögeln erbracht.

Unter den Indikatoren des physiologischen Zustands, die wir untersuchen, wie Cholesterin, Triglyceride, Harnstoff, Harnsäure und Gesamtprotein, hat insbesondere Cholesterin interessante Ergebnisse erbracht. Der Cholesteringehalt im Blutplasma der Flussseeschwalbe weist geringere Schwankungen auf und ist weniger beeinflusst von Umweltbedingungen als andere blutchemische Parameter. Cholesterin ist ein Parameter des Fettstoffwechsels und wichtiger Bestandteil der Zellmembranen, Vorläufer von Steroidhormonen, Vitamin D und Gallensäure. Direkt nach der Eiablage haben die weiblichen Flussseeschwalben sehr viel geringere Cholesterinwerte als die Männchen zur gleichen Zeit und als beide Geschlechter am Ende der Inkubationsphase. Offenbar geben die Weibchen neben den Fetten beträchtliche Cholesterinmengen an das Ei ab und verlieren daher wichtige Fettreserven, die im Laufe der Inkubation regeneriert werden. Diese Regeneration allerdings gelingt jungen, unerfahrenen Weibchen sehr viel schlechter als den erfahrenen Tieren. Besonders in schwierigen Brutjahren wie 2006 kann dies von Nachteil für die unerfahrenen verausgabten Vögel sein, wenn sie die energieaufwändige Brutsaison unbeschadet überstehen wollen. Die Untersuchungen zeigen, dass Cholesterin im Blutplasma eine geschlechtsspezifische Rolle bei der Reproduktion der Flussseeschwalbe spielt und mit Qualitätsmerkmalen wie Alter, Legebeginn und Bruterfolg in Beziehung steht.

Unter den Hormonen haben wir uns auf Kortikosteron, dessen Werte bei Aktivität und Stress ansteigen, sowie auf Prolaktin konzentriert, welches das Brutverhalten der Altvögel intensiviert und steuert. Erste Ergebnisse der in Kooperation mit Dr. Olivier Chastel vom CNRS in Chizé, Frankreich, laufenden Untersuchungen zeigen, dass die Gehalte dieser Hormone mit dem Reproduktionserfolg, aber auch mit Alter oder Erfahrung der Altvögel in Beziehung stehen. Besonders bei den Prolaktin-Gehalten ergeben sich positive Zusammenhänge mit dem Bruterfolg: Niedrige Prolaktin-Gehalte von Erstbrütern oder Brütern mit wenig Bruterfahrung deuten darauf hin, dass es ihnen am hormonellen Antrieb mangelt, ihre Rolle bei der Brut so wahrzunehmen, dass sie erfolgreich verläuft. Die Hormongehalte scheinen aber weniger vom Alter

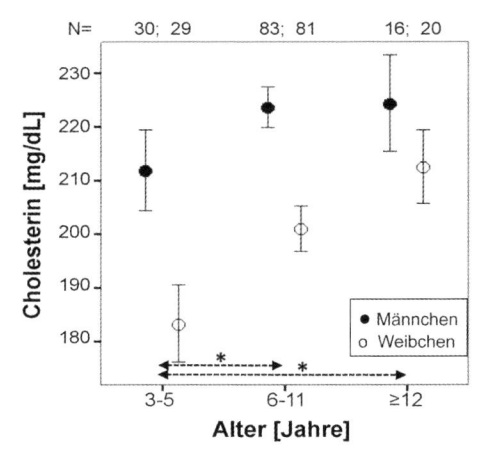

Zur Mitte der Bebrütungsphase bestimmte Cholesterinwerte im Blutplasma von Flussseeschwalben, differenziert nach Geschlecht und Alter. Weibchen haben niedrigere Werte als Männchen, bedingt durch die produzierten Eier. Besonders die jüngeren Weibchen leiden unter Cholesterinmangel, den die älteren erfahrenen Tiere während der Inkubationsphase ausgleichen können.

der Brutvögel als von den Umweltbedingungen während einer Brutsaison beeinflusst zu sein. So hat die häufig gemachte Beobachtung von Ornithologen, dass in einer „schlechten Brutsaison" Brutbereitschaft, Brutbetreuung und Feindabwehr bei Seeschwalben generell reduziert sind, vermutlich eine hormonelle und physiologische Basis.

Je älter, desto besser: Veränderungen im Lebenslauf

Bei der Erforschung des Lebensweges langlebiger Wirbeltiere ist in den letzten Jahren mehr in den Mittelpunkt des Forschungsinteresses gerückt, in welchen für die life-history bedeutenden Merkmalen sich die Individuen im Verlauf ihres Lebens verändern. Die Bearbeitung solcher Fragestellungen lassen nur Langzeitprojekte zu, die sich auf eine große Anzahl lebenslang erfasster markierter Individuen stützen können wie die Studie am Banter See, und solche Projekte sind weltweit rar. Die am Banter See zusammengetragenen Flussseeschwalben-Daten des Instituts für Vogelforschung haben daher bereits Eingang in mehrere internationale Kooperationen und Publikationen gefunden, die vergleichend altersabhängige Änderungen und Lebensstrategien auswerten und beschreiben.

Bei der Behandlung der Prospektion haben wir bereits die deutlichen Veränderungen im jungen Leben von Flussseeschwalben kennen gelernt, nämlich hinsichtlich des Ankunftstermins. Nachdem die Hürde der Rekrutierung genommen ist, setzen sich diese Änderungen fort, bis die Flussseeschwalben das Stadium des erfahrenen Brutvogels erreicht haben. Der individuellen Fortentwicklung während der ersten Brutjahre galten mehrere Untersuchungen der vergangenen Jahre.

Altersabhängige Änderungen innerhalb einer Population können durch zwei grundlegende Mechanismen hervorgerufen werden, erstens durch Selektion und zweitens durch Veränderung des Individuums selbst. Falls eine Querschnittsuntersuchung durch die Population mit altersmarkierten Tieren zeigt, dass z. B. der Reproduktionserfolg wie bei vielen langlebigen Seevögeln mit dem Alter zunimmt, dann kann dies einmal daran liegen, dass die schlecht reproduzierenden Individuen früher wegsterben, so dass schließlich nur die besonders erfolgreichen Tiere übrig bleiben mit dem Ergebnis, dass der Reproduktionserfolg bei den verbliebenen alten Tieren höher ausfällt. Die zweite Erklärung ist, dass die Individuen selbst ihr Brutergebnis von Jahr zu Jahr verbessern, so dass sie in hohem Alter einen durchschnittlich höheren Erfolg zeigen. Moderne statistische Verfahren und individuenbasierte Daten lassen die Trennung beider Mechanismen zu, aber auch Beobachtungsserien eines Individuums über viele Jahre gestatten die Feststellung individueller Veränderungen auf dem Lebensweg, wozu der Datensatz vom Banter See besonders geeignet ist.

Altersabhängige Änderungen finden wir beim Körpergewicht, das wir bei den Flussseeschwalben mehrfach in der Saison bestimmen, bei der Ankunft, während der Inkubation und der Kükenaufzucht. Die Individuen werden von Jahr zu Jahr schwerer und verbessern ihre Kondition, bis sie fünf oder sechs Jahre alt sind und sich im Körpergewicht stabilisiert haben. Die Gewichtsunterschiede sind auf individuelle Änderungen und nicht auf Selektion zurückzuführen. Desgleichen finden wir altersabhängige Änderungen im Ankunftstermin, Legetermin, in der Gelege- und Eigröße, im Schlüpferfolg, Ausfliegerfolg und dem Gesamtbruterfolg. Auch bei diesen überwiegend reproduktionsbiologischen Parametern sind die Altersunterschiede, wenn überhaupt, dann nur in geringem Maße durch Selektion, aber vielmehr durch individuelle Verbesserungen zustande gekommen. Auch Verhalten ändert sich mit dem Alter: So nutzen Erstbrüter, die ein Territorium etablieren müssen und einen Partner suchen, während der Balz viel mehr Plätze am Koloniestandort als erfahrene Brutvögel. Letztere füttern ihre Jungvögel mit größerer und energiereicherer Nahrung als Erstbrüter. Offenbar haben sie bei der Erstbrut gelernt, ihr Fütterungsverhalten an die Bedürfnisse der Küken anzupassen.

Bei den Veränderungen auf individueller Ebene haben wir auch geprüft, ob der Altersfortschritt an sich oder in Kombination mit dem steigenden Gewinn an Bruterfahrung von Einfluss für den Bruterfolg ist. Die Zusammenhänge sind je nach brutbiologischem Parameter sehr komplex. Generell lässt sich sagen, dass sowohl Alters- als auch Erfahrungseinflüsse nachweisbar sind. Bei anderen Seevögeln sind lebenslange Verbesserungen in Verhalten und Reproduktionsbiologie ebenfalls nachgewiesen. In Verbindung mit höheren Überlebensraten qualitativ besonders guter Tiere führt dies dazu, dass die ganz alten Tiere einer Population, die zwar nur einen kleinen Prozentsatz ausmachen, die erfolgreichsten Individuen überhaupt sind und die meisten Nachkommen zur nächsten Generation beitragen.

Bei vielen Säugetieren, aber auch einigen Vogelarten, treten in höherem Alter Seneszenzeffekte, also Altern, auf. Solche Seneszenzerscheinungen deuten sich auch bei Flussseeschwalben an, z. B. bei der Eigröße oder beim Reproduktionserfolg, der ab einem Alter von 15 Jahren zurückgeht. Keine Seneszenz dagegen finden wir bei der Überlebenswahrscheinlichkeit sowie dem Fitnessbeitrag eines Individuums, sofern wir dies bisher untersuchen können.

Ursachen für Seneszenz und deren Auswirkungen auf die Demographie ist ein Schwerpunkt unserer derzeit laufenden Untersuchungen. Dabei prüfen wir, in welchen Merkmalen Seneszenz auftritt oder sich ankündigt, in der Körperkondition, Physiologie, in der Terminierung des Zuges und der Eiablage, in der Reproduktionsbiologie, Hormonausstattung sowie der Telomerlängen-Dynamik, die wir gemeinsam mit Prof. Dr. Simon Verhulst, Universität Groningen, Niederlande, untersuchen. Die Telomerlänge nimmt bei der Flussseeschwalbe wie bei anderen Tieren mit dem Alter ab, und Zusammenhänge mit dem Reproduktionsaufwand deuten sich an. Eine spannende Frage ist auch, inwieweit Seneszenz mit der Heterogenität der Qualität der Individuen und mit dem Rekrutierungsalter zusammenhängt. Möglicherweise unterliegen die besonders erfolgreichen Altvögel später eintretender oder geringerer Seneszenz als die weniger erfolgreichen Tiere und sind durch eine geringere Verkürzungsrate der Telomere ausgezeichnet.

Ausblick

Die 30jährige Forschung zur Populationsökologie der Flussseeschwalbe an der Jade und die nunmehr 18jährigen Untersuchungen zur Demographie und zum Lebenslauf dieser langlebigen Art haben eine Vielzahl von Fragen klären können, aber auch Wissenslücken und viele offene spannende Fragen aufgedeckt. Deshalb ist es sinnvoll, das Langzeitvorhaben am Banter See weitere Jahre fortzusetzen, um die Basis an

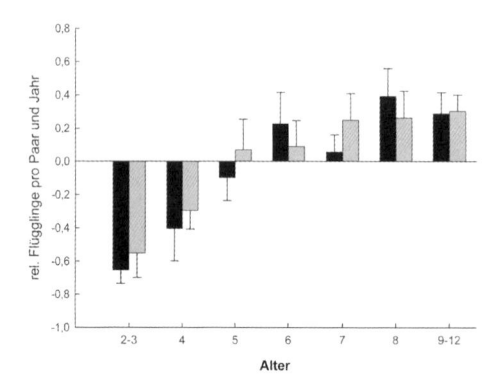

Zunahme im Bruterfolg junger Flussseeschwalben mit dem Alter (Flügglinge je Paar und Jahr, relativ zum jeweiligen Jahresmittel). Untersucht wurden 21 Männchen (schwarz) und 20 Weibchen (grau), deren Bruterfolg von der Erstbrut an mindestens neun Jahre lang verfolgt wurde. Bis zum Alter von sechs (Männchen) oder sieben Jahren (Weibchen) ist ein deutlicher Anstieg des Fortpflanzungserfolgs zu erkennen.

individual-basierten Daten zu verbreitern und weitergehende Analysen zu ermöglichen.

Die Themenkreise, denen wir uns derzeit zuwenden, sind:
1) die Charakterisierung der Heterogenität der individuellen Qualität und ihre Auswirkungen auf den Lebensweg und die Fitness der Flussseeschwalbe, einschließlich der Zusammenhänge mit physiologischen Parametern und Telomerlängen;
2) die Ursachen und Ausprägungen von Seneszenz und ihre Bedeutung für die Lebensstrategie und Demographie;
3) der Einfluss von Erfahrungen für die individuellen Veränderungen auf dem Lebensweg und die Rolle der Vererbung bei der Ausprägung der individuellen Qualität (auf Familienstammbäumen basierende Erblichkeitsuntersuchungen);
4) die Lebensformtypen der Flussseeschwalbe – gemächlich oder schnelllebig – als Anpassung an die gegebenen Umweltbedingungen und ihre möglichen lebenslangen Konsequenzen für verschiedene Merkmale, Lebensdauer und Lebensbruterfolg;
5) die Abhängigkeit der Flussseeschwalbenkolonien im Wattenmeer von Umweltbedingungen, insbesondere von Nahrungsangebot und Nahrungsverfügbarkeit, mit der Konsequenz von derzeit geringem Bruterfolg und Bestandsabnahmen;
6) der Stellenwert von Umweltbedingungen während der Überwinterung und des Zuges für den Lebensweg und die Demographie der Flussseeschwalbe.

Unter Mitarbeit von Andreas Anlauf, Jennifer Arnold, Christina Bauch, Irmhild Baum, Thomas Becker, Axel Behnke, Andrea Blomenkamp, Verena Blum, Alexander Braasch, Andreas Dänhardt, Florian Distelrath, Tobias Dittmann, Thomas Ezard, Peter Finck, Dietrich Frank, Elvira Fredrich, Tido Fresemann, Stefan Frick, Germán García, Heike Heinrichs, Antonio Hernández-Matías, Hans-Otto Hoppen, Ursel Kikker, Katharina Klose, Ingo Kolaschnik, Susanne Kreutzer, Stefan Kühn, Mario Lange, Bente Limmer, Sonja Ludwig, Jan-D. Ludwigs, Rocío Mariano-Jelicich, Shira-Lee Marsh, María Martínez Benito, Andrea Massias, Susanne Mickstein, Bernd Mlody, Rolf Nagel, Steve Oswald, Rupert Palme, Maren Rebke, Constanze Reim, Juliane Riechert, Carmen Schauroth, Gregor Scheiffarth, Luis Schmidt, Jochen Schreiber, Udo Siebolts, Eugen Sokolov, Rudolf Specht, Jana Sprenger, Stefan R. Sudmann, Mirjam Szwierczynski, Lesley Szostek, Maren Tolske, Jens Trauernicht, Torsten Troschke, Christian Voigt, Martin Wagener, Götz Wagenknecht, Uwe Walter, Christian Wecke, Sabrina Weitekamp, Helmut Wendeln, Marina Wilkens, Annette Wilms, Martina Wingenroth, Christian Wolter, He Zhang, Daniela Zinsmeister.

Zum Weiterlesen:
Becker PH (1996) Flußseeschwalben (*Sterna hirundo*) in Wilhelmshaven. Oldenburger Jahrbuch 96: 263–296

Becker PH (1998) Langzeittrends des Bruterfolgs der Flussseeschwalbe und seiner Einflussgrößen im Wattenmeer. Vogelwelt 119: 223–234

Becker PH, Dittmann T, Ludwigs J-D, Limmer B, Ludwig S, Bauch C, Braasch A, Wendeln H (2008) Timing of initial arrival at the breeding site predicts age at first reproduction in a long-lived migratory bird. Proc National Acad Sciences 105: 12349–12352

Becker PH, Ezard THG, Ludwigs JD, Sauer-Gürth H, Wink M (2008) Population sex ratio shift from fledging to recruitment: consequences for demography in a philopatric seabird. Oikos 117: 60–68.

Becker PH, Frank D, Sudmann SR (1993): Temporal and spatial pattern of Common Tern's (*Sterna hirundo*) foraging in the Wadden Sea. Oecologia 93: 389–393

Braasch A, Schauroth C, Becker PH (2009) Post-fledging body mass as a determinant of subadult survival in Common Terns *Sterna hirundo*. J Ornithol 150: 401–407

Dittmann T, Ezard THG, Becker PH (2007) Prospectors' colony attendance is sex-specific and increases future recruitment chances in a seabird. Behav Processes 76: 198–205

Ezard THG, Becker PH, Coulson T (2007) The correlation between age, phenotypic traits and reproductive success in Common Terns (*Sterna hirundo*). Ecology 88: 2496–2504

Limmer B, Becker PH (2010) Improvement of reproductive performance by age and experience depends on recruitment age in a long-lived seabird. Oikos 119: 501–508

Ludwigs J-D, Becker PH (2005) What do pairing patterns in common tern, *Sterna hirundo*, recruits reveal about the significance of sex and breeding experience? Behav Ecol Sociobol 57: 412–421

Ludwig S, Becker PH (2008) Supply and demand: causes and consequences of assortative mating in common terns *Sterna hirundo*. Behav Ecol Sociobiol 62: 1601–1611

Wendeln H, Becker PH (1999): Effects of parental quality and effort on the reproduction of common terns. J Anim Ecol 68: 205–214

den und bei Beckmannsfeld 25 % bzw. 32 %. Im Jahr 2008 schlüpften im Idagroden aus 9 %, im Petersgroden aus 1 % und im östlichen Jadebusen bei Beckmannsfeld aus 41 % der Gelege Junge.

Die Situation auf Wangerooge

In den Jahren 2003, 2005 und 2006 wurden Vergleichsuntersuchungen auf der Insel Wangerooge durchgeführt. Wangerooge beherbergt wie der westliche Jadebusen einen seit langem auf hohem Niveau stabilen Brutbestand. Inseln gelten allgemein auf Grund natürlicherweise fehlender Bodenprädatoren als attraktive Brutgebiete. Raubsäuger wie Rotfuchs oder Marderartige fehlen auf Wangerooge, als potenzielle Bodenprädatoren treten aber Wanderratten, Igel und verwilderte Hauskatzen auf. Historische Daten belegen für die Insel Wangerooge einen deutlich höheren Schlupferfolg als für den Petersgroden, in den 1950er und 1960er Jahren lag der Schlupferfolg auf Wangerooge zwischen 50 % und 77 %.

Der Schlupferfolg variierte auf Wangerooge in den drei Untersuchungsjahren zwischen ca. 65 % und 95 %, er war damit in allen Jahren signifikant höher als im Petersgroden. Ebenso verhielt es sich beim Bruterfolg. Radiotelemetrische Studien ergaben, dass im Jahr 2005 0,5 Küken pro Paar flügge wurden, 2006 flog 1 Küken pro Paar aus. Die Mortalität vom Schlüpfen bis zum Ausfliegen war im Petersgroden und auf Wangerooge ähnlich: Petersgroden 75 % und 67 %, Wangerooge 80 % und 72 % (2005 und 2006). Der signifikant höhere Bruterfolg auf Wangerooge ist damit in erster Linie auf die geringeren Gelegeverluste durch Prädation zurückzuführen, was in erster Linie auf das weitgehende Fehlen großer Raubsäuger zurückzuführen ist. Das höhere Prädationsrisiko am Festland könnte auch eine wesentliche Ursache für die in den letzten Jahren vermehrt zu beobachtenden Verlagerungen von Brutkolonien von Lachmöwen, Löfflern und Säbelschnäblern auf Inseln gewesen sein.

Modellierung der Bestandsentwicklung

Wie sind die beobachteten Bestandsentwicklungen zu verstehen und die Ergebnisse zu bewerten? Zum Verständnis populationsregulatorischer Prozesse sind neben Daten zum Brutbestand und zur Reproduktion Kenntnisse der Mortalitätsraten von Alt- und Jungvögeln, der Aus- und Einwanderung sowie beispielsweise dem Eintritt der Brutreife notwendig. Letztgenannte Parameter fehlen für die Wattenmeerpopulation des Rotschenkels. Zur Modellierung der Bestandsentwicklungen wurde deshalb u. a. auf Daten aus englischen und schwedischen Populationen zurückgegriffen. Angenommen wurde eine jährliche Altvogelmortalität von 20 ± 5 %, eine Jungvogelmortalität (vom Ausfliegen bis zum Ende des 1. Lebensjahres) von 40 ± 10 % und dass 50 % der Vögel bereits am Ende des 1. Lebensjahres erstmals zur Brut schreiten und Rotschenkel bis zum 12. Lebensjahr alljährlich brüten. Darüber hinaus wurde von geschlossenen Populationen ausgegangen, d. h. dass keine Vögel in die Populationen ein- bzw. auswandern. Die Modellierung der Bestandsentwicklung erfolgte mittels eines stochastischen Populationsmodells (Vortex 9.42; http://www.vortex9.org/vortex.html). Für den Erhalt des Rotschenkelbestandes ergibt sich eine jährliche Reproduktionsrate von mindestens 0,8 flüggen Jungvögeln pro Paar. Diese wird auf Wangerooge errreicht; die Brutpopulation kann sich selbst erhalten. Dies dürfte auch für die anderen Ostfriesischen Inseln, den Ostjadebusen und die Wesermarsch gelten.

Die Population des Petersgrodens dagegen

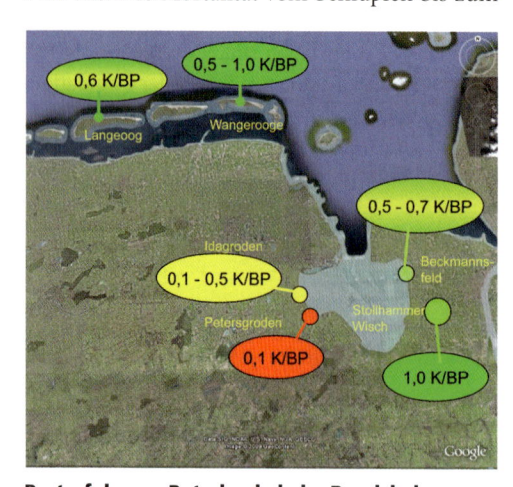

Bruterfolg von Rotschenkeln im Bereich der niedersächsischen Küste. Angegeben sind die Anzahlen ausgeflogener Jungvögel pro Brutpaar und Jahr.

wird bei weiterhin niedrigem Bruterfolg von nur 0,15 flüggen Jungen pro Paar und Jahr rapide abnehmen und in nur 10–15 Jahren nahezu vollständig erlöschen. Gebiete wie der Petersgroden könnten damit eher eine „ökologische Falle" sein. Sie bieten den Vögeln von der Vegetationsstruktur her zur Zeit der Ansiedlung offensichtlich geeignete Brutstätten, veranlassen sie so zur Besiedlung und Anlage eines Geleges, ermöglichen dann aber auf Grund hoher Prädation keinen entsprechenden Bruterfolg.

Kritisch zu hinterfragen sind allerdings die demographischen Kenngrößen. Nicht ausgeschlossen werden kann, dass die aus englischen bzw. schwedischen Populationen in die Simulationen übernommenen Eingangsparameter auf die Jadebusen-Population nicht zutreffen. Dies dürfte aber als alleiniger Erklärungsansatz nicht ausreichen, um die Diskrepanz zwischen der beobachteten und prognostizierten Bestandsentwicklung zu erklären. Angenommen werden könnte auch eine source-sink-Dynamik, d. h., dass Vögel aus source (Quell)-Populationen in den Petersgroden einwandern. Möglicherweise ist die Situation im Petersgroden aber auch nur eine lokale Besonderheit. Die Probefläche im Petersgroden liegt in einem Deichwinkel und wird an zwei Seiten vom Deich mit angrenzenden Baum-/Buschreihen, die Prädatoren Nist- und Versteckmöglichkeiten bieten, begrenzt. Dies könnte die Ursache für die hohen Prädationsverluste sein. Die Probeflächen im Idagroden und in Beckmannsfeld hingegen grenzen nur an einer Seite an das Binnenland.

Verhaltensbiologie

Ein weiterer Themenkomplex beschäftigt sich mit verhaltensökologischen Fragestellungen. Auch wenn die Langzeituntersuchungen im Petersgroden einen zum Erhalt der Population zu geringen Bruterfolg ausweisen, können dennoch einzelne Paare auch unter hohem Prädationsdruck offensichtlich erfolgreich brüten. Die Untersuchungen im Petersgroden deuten auf äußerst komplexe Zusammenhänge zwischen dem Bruterfolg sowie zeitlichen und vegetationskundlichen Parametern hin. Die Prädationswahrscheinlichkeit nahm mit Fortschreiten der Brutzeit stark zu: Nur früh im Jahr brütende Paare – in der Regel Paare, die ihre Nester in den ersten 2–3 Wochen der jährlichen Legeperiode zeitigten – konnten mit hoher Wahrscheinlichkeit erfolgreich brüten. Je später die Gelege im Jahr angelegt wurden desto geringer war deren Überlebensdauer. Die tägliche Prädationsrate nahm im Laufe der Brutzeit zu. Früh im Jahr mit der Brut beginnende Paare zeitigten ihre Nester vorwiegend in fortgeschrittenen Salzwiesen-Sukzessionsstadien, in Quecken- und Rotschwingel-Gesellschaften, die relativ reich strukturiert sind und damit eine gut versteckte Nestanlage ermöglichen. Deshalb dürfte es für versteckt brütende Arten – im Gegensatz zu offenbrütenden Arten wie Austernfischern – von Vorteil sein, uferfern bzw. deichnah zu brüten, in Bereichen in denen die Sukzession bereits vergleichsweise weit fortgeschritten ist und die so eine vergleichsweise frühe Eiablage ermöglichen. Auf der anderen Seite könnte die Prädationsgefahr in Deichnähe größer sein.

Was erfolgreiche Paare bzw. Individuen auszeichnet, ist Gegenstand aktueller Untersuchungen. Sind es Alter, Erfahrung, Unterschiede in der Kondition oder Verhaltensanpassungen? Erste Untersuchungen zur Kondition der Altvögel – gemessen beispielsweise an Hand verschiedener Körpermaße, dem Körpergewicht, der Eimasse der Gelege wie auch verschiedener Blutparameter (z. B. Hämatokrit) – ergaben weder Unterschiede zwischen Früh- und Spätbrütern noch zwischen

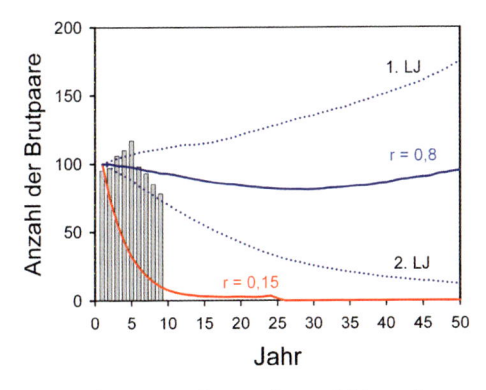

Prognostizierte Brutbestandsentwicklung des Rotschenkels im Untersuchungsgebiet Petersgroden bei unterschiedlichen Reproduktionsraten (r) sowie dem Eintritt der Brutreife im 1. bzw. 2. Lebensjahr bei ansonsten identischen Parametern. Die Säulen zeigen die aktuellen Bestände.

Brutvögeln des Petersgrodens und Wangerooges. Dagegen könnten Verhaltensunterschiede eine Rolle spielen. Zur Analyse der Bebrütungsmuster wurden Rotschenkelnester mit Thermologgern ausgestattet. Brutvögel Wangerooges bebrüteten ihre Gelege im Mittel über 87 % der Zeit eines Tages, Brutvögel des Festlands hingegen nur zu 63 % der Zeit. Die Anzahl der täglichen Brutunterbrechungen war in beiden Untersuchungsgebieten annähernd gleich. Die Unterschiede sind somit im Wesentlichen darauf zurückzuführen, dass die mittlere Dauer der einzelnen Abwesenheitsphasen im Petersgroden mit im Mittel 169 min/Tag signifikant länger als auf Wangerooge mit nur 76 min/Tag war. Dementsprechend waren die Anwesenheitsphasen auf Wangerooge signifikant länger als im Petersgroden (678 min/Tag bzw. 330 min/Tag).

Am Festland konnte zudem zwischen zwei Gruppen unterschieden werden: (a) Gelege, die wie die Gelege auf Wangerooge auch während der Nacht mehr oder weniger kontinuierlich zu 89 % bebrütet wurden, und (b) Gelege, die während der Nacht fast überhaupt nicht bebrütet wurden (nur 4 % der Zeit). Gelege, die während der Nacht für mehrere Stunden verlassen wurden und unbebrütet blieben, wurden ausschließlich bei am Festland brütenden Vögeln gefunden. Auffallend ist, dass es sich hierbei vorwiegend um Gelege handelte, die im oberen Teil der Salzwiese, also vergleichsweise nahe zum Deich angelegt waren. Nester im Bereich der unteren Salzwiese, also nahe zur Wattkante, wurden hingegen auch nachts mehr oder weniger kontinuierlich bebrütet. Die Abwesenheit bei Nacht könnte die Gelege indirekt vor Prädation schützen, da sich olfaktorisch orientierenden Räubern so keine Hinweise auf das Gelege gegeben werden. Auf der anderen Seite sind unbebrütete Gelege aber beispielsweise vor Kleinsäugern weniger geschützt. Möglicherweise stellen die Altvögel ihr eigenes Überleben und damit zugleich den Lebensbruterfolg in den Vordergrund. Eine nächtliche Bebrütung könnte die Altvögel selbst unverhältnismäßig gefährden. Das Verhalten könnte somit als Anpassung an den vorherrschenden Prädationsdruck zu verstehen sein. In den Außengroden Wangerooges kommen keine (Rotfuchs, Marderartige) oder höchstens vereinzelte nachtaktive Prädatoren vor. Am Festland dürfte der Großteil der nachtaktiven Prädatoren aus den angrenzenden binnendeichs gelegenen Gebieten in die Vorlandsalzwiesen gelangen.

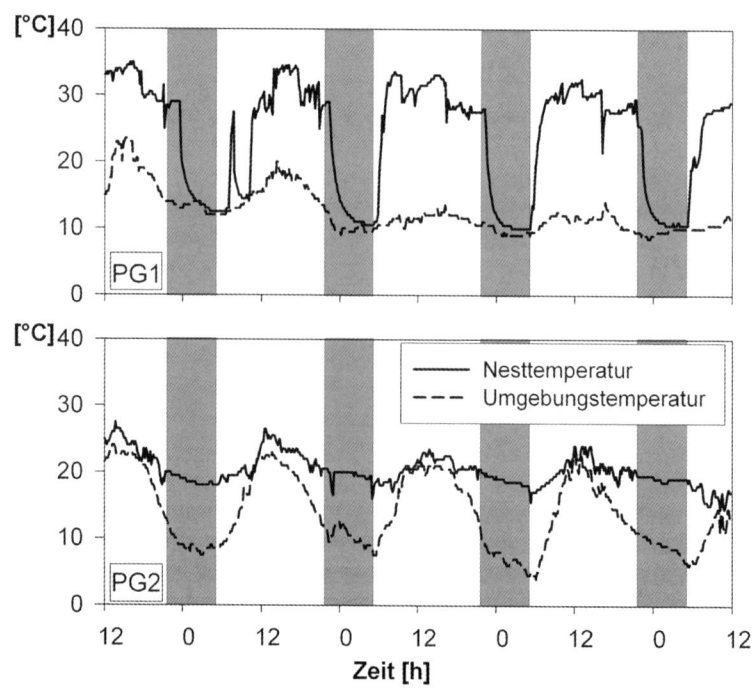

Exemplarische Darstellung von mittels Thermologgern aufgenommenen Nesttemperaturen an zwei Nestern im Petersgroden. Dargestellt sind die Nesttemperaturen im Vergleich zur Umgebungstemperatur für die zwei unterschiedenen Bebrütungstypen, oben: Das Nest wurde fast ausschließlich während der Hellphase bebrütet, unten: das Nest wurde während Hell- und Dunkelphase mehr oder weniger kontinuierlich bebrütet. Die grauen Balken markieren die Dunkelphasen.

Ausblick

Die Untersuchungen unterstreichen, dass zum Verständnis populationsbiologischer Prozesse und damit auch zur Bewertung des Zustandes einer Art und zur Bewertung von Management- und Schutzmaßnahmen Brutbestandserfassungen allein nicht ausreichen. Vielmehr bedarf es demographischer Parameter. Deshalb wird ab 2010 im Rahmen des trilateralen Monitoring und Assessment Programms (TMAP) ein wattenmeerweites Bruterfolgsmonitoring eingeführt. Dies ist umso dringlicher, da sich vielerorts zeigt, dass der Bruterfolg von Wiesen-/Küstenlimikolen in den letzten 2–3 Jahrzehnten abgenommen hat und eine unzureichende Reproduktion offensichtlich im Wesentlichen für die beobachteten Bestandsrückgänge verantwortlich ist. Die Abnahme des Bruterfolgs könnte auf eine Zunahme der Prädation zurückzuführen sein. Dies lässt sich bisher aber kaum quantitativ belegen. Sollte der Bruterfolg nicht ausreichen, ist zu klären, welchen Anteil die verschiedenen Verlustursachen haben und wie sich diese ggf. langfristig und nachhaltig ausschließen lassen, ohne dabei andere übergeordnete Schutzziele des Nationalparks – beispielsweise den Erhalt der natürlichen Dynamik – zu gefährden.

Die in den letzten Jahren initiierten verhaltensökologischen Studien belegen, dass zumindest einige Individuen bzw. Paare auch unter hohem Prädationsdruck erfolgreich brüten können, insbesondere früh im Jahr in fortgeschrittenen Sukzessionsstadien brütende Paare. Weitgehend offen bleibt aber, was diese Individuen letztlich auszeichnet und wie sie erfolgreich brüten. Am wahrscheinlichsten erscheint derzeit die Entwicklung unterschiedlicher Verhaltensstrategien zur Feindvermeidung, beispielsweise eine Anpassung der tageszeitlichen Verhaltensmuster und der Partnerabstimmung.

Unter Mitarbeit von Heike Büttger, Anja Cervencl, Kai Grote, Rolf Nagel, Nadine Oberdiek, Almut Schlaich, Stefan Thyen, Stella Treffler.

Zum Weiterlesen:
Büttger H, Thyen S, Exo K-M (2006) Nistplatzwahl und Schlupferfolg von Rotschenkeln (*Tringa totanus*) auf der Insel Wangerooge. Vogelwarte 44: 123–130

Exo K-M (2008) Nationalpark Wattenmeer: Letzte Chance für Wiesenbrüter? Falke 55: 376–382.

Thyen S, Exo K-M (2005) Interactive effects of time and vegetation on reproduction of redshanks (*Tringa totanus*) breeding in Wadden Sea saltmarshes. J Ornithol 146: 215–225

Thyen S, Exo K-M, Cervencl A, Esser W, Oberdiek N (2008) Salzwiesen im niedersächsischen Wattenmeer als Brutgebiet für Rotschenkel *Tringa totanus*: Wertvolle Rückzugsgebiete oder ökologische Fallen? Vogelwarte 46: 121–130

Freilandforschung mit Tradition – Das Höhlenbrüterprogramm der Außenstelle für Populationsbiologie[1]

Wolfgang Winkel

Das Höhlenbrüterprogramm des Instituts für Vogelforschung „Vogelwarte Helgoland" ist eine großräumige Freilandforschung mit Tradition. Der Anfang dieser Arbeiten geht bis in die 1950er Jahre zurück, als Dr. Rudolf Berndt († 1987) im Braunschweiger Raum begann, sich systematisch mit der Biologie von Meisen und anderen Kleinhöhlenbrütern zu befassen. Bei diesen Arbeiten, die anfangs im Rahmen der Staatlichen Vogelschutzwarte Niedersachsen durchgeführt wurden, stand zunächst die biologische Schädlingsbekämpfung im Vordergrund. Doch diese Problematik trat schon bald zugunsten populationsökologischer Grundlagenforschung mit Hilfe der wissenschaftlichen Vogelberingung zurück. Es war deshalb eine folgerichtige Entwicklung, dass das Projekt später beim Institut für Vogelforschung angesiedelt wurde, und zwar als zentrales Forschungsvorhaben der 1967 gegründeten Braunschweiger Außenstation für Populationsökologie.

Für die Feldarbeiten standen im Braunschweiger Raum über 1200 km^2 verteilt Untersuchungsflächen zur Verfügung, bei denen es sich meist um Teilstücke größerer staatlich bewirtschafteter Wälder handelt. Diese Gebiete sind jeweils mit künstlichen Nisthöhlen ausgestattet (bis in die 1980er Jahre waren es insgesamt rund 3000, in den Jahren danach wegen der Auflösung einiger Versuchsflächen etwa 2000). Dazu kommt ein ca. 325 ha großes und mit 550 Nistkästen bestücktes Gebiet bei Lingen/Emsland, dessen ornithologische Untersuchung seit 1974 ebenfalls vom Institut für Vogelforschung durchgeführt wurde. Im

Nistkasten-Untersuchungsgebiet bei Braunschweig (Foto: F. Bairlein)

Laufe der Jahre wurde diese Fläche zu unserem wichtigsten Versuchsgebiet.

Die Nistkastendichte ist in den einzelnen Untersuchungsgebieten in der Regel so hoch, dass dort Kleinhöhlenbrüter normalerweise mehr Brutmöglichkeiten zur Verfügung haben als benötigt. Deshalb kann die Anzahl der in Kunsthöhlen erfassten Brutpaare – z. B. wenn die Befunde mehrerer Jahre verglichen werden sollen – auch als ein Maß für eventuelle Häufigkeitsschwankungen verwendet werden (die Zahl der Bruten in Naturhöhlen dürfte in den Versuchsgebieten bei den im Rahmen des Höhlenbrüterprogramms näher untersuchten Arten stets nur äußerst gering gewesen sein).

Beim Höhlenbrüterprogramm steht die langfristige Dynamik und Regulation von Vogelpopulationen im Zentrum des Interesses. Da die erarbeiteten Befunde mit zu den längsten Datenreihen gehören, die in dieser Kontinuität und Qualität von Vögeln vorliegen, erfahren sie in jüngster Zeit auch große Beachtung im Zusammenhang mit Fragen, wie sich Klimaveränderungen auf die Vogelwelt auswirken.

Um außer Bestandsgrößen auch den Bruterfolg und andere populationsbiologisch relevante Parameter erfassen zu können, wurden die Nisthöhlen während der Brutzeit meist mindestens einmal wöchentlich kontrolliert. Eine herausragende Rolle spielte dabei die Beringung der Jung- und Altvögel. Die mit Hilfe der individuellen Markierung gewonnenen Befunde über Geburts-, Brutorts- und Partnertreue, Umsiedlungen, Ab- und Zuwanderungen, Brutreifealter,

---

[1] Diesen Beitrag möchte ich Doris Winkel – meiner lieben im Juni 2007 verstorbenen Frau – widmen. Ohne ihre selbstlose ehrenamtliche Hilfe über Jahrzehnte hinweg wären viele der durchgeführten Experimente und die hier vorgestellten Ergebnisse gar nicht möglich gewesen.

Sterblichkeitsraten und Lebenszeit-Fortpflanzungserfolg vermitteln wesentliche Einblicke in populations- und evolutionsökologische Zusammenhänge. Eine individuelle Markierung ist auch Voraussetzung, um Muster phänotypischer Plastizität oder die Altersabhängigkeit von ökologisch relevanten Merkmalen zu untersuchen.

Langfristige Bestandsentwicklungen

Im Braunschweiger Raum ist bei der Bestandsentwicklung von Kohlmeise, Blaumeise und Kleiber über die Jahrzehnte hinweg ein signifikant positiver Trend festzustellen. Einer der Gründe hierfür dürfte sein, dass diese Arten, die weitgehend Standvögel sind, stark von dem auf breiter Fläche wachsenden Angebot an künstlichen Nisthöhlen profitiert haben. Aber auch die Tatsache, dass in letzter Zeit relativ oft milde Winter herrschten, und auch die im Laufe der Jahre großräumig immer intensiver gewordene Winterfütterung könnte hierfür mit verantwortlich sein. Denn all diese Umstände wirken sich günstig auf die Überlebensrate der Vögel während der kalten Jahreszeit aus und führen vermutlich zudem dazu, dass Jungvögel immer seltener aus ihrer Geburtsregion abwandern.

Auch beim Trauerschnäpper – einem Zugvogel, der im tropischen Westafrika überwintert – führte der Aufschwung des Vogelschutzes, speziell die vermehrte Nistkasten-Aufhängung, vielerorts zu einem Anstieg der Brutbestände. Bei einem Überangebot an Nistkästen wurde diese Art im Braunschweiger Raum in einigen Versuchsflächen sogar zur häufigsten Höhlenbrüterart. Aber längerfristig ergab sich für den Trauerschnäpper bei Braunschweig kein einheitlicher Trend. Während dort der Brutbestand z. B. in den Jahren 1964–1974 bei jeweils über 300 Paaren/100 ha lag (Mittelwert dieser Jahre = 356), waren es von 1975–1986 jeweils weniger als 300 Paare (im Mittel 229). Nach 1986 nahm der Bestand erneut zu (mittlere Dichte von 1987–1993: 303 Paare). Die den Bestand regulierenden Faktoren sind bei diesem Weitstreckenzieher allerdings noch weitgehend unbekannt.

Brutbiologie

Beim Höhlenbrüterprogramm wurde von Anfang an großer Wert darauf gelegt, dass bei den erfassten Bruten wichtige brutbiologische Parameter möglichst komplett erfasst wurden, beispielsweise „Legebeginn" (= Datum der Ablage des ersten Eies), „Gelegegröße" (= Vollgelege-Eizahl), „Schlüpftermin" (= Datum, an dem der älteste Jungvogel schlüpfte) und „Bruterfolg" (= Anzahl ausgeflogener Nestlinge). Als Beispiel sollen im Folgenden an der Tannenmeise in unserem Lingener Untersuchungsgebiet im Jahr 2005 gewonnene Befunde herausgegriffen werden. Mit insgesamt 195 Brutpaaren (Bp) war die Tannenmeise als Charakterart des Gebietes in diesem Jahr mehr als doppelt so häufig wie die Kohlmeise (90 Bp). Außerdem brüteten 2005 in den Nisthöhlen 26 Bp der Blaumeise und 137 Bp des Trauerschnäppers.

Die frühesten Tannenmeisen-Erstbruten wurden im Jahr 2005 am 5. April begonnen, die spätesten am 24. April. Mehrjährige Weibchen begannen signifikant früher mit der Eiablage (Median = 9. April) als einjährige Vögel (Median = 12. April). Die Gelegegröße variierte 2005 bei den Erstbruten zwischen 4 und 12 Eiern (Mittelwert = 8,55). Das Alter der Weibchen hatte keinen nachweisbaren Einfluss auf die Eizahl.

Nistkasten mit Mäuseschutz um den Stamm
(Foto: F. Bairlein)

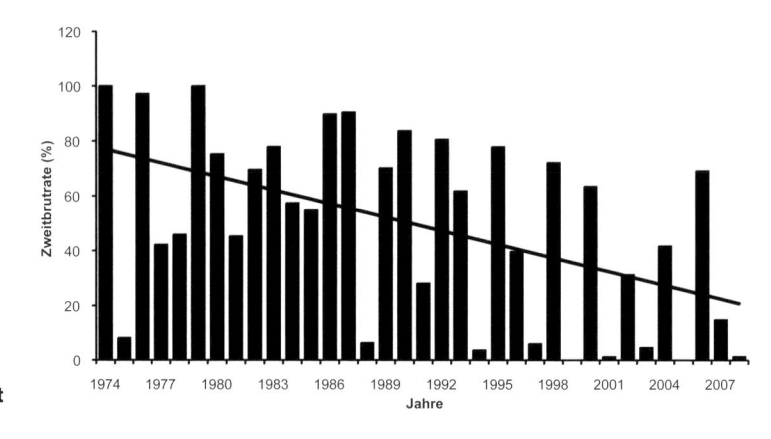

Anteil Zweitbruten bei der Tannenmeise im Untersuchungsgebiet „Lingen".

angepasst zu verhalten. Der Zeitpunkt für den Legebeginn, der eine optimale Ausnutzung der Nahrung ermöglicht, liegt vor dem Zeitpunkt der Ankunft im Brutgebiet.

Eine zentrale, aber bisher völlig ungeklärte Frage ist, ob die beobachtete Verfrühung des Fortpflanzungsgeschehens ausschließlich durch phänotypische Plastizität erreicht wird, oder ob bereits mikroevolutive Prozesse wirksam sind, welche die genetische Komposition der Population verändern. Um diese Frage zu klären, ist der Einsatz moderner quantitativ-genetischer Verfahren erforderlich, die es erlauben, Einflüsse der Umwelt von genetischen Einflüssen zu trennen. Voraussetzung für deren Einsatz sind hochwertige Langzeitdatenreihen, aus denen mittels individueller Beringung Verwandtschaftsverhältnisse über die Generationen rekonstruiert werden können.

Sollte der derzeitige Erwärmungstrend anhalten, sind funktionelle Störungen von Ökosystemen zu erwarten, die auch Wirkungen auf die Vogelwelt Mitteleuropas haben werden. Globale Klimaveränderungen dürften in der Avifauna Mitteleuropas in erster Linie Standvögel und weniger ausgeprägte Zugvögel begünstigen und Weitstreckenzieher direkt oder indirekt zunehmend benachteiligen; denn bei Langstreckenziehern führt möglicherweise die stärkere genetische Gebundenheit in ihrer Zugstrategie zur Unfähigkeit, mit den anpassungsfähigeren Teil- und Kurzstreckenziehern in den Brutgebieten erfolgreich zu konkurrieren.

Mehrfachbruten und Abwanderung bei Tannenmeisen im Lingener Gebiet

Tannenmeisen können unter bestimmten Voraussetzungen auch zweimal (und zuweilen sogar dreimal) im Jahr brüten. Zweitbruten setzen voraus, dass die erste Brut erfolgreich

Jährlicher Anteil von Funden in mehr als 20 km Entfernung von im Untersuchungsgebiet „Lingen" nestjung beringten Tannenmeisen.

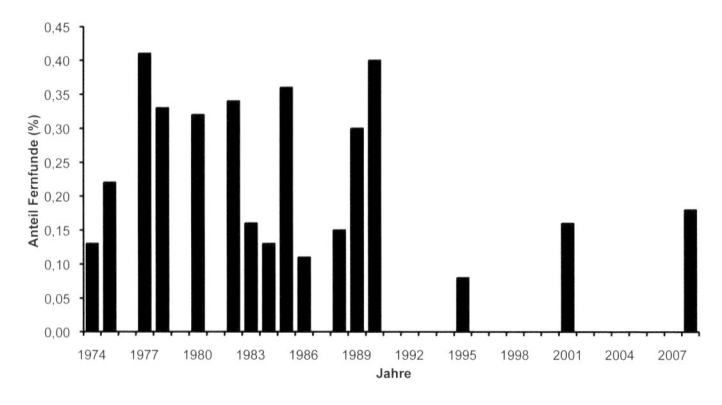

abgeschlossen wird, d. h. mindestens ein Jungvogel flügge wird (andernfalls handelt es sich um Nachgelege bzw. Ersatzbruten). Außerdem muss für echte Zweitbrut-Nachweise die Identität des Weibchens in den beiden Bruten nachgewiesen sein, was durch die Ringkontrolle erfolgt.

Von 1974–2009 hat es sowohl Jahre gegeben, in denen von allen Paaren der Tannenmeise mit erfolgreicher Erstbrut eine Zweitbrut gezeitigt wurde (1974, 1979), als auch solche, in denen alle Paare nur einmal brüteten (1999, 2005). Das komplette Fehlen von Zweitbruten im Jahr 2005 dürfte in erster Linie mit der extrem hohen Tannenmeisen-Dichte in diesem Jahr (195 Paare in der Untersuchungsfläche) zusammenhängen; denn es konnte bei der Tannenmeise im Lingener Gebiet zwischen Populationsdichte und Zweitbrutrate eine signifikante Beziehung nachgewiesen werden: Bei geringer Brutpaarzahl während der Erstbrutperiode brüteten mehr Weibchen zweimal als bei höherer Brutpaardichte. Diese kompensatorische Reaktion ist populationsdynamisch von Bedeutung, denn sie trägt dazu bei, den Bestand längerfristig auf einem mittleren Häufigkeitsstatus zu stabilisieren.

Die Brutzeit-Planberingungen von Tannenmeisen erbrachten im Laufe der Jahre auch eine Reihe von Fernfunden. Die meisten Rückmeldungen stammen aus den Niederlanden und aus Belgien. Die Abwanderungen erfolgten also in der Regel in Richtung Südwest, und zwar stets im jeweils ersten Lebensjahr. Für eine Abwanderung in späterem Lebensalter gibt es aus unserem Gebiet bislang noch keinen einzigen Hinweis. Bis Ende der 1980er Jahre gab es praktisch alljährlich Nachweise für eine Abwanderung von Tannenmeisen, seit Anfang der 1990er Jahre fehlen jedoch entsprechende Belege fast ganz.

Freiland-Experimente zur Nistökologie

Von 1994–2003 erfassten wir in Braunschweiger Untersuchungsgebieten die Besiedlung von „Nistkastenrondellen", um zu prüfen, ob sich bei den einzelnen Arten eine Bevorzugung in der Ausrichtung des Höhleneingangs nachweisen lässt. Bei den Rondellen handelt es sich jeweils um acht Nistkästen, die in Augenhöhe rings um einen Eichenstamm in den acht Haupt-Himmelsrichtungen angebracht sind. Es konnten insgesamt 147 Wahlversuche ausgewertet werden. Wenn ein Rondell im selben Jahr von zwei Brutpaaren genutzt wurde, ging in die Auswertung nur die Wahl des Erstbesiedlers ein.

Als Erstbesiedler wurden 74x Kohlmeisen, 7x Blaumeisen, 28x Kleiber, 34x Trauerschnäpper und 4x Stare registriert. Fasst man die Befunde aller Arten zusammen, so ergibt sich für die Ansiedlung eine signifikante Bevorzugung der nach Osten (NO, O, SO) weisenden Nisthöhlen. Am stärksten ist die Affinität für den Ostsektor beim Trauerschnäpper (68 % aller Ansiedlungen). Die Wahl der Höhlen mit einem östlichen – also vom Wetter abgewandten – Einflugloch dürfte unter anderem den Vorteil bieten, dass das Risiko für

„**Nistkastenrondell**" (Foto: W. Winkel)

Brutverluste durch Feuchtigkeit minimiert wird. Außerdem ist im Ostsektor auch die Gefahr einer Überhitzung durch Sonneneinstrahlung nur gering.

Bei dieser experimentellen Studie ist zu hinterfragen, ob sich die Befunde auch auf Naturhöhlen übertragen lassen. Im Jahr 2003 gelang in Waldparzellen, die dicht benachbart zu den Nistkastengebieten liegen, die Erfassung von 72 Starenpaaren, die in natürlichen Höhlungen nisteten. Hier waren nur 24 % der Höhleneingänge östlich orientiert, während 47 % der Höhlen in westliche Richtungen zeigten. Dies sollte allerdings nicht als Diskrepanz zu den in den Rondellen ermittelten Präferenzen gedeutet werden, weil die vorhandenen Naturhöhlen (Fäulnishöhlen, Spechtlöcher) witterungsbedingt vor allem nach Südwest ausgerichtet sind. Meisen und andere sekundäre Höhlenbrüter (Arten, die nicht in der Lage sind, sich ihre Höhle selbst zu zimmern) können also unter Umständen ihre Präferenz unter natürlichen Verhältnissen nur eingeschränkt oder gar nicht realisieren.

Bei Meisen und anderen Höhlenbrüter-Arten ist es relativ einfach, eventuelle artspezifische Differenzierungen in den nistökologischen Ansprüchen mit Hilfe von Freiland-Experimenten zu untersuchen. Es werden Nistkästen zur Auswahl angeboten, die sich in einzelnen Merkmalen unterscheiden. Um z. B. die Bedeutung des Parameters „Brutraumfläche" zu testen, wurden den Vögeln im Abstand von ca. 25 m alternierend kleine (Brutraumfläche = 120 cm^2) und große (ca. 240 cm^2) Nisthöhlen zur Verfügung gestellt. Für die Untersuchung des Parameters „Höhe der Höhle am Baum" standen jeweils zwei Höhlen am selben Baum zur Auswahl. Wenn beide Kästen zur Brut genutzt wurden, galt nur der zeitlich erste Bezug als Wahl.

Während Kleiber und Kohlmeisen signifikant die große Höhle bevorzugten, brüteten Blaumeisen gesichert häufiger in der kleinen Höhle (nur Erstbruten berücksichtigt). Kleiber, Kohl- und Blaumeisen bevorzugten gleichermaßen die jeweils höher hängende Höhle (ca. 3,7 m gegenüber ca. 1,7 m bzw. 2,2 m gegenüber 0,1 m). Dass die extrem niedrig aufgehängten, d. h. fast am Boden stehenden Nisthöhlen im Auswahlversuch praktisch gemieden wurden, ist nicht verwunderlich, da die Bodenkästen stark feindanfällig sind. Bei Höhlenmangel sieht das Ergebnis allerdings anders aus. Von insgesamt 24 im Abstand von ca. 25 m entsprechend niedrig angebotenen Nisthöhlen (weitere Nistkästen gab es hier nicht) wurden 19 besetzt, und zwar von Kohlmeisen (14 Paare), Blaumeisen (2) und Trauerschnäppern (3). Dies zeigt, wie flexibel Höhlenbrüter bei der Suche nach einem Nistplatz reagieren können.

Mit einem weiteren Experiment untersuchten wir, wie sich die Arten verhalten, wenn kleine Höhlen in 3,7 m Höhe und große Höhlen in nur 1,7 m Höhe am jeweils selben Baum zur Auswahl standen. Für Kleiber und Kohlmeisen war die bevorzugte Brutraumfläche von signifikant größerer Bedeutung als die bevorzugte Höhe der Höhle am Baum. Dagegen wählten alle Blaumeisen erwartungsgemäß die 3,7 m hoch hängende kleine Höhle. Aber die Höhe der Höhle am Baum ist bei dieser Art offenbar bedeutsamer als die Brutraumgröße; denn Blaumeisen bevorzugten auch bei einem Versuch mit umgekehrter Anordnung (3,7 m hoch und groß gegen 1,7 m hoch und klein) signifikant die Nisthöhle in 3,7 m Höhe.

Die im Experiment festgestellten Präferenzen zeigen, dass es bei den untersuchten Arten eine ökologische Einnischung gibt, die bei der Brutplatzwahl die interspezifische Konkurrenz minimieren dürfte.

Trauerschnäpper-Männchen
(Foto: D. Winkel)

Brütendes Trauerschnäpper-Weibchen. (Foto: W. Winkel)

Polygamie bei Trauerschnäppern

Das Besondere im Verhalten des Trauerschnäppers im Lingener Gebiet ist, dass sich die Männchen hier – nicht weit vom Rand ihres westlichen Verbreitungsareals entfernt – auffallend häufig bigyn verpaaren, d. h. mit zwei in getrennten Höhlen nistenden Weibchen. Derartige Bigynie-Nachweise werden von uns durch den Fang desselben Männchens beim Füttern in zwei Bruthöhlen erbracht.

Betrachtet man Kosten und Nutzen bigyner Verpaarungen aus der männlichen Perspektive, so ergibt sich folgendes Bild: Der Bruterfolg von Bigynisten ist, wenn die Anzahl der flüggen Nestlinge in der primären (= zeitlich früheren) und sekundären (= zeitlich späteren) Brut jeweils zusammengezählt werden, signifikant größer als in Bruten monogamer Männchen. Da sich bigyn verpaarte Männchen allerdings an der Aufzucht der Sekundärbrut oft nur wenig (oder gar nicht) beteiligen, fliegen hier die Jungen nicht selten in schlechter Kondition aus, was ihre Überlebensrate mindern dürfte. Ein relativ geringer Bruterfolg in Sekundärbruten könnte außer durch unzureichende Fütterhilfe durch das Männchen auch durch den relativ späten Brutzeitpunkt oder eine geringere phänotypische Qualität der sekundären Weibchen zustande kommen.

Molekulargenetische Vaterschaftsanalysen haben gezeigt, dass die Zahl der genetischen Nachkommen in der jeweils folgenden Generation bei bigynen Männchen im Mittel kaum größer ist als bei monogam verpaarten. Aber warum verpaaren sich Männchen dann überhaupt bigyn? Sie tun dies vermutlich, weil die für eine bigyne Verpaarung anfallenden reproduktiven Kosten (diese könnten z. B. in einer verringerten Lebenserwartung bestehen) nur relativ gering sind. Deshalb ist es für Männchen offenbar sinnvoll, stets eine bigyne Verpaarung anzustreben, auch wenn sich Bigynie für sie möglicherweise nur in witterungs- und nahrungsmäßig außergewöhnlich günstigen Jahren auszahlt.

Das „Polygamie-Schwellen Modell" geht davon aus, dass in Sekundärbruten die Kosten für die Weibchen durch Vorteile ausgeglichen werden, die sich unter anderem aus einer besonders günstigen Nahrungssituation im Revier des Bigynisten ergeben. Dies trifft jedoch – wie unsere Befunde gezeigt haben – in der untersuchten Population nicht zu.

Nach der „sexy-son Hypothese" sind polygame Männchen attraktiver als monogam verpaarte. Danach könnten Weibchen, die mit einem bigynen Männchen verpaart sind, direkte Nachteile beim Bruterfolg unter Umständen durch eine höhere Fitness ausgleichen, die sich für sie durch eine überdurchschnittliche Reproduktionsrate ihrer „sexy sons" ergibt, die die Attraktivität ihrer Väter geerbt haben. Das wäre z. B. der Fall, wenn sich die Söhne von Bigynisten auch selbst häufiger bigyn verpaarten im Vergleich zu Söhnen monogam verpaarter Männchen. Letzteres lässt sich anhand unserer Befunde auch tatsächlich zeigen, allerdings nur für Söhne aus Primärbruten. Eine solche

Frisch geschlüpfte Trauerschnäpper.
(Foto: W. Winkel)

Deutung ist allerdings nur möglich, wenn der soziale Partner des Weibchens normalerweise auch der genetische Vater der Jungen ist, was wir für die untersuchte Population nachweisen konnten.

Zusammenfassend ist festzustellen, dass sich beim Trauerschnäpper die Verpaarung mit einem bigynen Männchen speziell für primäre Weibchen als Nutzen erweisen kann, während bei sekundären Weibchen in der Regel die mit dem Verpaarungsstatus verbundenen Kosten überwiegen. Inwieweit Weibchen allerdings bei der Partnerwahl überhaupt erkennen können, ob ein Männchen bereits verpaart ist oder nicht und ob es bei der Jungenfütterung mithelfen wird oder nicht, sind Fragen, für deren Klärung weitere Untersuchungen erforderlich sind.

Freilandarbeiten kombiniert mit molekulargenetischen Methoden: Evolution von Paarungssystemen

In Kooperation mit der Arbeitsgruppe um Prof. Dr. Thomas Lubjuhn (bis 2007 Institut für Evolutionsbiologie und Ökologie der Universität Bonn) wurden von uns bereits seit Mitte der 1990er Jahre (Trauerschnäpper) bzw. ab dem Jahr 2000 (Tannenmeise) Untersuchungen mit Hilfe molekulargenetischer Methoden durchgeführt.

Bei der Tannenmeise bilden jeweils ein Männchen und ein Weibchen ein Paar, das gemeinsam die Jungen aufzieht. Aber das muss nicht bedeuten, dass das fütternde Männchen auch der genetische Vater aller im Nest befindlichen Jungen ist. Die Untersuchungen mit Hilfe des genetischen Fingerabdruckverfahrens (DNA-Fingerprinting) ergaben nämlich, dass sog. Fremdvaterschaften bei Tannenmeisen sogar extrem häufig vorkommen. In gut 70 % aller Tannenmeisen-Bruten gab es Fremdväter, und mehr als 30 % aller Nestlinge waren außerhalb des Paarbundes gezeugt worden. Bei einer solchen Situation spricht man nicht von Monogamie im klassischen Sinne, sondern es wurde dafür der Ausdruck „soziale Monogamie" geprägt. Diese Bezeichnung bezieht sich also nur auf den sozialen Paarzusammenhalt, der bei Tannenmeisen ja sehr ausgeprägt ist.

Was hat unser Kooperationsprojekt „Tannenmeise" nun an grundsätzlichen Erkenntnissen bislang erbracht? Generell ist festzustellen, dass bei der Tannenmeise Vaterschaft außerhalb des Paarbundes (extra pair paternity EPP) konsistent über Jahre hinweg (sehr) häufig ist und in Zweitbruten noch häufiger vorkommt als in Erstbruten. EPP ist bei Lingener Tannenmeisen ein lokal eingegrenztes Phänomen, da die Fremdväter in der Regel territoriale Männchen aus der Nachbarschaft sind. Interessant ist, dass mehrjährige Tannenmeisen-Männchen deutlich erfolgreicher sind als einjährige was Vaterschaften außerhalb des Paarbundes anbelangt. Im ersten Brutjahr zeugten die Männchen im Mittel nur 0,3 außereheliche Nachkommen, ältere Männchen dagegen im Mittel mehr als 2. Wer lange zu leben in der Lage ist, sollte auch über gute genetische Anlagen verfügen, und vielleicht sind deshalb die Gene der älteren Männchen bei den Weibchen besonders begehrt. Eine Bevorzugung älterer Männchen durch Weibchen würde dann jedenfalls mit besonders lebenstüchtigen Nachkommen belohnt. Doch spielt möglicherweise auch die Erfahrung der Männchen eine Rolle. Ältere Männchen wissen evtl. besser als einjährige, wann sie sich mit der Nachbarin einlassen können, ohne dass das eigene Weibchen das gleiche mit einem Rivalen tut. Aber schließlich wäre es auch denkbar, dass sich ältere Männchen einfach nur rationaler beim Brutgeschehen verhalten als einjährige und deshalb mehr Zeit und Ressourcen für außerpaarliche Balz und außerpaarliche Kopulationen zur Verfügung haben.

Das häufige Auftreten von Fremdvaterschaften bei Tannenmeisen (und vielen anderen Vogelarten) könnte für die jeweils betroffenen Bruten durchaus Konsequenzen haben. So konnte z. B. bei Kohlmeisen gezeigt werden, dass Männchen ihren Elternaufwand während der Fütterphase senken, wenn ihr Weibchen erfolgreich Fremdkopulationen eingegangen ist. Dieses Verhalten macht auch aus evolutionsbiologischer Sicht Sinn, da Brutpflege mit Kosten verbunden ist. Männchen sollten deshalb ihren Aufwand bei der Aufzucht der Nestlinge an der Zahl eigener genetischer Nachkommen orientieren.

Es wird gewöhnlich davon ausgegangen, dass Männchen durch Kopulationen außerhalb des Paarbundes (extra pair copulations EPC) die Zahl ihrer Nachkommen erhöhen. Diese Vermutung liegt nahe, aber ihr Zutreffen ist nicht selbstverständlich. Denn wenn Väter, die Junge außerhalb des Paarbundes (extra pair young EPY) zeugen, auch im eigenen Nest Fremdvaterschaften hinnehmen müssen, könnte sich das ganze für sie als Nullsummenspiel herausstellen. Dies ist bei Lingener Tannenmeisen jedoch nicht der Fall; denn ein Teil der Männchen konnte durch EPY die Anzahl ihrer genetischen Nachkommen (nach Abzug der EPY im eigenen Nest) sogar erheblich erhöhen, während andere Netto-Verluste an Vaterschaften hinnehmen mussten. Das diesbezüglich erfolgreichste Männchen erhöhte seinen Fortpflanzungserfolg um netto 25 Nachkommen in einer Brutsaison. Es hatte damit seine Reproduktionsrate mit der eigenen Partnerin durch EPY quasi verfünffacht. Ein anderes Männchen verlor dagegen alle Vaterschaften in den eigenen Bruten an andere Männchen. Eine wichtige Frage für die Zukunft ist, inwieweit diese Unterschiede die Varianz in der Fitness der Männchen und damit das Potenzial für sexuelle Selektion erhöhen. Welche Rolle spielen Fremdvaterschaften für die Evolution von sexuell dimorphen Merkmalen bei (sozial!) monogamen Arten?

Da bei Weibchen die Gelegegröße limitiert ist, können sie durch EPC keine höhere Anzahl, sondern nur „andere" Nachkommen erhalten, als wenn sie lediglich Kopulationen mit dem eigenen Paarpartner eingehen würden. Bei der Frage, worin der Nutzen von EPC für Weibchen liegen könnte, gibt es eine Reihe von Hypothesen, wobei sich unser Projekt vor allem mit der Prüfung von sog. „Gute Gene"-Modellen auseinandersetzt. Alle Hypothesen, die unter diesem Begriff zusammengefasst werden, haben eines gemeinsam: sie gehen davon aus, dass Weibchen durch EPC versuchen, die genetische Qualität des betreffenden Teils ihrer Nachkommen zu erhöhen.

Ein viel versprechender Weg, „Gute Gene"-Modelle zu prüfen, ist ein paarweiser Vergleich, wobei die außerhalb des Paarbundes gezeugten Jungen mit ihren mütterlichen Halbgeschwistern bezüglich verschiedener fitness-relevanter Merkmale verglichen werden. Da die Halbgeschwister dieselbe Mutter haben und im selben Nest aufgezogen werden, sind Unterschiede bezüglich dieser Merkmale ausschließlich auf die unterschiedlichen genetischen Beiträge der beteiligten Väter zurückzuführen. Wenn die Weibchen EPC eingehen, um „Gute Gene" zu erhalten, dann sollten die außerhalb des Paarbundes gezeugten

Jungtiere ihren mütterlichen Halbgeschwistern überlegen sein. Unsere diesbezüglichen Analysen über das größenkorrigierte Körpergewicht im Nestlingsalter oder den Rekrutierungserfolg erbrachten jedoch – trotz hoher Stichprobenumfänge – zunächst keine signifikanten Unterschiede zwischen EPY und den mütterlichen Halbgeschwistern. In weiteren Analysen konnten wir jedoch zeigen, dass bei der Tannenmeise „Gute Gene"-Effekte kontextabhängig auftreten, d. h. nur unter bestimmten (in diesem Fall besonders schlechten) Umweltbedingungen zum Tragen kommen. EPY hatten einen Überlebens- und Rekrutierungsvorteil nur dann, wenn sie aus Zweitbruten stammten. Deshalb ist es sehr wichtig, den ökologischen Kontext von Partnerwahlentscheidungen in die Betrachtung mit einzubeziehen. Dies könnte der Schlüssel für eine „Versöhnung" der sehr widersprüchlichen Ergebnisse in diesem Themenfeld sein.

Schlussbemerkungen

Die im Rahmen des Forschungsprojektes an Höhlenbrütern gewonnenen Befunde vermitteln nicht nur interessante Einblicke in die Populationsbiologie der untersuchten Arten, sondern ermöglichen auch Erkenntnisse über kausale Zusammenhänge. Die in den Nistkästen gewonnenen Daten z. B. über Reproduktionsraten, Bestandsschwankungen usw. dürfen allerdings nicht automatisch mit den Verhältnissen von Populationen in Naturhöhlen gleichgesetzt werden; denn in den Kunsthöhlen werden unter Umständen bestimmte Selektionsfaktoren (z. B. Prädatorendruck und Parasitenbelastung) abgeschwächt oder sogar ausgeschaltet. Dieser Situation sollte man sich stets bewusst sein, wenn es darum geht, Befunde aus Nistkastenstudien zu analysieren.

Durch Entwicklung und Anwendung des genetischen Fingerabdruckverfahrens ist es heute möglich, die Fitnesskonsequenzen von Fortpflanzungsstrategien näher zu untersuchen. Wie unsere an der Tannenmeise gewonnenen Befunde zeigen, sind außerhalb des Paarbundes gezeugte Jungvögel speziell bei dieser Art außergewöhnlich häufig. Die Tannenmeise ist deshalb ein besonders geeignetes Untersuchungsobjekt, um eine Reihe von Hypothesen – auch im Rahmen experimenteller Ansätze – zu prüfen, die zur Klärung des Auftretens von Fremdkopulationen entwickelt wurden.

Unter Mitarbeit von Rudolf Berndt, Jörg Brün, Holger Dammann, Verena Dietrich-Bischoff, Kerstin Fasterling, Margrit Frantzen, Natascha Gaedecke, Thomas Huk, Volker Janzon, Claudia Krieghoff, Thomas Lubjuhn, Verena Mund, Anja Quellmalz, Tim Schmoll, Hans-Joachim Schultz, Frank M. Schurr, Darius Stiels, Walter Wimmer, Doris Winkel.

Zum Weiterlesen:

Berndt R, Winkel W (1967) Die Gelegegröße des Trauerschnäppers (*Ficedula hypoleuca*) in Beziehung zu Ort, Zeit, Biotop und Alter. Vogelwelt 88: 97–136

Dietrich V, Schmoll T, Winkel W, Epplen JT, Lubjuhn T (2004) Pair identity – an important factor concerning variation in extra-pair paternity in the coal tit (*Parus ater*). Behaviour 141: 817–835.

Hüppop O, Winkel W (2006) Climate change and timing of spring migration in the long-distance migrant *Ficedula hypoleuca* in central Europe: the role of spatially different temperature changes along migration routes. J Ornithol 147: 344–353

Huk T, Winkel W (2006) Polygyny and its fitness consequences for primary and secondary female pied flycatchers. Proc R Soc B 273: 1681–1688

Lubjuhn T, Winkel W, Epplen JT, Brün J (2000) Reproductive success of monogamous and polygynous pied flycatchers (*Ficedula hypoleuca*). Behav. Ecol Sociobiol 48: 12–17

Schmoll T, Dietrich V, Winkel W, Epplen JT, Schurr F, Lubjuhn T (2005) Paternal genetic effects on offspring fitness are context dependent within the extra-pair mating system of a socially monogamous passerine. Evolution 59: 645–657

Schmoll T, Mund V, Dietrich-Bischoff V, Winkel W, Lubjuhn T (2007) Male age predicts extrapair and total fertilization success in the socially monogamous coal tit. Behav Ecol 18: 1073–1081

Winkel W (1970) Experimentelle Untersuchungen zur Brutbiologie von Kohl- und Blaumeisen (*Parus major* und *P. caeruleus*). Über Legeperiode, Eigröße, Brutdauer, Nestlingsentwicklung und Reaktion auf Veränderung der Eizahl. J Ornithol 111: 154–174

Winkel W, Hudde H (1997) Long-term trends in reproductive traits of tits (*Parus major, P. caeruleus*) and Pied Flycatchers *Ficedula hypoleuca*. J Avian Biol 28: 187–190

Winkel W, Winkel D (1995) Kosten und Nutzen von Zweitbruten bei der Tannenmeise (*Parus ater*). J Ornithol 136: 29–36

Ökologie von Seevögeln auf Helgoland und der offenen See

Ommo Hüppop

Helgoland beheimatet den einzigen deutschen Seevogelfelsen. Entsprechend gehört, in Zusammenarbeit mit der Ornithologischen Arbeitsgemeinschaft Helgoland und dem Verein Jordsand zum Schutz der Natur, die alljährliche Erfassung der Brutbestände Helgoländer See- und Küstenvögel zu den Routineaufgaben der Inselstation. Auch die Rastbestände werden nach standardisierter Methode seit 1988 in etwa zweiwöchigen Abständen gezählt. Hinzu kommen spezielle Untersuchungen, die sich mit der Brut- und Ernährungsbiologie ebenso wie mit Auswirkungen menschlicher Aktivitäten oder Folgen von Umweltveränderungen befassen.

Bis in die 1980er Jahre basierte unser Wissen um die Biologie von Seevögeln vor allem auf Untersuchungen in den Brutkolonien. Zwar waren auch diese oftmals nur schwer zugänglich, dennoch boten sie die Gelegenheit zu intensiven Langzeitstudien. Allerdings verbringen die allermeisten Seevogelarten nur die Brutzeit in der Nähe des Landes. Ansonsten leben viele Arten ausschließlich auf der hohen See. Dieser Bereich war aber über lange Zeit den meisten Ornithologen nicht oder nur selten zugänglich, sind doch Kartierungen oder gar Untersuchungen auf See ungleich aufwändiger und schwieriger als an Land. Vor allem die Nähe zur Biologischen Anstalt Helgoland erschloss uns aber Mitfahrmöglichkeiten auf Forschungsschiffen und somit Studien zur Verbreitung von Vögeln auf See oder zu Interaktionen mit der Fischerei. Diese Untersuchungen bildeten vor allem in den 1990er Jahren einen Schwerpunkt der Arbeitsgruppe. Maßgeblich wurden die Arbeiten auf See von Stefan Garthe im Rahmen seiner Diplom- und Doktorarbeit vorangetrieben. Er führt mit seiner Arbeitsgruppe am Forschungs- und Technologiezentrum Westküste der Universität Kiel die in den 1990er Jahren begonnenen Untersuchungen an See- und Küstenvögeln des offenen Meeres sehr erfolgreich weiter.

Brutbestände, Brutbiologie und Nahrung

Heute brüten rund 10.000 Paare verschiedener See- und Küstenvogelarten auf Helgoland, vor allem Dreizehenmöwen und Trottellummen. Im Laufe der Jahrzehnte haben sich Artenspektrum und Brutbestände der einzelnen Arten stark verändert. Der Bestand der Dreizehenmöwe ist nach der Wiederansiedlung im Jahr 1938 auf

Dreizehenmöwe und Trottellumme sind die häufigsten Brutvögel des Helgoländer Lummenfelsens.
(Foto: O. Hüppop)

rund 8600 Paare im Jahr 2001 angewachsen und seitdem wieder geringfügig auf etwa 7100 Paare im Jahr 2009 zurückgegangen. Im Gegensatz zu britischen Dreizehenmöwen ernähren sich die Helgoländer vor allem von jungen Wittlingen. Dies ist möglicherweise die Ursache dafür, dass es Helgoländer Dreizehenmöwen offensichtlich besser geht als denen der nordwestlichen Nordsee, die zum Teil drastische Einbußen wegen einbrechender Sandaalbestände, ihrer dortigen Hauptnahrung, hinnehmen müssen. Doch auch auf Helgoland war der Bruterfolg im Jahr 2008 sehr niedrig.

Die Trottellumme ist die einzige Seevogelart, die seit Beginn des 19. Jahrhunderts durchgehend auf Helgoland brütete. Ihr Bestand schwankte seit Beginn der Aufzeichnungen stark, hat sich aber in den letzten 10 Jahren bei gut 2000 Paaren eingependelt (2249 Paare im Jahr 2009). Nicht zuletzt wegen der Verdrängung durch den zahlenmäßig immer noch zunehmenden Basstölpel breitet sich die Brutkolonie aus: In der Nordklippe, in der „Langen Anna" und in der südlichen Westklippe brüten immer mehr Lummen. Gerade im Bereich der Felsen südlich des Lummenfelsens, der seewärtig in weitem Abstand von einer Uferschutzmauer begrenzt wird, können die jungen, noch nicht flugfähigen Lummen mit dem „Lummensprung" jedoch nicht mehr das Wasser bzw. das Felswatt erreichen. Freiwillige der Inselstation und des Verein Jordsand gehen daher jedes Jahr zur Lummensprungzeit nachts an den Fuß der Brutfelsen, um die innerhalb der Schutzmauer gelandeten Jungtiere einzusammeln, zu beringen, zu vermessen und ins Wasser bringen. Dadurch und durch gezielte Beringungsaktionen bei Niedrigwasser im Felswatt ist nicht nur eine große Zahl von Wiederfunden auf Helgoland beringter Lummen zusammen gekommen. Es ist auch ein wertvoller Datensatz zur Biometrie der Junglummen entstanden, der zum Beispiel über langfristige Veränderungen in der Körperkondition der Jungvögel informiert. Derzeit wird untersucht, warum junge Lummen heute beim „Lummensprung" deutlich leichter als früher sind. Gleichgroße Küken wogen in den Jahren 2005 bis 2009 etwa 6 % weniger als ihre Artgenossen in den Jahren 1989 bis 2003. Möglicherweise sind hierfür klimabedingte Veränderungen im Planktonangebot, die wiederum Auswirkungen auf Größe und Verfügbarkeit der Nahrungsfische haben, verantwortlich. Zum Glück sind bei der Trottellumme Nahrungsuntersuchungen relativ einfach: Mit Fernglas und Fernrohr lässt sich nicht nur die Art der Fische bestimmen, die Altvögel zur Balz oder zum Füttern der Jungen eintragen, im Vergleich zur Schnabellänge ist sogar die Größe der Beutefische abschätzbar. Daher wissen wir, dass die Verringerung der Körperkondition mit einer Verringerung der Größe ihrer wichtigsten Beutefische – Sandaale und Heringsartige – einhergeht. Die Nahrungsanalyse per Ferndiagnose hat allerdings auch ihre Tücken. Trottellummen können wie Seeschwalben im Gegensatz zu Papageitaucher und Tordalk immer nur einen Fisch transportieren. Das machen sie aus ökonomischen Gründen aber nur mit großen Beuteobjekten. Wie wir aus Magenanalysen verunglückter Lummen wissen, fressen die Alttiere schon auf See nicht nur kleinere Beute sondern auch viele verschiedene Arten, die wir in der Kolonie nie oder nur ausnahmsweise entdecken konnten, wie Grundeln oder Seenadeln.

Der Tordalk war im Jahr 2009 mit 16 Paaren in den Helgoländer Klippen vertreten, wovon allerdings nur wenige Paare im Naturschutzgebiet selbst gezählt wurden. Die meisten Tordalken ziehen die Nordklippe vor. Seit dem 19. Jahrhundert ist dieser Bestand nie größer gewesen, sondern war zwischenzeitlich sogar ganz erloschen.

Spektakulärster Neubürger Helgolands ist der Basstölpel. Bereits in den siebziger Jahren wurden während der Brutzeit einzelne ausgewachsene Tölpel in der Nähe des Lummenfelsens beobachtet. Erstmals 1980 hielten sich Altvögel auch im Felsen selbst mehrere Tage lang auf. 1991 kam es dann zur ersten Brut. Seither ist der Bestand rapide bis auf 424 Paare im Jahr 2009 angestiegen. Der Basstölpelbestand ist im letzten Jahrhundert im gesamten Nordatlantik stark gewachsen, und das Verbreitungsgebiet hat sich deutlich erweitert, so dass die Besiedlung Helgolands gut in diese Entwicklung passt. Da die Basstölpel in ihren Nestern mit Vorliebe Netz- und Schnurabfälle aus der Fischerei verwenden, kommen jedes Jahr etliche Jung- und Altvögel um, wenn sie sich in Schlaufen verfangen und nicht mehr befreien können. Auch Trottellummen sind davon in größerer Zahl betroffen.

Der Eissturmvogel besiedelte im Zuge einer fast unglaublichen Arealausweitung und Bestandszunahme in den letzten 200 Jahren auch die Insel Helgoland. 1939 wurden erstmals zwei Eissturmvögel in der Nähe des Lummenfelsens gesehen. 1972 erfolgte die erste gesicherte Brut. Seither wuchs der Bestand kontinuierlich bis 1999 auf 102 Paare an. Heute schwanken die Zahlen zwischen 82 und 121 Paaren (2009: 107). Der Bruterfolg ist lediglich im Koloniezentrum hoch, Paare am Rand bleiben meistens erfolglos. Auf die gesamte Kolonie bezogen bekommt nicht einmal jedes zweite Paar ein Küken groß. Über die Nahrung Helgoländer Eissturmvögel ist nichts bekannt. Auffällig ist aber, dass sie weit kürzere Nahrungsflüge unternehmen als ihre schottischen oder nordamerikanischen Artgenossen. Mehr als zweieinhalb Tage muss aber auch ein Helgoländer Eissturmvogel im Mittel warten, bis er von seinem Partner abgelöst wird.

Die Silbermöwe brütete im Jahr 2009 nur noch mit 69 Paaren auf der Hauptinsel. Damit sind die Zahlen in den letzten Jahren auch ohne früher übliche „bestandsregulierende Abschüsse" zunächst stabil geblieben bzw. sogar zurückgegangen. Die allgemeine Bestandszunahme der Silbermöwe in der Deutschen Bucht seit den 1960er Jahren, begünstigt durch ein üppiges Nahrungsangebot in Form von offenen Müllkippen und Fischereiabfällen, hat etwa Mitte der 1990er Jahre ihren Gipfel überschritten. Inzwischen gehört diese Möwenart sogar zu den am stärksten abnehmenden Brutvögeln unserer Küsten. Auf der Helgoländer Düne wird die Silbermöwe (44 Paare im Jahr 2009) inzwischen zahlenmäßig deutlich von der Heringsmöwe übertroffen (328 Paare im Jahr 2009). Diese brütet dort seit Ende der 1990er Jahre in zunehmender Zahl, auf der Hauptinsel ist sie bisher nach wie vor nur mit einzelnen Paaren vertreten (14 Paare im Jahr 2009). Zwar enthält die Nahrung Helgoländer Silbermöwen im Gegensatz zu den Artgenossen aus dem Wattenmeerraum viel mehr Fisch und ähnelt damit mehr dem Nahrungsspektrum der Heringsmöwe, doch deutet nichts auf eine nahrungsökologische Konkurrenz zwischen beiden Arten auf Helgoland. Auffällig ist, dass der Anteil von Nahrungsorganismen aus der Fischerei bei der Silbermöwe langfristig rückläufig ist. Vermutlich ist der Rückgang der Silbermöwe aber eher auf heute schlechtere Nahrungsbedingungen außerhalb der Brutzeit zurückzuführen. Heringsmöwen haben als ausgesprochene Zugvögel dieses Problem kaum.

Der gänsegroße Basstölpel brütet seit 1991 auf Helgoland. (Foto: O. Hüppop)

In den Jahren 2008 und 2009 brütete erstmals auch ein Mantelmöwenpaar auf der Hauptinsel. Der Papageitaucher verschwand im vorletzten Jahrhundert auf Grund übermäßiger menschlicher Verfolgung als Brutvögel. Er „inspiziert" zwar fast alljährlich die Helgoländer Seevogel-Kolonie, hat sich aber bisher nicht wieder als Brutvogel niedergelassen.

„Seabirds-at-Sea"

Über das Vorkommen von Seevögeln auf der offenen See war lange Zeit sehr wenig bekannt. Dies hat sich mit dem internationalen „Seabirds-at-Sea"-Programm, in dem die Verbreitung und Häufigkeit von See- und Küstenvögeln in europäischen Meeresgebieten untersucht werden, geändert. Ornithologen fast aller Nordsee-Anrainerstaaten kartieren seit 1979 Vögel auf See nach einer standardisierten Methode. Die gesammelten Daten fließen in eine gemeinsame Datenbank, die heute weit mehr als eine Million Beobachtungen enthält. Die deutsche Beteiligung

Brüssel gemeldet. Neben mehreren FFH-Gebieten sind darunter auch zwei EU-Vogelschutzgebiete mit zusammen über 5000 km² Fläche. Diese EU-Vogelschutzgebiete liegen in der östlichen Deutschen Bucht westlich des Hoheitsgebietes von Schleswig-Holstein nördlich der Insel Helgoland und in der Pommerschen Bucht mit Ausdehnung von der Oderbank bis zum Adlergrund.

Auswirkungen der Fischerei

Die Nordsee gehört trotz intensiver Nutzung zu den fischreichsten Meeren der Erde. Der Mensch schöpft von den nutzbaren Fischarten jährlich rund ein Drittel der vorhandenen Biomasse ab. Zur Zeit unserer Studien zu den Auswirkungen der Fischerei auf See- und Küstenvögel in den 1990er Jahren waren das jährlich 2,4 Millionen Tonnen Fisch, entsprechend 3,4 Tonnen pro Quadratkilometer oder 2,8 % des Weltfischfangs. Dabei beträgt die Fläche der Nordsee gerade einmal 0,002 % der Weltmeere. Zwar setzte mit Einführung dampf- und später motorbetriebener Fischkutter bereits gegen Ende des 19. Jahrhunderts eine Übernutzung der wirtschaftlich besonders attraktiven Arten ein, doch konnten die Erträge bis in die siebziger Jahre des letzten Jahrhunderts noch stark gesteigert werden.

Natürlich nutzt nicht nur der Mensch diesen Fischreichtum. Auch fischfressende See- und Küstenvögel besiedeln den Nordseeraum ganzjährig in großer Zahl. Rund um die Nordsee brüten mehr als zwei Millionen Paare fischfressender Vogelarten. Hinzu kommt eine große Zahl nichtbrütender Altvögel und noch nicht fortpflanzungsfähiger Individuen. Je nach Jahreszeit wurden bei nahezu zeitgleichen Kartierungen verschiedener internationaler Teams in der gesamten Nordsee etwa drei bis über fünf Millionen Vögel gezählt.

Fast alle Fischereitypen fangen neben den Zielarten – im Seegebiet um Helgoland waren das vor allem Kabeljau, Seezunge und Scholle – große Mengen anderer, nicht vermarktbarer Fische und bodenbewohnender Wirbelloser. Nicht jeder Fisch, der an Deck eines Kutters kommt, landet in der Küche. Vielmehr muss ein mehr oder weniger großer Teil des Fanges wegen der geringen Selektivität der Netze als „Discard" wieder zurück ins Meer geworfen werden. Pro Kilogramm angelandeter Seezunge gehen in der Deutschen Bucht zum Beispiel 4 bis 10 kg Fisch und noch einmal etwa die gleiche Menge Krebse und Seesterne wieder „über die Kante" zurück ins Meer. Die Masse der Discards und Schlachtabfälle ist erschreckend: In den 1990er Jahren wurden pro Jahr nordseeweit ca. 260.000 t Rundfische, 300.000 t Plattfische, 15.000 t Haie und Rochen, entsprechend 4 % der Fischbiomasse bzw. 22 % der Anlandungen, 150.000 t bodenbewohnende Wirbellose sowie 63.000 t Schlachtabfälle zurück ins Meer geworfen. Die meisten Discards fallen in der Baumkurren-Fischerei an. Da die über Bord geworfenen Fische größtenteils tot, zumindest aber stark geschwächt sind, haben es Möwen, aber auch Basstölpel und Eissturmvögel leicht, eine Beute zu erwischen, an die sie natürlicherweise nie herankämen. Für viele Arten stellen die über Bord gekippten Fische und Schlachtabfälle, weniger die Wirbellosen, eine fast immer reichlich sprudelnde Nahrungsquelle dar. Vögel folgen daher Fischereifahrzeugen in großer Zahl.

See- und Küstenvögel folgen Fischereifahrzeugen oft in großer Zahl, um den ungenutzten Beifang zu erbeuten. (Foto: O. Hüppop)

Mehrere Tausend Vögel hinter einem einzigen Kutter sind vor allem in der nördlichen Nordsee keine Seltenheit. Die Palette der Arten reicht von Basstölpel, Eissturmvogel und anderen Röhrennasen, über Großmöwen bis hin zu Dreizehen-, Sturm- und Lachmöwe, Raubmöwen und Seeschwalben. Selbst Trottellumme, Tordalk, Papageitaucher und Trauerseeschwalbe wurden in Ausnahmefällen als Schiffsfolger beobachtet. Die Beleuchtung der Schiffe erlaubt selbst nachts eine erfolgreiche Nahrungssuche hinter Fischkuttern. Damit stehen Discards und Schlachtabfälle den Vögeln rund um die Uhr zur Verfügung.

Rastende Großmöwen auf dem Helikopter-Landedeck der Forschungsplattform „FINO 1" mit einer Überwachungskamera aufgenommen. (Foto: www.fino-offshore.de)

Unsere Experimente ergaben, dass zwischen 48 und 92 % der über Bord gegebenen Rundfische, zwischen 5 und 36 % der Plattfische und 66 bis 100 % der Schlachtabfälle von Meeresvögeln gefressen werden. Die alles dominierenden Discard-Fresser sind Basstölpel, Mantelmöwe und Skua; wo diese Arten fehlen, sind es Silber- und Heringsmöwe. Die kleineren Möwenarten und selbst der Eissturmvogel haben kaum die Möglichkeit, einmal einen größeren Fisch zu erlangen, solange Großmöwen oder sogar Basstölpel anwesend sind. Sie erbeuten vor allem kleinere Nahrungsobjekte, wie sie in der küstennahen Garnelenfischerei anfallen (Lach- und Sturmmöwe) oder sind sehr erfolgreich beim Ergattern energiereicher Innereien (Dreizehenmöwe und Eissturmvogel). Auch innerhalb der Arten wird oft und heftig um attraktive Beute gekämpft. So haben Jungvögel vor allem bei knappem Angebot deutlich das Nachsehen gegenüber ihren älteren Artgenossen.

Nachhaltige Auswirkungen der Fischerei auf die Bestände von See- und Küstenvögeln sind zu erwarten, aber schwer nachweisbar, denn es gibt noch immer nordseeweit kein einziges Gebiet ohne Fischerei, das zum Vergleich herangezogen werden könnte. Dass Seevögel Fischereifahrzeuge in großer Zahl begleiten, dass es offensichtlich eine große Konkurrenz um Discards und Schlachtabfälle gibt, dass die Vögel nach Sturmphasen so ausgehungert sind, dass sie auch die weniger energiereichen und vermutlich unangenehm zu schluckenden Seesterne und Schwimmkrabben fressen und sich sogar an Deck mit der Hand greifen lassen, spricht dafür, dass viele Arten vom zusätzlichen Nahrungsangebot aus der Fischerei abhängig sind. Eine grobe Abschätzung zeigt, dass im Jahresmittel in den 1990er Jahren die Discards und Schlachtanfälle in der Nordsee ausreichten, fast sechs Millionen Seevögel zu ernähren. Aber was passiert, wenn Discards nicht (mehr) verfügbar sind?

In 83 bis 87 % aller untersuchten winterlichen Speiballen von Helgoländer Mantel- und Silbermöwen fanden sich Reste von Discards. 70 bis 73 % der Speiballen enthielten sogar ausschließlich Reste von Organismen, die den Möwen nur Dank der Fischerei zugänglich waren. Gibt es einmal keine Fischerei, etwa über Weihnachten und Neujahr oder bei starken Stürmen, müssen die Möwen auf Wirbellose und Fische des Helgoländer Felswatts ausweichen. In der Folge dieser Nahrungsverknappung wandern viele Großmöwen von der Insel ab (bis zu über 80 % der Rastbestände). Die verbleibenden sind in deutlich schlechterer Kondition: In Zeiten ohne Fischerei waren Silbermöwen 13 %, Mantelmöwen sogar 24 % leichter als in Zeiten mit Fischerei. Effekte auf die Wintersterblichkeit sind somit sehr wahrscheinlich. Früher konnten die winterlichen Rastbestände von Silber- und Mantelmöwe je nach Fischereiintensität 6300 bzw. 3900 Individuen erreichen. Da die Kabeljau-Fischerei um Helgoland neuerdings weitgehend zum Erliegen gekommen ist, sind auch die winterlichen Rastbestände der Großmöwen zusammengebrochen. Heute werden außerhalb der Brutzeit nur noch wenige hundert Mantel- und Silbermöwen gezählt.

Auch Aufzeichnungen einer Wärmebildkamera sowie kontinuierlich jede Stunde aufgenommene Fotos vom Helikopter-Landedeck der Forschungsplattform „FINO 1" nördlich von Borkum zeigen, wie sehr das Möwenvorkommen auf offener See von der Fischereiaktivität bestimmt wird. Die Zahl der bei der Plattform herumfliegenden bzw. der auf der Plattform rastenden Großmöwen hängt stark vom Wochentag ab: Von Montag bis Donnerstag ist die Möwenzahl signifikant niedriger als von Freitag bis Sonntag. Montags ist das absolute Minimum zu verzeichnen. Das Seegebiet bei Borkum wird fast ausschließlich von großen Baumkurrenkuttern aus den Niederlanden genutzt. Freitags, samstags und sonntags ist die Zahl der Fischereifahrzeuge deutlich niedriger als in der restlichen Woche, da am Freitag und Samstag die Fänge angelandet werden und der Sonntag in der Regel frei ist. Offensichtlich halten sich die Möwen am Wochenende bevorzugt in Plattformnähe auf und rasten in größerer Zahl auf dem Helikopter-Landedeck, um energiesparend auf „bessere Zeiten" zu warten, am Montag sind dann die meisten ausgehungert auf Nahrungssuche bei den Fischereifahrzeugen. Die Ergebnisse sind ein weiterer Hinweis auf die Abhängigkeit der Großmöwen von Fischerei-Aktivitäten und haben methodische Bedeutung für die Erfassung und Quantifizierung von Vögeln auf See.

Unter Mitarbeit von Kerstin Alicki, Britta Dabelstein, Anne-Kathrin Dierschke, Birte Ehmsen, Tina Freyer, Anja Fründt, Stefan Garthe, Jutta Geiß, Bernhard Grunsky-Schöneberg, Michaela Harder, Stefanie Heese, Maria-Elisabeth Jürgens, Ulrike Kubetzki, Anja Liebert, Anna Maria Maul, Alexander Mitschke, Harald Raabe, Anne-Bettina Reinhold, Nicole Schach, Nicole Katrin Sonntag, Dominique Wölke, Sibylle Wurm.

Zum Weiterlesen:
Garthe S, Markones N, Hüppop O, Adler S (2009) Effects of hydrographic and meteorological factors on seasonal seabird abundance in the southern North Sea. Mar Ecol Prog Ser 391: 243–255
Hüppop O, Wurm S (2000) Effects of winter fishery activities on resting numbers, food and body condition of large gulls *Larus argentatus* and *L. marinus* in the south-eastern North Sea. Mar Ecol Prog Ser 194: 241–247
Wurm S, Hüppop O (2003) Fischereiabhängige Veränderungen in der Ernährung Helgoländer Großmöwen im Winter. Corax. 19, Sonderh. 2: 15–26

Aktivitäts- und Verhaltensmuster des Austernfischers

**Klaus-Michael Exo,
Gregor Scheiffarth,
Christiane Ketzenberg,
Christian Wolf**

Vögel müssen sich zur erfolgreichen Besiedlung verschiedener Habitate an unterschiedliche Umgebungsbedingungen anpassen. Dies ist insbesondere bei der Neubesiedlung bislang unerschlossener Lebensräume notwendig. Die Reaktion auf unterschiedliche Lebensbedingungen wird als phänotypische Flexibilität bezeichnet. Sie betrifft neben physiologischen Anpassungen auch das Verhalten der Tiere. Ein prominentes Beispiel für eine hohe Verhaltensflexibilität bietet der Austernfischer.

Der Brutbestand des Austernfischers hat an der deutschen Nordsee in der 2. Hälfte des 20. Jahrhunderts annähernd exponentiell zugenommen. Seit Ende der 1990er Jahre nehmen die Brutbestände wieder ab. Parallel zur Zunahme im Bereich der Nordseeküste setzte um 1920/30, verstärkt ab den 1950er Jahren, eine vermehrte Besiedlung des Binnenlands ein. Diese erfolgte in erster Linie entlang großer Flusssysteme wie Rhein, Elbe und Weser. Austernfischer besiedeln damit Lebensräume mit ganz unterschiedlichen ökologischen Voraussetzungen. Die Ernährungsweise unterscheidet sich grundlegend. Auf Wattenmeerinseln bzw. im Küstenbereich brütende Vögel ernähren sich ganzjährig marin, u. a. von Miesmuscheln, Baltischen Tellmuscheln und Polychaeten wie Seeringelwürmern. Brutvögel des Binnenlands dagegen fressen zur Brutzeit vorwiegend Regenwürmer.

In diesem Zusammenhang stellten sich mehrere Fragen. Was bestimmt den Aktivitätsrhythmus der Austernfischer? Wann gehen sie bevorzugt auf Nahrungssuche, tagsüber, oder auch nachts? Wenn sie nachts auf Nahrungssuche gehen, tun sie dies nur, um ein eventuelles Defizit vom Tag auszugleichen, und wie effektiv sind sie dann?

Können Austernfischer in den verschiedenen Habitaten mit unterschiedlichem zeitlichen Zugang zur Nahrung ihren Energiebedarf decken, um die Brut erfolgreich abzuschließen? Zwar gehört der Austernfischer zu den am besten untersuchten Watvogelarten, die zeitlichen Verhaltensmuster waren aber weitgehend unbekannt. Dies ist darauf zurückzuführen, dass Watvögel tag- und nachtaktiv sind, und dass Nachtbeobachtungen bzw. ganztägige automatische Erfassungen der Aktivitäts- und Verhaltensmuster freilebender Vögel mittels Radiotelemetrie erst in jüngerer Zeit möglich wurden.

Zur Analyse der Aktivitäts- und Verhaltensmuster und darauf aufbauend zur Erstellung von Zeit- und Energiebudgets wurden vergleichende Untersuchungen im Wattenmeer und Binnenland durchgeführt. Die Untersuchungen an Wattenmeerbrütern erfolgten auf der zwischen Jade und Weser gelegenen Nordseeinsel Mellum. Sie bietet ein typisches Beispiel für die im 20. Jahrhundert an der deutschen Nordseeküste zu beobachtende Bestandszunahme, von 5 Brutpaaren im Jahr 1913 auf gut 500 Brutpaare Anfang der 1990er Jahre. Die Untersuchungen an Binnenlandbrütern erfolgten am unteren Niederrhein im Kreis Kleve, in etwa 150 km Entfernung von

Austernfischer mit Telemetriesender
(Foto: R. Behlert)

der Küste. Der untere Niederrhein wurde Anfang der 1950er Jahre erstmals von Austernfischern besiedelt, bis Mitte der 1990er Jahre stieg der Brutbestand auf gut 100 Paare an. Vergleichende Untersuchungen an Rastvögeln fanden zur Zeit des Frühjahrs- und Herbstzuges im Rückseitenwatt der Insel Spiekeroog statt. In Ergänzung zu den Freilanduntersuchungen wurden zudem Volierenuntersuchungen unter Konstantbedingungen durchgeführt.

Volierenuntersuchungen

Volierenuntersuchungen unter kontrollierten Bedingungen geben am ehesten Aufschluss über die natürliche Aktivitätsperiodik. Stand den Vögeln ganztägig Nahrung zur Verfügung, fraßen sie ausschließlich während der täglichen Hellphase, etwa von Sonnenaufgang bis eine Stunde vor Sonnenuntergang. Wurde die Nahrungsverfügbarkeit den im Wattenmeer herrschenden tidalen Verhältnissen entsprechend auf 2 x 6 h pro Tag beschränkt, fraßen sie dagegen auch nachts. Dabei lag die mittlere stündliche Aufnahmerate während der Hellphase über der bei *ad libitum* Fütterung. Nachts wurde hingegen nur 50 % der Menge gefressen, die während des Tages konsumiert wurde, und bei Neumond 20 % weniger als in Vollmondnächten.

Aktivitäts- und Verhaltensmuster freilebender Austernfischer

Da Watvögel tag- und nachtaktiv sind und zudem zwischen Brut- und Nahrungsgebieten oft mehrere Kilometer liegen, galt es zunächst, ein Radiotelemetrieverfahren zu entwickeln, das sowohl eine quantitative Analyse der Gesamtlokomotionsaktivität wie auch des Nahrungssucheverhaltens ermöglicht, so dass erstmals Zeitbudgets über 24 Stunden erstellt werden konnten. Dazu wurden Radiosender eingesetzt, die mit einem bewegungssensitiven Quecksilberschalter gekoppelt waren. Je nach Stellung des Schalters strahlten die Sender entweder eine konstant langsame Impulsfolge aus oder eine konstant schnelle Folge. Die Sender wurden mittels eines Rucksackgeschirrs oder mit einem Kleber so auf dem Rücken der Vögel angebracht, dass die von den Sendern ausgestrahlten Impulsfolgen definierten Verhaltensweisen zugeordnet werden konnten. Zur Aufzeichnung der Daten wurden PC gesteuerte Empfangsstationen eingesetzt, welche die Registrierung der Daten mehrerer Vögel erlaubten.

Zur Aufnahme der Bebrütungsmuster und der Körpergewichte brütender Vögel wurden parallel unter den Nestern funkgesteuerte elektronische Waagen installiert. Die kontinuierliche Wägung der Vögel erlaubt die Aufnahme der Bebrütungsintensität und der paarspezifischen Bebrütungsmuster sowie der Änderungen im Körpergewicht im Verlauf der Bebrütung oder in Folge von Futteraufnahme in Bebrütungspausen. Erleichtert werden die Analysen beim Austernfischer dadurch, dass die Weibchen in der Regel deutlich

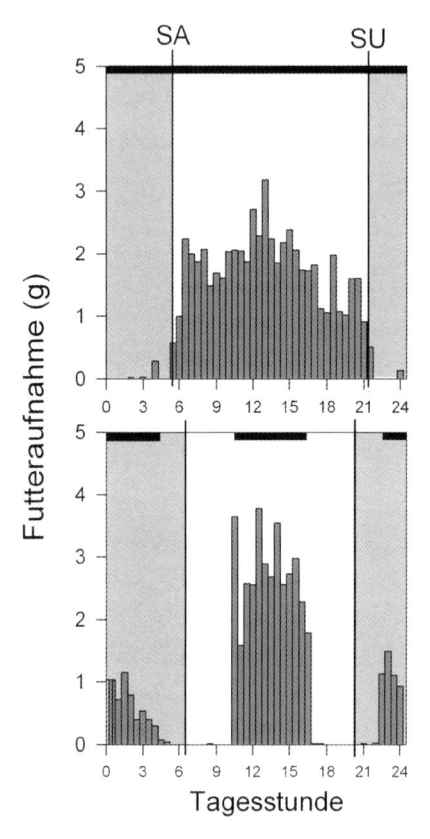

Tageszeitliche Verteilung der Futteraufnahme eines unter Naturtagbedingungen gehaltenen Austernfischers bei ad libitum Fütterung (oben) sowie bei tidaler Futterverfügbarkeit (unten, die schwarzen Balken markieren die Zeiten der Futterverfügbarkeit). Angegeben ist die mittlere Futteraufnahme pro 30 min in g Trockenmasse.

schwerer als ihre Männchen sind, wodurch die Geschlechter unterschieden werden können.

Aktivitätsmuster zur Zeit der Zugperioden

Während des Frühjahrs- und Herbstzuges (März–Mai, August–Oktober) ergab sich ein für zahlreiche Watvogelarten des Wattenmeeres typisches tidales Aktivitätsmuster. Die Hauptphase der Nahrungssuche fiel im Frühjahr in den Zeitraum von etwa 5 Stunden vor bis 4 Stunden nach Niedrigwasser, im Herbst in die Zeit von 4 Stunden vor bis 3 Stunden nach Niedrigwasser. Um Hochwasser rastete der überwiegende Teil der Vögel. Die Grundstruktur der Aktivitätsperiodik war während des Frühjahrs- und Herbstzuges identisch. Dennoch ergab sich ein prinzipieller Unterschied. Während des Frühjahrszuges investierten die Vögel mit 8,5 Stunden deutlich mehr Zeit in die Nahrungssuche als während des Herbstzuges mit nur 5,5 Stunden pro Tidenzyklus. Gründe hierfür sind, dass im Frühjahr das Nahrungsangebot, die Nahrungserreichbarkeit und der Energiegehalt der Beutetiere niedriger sind und zudem der Energiebedarf der Vögel im Frühjahr vielfach höher ist, da sie zusätzliche Energiereserven für die Brutzeit anlegen.

Vor Niedrigwasser investierten Austernfischer in der Regel mehr Zeit in die Nahrungssuche als nach Niedrigwasser. Diese Asymmetrie beruht darauf, dass die Vögel nach Hochwasser – einer „Hungerphase" – versuchen, möglichst schnell Nahrung aufzunehmen. Bei ausreichendem Nahrungsangebot ist der Verdauungstrakt oft schon nach wenigen Stunden gefüllt, so dass die Nahrungssucheaktivität anschließend, z. T. schon um Niedrigwasser, abnimmt. Die täglich in die Nahrungssuche investierten Zeiten werden darüber hinaus auch vom aktuellen Wasserstand sowie dem Wasserstand an den Vortagen beein-

Tidale Aktivitätsmuster von Austernfischern im Rückseitenwatt der Insel Spiekeroog zur Zeit des Herbst- (oben) und Frühjahrszuges (unten) während der Hellphase. Angegeben sind die mittleren prozentualen Verhaltensanteile pro Tidenstunde; **NW: Niedrigwasser** (Methode: Scan-Beobachtungen).

Schematische Darstellung der Anbringung eines bewegungssensitiven Senders zur automatischen telemetrischen Registrierung des Nahrungssucheverhaltens von Austernfischern. Zu beachten ist insbesondere die Stellung des Quecksilberschalters in Abhängigkeit von der Körperhaltung.

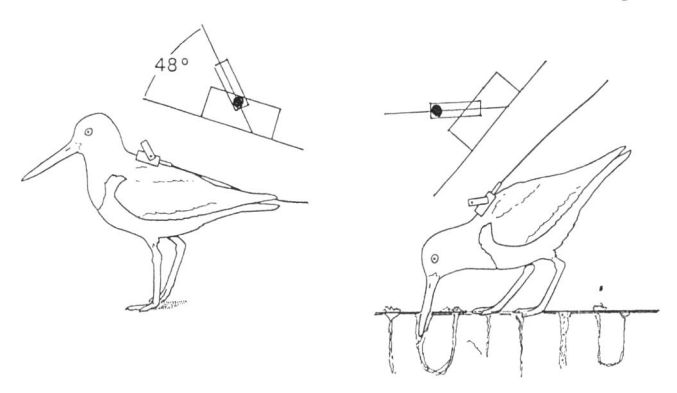

flusst. Fielen die Wattflächen an den Vortagen auf Grund hohen Wasserstands nur unzureichend oder nur für kurze Zeit frei, verlängerten sich die Zeiten für die Nahrungssuche sobald der Wasserstand dies wieder erlaubte. Radiotelemetrische Ortungen der Aufenthaltsorte ergaben, dass Austernfischer am Tage wie auch in der Nacht vielfach dieselben Nahrungsgebiete aufsuchten.

Aktivitätsmuster von Wattenmeervögeln zur Brutzeit

Mit dem Einsetzen der Bebrütung änderten sich die Aktivitätsmuster grundlegend. Zur Zeit der Bebrütung zeigen sie weder ein eindeutiges tidales noch ein tagesperiodisches Aktivitätsmuster. Entscheidend scheint vielmehr die paarspezifische Abstimmung der Bebrütung zwischen den Partnern. Zur Gewährleistung eines optimalen Bruterfolgs muss einerseits gesichert sein, dass das Gelege mehr oder weniger kontinuierlich bebrütet bzw. zumindest bewacht wird. Dies gilt insbesondere für Gebiete wie Mellum, wo der Prädationsdruck durch Silbermöwen sehr hoch ist. Andererseits müssen beide Partner ausreichend Zeit zur Deckung ihres täglichen Nahrungsbedarfs haben. Die Paarpartner müssen zumindest einige Stunden um Niedrigwasser, wenn die ergiebigsten Nahrungsgebiete trockenfallen, der Nahrungssuche nachgehen können. Direktbeobachtungen und radiotelemetrische Registrierungen auf der Wattenmeerinsel Mellum ergaben, dass beide Paarpartner 11,5 Stunden pro Tag für die Bebrütung aufwandten, 9 Stunden pro Tag waren sie aktiv, wovon 7,5 Stunden pro Tag bzw. 3,75 Stunden pro Tidenzyklus in die Nahrungssuche investiert wurden. Die an die Brutgebiete angrenzenden Watten, insbesondere die nahrungsreichen Miesmuschelbänke fielen für etwa 7–8 Stunden pro Tidenzyklus frei. Da beide Paarpartner jeweils ca. 3,75 Stunden pro Tidenzyklus für die Nahrungssuche aufwandten, ist eine optimale Partnerabstimmung unerlässlich.

Die telemetrischen Untersuchungen ermöglichten erstmals einen quantitativen Vergleich der Tag- und Nachtaktivität freilebender Austernfischer. Während der Bebrütung fanden sich weder bei der Gesamtlokomotionsaktivität

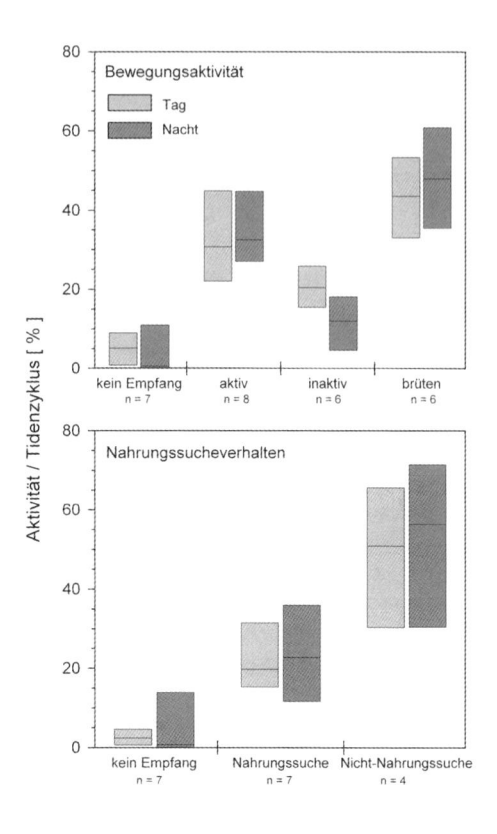

Vergleichende Darstellung der Aktivitätsanteile verschiedener Verhaltensweisen während der Hell- (hellgraue Säulen) und Dunkelphase (dunkelgraue Säulen) von Wattenmeerbrütern des Austernfischers. Angegeben sind die prozentualen Verhaltensanteile einzelner Verhaltensweisen. „kein Empfang" – Vogel außerhalb des Empfangsbereichs der Radiotelemetriestation.

noch beim Nahrungssucheverhalten signifikante Unterschiede, d. h. die Vögel waren während der Dunkelphase genauso aktiv wie am Tage. Parallele Registrierungen des Körpergewichts bzw. der Nahrungsaufnahme brütender Vögel ergaben ebenfalls keine signifikanten Unterschiede zwischen Hell- und Dunkelphase. Die Vögel nahmen im Mittel um ca. 25 g pro Stunde Abwesenheit vom Nest bzw. um etwa 5 % ihres Körpergewichts zu. Da sich die in die Nahrungssuche investierten Zeiten auch nicht unterschieden, erzielten Austernfischer während der Hell- und Dunkelphase annähernd gleich hohe Aufnahmeraten. Im Laufe eines Tages nahmen die Brutvögel Mellums ca. 190 g Frischmasse auf, was einer Energieaufnahme von etwa 800 kJ entspricht.

Aktivitätsmuster von Binnenlandbrütern

Binnenlandbrüter zeigen während der Bebrütung ein streng tagesperiodisches Aktivitätsmuster. Ihre Gelege wurden im Mittel über etwa 21,5 Stunden pro Tag bebrütet. Nachts erfolgt die Bebrütung fast ausschließlich durch die Männchen. Brutablösungen und Unterbrechungen sind sehr selten. Während die Männchen brüteten, rasteten die Weibchen nachts oftmals in 1–2,5 km Entfernung auf Kiesbänken am Rheinufer. Tagsüber wechselten sich Männchen und Weibchen bei der Bebrütung regelmäßig ab, wobei den Weibchen mit 65 % der höhere Anteil oblag.

Die ersten Brutablösungen traten etwa 10 min vor Sonnenaufgang auf, die letzten knapp zwei Stunden vor Sonnenuntergang. Die nächtliche Inaktivität von Binnenlandbrütern scheint erstaunlich, da Regenwürmer, die Hauptbeutetiere des Austernfischers am Niederrhein, in der Dämmerung und nachts aktiver sind als tagsüber. Grund für die nächtliche Inaktivität ist Feindvermeidung. Die Rastplätze am Rheinufer, in der Regel helle Kiesflächen, sind für Raubsäuger nur von der Landseite aus zugänglich, darüber hinaus dürften sie auch auf Grund ihrer Offenheit und damit Übersichtlichkeit wesentlich sicherer als Rastplätze auf landwirtschaftlich genutzten Flächen sein. Lange kontinuierliche Bebrütung reduziert zudem Bewegungen am Nest und macht so das Gelege für Prädatoren weniger auffällig.

Binnenlandbrüter investierten während der Bebrütung im Mittel etwa 5 h pro Tag in die Nahrungssuche, also etwa 2,5 h weniger als die Vögel Mellums. Ihre tägliche Energieaufnahme war aber ähnlich. Nach niederschlagsreichen Perioden, wenn sich Regenwürmer vermehrt im Oberboden aufhielten, nahmen Austernfischer mehr Nahrung auf als nach Trockenperioden. Die Weibchen nutzten insbesondere die frühen Morgenstunden vor der 1. Brutablösung und die Zeit nach dem letzten Brutwechsel am Spätnachmittag zur Nahrungssuche, die Männchen dagegen die Zeit nach der ersten Brutablösung.

Fazit

Die vorliegenden Ergebnisse belegen die große Flexibilität der zeitlichen Verhaltensdynamik des Austernfischers, insbesondere des Auftretens und der Möglichkeiten der Nahrungssuche nachgehen zu können. Diese Flexibilität ist eine Grundvoraussetzung zur erfolgreichen Besiedlung verschiedener Lebensräume mit unterschiedlichen abiotischen und biotischen Gegebenheiten sowie der Möglichkeit jahreszeitlich zwischen marinen und terrestrischen Lebensräumen zu wechseln.

Die Volierenversuche zeigen, dass Austernfischer ihren täglichen Nahrungsbedarf in nur 6 Stunden nicht decken können. Dies stimmt mit Freilanduntersuchungen überein und ist im Wesentlichen auf Beschränkungen in der Verdauungsgeschwindigkeit zurückzuführen. Der Magen eines Austernfischers kann bis zu 80 g Frischmasse aufnehmen. Die Menge kann unter günstigen Bedingungen in 1–2 Stunden konsumiert werden. Darüber hinaus belegen die Experimente, dass eine nächtliche Nahrungsaufnahme nur dann auftritt, wenn die Vögel durch eine eingeschränkte Nahrungsverfügbarkeit zur Zeit der Hellphase zu einer nächtlichen Nahrungsaufnahme gezwungen werden. Sowohl die Volierenuntersuchungen wie auch die Studien an

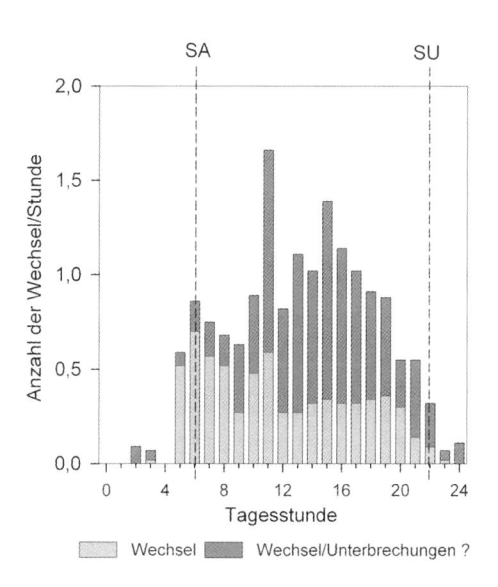

Tagesperiodische Aktivitätsmuster von Binnenlandbrütern des Austernfischers zur Zeit der Bebrütung. Angegeben sind die mittleren Anzahlen der Bebrütungswechsel von Paarpartnern bzw. Brutunterbrechungen pro Tagesstunde (Methode: Nestwägungen; n = 44 Tage, n = 6 Paare).

Binnenlandbrütern zeigen, dass eine Deckung des Nahrungsbedarfs im Sommerhalbjahr während der Hellphase bei entsprechender Nahrungsverfügbarkeit und Abstimmung der Paarpartner möglich ist, und eine nächtliche Nahrungssuche nur bei eingeschränkter Nahrungsverfügbarkeit auftritt, beispielsweise in tidal geprägten Lebensräumen oder aber im Winterhalbjahr bei zu kurzer Hellphase. Die Ergebnisse stützen damit übereinstimmend die „supplementary hypothesis", die besagt, dass nächtliche Nahrungssuche bei Watvögeln nur bei eingeschränkter Nahrungsverfügbarkeit erfolgt. Die ganztägigen kontinuierlichen telemetrischen Registrierungen und parallelen Wägungen der Brutvögel Mellums deuten darauf hin, dass Austernfischer dort tags wie nachts gleich effektiv Nahrung aufnehmen können. Auf der Wattenmeerinsel Mellum ist die Prädationsgefahr für Altvögel äußerst gering. Eine unterschiedliche Prädationsgefahr könnte erklären, warum Vögel in anderen Gebieten bzw. unter anderen Umständen eine nächtliche Nahrungssuche vermeiden. Es könnte auch die vergleichsweise geringe nächtliche Nahrungsaufnahme der Volierenvögel erklären, denn nachts waren an den Freilandvolieren regelmäßig Waldkäuze, potenzielle Räuber von Austernfischern.

Sowohl im Binnenland wie auch an der Küste nahmen Austernfischer während der Bebrütungsphase im Mittel 800 kJ pro Tag auf und erzielten damit einen geringen Energieüberschuss. Im Binnenland ergaben sich zur Zeit der Kükenaufzucht geringe Energiedefizite, weshalb Küken möglichst schnell in nahrungsreiche Gebiete geführt werden müssen, um sie erfolgreich aufzuziehen. Insgesamt scheint die Nahrungssituation für Austernfischer im Binnenland recht günstig, doch bei längeren Trockenperioden gibt es Engpässe, wenn sich ihre wichtigste Nahrung, Regenwürmer, in tiefere Bodenschichten zurückziehen. So nahm ein Männchen während einer mehrtägigen Trockenperiode innerhalb von nur zwei Tagen um 13 % ab, sein Weibchen hingegen nur um 5 %. Gleichzeitig verringerte sich der Bebrütungsanteil des Männchens während der Hellphase. Dies kann bis zu einem gewissen Maße durch eine flexible Abstimmung der Zeitaufteilung zwischen den Paarpartnern ausgeglichen werden, aber während langer Trockenperioden auch zur Gelegeaufgabe führen.

Diese Beobachtungen, das Nächtigen der Weibchen am Rheinufer sowie die Aufgabe von Gelegen in Folge zu hoch aufwachsender Vegetation, was die Rundumsicht der brütenden Vögel zunehmend einschränkt und damit das Prädationsrisiko erhöht, machen deutlich, dass Austernfischer versuchen, potenziell akute Gefährdungen zu minimieren, um ihr Überleben zu sichern und damit ihre Lebensreproduktionsleistung zu maximieren, eine typische Lebensstrategie von sog. K-Strategen.

Unter Mitarbeit von Ute Bradter, Frauke Födisch, Heiko Freimuth, Uwe Haesihus, Rolf Nagel, Stefani Pleines.

Zum Weiterlesen
Exo K-M, Scheiffarth G, Haesihus U (1996) The application of motion sensitive transmitters to record activity and foraging patterns of Oystercatchers *Haematopus ostralegus*. Ardea 84A: 29–38

Exo K-M (1992) Methoden zur Aufnahme von Raum-Zeit-Budgets bei Vögeln, dargestellt am Beispiel des Austernfischers (*Haematopus ostralegus*). Vogelwarte 36: 311–325

Ketzenberg C, Exo K-M (1994) Time budgets of migrating waders in the Wadden Sea: Results of the interdisciplinary project *Ecosystem Research Lower Saxonian Wadden Sea*. Ophelia, Supplement 6: 315–321

Integriertes Monitoring von Singvogelpopulationen (IMS)

Franz Bairlein

Das Monitoring von Brutvogelbeständen durch Beobachtung lässt in der Regel keine Aussagen darüber zu, ob Bestände abnehmen, weil sie nicht genügend Nachwuchs haben, nicht genügend Individuen überleben oder eine Kombination beider Faktoren wirkt. Fortpflanzungsrate wie Überlebensrate als die entscheidenden populationsrelevanten demographischen Kenngrößen lassen sich durch standardisierten Fang, Beringung der gefangenen Vögel und Wiederfang ermitteln.

Dazu haben die drei deutschen Vogelwarten Helgoland, Hiddensee und Radolfzell Mitte der 1990er Jahre das „Integrierte Monitoring von Singvogelpopulationen" (IMS) mit dem Ziel gestartet, jährliche Fortpflanzungs- und Überlebensraten von Kleinvögeln durch standardisierten Netzfang mit konstantem Aufwand systematisch zu erfassen.

Die Beringung (individuelle Markierung) von Vögeln ist die einzige Methode, die Überlebensverhältnisse zu untersuchen. Doch können mit ihr auch die Bestandsgröße und der Fortpflanzungserfolg bestimmt werden. Für das Verständnis der Ursachen von Bestandsveränderungen von Vogelarten ist die Beringung deshalb unverzichtbar. Mit Einsatz eines strikten, standardisierten Netzfangs mit konstantem Aufwand zur Brutzeit können alljährlich detaillierte Angaben zu Bestandveränderungen der Brutvögel über einen großen geografischen Raum gemacht werden. Die Anzahl gefangener Jungvögel beschreibt den alljährlichen Bruterfolg, und Wiederfänge von beringten Vögeln zwischen verschiedenen Jahren liefern Daten zur jährlichen Überlebensrate und lassen die Bestandsgröße abschätzen.

Entscheidend für das gesamte Projekt sind der regelmäßige Netzfang und die Beringung. Der Fang erfolgt nach einer weitgehend standardisierten Methode, die sich an dem sehr bewährten CES (Constant-Effort-Site)-Verfahren des British Trust for Ornithology in Großbritannien orientiert. Die ausführliche Arbeitsanleitung findet sich unter www.vogelwarte-helgoland.de. Aus praktischen Gründen werden vor allem Gebüschbiotope und andere Flächen mit vergleichsweise niedriger Vegetation, z. B. Röhrichte, untersucht, da in diesen Lebensräumen der standardisierte Netzfang am wirkungsvollsten durchführbar ist. Probeflächen werden so gewählt, dass der standardisierte Netzfang mit konstantem Aufwand konsequent und längerfristig durchgeführt werden kann. Voraussetzung für den Erfolg eines solchen Monitorings ist nämlich, dass eine Probefläche mit gleicher Intensität kontinuierlich für mehrere aufeinander folgende Jahre untersucht wird. Flächen, auf denen ganz erhebliche Veränderungen zu erwarten sind, sind als Untersuchungsflächen ungeeignet. Probeflächen dürfen nicht zu klein sein, denn um Daten zur jährlichen Überlebensrate sinnvoll ermitteln zu können, muss eine ausreichende Anzahl an Vögeln gefangen und beringt werden können.

Vor dem ersten Fang werden Netzstandorte und die Netzlänge je Standort festgelegt. Die Standorte dürfen nachher weder innerhalb einer Saison noch zwischen Jahren geändert werden. An immer den gleichen Stellen und mit immer derselben Netzlänge und demselben Netztyp wird von Anfang Mai bis Ende August jeweils 1x pro 10–Tage-Intervall für jeweils 6 Stunden ab der Morgendämmerung gefangen, insgesamt also an 12 Fangtagen. Variable Anzahl an Netzen oder variable Fangzeiten sind nicht möglich.

Der Erfolg dieses integrierten Populationsmonitorings liegt darin, dass sich viele Beringer

IMS-Standort bei Wilhelmshaven (Foto: B. Metzger)

Holstein und Dänemark ihren Fortgang. Das Projekt wird nach wie vor vom Institut für Vogelforschung koordiniert und wissenschaftlich begleitet.

Auf Basis dieser langen Datenreihe lässt sich die zeitliche Entwicklung der Schadstoffe in verschiedenen Regionen des Wattenmeeres aufzeigen. Bei der Mehrzahl der Umweltchemikalien sind in den Eiern von Flussseeschwalbe und Austernfischer deutliche Rückgänge von 1981 bis heute zu verzeichnen. Besonders zu Anfang der 1990er Jahre fielen die Ei-Gehalte der meisten untersuchten Substanzen deutlich ab, als nach der Wiedervereinigung durch Stilllegung von Industrien oder Durchführung von Umweltschutzmaßnahmen entlang der Elbe geringere Einträge von Umweltchemikalien erfolgten. Diese Rückgänge der Schadstoffemissionen wirkten sich rasch auf das gesamte Wattenmeer aus, und auch der Schwellenwert für toxische Auswirkungen im Ei von 5000 ng/g PCB (Flussseeschwalbe und Austernfischer auf Trischen) wurde seither nicht mehr erreicht. Freilich zeigen die auch in jüngerer Zeit festzustellenden Schwankungen zwischen den Jahren, dass immer noch Jahre mit wieder erhöhten Eibelastungen auftreten, die durch erneute Einträge oder Re-Mobilisation

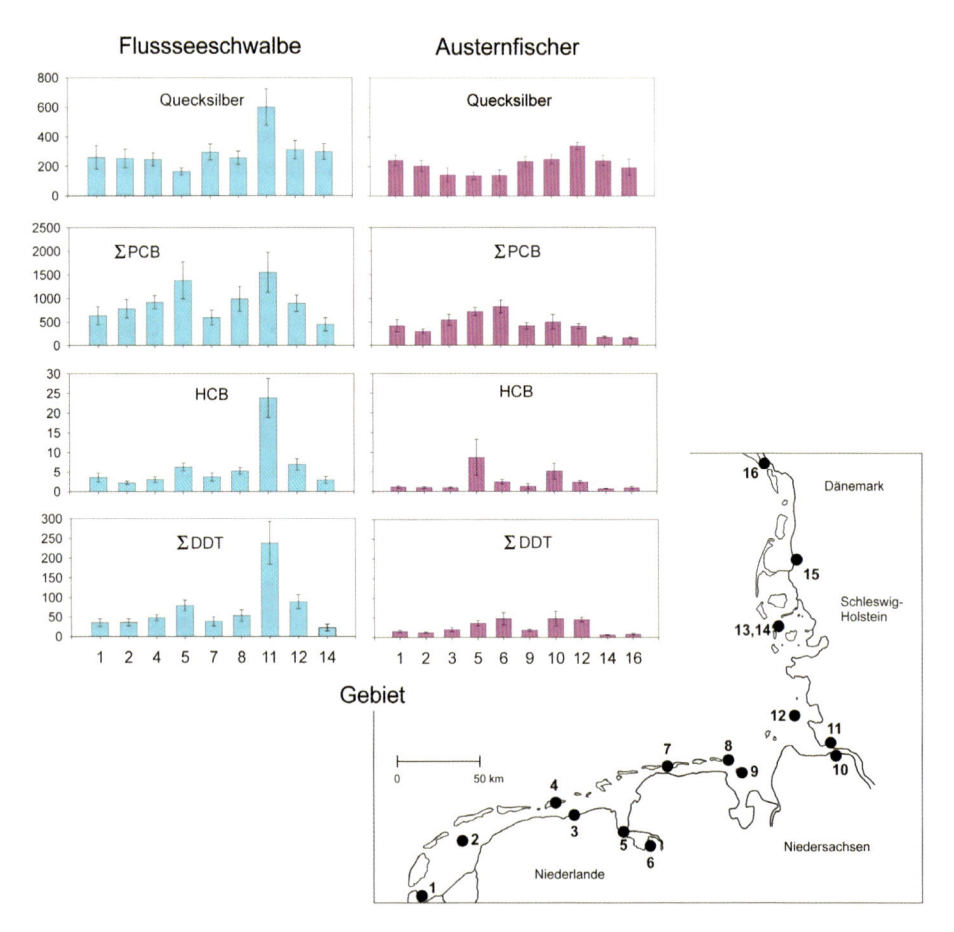

Geografische Unterschiede in der Konzentration von Umweltchemikalien in Flussseeschwalben- und Austernfischereiern im Wattenmeer im Jahr 2008. Zur Lage der Entnahmestandorte s. Karte. Angegeben sind die Mittelwerte der Konzentrationen (ng/g Frischgewicht Ei) mit den 95 % Vertrauensbereichen für Quecksilber, Summe der PCB, Hexachlorbenzol (HCB), Summe von DDT und Metaboliten sowie der HCH (Hexachlorzyklohexan) – Isomeren. Pro Standort und Art wurden je 10 Eier analysiert. Daten aus dem trilateralen Wattenmeermonitoring, TMAP.

von Schadstoffen aus den Sedimenten und Ufersäumen verursacht werden.

Trotz dieser insgesamt erfreulichen Entwicklung treten nach wie vor deutliche geografische Unterschiede in der Belastung von Seevögeln an der Wattenmeerküste in Erscheinung, wie die jüngsten Daten aus dem Jahr 2008 zeigen. Das Elbe-Ästuar ist der „hot spot" der Chemikalienbelastung im Wattenmeer geblieben. Die Flussseeschwalbe zeigt dies deutlicher an als der Austernfischer in Folge ihrer höheren Akkumulationsraten. Neben dem Elbe-Ästuar tritt als weiterer Belastungsschwerpunkt der Ems-Dollart-Bereich hervor, wo in den Eiern beider Vogelarten ebenfalls erhöhte Konzentrationen an Organohalogenen auftreten. Die Gehalte einiger Organohalogene sind immer noch hoch, selbst von pp-DDE, dem Haupt-Metaboliten des DDT, obwohl dieses Insektizid seit 1972 verboten ist. Neben den jährlichen Schwankungen ist dies ein weiterer Grund dafür, dass das Monitoring auf jährlicher Basis im Rahmen des TMAP fortgeführt werden sollte.

Die vom Institut für Vogelforschung entworfenen Konzepte und Methoden sind inzwischen in eine Richtlinie des „Joint Assessment and Monitoring Programme" der Oslo-Paris-Konvention (OSPAR) sowie eine VDI-Richtlinie zum „passiven Monitoring mit Vogeleiern als Akkumulations- und Reaktionsindikatoren" eingeflossen. Im Rahmen der OSPAR-Initiative zur Etablierung von Umweltqualitätszielen (EcoQOs) in der Nordsee ist auch der Parameter „Quecksilber und Organohalogene in Seevogeleiern" aufgenommen worden und Referenzgebiete in Schottland und Süd-Norwegen sind dazugekommen. Damit lassen sich Referenzwerte als Umweltqualitätsziel festlegen, die nahe bei Null-Werten liegen und an denen die weitere Entwicklung der Schadstoffbelastung von Seevögeln bemessen wird. Dabei sollen auch neue Schadstoffe von toxikologischer Relevanz berücksichtigt werden, wie z. B. Flammschutzmittel, Körperpflegeprodukte oder Medikamentenrückstände, und eine internationale Zusammenarbeit von Laborarien gefördert werden.

Neben ihrem Wert als Akkumulationsindikator können Küstenvögel als sensitive Indikatoren allgemeine Veränderungen in der Umwelt anzeigen, wenn ihre Demographie beobachtet wird. Reicht beispielsweise der Bruterfolg mehrjährig nicht zur Bestandserhaltung aus, zeigt dies einen Wandel in der Umwelt an, im Nahrungsangebot, Bruthabitat, Klima, oder auch in der Belastung mit Umweltchemikalien. Zum Monitoring des Bruterfolgs von Küstenvögeln wie der Flussseeschwalbe, den Möwenarten, dem Austernfischer oder dem Rotschenkel hat das Institut für Vogelforschung ebenfalls langjährige Untersuchungen durchgeführt und wichtige Methoden entwickelt. Erfreulicherweise werden Seevögel nun auch in dieser sensitiven Funktion als TMAP-Parameter „Breeding Success" genutzt, der mit „Contaminants in Bird Eggs" ab 2010 im internationalen Wattenmeer-Monitoring kombiniert werden kann.

Unter Mitarbeit von Esther Clausen, Tobias Dittmann, Kathrin Gießing, Andreas Götz, Diana Henning, Silke Kahle, Frank R. Mattig, Jacqueline Muñoz Cifuentes, Ursula Pijanowska, Sabine Schuhmann, Stefan Thyen.

Zum Weiterlesen:

Becker PH (1991) Population and contamination studies in coastal birds with special reference to the Common Tern (*Sterna hirundo*). In: Perrins CM, Lebreton JD, Hirons GJM (eds): Bird population studies: Relevance to conservation and management. Oxford University Press, Oxford: 433–460

Becker PH (2003) Biomonitoring with Birds. In: Markert BA, Breure AM, Zechmeister, HG (eds): Bioindicators and Biomonitors – Principles, Assessment, Concepts. Elsevier, Oxford: 677–736

Becker PH, Muñoz Cifuentes J (2004) Contaminants in bird eggs: recent spatial and temporal trends. In: Wadden Sea Ecosystem No. 18, 5–25. Common Wadden Sea Secretariat, Wilhelmshaven

Muñoz Cifuentes J (2004) Seabirds at risk? Effects of environmental chemicals on reproductive success and mass growth of seabirds breeding at the Wadden Sea in the mid 1990s. In: Wadden Sea Ecosystem No. 18, 27–51. Common Wadden Sea Secretariat, Wilhelmshaven

Muñoz Cifuentes J, Becker PH, Sommer U, Pacheco P, Schlatter R (2003) Seabird eggs as bioindicators of chemical contamination in Chile. Environ Pollut 108: 123–137

Thompson DR, Becker PH, Furness RW (1993) Long-term changes in mercury concentrations in herring gulls *Larus argentatus* and common terns *Sterna hirundo* from the German North Sea coast. J Appl Ecol 30: 316–320

Einfluss von Kleientnahmen aus Vorland-Salzwiesen auf Brut- und Rastvögel

**Klaus-Michael Exo,
Tobias Dittmann,
Stefan Thyen,
Arndt Wellbrock**

Millionen arktischer Brutvögel sind alljährlich zur Zeit des Frühjahrs- und Herbstzuges auf ungestörte Salzwiesen des Wattenmeers zur Rast während Hochwassers angewiesen. Für viele bestandsgefährdete Brutvogelarten sind sie letzte Rückzugsgebiete. Wegen ihrer Einzigartigkeit für Flora und Fauna sind Salzwiesen generell als wertvoll einzustufen und über nationale und internationale Gesetze und Konventionen geschützt. Auch wenn viele Vorländer bereits vor Jahrzehnten unter Schutz gestellt wurden, wird der aktuelle Erhaltungszustand prägender Lebensraumtypen, beispielsweise „atlantischer Salzwiesen" im nationalen FFH-Bericht 2007 durch das Bundesamt für Naturschutz immer noch als „ungünstig bis unzureichend" eingestuft. Ca. 80 % der Küstenvogelarten Deutschlands gelten als gefährdet. Wesentliche Ursachen hierfür sind intensive landwirtschaftliche Nutzung, Küstenverbauung und Bodenentnahmen.

„Klei", ein weitverbreiteter feinsandiger bis schluffiger, entkalkter Marschboden, ist einer der wichtigsten Baustoffe im Deichbau an der deutschen Nordseeküste. Allein in Niedersachsen und Bremen beläuft sich der Kleibedarf zur Verstärkung und Erneuerung der gut 600 km langen Hauptdeichlinien in den kommenden 25 Jahren auf mindestens 14 Millionen Kubikmeter. Müssten die Deiche in Folge des Klimawandels gar um 1 m erhöht werden, stiege der Kleibedarf auf bis zu 30 Millionen Kubikmeter. Aus wirtschaftlichen Gesichtspunkten werden die erforderlichen Kleimengen ortsnah gewonnen. Binnendeichs führen Kleientnahmen häufig zu Konflikten mit anderen Formen der Landnutzung, vor allem der Landwirtschaft. Aus Sicht des Küstenschutzes gelten Kleientnahmen aus dem Deichvorland, d. h. aus dem Nationalpark, als unumgänglich. Dies führt zwangsläufig zu einem Konflikt zwischen Natur- und Küstenschutz, aber auch zu kontroversen Diskussionen innerhalb des Naturschutzes.

Durch Kleientnahmen werden in Jahrhunderten gewachsene Salzwiesen zerstört, ihre ökologische Funktion wird für Jahrzehnte beeinträchtigt, stattdessen entsteht zunächst ein künstliches Gewässer, eine sog. (Klei-)Pütte. Befürworter von Kleientnahmen argumentieren, dass durch Auspüttungen (Kleientnahmen) Strukturvielfalt und Artendiversität erhöht werden und so über Jahrzehnte intensiv landwirtschaftlich genutzte Vorländer eine ökologische Verbesserung erfahren.

Obwohl Kleientnahmen aus Vorlandsalzwiesen zum Deichbau eine Jahrhunderte alte Tradition haben, und im 20. Jahrhundert allein in Niedersachsen weit über hundert neue Pütten mit einer Gesamtfläche von über 400 ha, d. h. auf 7,5 % der gesamten Vorlandfläche, angelegt wurden, fehlt eine integrative ökologische Bewertung. Der Ablauf der Wiederverlandung von Pütten wurde bisher nicht kontinuierlich quantitativ erfasst. Insbesondere Untersuchungen aus frühen Entwicklungsstadien fehlen. Diese Lücken sollen in dem gemeinsam mit dem Forschungsinstitut Senckenberg am Meer, Wilhelmshaven, und dem Institut für Biologie, Universität Oldenburg, durchgeführten und vom III. Oldenburgischen Deichband und der Niedersächsischen Wattenmeerstiftung finanzierten Projekt „Außendeichskleipütte Petersgroden" geschlossen werden. Darin wurden erstmals langfristig quantitative Daten zur Verlandung und Besiedlung während der frühen Wiederverlandungsphase nach international anerkannten Standards gewonnen.

Die Kleipütte Petersgroden

Zur Deichverstärkung und -erhöhung im südwestlichen Jadebusen, im Bereich Mariensiel bis Dangast, wurden in den Jahren 1998/99 ca. 150.000 m³ Klei aus den Vorlandsalzwiesen des Petersgrodens entnommen. Die durch die Kleientnahme entstandene knapp 10 ha große und bis zu 1,5 m tiefe Pütte wurde nicht wieder verfüllt, sie soll vielmehr natürlich verlanden, dazu wurde sie über einen Durchstich an das Tidebecken des Jadebusens angeschlossen.

Püttfläche im Bereich des zentralen Beobachtungssteges im Sommer 2006 (links) und Sommer 2009 (rechts) (Fotos: K.-M. Exo)

Der Eingriff erfolgte in der streng geschützten Ruhezone des Nationalparks Niedersächsisches Wattenmeer. 7 von 17 Ende der 1980er/Anfang der 1990er Jahre in den Vorlandsalzwiesen des Petersgrodens nachgewiesenen Brutvogelarten waren zur Zeit des Eingriffs in den „Roten Listen" der in Niedersachsen/Bremen oder Deutschland gefährdeten Vogelarten verzeichnet. Besonders herauszustellen sind die Brutvorkommen des Rotschenkels. Internationale Bedeutung kommt dem Gebiet laut Ramsar-Konvention auch für Gastvögel zu. Im westlichen Jadebusen rasten während der Zugperioden alljährlich regelmäßig bis zu 30.000 Wasser- und Watvögel. Für den Säbelschnäbler ist der Jadebusen zur Zeit des Herbstzuges der bedeutendste Rast- und Mauserplatz in Mitteleuropa.

Untersuchungskonzept

Die Genehmigung zur Kleientnahme aus den Salzwiesen des Nationalparks wurde nur unter der Auflage erteilt, dass der natürliche Verlandungsprozess im Rahmen einer interdisziplinären Beweissicherungsstudie langfristig verfolgt wird. Zu dokumentieren sind (a) die aktuellen Einflüsse der Kleientnahme auf das Ökosystem Salzwiese und (b) die langfristigen sedimentologischen und ökologischen Entwicklungsprozesse. Um den räumlich-zeitlichen Verlauf repräsentativer abiotischer und biotischer Parameter des natürlichen Verlandungsprozesses langfristig quantitativ zu erfassen und Wechselbeziehungen zwischen verschiedenen Parametern aufzuzeigen, wurde im Winter 1999/2000, d. h., nach der Kleientnahme, ein interdisziplinäres Forschungsvorhaben etabliert. Das Gesamtprojekt lässt sich in vier Teilprojekte untergliedern: (1) Morphologie und Sedimentologie, (2) Vegetationsökologie, (3) benthische Makrofauna und (4) Avifauna. Darüber hinaus soll die ökologische Bedeutung alter Kleientnahmestellen bewertet werden.

Im Rahmen des ornithologischen Teilprojektes werden folgende Fragen untersucht: Wie hoch sind die durch die Auspüttung bedingten Brutplatzverluste? Wann und durch welche Arten wird eine Pütte im Laufe der Verlandung wiederbesiedelt? Welche kausalen Zusammenhänge ergeben sich zwischen Sedimentation, Vegetationsentwicklung und Wiederbesiedlung? Welche Folgen hat die Auspüttung für Gastvögel? Bieten sich in Abhängigkeit von Sedimentation und Besiedlung durch Makrozoobenthos kurzfristig neue Rast- und/oder Nahrungsbiotope? Dazu werden Untersuchungen zur groß- und kleinräumigen Bestandsdichte und -verteilung, brutbiologische Studien und Verhaltensbeobachtungen durchgeführt:

Zum Brutbestandsmonitoring werden Revierkartierungen aller Arten im Eingriffsgebiet, auf einer angrenzenden 50 ha großen Referenzfläche und weiteren Teilgebieten der Deichvorländer des westlichen Jadebusens durchgeführt. Um Fluktuationen, Langzeittrends und damit auch die Folgen des Eingriffes besser beurteilen zu können, wurden zudem Bestandsdaten der Jahre 1991–2007 aus dem westlichen Jadebusen vergleichend ausgewertet.

Da Brutbestandserfassungen allein nicht zur Beurteilung der ökologischen Wertigkeit eines Gebiets für Brutvögel ausreichen, wurden an einer Charakterart der Salzwiesen des Jadebusens, dem Rotschenkel, detaillierte brutbiologische Studien durchgeführt.

Von der Wissenschaftlichen Arbeitsgemeinschaft für Natur- und Umweltschutz e.V. (WAU), Jever, wurden die Rastvogelbestände im westlichen Jadebusen anhand ganzjähriger 14tägiger Springtidenzählungen erfasst.

Zu den Hauptzugzeiten wurden die räumliche Verteilung und das Verhalten, insbesondere das Nahrungssucheverhalten, der häufigsten Rastvogelarten aufgenommen.

Neben umfangreichen Feldstudien im Eingriffsbereich der Kleipütte Petersgroden wurden Vergleichsuntersuchungen in angrenzenden ungestörten Salzwiesen- bzw. Wattbereichen, auf einer benachbarten „Alten Püttfläche", die 1964 ausgepüttet wurde, und auf angrenzenden Wiesen- und Weideflächen durchgeführt. Erst die Einbeziehung von Vergleichsflächen erlaubt die Einordnung der einer Verlandung zugrunde liegenden Prozesse vor dem Hintergrund der natürlichen Variabilität und damit die Bewertung der ökologischen Auswirkungen der Kleientnahme. Mit den Feldstudien wurde im Frühjahr 2000, etwa ein Jahr nach Beendigung der Kleientnahme begonnen.

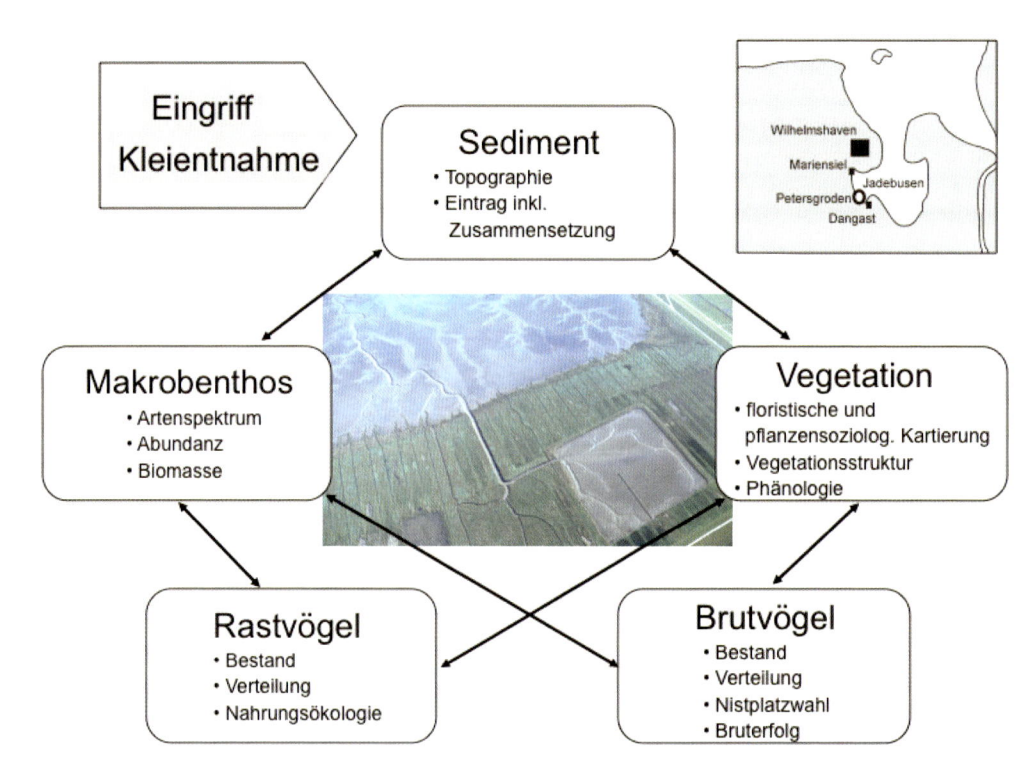

Lage des Untersuchungsgebiets und schematische Darstellung der Komponenten der interdisziplinären Beweissicherungsstudie „Außendeichskleipütte Petersgroden" und ihre Wechselbeziehungen (Foto: R. Nagel).

Morphodynamik und Sedimentologie

Im Vordergrund der morphologisch-sedimentologischen Untersuchungen steht die Quantifizierung des Verfüllungsprozesses einschließlich der zeitlichen Entwicklung der stofflichen und korngrößenmäßigen Sedimentzusammensetzung und damit einhergehender bodenphysikalischer Veränderungen. Von der Anbindung der Pütte an das Tidesystem des Jadebusens im Jahre 1999 bis Ende 2008 wurden etwa 30 % der ausgehobenen Sedimentmasse bereits wieder eingetragen. Etwa 60 % der Püttenfläche lag Ende 2008 über 1,80 m über NN und wird deshalb nur noch bei Springtiden und Sturmfluten überflutet. In Folge der Reduktion der Überflutungshäufigkeit verringerte sich die mittlere Sedimentationsrate von etwa 15 auf 4 cm/Jahr. Mit über 90 % Schlickanteil am Gesamtsediment entspricht die Sedimentzusammensetzung der angrenzender Wattflächen.

Vegetationsökologie

Im Jahr 2003 wurden erste Quellerfluren beobachtet. 2008 waren bereits weite Teile der Pütte von Pioniergesellschaften (Queller- und Schlickgrasgesellschaften) besiedelt. Die Angleichung des Arteninventars an natürliche Salzwiesen wird aber noch Jahrzehnte in Anspruch nehmen, insgesamt vermutlich über 40 Jahre. In der benachbarten Alten Pütte deutet sich über 45 Jahre nach der Kleientnahme lokal ein Wandel vom Andel- zum Rotschwingelrasen an. Der Artenbestand im durch die Kleientnahme gestörten Randbereich der Pütte hat sich hingegen bereits innerhalb von nur 3–5 Jahren nach Abschluss der Baumaßnahme wieder an die umgebenden Flächen angeglichen.

Benthische Makrofauna

In Pütte und angrenzendem Schlickwatt waren Viel- und Wenigborstenwürmer die dominanten Tiergruppen. Während die Makrofaunagemeinschaft im Watt über den Untersuchungszeitraum sehr ähnlich blieb, war in der Pütte eine Sukzession zu beobachten. In den ersten drei Verlandungsjahre (2000–2002) dominierten marine Pionierarten wie Seeringel-, Kotpillenwurm und Wattschnecke. Während einer zweiten Phase, in den Jahren 2003/2004, war die Makrofauna in Pütte und Watt nahezu identisch. Gesamtindividuenzahl und Biomasse stiegen in der Pütte stark an, Pionierarten wurden seltener, Vielborstenwürmer und Muschelkrebse dominierten. In der bisher letzten Untersuchungsphase (2005–2008) wurden Ansätze zur Entwicklung von einer Schlickwatt- zur Salzwiesengemeinschaft deutlich. Zuvor häufige marine Arten wie Kotpillenwürmer und Muschelkrebse traten nicht mehr auf, landlebende Enchytraeiden (Wenigborstenwürmer) nahmen zu.

Brutvögel

Auf der 50 ha großen Untersuchungsfläche im Petersgroden wurden in den Jahren 2000–2008 insgesamt 16 Brutvogelarten nachgewiesen. Neun (56 %) Arten stehen auf der „Roten Liste der in Niedersachsen und Bremen gefährdeten Brutvogelarten", sieben (44 %) auf der „Roten Liste der Brutvögel Deutschlands". Die häufigsten Brutvogelarten waren Rotschenkel (durchschnittlich 2,0 Brutpaare [Bp]/ha), Wiesenpieper

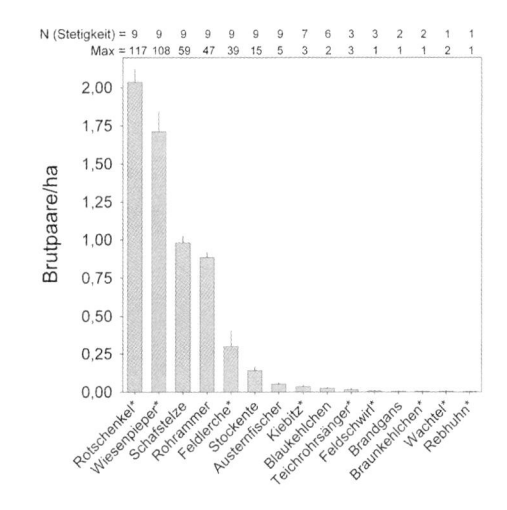

Mittlere Brutpaardichten im Untersuchungsgebiet Petersgroden (48,5 ha) 2000 bis 2008. Dargestellt sind Mittelwerte ± Standardfehler, die Anzahl der Jahre mit Brutverdacht/-nachweis (N = Stetigkeit) sowie die maximale Brutpaarzahl (Max). Rote Liste Arten (Niedersachsen/Bremen) sind mit einem * gekennzeichnet.

(1,7 Bp), Schafstelze (1,0 Bp) und Rohrammer (0,9 Bp). Die Brutvogeldichte war im südlichen Teil des westlichen Jadebusens, im Petersgroden, etwa doppelt so hoch wie im sich nördlich anschließenden Cäciliengroden. Sieben der zehn häufigsten Brutvogelarten (Brandgans, Säbelschnäbler, Rotschenkel, Feldlerche, Wiesenpieper, Schafstelze und Rohrammer) brüteten im Petersgroden in signifikant höherer Dichte als im Cäciliengroden, die übrigen drei Arten (Stockente, Austernfischer, Kiebitz) verteilten sich gleichmäßig auf die zwei Gebiete. Die Püttenfläche selbst wurde erstmals im Jahr 2008 – neun Jahre nach der Auspüttung – wieder als Nistplatz genutzt: Mindestens zehn Säbelschnäblerpaare brüteten auf den höher gelegenen und bereits durch Vegetation gefestigten Bereichen, in Folge Überflutung und Prädation allerdings erfolglos.

Die Brutpaare verteilten sich in der Regel nicht gleichmäßig auf die vier verschiedenen Nutzungstypen. In allen Jahren wurden die höchsten Brutpaardichten auf der 45 Jahre alten Püttenfläche und der ungenutzten Salzwiese gefunden. Dort wurden in der Regel zugleich auch die höchsten Diversitätswerte ermittelt. Insbesondere Rohrammer und Schafstelze nutzten die alte Püttenfläche und die ungenutzte Salzwiese in höherer Dichte zur Brut als die angrenzenden Wiesen- und Weideflächen. Einige vergleichsweise seltene Brutvogelarten wie Blau- und Braunkehlchen, Feldschwirl, Teichrohrsänger, Rebhuhn und Wachtel brüteten ausschließlich in den ungenutzten Bereichen der Salzwiese. Rotschenkel und Wiesenpieper, die zwei häufigsten Arten, verteilten sich meist gleichmäßig auf die vier Nutzungstypen. In den Jahren 2007 und 2008 wurden die vormals beweideten Flächen nicht mehr landwirtschaftlich genutzt; die Revierdichte von Rohrammer und Schafstelze nahmen auf diesen Flächen zu.

Sowohl auf den Referenzflächen im Püttenbereich wie auch im gesamten westlichen Jadebusen nahm die Anzahl der Brutreviere seit

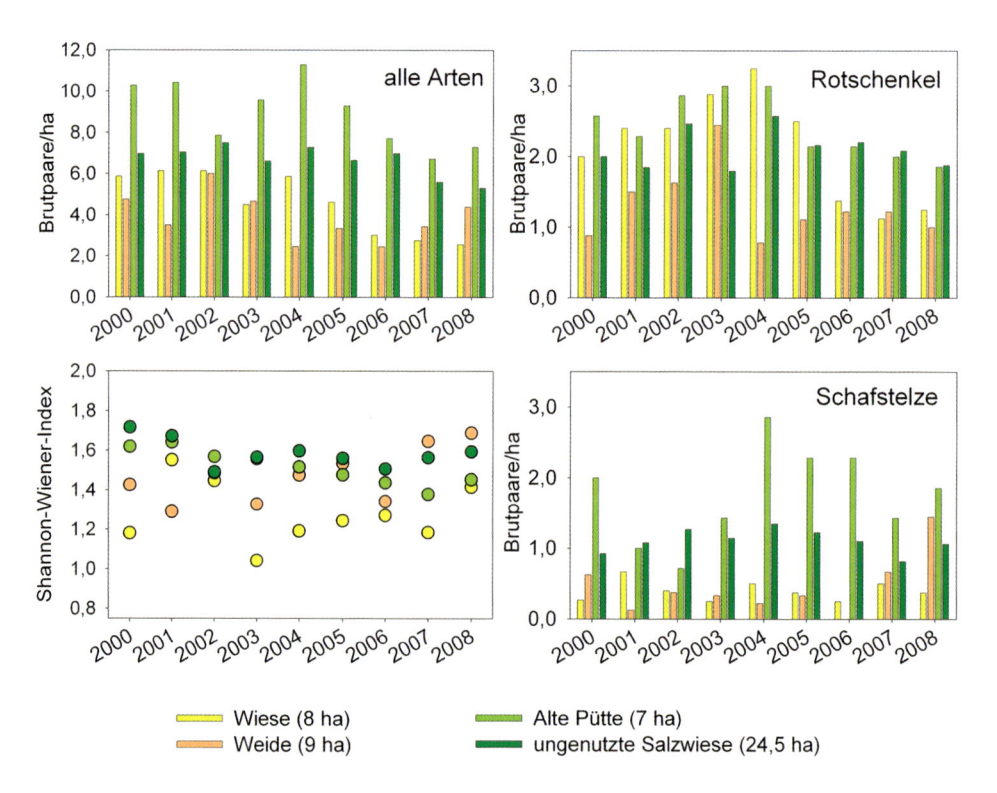

Gesamtbrutpaardichte, Diversität sowie Brutpaardichte von Rotschenkel und Schafstelze im Untersuchungsgebiet Petersgroden, unterschieden nach Nutzungstypen, 2000 bis 2008.

2000 signifikant ab, um etwa 3 % bzw. 4 % pro Jahr. Die Rückgänge beruhen im Wesentlichen auf den Bestandsabnahmen von Wiesenpieper, Feldlerche und Stockente. Bei den übrigen 13 Brutvogelarten konnten keine signifikanten Bestandstrends beobachtet werden.

Der Schlupferfolg des Rotschenkels war durchgängig sehr niedrig. Er variierte zwischen nur 0,2 % im Jahr 2002 und 9,9 % in 2000 (Mittel: 2,8 %). Im Mittel fielen fast 80 % der Gelege Prädatoren zum Opfer.

Die nunmehr neunjährigen Brutvogelkartierungen belegen, dass die Kleientnahme in einem für mehrere Brutvogelarten äußerst wertvollen Gebiet erfolgte. Die meisten Brutvogelarten brüteten im Eingriffsgebiet Petersgroden in signifikant höherer Dichte als im nördlichen Teilgebiet Cäciliengroden. Insbesondere sind die hohe Brutpaardichte des Rotschenkels (2 Bp/ha) und die überregionale Bedeutung des Gebiets für Schafstelze, Wiesenpieper und Rohrammer zu erwähnen.

Aus den Jahren vor der Auspüttung liegen keine genauen Kartierungen vor, so dass sich die Brutraumverluste nur retrospektiv an Hand der aktuellen Bestandserfassungen abschätzen lassen. Gemessen an der Brutpaardichte auf den Referenzflächen in der Umgebung der Pütte dürfte durch die Auspüttung Brutraum für insgesamt 50–60 Brutpaare verloren gegangen sein, darunter für ca. 18 Rotschenkel-, 15 Wiesenpieper-, 9 Schafstelzen- und 9 Rohrammerpaare.

Auffällig sind die hohen Brutpaardichten im Bereich der 1964 ausgehobenen Pütte. Dies, wie auch die Ergebnisse einer detaillierten Habitatnutzungsanalyse sowie Vergleichsdaten anderer alter Kleipütten, könnte darauf hindeuten, dass ältere Kleientnahmestellen (> 30 Jahre) im Laufe der Sukzession zumindest zeitweilig attraktive Bruthabitate bieten. Das ist im Wesentlichen darauf zurückzuführen, dass diese Bereiche nicht genutzt wurden und sich hier im Laufe von Jahrzehnten wieder eine natürliche Salzwiese entwickeln konnte. Allerdings nahmen die Artenanzahl und die Diversität im Bereich der Alten Pütte im Zeitraum von 2000–2008 signifikant ab, während sie auf der Weide anstiegen. Letzteres hängt sehr wahrscheinlich mit der Beweidungseinstellung ab 2007 zusammenhängen, was offenbar vor allem Rohrammer und Schafstelze zugute kam.

Rastvögel

Im Rahmen des Rastvogelmonitorings 2000–2007 wurden im Außendeichgebiet des westlichen Jadebusens 75 Wasser- und Watvogelarten mit insgesamt regelmäßig bis zu 30.000 Individuen gezählt. Alpenstrandläufer und Brandgans waren mit bis zu 20.000 bzw. 11.000 Individuen die bei weitem häufigsten Arten. 11 weitere Arten rasteten mindestens in einem Jahr mit mehr als 1000 Vögeln im Gebiet. Säbelschnäbler und Brandgans wurden alljährlich mit mehr als 1 % ihrer Ostatlantischen Zugwegpopulation registriert, Spießente, Löffelente, Alpenstrandläufer, Kiebitzregenpfeifer, Dunkler Wasserläufer und Rotschenkel zumindest in einzelnen Jahren. Limikolen sowie Enten und Gänse verteilten sich mehr oder weniger gleichmäßig auf das nördliche und südliche Teilgebiet (Cäcilien- bzw. Petersgroden). Möwen und Seeschwalben rasteten zur Zeit des Frühjahrs- und Herbstzuges in signifikant höherer Dichte im nördlichen Zählgebiet.

Im Eingriffsgebiet, auf der ca. 10 ha großen Pütt- und benachbarten 16 ha großen Watt-Referenzfläche, wurden im Zeitraum 2000–2008 insgesamt 64 Rastvogelarten registriert. Die zehn häufigsten Arten waren Brandgans, Stockente, Austernfischer, Säbelschnäbler, Kiebitzregenpfeifer, Großer Brachvogel, Alpenstrandläufer, Rotschenkel, Lach- und Sturmmöwe. Die weitaus höchsten Maximaldichten erlangte auf beiden Flächen und während beider Zugperioden in der Regel der Alpenstrandläufer mit bis 133 bzw. 700 Individuen/ha (Herbst- bzw. Frühjahrszug) im Watt und 311 bzw. 333 Individuen/ha in der Pütte.

Während des Frühjahrszuges wurden auf der Wattfläche in der Regel signifikant höhere Dichten als in der Pütte ermittelt. Austernfischer, Alpenstrandläufer und Kiebitzregenpfeifer nutzten die Pütte im Verhältnis zum Watt im Laufe der Jahre in zunehmendem Umfang. Rotschenkel hingegen hielten sich zunehmend auf der Wattfläche auf. Zur Zeit des Herbstzuges erreichten die meisten Arten in den ersten Untersuchungsjahren (2000–2004) im Watt ebenfalls höhere Dichten als in der Pütte, ab 2005 wurden die zwei Flächen in gleichem Umfang genutzt oder aber die Pütte mit höherer Dichte. Eine signifikant zunehmende Bedeutung der Pütte als Rastplatz gegenüber dem Watt ergab sich aber nur beim Alpenstrandläufer.

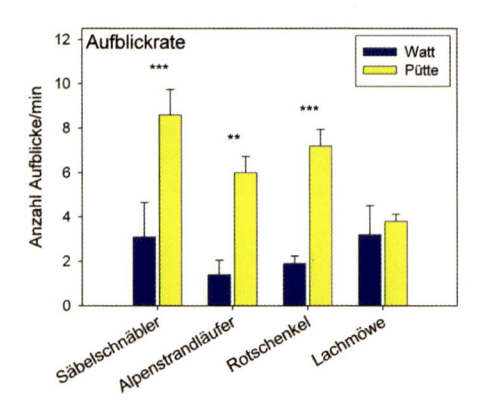

Die Pütte wie auch die Wattfläche wurden sowohl zur Rast wie auch zur Nahrungssuche aufgesucht, wobei im Watt häufiger höhere Dichten Nahrung suchender Vögel zu beobachten waren als in der Pütte. Nur Alpenstrandläufer, Rotschenkel und Lachmöwe nahmen in einzelnen Jahren in der Pütte mehr Energie auf als auf der Wattfläche. Doch während der Zugperioden, in denen eine signifikant höhere Energieaufnahmerate erzielt wurde, war die Anzahl Nahrung suchender Vögel bei Alpenstrandläufer und Rotschenkel in der Pütte niedriger als im Watt. Einzig bei der Lachmöwe konnten während des Herbstzuges in den Jahren mit signifikant höheren Energieaufnahmeraten in der Pütte zugleich auch höhere Anzahlen Nahrung suchender Vögel als auf der Wattvergleichsfläche festgestellt werden.

Von keiner Art wurde die Pütte vollständig gemieden. Einige Limikolen- und Möwenarten

Aufblickrate von vier Rastvogelarten in der Pütte und auf der Wattvergleichsfläche. (Dargestellt sind die Mittelwerte ± Standardfehler; die Sternchen geben an, dass sich die beiden Flächen signifikant unterscheiden).

nutzten die Pütte um Hochwasser zeitweilig sogar in höherer Dichte als benachbarte Wattflächen. Neben der Nutzung der Pütte als Hochwasser-Rastplatz wurde sie auch zur Nahrungssuche genutzt, vor allem bei im Watt sehr hoch auflaufendem Wasser. Obwohl das Benthosangebot in der Pütte zumindest zeitweilig potenziell günstiger war als im Watt, wurde die Pütte in deutlich geringerem Umfang zur Nahrungssuche genutzt als benachbarte Wattflächen. Die geringere Dichte wie auch die geringere Nutzung der Pütte zur Nahrungssuche könnten auf die abgesenkte bzw. vergleichsweise tiefe Lage der Pütte und die hohe Vegetation in deren Randbereich zurückzuführen sein. Die im Vergleich zum Watt eingeschränkte Rundumsicht könnte ein höheres Prädationsrisiko bedingen. Auch zu Zeiten, in denen im Untersuchungsgebiet keine Greifvögel beobachtet werden konnten, wurden bei mehreren Arten in der Pütte signifikant häufiger und längere Wachsamkeitsphasen als im Watt registriert. Dementsprechend waren die Phasen der Nahrungssuche seltener und kürzer als im angrenzenden Watt. Auch wenn die Greifvogeldichte und die Angriffsrate im Petersgroden im Vergleich zu anderen Gebieten nicht als besonders hoch einzustufen sind, könnte die eingeschränkte Rundumsicht in der Pütte dazu führen, dass sich Nahrung suchende Vögel in der Pütte „unsicherer" fühlen als im angrenzenden Watt.

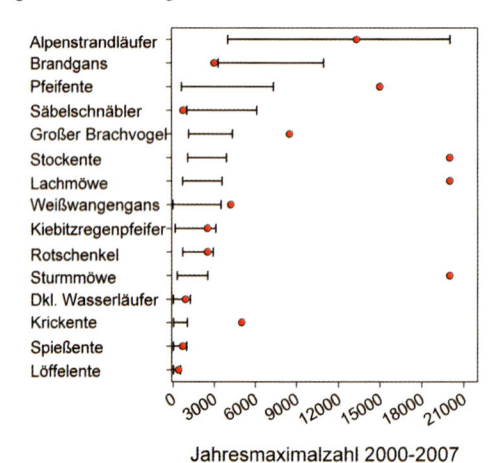

Jahresmaximalbestände der 15 häufigsten Wasser- und Watvogelarten im westlichen Jadebusen 2000 bis 2007 (Quelle: unveröff. Jahresberichte WAU, Jever). Angegeben sind die Spannweiten der jährlichen Maximalzahlen sowie 1%-Werte der Zugwegpopulationsgrößen (2006, rote Punkte).

Ausblick

Im Rahmen einer interdisziplinären Langzeitstudie wurde die initiale Phase der Wiederverlandung und -besiedlung einer Vorland-Kleipütte erstmals kontinuierlich quantitativ mit ökosystemarem Ansatz untersucht. Die Untersuchungen unterstreichen, dass die Kleientnahme in einem äußerst wertvollen und sensiblen Lebensraum des Niedersächsischen Wattenmeeres erfolgte, und es sich um einen erheblichen Eingriff handelte. Dementsprechend sind Kleientnahmen aus dem Deichvorland von Nationalparks zu vermeiden und müssen eine absolute Ausnahme bleiben. Die Entwicklung einer neuen naturnahen Salzwiese nimmt Jahrzehnte in Anspruch. Die morphologisch-sedimentologischen, vegetationskundlichen und benthologischen Untersuchungen deuten darauf hin, dass sich eine Kleipütte mit ihren frei mäandrierenden Prielsystemen zu einer kleinräumig heterogenen naturnahen Salzwiese entwickeln könnte. Allerdings ist derzeit eine abschließende Bewertung nicht möglich.

Unter Mitarbeit von Ina Brüning, Susanne Csik, Sarah Danne, Wiebke Esser, Jan Mielcke, Birgit Neumann, Nadine Oberdiek, Sabine Wenzel.

Zum Weiterlesen:

Exo K-M, Thyen S (2003): Ökologische Entwicklung einer wiederverlandenden Außendeichskleipütte im westlichen Jadebusen. Vogelkundliche Berichte Niedersachsen 35: 143–150

Thyen S, Exo K-M (2005): Ökofaunistik I – Brut- und Rastvögel. In: Flemming BW, Bartholomä A (Hrsg.): Untersuchungen zur ökologischen Entwicklung bei der Wiederverlandung einer Kleipütte im Außendeich bei Petersgroden (Jadebusen). Forschungszentrum Terramare Berichte Nr. 14: 36–45

Wellbrock A, Thyen S, Exo K-M (2009): Ökologische Bedeutung einer wiederverlandenden Kleipütte für Brut- und Rastvögel im westlichen Jadebusen. Vogelkundliche Berichte Niedersachsen 41 (i. Dr

Auswirkungen menschlicher Aktivitäten auf Vögel

Ommo Hüppop

Freizeit, Mobilität und Einkommen der Menschen in Mitteleuropa haben in der zweiten Hälfte des letzten Jahrhunderts deutlich zugenommen. Noch nie hatte eine Generation so viel Freizeit. Hinzu kommen immer neue „Fun-Sportarten", die Menschen in oftmals großer Zahl in vorher weitgehend ungenutzte Lebensräume bringen. Die Auswirkungen menschlicher Aktivitäten auf Wildtiere können ganz unterschiedlicher Natur sein und negative Folgen für das Individuum, die Population oder sogar das Ökosystem haben. Am auffälligsten sind Flucht- und Angriffsreaktionen, die je nach Art und Situation in unterschiedlichen Entfernungen zum auslösenden Reiz erfolgen. Vorher sind oftmals schon andere Verhaltensänderungen zu beobachten, wie Zunahme des Sicherns oder Unterbrechung der Nahrungssuche. Auf physiologischer Ebene erfolgt zum Beispiel eine Veränderung der Herzschlagrate oder die Ausschüttung von Stresshormonen. Langfristig können sich Verschiebungen im räumlich-zeitlichen Nutzungsmuster von Lebensräumen ergeben, Siedlungsdichte und Bruterfolg können sinken und auch Wachstum oder Körperkondition mögen unter dem Einfluss menschlicher Aktivitäten zurückgehen, was unter anderem zu einer erhöhten Anfälligkeit für Krankheiten und Parasiten oder gar einer verminderten Lebenserwartung führen kann. Für effektive Schutzkonzepte sind Methoden erforderlich, die eine objektive Beurteilung ermöglichen, ob eine menschliche Aktivität zu „Störungen", also zu nachteiligen Effekten, von Wildtieren führt. Auch gilt es Maßnahmen zur Verminderung und Vermeidung von Störungen zu entwickeln.

Wir haben uns mit den Auswirkungen menschlicher Aktivitäten vor allem im Rahmen der Ökosystemforschung im schleswig-holsteinischen Wattenmeer befasst. Aber welche der genannten Parameter sind unter Freilandbedingungen gut zu erfassen, möglichst ohne selbst die zu untersuchenden Tiere zu beunruhigen? Auf der Suche nach einem Parameter, der einerseits objektiv über den momentanen Erregungszustand informiert, um die unmittelbare Wirkung verschiedener Reize beurteilen zu können, und andererseits über einen längeren Zeitraum integrierend über die Langzeitwirkungen menschlicher Aktivitäten Auskunft gibt, hat sich die Herzschlagrate als empfindlicher Erregungsindikator erwiesen. Die häufigste Reaktion ist eine akute Erhöhung der Herzschlagrate. Mit ihrer telemetrischen Erfassung kann die Erregung eines Tieres fast immer einem Einzelreiz zugeordnet werden. Um die Herzschlagraten brütender Vögel messen zu können, ohne diese zu fangen, wurden Nestern verschiedener Küstenvogel-Arten Stethoskope, in denen ein kleines Mikrofon eingebaut war, unter die Eier geschoben. Über ein bis 200 m langes Kabel konnten die Herztöne des brütenden Altvogels zu einem Versteck übertragen werden, wo sie gefiltert, verstärkt und für spätere Auswertungen auf Tonband aufgezeichnet wurden. Bereits die ersten Testmessungen an einem Austernfischer-Nest am Helgoländer Nordoststrand erbrachten spannende Ergebnisse: Unter Erregung, aber auch nach körperlicher Anstrengung oder beim Wiedererwärmen des Geleges, erhöhte sich die Herzschlagrate von ihrem Ruhewert von etwas mehr als 150 Schlägen pro Minute deutlich. Personen, Hunde, Flugzeuge, Spielzeugdrachen und überfliegende Silbermöwen konnten die Herzschlagraten auf mehr als 350, maximal sogar 405 Schläge pro Minute beschleunigen, also um mehr als das Zweieinhalbfache des Ruhewertes. Doch gibt es große individuelle Unterschiede. Selbst ein und dasselbe Tier kann zu verschiedenen Tages- oder Jahreszeiten unterschiedlich heftig reagieren. Aufeinander folgende Reize können sowohl zu einer erhöhten Empfindlichkeit als auch zu einer Gewöhnung führen.

Über die Herzschlagrate sind auch gut Lerneffekte zu verdeutlichen, was wichtig für konkrete Schutzmaßnahmen sein kann. Personen, die auf dem Weg bleiben, können dem Gelege eines Austernfischers kaum gefährlich werden, Menschen, die sich frei im Gelände bewegen, aber sehr wohl. Brütende Austernfischer reagieren trotz gleicher Entfernung zum „Störreiz" deshalb auf Personen abseits von Wegen mit einer stärkeren Erhöhung der Herzschlagrate als auf Personen, die sich an (häufig begangene) Wege

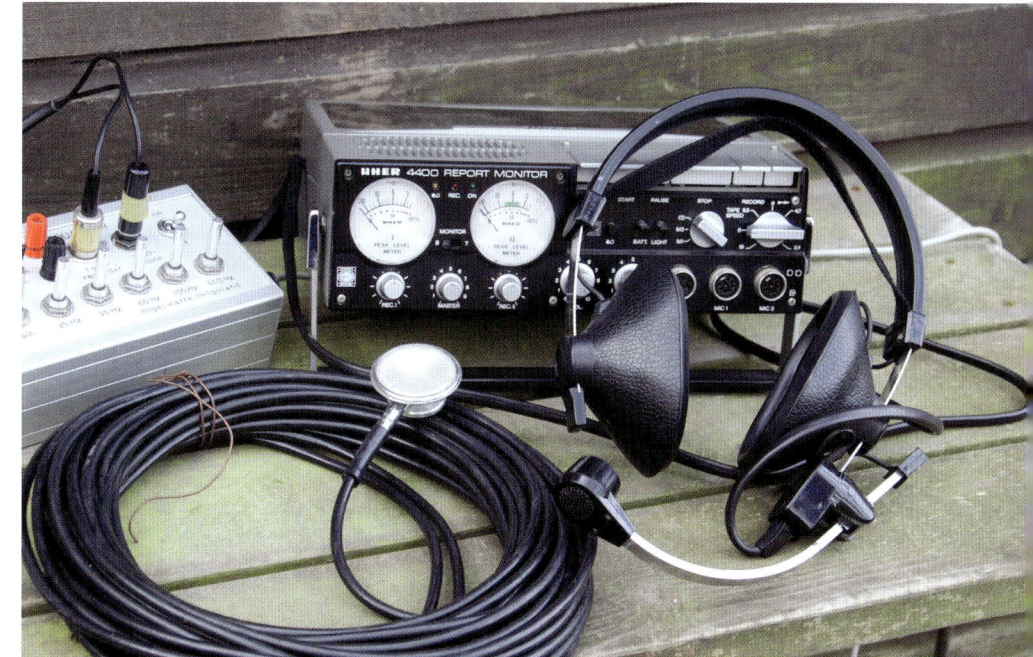

Ausrüstung zur Aufnahme der Herzschläge brütender Küstenvögel: Stethoskop mit Mikrofon, Kabel, Verstärker mit Frequenzfilter, Tonbandgerät und Kopfhörer mit Mikrofon.
(Foto: O. Hüppop)

halten. Dies ist ein starkes Argument für ein Betretungsverbot oder zumindest ein Wegegebot in Schutzgebieten.

Unter Erregung steigt auch der Energiestoffwechsel zum Teil erheblich, selbst wenn es zu keiner Flucht oder Angriffsreaktion kommt. Gründe sind die erhöhte Herzschlagrate und die Auswirkungen von „Stresshormonen" auf den Zellstoffwechsel. Wir wollten wissen, in welchem Ausmaß der Energieverbrauch von Vögeln unter Erregung steigt. Bei Dreizehenmöwen fanden wir unter Erregung – ohne jegliche körperliche Aktivität – eine Verdopplung der Herzschlagrate und eine Verdreifachung des Sauerstoffverbrauchs. Zweck dieser Reaktion ist, den Körper auf einen plötzlichen hohen Sauerstoffbedarf für Kampf oder Flucht vorzubereiten. Bei den Dreizehenmöwen wird unter Erregung pro Herzschlag zwar weniger Sauerstoff verbraucht als unter Normalbedingungen beim ruhigen Tier. Wenn es aber „brenzlig" werden sollte, steht der vermehrt zu Organen und Muskeln transportierte Sauerstoff für energieaufwändige Reaktionen sofort zur Verfügung. Für die Naturschutzpraxis bedeutet dies, dass ein Wildtier durch andauernde Erregung auf Grund menschlicher Aktivitäten vielleicht in energetische Engpässe gerät, selbst wenn es scheinbar ruhig dasitzt. Dies könnte zum Beispiel die Verteilung von Nestern in Schutzgebieten beeinflussen.

Vom Menschen intensiver genutzte Bereiche weisen geringere Brutdichten auf als extensiver genutzte Bereiche. Wir wollten wissen, wie groß die Flächen sind, die Küstenvögel auf Grund menschlicher Aktivitäten, aber auch auf Grund von Beweidung verloren gehen. Dazu haben wir auf der Hallig Nordstrandischmoor im nordfriesischen Wattenmeer die Standorte von fast 1500 Nestern verschiedener Küstenvogel-Arten mithilfe eines Theodoliten von erhöhten Standorten aus kartiert. Damit war das mit eigenen Störungen verbundene und zudem zeitaufwändige Betreten der Flächen nicht nötig. Lediglich der Austernfischer besiedelte die gesamte Halligfläche, wobei höchste Dichten auf unbeweideten Flächen erreicht wurden. Alle anderen Arten sind vornehmlich Koloniebrüter. Die individuenreichsten wurden wiederum in den unbeweideten Bereichen gefunden. Über alle Arten zusammen war die Brutdichte auf einer lediglich gemähten, aber ansonsten unbeweideten Fläche fast dreimal, auf einer völlig ungenutzten Fläche sogar nahezu achtmal so hoch wie auf der lediglich extensiv beweideten Restfläche der Hallig. Diese wird von einem Fahrweg durchzogen, dessen Begehungsintensität von West nach Ost stark abnimmt, womit sich gute Möglichkeiten für Vergleiche bieten. Alle Arten, selbst der als sehr störungsunempfindlich geltende Austernfischer, mieden die wegnahen Bereiche sehr deutlich, vor allem die kurzrasigen und häufig gestörten Gebiete. Je nach Art ergab sich so ein 40 m (Austernfischer) bis mehr als 100 m (Silbermöwe) breiter Streifen entlang der Wege, der weitgehend unbesiedelt blieb. Eine Besiedlung auch dieses Streifens würde beispielsweise den Austernfischer-Brutbestand auf Nordstrandischmoor um 10 % erhöhen.

Unter Mitarbeit von Bettina Beck, Barbara Hubert, Kathrin Hüppop, Bettina Neebe-Runo, Sibylle Wurm.

Zum Weiterlesen:

Hüppop O (1995) Störungsbewertung anhand physiologischer Parameter. Ornithol Beob 92: 257–268

Hüppop O, Hagen K (1990) Der Einfluß von Störungen auf Wildtiere am Beispiel der Herzschlagrate brütender Austernfischer (*Haematopus ostralegus*). Vogelwarte 35: 301–310

Hüppop O, Hüppop K (1995) Der Einfluß von Landwirtschaft und Wegenutzung auf die Verteilung von Küstenvogel-Nestern auf Salzwiesen der Hallig Nordstrandischmoor (Schleswig-Holstein). Vogelwarte 38: 76–88

Kempf N, Hüppop O (1998) Wie wirken Flugzeuge auf Vögel? Eine bewertende Übersicht. Naturschutz und Landschaftsplanung 30: 17–28

Offshore-Windenergieanlagen und Vögel

Ommo Hüppop

Der Ausbau erneuerbarer Energien ist ein wichtiges Ziel der Energiepolitik. Die Bundesrepublik Deutschland sieht dabei ihr Potenzial vor allem in der Nutzung der Windenergie, wo sie inzwischen zum weltweiten Spitzenreiter aufgestiegen ist. Neben dem „Re-powering", der Erneuerung alter Anlagen durch moderne und leistungsfähigere Turbinen, kommt angesichts begrenzter Flächen an Land und besonders wegen der konstanteren und stärkeren Winde auf See vor allem der Windenergie-Nutzung im Offshore-Bereich, also auf dem offenen Meer, besondere Bedeutung zu. In der Ausschließlichen Wirtschaftszone (AWZ) der Bundesrepublik Deutschland wurden bis Ende 2009 19 Windparks in der Nordsee und drei in der Ostsee genehmigt. Im Herbst 2009 wurde der erste, 12 Turbinen umfassende Pilotpark „alpha ventus" 45 km nördlich der ostfriesischen Insel Borkum errichtet.

Werden alle Planungen realisiert, wird mehr als ein Viertel der AWZ von Windparks bedeckt sein. Aber auch bei einem geringeren Ausbau kann die Errichtung von Windenergieanlagen neben der Fischerei schnell zum größten menschlichen Eingriff in Nord- und Ostsee werden. Beide Meere liegen im Zentrum von Vogelzugwegen der westlichen Paläarktis: Jährlich überqueren viele Millionen Vögel auf ihren Wanderungen zwischen den Brutgebieten in Nordeuropa, Nordasien und Nordamerika und ihren Überwinterungsgebieten, die sich je nach Art irgendwo zwischen Mitteleuropa und dem südlichen Afrika befinden, auch die Deutsche Bucht. Viele Arten nutzen das Gebiet zudem regelmäßig als Nahrungs-, Rast- oder Überwinterungsraum.

Im Rahmen eines Genehmigungsverfahrens für Offshore-Windenergieanlagen sind sowohl bergrechtliche Aspekte wie auch Fragen der Sicherheit des Verkehrs und der Verkehrsführung zu berücksichtigen. Darüber hinaus sind die Interessen der deutschen Marine, der Fischerei, des Naturschutzes und die der Betreiber von Unterwasserkabeln und Rohrleitungen zu be-achten. Die Seeanlagenverordnung nennt wegen des starken Vogelzugs über See unter anderem explizit die „Gefährdung des Vogelzugs" als Versagungsgrund für eine Baugenehmigung.

Wann und wie können Zugvögel durch Windenergieanlagen gefährdet werden und kann dies eventuell in einem bestandsgefährdenden Ausmaß passieren? Für Vögel sind im Offshore-Bereich vor allem folgende von Windenergieanlagen ausgehende Risiken denkbar:

- Kollision mit Windenergieanlagen (Vogel-

Offshore-Windkraftanlagen im Testfeld „alpha ventus" nördlich von Borkum.
(Foto: J. Dierschke)

  schlag) bei Flugbewegungen aller Art (Vogelzug, Flüge zwischen Nahrungs- und Rastgebieten);
- Barrierewirkung von Windenergieanlagen auf „Zugstraßen" oder „Zerschneidung" der Verbindungen zwischen verschiedenen Rast- und/oder Nahrungsgebieten;
- vorübergehender Verlust von Lebensräumen (Rast- und Nahrungsgebiete) während der Bauphase und bei Wartungsarbeiten durch Versorgungsschiffe und evtl. -helikopter;
- dauerhafter Verlust von Lebensräumen (Rast- und Nahrungsgebiete) auf Grund der Scheuchwirkung von Windenergieanlagen.

Im Hinblick auf potenzielle Standorte für Offshore-Windparks und die von ihnen ausgehende mögliche Gefährdung von Zugvögeln sollten in den Jahren 2000 bis 2008 im Rahmen verschiedener durch das Bundesministerium für Umwelt, Naturschutz und Reaktorsicherheit geförderter Projekte zunächst der Kenntnisstand über den Zug über die deutschen Meeresgebiete zusammengetragen, die räumliche und zeitliche Verteilung des Vogelzugs über der Nord- und Ostsee näher untersucht sowie Methoden zur Erfassung auch des Vogelzugs weiterentwickelt

Forschungsplattform „FINO 1" in der Nordsee nördlich von Borkum.
(Foto: J. Dierschke)

und erprobt werden. Auch sollten Wege zur Verminderung und Vermeidung negativer Effekte auf den Vogelzug aufgezeigt werden. Zur Beurteilung potenzieller Auswirkungen der geplanten Windenergieanlagen im Offshore-Bereich auf das Schutzgut „Vogelzug" wurden daher vor allem folgende Themen untersucht: (1) beteiligte Arten, (2) jahres- und tageszeitliche Zugintensität, (3) Individuenzahlen, (4) horizontale und vertikale Verteilung des Zugs, (5) Attraktion durch anthropogene Strukturen, vor allem durch Licht, (6) Ursachen für Kollisionen mit Hindernissen, (7) Wettereinfluss und (8) Maßnahmen zur Verminderung und Vermeidung negativer Einflüsse.

Bereits im Oktober 2003 haben wir die Messungen auf der nördlich der Insel Borkum gelegenen Forschungsplattform „FINO 1" aufgenommen, um potenzielle Auswirkungen von Offshore-Windenergieanlagen auf den Vogelzug zu erforschen. Leider wurde während der Projektlaufzeit entgegen der ursprünglichen Planung keine einzige Pilotanlage errichtet. An ihnen sollten die so dringend nötigen Beobachtungen und Messungen durchgeführt werden, die mehr Klarheit darüber bringen könnten, wann fliegende Vögel Windenergieanlagen als Hindernissen ausweichen, wann sie von ihnen als vermeintlichem Rastplatz angelockt werden und unter welchen Bedingungen sie mit ihnen kollidieren. Auch die vorgesehenen Untersuchungen zur Beleuchtungsoptimierung konnten mangels Offshore-Windenergieanlagen nicht aufgegriffen werden. Von den Untersuchungen direkt an Offshore-Anlagen einmal abgesehen, konnten aber viele offene Fragen zum Vogelzug über See angegangen und geklärt werden.

Die Beobachtungen des sichtbaren Vogelzuges und die weitgehend automatisierten Erfassungen mit Radar, Wärmebildkamera und Richtmikrofon haben gezeigt, dass Vogelzug zwar rund ums Jahr zu allen Tageszeiten stattfindet, aber im Wesentlichen auf wenige Tage mit in der Regel wetterbedingter massenhafter Zugaktivität beschränkt ist. Anhand unserer Ergebnisse bzw. mit Hilfe der erfolgreich eingesetzten Methoden ist es gut möglich, die Bedingungen für solche Massenzugereignisse über der Deutschen Bucht vorherzusagen. Die Ursachen für Nächte mit gehäuften Kollisionen sind jedoch vielfältig und noch ungenügend bekannt.

Ein Frühwarnsystem könnte in Kombination mit entsprechenden Beleuchtungs- und Abschaltkonzepten, wonach in „heiklen" Nächten die Rotorblätter stillstehen müssten, sowohl die Anzahl der Kollisionsopfer als auch die Ausfallzeiten der Windenergieanlagen minimieren. Eine Optimierung der Beleuchtung sollte dabei besonders beachtet werden, denn auf der Forschungsplattform FINO 1 wurden viele Kadaver von Vögeln gefunden, die unter widrigen Wetterbedingungen offensichtlich vom (Dauer-)Licht der Plattform angezogen wurden.

Bei 36 Kontrollen der Plattform wurden insgesamt 770 tote Vögel aus 35 verschiedenen Arten gefunden, am häufigsten Drosseln und Stare mit zusammen 85 %. Da nur wenige Individuen abgemagert waren und zudem zwei Drittel der Vögel bereits äußerlich erkennbare Verletzungen aufwiesen, dürfte es sich nahezu ausschließlich um Kollisionsopfer gehandelt haben. Angesichts der wenigen Kontrollen, des Aufbaus der Plattform (80 m hoher Gittermast über kleinem Deck) sowie der hohen Wahrscheinlichkeit, ins Wasser zu fallen oder von rastenden Möwen gefressen zu werden, ist augenscheinlich, dass es sich bei den gefundenen Opfern nur um einen Bruchteil der tatsächlich mit der Plattform kollidierten Vögel gehandelt hat. Über die Hälfte der nachgewiesenen Kollisionen erfolgten anscheinend

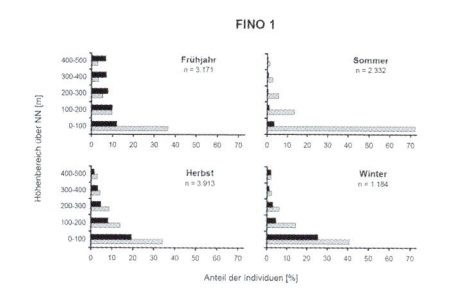

Höhenverteilung der Vogelechos auf dem Vertikalradar der „FINO1" vom 1.1.2004 bis 31.12.2006 in einer Entfernung von 1000-1500 m und einem Höhenbereich von 0-500 m über NN. Grau: tags; schwarz: nachts.

in nur zwei Nächten, jeweils mit Gegenwind und Phasen geringer Sichtweite und Nebel- bzw. Nieselregen. Im Herbst wurden mehr tote Vögel auf der Plattform gefunden als im Frühling. Dies ist vermutlich mit der unterschiedlichen Entfernung zur Aufbruchküste zu erklären: Die Forschungsplattform selbst liegt nur 45 km nördlich der Insel Borkum bzw. gut 50 km nördlich des Festlands. Herrschen ungünstige Zugbedingungen in der Nähe der Plattform, so erfahren die Zugvögel im Frühling zumindest sehr ähnliche Zugbedingungen in den nur 50 km entfernten Aufbruchsgebieten, die einen Abzug verhindern. Des Weiteren werden Zugvögel nicht ihren Zug über die Nordsee fortführen, wenn ungünstige Zugbedingungen vorliegen. Im Herbst ist die Aufbruchküste hingegen etwa 130 km (Schleswig-Holstein) oder gar 450 km (Südnorwegen) entfernt. Dort mögen die Wetterverhältnisse beim Aufbruch der Vögel vollkommen anders sein als beim Erreichen der „FINO 1". Dadurch können im Herbst Zugvögel bei günstigen Bedingungen ihren Zug beginnen, dann über der Nordsee in schlechtes Zugwetter geraten, so dass im Herbst die Wahrscheinlichkeit an Kollisionen mit Windkraftanlagen höher ist als im Frühling. Die Tatsache, dass überwiegend Nachtzieher verunglückt waren, weist auf ein hohes Gefährdungspotenzial vor allem des nächtlichen Vogelzugs hin. Bei ungünstigem Wetter wie Gegenwind, Nebel oder Nieselregen fliegen die Vögel niedrig und werden, weil besonders über dem Meer keine anderen Rastplätze verfügbar sind, durch beleuchtete Objekte angezogen. Als besonders kritisch ist deshalb die ununterbrochene helle Beleuchtung des unteren Turmbereichs der Windkraftanlagen zu sehen. Auch tagaktive Seeschwalben, vor allem Brandseeschwalben, die nach unseren akustischen Erfassungen offensichtlich in großer Zahl auf der „FINO 1" rasten, könnten mit den Rotorblättern kollidieren, wenn sie versuchen, auf den Windenergieanlagen zu rasten. Bei Windenergieanlagen an küstennahen Landstandorten sind sie neben Möwen die häufigsten Opfer.

Unter Mitarbeit von Hauke Ballasus, Jochen Dierschke, Friederike Fießer, Elvira Fredrich, Katrin Hill, Reinhold Hill, Kathrin Hüppop, Klaas-Felix Jachmann, Maren Rebke, Frederike Stolzenbach, Helmut Wendeln.

Zum Weiterlesen:

Exo K-M, Hüppop O, Garthe S (2002) Offshore-Windenergieanlagen und Vogelschutz? Seevögel 23/4: 83–95

Hill R, Hüppop O (2007) Methoden zur Untersuchung des Vogelzuges. In: Morkel L, Toland A, Wende W, Köppel J (Hrsg.): Tagungsband 2.Wissenschaftstage des Bundesumweltministeriums zur Offshore-Windenergienutzung am 20. und 21. Februar 2007 in Berlin: 152–160

Hüppop O, Dierschke J, Exo K-M, Fredrich E, Hill R (2006) Bird migration studies and potential collision risk with offshore wind turbines. Ibis 148: 90–109

Hüppop O, Dierschke J, Wendeln H (2004) Zugvögel und Offshore-Windkraftanlagen: Konflikte und Lösungen. Ber Vogelschutz 41: 127–218

Hüppop O, Dierschke J, Exo K-M, Fredrich E, Hill R (2006) Bird migration and offshore wind turbines. In: Köller J, Köppel J, Peters W (Hrsg.) Offshore Wind Energy. Research on Environmental Impacts. Springer, Berlin, Heidelberg, New York.

Hüppop O, Hill R (2007) Vogelzug über der Nordsee. In: Morkel L, Toland A, Wende W, Köppel J (Hrsg.) Tagungsband 2.Wissenschaftstage des Bundesumweltministeriums zur Offshore-Windenergienutzung am 20. und 21. Februar 2007 in Berlin: 35–40

Ein großer Dank zum Schluss

Die vielfältigen Forschungsarbeiten des Instituts wären ohne die großartige Unterstützung durch das Land Niedersachsen und die vielen Drittmittelgeldgeber nicht möglich.

Über die lange Zeit der Geschichte des Instituts ist eine vollständige Liste der Unterstützer nicht erreichbar. Deshalb seien hier stellvertretend die der letzten 20 Jahre genannt:

Amt für Geoinformationswesen der Bundeswehr, Alexander von Humboldt-Stiftung, ARSU GmbH, Bundesministerium für Verkehr, Bau und Stadtentwicklung, BP Conservation Programme, Bundesamt für Naturschutz, Bundesminister für Umwelt, Naturschutz und Reaktorsicherheit, Bundesministerium für Bildung und Forschung, Bundesverband WindEnergie e.V., Common Wadden Sea Secretariat, Deutsche Bundesstiftung Umwelt, Deutsche Forschungsgemeinschaft, Deutscher Akademischer Austauschdienst, „Die Muschel", Europäische Kommission, European Science Foundation, European Space Agency, Freunde und Förderer der Inselstation der Vogelwarte Helgoland e.V., III. Oldenburgischer Deichband, KfA Jülich, Kreditanstalt für Wiederaufbau, Nationalparkverwaltung Harz, Niedersächsische Lottostiftung, Niedersächsische Wattenmeerstiftung, Niedersächsisches Landesamt für Ökologie, Ornithologische Arbeitsgemeinschaft Helgoland, PROKON Nord Energiesysteme GmbH, Saint Louis Zoological Park, Senator für Wirtschaft, Mittelstand und Technologie der Freien Hansestadt Bremen, Stadt Wilhelmshaven, die Firmen INEFA und TROVAN, STATOIL, Stifterverband für die Deutsche Wissenschaft, Stiftung für Bildung und Behindertenförderung GmbH, Stiftung Nord LB/Öffentliche, Stiftung Würth, Umweltbundesamt, Umweltprobenbank Trier, Volkswagen-Stiftung, Wissenschaftliche Arbeitsgemeinschaft für Natur- und Umweltschutz e.V., Jever (WAU), WWF Deutschland.

Erst recht nicht möglich gewesen wäre diese Arbeit aber ohne die engagierte Mitarbeit aller Mitarbeiterinnen und Mitarbeiter des Instituts, der Doktoranden, Diplomanden, Master- und Bachelorstudierenden, Examenskandidaten und Post-Doktoranden, des über die Förderung durch Dritte angestellten Personals, der vielen nationalen und internationalen Kooperationspartner sowie der unzähligen Studierenden aus dem In- und Ausland und der zahlreichen ehrenamtlichen Helferinnen und Helfer. Sie alle aufzuzählen verbietet die schiere Zahl, und eine solche Aufzählung bliebe auch immer unvollständig. Ihnen allen gilt unser aufrichtiger Dank.

Liste der abgeschlossenen Dissertationen am Institut für Vogelforschung

(seit 1979)

Albayrak T (2007) Habitat selection, fragmentation and genetic structure of Krüper's Nuthatch. U Antalya, Turkey

Barkow A (2001) Die ökologische Bedeutung von Hecken für Vögel. U Göttingen

Clemens T (1990): Zum Vorkommen, zur Ökologie und zur Erhaltung des Birkhuhns (*Tetrao tetrix* L.) in einem Moorgebiet der Nordwestdeutschen Tiefebene. U Hamburg

Delingat J (2009): Strategies, adaptations and differentiation in the Northern Wheatear migration system. U Oldenburg

Dierschke J (2001) Die Überwinterungsökologie von Ohrenlerchen *Eremophila alpestris*, Schneeammern *Plectrophenax nivalis* und Berghänflingen *Carduelis flavirostris* im Wattenmeer. U Oldenburg

Dierschke V (1996) Unterschiedliches Zugverhalten alter und junger Alpenstrandläufer *Calidris alpina*: Ökologische Untersuchungen an Rastplätzen der Ostsee, des Wattenmeeres und auf Helgoland. U Göttingen

Dietrich K (1983) Verhalten und Gesang einer Inselpopulation des Hänflings (*Acanthis cannabina* L.). U Hamburg

Dittmann T (2008) Prospecting in the Common Tern (*Sterna hirundo*). U Oldenburg

Dolnik O (2002) Some aspects of the biology and host-parasite interactions of *Isospora* spp. (Protozoa: Coccidiida) of passerine birds. U Oldenburg

Ezard THG (2007) Interactions between structure and stochasticity in demographic models. Imperial College, London

Frank D (1989) Ernährungsstrategien von Insel- und Küstenkolonien der Flußseeschwalbe (*Sterna hirundo*) und ihre Auswirkungen auf die Brutbiologie. U Köln

Gardiazabal y Pastor A (1991) Untersuchungen zur Ökologie rastender Kleinvögel im Nationalpark von Donana (Spanien): Ernährung, Fettdeposition, Zugstrategie. U Köln

Garthe S (1996) Distribution and abundance of North Sea seabirds and their feeding ecology in relation to fisheries and hydrography. U Kiel

Gärtner K (1981) Die Wechselbeziehungen zwischen dem Kuckuck (*Cuculus canorus*) und dem Sumpfrohrsänger (*Acrocephalus palustris*) als Beispiel einer Brutparasit-Wirt-Beziehung. U Hamburg

Gottschalk TK (2002) A remote sensing and GIS-based model of avian species habitat and its potential as a part of an environmental monitoring program. U Vechta

Grajetzky B (2001) Ernährung, Populationsdynamik und Teilzug des Rotkehlchen (*Erithacus rubecula*) in verschiedenen Waldtypen eines norddeutschen Mischwaldkomplexes. U Oldenburg

Grote D (1991) Einfluss des Lernens auf die Individualentwicklung des Nahrungserwerbs bei der Lach- und Silbermöwe (*Larus ridibundus* L. und *L. argentatus* Pont.). U Hamburg

Gruner D (1986) Die Möwen der Großstadt Hamburg. Beiträge zur Biologie und Ökologie. U Hamburg

Grunsky-Schöneberg B (1997) Brutbiologie und Nahrungsökologie der Trottellumme (*Uria aalge* Pont.) auf Helgoland. U Bonn

Hamidi S (2000) Contribution a l'etude des oiseaux passeriformes du Maroc Oriental. U Oujda, Morocco

Hernández-Matías A (2003) An approach to coloniality in seabirds: The Common Tern *Sterna hirundo* as a case study. U Barcelona

Herzog S (2001) Struktur, Diversität und Dynamik von Vogelgemeinschaften in Montanwäldern Boliviens. U Oldenburg

Kober K (2004) Foraging ecology and habitat use of wading birds and shorebirds in the mangrove ecosystem of the Caete Bay, Northeast Para, Brazil. U Bremen

Koepff C (1990) Verhaltensontogenese bei Sand-, See- und Flußregenpfeifer (*Charadrius, hiaticula, C. alexandrinus, C. dubius*). U München

Kulemeyer C (2009) Urban establishment success of corvids. U Oldenburg.

Lehmann S (1998) Untersuchungen zur Saisonalität von Grundstoffwechsel und Nahrungswahl sowie deren Wechselwirkung bei zwei Sylviidae-Arten mit unterschiedlichem Migrationsverhalten. U Oldenburg

Ludwigs J-D (2009) Factors moving the recruitment process in the common tern *Sterna hirundo*. U Oldenburg

Maggini I (2009) Migratory strategies in the Northern Wheatear (*Oenanthe oenanthe*). U Oldenburg

Mattig F (1997) Die Bedeutung von Umweltchemikalien im Lebenszyklus von Watvögeln am Beispiel des Alpenstrandläufers (*Calidris alpina alpina*). U Köln

Mlingwa C (1997) Comparative feeding ecology of coexisting bulbuls in coastal Tanzania. U Oldenburg

Muñoz Cifuentes J (2003) Seevögel als Bioindikatoren für die Kontamination mit Umweltchemikalien: Ein Vergleich zwischen Chile und Deutschland. U Oldenburg

Neuschulz F (1988) Zur Synökie von Sperbergrasmücke (*Sylvia nisoria*) und Neuntöter (*Lanius collurio*) – Ergebnisse einer populationsbiologischen Studie. U Hamburg

Petermann S (1985) Untersuchungen zur altersabhängigen und saisonalen Hodenentwicklung von Silbermöwen (*Larus argentatus*) aus dem Bereich der Insel Helgoland. TiHo Hannover

Plötz J (1981) Entwicklungsbiologie und Ökologie von *Paracuaria tridentata* und *Cosmocephalus obvelatus*, Nematoda (*Acuariidae*) von Seevögeln. TU Braunschweig

Prüter J (1986) Untersuchungen zum Bestandsaufbau und zur Ökologie der Möwen (Laridae) im Seegebiet der Deutschen Bucht. U Hannover

Raiss R (1980) Zugstrategien Europäischer Drosseln. Vergleichende Untersuchungen an Amseln (*Turdus merula* L.), Singdrosseln (*Turdus philomelos* BREHM) und Rotdrosseln (*Turdus iliacus* L.). U Fankfurt/Main

Rguibi Idrissi H (2002) Ecologie du stopover de quelques Passereaux au Maroc. U Mohamed V, Rabat

Sacher T (2009) Genetische Differenzierung und Zugverhalten einer Gründerpopulation der Amsel (*Turdus merula*). U Oldenburg

Salewski V (1999) Untersuchungen zur Überwinterungsökologie paläarktischer Singvögel in Westafrika unter besonderer Berücksichtigung der Wechselwirkungen zu residenten Arten. Comoe. U Oldenburg

Schäfer M (2002) The influence of fruit pulp chemistry on avian fruit choice. U Oldenburg.

Scheiffarth G (2003) Born to fly – Migratory strategies and stopover ecology of a long-distance migrant, the Bar-tailed Godwit (*Limosa lapponica*). U Oldenburg

Schmidt V (2002) The role of fruit colour in avian fruit selection – an objective approach. U Oldenburg

Schrey E (1980) Die Bebrütungsdauer von Kunstgelegen bei Silbermöwen (*Larus argentatus*) und Lachmöwen (*Larus ridibundus*) nach Untersuchungen auf Norderoog. U Hamburg

Siano R (2008) Begleituntersuchungen zur Wiederansiedlung des Auerhuhns im Nationalpark Harz. U Dresden

Simons D (1993) Die adaptive Bedeutung saisonaler Frugivorie für die zugzeitliche Depotfettbildung beider Gartengrasmücke (*Sylvia borin*). U Köln.

Stiebel H (2003) Frugivorie bei mitteleuropäischen Vögeln: Nahrung, Nahrungserwerb und Konsequenzen für die Samenausbreitung. U Oldenburg

Thyen S (2005) Reproduction of coastal birds in the Wadden Sea: Variation, influencing factors and monitoring. U Oldenburg

Totzke U (1996) Klinisch-chemische Charakterisierung und Befunde zur endokrinen Regulation der zugzeitlichen Fettdeposition der Gartengrasmücke (*Sylvia borin*). U Köln

Vauk-Hentzelt E (1987) Das Vorkommen von *Reighardia* (Pentastomida) in acht Seevogelarten im Zusammenhang mit der Verbreitung und der Nahrungsökologie der Wirtstiere. U Kiel

Walter U (1996) Die Bedeutung der Garnelenfischerei für die Seevögel an der niedersächsischen Küste. U Oldenburg

Wendeln H (1996) Die Bedeutung der Kondition für die Reproduktion der Flussseeschwalbe *Sterna hirundo*. U Oldenburg

Wolff C (1998) Ethoökologische Untersuchungen am Austernfischer (*Haematopus ostralegus*): Chancen und Risiken für einen Küstenvogel im Binnenland. U Köln

Liste der abgeschlossenen Diplom-, Master-, Bachelor-, Staatsexamens- und Hausarbeiten am Institut für Vogelforschung

(vor 1979 nicht vollständig)

Akkermann M (2000) Alternatives Beweidungskonzept für zwei Feuchtgrünlandgebiete in Ostfriesland, Beurteilung der Auswirkungen einer Großherbivorenbeweidung auf Vegetation und Brutvögel mit Vorschlägen zur Umsetzung. U Oldenburg

Alicki K (1993) Distribution and foraging ranges of breeding Common Murres *Uria aalge* during the breeding season as possible indicators for population regulation mechanisms at the Helgoland colony (Southeastern North Sea, Germany). Prescott College Prescott, Arizona

Anlauf A (1984) Nistplatzwahl und Bruterfolg in Flußseeschwalbenkolonien des Deichvorlandes. U Köln

Averbeck C (1988) Untersuchungen blutphysiologischer Parameter von Silbermöwe (*Larus argentatus* PONTOPPIDAN) und Mantelmöwe (*Larus marinus* L.) nach Geschlecht, Alter und Jahreszeit. U Göttingen

Ballin P, Guntermann B (1974) Der Durchzug der Rohrsänger (*Acrocephalus*) auf Helgoland von 1958–1973. PH Braunschweig

Baum I (1988) Der Einfluß von Umweltfaktoren auf die Fütterungsrate, das Nahrungsspektrum und die Wahl der Fischgründe der Flußseeschwalbe (*Sterna hirundo* L.). Untersuchungen in einer Kolonie an der Festlandsküste. U Köln

Beck B (1994) Einfluß von Störreizen auf die Herzschlagrate und das Verhalten brütender Rotschenkel (*Tringa totanus*). U Bielefeld

Becker A (1981) Soziale Kooperation und Kommunikation im Feindverhalten von Vögeln. U Hamburg

Becker T (1996) Untersuchungen zur intra- und interindividuellen sowie geschlechtsspezifischen Variation des Huderverhaltens der Flußseeschwalbe (*Sterna hirundo*) unter Einsatz der Transpondertechnik. U Köln

Behnke A (1996) Vergleich verschiedener Fang- und Analysemethoden zur Fluktuation von Kleinfisch-Beständen im Wattenmeer. U Oldenburg

Behrens V (1984) Kommunikation bei Walen. Staatsexamensarbeit Univ Hamburg

Bergner G (1993) Vorkommen, räumliche Verteilung und Bruterfolg von Wiesenvögeln im Wiesenvogelschutzgebiet Stollhammer Wisch/ Landkreis Wesermarsch (Niedersachsen). FU Berlin

Bietz H (1995) Interspezifische, zeitliche und räumliche Variation der Schwermetallbelastung in Wattorganismen. U Oldenburg

Bindrich F (2000) Untersuchungen zur Körperkondition von rastenden und ziehenden Singvögeln auf Helgoland. U Göttingen

Blomenkamp A (1998) Flußseeschwalben *Sterna hirundo* in der Prospektionsphase: Zeitlicher Aufenthalt in der Heimatkolonie und Verhalten in Abhängigkeit von Alter und Standorterfahrung. U Freiburg

Braasch A (2005) Elterliche Versorgung, Testosteron und Geschwisterkonkurrenz bei Flussseeschwalbenküken: Wie unterscheiden sich Brüder und Schwestern verschiedener Schlupfposition? U Oldenburg

Bradter U (1996) Raum-Zeit-Muster und Nahrungskonsumtion des Austernfischers (*Haematopus ostralegus*) während der Zugzeit im Rückseitenwatt von Spiekeroog. U Oldenburg

Brüning I (2007) Die ökologische Bedeutung einer wiederverlandenden Außendeichs-Kleipütte im westlichen Jadebusen für Gastvögel. U Münster

Büttger H (2004) Die Bedeutung von Inselsalzwiesen als Bruthabitat für den Rotschenkel (*Tringa totanus*) am Beispiel der Insel Wangerooge. U Oldenburg

Burmeister E (2004) Auswirkungen der Ernährung auf Blutparameter, HbA1c und fäkales Corticosteron bei der extrem fettdeponierenden Gartengrasmücke (Sylvia borin). U Karlsruhe

Cervencl A (2008) Verhaltensökologie und konditionelle Mechanismen der Reproduktion von Rotschenkeln *Tringa totanus* unter hohem Prädationsdruck. U Jena

Clausen E (2004) Artunterschiede, zeitliche und räumliche Trends in der Kontamination von Küstenvögeln mit den Insektiziden Chlordan und Nonachlor. Hochschule Bremen

Clemens T (1978) Vergleichende Untersuchung des Nachtvogelzuges auf Helgoland im März 1976 und 1977 nach Radar- und Feldbeobachtungen. U Oldenburg

Csik S (2008) Einfluss von Greifvögeln auf Verteilung und Verhalten von Wat- und Wasservögeln zur Zeit des Herbstzuges. U Oldenburg

Dabelstein B (1997) Aktivitätsmuster, Nahrungsökologie und Brutverhalten der Trottellumme (*Uria aalge*) auf Helgoland. U Hamburg

Danne S (2005) Einfluss von Greifvögeln auf Verteilung und Verhalten von Wat- und Wasservögeln im westlichen Jadebusen. FH Osnabrück

Delingat J (2000) Ökologie rastender Steinschmätzer (*Oenanthe oenanthe*) auf Helgoland. U Oldenburg

Deutsch M (2000) Untersuchungen zum Durchzug von Kleinvögeln an der niedersächsischen Nordseeküste. U Göttingen

Dierschke A-K (2002) Langfristige Veränderungen in der Ernährung von Silbermöwen (*Larus argentatus* Pont, 1763) auf Helgoland unter dem Einfluss der Fischerei mit Vergleichen zur Heringsmöwe (*Larus fuscus* L., 1758). U Freiburg

Dierschke V (1992) Untersuchungen zur Nahrungsökologie und Überwinterungsstrategie des Meerstrandläufers *Calidris maritima* (Brünnich, 1764). U Göttingen

Dietrich M (2003) Habitatpräferenzen und Raumnutzungsmuster des Orcessittichs (*Pyrrhura orcesi*) in Südwest-Ecuador. U Oldenburg

Distelrath F (1989) Untersuchungen zum Huderverhalten der Flußseeschwalbe (*Sterna hirundo*). U Köln

Düsing M (1996) Aktivitäts- und Raumnutzungsmuster des Alpenstrandläufers (*Calidris alpina*) zur Zeit des Herbstzuges im ostfriesischen Wattenmeer. U Frankfurt

Duncker S (1982) Attrappenversuche zur Überprüfung der aggressionsauslösenden Funktion des roten Brustgefieders beim Rotkehlchen (*Erithacus rubecula*). U Hamburg

Duse A (2007) Nutzung des anthropogenen Nahrungsangebotes an einem Kraftwerk durch Seevögel. U Kiel

Ehmsen B (1995) Brutbiologie des Eissturmvogels (*Fulmarus glacialis*). U Kiel

Eichhorn G (2001) Zur Bedeutung der Steppenseen Zentral-Kasachstans als Rastplatz arktischer Watvögel *Charadrii*, insbesondere zur Rastplatzökologie von Zwergstrandläufer *Calidris minuta* und Odinshühnchen *Phalaropus lobatus*. U Frankfurt

Elsner H (1998) Umweltchemikalien und ihre Verteilung in Alpenstrandläufern (*Calidris alpina*) in Abhängigkeit vom Alter, Körpermasse und Fettgehalt. U Oldenburg

Engeling S (1987) Das Fortpflanzungsverhalten des Austernfischers (*Hameatopus ostralegus*) unter besonderer Berücksichtigung individueller und paarspezifischer Unterschiede. U Hamburg

Esser W (2006) Tab-Nacht-Aktivität von Wat- und Wasservögeln im westlichen Jadebusen. Dipl Arb Univ Oldenburg

Falk K-H (1998) Raum-Zeit-Muster und Habitatwahl afrikanischer Fliegenschnäpper im Comoe-Nationalpark, Elfenbeinküste. U Göttingen

Fießer F (2005) Abschätzung des Kollisionsrisikos von Vögeln mit Offshore-Windenergieanlagen. U Heidelberg

Finck P (1984) Der Bruterfolg der Flußseeschwalbe (*Sterna hirundo*) in Abhängigkeit von Legebeginn, Nestdichte und Neststandort in Kolonien einer Wattenmeerinsel. U Köln

Finck C (1992) Populationsdynamische Untersuchungen und Analyse der tageszeitlichen Laufgangaktivität der Feldmaus, *Microtus arvalis*. U Köln

Flügge H (1973) Zur Biologie und Ökologie der Landisopoden Helgolands. U Hamburg

Fredrich E (1999) Kondition von Prospektoren und Rekruten bei der Flußseeschwalbe *Sterna hirundo*. U Mainz

Freimuth H (1994) Zeitmuster der Nahrungskonsumtion und Körpermasse von Wattenmeerbrütern des Austernfischers (*Haematopus ostralegus*). U Oldenburg

Freise F (2004) Welche Bedeutung kommt dem Naturschutzgebiet Leyhörn als Brutgebiet für den Säbelschnäbler (*Recurvirostra avosetta*) zu? U Oldenburg

Fresemann T (2008) Nahrungsgebiete, Jagderfolg und Nahrungswahl brütender Flussseeschwalben (*Sterna hirundo*) auf Minsener Oog. FH Eberswalde

Freyer T (1995) Untersuchungen zur Ernährungsökologie und den Aktivitätsmustern der Heringsmöwe (*Larus fuscus*) und der Silbermöwe (*Larus argentatus*). U Kiel

Freywald H (1982) Die Biologie der Trottellumme und

Wanderungen Helgoländer Trottellummen nach Wiederfunden beringter Vögel. U Bonn

Frick S (1993) Nahrungsökologische Unterschiede von Fluß- und Küstenseeschwalbe (*Sterna hirundo* und *S. paradisaea*) im Wattenmeer. U Köln

Friede M (2009) Langfristige Veränderungen im herbstlichen Vogelzug auf der Station Reit bei Hamburg. U Lüneburg

Fründt A (2000) Die Speiballenproduktion auf Helgoland überwinternder Kormorane (*Phalacrocorax carbo*). U Hamburg

Garthe S (1992) Quantifizierung von Abfall und Beifang der Fischerei in der südöstlichen Nordsee und deren Nutzung durch Seevögel. U Kiel

Gatzsche F (1982) Über den Heimzug von Mönchsgrasmücke (*Sylvia atricapilla*), Trauerschnäpper (*Ficedula hypoleuca*), Gartenrotschwanz (*Phoenicurus phoenicurus*) und Amsel (*Turdus merula*). Ein Beitrag zur Frage des unterschiedlichen geschlechtsgebundenen Verhaltens an verschiedenen Orten Mittel- und Nordeuropas. U Kiel

Geiß J (1994) Die Bedeutung der Helgoländer Fischerei für die See- und Küstenvögel. U Hamburg

Gießing B (1996) Zur Ökologie rastender Kleinvögel auf einer küstennahen Insel: Wegzug, Rastverhalten, Biometrie und Ernährung von Kleinvögeln auf Oldeoog. U Köln

Gießing K (1994) Umweltchemikalien im Nahrungsnetz des Wattenmeeres unter besonderer Berücksichtigung der Brutvögel als Konsumenten. U Köln

Gippert M (2006) Untersuchungen zum Zug ausgewählter Thermiksegler an der Straße von Gibraltar nahe Tanger, Marokko. FU Berlin

Göken F (2002) Habitatwahl und Territorialität überwinternder Trauerschnäpper (*Ficedula hypoleuca*) unter besonderer Berücksichtigung von Alter und Geschlecht in der Elfenbeinküste (West-Afrika). U Oldenburg

Götz A (1993) Quecksilbergehalt in Hand- und Armschwingen von adulten Flußseeschwalben (*Sterna hirundo*) in Abhängigkeit von Mausertermin und Belastungsgrad. U Oldenburg

Gorschewski A (2007) Quantifizierung der Flügelform von Amseln (*Turdus merula*): ein geometrisch-morphometrischer Ansatz. U Jena

Gottschling M (2007) Telemetrische Untersuchungen zum nachbrutzeitlichen Verhalten von Amseln (*Turdus merula*) auf Helgoland. U Oldenburg

Grande C (2008) Stopover Ecology of Northern Wheatears (*Oenanthe oenanthe*) on Helgoland during spring migration: Does the departure direction of Scandinavian and Nearctic breeders differ? U Bremen

Grunsky B (1992) Anwesenheit adulter Trottellummen (*Uria aalge*) in der Brutkolonie auf Helgoland, Bestandsermittlung und Nahrungsökologie ihrer Jungen. U Bonn

Guicking D (1998) Niststrategien und Habitatwahl von *Larus maculipennis*, *Sterna trudeaui* und *Plegadis chihi* in südchilenischen Feuchtgebieten. U Oldenburg

Gutsmiedl I (1984) Untersuchungen über den Einfluß von Bruterfahrung auf die Partnerwahl bei Weißkopfnonnen (*Lonchura maja*). U Bonn

Hadler C (1982) Der Zug der Turteltaube (*Streptopelia turtur*) und der Ringeltaube (*Columba palumbus*) auf der Insel Helgoland in den Jahren 1959 – 1980, sowie biometrische Untersuchungen an diesen Arten. FU Berlin

Haesihus U (1992) Zeitmuster und Zeitbudgets von Strand- und Salzwiesenpaaren des Austernfischers (*Haematopus ostralegus*) zur Brutzeit, unter besonderer Berücksichtigung des Nahrungssucheverhaltens. U Oldenburg

Hampe A (1998) Vergleichende Fortpflanzungs- und Ausbreitungsbiologie mediterraner und mitteleuropäischer Populationen des Faulbaums (*Frangula alnus mill.*, Rhamnacea). U Greifswald

Harder M (1999) Zur Verbreitung potentieller Nahrungsobjekte des Eissturmvogels (*Fulmarus glacialis*) in der südlichen Nordsee. U Hamburg

Harms U (1993) Sterblichkeit und Todesursachen verschiedener Greifvogelarten: eine Ringfundanalyse. U Oldenburg

Heese S (2009) Verändert sich die Nahrung Helgoländer Trottellummen (*Uria aalge*)? U Osnabrück

Heinen F (1986) Untersuchungen über Einfluß des Flugverkehrs auf brütende und rastende Küstenvögel an ausgewählten Stellen des niedersächsischen Wattenmeergebietes. U Essen

Heinz M (2002) Ecology, habitat and distribution of the Jocotoco Antpitta (Formicariidae: *Grallaria ridgelyi*) in South Ecuador. U Münster

Henning D (1992) Untersuchungen zum Verteilungsmuster von Quecksilber in Bruten verschiedenen Alters bei Möwen und Seeschwalben. U Oldenburg

Hilgerloh G (1974) Über den Einfluß des Wetters auf den Vogelzug in Europa und Nordamerika. U Kiel

Hill K (2005) Preventing nocturnally migrating birds from being attracted to artificial lighting: an experimental approach. U Lüneburg

Hinrichs F (1996) Variation der Anzahlen schiffolgender Seevögel im Bereich der Jadebucht und Methoden zu ihrer Erfassung. U Oldenburg

Hinrichs H (2003) Wachstum und Sterblichkeit von männlichen und weiblichen Flussseeschwalbenküken (*Sterna hirundo*). U Marburg

Hubert B (1993) Der Einfluß von Stressoren auf den Energie- und Hormonhaushalt von Dreizehenmöwen (*Rissa tridactyla*). U Erlangen

Iwe B (1995) Die Entwicklung der Brutpopulation Helgoländer See- und Küstenvögel auf Helgoland von 1953 bis heute. U Hamburg

Jachmann KF (2000) Winterökologie der Helgoländer Amselpopulation. U Frankfurt/M.

Joschko M (1983) Zu Populationsentwicklung, Ökologie und Verhalten des Wildkaninchens (*Oryctolagus cuniculus*) auf Helgoland. TU Braunschweig

Jürgens M-E (1994) Untersuchung zur Ontogenese der Thermoregulation der Dreizehenmöwe (*Rissa tridactyla*) auf Helgoland. U Ulm

Kahle S (1998) Die Belastung von Möwen der deutschen Nordseeküste mit Quecksilber. U Oldenburg

Kalmbach E (1998) Die Brutbiologie der Biguascharbe *Phalacrocorax brasilianus* in einer Kolonie in Mittelchile unter besonderer Berücksichtigung der Kükenentwicklung. U Oldenburg

Kikker U (1995) Wachstumsrate von Flußseeschwalbenküken in Abhängigkeit von brutbiologischen Faktoren und der Qualität der Altvögel. U Oldenburg

Kloska G (1986) Untersuchungen zur Brutbiologie des Kamm-Talegalla (*Aepypodius arfakianus* Salv.). U Hamburg

Klose K (2009) Abstimmung der Paarpartner im Übergang zwischen Inkubation und Hudern bei Flussseeschwalben. U Oldenburg

Knieriemen P (2000) Untersuchungen zur Ökologie der Seevögel am Fischmarkt von Valdivia (Chile). U Münster

Koepff C (1979) Der herbstliche Durchzug von Limikolen und Anatiden in einem durch Industriebaumaßnahmen gestörten Rastgebiet am Jadebusen. U München

Kolaschnik I (1999) Strategien der Besiedlung eines Koloniestandorts durch Flussseeschwalben (*Sterna hirundo*) in Abhängigkeit von der Saison, der Kolonielage und dem Alter der Brutvögel. U Gießen

Kraus H (2001) Untersuchungen zum Zugverhalten des Fitislaubsängers: Auswertung eines europäischen Fangprogramms. U Göttingen

Kreutzer S (2007) Blutchemische Parameter brütender Flussseeschwalben (*Sterna hirundo*) und ihre Variation aufgrund exogener und endogener Einflüsse. U Oldenburg

Kröger R (1984) Untersuchungen zum Spielverhalten von Delphinen unter Gefangenschaftsbedingungen. U Hamburg

Krüger C (1997) Untersuchungen zur Nahrungsökologie und Nahrungsstrategie im Ostseeraum rastender Kiebitzregenpfeifer (*Pluvialis squatarola*). U Oldenburg

Krüger T (2001) Untersuchungen zum Zugverhalten ausgewählter See- und Küstenvögel in der südlichen Nordsee. U Oldenburg

Kubetzki U (1997) Ernährungsökologie von Sturmmöwen (*Larus canus*) verschiedener Kolonien Norddeutschlands. U Bonn

Kühn S (1992) Untersuchungen zur Entwicklung der Selbständigkeit, der Nahrungssuche und der Zeitbudgets flügger Flußseeschwalbenküken und zum elterlichen Aufwand ihrer Betreuung. U Oldenburg

Kunze H (2007) Passage and stopover behaviour of migratory birds on the island of Masirah/Oman during autumn migration. U Oldenburg

Kuth C (1992) Ernährungsphysiologische Untersuchungen beim Star (*Sturnus vulgaris*). U Köln

Landes D (1999) Änderung des Zugverhaltens nachtziehender Singvögel in Bezug auf kurzfristige Wetterveränderungen über der Deutschen Bucht. U Bielefeld

Lang K (1979) Ethologische Beobachtungen zum Brutverhalten der Silbermöwe (*Larus argentatus*) – speziell zur Ei-Einrollreaktion nach experimenteller Veränderung des Geleges. U Hamburg

Lange M (1988) Ei- und Gelegegröße der Flußseeschwalbe (*Sterna hirundo* L.) in Abhängigkeit von Umweltfaktoren. U Köln

Lehmann S (1994) Reproduktion und Ernährung der Nestlinge des Einfarbstars *Sturnus unicolor* unter Freilandbedingungen in den immergrünen Eichenwäldern Salamancas (Zentralspanien). U Köln

Lehn K (2005) Der Einfluss des Mulchens auf die Habitatwahl des Kiebitzes *Vanellus vanellus* in der Diepholzer Moorniederung. U Oldenburg.

Leyrer J (2001) Die nahrungsökologische Bedeutung von Arenicola-Sandwatten für durchziehende Wat- und Wasservögel. U Oldenburg

Liebert A (2000) Energiehaushalt auf Helgoland überwinternder Kormorane *Phalacrocorax carbo*. U Tübingen

Lilje A (2007) Entwicklung der Brutvogelpopulation im Langeooger Westheller unter den Auswirkungen von Nutzungsextensivierung und Sommerdeichrückbau. U Münster

Limmer B (2002) Ändert sich die Körpermasse von Flussseeschwalben (*Sterna hirundo*) mit dem Alter? U Oldenburg

Löhmer K (1967) Untersuchungen zum Nahrungsspektrum der Silbermöwe auf Helgoland im Spätsommer 1967. PH Göttingen

Ludwig S (2002) Habitatwahl von Birkhühnern (*Tetrao tetrix* L.) auf dem Schießplatz Rheinmetall in Niedersachsen. U Oldenburg

Ludwigs J-D (1997) Der Einfluß des Kleptoparasitismus auf den Bruterfolg der Flußseeschwalbe (*Sterna hirundo*). U Gießen

Maier M (2005) Untersuchungen zur Entwicklung von Flora und Fauna in einem Feuchtwiesenschutzgebiet (Naturschutzgebiet Bornhorster Huntewiesen). U Oldenburg.

Malatynski P (1984) Beziehungen zwischen Gewichtsentwicklung und Extremitätenwachstum während der Ontogenese des Stelzenläufers (*Himantopus himantopus*). U Hamburg

Mansmann J (1988) Nächtlicher Vogelzug auf Helgoland. U Freiburg

Marsh S-L (1987) Die räumliche und zeitliche Nutzung mariner und limnischer Nahrungsquellen durch Flußseeschwalben (*Sterna hirundo* L.) des Deichvorlandes. U Gießen

Massias A (1986) Energiegehalt, Zusammensetzung und Nährwert verschiedener Nahrungstiere von Flußseeschwalben-Küken (*Sterna hirundo* L.). U Gießen

Maul AM (1994) Ernährungsweisen und Brutbiologie der Dreizehenmöwe *Rissa tridactyla* (Linnaeus, 1758) auf Helgoland. U Graz

Mausehund M (2005) Vergleichende Ernährungsphysiologie von Papageien. Untersuchungen an Amazonen (*Amazona vinacea*) und Großsittichen (*Aratinga solstitialis*) zur Futteraufnahme und -verdaulichkeit bei Einsatz verschiedener Futtermittel. U Oldenburg

Mehrländer J (2005) Langfristige populationsdynamische Veränderungen beim Weißstorch in Niedersachsen. FH Eberswalde

Mendel B (2003) Zugphänologie heimziehender Singvögel: Bestimmen Zugstrategien oder Dominanzverhältnisse den versetzten Zug männlicher und weiblicher Steinschmätzer (*Oenanthe oenanthe*)? U Münster

Metzner J (1997) Räumlich-zeitliche Verteilung, Habitatwahl und Ernährung von rastenden Limikolen im Sivash/Ukraine. U Bayreuth

Mickstein S (1993) Räumlich-zeitliche Anwesenheit am Koloniestandort während der Balz und mögliche Kriterien der Partnerwahl bei Flußseeschwalben (*Sterna hirundo*). U Oldenburg

Mielcke J (2007) Erschließung der Ergebnisse des interdisziplinären Forschungsprojektes „Außendeichskleipütte Petersgroden" für die Umweltbildung: Konzeptionierung eines Seminars für das Nationalparkhaus Dangast. U Oldenburg

Mitschke A (1992) Multivariate Analysen von Brutvogelgemeinschaften im Hamburger Raum. U Hamburg

Mlody B (1986) Auswirkungen ungünstiger Umweltbedingungen auf Gewichtsentwicklung und Mortalität von Küken der Flußseeschwalbe (*Sterna hirundo* L.). U Hamburg

Moritz V (1993) Zugstrategien westeuropäischer Austernfischer (*Haematopus ostralegus*). U Oldenburg

Müller M (1999) Die nahrungsökologische Bedeutung von Schlickwatten für Wat- und Wasservögel im ostfriesischen Rückseitenwatt. U Bonn

Neebe B (1992) Der Einfluß von Störreizen auf die Herzschlagrate brütender Küstenseeschwalben (*Sterna paradisaea*). U Bonn

Neumann B (2002) Die nahrungsökologische Bedeutung einer wiederverlandenden Außendeichs-Kleipütte im westlichen Jadebusen für Gastvögel während des Herbstzuges. U Bonn

Nickel M (1998) Bedeutung des Sivash (Krim/Ukraine) als Rastplatz für arktische Limikolen und räumlich-zeitliche Verteilung von Watvögeln im Zentral-Sivash. U Jena

Oppel S (2003) The biology of the endangered Pale-headed Brushfinch *Atlapetes pallidiceps* in Ecuador. U Oldenburg

Ottich, I. (2002) Nahrungsangebot und –nutzung durch frugivore Zugvögel auf Helgoland. U Frankfurt/M.

Patzwahl S (1986) Untersuchungen zum Brutpflegeverhalten und zur Jugendentwicklung beim Goldnackenara (*Ara auricollis*). U Würzburg

Perl J (1987) Nahrungsökologische Untersuchungen ziehender Kleinvögel auf Helgoland. U Bonn

Petersen B (1995) Nahrungsökologische Bedeutung verschiedener Mischwattbereiche im ostfriesischen Wattenmeer für Watvögel und Möwen (*Charadriiformes: Charadrii* und *Lari*) während des Herbstzuges. U Marburg

Pleines S (1990) Siedlungsdichte, Brutbiologie und Populationsentwicklung des Austernfischers (*Haematopus ostralegus*) auf der Nordseeinsel Mellum. U Köln

Plötz J (1978) Untersuchungen zum Vorkommen und zur Ökologie der Nematoden im Verdauungstrakt von Silbermöwen (*Larus argentatus*) und Mantelmöwen (*Larus marinus*) bei Helgoland. TU Braunschweig

Prieto Dörfel I (2001) Nest defence behaviour and territory attendance of the great skua (*Catharacta skua*): An egg removal and supplemental feeding experiment. U Oldenburg

Prüter J (1981) Vergleichende Untersuchungen zum Vogelzug auf der Insel Helgoland. Saisonale Häufigkeitsunterschiede bei ausgewählten Zugvogelarten nach Fangergebnissen auf Helgoland. TiHo Hannover

Raabe H (1995) Der Einfluß von Hunger auf die Hämatologie und den Hormonhaushalt gekäfigter Silbermöwen (*Larus argentatus*). U Bonn

Raach A (1988) Die Bedeutung der Jugenderfahrung für die Substratwahl und das Erkundungsverhalten des Mariskensängers (*Acrocephalus melanopogon*). U Freiburg

Rebke M (2005) Populationsmodelle zur Abschätzung der Auswirkungen additiver Vogelmortalität an Offshore-Windenergieanlagen. U Bremen

Reichenbach M (1992) Zur geographischen Variation im Gesang des Hänflings (*Acanthis cannabina*) U Bonn

Reim C (1998) Methoden der Nahrungsanalyse und Nahrungsnetzbeziehungen am Beispiel von Flußseeschwalbenküken *Sterna hirundo*: Vergleich von stabiler Isotopen-Technik, Fütterungsbeobachtungen und Quecksilberanalyse. U Oldenburg

Reineking B (1981) Zum Einfluß der Ölverschmutzung der Meere auf Seevögel (mit einer kritischen Betrachtung der Möglichkeiten der Rettung verölter Vögel). U Hamburg

Reinhold A-B (1996) Nahrungsökologie des Kormorans (*Phalacrocorax carbo*) auf Helgoland). U Berlin

Ribbink J (1987) Vergleichende Untersuchungen zum Heimzug verschiedener Singvögel (Passeres) auf Helgoland unter besonderer Berücksichtigung ihres Rastverhaltens. U Göttingen

Riechert J (2008) Hämatologische Blutparameter brütender Flussseeschwalben in Abhängigkeit von Geschlecht, Alter und Brutphase. U Oldenburg

Schach N (1995) Untersuchungen zur Veränderung klinisch-chemischer Parameter im Blutplasma hungernder Silbermöwen (*Larus argentatus* P.) als Grundlage für eine Konditionsbeurteilung. U Bonn

Schauroth C (2002) Massenentwicklung von Küken der Flussseeschwalbe (*Sterna hirundo*) nach dem Ausfliegen in Abhängigkeit von Geschlecht, Brutgröße und Schlüpfposition. U Essen

Scheiffarth G (1989) Aktivitäts- und Verhaltensmuster des Austernfischers (*Haematopus ostralegus*) zur Brutzeit, unter besonderer Berücksichtigung des Territorial- und Nahrungssucheverhaltens. U Köln

Schepp A (1990) Untersuchungen zur Eigröße der Silbermöwe (*Larus argentatus argentatus* Brehm) auf Mellum. U Gießen

Schimitzek G (1989) Der Einfluß der Geburt auf das Verhalten weiblicher Berberaffen (*Macaca sylvana*). U Hamburg

Schlaich A (2008) Untersuchungen zur Prädation von Wiesenvogelgelegen mit Hilfe von Kunstnestern. U Oldenburg

Schmaljohann H (2002) Untersuchungen zu den Optimalitätskriterien rastender Singvögel während des Wegzuges: Minimieren Steinschmätzer Energie, Zeit oder Prädationsrisiko? U Göttingen

Schmidt L (2009) Sibling competition in common tern *Sterna hirundo* chicks: underlying hormonal and behavioural patterns and mechanisms. U Jena

Schmidt R (1984) Vergleichende Untersuchungen zur Mallophagenfauna von Lariden aus dem Bereich der Deutschen Bucht und Schleswig-Holsteins. FU Berlin

Schmidt S (1998) Raum-Zeit-Muster häufiger Laro-Limikolen zur Zeit des Herbstzuges im Spiekerooger Rückseitenwatt in Abhängigkeit von Sedimentzusammensetzung und Nahrungsangebot. U Oldenburg

Schrader S (2002) GIS-basierte Auswertung der Auswirkungen von Nutzungsänderungen in Salzwiesen und ihre Bewertung hinsichtlich der Schutz- und Entwicklungsziele im NATURA 2000–Gebiet Schleswig-Holstein. U Oldenburg

Schreiber J (2007) Nahrungsversorgung brütender

Küsten- und Flussseeschwalben (*Sterna paradisaea, S. hirundo*) bei schwankendem Nahrungsangebot im Wattenmeer. U Greifswald

Schrey E (1977) Nahrungsökologische Untersuchungen an Helgoländer Staren (*Sturnus vulgaris* L.). U Hamburg

Schröder H (1969) Untersuchungen zum Vogelzug auf der Vogelwarte Helgoland. PH Reutlingen.

Schuhmann S (1989) Gibt es Zusammenhänge zwischen Schadstoffgehalten und Legedatum, Eischalenqualität und Schlüpferfolg in Flußseeschwalbenkolonien (*Sterna hirundo*) an der Elbe? U Oldenburg

Siano R (2001) Überlebensdauer sowie Raum- und Habitatnutzung ausgewilderter Auerhühner (*Tetrao urogallus* L.) im Nationalpark Harz. U Dresden.

Siebolts U (1998) Reaktionen der Flußseeschwalbe (*Sterna hirundo*) gegenüber Menschen in verschiedenen Brutkolonien. U Oldenburg

Singer D (1979) Organisationsprinzipien und Gedächtnisleistung im Gesang der Heidelerche (*Lullula arborea*). U Hamburg

Sonntag NK (2001) Winterverbreitung der Trottellumme (*Uria aalge*) in der Nordsee und Koloniebesuche auf Helgoland: Einfluss von Wassertemperatur und Nahrungsverfügbarkeit. U Tübingen

Specht R (1986) Der Einfluß von Tide und Witterung auf die Fütterrate der Flußseeschwalbe (*Sterna hirundo*). U Freiburg

Spethmann E (1979) Historische Entwicklung und gegenwärtiger Stand des Prägungskonzeptes in der Ethologie. U Hamburg

Sprenge J (2007) Endogene und exogene Faktoren für die Kondition und Überlebensrate von Flussseeschwalbenküken (*Sterna hirundo*). U Kassel

Stolzenbach F (2005) Rekonstruktion von Vogelzugwegen über die südöstliche Nordsee anhand von Ringfunden. U Hamburg.

Streibl D (1973) Vogelzugforschung auf Helgoland. Aus der praktischen und wissenschaftlichen Arbeit der Vogelwarte Helgoland. BPH Stuttgart

Stünzner D von (1996) Territorialität, Habitatnutzung und Furagierverhalten überwinternder Trauerschnäpper (*Ficedula hypoleuca*) in West-Afrika. U Bayreuth

Sudmann S (1990) Radiotelemetrische Untersuchungen zur Nahrungsökologie der Flußseeschwalbe (*Sterna hirundo* L.) im Wattenmeer. U Köln

Szwierczynski M (2005) Zeitliche Anwesenheitsmuster adulter Flussseeschwalben am Koloniestandort in Abhängigkeit von Geschlecht, Status, Alter und Bruterfolg. U Oldenburg

Thyen S (1996) Auswirkungen landwirtschaftlicher Nutzung auf die Vegetation des Nordender Grodens (Jadebusen) und Konsequenzen für die Brutvögel. U Oldenburg

Tolske M (2004) Bildung und Form einer Dominanzstruktur in einer Brutkolonie der Flussseeschwalbe *Sterna hirundo*. U Oldenburg

Totzke U (1991) Hämatologische Untersuchungen an rastenden Singvögeln während des Herbstzuges. U Köln

Troschke T (1992) Telemetrische Erfassung der Körpertemperatur von Flußseeschwalben (*Sterna hirundo*) in Abhängigkeit von Umweltfaktoren und Schlüpfposition. U Oldenburg

Umland J (2000) Die nahrungsökologische Bedeutung einer Wattlebensgemeinschaft für Wat- und Wasservögel im ostfriesischen Wattenmeer. U Hamburg

Vauk-Hentzelt E (1977) Vergleichende Untersuchungen zur Cestodenfauna von Silbermöwen (*Larus argentatus*) und Dreizehenmöwen (*Rissa tridactyla*) aus dem Bereich der Insel Helgoland. U Hamburg

Vogel C (1996) Die langjährige Änderung der Zugzeiten von Zugvögeln nach Erhebungen auf Helgoland von 1961–1993. U Hamburg

Wabnitz E (1999) Brutökologie und Habitatwahl von höhlenbrütenden Singvögeln in Feldhecken. U Würzburg

Wahls S (1995) Raum-Zeit-Muster des Kiebitzregenpfeifers (*Pluvialis squatarola*) zur Zeit des Herbst- und Frühjahrszuges im niedersächsischen Wattenmeer. U Oldenburg

Walbrun B (1985) Die Flora und Vegetation der Insel Helgoland. Dipl Arb Univ Göttingen

Walter A (2002) Experimentelle Untersuchungen zur Rastplatzwahl bei Zugvögeln. Welche Rolle spielen Nahrungsangebot und Prädationsrisiko? U Bielefeld

Walter G (1976) Untersuchungen von Zecken (Ixodioides, Ixodidae) bei Zugvögeln auf der Insel Helgoland. TiHo Hannover

Wecke C (2007) Die individuelle Ausprägung von Rufen junger Flussseeschwalben (*Sterna hirundo*) im Zusammenhang mit Alter und Kondition. U Oldenburg

Weitekamp S (2008) Auswirkung der Bruterfahrung auf den reproduktiven Aufwand, die Kondition und

Partnerabstimmung bei Flussseeschwalbe (*Sterna hirundo*) während der Inkubation. U Oldenburg

Welker J (2000) Untersuchungen zum Geschlechterverhältnis junger Dominikanermöwen (*Larus dominicanus*) auf King-George-Island. U Oldenburg/Jena

Wendeln H (1992) Körpermasseänderung adulter Flußseeschwalben (*Sterna hirundo*) während der Brutzeit. U Oldenburg

Wenzel S (2002) Die nahrungsökologische Bedeutung einer wiederverlandenden Außendeichs-Kleipütte im westlichen Jadebusen für Rastvögel: Untersuchungen zum Frühjahrszug 2001. U Tübingen

Wiebusch A (1988) Zugprolongation im Frühjahr und Zugumkehr im Herbst. Examensarbeit U Freiburg

Wiethölter K (2005) Variation des Artenspektrums und der Länge von Schwarmfischen des Wattenmeeres in Abhängigkeit von Umweltfaktoren. Hochschule Bremen

Wilkens M (1999) Akustische Kommunikation bei Flußseeschwalben (*Sterna hirundo* L.): Individual-, geschlechts- und altersspezifische Rufunterschiede. U Oldenburg

Wilkens S (1996) Untersuchungen zur Populationsbiologie der Silbermöwe (*Larus argentatus*) auf Mellum. U Oldenburg

Wilms A (2000) Ansiedlungsstrategien von Flußseeschwalben innerhalb eines Koloniestandortes. U Münster

Wölke D (1996) Inner- und zwischenartliche Konkurrenz bei Silber- und Heringsmöwe in einer Kolonie auf Amrum. U Hamburg

Wolff S (2000) Nahrungsökologische Bedeutung von Mischwatten im ostfriesischen Rückseitenwatt für Larolimikolen. U Oldenburg

Wothe K (1979) Populationsunterschiede im Gesang des Baumpiepers (*Anthus trivialis*) und filmische Analyse seines Balzfluges. U Hamburg

Wurm S (1996) Auswirkungen akustischer Reize auf die Herzschlagrate brütender Flußseeschwalben (*Sterna hirundo*). U Göttingen

Zens K-W (1992) Untersuchungen zur Populationsbiologie und Habitatstruktur des Steinkauzes (*Athene noctua*) in der Voreifel. U Bonn

Zinsmeister D (2002) Emigration aus einer Kolonie der Flussseeschwalbe *Sterna hirundo*. U Münster

Zunk B (1980) Untersuchungen zur Schwermetallbelastung von Seevögeln aus dem Bereich der Deutschen Bucht. U Hamburg

Veröffentlichungen aus dem Institut für Vogelforschung „Vogelwarte Helgoland" (1910–2009)

Achtermann S, Stühmer F (1987) Eine Alpenbraunelle *Prunella collaris* auf Helgoland. Limicola 1: 53–55

Albayrak T, Erdogan A, Bairlein F (2006) The density and habitat of Krueper's Nuthatch in Mediterranean Turkey. J Ornithol 147 suppl 1: 125

Altenkirch W, Winkel D, Winkel W (2005) Lärchenminiermotte (*Coleophora laricella*) und Vogelschutz/Vogelforschung im Emsland. Bilanz eines Langzeit-Freilandversuches. Forst u Holz 60: 279–283

Altenkirch W, Winkel W (1980) Über die Bestandsentwicklung des Wendehalses (*Jynx torquilla*) von 1970–1979 in einem niedersächsischen Aufforstungsgebiet mit Japanischer Lärche (*Larix leptolepis*). Vogelk Ber Niedersachs 12: 19–22

Altenkirch W, Winkel W (1991) Versuche zur Bekämpfung der Lärchenminiermotte (*Coleophora laricella*) mit Hilfe insektenfressender Singvögel. Waldhygiene 18: 233–255

Antoniazza M, Catzeflis F, Roulier C, Winkler R (1974) Verluste auf Helgoländer Durchzüglern auf dem Wegzug 1973. Corax 5: 58–62

Arnold J, Oswald S, Limmer B, Becker PH (2006) The role of age and condition in predicting survival for a long-lived seabird: A mark-recapture analysis of the Common Tern. J Ornithol 147 suppl 1: 85

Asmus H, Lackschewitz D, Asmus R, Scheiffarth G, Nehls G, Herrmann J-P (1998) Transporte im Nahrungsnetz eulitoraler Wattflächen des Sylt-Rømø Wattenmeeres. In: Gätje C, Reise K (Hrsg) Ökosystem Wattenmeer – Austausch-, Transport- und Stoffumwandlungsprozesse. 393–420. Springer-Verlag, Berlin

Aumüller R, Dierschke J, Hoffmeister TS, Bairlein F (2007) Habitatwahl im Wattenmeer überwinternder Strandpieper *Anthus petrosus* und deren Ursachen. Vogelwarte 45: 350

Averbeck C (1988) Untersuchung blutphysiologischer Parameter an Mantelmöwe (*Larus marinus*) und Silbermöwe (*Larus argentatus*) nach Geschlecht, Alter und Jahreszeit. Seevögel 9, Sonderband: 93–94

Averbeck C, Prüter J (1983) Das Vorkommen seltener Möwenarten auf Helgoland. Vogelwelt 104: 135–142

Baillie S, Bairlein F, Clark J, du Feu C, Fiedler W, Fransson T, Hegelbach J, Juillard R, Karcza Z, Keller LF, Kestenholz M, Schaub M, Spina F (2007) Bird Ringing for Science and Conservation. EURING

Bairlein F (1991) Accumulation and depletion of energy reserves in association with migration in birds. 3rd Int. Congr. Comp. Physiol. Biochem., Tokyo 1991: 40

Bairlein F (1991) Biotopverbundsysteme und das Mosaikzykluskonzept. Laufener Seminarbeiträge 5/91: 45–51

Bairlein F (1991) Body mass of Garden Warblers (*Sylvia borin*) on migration: a review of field data. Vogelwarte 36: 48–61

Bairlein F (1991) Institut für Vogelforschung "Vogelwarte Helgoland". Oldenburgische Landschaft, Jahresbericht 1990: 32

Bairlein F (1991) Leistungsstoffwechsel beim Langstreckenflug: eine Pilotstudie in der Sahara. J Ornithol 132: 481

Bairlein F (1991) Nutritional adaptations to fat deposition in the long-distance migratory Garden Warbler (*Sylvia borin*). Proc. XX. Int. Orn. Congress: 2149–2158

Bairlein F (1991) Ornithologische Grundlagenforschung und Naturschutz. Vogelk. Ber. Nieders. 23: 3–9

Bairlein F (1991) Population studies of White Storks (*Ciconia ciconia*) in Europe. In: Perrins CM, J-D Lebreton & GJM Hirons (eds): Bird Population Studies. Oxford University Press, Oxford: 207–229

Bairlein F (1991) *Sylvia curruca* (Linnaeus 1758) – Klappergrasmücke, Zaungrasmücke. In: Glutz von Blotzheim UN, Bauer KM (Hrsg) Handbuch der Vögel Mitteleuropas. Bd. 12. Aula-Verlag, Wiesbaden: 794–837

Bairlein F (1991) *Sylvia communis* (Linnaeus 1787) – Dorngrasmücke. In: Glutz von Blotzheim UN, Bauer KM (Hrsg) Handbuch der Vögel Mitteleuropas. Bd. 12. Aula-Verlag, Wiesbaden: 837–888

Bairlein F (1991) *Sylvia borin* (Boddaert 1783) – Gartengrasmücke. In: Glutz von Blotzheim UN, Bauer KM (Hrsg) Handbuch der Vögel Mitteleuropas. Bd. 12. Aula-Verlag, Wiesbaden: 888–948

Bairlein F (1992) Biowissenschaften. Nachrichten des Marschenrates zur Förderung der Forschung im Küstengebiet der Nordsee. Heft 29: 48–59

Bairlein F (1992) Institut für Vogelforschung „Vogel-

Bairlein F (1992) Institut für Vogelforschung "Vogelwarte Helgoland". Jahresbericht 1991. Oldenburgische Landschaft: 32–33

Bairlein F (1992) Institut für Vogelforschung "Vogelwarte Helgoland". Geschichte, Struktur, Forschungsaufgaben. Institut für Vogelforschung Wilhelmshaven

Bairlein F (1992) Migratory strategies of songbirds across the Sahara. Proc VII Pan-Afr Orn Congr: 91–100

Bairlein F (1992) Morphology-habitat relationships in migrating songbirds. In: Hagan JM, Johnston DW (eds) Ecology and Conservation of Neotropical Migrant Landbirds. Smithonian, Washington: 356–369

Bairlein F (1992) Recent prospects on trans-Saharan migration of songbirds. Ibis 134 Suppl 1: 41–46

Bairlein F (1992) Zugwege, Winterquartiere und Sommerverbreitung mitteleuropäischer Weißstörche. In: Institut Europeen d'Ecologie & A.M.B.E. (eds) Les Cigogne d'Europe. Metz: 191–205

Bairlein F (1993) Adaptive Bedeutung saisonaler Frugivorie bei omnivoren Singvögeln. Jber Institut Vogelforschung 1: 16–17

Bairlein F (1993) Biowissenschaften. Nachrichten des Marschenrates 30: 57–69.

Bairlein F (1993) Das Institut für Vogelforschung "Vogelwarte Helgoland" in Wilhelmshaven. Mitt Oldenburger Landschaft 79: 1–7

Bairlein F (1993) Ecophysiological problems of arctic migrants in the hot tropics. Proc VIII Pan-Afr Orn Congr: 571–578

Bairlein F (1993) Europäisch-afrikanisches Vogelzugprojekt. Jber Institut Vogelforschung 1: 6.

Bairlein F (1993) Europäisch-afrikanisches Vogelzug-Projekt. Vogelwarte 37: 154–155

Bairlein F (1993) Institut für Vogelforschung "Vogelwarte Helgoland". Oldenburgische Landschaft, Jahresbericht 1992: 34–35.

Bairlein F (1993) Ortsbewegungen, Sterblichkeit und Todesursachen von Greifvögeln und Eulen aus Gehegen. Jber Institut Vogelforschung 1: 10.

Bairlein F (1993) Populationsbiologie von Weißstörchen (*Ciconia ciconia*) aus dem westlichen und östlichen Verbreitungsgebiet. Schriftenr Umwelt Naturschutz Minden-Lübbecke 2: 7–11

Bairlein F (1993) Spatio-temporal course, ecology and energetics of western Palaearctic-African songbird migration. ESF Communications 29: 6–7

Bairlein F (1994) Adaptive Bedeutung saisonaler Frugivorie bei omnivoren Singvögeln. Jber Institut Vogelforschung 1: 16–17

Bairlein F (1994) Bericht der Forschungskommission der Deutschen Ornithologen-Gesellschaft. J Ornithol 135: 128–130

Bairlein F (1994) Biowissenschaften. Nachrichten des Marschenrates 31: 53–75

Bairlein F (1994) Das Institut für Vogelforschung "Vogelwarte Helgoland". Wilhelmshavener Zeitung, Sonderbeilage 125 Jahre Wilhelmshaven: 59–60

Bairlein F (1994) Forschung in Schutzgebieten – ein Widerspruch? Ber Vogelschutz 32: 53–60

Bairlein F (1994) Grundlagenforschung im Dienst von Natur- und Artenschutz. Wilhelmshavener Zeitung, Lokale Dokumentation 1994: 115–119

Bairlein F (1994) Manual of Field Methods. European-African Songbird Migration Network. Wilhelmshaven

Bairlein F (1994) Vogelzugforschung: Grundlage für den Schutz wandernder Vögel. Natur und Landschaft 69: 547–553

Bairlein F (1995) „Birds and their Ecology in the Wadden Sea". Book Notes, Waddensea Newsletter 1995 (1) 33–34

Bairlein F (1995) Biowissenschaften. Nachrichten des Marschenrates 32: 62–79

Bairlein F (1995) Brut- und ernährungsökologische Untersuchungen an Höhlenbrütern in forstlichen Rekultivierungen: Hilfsmittel zur Bewertung von Lebensräumen. Charadrius 31: 5–10

Bairlein F (1995) Das Institut für Vogelforschung "Vogelwarte Helgoland". Der Falke 10/95: 293–299

Bairlein F (1995) Ernährungsökologie von Vögel- oder: Warum fressen Vögel was? J. Ornithol. 136: 321

Bairlein F (1995) Forschung in Schutzgebieten: ein Positionspapier. Seevögel 16 (7)-(8)

Bairlein F (1995) Kontrolle zugzeitlicher Fettdeposition bei Gartengrasmücken (*Sylvia borin*). Jber Institut Vogelforschung 2: 6–7

Bairlein F (1995) Miteinander von Mensch und Natur. Wilhelmshavener Zeitung 3.6.95: 53

Bairlein F (1995) Untersuchungen zum herbstlichen Singvogelzug auf Oldeoog. Jber Institut Vogelforschung 2: 5

Bairlein F (1996) Bericht der Forschungskommission der Deutschen Ornithologen-Gesellschaft. J Ornithol 137: 134–137

Bairlein F (1996) Biowissenschaften. Nachrichten des Marschenrates 33: 49–70

Bairlein F (1996) Food choice and nutrition in plant-feeding birds (Editorial). Comp Biochem Physiol 113A: 213

Bairlein F (1996) Fruit-eating in birds and its nutritional consequences. Comp Biochem Physiol 113A: 215–224

Bairlein F (1996) Long-term ecological studies on birds. Verh Dtsch Zool Ges 89.2: 165–179

Bairlein F (1996) Ökologie der Vögel. G. Fischer, Stuttgart

Bairlein F (1997) „Forschungsförderung". J. Ornithol. 138: 132

Bairlein F (1997) 50 Jahre Institut für Vogelforschung

in Wilhelmshaven. Wilhelmshavener Zeitung 22.11.97: 33–34

Bairlein F (1997) Biowissenschaften. Nachrichten des Marschenrates 34: 61–82

Bairlein F (1997) Das Institut für Vogelforschung „Vogelwarte Helgoland". Geschichte-Struktur-Aufgaben. Jber Institut Vogelforschung 3: 8–12

Bairlein F (1997) Durchzug, Ökologie und Fettdeposition von europäischen Zugvögeln in Marokko. Jber Institut Vogelforschung 3: 17–18

Bairlein F (1997) Food choice in birds and insect chemical defences. Entomol Gener 21: 205–216

Bairlein F (1997) Garden Warbler – *Sylvia borin*. In: Hagemeijer WJM, Blair MJ (eds) The EBCC Atlas of European Birds. Poyser, London: 589–599

Bairlein F (1997) Nutritional control of migratory fattening. Conference on Optimal Bird Migration, Lund: 6

Bairlein F (1997) Ohne Rast kein Zug – die Bedeutung von Rastplätzen für Zugvögel. In: Akademie für Natur- und Umweltschutz Baden-Württemberg (Hrsg) Zugvögel – Botschafter weltweiter Klima- und Lebensraumveränderungen. Akademie Natur- und Umweltschutz Baden-Württemberg, Stuttgart: 17–24

Bairlein F (1997) The European-African songbird migration network. Institut für Vogelforschung, Wilhelmshaven

Bairlein F (1997) The European-African songbird migration network: new challenges for large-scale study of bird migration. Abstr 1. Meeting EOU: 1

Bairlein F (1997) Untersuchungen zur Ökologie paläarktischer Singvögel im westafrikanischen Überwinterungsgebiet. Jber Institut Vogelforschung 3: 19

Bairlein F (1998) „Deutschen Ornithologen-Gesellschaft – Forschungsförderung 1994–1997. Übersicht und Kurzberichte". J Ornithol 139: 87–103

Bairlein F (1998) Biowissenschaften. Nachrichten des Marschenrates 35: 48–68

Bairlein F (1998) Die Vogelwelt rekultivierter Standorte. In: Pflug W (Hrsg) Braunkohlentagebau und Rekultivierung. Springer, Berlin: 316–324

Bairlein F (1998) Langstreckenwanderungen von Zugvögeln – energetische Meisterleistungen. Biologie in unserer Zeit 28: 270–280

Bairlein F (1998) The effect of diet composition on migratory fueling in garden warblers *Sylvia borin*. J Avian Biol 29: 546–551

Bairlein F (1998) The European-African songbird migration network: new challenges for large-scale study of bird migration. Biol Cons Fauna 102: 13–27

Bairlein F (1998) Vogelzug in die Tropen – ein globaler Vergleich. Mitt Bundesforschungsanstalt f Forst- und Holzwirtschaft Hamburg 190: 178–195

Bairlein F (1999) Biowissenschaften. Nachrichten des Marschenrates 36: 49–64

Bairlein F (1999) Energy and nutrient utilisation efficiencies in birds: A review. In: Adams N, Slotow RH (eds) Proc 22 Int Ornithol Congr Durban: 2221–2246

Bairlein F (1999) Forschung und Wissenschaft: Globale Herausforderung. Wilhelmshavener Zeitung 31.12.99: 15

Bairlein F (1999) Hundert Jahre wissenschaftliche Vogelberingung: Rückblick – Einblick – Ausblick. Falke 46: 260–268

Bairlein F (2000) Biowissenschaften. Nachrichten des Marschenrates 37: 51–65

Bairlein F (2000) Nicht nur Köpfe zählen. Vogelschutz 3/2000: 28–31

Bairlein F (2000) Photoperiode und Nahrungsangebot beeinflussen zugzeitliche Fettdeposition. Jber Institut Vogelforschung 4: 5

Bairlein F (2001) Biowissenschaften. Nachrichten des Marschenrates 38: 54–66

Bairlein F (2001) Migration: Energetics. In: Encyclopedia of Life Sciences; http://www.els.net; Nature Publishing Group, London

Bairlein F (2001) Migration: Orientation and Navigation. In: Encyclopedia of Life Sciences; http://www.els.net; Nature Publishing Group, London

Bairlein F (2001) Optimality in bird migration – how to explore it? Avian Ecol Behav 6: 13–14

Bairlein F (2001) Results of bird ringing in the study of migration routes. Ardea 89 (spec issue) 7–19

Bairlein F (2002) Biowissenschaften. Nachrichten des Marschenrates 39: 49–58

Bairlein F (2002) How to get fat: nutritional mechanisms of seasonal fat accumulation in migratory songbirds (review). Naturwissenschaften 89: 1–10

Bairlein F (2002) Perspektiven der wissenschaftlichen Vogelberingung. Mitt Ver Sächs Ornithol 9: 47–53

Bairlein F (2002) Prospettive future nella ricerca sulla migrazione degli uccelli. VII Convegno Nazionale degli Inanellatori Italiani, San Pellegrino Terme: 12–13

Bairlein F (2002) Was erwartet die wissenschaftliche Biologie vom Naturschutz? Vogelkdl Berichte Niedersachsen 33: 77–84

Bairlein F (2003) Biowissenschaften. Nachrichten des Marschenrates 40: 58–67

Bairlein F (2003) Large-scale networks in the study of bird migration: pitfalls and prospects. Vogelwarte 42: 5

Bairlein F (2003) Nachruf Dr. Friedrich Walter Goethe. Nachrichten des Marschenrates 40: 79–80

Bairlein F (2003) Nutritional strategies in migratory birds. In: Berthold P, Gwinner E, Sonnenschein E (eds) Avian Migration: 321–332. Springer-Verlag, Berlin, Heidelberg

Bairlein F (2003) The study of bird migrations – some future perspectives. Bird Study 50: 243–253

Bairlein F (2003) Vogelschutz – Was kann die Forschung beitragen? J Ornithol 144: 222–223

Bairlein F (2004) Biowissenschaften. Nachrichten des Marschenrates 41: 53–62

Bairlein F (2004) Large-scale networks in bird research in Europe: pitfalls and prospects. Avian Science 3: 49–63

Bairlein F (2004) Vogelmonitoring in Deutschand: Appell für ein Integriertes Monitoring als Grundlage für einen noch effektiveren Arten- und Naturschutz. Beitr Jagd- u Wildforsch 29: 367–374

Bairlein F (2004) Was erwartet die wissenschaftliche Biologie vom Naturschutz? NNA-Berichte 16: 113–118 (Nachdruck aus Vogelkd. Ber. Niedersachsen 33, 2001: 77–84)

Bairlein F (2005) Biowissenschaften. Nachrichten des Marschenrates 42: 57–73

Bairlein F (2005) Vogelgrippe und Zugvögel. Falke 52: 325

Bairlein F (2006) Biowissenschaften. Nachrichten des Marschenrates 43: 56–69

Bairlein F (2006) Der XXIV. Internationale Ornithologen-Kongress 2006 in Hamburg und ein kurzer Abriss der Geschichte dieser Kongresse. Der Falke Taschenkalender 2007: 191–201

Bairlein F (2006) Nachruf auf Prof. Dr. Andreas Helbig (28.07.1957–19.10.2005). Zoologie 2006: 55–57

Bairlein F (2006) Photoperiod and migratory fattening. J Ornithol 147 suppl 1: 75

Bairlein F (2006) Prof. Dr. Jürgen Nicolai (1925–2006). Vogelwarte 44: 193–196

Bairlein F (2006) Vögel in Zeiten des Klimawandels. Naturschutz in Hamburg 2/06: 8–10

Bairlein F (2007) Biowissenschaften. Nachrichten des Marschenrates 44: 50–55

Bairlein F (2007) How to get fat – Nutritional mechanisms in migratory birds? 2nd International Symposium on Pet Bird Nutrition, Hannover: 106–107

Bairlein F (2007) Vorwort. In: Elphick J: Atlas des Vogelzuges. Haupt Verlag, Bern

Bairlein F (2008) Das Wattenmeer- Drehscheibe des Vogelzuges. In: Das Wattenmeerhaus (Hrsg) 10 Jahre Wattenmeerhaus – Festreden zum Jubiläum: 16–19. Wilhelmshaven

Bairlein F (2008) The mysteries of bird migration – still much to be learnt. British Birds 101: 68–81

Bairlein F (2008): Preface. In: Cepak J, Klavna P, Skopek J, Schröpfer T, Jelinek A, Horak D, Formanek J, Zarybnicky (2008) Czech and Slocak Bird Migration Atlas: 6. Aventinum, Praha

Bairlein F (2009) Der Klimawandel und seine Auswirkungen auf die Vogelwelt. In: Fansa M, Ritzau C (eds) Klimawandel – globalbe Herausforderung des 21. Jahrhunderts. Schriftenreihe Landesmuseum Natur und Mensch 67: 85–95

Bairlein F (2009) Editorial: 150 years Journal of Ornithology. J Ornithol 150: A3

Bairlein F (2009) Verstehen wir den Naturschutz richtig? In: Nüsslein-Volhard C et al (Hrsg): Wachstum – Eskalation, Steuerung und Grenzen. Verh Gesll Deutscher Naturforscher Ärzte, Stüttgart: 315–318

Bairlein F (ed, 2007) Proceedings of the 24th International Ornithological Congress, Hamburg 2006. Vol. I, Vol II J Ornithol 148 suppl 1: 1–159; Vol II J Ornithol 148 suppl 2: 161–725

Bairlein F, Alström P, Aymi R, Clement P, Dyrcz A, Gargallo G, Hawkins AFA, Madge SC, Pearson DJ, Svensson L (2006) Sylviidae (Old World Warblers). In: del Hoyo J, Elliott A, Christie D (eds) Handbook of the Birds of the World: 492–575. Lynx Edition, Barcelona

Bairlein F, Bauer H-G, Dorsch H (2000) Integriertes Monitoring von Singvogelpopulationen. Vogelwelt 121: 217–220

Bairlein F, Becker PH, Exo K-M (1994) Catching and marking birds – just fun? Waddensea Newsletter 1994 (1) 21–23

Bairlein F, Bergner G (1995) Vorkommen und Bruterfolg von Wiesenvögeln in der nördlichen Wesermarsch, Niedersachsen. Vogelwelt 116: 53–59.

Bairlein F, Coppack T (eds, 2006) Migration in the life-history of birds. J Ornithol 147: 121–404

Bairlein F, Deutsch M (2000) Untersuchungen zum küstennahen Singvogelzug. Jber Institut Vogelforschung 4: 6

Bairlein F, Dietrich M, Totzke U, Wendelin H (2001) Sozialstatus und Winterfettdeposition bei Bartmeisen (*Panurus biarmicus*) – Transponder ermöglichen neue Einblicke. J Ornithol 142 Sonderheft 1: 183

Bairlein F, Elkins N, Evans P (2002) Why and how do birds migrate? In: Wernham C, Toms M, Marchant J, Clark J, Shiriwardena G, Baillie S (eds) The Migration Atlas. Movements of the Birds of Britain and Ireland: 23–43. T & AD Poyser, London

Bairlein F, Exo K-M (2007) Climate change and migratory waterbirds in the Wadden Sea. Wadden Sea Ecosystem 23: 43–52

Bairlein F, Fiedler W, Köppen U (2005) Integriertes Monitoring von Singvogelpopulationen (IMS). In: Südbeck P, Andretzke H, Fischer S, Gedeon K, Schikore T, Schröder K, Sudfeldt C (Hrsg) Methodenstandards zur Erfassung der Brutvögel Deutschlands: 94–96, Radolfzell

Bairlein F, Fiedler W, Köppen U, Dorsch H (2007) Integriertes Monitoring von Singvogelpopulationen (IMS). In: Gedeon K, Mitschke A, Sudfeldt C (Hrsg) Brutvögel in Deutschland. 2. Bericht: 32–33

Bairlein F, Fiedler W, Salewski V, Walther BA (2009) Migration and non-breeding distribution of European Ortolan Buntings *Emberiza hortulana* – an overview. In: Bernardy P (Hrsg) Ökologie und Schutz des Ortolans in Europa. IV. Internationales Ortolan-Symposium. Naturschutz Landschaftspfl Niedersachsen 45: 88–97

Bairlein F, Geiter O, Fiedler W, Köppen U, Meister B (2008) Gefährdung und Zugstrategie. In: Sudfeldt C, Dröschmeister R, Grüneberg C, Jaehne S, Mitschke A, Wahl J (Hrsg): Vögel in Deutschland – 2008. DDA, BfN, LAG VSW, Münster. 24–27

Bairlein F, Gwinner E (1994) Nutritional mechanisms and temporal control of migratory energy accumulation in birds. Annu Rev Nutr 14: 187–215

Bairlein F, Hampe A (1998) Von Vögeln und Früchten – Neues zu einem alten Thema. Ornithol Mitt 50: 205–217

Bairlein F, Harms U (1994) Ortsbewegungen, Sterblichkeit und Todesursachen von Greifvögeln und Eulen nach Ringfunden der „Vogelwarte Helgoland" – eine Übersicht. Vogelwarte 37: 237–246

Bairlein F, Henneberg HR (2000) Der Weißstorch (*Ciconia ciconia*) im Oldenburger Land. Isensee, Oldenburg

Bairlein F, Hüppop O (1997) Heinrich Gätke – sein ornithologisches Werk heute. Vogelwarte 39: 3–13

Bairlein F, Hüppop O (2004) Migratory fuelling and global climate change. In: Møller AP, Fiedler W, Berthold P (Hrsg) Advances ecological research 35: 33–47. Elsevier

Bairlein F, Hüppop O (2009) Klimawandel und Vogelwelt – eine kurze Übersicht. In: NABU (Hrsg): Klimawandel und Biodiversität: 15–22, Berlin

Bairlein F, Hüppop O (2009) Klimawandel und Vogelwelt – eine kurze Übersicht. Artenschutzreport 23: 1–5

Bairlein F, Irsch W (2006) Alster statt Elster: Internationales Ornithologen-Treffen in Hamburg. Biologen heute Vol 5/6 2006: 34

Bairlein F, Irsch W (2006) Der 24. Internationale Ornithologen-Kongress in Hamburg – ein „Jahrhundert-Ereignis" für Deutschland. Ber Vogelschutz 43: 132

Bairlein F, Jenni L (2006) Symposium 34: Optimality in bird migration – the role of stopover ecology. Acta Zool Sinica 52 suppl: 589

Bairlein F, Karasov WH (1999) Digestion in avian ecology (symposium summary). In: Adams N, Slotow RH (eds) Proc 22 Int Ornithol Congr Durban: 2182–2183

Bairlein F, Metzger B (2008) Klimawandel und Zugvögel und ihre Rolle bei der Verbreitung von Infektionskrankheiten – zunehmende „Gefahr" in Zeiten klimatischer Veränderung? In: Lozan JL, Graßl H, Jendritzky G, Karbe L, Reise K (eds) Warnsignal Klima – Gesundheitsrisiken: 198–205. Wissenschaftliche Auswertungen, Hamburg

Bairlein F, Nagel R (2006) Endogene Kontrolle von Körpermasse und Zugunruhe beim Steinschmätzer. Jber Institut Vogelforschung 7: 7

Bairlein F, Prinzinger R (1999) Ornithologie – Hobby oder Wissenschaft? Zoologie 1999: 43–48

Bairlein F, Prinzinger R (2001) Ornithologie – Hobby oder Wissenschaft? J Ornithol 142 Sonderheft 1: 124–128 (Nachdruck aus Zoologie 1999: 43–48)

Bairlein F, Salewski V (2000) Verbreitung und Habitatwahl paläarktischer Singvögel in der Elfenbeinküste. GTÖ 2000: 17

Bairlein F, Schaub M (2009) Ringing and the study of mechanisms of migrations. Ringing and Migration 24: 162–168

Bairlein F, Schlenker R (2004) Nachruf Dr. Gerhardt Zink (1919–2003). Vogelwarte 42: 282

Bairlein F, Simons D (1992) Fett durch Früchte: Neues zur zugzeitlichen Fettdeposition der Gartengrasmücke *Sylvia borin* (AVES). Verh Deutsch Zool Ges 85.1: 133

Bairlein F, Simons D (1994) Fruit eating in birds and nutritional consequences. J Ornithol 135: 313

Bairlein F, Simons D (1995) Nutritional adaptations in migrating birds. Israel J Zool 41: 357–367

Bairlein F, Sonntag B (1994) Die Bedeutung von Straßenhecken für Vögel. Natur und Landschaft 69: 43–48

Bairlein F, Totzke U (1992) New aspects on migratory physiology of trans-Saharan passerine migrants. Ornis Scand 23: 244–250

Bairlein F, Totzke U (2000) Photoperiode und Nahrungsangebot beeinflussen zugzeitliche Fettdeposition. Jber Institut Vogelforschung 4: 5

Bairlein F, Winkel W (1998) Vögel und Klimaveränderungen. In: Lozán JL, Graßl H, Hupfer P, Sterr H (Hrsg) Warnsignale Klima – Wissenschaftliche Fakten. GEO, Hamburg: 281–285

Bairlein F, Winkel W (2001) Birds and Climate Change. In: Lozán JL, Graßl H, Hupfer P (Hrsg) Climate of the 21st Century: Changes and Risks: 278–282. Wissenschaftliche Auswertungen, Hamburg

Bairlein F, Winkel W (2004) In memoriam: Friedrich Walter Goethe, 1911–2003. Auk 121: 1292

Bakker JF, Bartels W, Becker PH, Bester K, Dijkshuizen D, Frederiks B, Reineking B (1999) 4. Marine Chemistry. In: De Jong F, Bakker JF, van Berkel CJM, Dankers NMJA, Dahl K, Gätje C, Marencic H, Potel P: 1999 Wadden Sea Quality Status Report. Wadden Sea Ecosystem No. 9 Common Wadden Sea Secretariat, Trilateral Monitoring and Assessment Group, Quality Status Report Group. Wilhelmshaven, Germany: 85–117

Ballasus H (2005) Habitatwahl und –präferenz der Bless- und Saatgans *Anser albifrons*, *A. fabalis*, am Unteren Niederrhein – Historische Veränderungen und mögliche Ursachen. Vogelwarte 43: 123–131

Ballasus H, Hüppop O (2006) Estimating the condition and flight range of short- and long-distance passerine migrants: Are additional flight costs caused by barrier-effects from offshore windfarms a problem? J Ornithol 147 suppl 1: 130–131

Bangen F (1973) Untersuchungen an Eulen-Gewöllen aus dem Lehrrevier Grönwohld des Landesjagdverbandes Schleswig-Holstein. Mitt Schles-Holst Jäger 7: 11 und 9: 9

Barkow A, Bairlein F, Mühlenberg M (2001) Hecken als „source" und „sink"-Habitate für Singvögel. J Ornithol 142 Sonderheft 1: 184

Barkow A, Bairlein F, Mühlenberg M (2002) First class aus zweiter Hand? – Der Einfluss von Prädation, Störungen und Mahd auf den Bruterfolg von Singvogelpopulationen in Hecken. Vogelkdl Berichte Niedersachsen 33: 143–146

Barkow A, Bairlein F, Mühlenberg M (2003) Habitatqualität von Hecken für Vögel. J Ornithol 144: 230

Barkow A, Bairlein, F, Mühlenberg M (2001) Prädationsraten an Vogelnestern in Hecken. In: Gottschalk E, Barkow A, Mühlenberg M, Settele J (Hrsg) Naturschutz und Verhalten, UFZ-Bericht 2/2001: 111–115. UFZ Leipzig-Halle

Barrett RT, Camphuysen CJ, Anker-Nilssen T, Chardine JW, Furness RW, Garthe S, Hüppop O, Leopold MF, Montevecchi WA, Veit RR (2007) Diet studies of seabirds: a review and recommendations. ICES J Mar Sci 64: 1675–1691

Barth R (1987) Eine neue Methode zum Fang einzelner Großmöwen mit Hilfe einer schwimmenden Schlagfalle. Seevögel 8: LXIII

Barth R, Barthel PH (1987) Noch ein Waldpieper *Anthus hodgsoni* auf Helgoland. Limicola 1: 48–51

Barth R, Moritz D (1988) Bestandsdynamik (1972 – 1987) und Brut (1987) des Karmingimpels *Carpodacus erythrinus* auf Helgoland. Beitr Naturk Niedersachsen 41: 118–129

Bauer H-G, Herkenrath P, Hüppop O, Witt K (1996) Synopse zum ersten „Bericht zur Lage der Vögel in Deutschland". Vogelwelt 117: 363–365

Baumgarten J-T, Hüppop O (2001) Ein Grund zur Freude? Zehn Jahre Basstölpel auf Helgoland. Falke 48: 174–179

Beck B, Hüppop O (1995) Effects of stimuli and temperature on the heart rate of incubating Redshanks. J Ornithol 135, Sonderh: 99

Becker PH (1980) Kentish Plover (*Charadrius alexandrinus* L.). In: Smit CJ, Wolff WJ (eds): Birds of the Wadden Sea. Report 6, Wadden Sea Working Group, Leiden: 122–128

Becker PH (1980) Ringed Plover (*Charadrius hiaticula* L.). In: Smit CJ, Wolff WJ (eds): Birds of the Wadden Sea. Report 6, Wadden Sea Working Group, Leiden: 113–121

Becker PH (1981) Der Einfluß der Silbermöwe auf den Bruterfolg einer Flußseeschwalben-Kolonie auf Mellum. Verh Dtsch Zool Ges: 159

Becker PH (1982) Ringfunde des Mauerseglers. Teil 2: Radolfzellringe. Auspicium 7: 185–201

Becker PH (1982) The coding of species-specific characteristics in bird sounds. In: Kroodsma DE, Miller EH (eds): Acoustic Communication in Birds, Volume 1: 213–252. Academic Press, New York

Becker PH (1983) Deutsche Ornithologen-Gesellschaft. 94. Jahresversammlung (1982) in Marburg. J Ornithol 124: 307–330

Becker PH (1983) Die Insel Runde – ein Paradies für Vögel. In: Norwegen – Fjord und Fjell im Westen; Naturmagazin draußen: 6–23. Harksheider, Norderstedt

Becker PH (1984) Deutsche Ornithologen-Gesellschaft. 95. Jahresversammlung (1983) in Erlangen. J Ornithol 125: 351–380

Becker PH (1984) Umsiedlung einer Flußseeschwalben-Kolonie in Wilhelmshaven. Ber Dtsch Sekt Int Rat Vogelschutz 24: 111–119

Becker PH (1984) Wie richtet eine Flußseeschwalbenkolonie (*Sterna hirundo*) ihr Abwehrverhalten auf den Feinddruck durch Silbermöwen (*Larus argentatus*) ein? Z Tierpsychol 66: 265–288

Becker PH (1985) Common Tern breeding success and nesting ecology under predation pressure of Herring Gulls. Acta XVIII Intern Ornith Congr 1982: 1198–1205

Becker PH (1985) Deutsche Ornithologen-Gesellschaft. 96. Jahresversammlung (1984) in Konstanz. J Ornithol 126: 327–356

Becker PH (1985) Geographic variation, interspecific response to song and song development in Regulus. Acta XVIII intern Ornith Congr 1982: 1059–1060

Becker PH (1985) Welchen Fortpflanzungserfolg haben Flußseeschwalben an der Nordseeküste? Seevögel 6: 39–41

Becker PH (1987) Kann sich die Flußseeschwalbe auf Mellum vor Brutverlusten durch Silbermöwen schützen? In: Gerdes G, Krumbein WE, Reineck H-E (Hrsg): Mellum – Portrait einer Insel. Kramer, Frankfurt: 281–292

Becker PH (1989) Seabirds as monitor organisms of contaminants along the German North Sea coast. Helgoländer Meeresunters 43: 395–403

Becker PH (1990) Der Gesang des Feldschwirls (*Locustella naevia*) bei Lernentzug. Vogelwarte 35: 257–267

Becker PH (1990) Ernährung bestimmt die Lebensweise. In: Nicolai J (Hrsg): Naturerlebnis Vögel. Gräfe und Unzer, München: 152–177

Becker PH (1991) Population and contamination studies in coastal birds with special reference to the Common Tern (*Sterna hirundo*). In: Perrins CM, Lebreton JD, Hirons GJM (eds): Bird population studies: Relevance to conservation and management. Oxford University Press, Oxford: 433–460

Becker PH (1992) Do radio transmitters influence body mass and feeding performance in Common Terns? Proc Seabird Group Conf Glasgow 1992: 5

Becker PH (1992) Egg mercury levels decline with the laying sequence in Charadriiformes. Bull Environ Contam Toxicol 48: 162–167

Becker PH (1992) Seabirds as monitors of environmental chemicals in the Wadden Sea. Proc Seabird Group Conf Glasgow 1992: 5

Becker PH (1992) Seevogelmonitoring: Brutbestände, Reproduktion, Schadstoffe. Vogelwelt 113: 262–272

Becker PH (1993) Monitoring des Bruterfolgs und der Nahrung der Flußseeschwalbe im Wattenmeer. Jber Institut Vogelforschung 1: 18

Becker PH (1993) Die Bedeutung der Fischerei und des Schiffsfolgens für die Ernährung von Seevögeln im Wattenmeer. Jber Institut Vogelforschung 1: 25

Becker PH (1993) Die Seeschwalbe als Ernährungskünstler. Forschung – Mitt DFG 3/93: 21–23

Becker PH (1993) Reproduktive Investition bei Flußseeschwalben in Abhängigkeit von Kondition, Ernährung und Alter. Jber Institut Vogelforschung 1: 19

Becker PH (1993) Seevögel als Anzeiger für die Belastung der Umwelt mit Quecksilber. Jber Institut Vogelforschung 1: 27

Becker PH (1993) Seevögel als Bioindikatoren. Wilhelmshavener Tage 4. Brune Druck, Wilhelmshaven, 79–93

Becker PH (1993) There is a need for further measures to increase the breeding bird populations in the Wadden Sea. Statement. Wadden Sea Newsletter 1993-2: 15–16

Becker PH (1994) Gefährdung von Küstenvögeln durch Umweltchemikalien. In: Lozan JL, Rachor E, Reise K, v. Westernhagen H, Lenz W (Hrsg): Warnsignale aus dem Wattenmeer: 270–278, Blackwell Wissenschaftsverlag, Berlin.

Becker PH (1994) The Tern – an Expert in the Art of Finding Food. German Research – Reports of the DFG 1/94: 16–18

Becker PH (1995) Effects of coloniality on gull predation on Common Tern (*Sterna hirundo*) chicks. Colonial Waterbirds 18: 11–22

Becker PH (1995) Einflüsse des Menschen auf Küstenvögel: Zusammenfassung und Schlußfolgerungen. Schriftenreihe SDN, 2: 136–144

Becker PH (1996) Flußseeschwalben (*Sterna hirundo*) in Wilhelmshaven. Oldenburger Jahrbuch 96: 263–296

Becker PH (1996) Relationships between fish populations and reproductive biology of Common Terns in the Wadden Sea. In: Hunt GL, Furness RW (Hrgs.) Seabird/fish interactions, with particular reference to seabirds in the North Sea. ICES Coop Res Rep, Bd 216: 65–67

Becker PH (1997) Schadstoffmonitoring mit Seevögeln im Wattenmeer. Jber Institut Vogelforschung 3: 32

Becker PH (1998) Die Vogelmarkierung mit Transpondern eröffnet neue Einblicke in das Vogelleben. Ornithologen-Kalender 1998: 167–175. Aula, Wiesbaden

Becker PH (1998) Langzeittrends des Bruterfolgs der Flussseeschwalbe und seiner Einflussgrößen im Wattenmeer. Vogelwelt 119: 223–234

Becker PH (1998) Themenheft Flußseeschwalbe – Vorwort. Vogelwelt 119: 121–122

Becker PH (1999) Populationsökologische Studien an Flußseeschwalben. Film C7039 des IWF, Göttingen. Video (Originalton, Kommentar deutsch u. englisch), 25 min.

Becker PH (1999) Schadstoffe in Seevögeln. In: Nationalparkverwaltung Niedersächsisches Wattenmeer & Umweltbundesamt (Hrsg), Umweltaltlas Wattenmeer, Bd. 2, Wattenmeer zwischen Elb- und Emsmündung. Ulmer, Stuttgart: 112–113

Becker PH (1999) Whose young win? Parental quality and recruitment in seabirds. In: Adams NJ, Slotow RH (eds). Proc 22 Int Ornithol Congr, Durban. Johannesburg: BirdLife South Africa: 1190–1208

Becker PH (2000) Mercury levels in Pink-footed Shearwaters (*Puffinus creatopus*) breeding on Mocha island, Chile. Ornitología neotropical 11: 165–168

Becker PH (2000) Populationsökologische Studien an Flußseeschwalben. Begleittext zum Film C 7039. Institut für den Wissenschaftlichen Film, Göttingen

Becker PH (2001) Die Faszination langlebiger Seevögel: Flußseeschwalben im Oldenburger Land. Der Oldenburgische Hauskalender 2001. Lappan, Oldenburg: 81–83

Becker PH (2001) Preface. Special issue with selected papers from the 7th International Seabird Group Conference 2000, Wilhelmshaven, Germany. Atlantic Seabirds 3 (special issue) 145–148

Becker PH (2001) Schadstoffe. In: Richarz K, Bezzel E, Hormann M (Hrsg) Taschenbuch für Vogelschutz. AULA, Wiebelsheim: 172–178

Becker PH (2003) Biomonitoring with Birds. In: Markert BA, Breure AM, Zechmeister HG (eds) Bioindicators and Biomonitors – Principles, Assessment, Concepts. Elsevier, Oxford: 677–736

Becker PH (2004) Küstenvögel im Blick: Das Institut für Vogelforschung „Vogelwarte Helgoland" in Wilhelmshaven. Seekajak 90: 60–61

Becker PH (2005) Aktuelle Meeresbelastungen: Probleme für Seevögel? DGM-Mitt 3-4: 4–5

Becker PH (2005) Demografie der Flussseeschwalbe: Variation der Rückkehrraten von Alt- und Jungvögeln. Vogelwarte 43: 64

Becker PH (2006) Mehr Töchter fliegen aus, aber mehr Söhne kehren heim: Verschiebung des Geschlechterverhältnisses bei jungen Flussseeschwalben. Jber Institut Vogelforschung 7: 15

Becker PH (2007) Populationsökologie von Seevögeln: Kritische Phase der Lebensgeschichte der Flussseeschwalbe *Sterna hirundo*. Nachrichten des Marschenrates 44: 56–60

Becker PH, Anlauf A (1988) Nistplatzwahl und Bruterfolg der Flußseeschwalbe (*Sterna hirundo*) im Deichvorland. I. Nestdichte. Ökol Vögel 10: 27–44

Becker PH, Anlauf A (1988) Nistplatzwahl und Bruterfolg der Flußseeschwalbe (*Sterna hirundo*) im Deichvorland. II. Hochwasser-Überflutung. Ökol Vögel 10: 45–58

Becker PH, Barbraud C (2006) Symposium 02: The role of individual quality in populations of long-lived birds. Acta Zool Sinica 52 suppl: 90

Becker PH, Baum I, Marsh S-L (1991) Warum wechseln Flußseeschwalben zwischen Nahrungsquellen im Wattenmeer und Binnenland? Verh Dtsch Zool Ges 84: 299–300

Becker PH, Blomenkamp A, Fredrich E (2000) Prospektion der Flussseeschwalbe *Sterna hirundo*. Jber Institut Vogelforschung 4: 15–16

Becker PH, Bradley JS (2007) The role of intrinsic factors for the recruitment process in long-lived birds. J Ornithol 148 suppl 2: 377–384

Becker PH, Bradley S (2006) The role of intrinsic factors for the recruitment process in long-lived birds. J Ornithol 147 suppl 1: 37

Becker PH, Brenninkmeijer A, Frank D, Stienen EWM, Todt P (1997) The reproductive success of Common Terns as an important tool for monitoring the state of the Wadden Sea. Wadden Sea Newsletter 1997–1: 37–41

Becker PH, Bruhn R (2003) Schadstoffbelastung der Organismen im Küstenbereich. In: Lozán JL, Rachor E, Reise K, Sündermann J, v. Westernhagen H (Hrsg) Warnsignale aus Nordsee und Wattenmeer – eine aktuelle Umweltbilanz.GEO, Hamburg: 204–210

Becker PH, Büthe A, Heidmann W (1985) Schadstoffe in Gelegen von Brutvögeln der deutschen Nordseeküste. I. Chlororganische Verbindungen. J Ornithol 126: 29–51

Becker PH, Büthe A, Heidmann W (1988) Rückgänge von Schadstoffgehalten in Küstenvögeln? J Ornithol 129: 104–106

Becker PH, Chapdelaine G (2003) Further development of seabird monitoring. In: Furness RW, Tasker ML (eds) Seabirds as monitors of the Marine environment. ICES Cooperative Res Rep No 258: 52–60

Becker PH, Conrad B, Sperveslage H (1980) Vergleich der Gehalte an chlorierten Kohlenwasserstoffen und PCB's in Silbermöwen (*Larus argentatus*)-Eiern von Mellum 1975 und 1979. Vogelwarte 30: 294–296

Becker PH, Conrad B, Sperveslage H (1989) Chlororganische Verbindungen und Schwermetalle in weiblichen Silbermöwen (*Larus argentatus*) und ihren Eiern mit bekannter Legefolge. Vogelwarte 35: 1–10

Becker PH, Distelrath F, Frank D, Frick S, Glasmacher M, Meyer BC, Sudmann SR (1994) Vergleich des Bruterfolgs der Flußseeschwalbe (*Sterna hirundo*) im Wattenmeer und am Niederrhein. Charadrius 30: 152–156.

Becker PH, Dittmann T, Ludwigs J-D, Limmer B, Ludwig SC, Bauch C, Braasch A, Wendeln H (2008) Timing of initial arrival at the breeding site predicts age at first reproduction in a long-lived migratory bird. Proc Nat Acad Sciences 105: 12349–12352

Becker PH, Erdelen M (1980) Brutbestand von Küsten- und Seevögeln in Gebieten des deutschen Nordseeraums 1979 und Bestandsveränderungen in den 70er Jahren. Ber Dtsch Sekt Int Rat Vogelschutz 20: 63–69

Becker PH, Erdelen M (1982) Windrichtung und Vegetationsdeckung am Nest der Silbermöwe (*Larus argentatus*). J Ornithol 123: 117–130

Becker PH, Erdelen M (1985) Coastal bird populations of the German Wadden Sea: Trends 1950–1979. In: Tasker ML (ed): Population and monitoring studies of seabirds. Proc 2nd Int Conf Seabird Group: 11–12

Becker PH, Erdelen M (1985) Distribution of Herring Gull egg size and nest density in the Mellum colony in relation to vegetation height. Acta XVIII Intern Ornith Congr 1982: 1206–1211

Becker PH, Erdelen M (1986) Die Bestandsentwicklung von Brutvögeln der deutschen Nordseeküste seit 1950: Aspekte für den Artenschutz. Ber Dtsch Sekt Int Rat Vogelschutz 26: 63–73

Becker PH, Erdelen M (1986) Egg size in Herring Gulls (*Larus argentatus*) on Mellum island, North Sea, West Germany: The influence of nest vegetation, nest density, and colony development. Colonial Waterbirds 9: 68–80

Becker PH, Erdelen M (1987) Die Bestandsentwicklung von Brutvögeln der deutschen Nordseeküste 1950–1979. J Ornithol 128: 1–32

Becker PH, Erdelen M (1990) „Sachverstand" oder „schematisches Rechnen": ein Scheinwiderspruch. Limicola 4: 213–216

Becker PH, Exo K-M (1991) Der Bruterfolg der Silbermöwe *Larus argentatus* auf Mellum. – Vogelkdl Ber Nieders 23: 15–19

Becker PH, Ezard THG, Ludwigs JD, Sauer-Gürth H, Wink M (2008) Population sex ratio shift from fledging to recruitment: consequences for demography in a philopatric seabird. Oikos 117: 60–68

Becker PH, Finck P (1984) Tageszeitliche Steigerung der Feindabwehr der Flußseeschwalbe (*Sterna hirundo*). J Ornithol 125: 336–339

Becker PH, Finck P (1985) Witterung und Ernährungssituation als entscheidende Faktoren des Bruterfolgs der Flußseeschwalbe (*Sterna hirundo*). J Ornithol 125: 393–404

Becker PH, Finck P (1986) Die Bedeutung von Nestdichte und Neststandort für den Bruterfolg der Flußseeschwalbe (*Sterna hirundo*) in Kolonien einer Wattenmeerinsel. Vogelwarte 33: 192–207

Becker PH, Finck P, Anlauf A (1985) Rainfall preceding egg-laying – a factor of breeding success in Common Terns (*Sterna hirundo*). Oecologia 65: 431–436

Becker PH, Frank D (1988) Feeding strategies of Common Terns in the Wadden Sea. In: Tasker ML (ed): Seabird food and feeding ecology. Proc third Int Conf Seabird Group: 8–10

Becker PH, Frank D (1990): Kontinuierliche Wägung brütender Seevögel zur Analyse der Ernährungssituation. Proc Int 100 DO-G Meeting Bonn 1988: 173–179

Becker PH, Frank D, Sudmann SR (1993) Temporal and spatial pattern of Common Tern's (*Sterna hirundo*) foraging in the Wadden Sea. Oecologia 93: 389–393

Becker PH, Frank D, Sudmann SR, Wagener M (1991) Funkpeilung von Flußseeschwalben (*Sterna hirundo*) im Wattenmeer. Seevögel 12: 52–61

Becker PH, Frank D, Wagener M (1994) Luxury in freshwater and stress at sea? The foraging of the Common Tern. J Ornithol 135 (Sonderheft) 171

Becker PH, Frank D, Wagener M (1997) Luxury in freshwater and stress at sea? The foraging of the Common Tern *Sterna hirundo*. Ibis 139: 264–269

Becker PH, Frank D, Walter U (1987) Geographische und jährliche Variation der Ernährung der Flußseeschwalbe (*Sterna hirundo*) an der Nordseeküste. J Ornithol 128: 457–475

Becker PH, Furness RW, Henning D (1993) Mercury dynamics in young Common Tern (*Sterna hirundo*) chicks from a polluted environment. Ecotoxicology 2: 33–40

Becker PH, Furness RW, Henning D (1993) The value of chick feathers to assess spatial and interspecific variation in the mercury contamination of seabirds. Environ Monitoring Assessment 28: 255–262

Becker PH, Furness RW, Tasker ML (2003) Seabirds as monitors of marine pollution. In: Furness RW, Tasker ML (eds) Seabirds as monitors of the Marine environment. ICES Cooperative Res Rep No 258: 3–25

Becker PH, González-Solís J, Behrends B, Croxall J (2002) Feather mercury levels in seabirds at South Georgia: influence of trophic position, sex and age. Mar Ecol Prog Ser 243: 261–269

Becker PH, Heidmann WA, Büthe A, Frank D, Koepff C (1992) Umweltchemikalien in Eiern von Brutvögeln der deutschen Nordseeküste: Trends 1981–1990. J Ornithol 133: 109–124

Becker PH, Henneberg H-N, Nagel R, Oldenettel M, Thesing G, Austen D, Hansel H, Lempert J (1981) Bevorzugte Nahrungs-, Rast- und Brutgebiete von Watvögeln und Graureihern im Raum Wilhelmshaven. Vogelkdl Ber Niedersachsen 13: 1–9

Becker PH, Henning D, Furness RW (1994) Differences in Mercury Contamination and Elimination during Feather Development in Gull and Tern Broods. Arch Environ Contam Toxicol 27: 162–167

Becker PH, Henning D, Wendeln H (1994): Schadstoffanreicherung im Nahrungsnetz des Wattenmeeres. Ber. Ökosystemforsch Wattenmeer 4 (1994), Bd. 2: 72–75

Becker PH, Koepff C, Bruns W (1991) Test device for measuring the strength of eggshells in environmental research. Reports Appl Measurement 7: 1–4

Becker PH, Koepff C, Heidmann WA, Büthe A (1992) Schadstoffmonitoring mit Seevögeln. TEXTE 2/92: 1–260. Umweltbundesamt, Berlin

Becker PH, Leisler B (2007) Prof. Dr. Gerhard Thielcke (1931 – 2007). Nachruf. Vogelwarte 45: 389–392

Becker PH, Ludwigs J-D (2004) *Sterna hirundo* Common Tern. BWP Update Vol 6 Nos 1/2, 93–139. Oxford Univ Press

Becker PH, Lugwigs JD, Wagener M (2001) Neue Chance für den Nordsee-Kabeljau: Seevögel machen bereits im Sommer 2001 auf starken Jahrgang aufmerksam. Inf Fischwirtsch Fischereiforsch 48: 164–164

Becker PH, Mickstein S (1997) Ökologie von Seevögeln in Chile. Jber Institut für Vogelforschung 3: 30

Becker PH, Muñoz Cifuentes J (2004) Contaminants in bird eggs: recent spatial and temporal trends: In: Wadden Sea Ecosystem No 18, 5–25, Common Wadden Sea Secretariat, Wilhelmshaven

Becker PH, Muñoz Cifuentes J (2005) Contaminants in Bird Eggs: In: Essink K, Dettmann C, Farke H, Laursen K, Lüerßen G, Marencic H, Wiersinga W (eds): Wadden Sea Quality Report 2004. Wadden Sea Ecosystem No 19. Trilateral Monitoring and Assessment Group, Common Wadden Sea Secretariat, Wilhelmshaven

Becker PH, Muñoz Cifuentes J, Behrends B, Schmieder KR (2001) Contaminants in bird eggs in the Wadden Sea. Temporal and spatial trends 1991 – 2000. Wadden Sea Ecosystem No 11. Common Wadden Sea Sectretariat, Trilateral Monitoring and Assessment Group, Wilhelmshaven, Germany. 68 S.

Becker PH, Nagel R (1983) Schätzung des Brutbestandes der Silbermöwe (*Larus argentatus*) auf Mellum, Langeoog und Memmert mit der Linientransekt-Methode. Vogelwelt 104: 25–39

Becker PH, Schlatter R (1997) Ökologie von Seevögeln in Chile. Jber Institut Vogelforschung 3: 30

Becker PH, Schuhmann S, Koepff C (1993) Hatching failure in Common Terns (*Sterna hirundo*) in relation to environmental chemicals. Environ Pollut 79: 207–213

Becker PH, Schuster A (1980) Vergleich der Verölung von Vögeln nach Arten, Jahren und räumlicher Verteilung an der deutschen Nordseeküste in den Jahren 1972 und 1974–1980. Ber Dtsch Sekt Int Rat Vogelschutz 20: 55–61

Becker PH, Sommer U (1998) Die derzeitige Belastung der Flussseeschwalbe *Sterna hirundo* mit Umweltchemikalien in Mitteleuropa. Vogelwelt 119: 243–249

Becker PH, Specht R (1991) Body mass fluctuations and mortality in Common Tern (*Sterna hirundo*) chicks dependent on weather and tide in the Wadden Sea. Ardea 79: 45–56

Becker PH, Sperveslage H (1989) Organochlorines and heavy metals in Herring Gull, *Larus argentatus*, eggs and chicks from the same clutch. Bull Environ Contam Toxicol 42: 721–727

Becker PH, Sudmann S (1998) Quo vadis *Sterna hirundo*? Schlussfolgerungen für den Schutz der Flussseeschwalbe in Deutschland. Vogelwelt 119: 293–304

Becker PH, Ternes W, Rüssel HA (1985) Schadstoffe in Gelegen von Brutvögeln der deutschen Nordseeküste. II. Quecksilber. J Ornithol 126: 253–262

Becker PH, Thyen S, Mickstein S, Sommer U, Schmieder KR (1998) Monitoring Pollutants in coastal bird eggs in the Wadden Sea. Final Report of the Pilot Study 1996–1997. Wadden Sea Ecosystem 8. Common Wadden Sea Secretariat Wilhelmshaven: 59–101

Becker PH, Troschke T, Behnke A, Wagener M (1997) Flügge Küken der Flußseeschwalbe (*Sterna hirundo*) verhungern während Hitzeperioden. J Ornithol 138: 171–182

Becker PH, Voigt CC, Arnold JM, Nagel R (2006) A non-invasive technique to bleed incubating birds without trapping: A blood-sucking bug in a hollow egg. J Ornithol 147: 115–118

Becker PH, Wendeln H (1994) Microtags: New facilities to study population biology and reproductive strategies in terns. In: Dittami J, Bock W, Taborsky M, van den Elzen R, Vogel-Millesi E (Hrsg) J Ornthol 135 (Sonderheft): 251

Becker PH, Wendeln H (1994) Schadstoffanreicherung im Nahrungsnetz des Wattenmeeres. Ber Ökosystemforsch Wattenmeer 4 (1994), Bd. 2: 72–75

Becker PH, Wendeln H (1995) Reproduktive Investition und Populationsbiologie bei Flußseeschwalben: Einsatz der Transpondermarkierung. Jber Institut Vogelforschung 2: 14–15

Becker PH, Wendeln H (1996) Reproduktionsstrategien langlebiger Vögel: Neue Einblicke durch Markierung mit Transpondern. Verh Dtsch Zool Ges 89.1: 117

Becker PH, Wendeln H (1996) Ring removal in terns caught in Africa – a major problem for population studies. Ringing and Migration 17: 31–32

Becker PH, Wendeln H (1997) A new application for transponders in population ecology of the Common Tern. Condor 99: 534–538

Becker PH, Wendeln H (1998) A long-term population study in Common Terns marked with transponders. Biol Cons Fauna 102: 215

Becker PH, Wendeln H, González-Solís J (2001) Population dynamics, recruitment, individual quality and reproductive strategies in Common Terns marked with transponders. Ardea 89 (special issue): 239–250

Becker PH, Wink M (2002) Geschlechtsabhängige Größenunterschiede von Flügglingen der Flussseeschwalbe (*Sterna hirundo*). J Ornithol 143: 51–56

Becker PH, Wink M (2003) Influences of sex, sex composition of brood and hatching order on mass growth in Common Terns (*Sterna hirundo*). Behav Ecol Sociobiol 54: 136–146

Behrends B, Dittmann S, Liebezeit G, Kaiser M, Knoke V, Petri G, Rahmel J, Roy M, Scheiffarth G, Wilhelmsen U (2004) Gesamtsynthese Ökosystemforschung Wattenmeer – Zusammenfassender Bericht zu Forschungsergebnissen und Systemschutz im deutschen Wattenmeer. TEXTE 03/04, 1–481. Berlin, Umweltbundesamt

Benito MM, Becker PH, González-Solís J (2006) Cell mediated immunocompetence in Common Terns. J Ornithol 147 suppl 1: 137

Benito MM, González-Solís J (2007) Sex ratio and sexual size dimorphism in birds. J Evol Biol 20: 1522–1530

Benk A, Berndt R (1981) Der Kleinabendsegler in der Bickelsteiner Heide (Niedersachsen). Braunschweiger Naturkundl Schriften 1: 177–182

Bennett M, Bairlein F (2006) Conservation medicine: Towards an understanding of the role of infectious diseases and parasites in wild birds. J Ornithol 147 suppl 1: 285

Berndt R (1968) Der Höckerschwan als Gelegeplünderer und Jungvogelräuber. Ber Dtsch Sekt Int Rat Vogelschutz 8: 51–52

Berndt R (1969) Bergpieper im Sommer 1968 auf dem Hohen Meißner in Hessen. Vogelwelt 90: 188–189

Berndt R (1969) Entwicklungsplan für den Drömling

als Großreservat für Naturschutz, -forschung und -beobachtung. Herausg Niedersächs Landesverwaltungsamt

Berndt R (1969) Über früheres und jetziges Brutvorkommen von Adlern und Weihen im Braunschweiger Hügelland. Ber Dtsch Sek Int Rat Vogelschutz 9: 37–39

Berndt R (1970) Familie Eigentliche Baumläufer. In: Grzimek B, Meise W, Niethammer G, Stainbacher J (Hrsg) Grzimeks Tierleben. Enzyklopädie des Tierreiches IX, Band Vögel 3: 311–313

Berndt R (1970) Familie Eigentliche Meisen. In: Grzimek B, Meise W, Niethammer G, Stainbacher J (Hrsg) Grzimeks Tierleben. Enzyklopädie des Tierreiches IX, Band Vögel 3: 298–204

Berndt R (1970) Familie Schwanzmeisen. In: Grzimek B, Meise W, Niethammer G, Stainbacher J (Hrsg) Grzimeks Tierleben. Enzyklopädie des Tierreiches IX, Band Vögel 3: 294–295

Berndt R (1970) Habicht schlägt Bussarde. Vogelwelt 91: 200

Berndt R (1970) Mäusebussard und Rotmilan als Nestplünderer bei der Elster. Vogelwelt 91: 200–201

Berndt R (1970) Sperber und Habicht jagen paarweise. Vogelwelt 91: 31–32

Berndt R (1970) Unterfamilie Eigentliche Fliegenschnäpper. In: Grzimek B, Meise W, Niethammer G, Stainbacher J (Hrsg) Grzimeks Tierleben. Enzyklopädie des Tierreiches IX, Band Vögel 3: 258–265

Berndt R (1970) Unterfamilie Eigentliche Kleiber. In: Grzimek B, Meise W, Niethammer G, Stainbacher J (Hrsg) Grzimeks Tierleben. Enzyklopädie des Tierreiches IX, Band Vögel 3: 305–309

Berndt R (1970) Wiesenweihe schlägt Haussperlinge im Fluge. Vogelwelt 91: 201

Berndt R (1970) Zur Bestandsentwicklung der Greifvögel im Drömling. Beitr Vogelk 16: 3–12

Berndt R (1972) Die „Rote Liste" der Vögel Europas. Vogelwelt 93: 154–158

Berndt R (1973) Das Internationale Büro für Wasservogelforschung. In: Pfeifer S (Hrsg) Taschenbuch für Vogelschutz: 169–175 bzw. 188–194

Berndt R (1973) Der Internationale Rat für Vogelschutz. In: Pfeifer S (Hrsg) Taschenbuch für Vogelschutz: 158–163 bzw. 176–181

Berndt R (1973) Die Europa-Reservate in der Bundesrepublik Deutschland (Stand 1972). Vogelwelt 94: 34–39

Berndt R (1973) Die Internationale Wasservogelforschung in der Bundesrepublik Deutschland. In: Pfeifer S (Hrsg) Taschenbuch für Vogelschutz: 175–177 bzw. 195–197

Berndt R (1973) Gartenschläfer im Landkreis Helmstedt. Beitr Naturk Niedersachsen 26: 76–77

Berndt R (1973) Status und Situation der mitteleuropäischen Population des Südlichen Goldregenpfeifers. Ber Dtsch Sekt Int Rat Vogelschutz 13: 91–92

Berndt R (1973/74) Nachtfang in der Bruthöhle als risikolose Methode zur Beringung und Ringkontrolle weiblicher Meisen und Trauerschnäpper. Angew Orn 4: 104–106

Berndt R (1974) David Lack 1910–1973. Vogelwelt 95: 113–116

Berndt R (1974) Die „Rote Liste" der Vögel Europas (Stand 1972). Vogelwelt 95: 116–118

Berndt R (1974) Feuchtbiotope in Niedersachsen und ihre Bedeutung für die Vogelwelt. Herausg Bund der Wasser- und Kulturbauingenieure Landesverband Niedersachsen, Berlin und Bremen: 81–92

Berndt R (1974) Männchen der Graugans findet sein verlorenes Weibchen wieder. J Ornithol 115: 464–465

Berndt R (1975) Vermindert sich die Fluchtdistanz unserer Greifvögel? Ber Dtsch Sekt Int Rat Vogelschutz 15: 98–100

Berndt R (1976) Das Europa-Reservat Riddagshausen-Weddeler Teichgebiet als Brutplatz für bestandsgefährdete Vogelarten von Naß- und Feuchtbiotopen. Braunschweigerische Heimat 62: 38–45

Berndt R (1976) Falkenraubmöwe bei Braunschweig. Vogelk Ber Niedersachsen 8: 85

Berndt R (1979) Hundert Jahre Entwicklung der Zeitschrift für Vogelkunde und Vogelschutz „Die Vogelwelt". Vogelwelt 100: 1–8

Berndt R (1979) Welche „Feuchtgebiete internationaler Bedeutung" in der Bundesrepublik Deutschland erfüllen gleichzeitig die Kriterien für „Europa-Reservate"? Ber Dtsch Sekt Int Rat Vogelschutz 19: 51–55

Berndt R (1980) Die Richtlinie vom 2. April 1979 des Rates der Europäischen Gemeinschaften über die Erhaltung der wildlebenden Vogelarten. Allgemeine Erläuterungen und praktische Umsetzung bis Ende 1980. Ber Dtsch Sekt Int Rat Vogelschutz 20: 113–120

Berndt R (1981) Die EG-Vogelschutzrichtlinie vom 2. April 1979 – Umsetzung und Auswirkung im Jahre 1981. Ber Dtsch Sekt Int Rat Vogelschutz 21: 97–100

Berndt R (1981) Durchziehender Rauhfußkauz als erster Artnachweis für das Braunschweiger Hügelland. Milvus 2: 59

Berndt R (1981) Kiefernkreuzschnabel im Winter 1979/80 bei Braunschweig. Milvus 2: 57–58

Berndt R (1982) Bericht und Bemerkungen über die gesetzlichen Grundlagen der Vogeljagd in Italien (Stand: Juni 1982). Ber Dtsch Sekt Int Rat Vogelschutz 22: 137–141

Berndt R (1982) Das Prioritäten-Dokument des Internationalen Rates für Vogelschutz (Stand 1.1.1981). Ber. Dtsch. Sekt. Int. Rat Vogelschutz 22: 117–119

Berndt R (1982) Die gefährdetsten und verschollenen Vogelarten der Erde. Ber Dtsch Sekt Int Rat Vogelschutz 22: 121–125

Berndt R (1982) Die Jagd als Störfaktor für Wasser- und Watvögel. Ber Dtsch Sekt Int Rat Vogelschutz 22: 159–160

Berndt R (1982) Ein Nordluchs 1967 im Niedersächsischen Drömling. Braunschweiger Naturkundl Schriften 1: 571–574

Berndt R (1982) Eine Begattung bei der Singdrossel. Vogelwelt 104: 182

Berndt R (1982) Flug-Füttern zwischen Altvögeln und Diebstahl von Nestwandmaterial bei Mehlschwalben. Vogelwelt 103: 189–190

Berndt R (1982) Steinadler bei Wolfsburg. Milvus 3: 51

Berndt R (1983) 60 Jahre Internationaler Rat für Vogelschutz. Vogelwelt 104: 158–160

Berndt R (1983) Eine Zweitbrut beim Star im Oberharz. Vogelk Ber Niedersachsen 15: 13–14

Berndt R (1983) Einheimische Vogelarten auf der „Roten Liste" – Bestandsverlauf und Gefährdungsgrad im Braunschweiger Hügelland. Naturschutz und Denkmalpflege im Braunschweiger Land: 29–50

Berndt R (1983) Über die Vogelwelt Polens und ihre Gefährdung. Vogelwelt 104: 196–200

Berndt R (1983) Vogelbeobachtungen im englischen Schneewinter 1946/47, unter besonderer Berücksichtigung des Futterplatzverhaltens. Orn Mitt 35: 59–60

Berndt R (1983) Zur Autobiographie von Margaret Morse-Nice (1883–1974) „Forschen ist eine Leidenschaft von mir". Vogelwelt 104: 225–228

Berndt R (1984) Der Europarat und der Vogelschutz. Ber Dtsch Sekt Int Rat Vogelschutz 24: 39–46

Berndt R (1984) Der Jahresbericht 1983 des Internationalen Rates für Vogelschutz. Ber Dtsch Sekt Int Rat Vogelschutz 24: 164–166

Berndt R (1984) Singflug und Begattung bei der Zaungrasmücke. Vogelwelt 105: 70–71

Berndt R (1985) Das Schutzprogramm 1986 des Internationalen Rates für Vogelschutz. Ber Dtsch Sekt Int Rat Vogelschutz 25: 27–30

Berndt R (1985) Der Jahresbericht 1984 des Internationalen Rates für Vogelschutz – gekürzte Übersetzung des englischen Textes. Ber Dtsch Sekt Int Rat Vogelschutz 25: 13–15

Berndt R (1985) Graugans. In: Goethe F, Heckenroth H, Schumann H (Hrsg) Die Vögel Niedersachsen und des Landes Bremen – Entenvögel: 44–47

Berndt R (1986) Die Europareservate des Internationalen Rates für Vogelschutz in der Bundesrepublik Deutschland (Stand: 15. Juni 1986). Ber Dtsch Sekt Int Rat Vogelschutz 26: 61–62

Berndt R, Brunke E-J, Schmidt G, Schmidt H (1979) Faunistische und ökologische Aspekte für Naturschutz, Landschaftsgestaltung und Strukturplanung im Raum Braunschweig. Braunschweigische Heimat 65: 1–36

Berndt R, Burdorf K, Heckenroth H (1985) Kriterien zur Bewertung von Lebensstätten für Vögel unter besonderer Berücksichtigung der Bundesrepublik Deutschland und des Bundeslandes Niedersachsen. Informationsdienst Naturschutz 3, Nr. 2, Juni 1983, Herausg. Niedersächsisches Landesverwaltungsamt: 24 S. – 2. völlig überarbeitete Auflage. Informationsdienst Naturschutz 5, Nr. 3: 11 S.

Berndt R, Creutz G (1978) Brut-Umsiedlung eines weiblichen Trauerschnäppers über eine Entfernung von 280 km. Vogelwarte 239: 276

Berndt R, Fischer U (1976) Eine Zaunammer im Kreis Gifhorn. Vogelk Ber Niedersachsen 8: 26

Berndt R, Frantzen M (1967) Stand der Wiedereinbürgerung der Graugans bei Braunschweig. Ber Dtsch Sekt Int Rat Vogelschutz 7: 29–33

Berndt R, Frantzen M (1968) Weiteres zur Wiedereinbürgerung der Graugans im nordwestlichen Deutschland. Ber Dtsch Sekt Int Rat Vogelschutz 8: 49–50

Berndt R, Frantzen M (1971) Zur Stimme des Kleinen Sumpfhuhns. Vogelwelt 92: 115

Berndt R, Frantzen M (1973) Stirbt der Drosselrohrsänger in Niedersachsen aus? Ber Dtsch Sekt Int Rat Vogelschutz 13: 92

Berndt R, Frantzen M (1974) Katastophaler Rückgang der Rohrsänger bei Braunschweig. Ber Dtsch Sekt Int Rat Vogelschutz 14: 48–54

Berndt R, Frantzen M (1979) Dreizehenmöwe und Silbermöwe als Gebäude- und Felsbrüter im nordöstlichen Norwegen. Orn. Mitt. 31: 244–246

Berndt R, Frantzen M (1982) Fluggemeinschaft zwischen Höckerschwan und Zwergscharben. Orn Mitt 34: 271

Berndt R, Frantzen M (1983) Beobachtungen in der Natur des Donau-Deltas (Rumänien) auf einer ornithologischen Exkursion im Herbst 1981. Beitr Vogelkd 29: 224–228

Berndt R, Frantzen M (1984) Erstnachweis der Erddrossel für Rumänien. Beitr Vogelkd 30: 71

Berndt R, Frantzen M (1984) Ornithologische Beobachtungen auf einer Schiffs-Fahrt von Dänemark nach Island. Orn Mitt 36: 155–157

Berndt R, Frantzen M (1987) Fütternde Kiefernkreuzschnägel in der Bickelsteiner Heide/Kreis Gifhorn. Vogelk Ber Niedersachsen 19: 93

Berndt R, Frantzen M, Ringleben H (1974) Die in Niedersachsen gefährdeten Vogelarten („Rote Liste", Stand: 1.1.1974). Vogelk Ber Niedersachsen 6: 1–8

Berndt R, Heckenroth H (1978) Die Europa-Reservate im Raum Niedersachsen-Hamburg-Bremen, Bundesrepublik Deutschland (Stand: 1.1.1979). Ber Dtsch Sekt Int Rat Vogelschutz 18: 49–51

Berndt R, Heckenroth H, Frantzen M, Ringleben H, Festetics A (1976) „Rote Liste" der in Niedersachsen gefährdeten Vogelwarten, 2. Fassung, Stand 1.1.1976. Herausg Niedersächsisches Landesverwaltungsamt: 8 S.

Berndt R, Heckenroth H, Winkel W (1975) Vorschlag zur Einstufung regional wertvoller Vogelbrutgebiete. Vogelwelt 96: 224–226

Berndt R, Heckenroth H, Winkel W (1978) Zur Bewertung von Vogelbrutgebieten. Vogelwelt 99: 222–226

Berndt R, Heckenroth H, Winkel W (1979) Kriterienvorschlag für „Feuchtgebiete nationaler Bedeutung", speziell als Rastplätze von Wasser- und Watvögeln, in der Bundesrepublik Deutschland. Ber Dtsch Sekt Int Rat Vogelschutz 19: 57–62

Berndt R, Hößler R (1973) Erste Freilandbrut wiedereingebürgerter Uhus im Harz-Gebiet nachgewiesen. Ber Dtsch Sek Int Rat Vogelschutz 13: 93

Berndt R, Hummel D (1970) Fluggemeinschaft von Gänsen und Kranichen. Vogelwarte 25: 355–356

Berndt R, Hummel D (1971) Der Einflug der Großtrappe nach West-Europa im Winter 1969/70. J Ornithol 112: 138–157

Berndt R, Jürgens R (1977) Niedersächsische Tannenmeise als Wintergast in Nordafrika. Vogelwarte 29: 65–66

Berndt R, Kellert W (1981) Zum Brutvorkommen der Moorente 1966 im Europa-Reservat Riddagshausen-Weddeler Teichgebiet und über Mischpaare mit der Tafelente. Milvus 2: 52–54

Berndt R, König C, Winkel W (1983) 3. Bericht der DS/IRV-EG-Arbeitsgruppe. Ber Dtsch Sekt Int Rat Vogelschutz 23: 21–24

Berndt R, Kothe H-J (1970) Erstnachweis der Kragentrappe für Niedersachsen. Vogelk Ber Niedersachsen 2: 55–56

Berndt R, Lampe H (1969) Die Reiherente Brutvogel im Braunschweiger Hügelland. Vogelk. Ber. Niedersachsen 1: 59–60

Berndt R, Lampe H (1969) Die Sturmmöwe als neuer Brutvogel des Braunschweiger Hügellandes. Vogelk Ber Niedersachsen 1: 86–87

Berndt R, Mannes P (1986) Uhu. In: Zang H, Heckenroth H (Hrsg) Tauben- bis Spechtvögel: 65–72

Berndt R, Meiner J (1974) Abwanderung und Rückkehr eines freigelassenen jungen Uhus über eine Entfernung von 56 km. Vogelwarte 27: 292–293

Berndt R, Rahne U (1968) Brutvorkommen der Rotdrossel im niedersächsischen Drömling. Vogelwelt 89: 215–220

Berndt R, Rahne U (1968) Erstnachweis der Ringschnabelmöwe in Europa. J Ornithol 109: 438–440

Berndt R, Rahne U (1968: Die Alpine Ringdrossel im Harz. Vogelwelt 89: 145–146

Berndt R, Rahne U (1975) Der Schlagschwirl im niedersächsischen Drömling. Vogelk Ber Niedersachsen 7: 93

Berndt R, Rahne U, Wehfer H (1969) Wasservogelbestandsaufnahme an Oker und Aller im Kältewinter 1962/63. Vogelk Ber Niedersachsen 1: 27–32

Berndt R, Sternberg H (1968) Terms, studies and experiments on the problems of bird dispersion. Ibis 110: 256–269

Berndt R, Sternberg H (1969) Alters- und Geschlechtsunterschiede in der Dispersion des Trauerschnäppers. J Ornithol 110: 22–26

Berndt R, Sternberg H (1969) Über Begriffe, Ursachen und Auswirkungen der Dispersion bei Vögeln. Vogelwelt 90: 41–53

Berndt R, Sternberg H (1971) Paarbildung und Partneralter beim Trauerschnäpper. Vogelwarte 26: 136–142

Berndt R, Sternberg H (1972) Über Ort, Zeit und Größe von Ersatzbruten beim Trauerschnäpper. Beitr Vogelkd 18: 3–18

Berndt R, Wehfer H (1972) Rassen der Saatgans bei Braunschweig. Vogelk Ber Niedersachsen 4: 39–40

Berndt R, Winkel W (1967) Die Gelegegröße des Trauerschnäppers (*Ficedula hypoleuca*) in Beziehung zu Ort, Zeit, Biotop und Alter. Vogelwelt 88: 97–136

Berndt R, Winkel W (1971) Über Beziehungen zwischen Geburtsdatum und Fortpflanzungszyklus bei weiblichen Trauerschnäppern (*Ficedula hypoleuca*). Vogelwelt 92: 53–58

Berndt R, Winkel W (1972) Die Auswirkungen des Orkans vom 13. November 1972 auf das Höhlenbrüterprogramm des „Instituts für Vogelforschung" in Niedersachsen. Ber Dtsch Sekt Int. Rat Vogelschutz 12: 77–78

Berndt R, Winkel W (1972) Über das Nächtigen weiblicher Meisen (*Parus*) während der Jungenaufzucht. J Ornithol 113: 357–365

Berndt R, Winkel W (1974) Ökoschema, Rivalität und Dismigration als öko-ethologische Dispersionsfaktoren. J Ornithol 115: 398–417

Berndt R, Winkel W (1975) Gibt es beim Trauerschnäpper *Ficedula hypoleuca* eine Prägung auf den Biotop des Geburtsortes? J Ornithol 116: 195–201

Berndt R, Winkel W (1976) Der Jagddruck als Minusfaktor in der Populationsdynamik von *Scolopax rusticola* – Gedanken zum „Waldschnepfenproblem". Vogelwelt 97: 31–34

Berndt R, Winkel W (1976) Vogelwelt und Jagd. Ber Dtsch Sekt Int Rat Vogelschutz 16: 82–88

Berndt R, Winkel W (1977) Die Jagd als Überlebensproblem für die Waldschnepfe. Natur und Landschaft 52: 105–106

Berndt R, Winkel W (1977) Glossar für Ornitho-Ökologie. Vogelwelt 98: 161–192

Berndt R, Winkel W (1978) Zur Definition der Begrif-

Bruns HA (1985) Von nichtheimischen Wildgänsen und Artbastarden am Dümmer (Niedersachsen). Seevögel 6, Sonderband: 176–177

Bruns HA (1991) Zur Brutbiologie der Graugans (*Anser anser*) in Niedersachsen. Seevögel 12: 9–13

Bruns HA, Vauk G (1985/1986) Wildgänse am Dümmer unter besonderer Berücksichtigung der Einbürgerung, des Besatzes und der ökologischen Einordnung der Graugans (*Anser anser*). Historie – Probleme – Perspektiven. Nds Jäger 30/31: 1217 – 1219, 1264 – 1267 // 66 – 70, 184 – 187, 291 – 293

Bub H (1941) Die Kohlmeise (*Parus m. major* L.) als Überwinterer auf Helgoland. Vogelzug 12: 137–144

Bub H (1943) Begattung beim Mäusebussard. Beitr z Fortpflanzungsbiologie der Vögel 19: 54

Bub H (1943) Kuckuck frißt toten Fitislaubsänger. Orn Mber 51: 138

Bub H (1943) Stieglitzbrut in einer Kiefer. Beitr z Fortpflanzungsbiologie der Vögel 19: 120

Bub H (1943) Zwei Embryonen in einem Ei beim Mäusebussard und beim Grauen Fliegenschnäpper. Beitr z Fortpflanzungsbiologie der Vögel 19: 84–85

Bub H (1948) Der Sumpfläufer (*Limicola f. falcinellus* (Prut.)) als Durchzügler bei Wilhelmshaven. Orn Mitt 1: 63

Bub H (1948) Die Kreuzschnabel-Invasion 1948 in Deutschland. Orn Mitt 1: 41–44

Bub H (1948) Einem Fuchs in freier Natur den Rücken gestreichelt. Wild und Hund: 27–28

Bub H (1948) Kampf am Nest zwischen Raubwürger und einem Eichhörnchen. Beitr Naturk Niedersachsen 1: 12–13

Bub H (1948) Über die Lage eines Speibaumes des Waldkauzes (*Strix a. aluco* L.). Beitr Naturk Niedersachsen 1: 13

Bub H (1949) Die Kreuzschnabel-Invasion 1948 in Deutschland. Orn Mitt 6: 41–44

Bub H (1950) Helgolands Lummenfelsen steht. Arche Noah 1: 177

Bub H (1950) Seltene Vogelarten bei Cuxhaven 1946/47. Orn Mitt 2: 13

Bub H (1952) Baumpieper (*Anthus trivialis*) nistet in neuem Biotop. Orn Mitt 4: 165

Bub H (1952) Über Verluste an südrussischen Telegrafenleitungen. Columba 4: 22

Bub H (1953) Ein sibirischer Tannenhäher im Kreis Gifhorn. Beitr Naturk Niedersachsen 6: 86

Bub H (1953) Elstern überfallen einen Haussperling. Orn Mitt 5: 6

Bub H (1953) Pupurreiher bei Wilhelmshaven. Orn Mitt 5: 193

Bub H (1953) Urvogelzehe an Flügelbug einer Amsel. Beitr Naturk Niedersachsen 6: 27

Bub H (1953) Weiße Bachstelze und Gartenrotschwanz legen in ein Nest. Beitr Naturk Niedersachsen 6: 11–12

Bub H (1954) Bemerkenswerter Eichelhäher-Zug am Jade-Busen. Beitr Naturk Niedersachsen 3: 83–84

Bub H (1954) Zum Vorkommen des Rotkopfwürgers (*Lanius senator*) in Nord-Deutschland. Orn Mitt 6: 54

Bub H (1955) Observations on the autumn migration in the area between the Sea of Azov and the Caspian. Ibis 97: 25–37

Bub H (1956) Eine Seevogel-Bestandsaufnahme an der ostfriesisch-oldenburgischen Küste. Orn Mitt 8: 49–50

Bub H (1957) Beiträge zur Ornis Beßarabiens und Nordost-Rumäniens. Der Falke 4: 96–98

Bub H (1957) Der Rotschenkel als Brutnachbar des Kiebitz. Vogelwelt 78: 95–96

Bub H (1957) Zur Frage der Verstädterung beim Wiedehopf (*Upupa epops*) in Deutschland. In: Steiniger F (Hrsg) Natur und Jagd in Niedersachsen: 147–149. Sonderheft Beitr Naturk Niedersachsen

Bub H (1958) Starker Bluthänfling-Frühjahrszug 1957 am Jade-Busen. Beitr Naturk Niedersachsen 5: 87–88

Bub H (1958) Untersuchungen an einer Population des Flußregenpfeifers (*Charadrius dubius curonicus* Gm.). Beitr z Vogelkd 5: 268–283

Bub H (1961) On the ringing scheme of *Carduelis f. flavirostris* in Central Europe. The Ring 29: 64–65

Bub H (1962) Heimfindeversuche mit Haussperlingen in Nordwestdeutschland. Der Falke 9: 164–171

Bub H (1962) Planberingungen am Sandregenpfeifer (*Charadrius hiaticula*). J Ornithol 103: 243–249

Bub H (1963) Gefieder-Untersuchungen an gekäfigten Seidenschwänzen (*Bombycilla g. garrulus*). Vogelwarte 22: 85–93

Bub H (1964) Ornithologische Beobachtungen in der Ost-Ukraine. Beitr Vogelk 9: 271–301

Bub H (1965) Zur Berghänfling-Forschung in Mitteleuropa: Erste Ringfunde auch in Bayern. Anz Ornithol Ges Bayern 7: 489–491

Bub H (1966) Vogelfang und Vogelberingung. Teil I. Neue Brehm-Bücherei Nr. 359. A. Ziemsen-Verlag, Wittenberg-Lutherstadt

Bub H (1967) O Niemieckich Badaniach Nad Rzepoluchem, *Carduelis flavirostris* (L.). Notatki Ornitologiczne 8: 54–56

Bub H (1967) Ohrentaucher (*Podiceps auritus*) an der lybischen Küste. Orn Mitt 19: 219

Bub H (1967) Silberreiher (*Casmerodius albus*) im Landkreis Braunschweig. Orn Mitt 19: 218

Bub H (1967) Über den Säbelschnäbler (*Recurvirostra avosetta*) und den Großen Brachvogel (*Numenius arquata*) im Jadebusen bei Hochwasser. Vogelwarte 24: 135–142

Bub H (1967) Vogelfang und Vogelberingung. Teil II. Neue Brehm-Bücherei Nr. 377. A. Ziemsen-Verlag, Wittenberg-Lutherstadt

Bub H (1968) Vogelfang und Vogelberingung. Teil III. Neue Brehm-Bücherei Nr. 3389. A. Ziemsen-Verlag, Wittenberg-Lutherstadt

Bub H (1968) Who has priority in publication of ring recoveries? The Ring 57: 163

Bub H (1969) The change of rings is endangering the „individuality" of a ringed bird. The Ring 58: 187–188

Bub H (1969) Vogelfang und Vogelberingung: Teil IV. Neue Brehm-Bücherei Nr. 409. A. Ziemsen-Verlag, Wittenberg-Lutherstadt

Bub H (1970) Zum Gefieder einer einjährigen Lachmöwe (*Larus ridibundus*). Anz Ornithol Ges Bayern 9: 76–78

Bub H (1970) Zur Jahresverbreitung der nordeuropäisch-britischen Berghänflinge (*Carduelis flavirostris*) nach den Ringfunden. Vogelwarte 25: 237–239

Bub H (1971) Ornithologische Beobachtungen in Norwegen. Beitr Vogelkd Leipzig 17: 201–206

Bub H (1972) Zum Fang der Waldschnepfe – *Scolopax rusticola*. Luscinia 41: 302–305

Bub H (1973) Report on bird ringing on the island of Heligoland 1909–1972. The Ring 77: 86–88

Bub H (1974) Vogelfang und Vogelberingung zur Brutzeit. Neue Brehm-Bücherei Nr. 470. A. Ziemsen-Verlag, Wittenberg-Lutherstadt

Bub H (1975) Flügelmaße und Gewichte einer Kiebitz-Population in Nordwest-Deutschland. Beitr z Naturk Niedersachsen 28: 14–18

Bub H (1975) Indian bird-nets in Mexico. The Ring 84–85: 249–251

Bub H (1975) Zum Vorkommen der Isländischen Rotdrossel (*Turdus iliacus coburni*) in Deutschland. Orn Mitt 3: 58–61

Bub H (1975) Zur Chronik eines niedersächsischen Weißstorch-Horstplatzes. Beitr Naturk Niedersachsen 28: 60–63

Bub H (1976) Beiträge zur Arbeitsweise der wissenschaftlichen Vogelberingung in Europa. Abh Vogelfang Vogelberingung 4: 108 S.

Bub H (1976) Flügelmaße und Gewichte des Berghänflings (*Carduelis f. flavirostris*). Orn Mitt 1: 6–12

Bub H (1977) Zur Schnabelfärbung und -umfärbung beim Berghänfling (*Carduelis f. flavirostris* L.). Orn Mitt 29: 55–60

Bub H (1978) Zur Bürzelfärbung des Berghänflings (*Acanthis f. flavirostris*). Sterna 17: 21–23

Bub H (1979) Bird trapping and ethnology. The Ring 100: 65–68

Bub H (1980) Zum Durchzug der Nordischen Ringdrossel (*Turdus t. torquatus*) an der deutschen Nordseeküste. Vogelkdl Ber Nieders 3: 65–72

Bub H (1980) Zum Nestbau beim Kiebitz (*Vanellus vanellus*). Beitr Naturk Niedersachsen 33: 133–139

Bub H (1981) Kennzeichen und Mauser europäischer Singvögel, 1. Teil: Lerchen und Schwalben (*Alaudidae* und *Hirundidae*). Neue Brehm-Bücherei Nr. 540. A. Ziemsen-Verlag, Wittenberg-Lutherstadt

Bub H (1981) Kennzeichen und Mauser europäischer Singvögel, 2. Teil: Stelzen, Pieper und Würger (*Motacillidae* und *Laniidae*). Neue Brehm-Bücherei Nr. 545. A. Ziemsen-Verlag, Wittenberg-Lutherstadt

Bub H (1981) Zum Vorkommen der Meenataube, *Streptopelia orientalis*, auf Helgoland. Beitr Vogelkd Jena 27: 123–124

Bub H (1983) Ornithologische Beringungsstationen in Europa – Bird observatories in Europe. Dachverband Deutscher Avifaunisten.

Bub H (1984) Kennzeichen und Mauser europäischer Singvögel, 3. Teil: Seidenschwanz, Wasseramsel, Zaunkönig, Braunellen, Spötter, Laubsänger, Goldhähnchen (*Bombycillidae*, *Cinclidae*, *Troglodytidae*, *Prunellidae*, *Sylviidae* I). Neue Brehm-Bücherei Nr. 550. A. Ziemsen-Verlag, Wittenberg-Lutherstadt

Bub H (1985) Atlas der Wanderungen des Berghänflings (*Carduelis f. flavirostris*). Nr. 1. Die Planberingung des Berghänflings (*Carduelis f. flavirostris*) 1952–1970 in Mitteleuropa. Beitr Vogelkd 31: 189–213

Bub H (1985) Kennzeichen und Mauser europäischer Singvögel. Neue Brehm-Bücherei Nr. 570. A. Ziemsen-Verlag, Wittenberg-Lutherstadt

Bub H (1986) Atlas der Wanderungen des Berghänflings (*Carduelis f. flavirostris*). Nr. 2. Das Geschlechterverhältnis in Mitteleuropa beringter Berghänflinge (*Carduelis f. flavirostris*). Beitr Vogelkd 32: 249–265

Bub H (1986) Dr. Hugo Weigold – ein Pionier der wissenschaftlichen Vogelberingung. Beitr Naturkd Niedersachsen 39: 219–227

Bub H (1987) Atlas der Wanderungen des Berghänflings (*Carduelis f. flavirostris*). Nr. 3 Alter und Geschlecht in Wilhelmshaven beringter Berghänflinge (*Carduelis f. flavirostris*). Beitr Vogelkd 33: 313–325

Bub H (1991) Atlas der Wanderungen des Berghänflings (*Carduelis f. flavirostris*) Nr. 5. Die Koordinaten der Beringungs- und Wiederfangorte. Beitr Vogelkd 37: 75–80

Bub H (1993) Vogelschutz – privat in den USA. Gef Welt 117: 60–61

Bub H (1995) Allgemeine Vogel- und Planberingung: Die Vogelwarte Helgoland – Notsituation nach dem 2. Weltkrieg. Beitr Naturk Niedersachsen, Sonderheft 48: 1–551

Bub H (1995) Die Museen der Vogelwarte Helgoland. Zum 75jährigen Gründungs-Jubiläum am 1. April 1985. Orn Mitt 37: 38–47

Bub H (o.J.) Zur weltweiten Dynamik der wissenschaftlichen Vogelberingung. Peine

Bub H, Bub M (1972) Zur Brutzyklus eines Buchfinkenpaares (*Fringilla c. coelebs*). Orn Mitt 24: 33–34

Bub H, Dorsch H (1988)) Kennzeichen und Mauser europäischer Singvögel, 4. Teil: Cistensänger, Seidensänger, Schwirle, Rohrsänger: *Cisticola, Cettia, Locustella, Acrocephalus*. Neue Brehm-Bücherei Nr. 580. A. Ziemsen-Verlag, Wittenberg-Lutherstadt

Bub H, Hamerstrom F, Wuertz-Schaefer K (1991) Bird trapping and bird banding: A handbook for trapping methods all over the world. Cornell University Press, New York

Bub H, Hauff P (1993) Atlas der Wanderungen des Berghänflings (*Carduelis f. flavirostris*). Nr. 7. Größere Ortswechsel oder Zugbewegungen beringter Berghänflinge innerhalb des Beringungs-Winterhalbjahres in Mitteleuropa. Beitr Vogelkd 39: 1–11

Bub H, Heft H, Weber H (1959) Die Fichtenkreuzschnabel-Invasion 1956 in Deutschland. Falke 6: 3–9

Bub H, Henneberg HR (1955) Über die Vogelverluste im Winter 1953/54 in Gebieten der südlichen deutschen Nordseeküste. Beitr z Naturk Niedersachsen 8: 8–12

Bub H, Kolar-Plicka S (1969) Die Hollenlänge beim Kiebitz (*Vanellus vanellus*). Vogelwarte 25: 2–6

Bub H, McClure HE (1970) Worldwide techniques of bird-trapping and marking. The Ring 63: 43–44

Bub H, Oelke H (1980) Markierungsmethoden für Vögel: ein weltweiter Überblick. Neue Brehm-Bücherei Nr. 535. A. Ziemsen-Verlag, Wittenberg-Lutherstadt

Bub H, Onnen J (1992) Atlas der Wanderungen des Berghänflings (*Carduelis f. flavirostris*). Nr. 6. Herbstliche Flüge des Berghänflings in Heimzugrichtung. Beitr Vogelkd 38: 209–224

Bub H, Pannach G (1987) Rückkehr beringter Berghänflinge *Carduelis f. flavirostris* zum Überwinterungsgebiet in späteren Jahren. Verh orn Ges Bayern 24: 41–-465

Bub H, Pannach G (1989) Atlas der Wanderungen des Berghänflings (*Carduelis f. flavirostris*). Nr. 8. Ist der Berghänfling (*Carduelis f. flavirostris*) ein Zugvogel? Zool Abh Staatl Mus Tierkd Dresden 45: 35–52

Bub H, Präkelt A (1952) Fernfunde beim Haus- und Feldsperling (*Passer domesticus* und *P. montanus*) im südlichen Nordseegebiet. Beitr Naturk Niedersachsen 5: 10–12

Bub H, Präkelt A (1952) Fernfunde beim Haus- und Feldsperling. Beitr Naturk Niedersachsen 1: 1–2

Bub H, Ringleben H (1950) Die Vogelwelt des Entensees bei Wilhelmshaven. Orn Abh 6: 1–32

Bub H, Ringleben H (1950) Singbalzflug beim Bluthänfling. Vogelwelt 71: 94

Bub H, Schaeffer FS (1971) The bird in the cage, in the net and in the hand. Ebba News 34: 182–188

Bub H, Stein H (1993) Atlas der Wanderungen des Berghänflings (*Carduelis f. flavirostris*). Nr. 22. Dänemark als Durchzugs- und Wintergebiet des Berghänflings. Beitr Vogelkd 39: 285–314

Bub H, Stein H (1995) Schweden als Durchszugs- und Wintergebiet des Berghänflings (*Carduelis f. flavirstris*). Mitt Zool Mus Berl 71: 119–155

Bub H, Vries R de (1973) Das Planberingungsprogramm am Berghänfling 1952–1970: Teil 1 + 2 ; Durchführung und Ringfunde. Abh Vogelfang Vogelberingung 2: 1–651

Bub, H, Klings M (1981) Die Vogelberingung auf Helgoland von 1930–1944. Wilhelmshaven.

Bundesamt für Seeschifffahrt und Hydrographie (Hrsg; unter Mitarbeit von Exo K-M, Hüppop O u. a.; 2007) Standarduntersuchungen der Auswirkungen von Offshore-Windenergieanlagen auf die Meeresumwelt (StUK 3, Stand Februar 2007). Bundesamt für Seeschifffahrt und Hydrographie Nr 7003, Hamburg

Burr F, Drost R (1963) Über den „Gelenkten Vogelschutz" und seine Aufgaben. Berichte der Deutschen Sektion des Internationalen Rates für Vogelschutz 3: 1–3

Büttger H, Exo K-M, Thyen S (2004) Saltmarshes on Wadden Sea islands: population sources of breeding Redshanks *Tringa totanus*? Wader Study Group Bull 105: 22–23

Büttger H, Exo K-M, Thyen S (2005) Inselsalzwiesen – „population sources" für Rotschenkel des Wattenmeeres? Vogelwarte 43: 70

Büttger H, Thyen S, Exo K-M (2006) Nistplatzwahl und Schlupferfolg von Rotschenkeln (*Tringa totanus*) auf der Insel Wangerooge. Vogelwarte 44: 123–130

Camphuysen CJ, Calvo B, Durinck J, Ensor K, Follestad A, Furness RW, Garthe S, Leaper G, Skov H, Tasker ML, Winter CJN (1995) Consumption of discards by seabirds in the North Sea. – Final report EC DG XIV research contract BIOECO/93/10. NIOZ Rapport 1995 – 5, Netherlands Institute for Sea Research, Texel, 202 + LVI pp.

Camphuysen CJ, Calvo B, Durinck J, Ensor K, Follestad A, Furness RW, Garthe S, Leaper G, Skov H, Tasker ML, Winter CJN (1995) The use of discards and offal from trawlers by seabirds in the North Sea. In: Tasker ML (ed.) Threats to seabirds. Proc. 5th International Seabird Group conference. Seabird Group, Sandy: 15

Camphuysen CJ, Calvo B, Durinck J, Ensor K, Follestad A, Furness RW, Garthe S, Leaper G, Skov H, Tasker ML, Winter CJN (1995) Numbers of seabirds and their North Sea distribution in 1993/94. In: Tasker ML (ed.) Threats to seabirds. Proc. 5th International Seabird Group conference. Seabird Group, Sandy: 16

Camphuysen CJ, Ensor K, Furness RW, Garthe S, Hüppop O, Leaper G, Offringa H, Tasker ML (1993) Seabirds feeding on discards in winter in the North Sea. NIOZ-rapport 1993-8: 1–142

Camphuysen CJ, Ensor K, Furness RW, Garthe S, Hüppop O, Leaper G, Offringa H, Tasker ML (1995) The use of discards and offal from trawlers by seabirds wintering in the North Sea. In: Tasker ML (ed) Threats to seabirds. Proc. 5th International Seabird Group conference. Seabird Group, Sandy: 16–17

Camphuysen CJ, Garthe S (1997) An evaluation of the distribution and scavenging habits of Northern Fulmars *Fulmarus glacialis* in the North Sea. ICES J Marine Science 54: 654–683

Camphuysen CJ, Wright PJ, Leopold M, Hüppop O, Reid JB (1999) A review of the causes, and consequences at the population level, of mass mortalities of seabirds. ICES Coop Res Rep 232: 51–63

Cervencl A, Exo K-M, Oberdiek N, Thyen S (2008) Räumliche Variation im Inkubationsverhalten des Rotschenkels *Tringa totanus*: Anpassungen an Prädationsdruck. Jber Institut Vogelforschung 8: 16

Cervencl A, Oberdiek N, Exo K-M, Thyen S (2007) Spatial variation in the incubation behaviour of Redshanks *Tringa totanus*: adaptation to predation pressure? Wader Study Group Bull 114: 25

Chernetsov N, Bulyuk VN, Ktitorov P (2007) Migratory stopovers of passerines in an oasis at the crossroads of the African and Indian flyways. Ringing and Migration 23: 243–241

Clemens T (1976) Radargeräte zur Erforschung des Vogelzuges auf Helgoland. Corax 5: 191–197

Clemens T (1978) Der Verlauf eines Nacht- und Beginn des Tagzuges auf Helgoland nach Radar-, optischer und akustischer Beobachtung. Anz Ornithol Ges Bayern 17: 267–279.

Clemens T (1988) Zur Richtung des nächtlichen Heimzuges über der Nordsee nach Radarbeobachtungen auf Helgoland im März 1976 und 1977. Seevögel 9, Sonderband: 115–117

Clemens T, Vauk G (1985) Birkwildauswilderung – Experiment mit einer Flugvoliere. Transactions of the XVIIth. Congr Intern Union Game Biologists, Brussels: 811–815

Clemens T, Vauk, G. (1975) Untersuchungen zu Zug, Rast und Überwinterung der Kohlmeise (*Praus major*) auf Helgoland 1959–1973. Vogelwarte 28: 134–145

Comes P, Goethe F (1978) Die ornitho-ökologischen Verhältnisse im Seevogelschutzgebiet Scharhörn und im Scharhörn-Neuwerk-Watt. Hamburger Küstenforschung 38: 1–110

Coppack T (2003) Proximate Ursachen des geschlechtsspezifischen Heimzugs beim Gartenrotschwanz. Jber Institut Vogelforschung 6: 7

Coppack T (2003) Response of a long-distance migratory bird to the latitudinal photoperiodic gradient. Vogelwarte 42: 99

Coppack T (2004) Zur Steuerung des geschlechtsspezifischen Heimzugs beim Gartenrotschwanz (*Phoenicurus phoenicurus*). Vogelwarte 43: 77

Coppack T (2006) Beeinflusst die globale Klimaveränderung den geschlechtsspezifischen Heimzug von Singvögeln? Jber Institut Vogelforschung 7: 10

Coppack T (2006) Causes of protandrous spring arrival in Palearctic-African passerine migrants. J Ornithol 147 suppl 1: 150

Coppack T (2006) Nahrungssucheverhalten männlicher und weiblicher Gartenrotschwänze auf dem Heimzug. Jber Institut Vogelforschung 7: 9

Coppack T (2006) Using indoor experiments to determine the photoperiodic basis for variation in the timing of breeding, molt and migration. J Ornithol 147 suppl 1: 47

Coppack T (2007) Experimental determination of the photoperiodic basis for geographic variation in avian seasonality. J Ornithol 148 suppl 2: 459–467

Coppack T (2008) Klimawandel und Jahresperiodik: Vögel in der evolutionären Falle? Falke 55: 300–304

Coppack T, Becker SF, Becker PJJ (2008) Circadian flight schedules in night-migrating birds caught on migration. Biol Lett 4: 619–622

Coppack T, Both C (2002) Predicting life-cycle adaptation of migratory birds to global climate change. Ardea 90 (special issue) 369–378

Coppack T, Francis CM (2006) Understanding the causes of recent changes in migratory behavior. J Ornithol 147 suppl 1: 50–52

Coppack T, Partecke J (2006) The urbanization of birds: from behavioral plasticity to adaptive evolution. J Ornithol 147 suppl 1: 284

Coppack T, Pulido F (2004) Photoperiodic response and the adaptability of avian life cycles to envrionmental change. Adv Ecol Res 35: 131–150

Coppack T, Pulido F (2009) Proximate control and adaptive potential of protandrous migration in birds. Integ Comp Biol 49: 493–506

Coppack T, Pulido F, Czisch M, Auer DP, Berthold P (2003) Photoperiodic response may facilitate adaptation to climatic change in long-distance migratory birds. Proc R Soc Lond B (Suppl) 270: 43–46

Coppack T, Sacher T, Bairlein F (2006) Zugverhalten und Populationsgenetik der Amsel (*Turdus merula*) auf Helgoland. Nachr Marschenr 43: 62–63

Coppack T, Sacher T, Engler J, Elle O (2008) Zur Dispersion erstjähriger Amseln *Turdus merula* auf Helgoland. Jber Institut Vogelforschung 8: 8

Coppack T, Tøttrup AP, Spottiswoode C (2005) Zur interspezifischen Variation phänologischer Veränderungen im Heimzug von Singvögeln. Vogelwarte 44: 47

Coppack T, Tøttrup AP, Spottiswoode C (2006) Degree of protandry reflects level of extrapair paternity in migratory songbirds. J Ornithol 147: 260–265

Coppack T, Tøttrup AP, Spottiswoode CN (2008) Verfrühung des Heimzugs von Singvögeln in Abhängigkeit vom Paarungssystem. Jber Institut Vogelforschung 8: 7

Coppack T, Tryjanowski P (2005) Environmental change and ecological traps. Alauda 73: 216–218

Craik JCA, Becker PH (1992) Temporal and spatial variations in body-weights of Common Terns and Arctic Terns. Seabird 14: 43–47

Dahlmann G, Hartwig E (1984) Verlauf, Analyse und Wertung einer akuten Ölverschmutzung im Bereich der Insel Fehmarn – ein exemplarischer Fall. Seevögel 5: 58–63

Delingat J (2003) Fair Isle, one of the last restaurants for Northern Wheatears (Oenanthe oenanthe) heading towards Iceland and Greenland. Fair Isle Bird Observatory Rep 2002: 25–30

Delingat J, Bairlein F (2003) Unsolved questions of migration strategies in a passerine bird. Vogelwarte 42: 143

Delingat J, Bairlein F (2006) Diurnal and nocturnal patterns in body mass of a migrating songbird. J Ornithol 147 suppl 1: 155

Delingat J, Bairlein F, Hedenström A (2008) Obligatory barrier crossing and adaptive fuel management in migratory birds: the case of the Atlantic crossing in Northern Wheatears (Oenanthe oenanthe). Behav Ecol Sociobiol 62: 1069–1078

Delingat J, Dierschke V (2000) Habitat utilization by Northern Wheatears (Oenanthe oenanthe) stopping over on an offshore island during migration. Vogelwarte 40: 271–278

Delingat J, Dierschke V, Schmaljohann H, Bairlein F (2009) Diurnal patterns in body mass change during stopover in a migrating songbird. Journal of Avian Biology 40: 625–634

Delingat J, Dierschke V, Schmaljohann H, Mendel B, Bairlein F (2006) Daily stopover as optimal migration strategy in a long-distance migrating passerine: the Northern Wheatear Oenanthe oenanthe. Ardea 94: 593–605

Demut M (1983) Untersuchungen zur Nahrung der Silbermöwe (Larus argentatus) in einer Binnenlandkolonie Schleswig-Holsteins zur Brutzeit. Seevögel 4: 19–23

Denker E, Becker PH, Beyerbach M, Büthe A, Heidmann WA, Staates de Yanes G (1994) Concentrations and metabolism of PCBs in eggs of waterbirds on the German North Sea coast. Bull Environ Contam Toxicol 52: 220–225

Desholm M, Christensen MT, Scheiffarth G, Hario M, Andersson Å, Ens B, Camphuysen CJ, Nielsson L, Waltho CM, Lorentsen S-H, Kuresoo A, Fleet DM,

Fox AD (2002) Status of the Baltic/Wadden Sea population of the Common Eider Somateria m. mollissima. Wildfowl 53: 167–203

Dierschke A-K, Hüppop O (2002) Langfristige Veränderungen in der Ernährung von Silbermöwen auf Helgoland unter dem Einfluss der Fischerei mit Vergleichen zur Heringsmöwe. Seevögel 24: 3–15

Dierschke H, Walbrun B (1986) Die Vegetation der Fels-Steilküste von Helgoland. Schr Naturwiss. Ver Schlesw Holst. 56: 35–46

Dierschke J (1989) Das Vorkommen der Spornammer Calcarius lapponicus auf Helgoland in den Jahren 1976 bis 1987. Limicola 3: 246–251

Dierschke J (1997) Der Verein Jordsand auf Sylt. Seevögel 18, Sonderheft: 17–18

Dierschke J (1997) Ein neuer Nachweis der Brillenente Melanitta perspicillata in Deutschland. Limicola 11: 301–305

Dierschke J (1997) The Status of Shorelark Eremophila alpestris, Twite Carduelis flavirostris and Snow Bunting Plectrophenax nivalis in the Wadden Sea. Wadden Sea Ecosystem No 4. Common Wadden Sea Secretariat, Wilhelmshaven, 95–114

Dierschke J (1998) Der Grünwaldsänger Dendroica virens von Helgoland. Ornithol Jber Helgoland 8: 85–87

Dierschke J (1998) Die Bestandssituation von Ohrenlerche Eremophila alpestris, Berghänfling Carduelis flavirostris und Schneeammer Plectrophenax nivalis im Wattenmeer. Seevögel 19, Sonderheft: 105–109

Dierschke J (2000) Die Beweidung von Salzwiesen aus der Sicht der Singvögel. Seevögel 21, Sonderheft 2: 51–52

Dierschke J (2001) Die Überwinterungsökologie von Ohrenlerchen Eremophila alpestris, Schneeammern Plectrophenax nivalis und Berghänflingen Carduelis flavirostris im Wattenmeer. Cuvillier Verlag, Göttingen

Dierschke J (2001) Erstnachweis des Fahlseglers Apus pallidus für Helgoland. Ornithol Jber Helgoland 11: 71–75

Dierschke J (2001) Herkunft, Zugwege und Populationsgröße in Europa überwinternder Ohrenlerchen (Eremophila alpestris), Schneeammern (Plectrophenax nivalis) und Berghänflinge (Carduelis flavirostris). Vogelwarte 41: 31–43

Dierschke J (2002) Food preference of Shorelarks Eremophila alpestris, Snow Buntings Plectrophenax nivalis and Twites Carduelis flavirostris winterin in the Wadden Sea. Bird Study 49: 263–269

Dierschke J (2002) Überwinternde Singvögel in den Salzwiesen des Wattenmeeres. Oldenburger Jahrbuch 102: 315–341

Dierschke J (2002) Zweiter Nachweis der Brillengrasmücke Sylvia conspicillata für Helgoland und Deutschland. Ornithol Jber Helgoland 12: 74–79

Dierschke J (2003) Haben überwinternde granivore Singvögel im Wattenmeer eine Chance? Gründe für den Rückgang von Ohrenlerchen *Eremophila alpestris*, Schneeammern *Plectrophenax nivalis* und Berghänflingen *Carduelis flavirostris* im Wattenmeer. Corax 19: 98–99

Dierschke J (2004) Vogelzugforschung auf der Forschungsplattform FINO 1. DEWI Magazin 25: 46–47

Dierschke J, Bairlein F (2000) Ohrenlerchen, Schneeammern und Berghänflinge im Wattenmeer. Jber Institut Vogelforschung 4: 8

Dierschke J, Bairlein F (2002) Why did granivorous passerines wintering in Wadden Sea salt marshes decline? Ardea 90 (special issue): 471–477

Dierschke J, Bairlein F (2004) Habiatat selection of wintering passerines in salt marshes of the German Wadden Sea. J Ornithol 145: 48–58

Dierschke J, Bleifuß T, Daniels J-P (2001) Ein Gartenrotschwanz der Unterart *Phoenicurus phoenicurus samamisicus* auf Helgoland. Ornithol Jber Helgoland 11: 76–80

Dierschke J, Dierschke V, Hüppop O, Stühmer F (1996) Ornithologischer Jahresbericht 1995 für Helgoland. Orn Jber Helgoland 6: 1–66

Dierschke J, Dierschke V, Hüppop O, Stühmer F (1997) Ornithologischer Jahresbericht 1996 für Helgoland. Orn Jber Helgoland 7: 3–70

Dierschke J, Dierschke V, Jachmann F, Stühmer F (1999) Ornithologischer Jahresbericht 1998 für Helgoland. Orn Jber Helgoland 9: 1–77

Dierschke J, Dierschke V, Jachmann F, Stühmer F (2000) Ornithologischer Jahresbericht 1999 für Helgoland. Orn Jber Helgoland 10: 1–68

Dierschke J, Dierschke V, Jachmann F, Stühmer F (2001) Ornithologischer Jahresbericht 2000 für Helgoland. Orn Jber Helgoland 11: 1–70

Dierschke J, Dierschke V, Jachmann F, Stühmer F (2002) Ornithologischer Jahresbericht 2001 für Helgoland. Orn Jber Helgoland 12: 1–69

Dierschke J, Dierschke V, Jachmann F, Stühmer F (2003) Ornithologischer Jahresbericht 2002 für Helgoland. Orn Jber Helgoland 13: 1–75

Dierschke J, Dierschke V, Jachmann F, Stühmer F (2004) Ornithologischer Jahresbericht 2003 für Helgoland. Orn Jber Helgoland 14: 1–77

Dierschke J, Dierschke V, Jachmann F, Stühmer F (2005) Ornithologischer Jahresbericht 2004 für Helgoland. Orn Jber Helgoland 15: 2–59

Dierschke J, Dierschke V, Jachmann F, Stühmer F (2006) Ornithologischer Jahresbericht 2005 für Helgoland. Orn Jber Helgoland 16: 1–60

Dierschke J, Dierschke V, Jachmann F, Stühmer F (2007) Ornithologischer Jahresbericht 2006 für Helgoland. Orn Jber Helgoland 17: 1–89

Dierschke J, Dierschke V, Jachmann F, Stühmer F (2008) Ornithologischer Jahresbericht 2007 für Helgoland. Orn Jber Helgoland 18: 1–79

Dierschke J, Dierschke V, Moritz D, Nettelmann U, Stühmer F (1994) Ornithologischer Jahresbericht 1993 für Helgoland. Orn Jber Helgoland 4: 1–62

Dierschke J, Dierschke V, Moritz D, Stühmer F (1992) Ornithologischer Jahresbericht 1991 für Helgoland. Orn Jber Helgoland 2: 3–56

Dierschke J, Dierschke V, Moritz D, Stühmer F (1993) Ornithologischer Jahresbericht 1992 für Helgoland. Orn Jber Helgoland 3: 3–61

Dierschke J, Dierschke V, Moritz D, Stühmer F (1995) Ornithologischer Jahresbericht 1994 für Helgoland. Orn Jber Helgoland 5: 1–57

Dierschke J, Dierschke V, Schmaljohann H, Stühmer F (2009) Ornihologischer Jahresbericht 2008 für Helgoland. Ornithol Jber Helgoland 19: 1–91

Dierschke J, Dierschke V, Stühmer F (1998) Ornithologischer Jahresbericht 1997 für Helgoland. Orn Jber Helgoland 8: 3–80

Dierschke J, Exo K-M, Fredrich E, Hill R, Hüppop O (2005) Wer, wann, wo? Sichtbeobachtungen zum Vogelzug über der Nordsee. Vogelwarte 43: 88

Dierschke V (1989) Automatisch-akustische Erfassung des nächtlichen Vogelzuges bei Helgoland im Sommer 1987. Vogelwarte 35: 115–131

Dierschke V (1989) Wassernde Kiebitze *Vanellus vanellus* bei der Forschungsplattform „Nordsee". Limicola 3: 37–38

Dierschke V (1993) Food and feeding ecology of Purple Sandpipers *Calidris maritima* on rocky intertidal habitats (Helgoland, German Bight). Netherlands Journal of Sea Research 31: 309–317

Dierschke V (1994) Einfluß von Gefiederverölung auf die Überlebensrate und Körpermasse von Meeresstrandläufer *Calidris maritima* auf Helgoland. Vogelwelt 115: 253–255

Dierschke V (1994) Phänologie und Fluktuation des Rastvorkommens der Strandläufer *Calidris*-Arten auf Helgoland. Vogelwelt 115: 59–68

Dierschke V (1995) Die Brutheimat der auf Helgoland überwinternden Meerstrandläufer (*Calidris maritima*). Vogelwarte 38: 46–51

Dierschke V (1995) Notes on a short-term recovery of a juvenile Sanderling *Calidris alba*. Wader Study Group Bull 78: 39

Dierschke V (1996) Nur einmal oder immer: Ortstreue Helgoländer Watvögel. Vogelwarte 38: 211–216

Dierschke V (1997) Räumliche Verteilung farbberingter Alpenstrandläufer *Calidris alpina* vom Langenwerder (deutsche Ostseeküste) und von Helgoland (Nordsee). Ber Vogelwarte Hiddensee 14: 53–56

Dierschke V (1997) Unterschiedliches Zugverhalten alter und junger Alpenstrandläufer *Calidris alpina*: Ökologische Untersuchungen an Rastplätzen der

Ostsee, des Wattenmeeres und auf Helgoland. Cuvillier Verlag, Göttingen

Dierschke V (1998) High profit at high risk for juvenile Dunlins *Calidris alpina* stopping over at Helgoland (German Bight). Ardea 86: 59–69

Dierschke V (1998) Site fidelity and survival of Purple Sandpipers (*Calidris maritima*) at Helgoland (SE North Sea). Ringing and Migration 19: 41–48

Dierschke V (1999) Die Vogelberingung auf Helgoland im Jahr 1998. Orn Jber Helgoland 9: 78–82

Dierschke V (2000) Tagzug von See-, Wasser- und Watvögeln über die Deutsche Bucht bei Helgoland. Jber Institut Vogelforschung 4: 7

Dierschke V (2001) Das Vorkommen von Greifvögeln auf Helgoland: regulärer Zug oder Winddrift? Vogelwelt 122: 247–256

Dierschke V (2001) Large gulls as predators of passerine landbirds migrating across the southeastern North Sea. Ornis Svecica 11: 171–180

Dierschke V (2001) Vogelzug und Hochseevögel in den Außenbereichen der Deutschen Bucht (südöstliche Nordsee) in den Monaten Mai bis August. Corax 18: 281–290

Dierschke V (2002) Durchzug von Sterntauchern *Gavia stellata* und Prachttauchern *G. arctica* in der Deutschen Bucht bei Helgoland. Vogelwelt 123: 203–211

Dierschke V (2002) Kaum ein Vogel kehrt zurück: Geringe Rastplatztreue von ziehenden Landvögeln zur Nordseeinsel Helgoland. Vogelwarte 41: 190–195

Dierschke V (2003) Predation hazard during migratory stopover: are light or heavy birds under risk? J Avian Biol 34: 24–29

Dierschke V (2003) Quantitative Erfassung des Vogelzugs während der Hellphase bei Helgoland. Corax 19, Sonderh 2: 27–34

Dierschke V (2003) Rastverhalten von Steinschmätzern *Oenanthe oenanthe* in Abhängigkeit von den Ernährungsbedingungen während des Wegzugs auf Helgoland. Vogelwelt 124: 165–176

Dierschke V (2004) Differential departure of wintering adult and first-year Purple Sandpipers *Calidris maritima* from Helgoland (south-east North Sea). Wader Study Group Bull 105: 84–86

Dierschke V (2005) Die Heringsmöwe (*Larus fuscus*) als Brutvogel auf Helgoland. Seevögel 26 (3): 17–20

Dierschke V (2006) Factors determining stopover decisions in migrating passerines on an offshore island. Acta Zool. Sinica 52, Suppl.: 594–598

Dierschke V (2006) Mülldeponien als winterlicher Lebensraum für Silbermöwen *Larus argentatus* aus der südöstlichen Nordsee. Vogelwelt 127: 119–123

Dierschke V, Bindrich F (2001) Body conditions of migrant passerines crossing a small ecological barrier. Vogelwarte 41: 119–132

Dierschke V, Bindrich F, Delingat J (2000) Körperkondition ziehender Singvögel bei der Überquerung der Deutschen Bucht. Jber Institut Vogelforschung 4: 9–10

Dierschke V, Bleifuß T (2000) Die Vogelberingung auf Helgoland im Jahr 1999. Orn Jber Helgoland 10: 69–76

Dierschke V, Bleifuß T (2001) Die Vogelberingung auf Helgoland im Jahr 2000. Orn Jber Helgoland 11: 81–87

Dierschke V, Bleifuß T (2002) Die Vogelberingung auf Helgoland im Jahr 2001. Orn Jber Helgoland 12: 90–95

Dierschke V, Bleifuß T (2003) Die Vogelberingung auf Helgoland im Jahr 2002. Orn Jber Helgoland 13: 85–91

Dierschke V, Daniels J-P (2002) Foraging behaviour of non-breeding Pomarine Skuas *Stercorarius pomarinus* in the North Sea in summer. Atlantic Seabirds 4: 53–62

Dierschke V, Daniels J-P (2003) Zur Flughöhe ziehender See-, Küsten- und Greifvögel im Seegebiet um Helgoland. Corax 19, Sonderh 2: 35–41

Dierschke V, Delingat J (2001) Stopover behaviour and departure decision of northern wheatears, *Oenanthe oenanthe*, facing different onward non-stop flight distances. Behav Ecol Sociobiol 50: 535–545

Dierschke V, Delingat J (2003) Stopover of Northern Wheatears *Oenanthe oenanthe* at Helgoland: where do the migratory routes of Scandinavian and Nearctic birds join and split? Ornis Svecica 13: 53–61

Dierschke V, Delingat J, Schmaljohann H (2003) Time allocation in migratin Northern Wheatears (*Oenanthe oenanthe*) during stopover: is refuelling limited by food availability or metabolically? J Ornithol 144: 33–44

Dierschke V, Dierschke J (2000) Der Strandpieper *Anthus petrosus* als neuer deutscher Brutvogel auf Helgoland. Orn Jber Helgoland 10: 87–90

Dierschke V, Hüppop O, Garthe S (2003) Populationsbiologische Schwellen der Unzulässigkeit für Beeinträchtigungen der Meeresumwelt am Beispiel der in der deutschen Nord- und Ostsee vorkommenden Vogelarten. Seevögel 24: 61–72

Dierschke V, Lorentzen NH (2006) Phänologie südnorwegischer Mantelmöwen *Larus marinus* auf Helgoland (Deutsche Bucht). Vogelwelt 127: 31–36

Dierschke V, Mendel B, Schmaljohann H (2005) Differential timing of spring migration in northern wheatears *Oenanthe oenanthe*: hurried males or weak females? Behav Ecol Sociobiol 57: 470–480

Dierschke V, Röw J (1988) Fang von Mehlschwalben (*Delichon urbica*) mit Hilfe von Klangattrappen auf Helgoland. Vogelwarte 34: 233–234

Dierschke V, Schmaljohann H (2002) Entscheidungs-

Dierschke V, Schmaljohann H (2005) Optimal bird migration and predation risk: a field experiment with northern wheatears *Oenanthe oenanthe*. J Anim Ecol 74: 131–138

Dierschke V, Schnebel B, Rautenschlein S, Ryll M (2005) No detection of avian influenza A viruses of the subtypes H5 and H7 and isolation of lentogenic avian paramyxovirus serotype1 in passerine birds during stopover in the year 2 W1on the island Helgoland (North Sea). Dtsch tierärztl Wschr 112: 456–460

Dierschke V, Stühmer F (1989) Zitronenstelze *Motacilla citreola* auf Helgoland. Limicola 3: 70–71

Dierschke V, Stühmer F (1999) Helgoland – immer eine Reise wert: Seevogelfelsen und Zugvogelscharen. Falke 46: 280–286

Dietrich V, Schmoll T, Winkel W, Epplen JT, Lubjuhn T (2004) Cuckoldry and recapture probability of adult males are not related in the socially monogamous coal tit (*Parus ater*). J Ornithol 145: 327–333

Dietrich V, Schmoll T, Winkel W, Epplen JT, Lubjuhn T (2004) Pair identity – an important factor concerning variation in extra-pair paternity in the coal tit (*Parus ater*). Behaviour 141: 817–835

Dietrich V, Schmoll T, Winkel W, Epplen JT, Lubjuhn T (2005) Geht etwa jede(r) fremd? Wiederholbarkeit und Variabilität individueller Fremdvaterschaftsraten bei Tannenmeisen. Vogelwarte 43: 74

Dietrich V, Schmoll T, Winkel W, Lubjuhn T (2003) Do parental quality or extra-pair paternity affect offspring sex ratio in coal tit (*Parus ater*)? Vogelwarte 42: 102

Dietrich V, Schmoll T, Winkel W, Lubjuhn T (2003) Survival to first breeding is not sex-specific in the Coal Tit (*Parus ater*). J Ornithol 144: 148–156

Dietrich V, Schmoll T, Winkel W, Lubjuhn T (2004) Beeinflussen Elternqualität und Fremdvaterschaften das Geschlechterverhältnis von Nestlingen der Tannenmeise (*Parus ater*)? Vogelwarte 42: 244

Dietrich-Bischoff V, Schmoll T, Winkel W, Krackov S, Lubjuhn T (2006) Extra-pair paternity, offspring mortality and offspring sex ratio in the socially monogamous coal tit (*Parus ater*). Behav Ecol Sociobiol 60: 563–571

Dietrich-Bischoff V, Schmoll T, Winkel W, Lubjuhn T (2008) Variation in the magnitude of sexual size dimorphism in nestling Coal Tits (*Periparus ater*). J Ornithol 149: 565–577

Dittami J, Meran I, Bairlein F, Totzke U (2006) Winter patterns of foraging, fat deposition and corticosterone differ between Bearded and Blue Tits: Is this an expression of egalitarian or depositic winter flocks? J Ornithol 147 suppl 1: 158

Dittmann S, Scheiffarth G (2004) Die Bedeutung von Arten für das Ökosystem Wattenmeer. In: Behrends B, Dittmann S, Liebezeit G, Kaiser M, Knoke V, Petri G, Rahmel J., Roy M, Scheiffarth G, Wilhelmsen U (2004) Gesamtsynthese Ökosystemforschung Wattenmeer – Zusammenfassender Bericht zu Forschungsergebnissen und Systemschutz im deutschen Wattenmeer: 63–115. Umweltbundesamt Berlin

Dittmann S, Scheiffarth G (2004) Forschungsempfehlungen. In: Behrends B, Dittmann S, Liebezeit G, Kaiser M, Knoke V, Petri G, Rahmel J., Roy M, Scheiffarth G, Wilhelmsen U (2004) Gesamtsynthese Ökosystemforschung Wattenmeer – Zusammenfassender Bericht zu Forschungsergebnissen und Systemschutz im deutschen Wattenmeer: 430–441. Umweltbundesamt Berlin

Dittmann T, Becker PH (2003) Sex, age, experience and condition as factors of arrival date in prospecting common terns. Anim Behav 65: 981–986

Dittmann T, Ezard THG, Becker PH (2007) Prospectors' colony attendance is sex-specific and increases future recruitment chances in a seabird. Behavioural Processes 76: 198–205

Dittmann T, Ludwigs J-D, Becker PH (2001) The influence of fledgling number and hatching order on return rates of Common Terns *Sterna hirundo*. Atlantic Seabirds 3: 179–186

Dittmann T, Ludwigs J-D, Becker PH (2002) Prospektionserfahrung und früher Ankunftstermin als Voraussetzung für die Rekrutierung der Flussseeschwalbe. Jber Institut Vogelforschung 5: 15–16

Dittmann T, Raddatz B, Laamrani L, Exo K-M, Bairlein F (2006) Spatio-temporal nocturnal migration patterns across the Strait of Gibraltar. J Ornithol 147 suppl 1: 158

Dittmann T, Zinsmeister D, Becker PH (2003) Comparing before settling: Attendance patterns of prospecting common terns (*Sterna hirundo*). Vogelwarte 42: 83

Dittmann T, Zinsmeister D, Becker PH (2005) Dispersal decisions: common terns, *Sterna hirundo*, choose between colonies during prospecting. Anim Behav 70: 13–20

Dolnik O (2006) The relative stability of chronic *Isospora sylvianthina* (Protozoa: Apicomplexa) infection in blackcaps (*Sylvia atricapilla*) evaluation of a simplified method of estimating isosporan infection intensity in passerine birds. Parasitol Res 100: 155–160

Dolnik OV, Bairlein F (2005) The influence of study site, age and feeding style on *Isospora* spp. (Protozoa: Coccidiida) infection in passerine birds. Bull Scand Soc Parasitology 14: 48

Dolnik OV, Bairlein F (2005) The influence of study site, age and feeding style on *Isospora* spp. (Pro-

tozoa: Coccidiida) infection in passerine birds. Vilnius Symposium 2005
Drost R (1925) Das Färben lebender Vögel als Hilfsmittel in der Vogelzugforschung. Orn Monatsber 33: 40–43
Drost R (1925) Der nächtliche Vogelzug und seine Wahrnehmbarkeit. Der Naturforscher 1924/25 H. 10: 461–463
Drost R (1925) Die Käfigung von Vögeln zum Zwecke der Vogelzugsforschung. Gef Welt 54: 136–138
Drost R (1925) Eine gewaltige Zugnacht auf Helgoland als Folge ungünstiger Wetterverhältnisse im Frühjahr 1924. Orn Monatsber 33: 11–13
Drost R (1925) Steppenweihen (*Circus macrourus* Gm.) auf Helgoland. Orn Monatsber 33: 127–128
Drost R (1926) Das Beringungsexperiment und die Vogelwarte Helgoland. Berichte des Vereins schlesischer Ornithologen 12: 105–111
Drost R (1926) Großer Singvogelzug auf Helgoland. Orn Monatsber 34: 169–170
Drost R (1926) Neue Wege der Vogelzugsforschung. Die Erde 3: 557–561
Drost R (1926) *Pastor roseus* (L.) auf Helgoland. Orn Monatsber 34: 19–20
Drost R (1926) Über Arbeiten und Entwicklung der Vogelwarte Helgoland. J Ornithol 74: 368–377
Drost R (1926) Über Vogelwanderungen in den Wintermonaten. Zugleich ein Beitrag zum Kapitel „Vogelzug und Witterung". Verhandlungen des VI. Int Ornithol-Kongr Kopenhagen 1926: 62–79
Drost R (1927) Die Brutvögel Helgolands. Orn Monatsber 35: 131–133
Drost R (1927) Interessante Rückmeldung eines beringten Gartenrotschwanzes (*Phoenicurus ph. Phoenicurus* L.). Orn Monatsber 35: 53
Drost R (1927) IX. und X. Bericht der Vogelwarte der Staatl. Biologischen Anstalt Helgoland 1924 und 1925. J Ornithol 75:2 / Sonderdruck, 44 S.
Drost R (1927) *Phylloscopus proregulus proregulus* (Pall.) auf Helgoland. Orn Monatsber 35: 20
Drost R (1927) Vogelzug auf Helgoland. Jahrb f Vogelschutz 1927: 126–131
Drost R (1928) Die Ölpest und ihre Wirkung auf die Lebewelt des Meeres. Der Naturforscher 1927/28, H. 11: 540–544
Drost R (1928) Gewaltiger Vogelzug auf Helgoland. Wild und Hund 34: 216–217
Drost R (1928) Unermessliche Vogelscharen über Helgoland. Orn Monatsber 36: 3–6
Drost R (1928) Vogelschutz auf Helgoland. Die Vogelschutzwarte 1929: 67–73
Drost R (1929) Die Brutvögel der Schlangeninsel. Beiträge zur Fortpflanzungsbiologie der Vögel 5: 185–186
Drost R (1929) Die europäischen Beringungszentralen. Orn Monatsber 37: 161–172
Drost R (1929) Die Ölpest und ihre Wirkung auf die Lebewelt des Meeres. Tägliche Berichte über die Petroleumindustrie 23 (Nr. 194): 1–4
Drost R (1930) 11. Bericht der Vogelwarte der Staatlichen Biologischen Anstalt Helgoland. Der Vogelzug 1: 1–13
Drost R (1930) Aufruf zur Schaffung eines internationalen Stationsnetzes zur Beobachtung des Vogelzuges an allen Küsten der Nordsee. Vogelzug 1: 43–45
Drost R (1930) Kennzeichen für Geschlecht und Alter bei Zugvögeln 1. Vogelzug 1: 174–177
Drost R (1930) Über den Vogelzug auf der Schlangeninsel im Schwarzen Meer. Berlin: Friedländer. Abhdl a d Geb d Vogelzugforsch 2, 42 S.
Drost R (1930) Über die Organisation eines Stationsnetzes zur Beobachtung des Vogelzuges im Gebiet der Nordsee. Proc Intern Ornithol Congr 7, Amsterdam 1930: 324–326
Drost R (1930) Über die Tagesaufbruchszeit der Zugvögel und ihre Abhängigkeit vom Licht. Vogelzug 1: 117–119
Drost R (1930) Über die Wanderungen der Helgoländer Lummen (*Uria aalge helgeolandica* Lönnberg). Vogelzug 1: 21–29
Drost R (1930) Untersuchungen an beringten Fichtenkreuzschnäbeln (*Loxia curvirostra curvirostra* L.). Vogelzug 1: 69–72
Drost R (1930) Vom Zug der Amsel (*Turdus m . merula* L.). Vogelzug 1: 74–85
Drost R (1930) XI. bis XIV. Bericht der Vogelwarte der Staatl. Biologischen Anstalt Helgoland (1926-1928). Vogelzug 1: 2–13
Drost R (1930) Zum Zuge der Ringdrossel (*Turdus torquatus torquatus* L.). Vogelzug 1: 113–117
Drost R (1930) Zur Beringungstechnik. Der Vogelzug 1: 98–100
Drost R (1930/31) Aufgaben und Arbeitsweise des deutschen Beobachternetzes 1930. 16. Bericht des Vereins schlesischer Ornithologen: 1–4
Drost R (1931) Kennzeichen für Geschlecht und Alter bei Zugvögeln 2. Vogelzug 2: 122–126
Drost R (1933) Die Stoppuhr als Hilfsmittel beim Ansprechen fliegender Vögel. Vogelzug 4: 32–33
Drost R (1933) Oil at Heligoland. Bird Notes and News 1933; Spring Number
Drost R (1934) Die Vogelwarte Helgoland (Abteilung der Staatlichen Biologischen Anstalt). Der Biologe 3. Jg; 7: 184–186
Drost R (1934) Über den Zug des Girlitz, *Serinus canaria serinus* L. Vogelring 6. Jg; 3–4
Drost R (1934) Über die Ursachen der Herbstzugrichtungen. Berichte des Vereins schlesischer Ornithologen 19. Jg; Sonderheft: 1–9
Drost R (1934) Über Ergebnisse bei Verfrachtungen von Helgoländer Zugvögeln. Proc Intern Ornithol Congr 8, Oxford 1934: 620–628

Drost R (1934) Vogelzugsforschung auf Helgoland. Natur und Volk 64: 152–158

Drost R (1934) Welchen Weg nehmen die auf Helgoland durchziehenden Neuntöter, *Lanius collurio collurio* L.? Vogelzug 5: 190–191

Drost R (1935) Über das Zahlenverhältnis von Alter und Geschlecht auf dem Herbst- und Frühjahrszuge. Vogelzug 6: 177–182

Drost R (1935) Vogelzugsforschung. Der Biologe Heft 7: 210–218

Drost R (1935) Zum Zugweg des Norwegischen Rotsternblaukehlchens (*Luscinia svecica gaetkei* (Kleinschmidt)). Anz Ornithol Ges Bayern 2: 353–354

Drost R (1936) 14. Bericht der Vogelwarte der Staatlichen Biologischen Anstalt Helgoland. Vogelzug 7: 35–50

Drost R (1936) Über das Brutkleid männlicher Trauerfliegenschnäpper, *Muscicapa hypoleuca*. Vogelzug 6: 179–186

Drost R (1937) Kennzeichen für Alter und Geschlecht bei Sperlingsvögeln. Berichte des Vereins schlesischer Ornithologen 22. Jg.; 1/2: 1–16

Drost R (1937) Winterflucht auf Helgoland. Vogelzug 8: 57–60

Drost R (1938) Geschlechtsbestimmung lebender Vögel nach der Form der Kloakengegend. Vogelzug 9: 102–105

Drost R (1938) Über den Einfluß von Verfrachtungen zur Herbstzugzeit auf den Sperber, *Accipiter nisus* L.. Zugleich ein Beitrag zur Frage nach der Orientierung der Vögel auf dem Zuge ins Winterquartier. 9. Int Ornithol Kongr Rouen 1938: 503–521

Drost R (1938) Verfrachtungen des Sperbers, *Accipiter nisus* L. Vogelzug 9: 180–183

Drost R (1939) Kennzeichen für Geschlecht und Alter bei Zugvögeln 5. Vogelzug 10: 1–6

Drost R (1940) Helgoland als Heimat von Seevögeln und als Rastplatz von Zugvögeln. Kalender für Haus und Heimat 1940: 73–76

Drost R (1940) Kennzeichen für Geschlecht und Alter bei Zugvögeln 6. Vogelzug 11: 65–70

Drost R (1940) Massenzug des Wespenbussards, *Pernis apivorus apivorus* L., auf Helgoland. Vogelzug 11: 191–192

Drost R (1940) Maßnahmen zur Bekämpfung der Silbermöwen in Holland. Naturschutz 21: 21–23

Drost R (1940) Zug und Rast von Buchfinken (*Fringilla coelebs coelebs* L.) Herbst 1939 auf Helgoland. Vogelzug 11: 36–39

Drost R (1941) Über den Vogelzug auf Helgoland während des Krieges. Vogelzug 12: 133–136

Drost R (1941) Zieht der einzelne Vogel stets auf demselben Weg? Ardea 30: 215–223

Drost R (1942) Massenzug im Herbst 1942 auf Helgoland. Vogelzug 13: 149–152

Drost R (1943) Das Vorkommen seltener und bemerkenswerter Vogelformen auf Helgoland. Vogelzug 14: 1–11

Drost R (1943) Über die Tannenmeisen-Invasion 1943 in der Deutschen Bucht. Vogelzug 14: 153–154

Drost R (1943) Vogelzugforschung auf Helgoland während des Krieges. Der Biologe 12: 6–7 und 142–145

Drost R (1948) Die Vogelwarte Helgoland. Vogelwarte 15: 1–5

Drost R (1948) Eine Küstenseeschwalbe, *Sterna macrura* Naum., 27 Jahre alt. Vogelwarte 15: 39

Drost R (1948) Populationsstudien an der Englischen Schafstelze, *Motacilla flava flavissima* Blyth, auf Helgoland. Vogelwarte 15: 18–28

Drost R (1949) Hohes Alter einer Population des Austernfischers *Haematopus ostralegus ostralegus* L. Vogelwarte 15: 102–104

Drost R (1949) Zugvögel perzipieren Ultrakurzwellen. Vogelwarte 15: 57–59

Drost R (1950) Neuster Stand der Vogelzugforschung. Wilhelmshavener Vorträge 7: 3–34

Drost R (1950) Verkehrte Zugrichtungen als Beispiele einer „Zugscheu". Ornithologie als biologische Wissenschaft: 255–260

Drost R (1951) Beobachtungen an einer kleinen Silbermöwen-Population im Jahreslauf: Ein Beitrag zur Soziologie von *Larus argentatus*. Vogelwarte 16: 44–48

Drost R (1951) Die Vogelwarte Helgoland und die Schulen. Schulverwaltungs-Blatt für Niedersachsen 3: 16

Drost R (1951) Kennzeichen für Alter und Geschlecht bei Sperlingsvögeln. Orn Merkbl Nr 1: 26 S.

Drost R (1951) Nordsee-Silbermöwen in der Schweiz; Bericht über einen Versuch der Vogelwarte Helgoland. Orn Beob 48: 177.

Drost R (1951) Study of bird migration 1938–1950. Proc 10th Int Ornithol Congr 1950: 216–240 Uppsala-Stockholm: Almqvist, Wiksell

Drost R (1952) Das Verhalten der männlichen und weiblichen Silbermöwen (*Larus argentatus* Pont.) außerhalb der Brutzeit. Vogelwarte 16: 108–116

Drost R (1952) Die Organisation des Seevogelschutzes in Deutschland. Natur und Landschaftspfl 27: 3–4

Drost R (1952) Die Vogelwelt der Inseln Neuwerk und Scharhörn und ihre Erforschung. In: Dannmeyer F, Lehe E v, Rüther H (Hrsg) Ein Turm und seine Insel: 129–142. Cuxhaven: Rauschenplat

Drost R (1952) Vogelleben und Vogelforschung auf Helgoland. In: Packroß J, Rickmers P (Hrsg) Helgoland ruft: 103–111. Hamburg: Schultheis

Drost R (1953) Über die Heimattreue deutscher Seevögel. J Ornithol 94: 181–193

Drost R (1954) Gelenkter Seevogelschutz. Aufgaben und Arbeiten in der angewandten Vogelkunde 1954: 42–47

Drost R (1954) Probleme des Gelenkten Seevogelschutzes. Orn Mitt 6: 112–119

Drost R (1955) Neue Beiträge zur Soziologie der Silbermöwe, *Larus argentatus*. Acta 11. Int Ornithol Congr 1954: 564–569

Drost R (1955) Sippenforschung an Seevögeln. Niedersachsen 3: 4 S.

Drost R (1955) Vogelberingungsfragen. In: Kulturbund zur demokratischen Erneuerung Deutschlands Beiträge zur Theorie und Praxis der ornithologischen Forschung, Bd. 1: 43 S., Urania, Leipzig/Jena

Drost R (1955) Vogelwanderungen, von Inseln aus beobachtet. Acta 11. Congr Int Orn 1954: 167–171. Basel

Drost R (1956) Aus dem Leben einer einzelnen Silbermöwe: Ein Beispiel für „intensive" Beringungsarbeit. Vogelring 25: 36–39

Drost R (1956) Geschichte der Vogelwarte Helgoland. In: Steiniger F (Hrsg.) Natur und Jagd in Niedersachsen; Festschrift Hugo Weigold. Hannover: 12–32

Drost R (1957) Seevogelschutz und Wissenschaft Hamburg: Verein Jordsand. In: Meise W (Hrsg) Fünfzig Jahre Seevogelschutz: 93–95

Drost R (1957) Vogelwarte Helgoland: Die neue Inselstation auf Helgoland. Vogelwarte 19: 160–161

Drost R (1957/58) Sebastian Pfeifer 60 Jahre. Luscinia 31: I-II

Drost R (1958) Über den nächtlichen Vogelzug auf Helgoland. Proc Int Ornithol Congr 12: Helsinki 1958: 178–192

Drost R (1958) Über die Ansiedlung von jung ins Binnenland verfrachteten Silbermöwen (*Larus argentatus*). Vogelwarte 19: 169–173

Drost R (1958) Von der Vogelwarte Helgoland und ihrer neuen Inselstation. Naturw Rdsch 1958/5: 180–182

Drost R (1958) Wechsel in der Leitung der Vogelwarte Helgoland. Vogelwarte 19: 60–61

Drost R (1967) Der Dollart, ein internationales Vogelreservoir. Berichte der Deutschen Sektion des Internationalen Rates für Vogelschutz 7: 43–44

Drost R (1968) Aus dem Lebenslauf eines Teichhuhns *Gallinula chloropus*. Bonn Zool Beitr 19: 346–349

Drost R (1968) Dressur von Silbermöwen (*Larus argentatus*) auf akustische Signale. Vogelwarte 24: 185–187

Drost R (1969) Grundsätzliches zur Altersbestimmung lebender Sperlingsvögel. Vogelwarte 25: 5–13

Drost R (1970) Silbermöwen auf akustische Signale dressiert. Umschau in Wissenschaft und Technik 20/1970: 646

Drost R (1971) Über das Verhalten freilebender Teichhühner (*Gallinula chloropus*) gegenüber Menschen. Vogelwarte 26: 175–182

Drost R (o. J.) „Deät Lunn en de Finken". Vogelleben auf Helgoland. In: Helgoländer Heimgruppe Van Boppen en Bedeelen: 1–7. Hamburg: Meißner

Drost R, Bock E (1931) Bericht über das Deutsche Beobachternetz im Herbst 1930. Vogelzug 2: 85–92

Drost R, Bock E (1931) Über den Vogelzug im Nordseegebiet nach den Ergebnissen des Internationalen Beobachternetzes im Herbst 1930 (I. Mitteilung). Vogelzug 2: 13–19

Drost R, Bock E (1931) Über den Vogelzug im Nordseegebiet nach den Ergebnissen des Internationalen Beobachternetzes im Herbst 1930 (II. Mitteilung). Vogelzug 2: 71–85

Drost R, Desselberger H (1932) „Zwischenzug" bei Schwalben. Vogelzug 3: 22–24

Drost R, Desselberger H (1932) Vom Zug des Gartenrotschwanz (*Phoenicurus phoenicurus phoenicurus* L.) und des Hausrotschwanz (*Phoenicurus ochruros gibraltariensis* Gm.). Vogelzug 3: 105–115

Drost R, Focke E, Freytag G (1961) Entwicklung und Aufbau einer Population der Silbermöwe, *Larus argentatus argentatus*. J Ornithol 102: 404–429

Drost R, Rüppeli W (1932) Über den Zug deutscher Schwalben in Europa. Vogelzug 3: 11–14

Drost R, Schildmacher H (1930) Zum Vogelzug im Nordseegebiet nach den Ergebnissen der Beobachtungsstationen der Vogelwarte Helgoland. Vogelzug 1: 34–40

Drost R, Schilling L (1940) Über den Lebensraum deutscher Silbermöwen, *Larus argentatus argentatus* Pontopp, auf Grund von Beringungsergebnissen. Vogelzug 11: 1–22

Drost R, Schilling L (1940) Über den Zug des Trauerfliegenschnäppers, *Muscicapa hypoleuca* (Pall.). Vogelzug 11: 71–85

Drost R, Schüz E (1937) Aussprache unter den ornithologischen Stationen. Vogelzug 8: 85–88

Drost R, Schüz E (1938) Vogelwarten auf der Internationalen Jagdausstellung Berlin 1937. Vogelzug 9: 57–63

Drost R, Schüz E (1939) Beringungsergebnisse beim Wendehals (*Jynx torquilla*). Vogelzug 10: 130–138

Drost R, Schüz E (1940) Über den Zug der europäischen Bachstelzen (*Motacilla alba alba* und *Motacilla alba yarellii* Gould). Vogelzug 11: 145–161

Drost R, Schüz E (1940) Von den Folgen des harten Winters 1939/40 für die Vogelwelt. Vogelzug 11: 161–191

Drost R, Schüz E (1948) Wozu Vogelwarten? Die Vogelwarte 15: U2–U3

Drost R, Schüz E (1952) Europäische Rauchschwalben (*Hirundo rustica*) in Afrika. Neue Afrika-Funde beringter Rauchschwalben, Stand 1952. Vogelwarte 16: 95–98

Drost R., Stanislaus M (1938) Sur la migration des Pouillots Véloce, Chantre et Siffleur *Phylloscopus* collybita (Vieillot), *Phylloscopus trochilus* L. et *Phylloscopus sibilatrix* (Bechstein). Alauda 10: 264–278

Dunnet GM, Furness RW, Tasker ML, Becker PH (1990) Seabird ecology in the North Sea. Neth J Sea Res 26: 387–424

Ellmann J (1979) Flughöhen ziehender Vögel in Nordwestdeutschland nach Radarmessungen. Vogelwarte 30: 118–134

Engler J, Sacher T, Elle O, Coppack T (2007) Raumnutzung und Brutansiedlung von erstjährigen Amseln *Turdus merula* auf Helgoland. Vogelwarte 45: 281

Engler J, Sacher T, Elle O, Coppack T (2008) Aktionsraum und Territorialität von Amseln auf Helgoland: individuelle Variation und Übertragungseffekte zwischen Jahren. Vogelwarte 46: 363–364

Ens BJ, Bairlein F, Camphuysen CJ, Boer de P, Exo K-M, Gallego N, Klaassen RHG, Oosterbeek K, Shamoun-Baranes J (2009) Onderzoek aan meeuwen met satellietzenders. Limosa 82: 33–42

Ens BJ, Bairlein F, Camphuysen CJ, de Boer P, Exo K-M, Gallego N, Hoye B, Klaassen R, Oosterbeek K, Shamoun-Baranes J, van der Jeugd H, Gasteren H van (2008) Tracking of individual birds: Report on WP 3230 (bird tracking sensor characterization) and WP 4130 (sensor adaptation and calibration for bird tracking system) of the FlySafe basic activities. – SOVON-onderzoeksrapport 2008/10. SOVON Vogelonderzoek Nederland, Beek-Ubbergen

Esser W, Exo K-M (2006) Day- and night-activity in waterbirds and in their benthic prey. Wader Study Group Bull 111: 25

Esser W, Vöge S, Exo K-M (2008) Day-night activity of intertidal invertebrates and methods to estimate prey accessibility for shorebirds. Senckenbergiana maritima 38: 115–122

Exo K-M (1984) Die akustische Unterscheidung von Steinkauzmännchen und -weibchen (*Athene noctua*). J Ornithol 125: 94–97

Exo K-M (1985) Baumhöhlenbruten der Ringeltaube (*Columba palumbus*). Vogelwelt 106: 150–151

Exo K-M (1987) Gewaltige Seevogelkolonien: Millionen Lummen und Papageitaucher. Naturmagazin draußen 50 (Island) 18–35, Harksheider, Norderstedt

Exo K-M (1988) Jahreszeitliche ökologische Anpassungen des Steinkauzes. J Ornithol 129: 393–415

Exo K-M (1988) Radiotelemetrische Untersuchungen zum Territorialverhalten des Steinkauzes (*Athene noctua*). Vogelwelt 109: 182

Exo K-M (1988) Themenheft „Biologie und Schutz von Eulen" (editorial). Vogelwelt 109: 134

Exo K-M (1989) Tagesperiodische Aktivitätsmuster des Steinkauzes (*Athene noctua*). Vogelwarte 35: 94–114

Exo K-M (1989) Wie markieren Steinkäuze ihre Reviere? J Ornithol 130: 132

Exo K-M (1990) Geographische Variation des Reviergesangs beim Steinkauz (*Athene noctua*) – ein Vergleich des Gesangs nordwestdeutscher und ostenglischer Vögel. Vogelwarte 35: 279–286

Exo K-M (1991) Der Untere Niederrhein – Ein Verbreitungsschwerpunkt des Steinkauzes (*Athene noctua*) in Mitteleuropa. Natur und Landschaft 66: 156–159

Exo K-M (1991) Methoden zur Aufnahme von Raum-Zeit-Budgets bei Watvögeln. Verh Dtsch Zool Ges 84: 304

Exo K-M (1991) Populationsbiologie. In: Schönn S, Scherzinger W, Exo K-M, Ille R (1991) Der Steinkauz. Neue Brehm-Bücherei 606: 180–197

Exo K-M (1991) Tages- und Jahresperiodik. In: Schönn S, Scherzinger W, Exo K-M, Ille R (1991) Der Steinkauz. Neue Brehm-Bücherei 606: 92–106

Exo K-M (1992) Methoden zur Aufnahme von Raum-Zeit-Budgets bei Vögeln, dargestellt am Beispiel des Austernfischers (*Haematopus ostralegus*). Vogelwarte 36: 311–325

Exo K-M (1992) Methods of monitor time and energy budgets of birds, especially waders (Charadriiformes). Wader Study Group Bulletin 66: 28

Exo K-M (1992) Population ecology of Little Owls *Athene noctua* in Central Europe: a review. In: Galbraith CA, Taylor IR, Percival S The ecology and conservation of European owls, Peterborough: 64–75, Joint Nature Conservation Committee, UK Nature Conservation No. 5

Exo K-M (1993) Höchstalter eines beringten Austernfischers (*Haematopus ostralegus*) 44 Jahre. Vogelwarte 37: 144

Exo K-M (1993) Methods to monitor time and energy budgets of birds, especially waders (Charadriiformes). Proc XII Int Symp on Biotelemetry, Ancona: 224–231

Exo K-M (1993) Raum-Zeit-Muster von Rastvögeln im Rückseitenwatt der Insel Spiekeroog. Jber Institut Vogelforschung 1: 12–13

Exo K-M (1993) Zeitbudgets von Wattenmeer- und Binnenlandbrütern des Austernfischers (*Haematopus ostralegus*). Jber Institut Vogelforschung 1: 11

Exo K-M (1993) Zugstrategien nordwesteuropäischer Austernfischer (*Haematopus ostralegus*). Jber Institut Vogelforschung 1: 7

Exo K-M (1994) Bedeutung des Wattenmeeres für Vögel. In: Lozan JL, Rachor E, Reise K, v. Westernhagen H, Lenz W (Hrsg) Warnsignale aus dem Wattenmeer: 261–270, Blackwell Wissenschaftsverlag, Berlin

Exo K-M (1994) Methoden zur Aufnahme von Raum-Zeit-Budgets bei Watvögeln. Bericht aus der Ökosystemforschung Nr. 4, Bd 2: 131–133

Exo K-M (1995) Aktivitäts- und Verhaltensmuster von Wattenmeer- und Binnenlandbrütern des Austernfischers (*Haematopus ostralegus*). Jber Institut Vogelforschung 2: 10–11

Exo K-M (1995) Das Wattenmeer – unverzichtbarer Lebensraum für Millionen Küstenvögel. Schriftenreihe der Schutzgemeinschaft Deutsche Nordseeküste, Heft 2: 8–46

Exo K-M (1995) Das Wattenmeer: Drehscheibe auf dem ostatlantischen Zugweg. Ornithologen Kalender 1996, S. 175–182. Aula, Wiesbaden

Exo K-M (1996) Austernfischer (*Haematopus ostralegus*) im Wattenmeer: Auswanderung – die einzige Alternative zur Reproduktion? Verh Dtsch Zool Ges 89.1: 120

Exo K-M (1997) Austernfischer (*Haematopus ostralegus*) im Wattenmeer: Auswanderung – die einzige Alternative zur Reproduktion? J Ornithol 138: 354

Exo K-M (1998) The significance of nocturnal feeding in waders. In: Adams NJ, Slotow RH (eds) Proc 22 Int Ornithol Congr, Durban. Ostrich 69:121

Exo K-M (2000) Ökologie des Kiebitzregenpfeifers zur Brutzeit – eine Pilotstudie im Lena Delta. Jber Institut Vogelforschung 4: 17

Exo K-M (2001) The challenges of studying Little Owls at the edge of the 20th century. – In: Van Nieuwenhuyse D, Leysen M, Leysen K (Hrsg) The Little Owl in Flanders in its international context. Proceedings of the 2nd International Little Owl Symposium, 16-18 March 2001. Oriolus 67: 5–7

Exo K-M (2001) Windkraft und Vogelschutz. Naturschutz und Landschaftsplanung 33: 323

Exo K-M (2002) Predation on intertidal flats in the Wadden Sea as an example. Abstract IOC 2002: 20–21, Beijing

Exo K-M (2005) Die Brutpopulation des Goldregenpfeifers *Pluvialis apricaria* im westlichen Kontinentaleuropa: zum Aussterben verurteilt? Vogelwelt 126: 161–172

Exo K-M (2005) Rastvögel im Wattenmeer: ein Leben im Schlaraffenland? Vogelwarte 43: 64–65

Exo K-M (2006) Die mitteleuropäische Brutpopulation des Goldregenpfeifers *Pluvialis apricaria*: zum Aussterben verurteilt? Orn Rundbrief Meckl-Vorp 45, Sonderheft 1: 34

Exo K-M (2008) Foreword. In: Van Nieuwenhuyse D, Génot J-C, Johnson DH (2008) The Little Owl: conservation, ecology and behavior of *Athene noctua*. Cambridge University Press, Cambridge: IX-XIII

Exo K-M (2008) Nationalpark Wattenmeer: Letzte Chance für Wiesenbrüter? Falke 55: 376–382

Exo K-M, Bairlein F, Ens B, Oosterbeek K (2008) Satellitentelemetrische Untersuchungen der Raumnutzungs- und Zugmuster von Herings- und Silbermöwen. Jber Institut Vogelforschung 8: 11–12

Exo K-M, Becker PH, Clemens T (1994) Der Silbermöwen- (*Larus argentatus*) Brutbestand Mellums 1979–1993 mit Anmerkungen zur Methodik der Erfassung von Seevogelbeständen in Großkolonien. Seevögel 15: 75–81

Exo K-M, Becker PH, Hälterlein B, Hötker H, Scheufler H, Stiefel A, Stock M, Südbeck P, Thorup O (1996) Bruterfolgsmonitoring bei Küstenvögeln. Vogelwelt 117: 287–293

Exo K-M, Becker PH, Pijanowska U, Degen A (2008) Sind Umweltchemikalien in Eiern niedersächsischer Goldregenpfeifer (*Pluvialis apricaria*) eine Gefahr für die Reproduktion? Vogelwarte 46: 49 – 54

Exo K-M, Becker PH, Sommer U (1998) Umweltchemikalien in Eiern von Binnenland- und Wattenmeerbrütern des Austernfischers (*Haematopus ostralegus*). J Ornithol 139: 401–405

Exo K-M, Becker PH, Sommer U (2000) Organochlorine and mercury concentrations in eggs of grey plovers (*Pluvialis squatarola*) breeding in the Lena Delta, north-east Siberia, 1997. Polar Research 19: 261–265

Exo K-M, Eggers U, Laschefski-Sievers R, Scheiffarth G (1992) Monitoring activity patterns using a microcomputer-controlled radiotelemetry system, tested for waders (Charadrii) as an example. In: Priede IG, Swift SM, eds: Wildlife telemetry, remote monitoring and tracking of animals: 79–87. Ellis Horwood, Chichester

Exo K-M, Eggers U, Laschefski-Sievers R, Scheiffarth G (1992) Telemetric activity recording comes on age: a microcomputer controlled system to record activity patterns and physiological variables of waders. Wader Study Group Bull 64: 11

Exo K-M, Gerlach A (1997) Eintrag von Bioelementen durch Silbermöwen (*Larus argentatus*) auf der Nordseeinsel Mellum. Jber Institut Vogelforschung 3: 24

Exo K-M, Hälterlein B, Blew J, Garthe S, Hüppop O, Südbeck P, Scheiffarth G (2003) Küsten- und Seevögel. In: Lozan JL, Rachor E, Reise K, Sündermann J, von Westernhagen K (Hrsg) Warnsignale aus Nordsee & Wattenmeer: Eine aktuelle Umweltbilanz. Wissenschaftliche Auswertungen, Hamburg: 317–329

Exo K-M, Hartwig E, de Vries R (eds) (1998) 1. Deutsches See- und Küstenvogelkolloquium. Seevögel 19, Sonderheft: 1–116

Exo K-M, Hertzler I, Stepanova O (1998) [Study of Grey Plover *Pluvialis squatarola* ecology in the Lena Delta, Yakutia in 1997]. In: Tomkovich PS (ed) Wader breeding conditions in the Russian Arctic in 1997. Information Materials of the Working Group of Waders, Moscow 11: 38 (in Russisch)

Exo K-M, Hertzler I, Stepanova O (1998) The southern Lena Delta. In: Tomkovich PS, Zharikov YN (eds)

Wader breeding conditions in the Russian Arctic in 1997. Wader Study Group Bull 87: 38

F Exo K-M, Hötker H (1989) Farbberingungsprogramme im Bereich der deutschen Nordseeküste. Seevögel 10: 27–29

F Exo K-M, Hötker H, Rösner HU (1996) Farbmarkierungen von Wat- und Wasservögeln im Bereich der deutschen Nord- und Ostseeküste. Seevögel 17: (27) – (30)

Exo K-M, Hulscher JB (1993) Zugstrategien nordwesteuropäischer Austernfischer (*Haematopus ostralegus*). J Ornithol 134: 482

F Exo K-M, Hüppop O (2002) Offshore-Windenergieanlagen und Vögel. Jber Institut Vogelforschung 5: 21–22

F Exo K-M, Hüppop O (2003) Birds and offshore wind farms: Conflict potential and perspectives Vogelwarte 42: 16

F Exo K-M, Hüppop O, Garthe S (2002) Offshore-Windenergieanlagen und Vogelschutz? Seevögel 23: 83–95

F Exo K-M, Hüppop O, Garthe S (2003) Birds and offshore wind farms: a hot topic in marine ecology. Wader Study Group Bull 100: 50–53

F Exo K-M, Ketzenberg C (1994) Räumlich-zeitliche Verteilung von Rastvögeln Spiekeroogs. Bericht aus der Ökosystemforschung Nr. 4, Bd 2: 127–130

F Exo K-M, Ketzenberg C (1995) Jahresphänologie und räumliche Verteilung von Wat- und Wasservögeln im ostfriesischen Wattenmeer. J Ornithol 136: 354–355

F Exo K-M, Ketzenberg C, Bradter U (1999) Raum-Zeit-Muster von Gastvögeln. In: Nationalparkverwaltung Niedersächsisches Wattenmeer & Umweltbundesamt (Hrsg) Umweltatlas Wattenmeer, Bd 2, 84–85, Ulmer, Stuttgart

F Exo K-M, Ketzenberg C, Bradter U (2000) Bestand, Phänologie und räumliche Verteilung von Wasser- und Watvögeln im friesischen Rückseitenwatt 1992–1995. Oldenburger Jahrbuch 100: 337–380

Exo K-M, Knötzsch G (1991) Maße und Gewichte. In: Schönn S, Scherzinger W, Exo K-M, Ille R (1991) Der Steinkauz. Neue Brehm-Bücherei 606: 41–48

F Exo K-M, Petersen B (1997) Die nahrungsökologische Bedeutung *Lanice conchilega* geprägter Mischwatten für Watvögel und Möwen. Jber Institut Vogelforschung 3: 23

F Exo K-M, Scheiffarth G (1990) Are motion-sensitive transmitters suitable to record activity patterns and time-budgets of waders. Proc European Telemetry Conf, etc 90, Garmisch-Partenkirchen 1990: 401–403

F Exo K-M, Scheiffarth G (1991) Ausgewählte Methoden zur Aufnahme von Raum-Zeit-Budgets. J Ornith 132: 498

Exo K-M, Scheiffarth G (1991) Der Einsatz bewegungssensitiver Sender zur automatischen Aktivitätserfassung und Aufnahme von Zeitbudgets bei Limikolen. In: Haeseler V, Janiesch P (1991) 3. Oldenburger Workshop zur Küstenökologie, 20.-22.02.1990, Bibliotheks- und Informationssystem der Universität Oldenburg, Oldenburg: 84–85

Exo K-M, Scheiffarth G (1993) The application of motion sensitive transmitters to record activity and foraging patterns of Oystercatchers. Limosa 66: 80

Exo K-M, Scheiffarth G (1994) The day- and nighttime activity of Oystercatchers breeding in the Wadden Sea. J Ornithol 135, Sonderheft: 146

Exo K-M, Scheiffarth G (1995) Tagesperiodische Aktivitätsmuster von Wattenmeerbrütern des Austernfischers (*Haematopus ostralegus*). J Ornithol 136: 336

Exo K-M, Scheiffarth G (1995) The day- and nighttime activity of Oystercatchers *Heamatopus ostralegus* breeding in the Wadden Sea. Wader Study Group Bulletin 76: 20

Exo K-M, Scheiffarth G, Haesihus U (1996) The application of motion sensitive transmitters to record activity and foraging patterns of Oystercatchers *Haematopus ostralegus*. Ardea 84A: 29–38

Exo K-M, Scherzinger W (1989) Stimme und Lautrepertoire des Steinkauzes (*Athene noctua*) Beschreibung, Kontext und Lebensraumanpassung. Ökol Vögel 11: 149–187

Exo K-M, Scherzinger W (1991) Lautäußerungen. In: Schönn S, Scherzinger W, Exo K-M, Ille R (1991) Der Steinkauz. Neue Brehm-Bücherei 606: 120–136

Exo K-M, Schmidt S (2000) Raumnutzungsmuster von Laro-Limikolen im Spiekerooger Rückseitenwatt. Jber Institut Vogelforschung 4: 12–13

Exo K-M, Schwerdtfeger O (2002) 25 Jahre AG Eulen: Rückblick und Ausblick. Eulen Rundblick 50: 7–10

Exo K-M, Solovieva D (2004) Recommendations for an ornithological monitoring programme in the Lena Delta. In: WWF Arctic Programme (ed) Perspectives for Russian Arctic Conservation in a Circumpolar Context. Oslo, Norway: 26–38

Exo K-M, Stepanova O (2000) Ecology of Grey Plovers *Pluvialis squatarola* breeding in the Lena Delta, The Sakha Republic/Yakutia: Report on a pilot study. WIWO Report 69, Zeist, The Netherlands, 100 S.

Exo K-M, Stepanova O (2001) Biometrics of adult Grey Plovers *Pluvialis squatarola* breeding in the Lena Delta (The Sakha Republic, Yakutia). Ring and Migration 20: 303–311

Exo K-M, Thyen S (2003) Ökologische Entwicklung einer wiederverlandenden Außendeichskleipütte im westlichen Jadebusen. Vogelkdl Ber Niedersachsen 35: 143–150

Freise F, Exo K-M, Oltmanns B (2006) Ist das NSG Leyhörn als Brutgebiet für Säbelschnäbler *Recurvirostra avosetta* geeignet? Vogelwelt 127: 175–186

Freise F, Hüppop O (1997) Ausgewählte Ring-Wiederfunde Helgoländer Vögel aus den Jahren 1992 bis 1996. Orn Jber Helgoland 7: 72–74

Frick S, Becker PH (1995) Unterschiedliche Ernährungsstrategien von Fluß- und Küstenseeschwalbe (*Sterna hirundo* und *S. paradisaea*) im Wattenmeer. J Ornithol 136: 47–63

Fritz J, Dietl J, Kotrschal K, Bairlein F, Dittami J (2008) Flugstilanalysen bei ziehenden Waldrappen. Vogelwarte 46: 350–351

Fritz J, Scope A, Stanclova G, Dittami J, Bairlein F (2008) Untersuchungen zur Flugphysiologie ziehender Waldrappe: Methodik. Vogelwarte 46: 351–352

Furness RW, Becker PH, Hüppop O, Davoren G (2003) Review of the sensitivity of seabird populations in life history parameters. In: Furness RW, Tasker ML (eds) Seabirds as monitors of the Marine environment. ICES Coop Res Rep No 258: 26–36

Furness RW, Thompson DR, Becker PH (1995) Spatial and temporal variation in mercury contamination of seabirds in the North Sea. Helgoländer Meeresunters 49: 605–615

Furness RW, Thompson DR, Becker PH, Monteiro L, Granadeiro JP (1994) The use of feathers for monitoring mercury pollution. J Ornithol 135: 525

Furrington H, Exo K-M (1985) Schaffung und Erhaltung von Steinkauz-Brutplätzen. Deutscher Bund für Vogelschutz, Merkblatt 85/03–011, 11 S.

Gaedecke N, Winkel W (2005) Bevorzugen Meisen *Parus* spp. und andere in Höhlen brütende Kleinvögel bei der Wahl ihres Brutplatzes die vom Wetter abgewandte Seite? Vogelwarte 43: 15–18

Garthe S (1993) Durchzug und Wintervorkommen der Zwergmöwe (*Larus minutus*) bei Helgoland in den Jahren 1977 bis 1991. Vogelwarte 37: 118–129

Garthe S (1993) Quantifizierung von Abfall und Beifang der Fischerei in der südöstlichen Nordsee und deren Nutzung durch Seevögel. Hamburger avifaun Beitr 25: 125–237

Garthe S (1997) Influence of hydrography, fishing activity and colony location on summer seabird distribution in the southeastern North Sea. ICES J Marine Science 54: 566–577

Garthe S (1998) Gleich und doch anders: Zur Habitatwahl von Eissturmvogel (*Fulmarus glacialis*) und Sturmmöwe (*Larus canus*) in der Deutschen Bucht. Seevögel Sonderheft 19: 81–85

Garthe S, Alicki K, Hüppop O, Sprotte B (1995) Die Verbreitung und Häufigkeit ausgewählter See- und Küstenvogelarten während der Brutzeit in der südöstlichen Nordsee. J Ornithol 136: 253–266

Garthe S, Camphuysen K, Furness RW (1996) Amounts of discards by commercial fisheries and their significance as food for seabirds in the Norht Sea. Mar Ecol Prog Ser 136: 1–11

Garthe S, Damm U (1997) Discards from beam trawl fisheries in the German Bight (North Sea). Arch Fish Mar Res 45: 223–242

Garthe S, Flore B-O, Hälterlein B, Hüppop O, Kubetzki U, Südbeck P (2000) Brutbestandsentwicklung der Möwen (Laridae) an der deutschen Nordseeküste in der zweiten Hälfte des 20. Jahrhunderts. Vogelwelt 121: 1–13

Garthe S, Freyer T, Hüppop O, Wölke D (1999) Breeding Lesser Black-backed Gulls *Larus graellsii* and Herring Gulls *Larus argentatus*: coexistence or competition? Ardea 87: 227–236

Garthe S, Hüppop O (1993) Gulls and Fulmars following ships and feeding on discards at night. Ornis Svecica 3: 159–161

Garthe S, Hüppop O (1993) Offshore studies by the Institute for Bird Study on Helgoland. – Seabird Group Newsletter 66: 6–8

Garthe S, Hüppop O (1994) Distribution of ship-following seabirds and their utilization of discards in the North Sea in summer. Mar Ecol Prog Ser 106: 1–9

Garthe S, Hüppop O (1994) Foraging ranges of Sandwich, Common and Arctic Terns off the Wadden Sea coast. J Ornithol 135, Sonderh: 175

Garthe S, Hüppop O (1995) The distribution of Fulmars *Fulmarus glacialis* in the German Bight: do fisheries or hydrography explain the pattern? Limosa 68: 123–124

Garthe S, Hüppop O (1996) Das „Seabirds-at-Sea"-Programm. Vogelwelt 117: 303–305

Garthe S, Hüppop O (1996) Nocturnal scavenging by Gulls in the Southern North Sea. Colonial Waterbirds 19: 232–241

Garthe S, Hüppop O (1997) Can seabirds be used as hydrocasts? Berichte aus dem Zentrum für Meeres- und Klimaforschung der Univ Hamburg. Reihe Z, Nr. 2: 77–81

Garthe S, Hüppop O (1998) Foraging success, kleptoparasitism and feeding techniques in scavenging seabirds: does crime pay? Helgoländer Meeresunters 52: 187–196

Garthe S, Hüppop O (1998) Possible biases in experiments evaluating the consumption of discards by seabirds in the North Sea. Mar Biol 131: 735–741

Garthe S, Hüppop O (1999) Effect of ship speed on seabird counts in areas supporting commercial fisheries. J Field Ornithol 70: 28–32

Garthe S, Hüppop O (2000) Aktuelle Entwicklungen beim Seabirds-at-Sea-Programm in Deutschland. Vogelwelt 121: 301–305

Garthe S, Hüppop O (2004) Scaling possible adverse effects of marine wind farms on seabirds: develo-

Garthe S, Hüppop O (2004) Scaling possible adverse effects of marine wind farms on seabirds: developing and applying a vulnerability index. J Appl Ecol 41: 724–734

Garthe S, Hüppop O, Weichler T (2002) Anleitung zur Erfassung von Seevögeln auf See von Schiffen. Seevögel 23: 47–55

Garthe S, Kubetzki U (1998) Diet of Sandwich Terns *Sterna sandvicensis* on Juist (Germany). Sula 12: 13–19

Garthe S, Kubetzki U, Hüppop O, Freyer T (1999) Zur Ernährungsökologie von Herings-, Silber- und Sturmmöwe (*Larus fuscus, L. argentatus* und *L. canus*) auf der Nordseeinsel Amrum während der Brutzeit. Seevögel 20: 52–58

Garthe S, Ludwig J, Becker PH (1996) Gefährdung der Vogelwelt an Flüssen. In: Lozan JL, Kausch H (Hrsg) Warnsignale aus den Flüssen und Ästuaren. Blackwell, Berlin: 234–240

Garthe S, Markones N, Hüppop O, Adler S (2009) Effects of hydrographic and meteorological factors on seasonal seabird abundance in the southern North Sea. Mar Ecol Prog Ser 391: 243–255

Garthe S, Walter U, Tasker ML, Becker PH, Chapdelaine G, Furness RW (1999) Evaluation of the role of discards in supporting bird populations and their effects on the species composition of seabirds in the North Sea. In Furness RW, Tasker ML (eds) Diets of seabirds and consequences of changes in food supply. ICES Cooperative Research Report 232, Copenhagen: 29–41

Gätke H (1853) *Emberiza pusilla* auf Helgoland. J Ornithol 1: 67–68

Gätke H (1854) Einige Beobachtungen über Farbenwechsel durch Umfärbung ohne Mauser. J Ornithol 2: 321–328

Gätke H (1854) Einige seltnere Vögel auf Helgoland. J Ornithol 2: 69–70

Gätke H (1855) Bruchstücke aus Briefen von Helgoland. J Ornithol 4: 377–379

Gätke H (1855) Der Weg der nordamerikanischen Vögel nach Europa. J Ornithol 4: 70–74

Gätke H (1857) Ornithologisches aus Helgoland. Naumannia 8: 419–426

Gätke H (1861) Ornithologischer Bericht von Helgoland für das Jahr 1860 – Bericht XIII. Versammlung der Deutschen Ornithologen-Gesellschaft zu Stuttgart: 65–68

Gätke H (1864) Beschreibung der Seeschlacht bei Helgoland. Hamb Nachr 18. Mai 1864

Gätke H (1879) The Migration of Birds. Nature 20: 97–99

Gätke H (1885–1887) I.-III. Jahresbericht über den Vogelzug auf Helgoland (1884–1886). Ornis 1: 164–196, 2: 101–148, 3: 394–447

Gätke H (1891) Die Vogelwarte Helgoland. Herausgeber R. Blasius, Braunschweig

Gätke H (1895) Heligoland as an ornithological observatory; the result of fifty years experience. Translated by R. Rosenstock, London and Edinburgh

Gätke H (1900) Die Vogelwarte Helgoland. 2. Auflage herausg. von R. Blasius, Braunschweig

Gätke H (1906) Die ornithologischen Tagebücher 1847–1867 von H. Gätke. Herausgegeben von R. Blasius, J Ornithol 54, Sonderheft

Geiter O (2006) Aus der Beringungszentrale. Jber Institut Vogelforschung 7: 23–24

Geiter O, Homma S (2006) Das Wanderverhalten der Graugans *Anser anser*. Altmühlseebericht 12: 98–106

Geiter O, Homma S (2006) Neue Vögel in Deutschland. In: Der Falke Taschenkalender für Vogelbeobachter 2007, Wiebelsheim: 203–211

Goethe F (1934) Die Weidenmeise im Teutoburger Wald: ein Beitrag zur Tierwelt des Naturschutzgebietes „Donoperteich". Landesmuseum Naturkunde Münster

Goethe F (1936) Beobachtungen und Untersuchungen zur Biologie der Silbermöwe (*Larus [argentatus] argentatus* Pontopp) auf der Vogelinsel Memmertsand. Bernburg

Goethe F (1937) Beobachtungen während der Aufzucht eines Kranichs (*Megalornis g. grus* L.). Mitt Vogelwelt 36: 17–28

Goethe F (1939) Die Vogelinsel Mellum: Beiträge zur Monographie eines deutschen Seevogelschutzgebietes. Friedländer, Berlin

Goethe F (1948) Vogelwelt und Vogelleben im Teutoburgerwald – Gebiet. Detmold-Hiddesen: Maximilian

Goethe F (1951) Westliche Heringsmöwe (*Larus fuscus graellsii*) augenscheinlich Brutvogel auf der Helgoländer Düne. Vogelwarte 16: 82

Goethe F (1953) Experimentelle Brutbeendigung und andere brutethologische Betrachtungen bei Silbermöven (*Larus argentatus argentatus* Pontopp.). J Ornithol 94: 160–174

Goethe F (1956) Die Silbermöwe. Neue Brehm-Bücherei Nr. 182. A. Ziemsen-Verlag, Wittenberg-Lutherstadt

Goethe F (1957) Die Westliche Heringsmöwe als Brutvogel auf Memmert und anderen deutschen Inseln. Beitr Naturk Niedersachsen 10: 49–60

Goethe F (1961) The moult gatherings and moult migrations of Shelduck on north-west Germany. Brit Birds 54: 145–161

Goethe F (1966) Gedanken über eine verhinderte Seevogelkatastrophe. Jahresheft des DBV

Goethe F (1966) Silbermöwe: *Larus argentatus* Pontopp. Monografien-Reihe der in den Freistätten des Vereins Jordsand vorkommenden Brut-, Rast- und Zugvögel. Hamburg

Goethe F (1973) Die Silbermöwe – *Larus argentatus* – in Niedersachsen. Avifauna Nieders: 25–46

Goethe F (1975) Zur Biologie der Heringsmöwe *Larus fuscus* unter besonderer Berücksichtigung ethologischer Aspekte. Ornis Fenn 52: 5–12

Goethe F (1982) Die Rufe der Eismöwe (*Larus hyperboreus*) und der Silbermöwe (*Larus argentatus*), ein Vergleich. Vogelwarte 31: 436–441

Goethe F (1986) Zur Biologie, insbesondere Ethographie der Polarmöwe (*Larus glaucoides* Meyer, 1822). Ann Naturhist Mus Wien: 113–146

Goethe F (1989) Abweichende Färbung (Weißlinge) bei jugendlichen Silbermöwen *Larus argentatus* an der Jadebucht. Vogelkdl Ber Nieders 21: 1–5

Goethe F (1989) Vorjähriger Seeadler (*Haliaetus albicilla*) lebt während drei Wochen auf Memmert von jungen Silbermöwen. Drosera 89: 63–65

Goethe F (1993) Beträchtliche Zunahme von Gebäudebruten des Austernfischers *Heamatopus ostralegus* in Wilhelmshaven. Vogelkd Ber Nieders 25: 66–71

Goethe F (ohne Jahr) Helft den Kiebitz zu schützen. Landwirtschafts Bl Weser-Ems 7: 82

Goethe F, Heckenroth H, Schumann H (1978) Seetaucher, Lappentaucher, Albatrosse, Sturmvögel, Sturmschwalben, Tölpel, Kormorane, Pelikane, Reiher, Störche, Ibisse, Flamingos. Niedersächsisches Landesamt, Bd 2.1.

Goethe F, Heckenroth H, Schumann H (1985) Entenvögel. Niedersächsisches Landesamt, Bd 2.2

Goethe F, Kuhk R (1952) Beringungs-Ergebnisse an deutschen Wanderfalken (*Falco peregrinus*) und Baumfalken (*F. subbuteo*). Vogelwarte 16: 104–108

Goethe F, Kuhk R (1953) Über den Mitarbeiterstab der Vogelwarten: Wer sind unsere Beringungsmitarbeiter. Vogelwarte 16: 138–143

Goethe F, Kuhk R (1960) Wissenschaftlicher Wert der Vogelberingung fragwürdig? Säugetierkundliche Mitteilungen 8: 63–65

Goethe F, Kuhk R (1961) Beringungs-Ergebnisse an deutschen Adlern, Weihen, Milanen und Wespenbussarden (*Aquila, Circus, Milvus, Haliaeëtus, Pernis, Pandion*). Vogelwarte 16: 69–76

Goethe F, Winkel W (1974) Heinrich-Gätke-Halle: Institut für Vogelforschung „Vogelwarte Helgoland", 294 Wilhelmshaven-Rüstersiel: Wegweiser. Brune-Druck Wilhelmshaven.

Goethe F, Winkel W (1975) Die Vogelinsel Mellum. In: Blaszyk P (Hrsg) Naturschutzgebiete im Oldenburger Land: 51–56. Heinz Holzberg Verlag, Oldenburg

González-Solís J, Becker PH (1998) Monogamy and sexual fidelity in the Common Tern. Quercus 147: 16–19

González-Solís J, Becker PH (2002) Mounting frequency and number of cloacal contacts increase with age in common terns *Sterna hirundo*. J Avian Biol 33: 306–310

González-Solís J, Becker PH, Jover L, Ruiz X (1999) Intraindividual seasonal decline of egg-volume in Common Tern *Sterna hirundo*. Acta Ornithol 34: 185–190

González-Solís J, Becker PH, Jover L, Ruiz X (1999) Longitudinal analysis of timing of breeding and egg-volume in Common Terns (*Sterna hirundo*). The Ring 21: 34

González-Solís J, Becker PH, Jover L, Ruiz X (2004) Individual changes underlie age-specific pattern of laying date and egg-size in female Common Terns *Sterna hirundo*. J Ornithol 145: 129–136

González-Solís J, Becker PH, Wendeln H (1998) Effects of age and pair band on nest-site fidelity in Common Terns (*Sterna hirundo*). Biologia e Conservazione della Fauna 102: 75–82

González-Solís J, Becker PH, Wendeln H (1998) Mate fidelity and divorce in Common Terns *Sterna hirundo*. Ostrich 69: 321

González-Solís J, Becker PH, Wendeln H (1999) Divorce and asynchronous arrival in Common Tern, *Sterna hirundo*. Anim Behav 58: 1123–1129

González-Solís J, Becker PH, Wendeln H (1999) Within and between season nest-site and mate fidelity in common terns *Sterna hirundo*. J Ornithol 140: 491–498

González-Solís J, Becker PH, Wendeln H (2000) El marcaje individual de poblaciones salvajes de vertebrados mediante transponders: resultados en una colonia de Charrán Común. Etología 18: 2–26

González-Solís J, Becker PH, Wendeln H, Wink H (2005) Hatching sex ratio and sex specific chick mortality in common terns *Sterna hirundo*. J Ornithol 146: 235–243

González-Solís J, Sokolov E, Becker PH (2001) Courtship feedings, copulations and paternity in common terns *Sterna hirundo*. Anim Behav 61: 1125–1132

González-Solís J, Wendeln H, Becker PH (1999) Nest-site turnover in Common Terns: possible problems with renest studies. Ibis 141: 500–503

González-Solís J, Wendeln H, Becker PH (1999) Within and between season nest-site and mate fidelity in common terns *Sterna hirundo*. J Ornithol 140: 491–498

Gorschewski A, Sacher T, Bairlein F, Coppack T (2006) Wing-shape variation in migrant and resident Eurasian Blackbirds: a geometric morphometric approach. J Ornithol 147 suppl 1: 174

Goss-Custard JD, Clarke RT, Briggs KB, Ens BJ, Exo K-M, Smit C, Beintema AJ, Caldow RWG, Catt DC, Clark NA, le V. dit Durell SEA, Harris MP, Hulscher JB, Meininger PL, Picozzi N, Prys-Jones R, Safriel UN, West AD (1995) Population consequences of winter habitat loss in a migratory shorebird. I. Estimating model parameters. J Appl Ecol 32: 320–336

Goss-Custard JD, West A, Yates MG, Caldow RWG, Stillman RAS, Castilla J, Castro M, Dierschke V, Durell SEA le V, Eichhorn G, Ens BJ, Exo K-M, Fernando PUU, Ferns PN, Hockey PAR, Gill JA, Johnstone I, Kalejta-Summers B, Masero JA, Moreira F, Nagarajan R, Owens IPF, Pacheco C, Perez-Hurtado A, Rogers D, Scheiffarth G, Sitters H, Sutherland WJ, Triplet P, Worrall DH, Zharikov Y, Zwarts L. Pettifor RA (2006) Intake rates and the functional response in shorebirds Charadriiformes eating macroinvertebrates. Biological Reviews 81: 501–529

Gottschalk T (2002) A remote sensing and GIS-based model of avian species habitat and its potential as a part of an environmental monitoring programme. Materialien Umweltwissenschaften Vechta 14: 1–91

Gottschalk T, Bairlein F (2003) Landschaftsökologische Einnischung und Artenzusammensetzung der Vögel der Gräsländer im Serengeti Nationalpark, Tanzania. J Ornithol 144: 230–231

Gottschalk T, Ehlers M, Bairlein F (2002) Entwicklung einer Methode zur GIS-gestützten Analyse ornithologischer Daten unter Verwendung von Fernerkundungsdaten und deren Nutzung im Rahmen eines Umweltmonitorings. J Ornithol 143: 237

Gottschalk TK, Ekschmitt K, Bairlein F (2007) A GIS-based model of Serengeti grassland bird species. Ostrich 78: 259–263

Gottschling M, Dierschke J, Dierschke V, Sudendey F (2003) Eine Wüstengrasmücke *Sylvia [nana] nana* auf der Düne – Erstnachweis für Helgoland. Ornithol Jber Helgoland 13: 79–84

Gottschling M, Schmaljohann H, Jachmann F, Dierschke J (2006) Das Vorkommen von Blass- *Hippolais pallida*, Busch- *H. caligata* und Steppenspötter *H. rama* auf Helgoland. Ornithol Jber Helgoland 16: 61–75

Gräfe F (1968) Ringfunde des Steinwälzers (*Arenaria interpres*). Auspicium 2: 447–448

Gräfe F (1969) Funde auf Helgoland beringter Rotdrosseln (*Turdus iliacus*) und Wacholderdrosseln (*Turdus pilaris*). Auspicium 3: 319–326

Gräfe F (1969) Funde auf Helgoland beringter Rotkehlchen (*Erithacus rubecula*). Auspicium 3: 335–339

Gräfe F (1969) Funde auf Helgoland beringter Singdrosseln (*Turdus philomelos*). Auspicium 3: 124–137

Gräfe F (1969) Funde der Ringdrossel (*Turdus torquatus*) Auspicium 3: 327–333

Gräfe F (1973) Verbreitung des Großen Sturmtauchers (*Puffinus gravis*) vor der SE-Küste Grönlands im August 1966. Vogelwelt 94: 175–182

Gräfe F, Requate H, Vauk G (1962) *Anthus hodgsoni yünnanensis* auf Helgoland. J Ornithol 103: 399–400

Gräfe F, Stick R, Gropp H (1969) Funde auf Helgoland beringter Buchfinken (*Fringilla coelebs*). Auspicium 3: 341–349

Gräfe F, Vauk G (1965) Funde auf Helgoland beringter Amseln (*Turdus merula*). Auspicium 2: 147–165

Grande C, Bairlein F, Naef-Daenzer B, Schmaljohann H (2008) Trennen sich auf dem Heimzug die Zugwege der skandinavischen und nearktischen Steinschmätzer auf Helgoland? Vogelwarte 46: 309–310

Greenstreet SPR, Becker PH, Barrett RT, PFossum P, Leopold MF (1999) Consumption of pre-recruit fish by seabirds and the possible use of this as an indicator of fish stock recruitment. In: Furness RW, Tasker ML (eds), Diets of seabirds and consequences of changes in food supply. ICES Cooperative Research Report 232, Copenhagen: 6–17

Grimm U (1983) Die Spinnenfauna der Insel Helgoland. Abh Naturw Verein Bremen 40: 15–21

Grimminter M (1981) Das Vorkommen neun pelagischer Vogelarten bei der Forschungsplattform „Nordsee" im Herbst 1980. Seevögel 2: 39–47

Gruner D (1977) Zur geographischen Variation der Flügellänge bei der Mehlschwalbe (*Delichon urbica*). Bonn zool Beitr 28: 77–81

Gruner D (1979) Der Heimzug der Rohrammer (*Emberiza schoenclus*) bei Hamburg, Abh Gebiet Vogelk 6: 299–312

Grunsky B (1994) Trottellummen (*Uria aalge*) in der Brutkolonie auf Helgoland: Anwesenheitsmuster der Altvögel, Bestand und Nahrungsökologie der Jungen. Acta ornithoecol 3: 33–45.

Grunsky B (1995) Die Rehabilitation verölter Seevögel in Schleswig-Holstein und im internationalen Vergleich. Ber Vogelschutz 33: 69–76

Grunsky B, Hüppop O (1995) The role of environmental factors on time and numbers of Guillemot chicks leaving the colony. J Ornithol 135, Sonderh.: 195

Grunsky-Schöneberg B (1998) Brutbiologie und Nahrungsökologie der Trottellumme (*Uria aalge* Pont.) auf Helgoland. Ökol Vögel (Ecol Birds) 20: 217–274

Grunsky-Schöneberg B, Hüppop O (1997) The rehabilitation of oiled seabirds at the German North Sea coast. Sula 11: 192–196

Guicking D (1999) Pink-footed Shearwaters on Isla Mocha, Chile. World Birdwatch 21: 20–23

Guicking D, Becker PH (2000) Wanderungen des Rosafußsturmtauchers *Puffinus creatopus* in Chile. Jber Institut Vogelforschung 4: 11

Guicking D, Fiedler W, Leuther C, Schlatter R, Becker PH (2004) Morphometrics of the Pink-footed Shearwater (*Puffinus creatopus*) Influences of sex and breeding site. J Ornithol 145: 64–68

Guicking D, Mickstein S, Becker PH, Schlatter R (2001) Nest site selection in Brown-hooded Gull

(*Larus maculipennis*), Trudeau's Tern (*Sterna trudeau*) and White-faced Ibis (*Plegadis chihi*) in a south Chilean Tule marsh. Ornitologia Neotropical 12: 285–296

Guicking D, Mickstein S, Schlatter R (1999) Estado de la población de Fardela Blanca (*Puffinus creatopus*, Coues, 1864) en Isla Mocha, Chile. Boletin Chileno de Ornithologia 6: 33–35

Guicking D, Ristow D, Becker PH, Schlatter R, Berthold P, Querner U (2001) Satellite tracking of the pink-footed shearwater *Puffinus creatopus* in Chile. Waterbirds 24: 8–15

Guthörl V, Hüppop O, Völk F (1995) Bewertung anthropogener Störreize und -wirkungen bei Wildtieren aus der Sicht des Naturschutzes. Ornithol Beob 92: 404

Güttinger H R, Turner T, Dobmeyer S, Nicolai J (2002) Melodiewahrnehmung und Wiedergabe beim Gimpel. Untersuchungen an liederpfeifenden und Kanariengesang imitierenden Gimpeln (*Pyrrhula pyrrhula*). J Ornithol 143: 303–318

Haase E, Schulz W, Vauk G (1976) Laudatio auf Prof. Herre. Corax 5: 149–150

Haffer J, Bairlein F (2004) Ernst Mayr – ‚Darwin of the 20th century'. J Ornithol 145: 161–162

Hagmeier E (1999) Helgoland: Geschichte einer Insel. Falke 46: 290–291

Hampe A (1998) Field studies on the Black Parrot *Coracopsis nigra* in western Madagaskar. African Bird Club 5: 108–113

Hampe A (2001) The role of fruit diet within a temperate breeding bird community in southern Spain. Bird Study 48: 116–123

Hampe A (2003) Large-scale geographical trends in fruit traits of vertebrate-dispersed temperate plants. J Biogeogr 30: 487–496

Hampe A, Bairlein F (1999) Starke phänotypische Differenzierungen in disjunkten Populationen des Faulbaums (*Frangula alnus*, Rhamnaceae) Resultat seiner postglazialen Wiederbesiedlung Mitteleuropas? Verh Ges Ökol 29: 59–64

Hampe A, Bairlein F (2000) Modified dispersal-related traits in disjunct populations of bird-dispersed *Frangula alnus* (Rhamnaceae) a result of its Quarternary distribution shifts. Ecography 23: 603–613

Hampe A, Bairlein F (2000) Nahrungssuche und Vergesellschaftung frugivorer Zug- und Brutvögel. J Ornithol 141: 300–308

Hampe A, Herzog S, Kessler M (1998) In search of the last Horned Currasows *Pauxi unicornis* in Bolivia. Cotinga 10: 46–48

Hartwig E (1971) Ein Beitrag zur Nahrungsökologie der Lachmöwe (*Larus ridibundus*) auf der Nordseeinsel Sylt. Vogelwelt 92: 181–184

Hartwig E, Drossel D (1984) Seevogelverluste durch Ölpest an den Stränden der Nordseeinsel Sylt in den Monaten November 1983 bis April 1984. Seevögel 5, Sonderband: 101–106

Hartwig E, Hüppop O (1982) Zum Energie- und Nahrungsbedarf einer Kolonie der Lachmöwe (*Larus ridibundus* L.) an der Schlei. Seevögel, Sonderband 1982: 93–105

Hartwig E, Lüdtke S (1985/86) Auswirkungen „schleichender" Verölung auf die Vogelwelt im Bereich der Nordseeinsel Sylt im Winter 1984/85. Ang Ornithol VI: 1–16

Hartwig E, Müller-Jensen GB (1980) Zur Nahrung der Lachmöwe (*Larus ridibundus*) an einem Brutplatz in der Schlei bei Schleswig zur Zeit der Eiablage und Bebrütung. Seevögel 1: 38–45

Hartwig E, Pfannkuche O (1976) Zur Nahrung der Waldohreule (*Asio otus*) auf der Nordseeinsel Sylt – zugleich ein Beitrag zur Kleinsäugerfauna. Vogelwelt 97: 175–189

Hartwig E, Reineking B, Schrey E, Vauk-Hentzelt E (1985) Auswirkung der Nordsee-Vermüllung auf Seevögel, Robben und Fische. Seevögel 6, Sonderband: 57–62

Hartwig E, Reineking B, Vauk-Hentzelt E (1985) Seevogelverluste durch Ölpest an der deutschen Nordseeküste einschließlich Helgoland in der Zeit von August 1983 bis April 1984. Seevögel 6, Sonderband: 67–72

Hartwig E, Schrey K, Schrey E (1990) Zur Nahrung der Lachmöwe (*Larus ridibundus*) im Niederelberaum. Seevögel 11: 27–31

Hartwig E, Söhl M (1975) Zur Nahrung der Silbermöwe (*Larus argentatus*) auf der Nordseeinsel Sylt. I. Zusammensetzung der Nahrung. Zool Anz 194: 350–360

Hartwig E, Söhl M (1979) Zur Nahrung der Silbermöwe (*Larus argentatus*) auf der Nordseeinsel Sylt. II. Jahreszeitliche Änderungen in der Zusammensetzung der Nahrung. Abh a d Gebiet d Vogelk 6: 67–86

Hartwig E, Vauk G (1969) Zug, Rast und Nahrung der auf Helgoland durchziehenden Waldohreulen (*Asio otus*). Vogelwarte 25: 13–19

Hartwig E, Vauk G (1984) 75 Jahre Vogelschutzhallig Norderoog. Cux-Druck, Cuxhaven.

Haubitz B (1997) Heinrich Gätke (1814–1897) in der Literatur und in der bildenden Kunst des neunzehnten Jahrhunderts. Vogelwarte 39: 14–33

Heiber C (1985) Der Fanggarten der Vogelwarte Helgoland, eine botanische und historische Exkursion. Seevögel 6, Sonderband: 187–193

Heiber W (1987) Zum Vorkommen des Wintergoldhähnchens (*Regulus regulus*) auf Helgoland. Vogelwelt 108: 131–141

Heibges A-K, Hüppop O (2000) Ökologische Bedeutung der seewärtigen Bereiche des niedersächsischen Wattenmeeres. Nationalparke 9 (Hrsg:

WWF Deutschland, Frankfurt/M.) 1–55 (http://www.vogelwarte-helgoland.de/sbuwatt.htm)

Heidemann G, Vauk G (1970) Zur Nahrungsökologie „wildernder" Hauskatzen (*Felis sylvestris f. catus* Linné, 1758). Z Säugetierk 35: 185–190

Helb H-W, Hüppop O (1991) Herzschlagraten als Maß zur Beurteilung des Einflusses von Störungen bei Vögeln. Ornithologen-Kalender ,92: 217–230

Helbig A, Laske V (1982) Planbeobachtungen zum sichtbaren Vogelzug auf Helgoland. Seevögel, Sonderband 1982: 67–75

Helbig A, Riehl V, Voß J (1979) Ornithologische Beobachtungen im Frühjahr 1977 auf der Forschungsplattform „Nordsee". Abh Gebiet Vogelk 6: 215–247

Herzog SK (2001) A re-evaluation of Straneck's (1993) data on the taxonomic status of *Serpophaga subcristata* and *S. munda* (Passeriformes: Tyrannidae) conspecific or semispecies? Bull B O C 121: 273–277

Herzog SK, Kessler M (1998) In search of the last Horned Currasows *Pauxi univornis* in Bolivia. Cotinga 10: 46–48

Herzog SK, Kessler M, Cahill TM (2002) Estimating species richness of tropical bird communities from rapid assessment data. Auk 119: 749–769

Herzog SK, Soria RA, Matthysen E (2003) Seasonal variation in avian community composition in a high-Andean Polylepis (Rosaceae) forest fragment. Wilson Bull 115: 438–447

Herzog SK, Soria RA, Troncoso AJ, Matthysen E (2002) Composition and structure of avian mixed-speices flocks in a high-andean Polylepis forest in Bolivia. Ecotropica 8: 133–143

Hesler N, Sacher T, Coppack T, Mundry R, Dabelsteen T (2008) Ist die Gesangskomplexität der Amsel in einem intrasexuellen Kontext von Bedeutung? Vogelwarte 46: 320

Hill K, Hüppop O, Coppack T (2006) Behavioral responses of nocturnal migrants to artificial light: An experimental approach. J Ornithol 147 suppl 1: 181

Hill R, Dierschke J, Exo K-M, Fredrich E, Hüppop (2006) Offshore wind farms: A new threat to migrants? J Ornithol 147 suppl 1: 181–182

Hill R, Hüppop O (2006) Techniken zur Erfassung des „unsichtbaren Vogelzugs" über See. Jber Institut Vogelforschung 7: 21–22

Hill R, Hüppop O (2007) Methoden zur Untersuchung des Vogelzuges In: Morkel L, Toland A, Wende W, Köppel J (Hrsg) Tagungsband 2.Wissenschaftstage des Bundesumweltministeriums zur Offshore-Windenergienutzung am 20. und 21. Februar 2007 in Berlin: 152–160

Hill R, Hüppop O (2007) Methods for investigating bird migration. In: Morkel L, Toland A, Wende W, Köppel J (eds) Conference Proceedings 2nd Scientific Conference on the Use of Offshore Wind Energy by the Federal Ministry for the Environment 20. and 21. February 2007 in Berlin: 143–152

Hill R, Hüppop O (2008) Birds and Bats: Automatic Recording of Flight Calls and their Value for the Study of Migration. In: Frommelt K-H, Bardeli R, Clausen M (eds) Computation bioacoustics for assessing biodiversity. BfN-Skripten 234:135–141

Hirschheydt H v (1987) Ein Waldpieper *Anthus hodgsoni* auf Helgoland. Limicola 1: 45–47

Hobson KA, Bairlein F (2003) Isotopic fractionation and turnover in captive Garden Warblers (*Sylvia borin*) implications for delineating dietary and migratory association in wild passerines. Canad J Zool 81: 1630–1635

Hoffmann H-J (1967) Lebendfang einer auf Eierraub spezialisierten Saatkrähe mit „Chloralose-Eiern". Z Jagdwiss 13: 164–165

Hoffmann H-J, Vauk G (1969) Die Brutvögel Helgolands 1964–1967. Vogelwelt 90: 140–145

Hollwedel W (1983) Süßwassercladoceren auf Helgoland. Abh Naturw Verein Bremen 40: 55–69

Hollwedel W (1985) Zur Verbreitung der Süßwassercladoceren auf Helgoland und drei Nordfriesischen Inseln. Seevögel 6, Sonderband: 48–53

Hölzinger J, Bairlein F (1999) *Sylvia atricapilla* (Linnaeus, 1758) Mönchsgrasmücke. In: Hölzinger J Die Vögel Baden-Württembergs: Singvögel. Bd 3.1. Eugen Ulmer, Stuttgart: 684–698

Hölzinger J, Bairlein F (1999) *Sylvia borin* (Boddaert, 1783) Gartengrasmücke. In: Hölzinger J Die Vögel Baden-Württembergs: Singvögel. Bd 3.1. Eugen Ulmer, Stuttgart: 673–683

Hölzinger J, Bairlein F (1999) *Sylvia communis* (Latham, 1787) Dorngrasmücke. In: Hölzinger J Die Vögel Baden-Württembergs: Singvögel. Bd 3.1. Eugen Ulmer, Stuttgart: 661–673

Hölzinger J, Bairlein F (1999) *Sylvia curruca* (Linnaeus, 1758) Klappergrasmücke (Zaungrasmücke). In: Hölzinger J Die Vögel Baden-Württembergs: Singvögel. Bd 3.1. Eugen Ulmer, Stuttgart: 652–660

Hubert B, Hüppop O (1993) The influence of excitement on heart rate and oxygen consumption of Kittiwakes (*Rissa tridactyla*). In: Nichelmann M, Wierenga HK, Braun S (Hrsg) Proc Int Congr Appl Ethol Berlin 1993: 541–543

Huk T, Winkel W (2006) Polygyny and its fitness consequences for primary and secondary female pied flycatchers. Proc R Soc B 273: 1681–1688

Huk T, Winkel W (2008) Testing the sexy son hypothesis – a research framework for empirical approaches. Behav Ecol 19: 456–461

Hulscher JB, Exo K-M, Clark N (1996) Why do Oystercatchers migrate?. In: Goss-Custard JD (ed) The

Oystercatcher: From individuals to populations. Oxford University Press, Oxford, 155–185

Hummel J, Melde M (1991) Zweiter Nachweis eines Nachtreihers (*Nycticorax nycticorax*) auf Helgoland. Corax 14: 273–275

Hunt GL, Mehlum F, Russell RR, Irons D, Decker MB, Becker PH (1999) Physical processes, prey abundance and foraging ecology of seabirds. In: Adams NJ, Slotow RH (Hrsg) Proc 22 Int Ornithol Congr Durban: 2040–2056, Johannisburg: BirdLife South Africa

Hüppop K (2005) Die Vogelberingung auf Helgoland im Jahr 2004. Ornithol Jber Helgoland 15: 60–71

Hüppop K (2006) Die Vogelberingung auf Helgoland im Jahr 2005. Ornithol Jber Helgoland 16: 85–94

Hüppop K (2008) Die Vogelberingung auf Helgoland im Jahr 2007. Ornithol Jber Helgoland 18: 92–107

Hüppop K (2009) Die Vogelberingung auf Helgoland im Jahr 2008. Ornithol Jber Helgoland 19: 92–105

Hüppop K, Dierschke J, Hill R, Hüppop O, Jachmann F (2007) Sichtbarer Vogelzug über der südöstlichen Nordsee: I) Phänologie ausgewählter Arten bei Sylt, Helgoland und Wangerooge. Vogelwarte 45: 332–333

Hüppop K, Hüppop O (2000) Todesursachen auf Helgoland beringter Vögel. Jber Institut Vogelforschung 4: 18–19

Hüppop K, Hüppop O (2002) Atlas zur Vogelberingung auf Helgoland Teil 1: Zeitliche und regionale Veränderungen der Wiederfundraten und Todesursachen auf Helgoland beringter Vögel (1909 bis 1998). Vogelwarte 41: 161–180

Hüppop K, Hüppop O (2003) Atlas zur Vogelberingung auf Helgoland: Phänologie im Fanggarten. Jber Institut Vogelforschung 6: 5–6

Hüppop K, Hüppop O (2004) Atlas zur Vogelberingung auf Helgoland Teil 2: Phänologie im Fanggarten von 1961 bis 2000. Vogelwarte 42: 285–343

Hüppop K, Hüppop O (2005) Atlas zur Vogelberingung auf Helgoland Teil 3: Veränderungen von Heim- und Wegzugzeiten von 1960 bis 2001. Vogelwarte 43: 217–248

Hüppop K, Hüppop O (2006) Aussagekraft der Helgoländer Fangzahlen über großräumige Bestandstrends. Jber Institut Vogelforschung 7: 8

Hüppop K, Hüppop O (2007) Atlas zur Vogelberingung auf Helgoland. Teil 4: Fangzahlen im Fanggarten von 1960 bis 2004. Vogelwarte 45: 145–207

Hüppop K, Hüppop O (2007) Die Naturschutzgebiete „Lummenfelsen der Insel Helgoland" und „Helgoländer Felssockel". Seevögel 28, Sonderbd: 120–128

Hüppop K, Hüppop O (2009) Atlas zur Vogelberingung auf Helgoland. Teil 5: Ringfunde von 1909 bis 2008. Vogelwarte 47: 189–249

Hüppop K, Hüppop O, Bairlein F (2008) Immer früher wieder zurück: Veränderung von Zugzeiten. Falke: 294–299

Hüppop O (1988) Aktivität und Energieumsatz bei Vögeln: Methoden und Ergebnisse. Seevögel 9, Sonderband: 95–106

Hüppop O (1990) Wandlung von der reinen Grundlagen- zur naturschutzorientierten Forschung. Festschrift „Helgoland – 100 Jahre deutsch", Niederelbe-Verlag, Otterndorf: 53–57

Hüppop O (1991) Artenschutzprobleme im Nordseebereich. Seevögel Sonderh 12: 45–52

Hüppop O (1991) Eimaße der Sturmmöwe *Larus c. canus* von der Niederelbe. Vogelk Ber Niedersa 23: 37–47

Hüppop O (1992) Ökologie von Seevögeln. Biol Anstalt Helgoland, Jahresber 1991: 32

Hüppop O (1993) Auswirkungen von Störungen auf Küstenvögel. Wilhelmshavener Tage 4: 95 – 104

Hüppop O (1993) Der Einfluß von Störreizen auf die Herzschlagrate und das Verhalten brütender Küstenvögel. Jber Institut Vogelforschung 1: 28

Hüppop O (1993) Verteilung der Nester von Küstenvögeln in Abhängigkeit von Wegeführung und -nutzung auf der Hallig Nordstrandischmoor. Jber Institut Vogelforschung 1: 29

Hüppop O (1993) Vögel und Fischerei in der Nordsee. Jber Institut Vogelforschung 1: 26

Hüppop O (1994) Wie schaffen es Meeresvögel, in den „Wasserwüsten" zu überleben? Lebenskünstler Meeresvögel. Ornis 1994 (3): 4–10

Hüppop O (1995) Brutbestände Helgoländer Seevögel. Jber Institut Vogelforschung 2: 19–20

Hüppop O (1995) Fischerei bestimmt Großmöwenbestände auf der Insel Helgoland. Jber Institut Vogelforschung 2: 21

Hüppop O (1995) Störungsbewertung anhand physiologischer Parameter. Ornithol Beob 92: 257 – 268

Hüppop O (1995) Zur Brutbiologie des Eissturmvogels (*Fulmarus glacialis*) auf der Insel Helgoland. Jber Institut Vogelforschung 2: 13

Hüppop O (1996) Causes and trends of the mortality of Guillemots (*Uria aalge*) ringed on the island of Helgoland, German Bight. Vogelwarte 38: 217–224

Hüppop O (1996) Die Brutbestände Helgoländer Seevögel von 1952 bis 1995. Orn Jber Helgoland 6: 72–75

Hüppop O (1996) Erster Nachweis eines Polarbirkenzeisigs der Nominatform *Carduelis h. hornemanni* in Deutschland. Limicola 10: 267–271

Hüppop O (1996) Fischerei bestimmt Großmöwenbestände auf der Insel Helgoland. Jber Institut Vogelforschung 2: 21

Hüppop O (1996) Leben mit Meersicht. Die Nordsee als Lebensraum für Seevögel. Ornis 1996 (2) 6–11

Hüppop O (1996) Mantelmöwe – *Larus marinus*. In:

Garthe S (Hrsg) Die Vogelwelt von Hamburg und Umgebung. Bd 3, Wacholtz Verlag, Neumünster: 248–255

Hüppop O (1996) Nestling der Dreizehenmöwe (*Rissa tridactyla*) verhindert erste erfolgreiche Felsbrut einer Schwarzkopfmöwe (*Larus melanocephalus*) auf Helgoland. Seevögel 17: 1–2

Hüppop O (1996) Weißkopfmöwe – *Larus cachinnans*. In: Garthe S (Hrsg) Die Vogelwelt von Hamburg und Umgebung. Bd 3, Wacholtz Verlag, Neumünster: 243–245

Hüppop O (1996) Wiedehopf – *Upupa epops*. In: Garthe S (Hrsg) Die Vogelwelt von Hamburg und Umgebung. Bd 3, Wacholtz Verlag, Neumünster: 391–394

Hüppop O (1997) Langzeit-Veränderungen der Brutbestände Helgoländer See- und Küstenvögel. Seevögel 18: 38–44

Hüppop O (1999) Auswirkungen menschlicher Aktivitäten auf die Physiologie von Wildtieren. Mitt Naturforsch Ges Bern NF 56: 89–96

Hüppop O (1999) Helgoland – Seevogelfelsen und Rastplatz für Zugvögel in der Nordsee. Ornithologen Kalender 2000. AULA-Verlag, Wiebelsheim: 162–171

Hüppop O (1999) Millionen im Nordatlantik: Trottellummen. Falke 46: 287–289

Hüppop O (1999) Rubber bands as a simple tool to detect foraging ranges of gull.s Waterbirds 22: 145–147

Hüppop O (1999) Vogelforschung auf Helgoland vor Gründung der Vogelwarte. Falke 46: 270–273

Hüppop O (2000) 100 Jahre Vogelberingung im Dienste von Forschung und Vogelschutz. Naturschutz in Hamburg 3: 8–11

Hüppop O (2000) Zum Einfluss von Sturm auf Anzahl, Körperkondition, Sterblichkeit und Ernährung auf Helgoland überwinternder Kormorane (*Phalacrocorax carbo*). Jber Institut Vogelforschung 4: 14

Hüppop O (2001) 100 Jahre Vogelberingung im Dienste von Forschung und Vogelschutz. Gefiederte Welt 125: 277–279

Hüppop O (2001) Auswirkungen menschlicher Störungen auf den Energiehaushalt und die Kondition von Vögeln und Säugern. Angewandte Landschaftsökologie 44: 25–32

Hüppop O (2001) Ökologische Auswirkungen von Offshore-Windenergieanlagen. Auswirkungen auf Vögel. Dokumentation zum Workshop Ökologische Auswirkungen von Offshore-Windenergieanlagen (Hrsg: Ministerium f Umwelt, Natur u Forsten d Landes Schleswig-Holstein) 25–34

Hüppop O (2002) Auswirkungen der Meeresverschmutzung auf die Tierwelt in der Nordsee. Gemeinsames Symposium zum Umgang mit im Küstenbereich verölt aufgefundenen Seevögeln und anderen wildlebenden Tieren am 06.12.2001 in Oldenburg: 5–10

Hüppop O (2003) Auswirkungen der Meeresverschmutzung auf die Tierwelt in der Nordsee – Ist die Reinigung von Seevögeln ein sinnvoller Beitrag zum Artenschutz? Seevögel 24: 74–77

Hüppop O (2004) Auswirkungen der Meeresverschmutzung auf die Tierwelt in der Nordsee. Ist die Reinigung von Seevögeln ein sinnvoller Beitrag zum Artenschutz? Unsere Natur 23: 33–36

Hüppop O (2004) Luftfahrzeuge, Windräder und Freileitungen: Störungen und Hindernisse als Problem für Vögel? Vogel und Luftverkehr 2: 27–42

Hüppop O (2004) Physiologische Grundlagen. In: Ingold P (Hrsg) Freizeitaktivitäten im Lebensraum der Alpentiere: 189–197. Haupt Verlag AG, Bern

Hüppop O (2005) Offshore-Windenergie-Nutzung und Vogelzug. Nachrichten des Marschenrates 42: 63–67

Hüppop O (2005) Offshore-Windkraft-Anlagen: eine neue Gefahr für Zugvögel? BSH, 14. Meeresumweltsymposium 2004: 149–152

Hüppop O (2008) „ADEBAR" weiter im Aufwind. Falke: 383

Hüppop O, Bairlein F (2008) Buchenmast, Wintertemperaturen und das Ausmaß der Invasionen von Blaumeisen *Parus caeruleus* und Kohlmeisen *P. major* auf Helgoland. Vogelkdl Ber Niedersachs 40: 99–105

Hüppop O, Dierschke J, Exo K-M, Fredrich E, Hill R (2005) Offshore-Windkraft-Anlagen: eine neue Gefahr für Zugvögel. Vogelwarte 43: 65–66

Hüppop O, Dierschke J, Exo K-M, Fredrich E, Hill R (2006) Bird migration studies and potential collision risk with offshore wind turbines. Ibis 148: 90–109

Hüppop O, Dierschke J, Exo K-M, Fredrich E, Hill R (2006) Bird Migration and Offshore Wind Turbines. In: Köller J, Köppel J, Peters W (eds) Offshore Wind Energy: Research on Environmental Impacts. Springer, Berlin: 91–116

Hüppop O, Dierschke J, Wendeln H (2004) Zugvögel und Offshore-Windkraftanlagen: Konflikte und Lösungen. Ber Vogelschutz 41: 127–218

Hüppop O, Dierschke V (1999) Vogelforschung auf der Insel: „Vogelwarte Helgoland" – die zweitälteste Vogelwarte der Welt. Der Falke 46: 274–279

Hüppop O, Exo K-M (2003) Offshore-Windenergieanlagen und Vögel in Nord- und Ostsee. Jber Institut Vogelforschung 6: 19–20

Hüppop O, Exo K-M, Garthe S (2002) Empfehlungen für projektbezogene Untersuchungen möglicher bau- und betriebsbedingter Auswirkungen von Offshore-Windenergieanlagen auf Vögel. Ber Vogelschutz 39: 77–94 (www.vogelwarte-helgoland.de/offshore.htm)

Hüppop O, Fründt A (2002) Zur Speiballen-Produktion freilebender Kormorane (*Phalacrocorax carbo*) im Winter. Jber Institut Vogelforschung 5: 11

Hüppop O, Gabrielsen G (1999) Energetic consequences of human disturbances. Proc 22 Int Ornithol Congr Durban: 3209–3210

Hüppop O, Garthe S (1993) Seabirds and fisheries in the southeastern North Sea. Sula 7: 9–14

Hüppop O, Garthe S (1994) Vögel und Fischerei in der Nordsee. Arbeiten des Deutschen Fischereiverbandes e V, Heft 60: 112–125

Hüppop O, Garthe S (1995) Seevögel und Fischerei – Ein Situationsbericht mit Schwerpunkt Nordsee. Ornithologen-Kalender 96: 185–196

Hüppop O, Garthe S (1995) Vögel und Fischerei in der Nordsee. D Hydrogr Z, Suppl. 2: 109–115

Hüppop O, Garthe S, Hartwig E, Walter U (1994) Fischerei und Schiffsverkehr: Vorteil oder Problem für die See- und Küstenvögel?. In: Lozan JL, Rachor E, Reise K, v. Westernhagen H, Lenz W (Hrsg) Warnsignale aus dem Wattenmeer: 278–285, Blackwell Wissenschaftsverlag, Berlin

Hüppop O, Hagen K (1990) Der Einfluß von Störungen auf Wildtiere am Beispiel der Herzschlagrate brütender Austernfischer (*Haematopus ostralegus*). Vogelwarte 35: 301–310

Hüppop O, Hill R (2007) Bird migration over the North Sea. In: Morkel L, Toland A, Wende W, Köppel J (eds) Conference Proceedings 2nd Scientific Conferece on the Use of Offshore Wind Energy by the Federal Ministry for the Environment 20. and 21. February 2007 in Berlin: 35–40

Hüppop O, Hill R (2007) Vogelzug über der Nordsee. In: Morkel L, Toland A, Wende W, Köppel J (Hrsg) Tagungsband 2.Wissenschaftstage des Bundesumweltministeriums zur Offshore-Windenergienutzung am 20. und 21. Februar 2007 in Berlin: 35–40

Hüppop O, Hill R, Hüppop K, Jachmann F (2007) Sichtbarer Vogelzug über der südöstlichen Nordsee: II) Vorhersagemodelle für den Gänsezug bei Helgoland. Vogelwarte 45: 334–335

Hüppop O, Hill R, Hüppop K, Jachmann F (2008) Herbstlicher Tagzug des Buchfinken *Fringilla coelebs* auf Helgoland und Wetter. Jber Inst. Vogelforsch. 8: 5

Hüppop O, Hill R, Jachmann F (2008) Fischereibedingte Aktivitätsmuster von Großmöwen auf See. Jber Institut Vogelforsch. 8: 19–20

Hüppop O, Hüppop K (1995) Der Einfluß von Landwirtschaft und Wegenutzung auf die Verteilung von Küstenvogel-Nestern auf Salzwiesen der Hallig Nordstrandischmoor (Schleswig-Holstein). Vogelwarte 38: 76 – 88.

Hüppop O, Hüppop K (1997) Durchzug, Häufigkeit und Wanderwege auf Helgoland beringter Vogelarten: Beispiel Waldschnepfe (*Scolopax rusticola*). Jber Institut Vogelforschung 3: 20–22

Hüppop O, Hüppop K (1999) The food of breeding Herring Gulls *Larus argentatus* at the lower river Elbe: does fish availability limit inland colonisation? Atlantic Seabirds 1: 27–42

Hüppop O, Hüppop K (2003) North Atlantic Oscillation and timing of spring migration in birds. Proc R Soc Lond B 270: 233 – 240

Hüppop O, Hüppop K (2008) Climate changes and timing of bird migration. In: Nature, Our Future! International Symposium on Migratory Birds: 17–26. pdf Korea In: Chae HY, Choi CY, Nam HY (eds) Monitoring Climate Changes: Migratory Birds and Wetlands in Stopover Islands. Proc 2nd Int Symp on Migratory Birds. National Park Migratory Birds Center, Seoul, Korea, pp 17–26

Hüppop O, Hüppop K (2009) Atlas zur Vogelberingung auf Helgoland. Teil 5: Ringfunde von 1909 bis 2008. Vogelwarte 47: 189–249

Hüppop O, Mitschke A (1993) Habitat-Beziehungen von Brutvögeln im Hamburger Raum. – Jber Institut Vogelforschung 1: 14

Hüppop O, Moritz D (1991) Vögel als Anzeiger von Umweltveränderungen: Bestandsmonitoring an der Vogelwarte Helgoland. Taschenkalender Umweltschützer 1992. Deutscher Landwirtschaftsverlag Berlin: 204–211

Hüppop O, Winkel W (2006) Climate change and timing of spring migration in the long-distance migrant *Ficedula hypoleuca* in Central Europe: the role of spatially different temperature changes along migration routes. J Ornithol 147: 344–353

Hüppop O, Wurm S (1997) Auswirkungen akustischer Reize auf die Herzschlagrate brütender Flußseeschwalben (*Sterna hirundo*). Jber Institut Vogelforschung 3: 31

Hüppop O, Wurm S (2000) Effects of winter fishery activities on resting number, food and body condition of large gulls *Larus argentatus* and *L. marinus* in the south-western North Sea. Mar Ecol Prog Ser 194: 241–247

Iezhova TA, Valkiunas G, Bairlein F (2005) Vertebrate Host Specificity of Two Avian Malaria Parasites of the Subgenius Novyella: *Plasmodium nucleophilum* and *Plasmodium vaughani*. J Parasitology 91: 472–474

Institut für Vogelforschung (1999) Institut für Vogelforschung „Vogelwarte Helgoland", Wilhelmshaven. Kulturland Oldenburg: 53–54

Institut für Vogelforschung (2000) Institut für Vogelforschung „Vogelwarte Helgoland", Wilhelmshaven. Kulturland Oldenburg: 61

Institut für Vogelforschung, Inselstation (1992) Bemerkenswerte Beobachtungen von Helgoland.

Orn Mitt 44: 46–47, 131–132, 157–158, 192–193, 213–214, 238–239, 301–302, 325

Institut für Vogelforschung, Inselstation (1993) Bemerkenswerte Beobachtungen auf Helgoland im November 1992. Ornithol Mitt 45: 63–64, 66–67

Institut für Vogelforschung, Inselstation (1993) Bemerkenswerte Vogelbeobachtungen auf Helgoland im Oktober 1992. Orn Mit. 45: 28–29

Irsch W, Bairlein F (2005) Erwin Stresemann. Biologie in unserer Zeit 35: 210

Jachmann F, Gottschling M (2005) Eine Westliche Orpheusgrasmücke Sylvia hortensis auf Helgoland. Ornithol Jber Helgoland 15: 72–77

Jakober H, Stauber W, Bairlein F, Voss M (2007) Analysis of stable isotopes in feathers of Red-backed Shrikes (Lanius collurio) no evidence for different wintering habitats of males and females. J Ornithol 148: 129–131

Jellmann J (1977) Radarbeobachtungen zum Frühjahrszug über Nordwestdeutschland und die südliche Nordsee im April und Mai 1971. Vogelwarte 29: 135–149

Jellmann J (1979) Einführung in die Radarornithologie. Abh Gebiet Vogelk 6: 249–261

Jellmann J (1979) Radarbeobachtungen zum Heinzug von Wildgänsen (Anser, Branta) im Raum der Deutschen Bucht. Abh Gebiet Vogelk 6: 269–288

Jellmann J (1987) Radarbeobachtungen zum nächtlichen Mauserzug der Brandgans (Tadorna tadorna) an der Nordseeküste. Seevögel 8: 63–64

Jellmann J (1988) Leitlinienwirkung auf den nächtlichen Vogelzug im Bereich der Mündungen von Elbe und Weser nach Radarbeobachtungen am 8. 8. 1977. Vogelwarte 34: 208–215

Jellmann J (1989) Radarmessungen zur Höhe des nächtlichen Vogelzuges über Nordwestdeutschland im Frühjahr und im Hochsommer. Vogelwarte 35: 59–63

Jellmann J, Vauk G (1978) Untersuchungen zum Verlauf des Frühjahrszuges über der Deutschen Bucht nach Radarstudien und Fang- und Beobachtungsergebnissen auf Helgoland. J Ornithol 119: 265–286

Jokele I (1973) Über das Auftreten des Waldlaubsängers (Phylloscopus sibilatrix) auf Helgoland in den Jahren 1967 bis 1971. Orn Mitt 6: 114–117

Jokele I (1975) Ringfunde des Schwarzen Milans (Milvus migrans), Teil 1: Helgoland-Ringe. Auspicium 5: 229–234

Jones OK, Gaillard JM, Tuljapurkar S, Alho JS, Armitage KB,, Becker PH et al. (2008) Senescence rates are determined by ranking on the fast-slow life-history continuum. Ecol Letters 11: 664–673

Joschko M (1978) Zum Brutvorkommen und zur Ernährung der Waldohreule (Asio otus) auf der Elbinsel Lühesand. Orn Mitt 30: 139–145

Joschko M (1984) Populationsentwicklung, Ökologie und Verhalten des Wildkaninchens. Jäger 29: 30–32, 61–64, 119–121, 180–181

Joschko M, Vauk G (1975) Aus der Gefangenschaft entwichene Vögel auf Helgoland in den Jahren 1953–1973. Gefied Welt 90: 170–172

Jungfer W (1952) Massenauftreten der Waldmaus auf einer Vogelinsel. Schädlingsbekämpfung 44: 185–186

Jungfer W (1954) Die Türkentaube (Streptopelia decaocto) als Durchwanderer auf Helgoland. Vogelwarte 17: 217

Jungfer W (1954) Helgoländer Brutvögel 1953. Vogelwelt 75: 191–194

Jungfer W (1954) Über Paartreue, Nistplatztreue und Alter der Austernfischer (Haematopus ostralegus) auf Mellum. Vogelwarte 17: 6–15

Jungfer W (1956) Die Entwicklung der Helgoländer Dreizehenmöwenkolonie. Natur u Jagd Nieders (Sonderbd): 187–188

Jungfer W (1956) Schwarzmeer-Silbermöwe (Laurs argentatus ponticus Stegm.) auf Helgoland. Vogelwarte 18: 156–157

Jungfer W, Reinsch H (1955) Zwergammer-Beobachtungen auf Helgoland 1954. Vogelwelt 76: 65–66

Jungfer W, Ringleben H (1954) Iris-Fleckung beim Austernfischer. J Ornithol 95:62–64

Kahle S, Becker PH (1999) Bird blood as bioindicator for mercury in the environment. Chemosphere 39: 2451–2457

Kahle S, Becker PH (2000) Die Belastung von Möwen mit Umweltchemikalien an der Deutschen Nord- und Ostseeküste in den Jahren 1995 und 1996. Seevögel 21: 47–53

Käkelä R, Furness R, Kahle S, Becker PH, Käkelä A (2009) Fatty acid signatures in seabird plasma are a complex function of diet composition – a captive feeding trial with herring gulss. Funct Ecol 23: 141–149

Käkelä R, Käkelä A, Kahle S, Becker PH, Furness RW (2005) Fatty acid signatures in plasma of captive herring gulls as indicators of demersal or pelagic fish diet. Marine Ecol Progr Series 293: 191–200

Kalmbach E, Becker PH (2005) Growth and survival of neotropic cormorant (Phalacrocoras brasilianus) chicks in relation to hatching order and brood size. J Ornithol 146: 91–98

Kalmbach E, Benito MM (2007) Sexual size dimorphism and offspring vulnerability in birds. In: Fairbain DJ, Blanckenhorn WU, Székely T (eds) Sex, Size and Gender Roles. Oxford University Press, UK: 133–142

Kalmbach E, Ramsay S, Wendeln H, Becker PH (2001) A study of Neotropic cormorants in central Chile: possible effects of El Niño. Waterbirds 24: 345–351

Kalthoff D, Helm B, Dale J, Bairlein F, Beer M (2009)

Migrating versus non-migrating passeriforme species: susceptibility to HPAIV H5N1. Internat Avian Influenza Conf, Athens

Kanyamibwa S, Bairlein F, Schierer A (1993) Comparison of survival rates between populations of the White Stork *Ciconia ciconia* in Central Europe. Ornis Scand 24: 297–302

Karl H (1991) Ölpest im Golf – Seevögel in Not. Naturschutz heute 3/91: 36–37

Kätsch P (1979) Zur automatischen Registrierung von Radarschirmbildern am Beispiel der Vogelzuguntersuchungen auf Helgoland. Abh a d Gebiet d Vogelk 6: 263–268

Kaufmann T (1988) Die Öffentlichkeitsarbeit des „Vereins der Freunde und Förderer der Inselstation der Vogelwarte Helgoland". Seevögel 9, Sonderband: 157–158

Kempf N, Hüppop O (1995) Behaviour of meadow birds towards aircraft close to an airport. Wader Study Group Bull 76: 21

Kempf N, Hüppop O (1996) Auswirkungen von Fluglärm auf Wildtiere: ein kommentierter Überblick. J Ornithol 137: 101–113

Kempf N, Hüppop O (1998) Wie wirken Flugzeuge auf Vögel? Eine bewertende Übersicht. Naturschutz und Landschaftsplanung 30: 17–28

Kempf O, Hüppop O (2003) Wie wirken Flugzeuge auf Vögel? Eine Zusammenfassung. In: Deutscher Aero Club & Bundesamt für Naturschutz (Hrsg) Gemeinsam abheben, Braunschweig: 47–56

Kempken E, Thiery J (1986) Erstnachweis der Eiderente (*Somateria mollissima*) als Brutvogel auf Helgoland im Jahr 1986. Seevögel 7: 50

Kessler M, Herzog SK (1998) Conservation status in Bolivia of timberline habitats, elfin forest and their birds. Cotinga 10: 50–54

Kessler M, Herzog SK, Fjeldså J, Bach K (2001) Species richness and endemism of plant and bird communities along two gradients of elevation, humidity and land use in the Bolivian Andes. Diversity and Distributions 7: 61–77

Ketzenberg C (1999) Grundstoffwechsel und untere kritische Temperatur bei Goldregenpfeifern (*Pluvialis apricaria*). Vogelwarte 40: 139–142

Ketzenberg C, Exo K-M (1994) Time budgets of migrating waders in the Wadden Sea: Results of the interdisciplinary project Ecosystem Research Lower Saxonian Wadden Sea. Ophelia, Supplement 6: 315–321

Ketzenberg C, Exo K-M (1994) Time budgets of migrating waders in the Wadden Sea: First results of the interdisciplinary project Ecosystem Research Lower Saxonian Wadden Sea. J Ornithol 135, Sonderheft: 176

Ketzenberg C, Exo K-M (1995) Time budgets of migrating waders in the Wadden Sea: first results of the interdisciplinary project Ecosystem Research Lower Saxonian Wadden Sea. Wader Study Group Bull. 76: 21–22

Ketzenberg C, Exo K-M (1996) Habitat choice of migrating Golden Plovers (*Pluvialis apricaria*). Verh Dtsch Zool Ges 89.1: 309

Ketzenberg C, Exo K-M (1996) How attractive are Wadden Sea mudflats for Golden Plovers? Wader Study Group Bulletin 79: 25

Ketzenberg C, Exo K-M (1997) Windenergieanlagen und Raumansprüche von Küstenvögeln. Natur und Landschaft 72: 352–357

Ketzenberg C, Exo K-M (1999) Goldregenpfeifer (*Pluvialis apricaria*) – Warum gehen Binnenlandvögel ins Wattenmeer? J Ornith 140: 243–244

Ketzenberg C, Exo K-M, Reichenbach M, Castor M (2002) Einfluss von Windkraftanlagen auf brütende Wiesenvögel. Natur und Landschaft 77: 144–153

Ketzenberg C, Exo K-M, Wahls S (1995) Aktivitätsperiodik, Zeitbudgets und Raumnutzungsmuster von Watvögeln zur Zeit des Herbst- und Frühjahrszuges im ostfriesischen Wattenmeer. J Ornithol 136: 328

Khoury F, Förschler MI (2008) Habitat and foraging of Hooded Wheatear *Oenanthe monacha* in Jordan. Sandgrouse 30: 146–149

Klaassen M, Becker PH (1992) A parental dilemma: Growth rates and energy requirements of Common Tern siblings in the perspective of individual fitness. In: The Naive Proficient. Thesis M. Klaassen, Groningen. Van Denderen, Groningen: 129–145

Klaassen M, Becker PH, Wagener M (1992) Transmitter loads do not affect the daily energy expenditure of nesting Common Terns. J Field Ornithol 63: 181–185

Kloska C, Nicolai J (1988) Fortpflanzungsverhalten des Kamm-Talegalla (*Aepypodius arfakianus* Salvad.). J Ornithol 129: 185–204

Kober K, Bairlein F (2006) Shorebirds of the Bragantinian Peninsula I: Prey availability and shorebird consumption at a tropical site in northern Brazil. Ornithol Neotrop 17: 531–548

Kober K, Bairlein F (2006) Shorebirds of the Bragantinian Peninsula II: Diet and foraging strategies of shorebirds at a tropical site in northern Brazil. Ornithol Neotrop 17: 549–562

Kober K, Bairlein F (2009) Habitat choice and niche characteristics under poor food conditions. A study on migratory nearctic shorebirds in the intertidal flats of Brazil. Ardea 97: 31–42

Kock K-H (1975) Nahrungsökologische Untersuchungen an Mantelmöwen (*Larus marinus*) auf Helgoland. Helgol Wiss Meeresunters 26: 88–95

Koks BJ, Trierweiler C, Visser EG, Dijkstra C, Komdeur J (2007) Do voles make agricultural habitat attractive to Montagu's Harrier *Circus pygargus*? Ibis 149: 575–586

Korner-Nievergelt F, Hüppop O, Schmaljohann H (2007) Einführung in das freie Statistikpaket R. Vogelwarte 45: 373

Köster R, Renner M (1990) Erste erfolgreiche Brut des Grünlaubsängers *Phylloscopus trochiloides* in Deutschland. Limicola 4: 307–308

Köth T (1985) Zur Altersklassifizierung nestjunger Dreizehenmöwen (*Rissa tridactyla*) auf Helgoland. Seevögel 6, Sonderband: 141–144

Köth T (1988) Ein Beitrag zur Gewichtsentwicklung nestjunger Dreizehenmöwen (*Rissa tridactyla*) auf Helgoland. Seevögel 9, Sonderband: 77–78

Köth T, Vauk-Hentzelt E (1988) Influence of Plumage and Stomach Oiling on Body and Organ Growth in Young Kittiwakes. Mar Poll Bull 19: 71–73

Kreutzkamp I, Hüppop O (2005) Hybriden von Gänsen (*Anser, Branta*) im Hamburger Berichtsgebiet. Hamburger avifaun Beitr 33: 5–29

Kriegs J-O (1999) Heimzugbeobachtung eines Blauschwanzes *Tarsiger cyanurus* auf Helgoland. Ornith Jber Helgoland 9: 85–87

Kriegs J-O, Gaedicke L, Siegeler K, Kesley D, Jachmann F, Noah T, Schmaljohann H (2008) Biogeografische Untersuchungen an den *Locustella*-Schwirlen am unteren Amur, Russland. Vogelwarte 46: 347–348

Kroll H (1972) Zur Nahrungsökologie der Gartengrasmücke (*Sylvia borin*) beim Herbstzug auf Helgoland. Vogelwarte 26: 280–283

Krüger T (1990) Wasserralle *Rallus aquaticus* erbeutet Zwergstrandläufer *Calidris minuta*. Vogelkdl Ber Niedersachs 22: 73–74

Krüger T, Bohnet V, Dierschke J, Dietrich K, Pegram G, Schaefer HM (2000) Die Brutvögel des Voslapper Grodens (Stadt Wilhelmshaven). Vogelkdl Ber Niedersachsen 32: 1–10

Krüß A, Lange C (1985) Zur Aculeatenfauna der Nordseeinsel Helgoland. Seevögel 6, Sonderband: 42–47

Ktitorov P, Bairlein F (2006) The role of landscape context in body mass gain in songbirds during migratory stopover. J Ornithol 147 suppl 1: 198

Ktitorov P, Bairlein F, Dubinin, M (2008) The importance of landscape context for songbirds on migration: body mass gain is related to habitat cover. Landscape Ecology 23: 169–179

Kulemeyer C, Asbahr K, Bairlein F (2007) 3D methods in ecomorphology. 6. Conference European Ornithol Union, Vienna 2007: 77

Kulemeyer C, Asbahr K, Vogel I, Bairlein F (2007) Functional traits in the predator avoidance of Corvids. Conference European Ornithol Union, Vienna 2007: 125

Kulemeyer C, Asbahr K, Vogel J, Frahnert S, Bairlein F (2007) Funktionale Eigenschaften der Feindvermeidung bei Rabenvögeln. Vogelwarte 45: 339–340

Kulemeyer C, Ashbar K, Gunz P, Frahnert S, Bairlein F (2009) Functional morphology and integration of corvid skulls – a 3D geometric morphometric approach. Front Zool 6: 2 (doi: 10.1186/1742–9994–6–2)

Kulemeyer C, Frahnert S, Bairlein F (2008) 3D Rekonstruktion der Endocranien von Rabenvögeln. Vogelwarte 46: 274–275

Kuschert H (1979) Die Silbermöwe (*Larus argentatus*) in Schleswig-Holstein. Ein Beitrag zur Diskussion über ihre taxonomische Stellung. Abh a d Gebiet d Vogelk 6: 87–112

Kuschert H (1980) Morphologisch-biometrische Untersuchungen an Silbermöwen (*Larus argentatus*) einer Binnenlandkolonie Schleswig-Holsteins. Angew Ornithol 5: 190–194

Kuschert H (1981) Das Vorkommen der Raubmöwen (Stercorariidae) auf Helgoland unter besonderer Berücksichtigung des Einfluges im Sommer 1979. Vogelwelt 102: 121–132

Kuschert H (1981) Duckdalben im Nord-Ostsee-Kanal als Brutplätze für Vögel. Corax 8: 210

Kuschert H (1983) Östliche Formen der Sturmmöwe (*Larus canus* ssp.) als Wintergäste in Norddeutschland. Vogelwarte 32: 1–6

Kuschert H, Ekelöf O, Fleet DM (1981) Neue Kriterien zur Altersbestimmung der Trottellumme (*Uria aalge*) und des Tordalken (*Alca torda*). Seevögel 2: 58–61

Kuschert H, Vauk G (1979) Dänische Ostsee-Silbermöwe (*Larus argentatus*) als Brutvogel im Binnenland Schleswig-Holsteins (Plöner See). Vogelwarte 30: 147

Kuschert H, Vauk G (1981) Mäusebussard (*Buteo buteo*) als Lach- und Sturmmöwen-Spezialist (*Larus ridibundus, L. canus*). Seevögel 2: 38

Kuschert H, Witt H (1985) Ergebnisse der Mantel- und Silbermöwenzählungen (*Larus marinus* und *L. argentatus*) auf Helgoland 1971 – 1979 – ein Beitrag zum Jahreszyklus dieser Arten in der Deutschen Bucht. Seevögel 6, Sonderband: 133–136

Lehmann S (1998) Untersuchungen zur Saisonalität von Grundstoffwechselrate und Nahrungswahl sowie deren Wechselwirkung bei zwei Sylviidae-Arten mit unterschiedlichem Migrationsverhalten. Shaker Verlag, Aachen

Lehn K, Bairlein F (2006) Is mulching a suitable method for improving the nesting habitat of the Northern Lapwing? J Ornithol 147 suppl 1: 201

Leopold M, Renner M, Drees C (1994) The Black-browed Albatross *Diomedea melanophris* in the North Sea. Sula 8: 268 – 272

Leopold M, van Damme C, Garthe S (1995) Grote

concentraties Roodkeelduikers *Gavia stellata* tussen Cuxhaven en Helgoland. Sula 9: 75–78

Leopold MF, Grunsky B, Hüppop O, Maul AM, van der Meer J (1995) How large an area of sea do Helgoland seabirds use for foraging during the breeding season? Helgoländer Meeresunters 49: 603 – 604

Leopold MF, Skov H, Hüppop O (1993) Where does the Wadden Sea end? Link with the adjacent North Sea. Wadden Sea Newsletter 1993–3: 5–9

Leopold MF, Wolf PA, Hüppop O (1992) Food of younghand colony-attendance of adult guillemots *Uria aalge* on Helgoland. Helg Meeresunters 46: 237–249

Leßmann D (1985) Erbeutung einer Ringeltaube (*Columba palumbus*) durch Silbermöwen (*Larus argentatus*). Seevögel 6: 41

Lewis SA, Becker PH, Furness RW (1993) Mercury levels in eggs, internal tissues and feathers of herring gulls *Larus argentatus* from the German Wadden Sea. Environ Pollut 80: 293–299

Leyrer J, Exo K-M (2001) Estimating prey accessibility for waders: a problem still to be solved. Wader Study Group Bulletin 96: 60–63

Leyrer J, Exo K-M (2001) Feeding on *Arenicola marina* tidal flats: Who? When? Where? Wader Study Group Bull 96: 31

Lidauer RM (1983) Zur Jugendmauser am Flügel der Wacholderdrossel (*Turdus pilaris*). Vogelwarte 32: 117–122

Liebisch A, Vauk G, Walter G (1977) Untersuchungen zur Einschleppung und Verbreitung von Zecken (*Ixodidae*) durch Zugvögel auf Helgoland. Tropenmedizin und Parasitologie 28: 285–286

Limmer B, Becker PH (2003) Body mass change with age in adult common terns (*Sterna hirundo*). Vogelwarte 40: 106

Limmer B, Becker PH (2004) Körpermassenänderung bei adulten Flussseeschwalben (*Sterna hirundo*) in Abhängigkeit von Alter und Erfahrung. Jber Institut Vogelforschung 6: 13–14

Limmer B, Becker PH (2006) Effects of age, breeding experience and age of recruitment on the breeding performance on Common Terns. J Ornithol 147 suppl 1: 116

Limmer B, Becker PH (2006) The influence of parental experience and age on brood care, foraging efficiency and chick growth rate in Common Terns. J Ornithol 147 suppl 1: 203

Limmer B, Becker PH (2007) The relative role of age and experience in determining variation in body mass during the early breeding career of the Common Tern (*Sterna hirundo*). Behav Ecol Sociobiol 61: 1885–1896

Limmer B, Becker PH (2009) Improvement of chick provisioning with parental experience in a seabird. Anim Behav 77: 1095–1101

Limmer B, Becker PH (2010) Improvement of reproductive performance by age and experience depends on recruitment age in a long-lived seabird. Oikos 119: 501–508

Linke S, Ellerbrok H, Kaiser A, Hagen N, Fiedler W, Müller T, Conraths FJ, Bairlein F, Köppen U, Borchers K, Grund C, Sonnenberg K, Schusser G, Müller H, Reuter I, Mühle RU, Niedrig M, Pauli G (2005). Prevalence of West Nile virus in birds and horses in Germany. 8. Potsdam Symposiums für Tick-Borne Diseases, Jena, 2005; ESCV Kongress, Genf 2005

Linke S, Niedrig M, Kaiser A, Ellerbrok H, Müller K, Müller T, Conraths FJ, Mühle R-U, Schmidt D, Köppen U, Bairlein F, Berthold P, Pauli G (2007) Serological evidence of West Nile Virus infection in wild birds captured in Germany. American J Tropical Medicine & Hygiene 77: 358–364

Löhmer K, Vauk G (1969) Nahrungsökologische Untersuchungen an übersommernden Silbermöwen (*Larus argentatus*) auf Helgoland im August/September 1967. Bonn Zool Beitr 20: 110–124

Löhmer K, Vauk G (1970) Ein weiterer Beitrag zur Ernährung Helgoländer Silbermöwen (*Larus argentatus*). Vogelwarte 25: 242–245

Looft V, Moritz D (1981) Merlin – *Falco columbarius*. In: Looft V, Busche G (Hrsg) Vogelwelt Schleswig-Holsteins, Band 2: Greifvögel. Wachholtz, Neumünster

Lubjuhn T, Brün J, Winkel W, Muth S (1998) Effects of blood sampling in Great Tits. J Field Ornithol 69: 595–602

Lubjuhn T, Winkel W, Epplen JT, Brün J (2000) Reproductive success of monogamous and polygamous pied flycatcher (*Ficedula hypoleuca*). Behav Ecol Sociobiol 48: 12–17

Lubjuhn, T, Winkel W, Brün J (1998) Elternschaftsnachweise bei drei Bruten des Trauerschnäppers (*Ficedula hypoleuca*) mit jeweils neun Nestlingen. J Ornithol 139: 70–72

Ludwig S, Becker PH (2006) Raumnutzung von Flussseeschwalbe (*Sterna hirundo*) während der Partnersuche. Jber Institut Vogelforschung 7: 13–14

Ludwig S, Becker PH (2008) Within-season divorce in common terns *Sterna hirundo* in a year of heavy predation. J Ornithol 149: 655–658

Ludwig S, Becker PH (2008) Supply and demand: causes and consequences of assortative mating in common terns *Sterna hirundo*. Behav Ecol Sociobiol 62: 1601–1611

Ludwig SC, Becker PH (2006) Waiting for the mate? Spatial behaviour of Common terns (*Sterna hirundo*) during courtship. Anim Behav 72: 1093–1102

Ludwigs J-D (2001) Silbermöwe *Larus argentatus* erbeutet adulte Flussseeschwalbe *Sterna hirundo* und Sturmmöwe *Larus canus*. Limicola 15: 162–165

Ludwigs J-D (2004) A case of cooperative polyandry in the Common Tern. Waterbirds 27: 31–34

Ludwigs J-D (2004) Tree-breeding Red-billed Choughs on La Palma. British Birds 97: 354–355

Ludwigs J-D (2005) A Common Tern *Sterna hirundo* mated with two females successively in one season. Atlantic Seabird 7: 90–92

Ludwigs J-D (2006) Common Tern incubating an empty nest. British Birds 99: 155–157

Ludwigs J-D (2006) How and with which to start reproduction? – Prerequisites and consequences of recruit mating in a colonial seabird. J Ornithol 147 suppl 1: 37–38

Ludwigs J-D (2009) Wann, wie und warum beginnen Flussseeschwalben Sterna hirundo mit der ersten eigenen Brut oder welche Faktoren beeinflussen den Rekrutierungsprozess? Vogelwarte 47: 251–253

Ludwigs J-D, Becker PH (2001) Der Einfluss von Geschwisterzahl und Schlüpfposition auf die Rückkehrrate prospektierender Flussseeschwalben. J Ornithol 142: 204

Ludwigs J-D, Becker PH (2002) The hurdle of recruitment: Influences of arrival date, colony experience and sex in the Common Tern *Sterna hirundo*. In: Both C, Piersma T (eds) The avian calendar: exploring biological hurdles in the annual cycle. Proc 3rd Conf European Orn Union, Groningen, August 2001. Ardea 90 (3) special issue: 389–399

Ludwigs J-D, Becker PH (2003) Pairing for the first time: Causes and consequences of mate choice in recruiting common terns (*Sterna hirundo*). Vogelwarte 40: 129

Ludwigs J-D, Becker PH (2005) What do pairing patterns in common tern, *Sterna hirundo*, recruits reveal about the significance of sex and breeding experience? Behav Ecol Sociobiol 57: 412–421

Ludwigs J-D, Becker PH (2006) Individual quality and recruitment in the Common Tern, *Sterna hirundo*. Acta Zoologica Sinica 52 suppl: 96–100

Ludwigs J-D, Becker PH (2007) Is divorce in young Common Terns, *Sterna hirundo*, after recruitment just a question of timing? Ethology 113: 46–56

Ludwigs J-D, Dittmann T (2004) Brutbiologie bei Flussseeschwalben: Der lange Weg zum ersten eigenen Ei. Falke-Taschenkalender für Vogelbeobachter 2005: 181–190

Ludwigs J-D, Stöber N (2001) Eine Mischbrut zwischen Rosen- *Sterna dougallii* und Flussseeschwalbe *S. hirundo* in Deutschland. Limicola 15: 249–258

Ludwigs J-D, Wübbenhorst J (2000/2001) Bananen-Plantagen als Lebensraum für Vögel. J Orithol 142 (Sonderheft) 204

Ludwigs J-D, Wübbenhorst J (2004) Some observations on the foraging behaviour of Red-billed Choughs on La Palma, Canary Islands. British Birds 97: 355–356

Lugert J (1988) Beobachtungen zur Nahrungsökologie der Dreizehenmöwe (*Rissa tridactyla*) auf Helgoland. Seevögel 9, Sonderband: 73–76

Lugert J (1988) Eine Führung im Fanggarten der Vogelwarte. Seevögel 9, Sonderband: 151–156

Lugert J (1988) Eine Führung im Naturschutzgebiet „Lummenfelsen Helgoland". Seevögel 9, Sonderband: 145–150

Lugert J (1989) Zur Bedeutung der Nachbalz der Dreizehenmöwe (*Rissa tridactyla*). Seevögel 10: 44–46

Lugert J, Vauk G (1987) Zum Vorkommen und Verhalten des Seehundes (*Phoca vitulina* L.) bei Helgoland. Zeitschr Jagdwiss 33: 153–159

Lüttringhaus C, Vauk-Hentzelt E (1983) Ein Beitrag zur Ernährung auf Müllplätzen gesammelter Silber-, Sturm- und Lachmöwen (*Larus argentatus, L. canus, L. ridibundus*) von Emden und Leer. Vogelwelt 104: 95–107

MacLeod R, Ewing SK, Herzog SK, Bryce R, Evans KL, MacCormick A (2005) First ornithological inventory and conservation assessment for the yungas forests of the Cordilleras Cocapata and Mosetenes, Cochabamba, Bolivia. Bird Conserv Intern 15: 361–382

Maggini I, Bairlein F (2006) Endogenous control of migratory behavior in Northern Wheatears. J Ornithol 147 suppl 1: 206

Maier M, Exo K-M, Stahl J (2007) Breeding Redshanks *Tringa totanus* on mainland salt marshes: effects of changing land use and predation. Wader Study Group Bull 114: 28

Maier M, Exo K-M, Stahl J (2008) Nationalpark Wattenmeer als Chance für Wiesenpieper und Rotschenkel ? Auswirkungen von Nutzungsänderungen in Salzwiesen auf Wiesenbrüter. Vogelwarte 46: 332–333

Mangelsdorf P (1971) Süßwasseralgen auf Helgoland: Die Blaualgengattung *Anabaenopsis*. Mikroskosmos 60: 271–272

Mangelsdorf P (1971) Süßwasseralgen auf Helgoland: Die Euglene *Colacium cyclopicola*. Mikroskosmos 60: 53–54

Mangelsdorf P (1972) Ornithologische Beobachtungen während einer Reise mit FS „Friedrich Heincke" im Seegebiet westlich der britischen Inseln in der Zeit vom 1. Juni bis 18. Juni 1971. Orn Mitt 24: 12–16

Mangelsdorf P (1975) Untersuchungen an Süßwassertümpeln auf Helgoland. Mikroskosmos 9: 269–273

Mangelsdorf P, Moritz D (1985) Zwergtaucher, *Tachybaptus ruficollis*, und Teichrohrsänger, *Acrocephalus scirpaceus*, im Jahr 1983 Brutvogel auf der Helgoländer Düne. Seevögel 6, Sonderband: 185–186

Mannes P, Winkel W (1975) Zweitbruten bei der Haubenmeise (*Parus cristatus*). Vogelwelt 96: 146–148

Markones N, Garthe S, Mundry R, Hüppop O (2006)

Habitat choice by seabirds in the southeastern North Sea: Effects of spatial scale and temporal variation. J Ornithol 147 suppl 1: 208

Markones N, Guse N, Hüppop O, Garthe S (2009) Unchanging diet in a stable colony: contemporary and past diet composition of black-legged kittiwakes *Rissa tridactyla* at Helgoland, south-eastern North Sea. Helgol Mar Res 63: 199–206

Massias A, Becker PH (1988) Nutritive value of food fed to Common Tern *Sterna hirundo* chicks. In: Tasker ML (ed.) Seabird food and feeding ecology. Proc third Int Conf Seabird Group, 34–35

Massias A, Becker PH (1990) Nutritive value of food and growth in Common Tern (*Sterna hirundo*) chicks. Ornis scand 21: 187–194

Mattig FR (1998) Die Bedeutung von Umweltchemikalien im Lebenszyklus von Watvögeln am Beispiel des Alpenstrandläufers (*Calidris alpina alpina*). W&T Verlag, Berlin

Mattig FR, Bairlein F, Becker PH (1996) Physiologische Bewertung der PCB-Belastung des Alpenstrandläufers (*Calidris alpina*). Verh Dtsch Zool Ges 89.1: 165

Mattig FR, Ballin U, Bietz H, Gießing K, Kruse R, Becker PH (1997) Organochlorines and heavy metals in benthic invertebrates and fish from the back barrier of Spiekeroog. Arch Fish Mar Res 45: 113–133

Mattig FR, Becker PH (1994) Variabilität der Schadstoffe im Nahrungsnetz. In: Lozan JL, Rachor E, Reise K, v. Westernhagen H, Lenz W (Hrsg) Warnsignale aus dem Wattenmeer: 103–106, Blackwell Wissenschaftsverlag, Berlin

Mattig FR, Becker PH (1995) Schadstoffanreicherung im Nahrungsnetz des Wattenmeeres. Jber Institut Vogelforschung 2: 22

Mattig FR, Becker PH, Bietz H, Gießing K (1996) Schadstoffanreicherung im Nahrungsnetz des Wattenmeeres. Forschungsbericht 10802085/21, TP A4.5.1: 1–349, Umweltbundesamt, Berlin

Mattig FR, Rösner H-U, Gießing K, Becker PH (2000) Umweltchemikalien in Eiern des Alpenstrandläufers (*Calidris alpina*) aus Nordnorwegen im Vergleich zu Eiern von Brutvogelarten des Wattenmeeres. J Ornithol 141: 361–369

Meineke T (1980) Beitrag zur Großschmetterlingsfauna der Nordseeinsel Helgoland. Entom Zeitsch 90: 105–114

Meineke T (1985) Zur Struktur der Schmetterlingsfauna (Insecta, Lepidoptera) auf Helgoland. Seevögel 6, Sonderband: 36–41

Metzger B, Bairlein F (2006) Trying to link birds' immune system, parasites and carotenoids: Do Garden Warblers have the ability to self medication? J Ornithol 147 suppl 1: 211

Meyer BC, Sudmann SR (2000) Flussseeschwalbe: Erfolgreiche Überbrückungshilfe im Binnenland. Falke 47: 328–334

Mickstein S, Becker PH (1998) Habitat adapted nesting strategies of the Brown-Hooded Gull *Larus maculipennis*. Ostrich 69: 328–329

Mitschke A (1993) Multivariate Analysen von Brutvogelgemeinschaften im Hamburger Raum. – Hamburger avifaun Beitr 25: 1 – 123.

Mitschke A, Garthe S, Hüppop O (2001) Erfassung der Verbreitung, Häufigkeiten und Wanderungen von See- und Wasservögeln in der deutschen Nordsee. BfN-Skripten 34: 1–100

Mlody B, Becker PH (1991) Körpermasse-Entwicklung und Mortalität von Küken der Flußseeschwalbe (*Sterna hirundo L.*) unter ungünstigen Umweltbedingungen. Vogelwarte 36: 110–131

Moritz D (1976) Fang eines Gynanders vom Gartenrotschwanz (*Phoenicurus phoenicurus*) auf Helgoland. Corax 5: 199–202

Moritz D (1977) Haerfuglen (*Upupa epops*) som traekgaest på Helgoland. Danske Fugle 29: 89–91

Moritz D (1979) Der Fischadler (*Pandion haliaetus*) auf Helgoland. Orn Mitt 31: 177–179

Moritz D (1979) Dunkler Sturmtaucher (*Puffinus griseus*) bei der Forschungsplattform „Nordsee", Deutsche Bucht. Orn Mitt 31: 59

Moritz D (1979) Erstnachweis des Kanadagans (*Branta canadensis*) für Helgoland. Corax 7: 119–120

Moritz D (1979) Zur feldornithologischen Unterscheidung von Waldohreule (*Asio otus*) und Sumpfohreule (*A. flammeus*). Orn Mitt 31: 137–139

Moritz D (1979) Zur Tagesaktivität der Waldohreule (*Asio otus*). Orn Mitt 31

Moritz D (1980) Das Brutvorkommen des Eissturmvogels (*Fulmarus glacialis*) auf Helgoland. Angew Ornithol 5: 149–177

Moritz D (1980) Die Nachweise des Rotmilans (*Milvus milvus*) auf Helgoland. Orn Mitt 32: 79

Moritz D (1980) Long-term population dynamics in migrating passerines. Acta XVII. Congr Internat Ornithol Berlin 2: 1379

Moritz D (1980) Territorialverhalten außerhalb des Brutterritoriums. Acta XVII. Congr Internat Ornithol Berlin 2: 1380

Moritz D (1981) Abnahme des Feldsperlings (*Passer montanus*), auch als Durchzügler auf Helgoland. Vogelwelt 102: 215–219

Moritz D (1982) Die von 1953 bis 1979 auf Helgoland erzielten Fangergebnisse ausgewählter Arten. Vogelwelt 103: 129–143

Moritz D (1982) Langfristige Bestandsschwankungen ausgewählter Passeres nach Fangergebnissen auf Helgoland. Seevögel, Sonderband 1982: 13–24

Moritz D (1982) Territoriale Verhaltensweisen während der Rast auf dem Zuge. Vogelwelt 103: 16–18

Moritz D (1983) Die Insel Helgoland und ihre Naturschutzgebiete. Vogel und Luftverkehr 3: 101–110

Moritz D (1983) Long-term population dynamics in migrating passerines trapped on Helgoland. Ornis Fennica, Suppl. 3: 91

Moritz D (1983) Sind unter Freilandbedingungen gewonnene Angaben zum Geschlecht des Sperbers (*Accipiter nisus*) wenig wertvoll? Orn Mitt 35: 319–320

Moritz D (1983) Vom Mauserzug der Eiderente (*Somateria mollissima*) an der Ostseeküste Schleswig-Holsteins bei Schleimünde. Seevögel 4: 57–64

Moritz D (1983) Zum Vorkommen des Neuntöters (*Lanius collurio*) auf Helgoland nach Fangergebnissen von 1953 bis 1979. Vogelwarte 32: 142–148

Moritz D (1983/1984) Entflogene Park- und Volierenvögel in Helgolands Vogelwelt, 1974–1982. Gefiederte Welt 107: 353–355; 108: 22–23

Moritz D (1984) Besonderheiten in der Brutvogelwelt Helgolands in den Jahren 1976 bis 1982. Vogelwelt 105: 21–25

Moritz D (1984) Das heutige Vorkommen des Zaunkönigs (*Troglodytes troglodytes*) auf Helgoland. Vogelwelt 105: 137–146

Moritz D (1984) Die von 1976 bis 1982 auf Helgoland nachgewiesenen und in der Bundesrepublik Deutschland als Ausnahmeerscheinung bzw. Invasionsvogel geltenden Vogelarten. Vogelwelt 105: 60–70

Moritz D (1984) Gutachten zur Entwicklung des Naturschutzgebietes „Vogelfreistätte Oehe-Schleimünde". Seevögel 5: 4–19

Moritz D (1985) Vogelzug auf Helgoland und Spaziergänge auf Helgoland. In: Natur-Magazin draußen, Nr. 39 Helgoland. Harksheider Verlagsges. Norderstedt

Moritz D (1986) Die Dreizehenmöwe (*Rissa tridactyla*) als Kleptoparasit der Brandseeschwalbe (*Sterna sandvicensis*). Seevögel 7: 45

Moritz D (1987) Flüchtlinge aus Menschenhand oder Irrgast? Gef Welt 111: 43–44

Moritz D (1987) Zilpzalp (*Phylloscopus collybita*) bei der Nahrungssuche am Erdboden. Vogelwelt 108: 74–76

Moritz D (1987) Zwei Nachweise des Kleinspechts *Picoides minor* auf Helgoland. Orn Mitt 39: 318

Moritz D (1988) Der Seeregenpfeifer (*Charadrius alexandrinus*) auf Helgoland in den Jahren 1953 bis 1987. Orn Mitt 40: 33–34

Moritz D (1988) Durchzug des Pirols *Oriolus oriolus* auf Helgoland. Vogelwelt 109: 90–107

Moritz D (1988) Erster Nachweis des Alpenseglers *Apus melba* in diesem Jahrhundert auf Helgoland. Vogelk Ber Niedersachs 20: 1–4

Moritz D (1988) Ungewöhnlich starkes Auftreten der Zwergmöwe *Larus minutus* im Frühjahr 1987 bei Helgoland. Limicola 2: 109–112

Moritz D (1988) Zogen die Turteltauben *Streptopelia turtur* 1987 früher fort als sonst? Gef Welt 112: 49

Moritz D (1989) Das heutige Vorkommen der Heidelerche *Lullula arborea* auf Helgoland. Vogelwelt 110: 185–193

Moritz D (1990) Das Vorkommen des Zwergtauchers *Tachybaptus ruficollis* auf Helgoland in den Jahren 1972 bis 1988. Vogelkdl Ber Niedersachs 22: 1–5

Moritz D (1990) Der Feldschwirl *Locustella naevia* auf Helgoland: Bestandsdynamik und Herkunft der Durchzügler. Vogelwarte 35: 202–207

Moritz D (1993) Änderung der Zugzeiten von Vögeln der offenen Landschaft auf Helgoland. Jber Institut Vogelforschung 1: 8.

Moritz D (1993) Bestandsdynamik Helgoländer Durchzügler nach Beobachtungsdaten. Jber Institut Vogelforschung 1: 24

Moritz D (1993) Langzeit-Monitoring von Transsaharaziehern nach Fangzahlen auf Helgoland. Jber Institut Vogelforschung 1: 22–23

Moritz D (1993) Long-term monitoring of Palaearctic-African migrants at Helgoland/German Bight, North Sea. Proc VIII Pan-Afr Ornithol Congr 579–586

Moritz D, Nemetschek G (1976) Der Zug der Waldschnepfe (*Scolopax rusticola*) auf Helgoland. Corax 5: 176–191

Moritz D, Ruthke P (1979) Zwei Nachweise von *Phylloscopus fuscatus fuscatus* (Blyth, 1842) in Nordwestdeutschland im Herbst 1977. Abh Gebiet Vogelk 6: 289–298

Moritz D, Schonart E (1976) Bemerkenswertes über die Vogelwelt Helgolands im Jahr 1975. Vogelwelt 97: 107–118

Moritz D, Stühmer F (1985) Ergebnisse einer dreistündigen Planbeobachtung des Vogelzuges auf Helgoland am 29. März 1985. Seevögel 6, Sonderband: 173–175

Moritz D, Thiery J (1987) Europäischer Erstnachweis der Fahldrossel (*Turdus pallidus*) im Juli 1986 auf Helgoland. Orn Mitt 39: 91–95

Moritz D, Vauk D (1976) Der Zug des Sperbers (*Accipiter nisus*) auf Helgoland. J Ornithol 117: 317–328

Moritz D, Vauk G (1979) Where do all the Whitethroats come from? The Ring 100: 59–62

Müller H H (1981) Vogelschlag in einer starken Zugnacht auf der Offshore-Forschungsplattform „Nordsee" im Oktober 1979, Seevögel 2: 33–37

Muñoz Cifuentes J, Becker P H (1998) Eier der Flußseeschwalbe (*Sterna hirundo*) als Indikator für die aktuelle Belastung von Rhein, Weser und Elbe mit Umweltchemikalien. Z Umweltchem Ökotox 8: 15–21

Muñoz Cifuentes J, Becker P H (2002) Schadstoffbelastung von Möwen in Chile im Vergleich zu Deutschland. Jber Institut Vogelforschung 5: 20

Muñoz Cifuentes J, Becker PH, Sommer U, Pacheco P, Schlatter R (2003) Seabird eggs as bioindicators of chemical contamination in Chile. Environ Pollut 108: 123–137

Muñoz J, Becker PH (1999) The Kelp Gull as bioindicator of environmental chemicals in the Magellan region. A comparison with other coastal sites in Chile. Scientia Marina 63 (Suppl. 1) 495–502

Nagel R (1999) Fledermäuse im Fort Rüstersiel in Wilhelmshaven. Oldenb Jahrb 99: 307–332

Neebe B, Hüppop O (1994) Der Einfluß von Störreizen auf die Herzschlagrate brütender Küstenseeschwalben (Sterna paradisaea). Artenschutzreport 4: 8–13.

Nehls G, Brunckhorst H, Hötker H, Scheiffarth G (1996) Knausern oder Prassen im Watt? Energiebudgets von Küstenvögeln. J Ornithol 137: 407–408

Nehls G, Hertzler I, Scheiffarth G (1997): Stable mussel beds in the Wadden Sea: They're just for the birds. Helgoländer Meeresunters 51: 361–372

Nehls G, Hertzler I, Ketzenberg C, Scheiffarth G (1998) Die Nutzung stabiler Miesmuschelbänke durch Vögel. In: Gätje C, Reise K (Hrsg) Ökosystem Wattenmeer – Austausch-, Transport- und Stoffumwandlungsprozesse. 421–435. Springer-Verlag, Berlin

Nehls G, Scheiffarth G, Dernedde T, Ketzenberg C (1993) Seasonal aspects of the consumption by birds in the Wadden Sea. Verh Dtsch Zool Ges 86.1: 286

Nehls G, Scheiffarth G, Dernedde T, Ketzenberg C (1994) Konsumtion durch Vögel im Wattenmeer. Berichte aus der Ökosystemforschung Wattenmeer, Bd. 4/2: 135–136, Geschäftsstelle Ökosystemforschung Wattenmeer, Berlin

Nehls G, Scheiffarth G (1998) Rastvogelbestände im Sylt-Rømø Wattenmeer. In: Gätje C, Reise K (Hrsg) Ökosystem Wattenmeer – Austausch-, Transport- und Stoffumwandlungsprozesse. 89–94. Springer-Verlag, Berlin

Nerlich R, Winkel W (1995) Die Vogelfamilien der Westpaläarktis. Besonderheiten – Lebensweise – Interessante Arten. Verlag Natur-Studienreisen GmbH, Northeim

Nicolai J (1977) Der Rotmaskenastrild (Pytilia hypogrammica) als Wirt der Togo-Paradieswitwe (Steganura togoensis). J Ornithol 118: 175–188

Nicolai J (1977) Intraspezifische Selektion und die Wechselbeziehungen zwischen natürlicher Auslese und geschlechtlicher Zuchtwahl. Vogelwarte 29 (Sonderheft): 120–127

Nicolai J (1978) Nicolais Vogel Kompaß 1. Singvögel in Feld, Wald und Garten richtig bestimmen. Gräfe und Unzer, München

Nicolai J (1979) Greifvogel-Kompaß. Gräfe und Unzer, München

Nicolai J (1980) Wasservogelkompaß. Gräfe und Unzer, München

Nicolai J (1982) Fotoatlas der Vögel Europas. Das große Bildsachbuch der Vögel Europas. Gräfe und Unzer, München

Nicolai J (1982) Institut für Vogelforschung „Vogelwarte Helgoland". Jahresbericht 1981. Die Oldenburgische Landschaft 1982: 27–28

Nicolai J (1982) Voix, comportement et relations de Parenté de l'Amaranthe du Mali. Malimbus 4, 1: 9–14

Nicolai J (1983) Institut für Vogelforschung „Vogelwarte Helgoland". Jahresbericht 1982. Die Oldenburgische Landschaft 1983: 29–30

Nicolai J (1986) Fotoatlante degli Uccelli d'Europa. Zachinelli, Bologna

Nicolai J (1987) Die Rachenzeichnungen von Großem und Kleinem Pünktchenamarant (Lagonosticta nitidula und Lagonosticta rufopicta). Trochilus 8: 116–120

Nicolai J (1987) Faglar. Bestämmingsbok för 330 arten. Bonniers, Stockholm

Nicolai J (1988) Professor Dr. Klaus Immelmann (1935–1987). J Ornithol 129: 258–260

Nicolai J (1988) The effect of age on song-learning ability in two passerines. Acta XIX Congressus Internationalis Ornithologici, Volume 1. Ottawa, Canada, 22 – 29. VI. 1986: 1098–1105. University of Ottawa Press, Ottawa

Nicolai J (1989) Brutparasitismus der Glanzwitwe (Vidua hypocherina). J Ornithol 130: 423–434

Nicolai J (1989) Eine Fehlprägung im Brutpflegeverhalten des Gimpels, Pyrrhula pyrrhula (L.), als Spätfolge sozialer Deprivation. Mitt Zool Mus Berl 65, Suppl: Ann Ornithol 13: 99–102

Nicolai J (1990) Naturerlebnis Vögel. Die faszinierende Vogelwelt Europas kennenlernen und erleben. Gräfe und Unzer, München

Nicolai J (1990) Ptice pevke. Prepoznavajmo ptice pevke v gozdu, na polju in v vrtu. Cankarjeva Zalozba, Ljubljana

Nicolai J (1991) Dr. Friedrich Goethe 80 Jahre. Oldenburg Landsch 71, II. Quart: 13–14

Nicolai J (1991) Fugle : 332 europaeiske fuglearter. Gyldendals Bogklubber, Kopenhagen

Nicolai J (1991) Kindheit im fremden Nest. In: Eifler G, Saame O Das Fremde – Aneignung und Ausgrenzung. Mainzer Universitätsgespräche. Passagen, Wien: 71–88

Nicolai J (1991) Letzte Chance für die Soccorrotaube. Tropische Vögel 12: 55–59

Nicolai J (1991) Singvögel. Kennenlernen, erleben, schützen. Gräfe und Unzer, München

Nicolai J (1991) Vom Buntastrild und seinen Brutparasiten. Beobachtungen in Afrika. Gef Welt 115: 369–372

Nicolai J (1991) Was wir Joachim Steinbacher verdanken. (Laudatio zum 80. Geburtstage von J. Steinbacher). Gef Welt 115: 366–367

Nicolai J (1991) Zum Geleit. In: Lammers R Expedition Königsfischer. Rasch und Röhrig, Hamburg

Nicolai J (1992) Vögel am Wasserloch. Überleben im Dornbusch Ostafrikas. Gef Welt 116: 97–98

Nicolai J (1993) Greifvögel und Eulen, München

Nicolai J (1993) Zangvogels: de belangrijkste soorten van Europa herkennen, determineren, beschermen. Thieme, Baarn

Nicolai J (1995) Rapaces diurnes et nocturnes. Nathan, Paris

Nicolai J (2001) Am Nest des Rosenamaranten. Gef Welt 125: 16–18

Nicolai J (2001) Begegnung mit dem Kronenadler. Gef Welt 125: 186–189

Nicolai J (2001) Fugler. 317 arter i farger. Cappelen, Oslo

Nicolai J (2002) Abschied von Hans Löhrl. Gef Welt 126: 56–57

Nicolai J (2003) Im Jagdrevier der Kaffernadler. Gef Welt 127: 340–341

Nicolai J (o. J.) Die Vögel des Mainzer Vogelhauses. Mainz

Nicolai J, Jankovics G (1994) Roofvogels en uilen : roofvogels en uilen van Europa determineren, herkennen, beschermen. Thieme, Baarn

Nicolai J, Karcher H (2002) Ptáci. Praktická príručka k určování evropských a našich ptáků. Nakladat. Slovart, Prag

Nicolai J, Karcher H (2002) Vtáky. Praktická príručka na spoznavanie a určovanie vtákov strednej Európy. Vydavat. Slovart, Bratislava

Nicolai J, Singer D, Wothe W (1984) Großer Naturführer Vögel. Gräfe und Unzer, München

Nicolai J, Singer D, Wothe W (1986) Linnut. Määritysopas 330 lajia. Tammi, Helsinki

Nicolai J, Steinbacher J (Hrsg) (2001) Prachtfinken. Australien, Ozeanien, Südostasien. 3. Auflage. Ulmer, Stuttgart

Niemeyer H (1969) Statistische Untersuchungen zu Geschlechtsverhältnis und Zugordnung des Fitislaubsängers (*Phylloscopus trochilus*) auf Helgoland. Zool Anz 183: 342–354

Niemeyer H (1969) Versuch einer biometrischen Analyse der Flügellänge Helgoländer Fitislaubsänger (*Phylloscopus trochilus*) unter Berücksichtigung des Einflusses von Alter, Geschlecht und Durchzugzeit. Zool Anz 183: 326–341

Niemeyer H, Vauk G (1969) Biometrische Untersuchungen an einer Blässhuhn-Serie (*Fulica atra*) vom Neusiedler See/Österreich. Z. Jagdwiss. 15: 158–162

Noordwijk van AJ, Pulido F, Helm B, Coppack T, Delingat J, Dingle H, Hedenström A, van der Jeugd H, Marchetti C, Nilsson A, Pérez-Tris J (2006) A framework for the study of genetic variation in migratory behaviour. J Ornithol 147: 221–233

Nottbohm G (1981) Zur Landschneckenfauna der Insel Helgoland. Philippia 4: 323–327

Oberdiek N, Cervencl A, Exo K-M, Maier M, Wellbrock A (2007) Reproduction of Common Redshanks *Tringa totanus* in the Wadden Sea: small-scale variation in hatching success. Wader Study Group Bull 114: 29

Ottich I (2003) Staudenknöteriche auf Helgoland – nicht mehr ganz so neue Neubürger. Natur u Museum 133: 180–186

Ottich I, Dierschke V (2002) Nahrungsangebot und -nutzung durch frugivore Zugvögel auf Helgoland. Jber Institut Vogelschung 5: 8

Ottich I, Dierschke V (2003) Exploitation of resources modulates stopover behaviour of passerine migrants. J Ornithol 144: 307–316

Ottosson U, Bairlein F, Hall P, Hjort C, Rumsey S, Spina F, Waldenström J (2001) Timing of migration and spring mass of some Palaearctic migrants at Lake Chad. Ostrich Suppl 15: 60

Ottosson U, Bairlein F, Hjort C (2002) Migration patterns of Palaearctic *Acrocephalus* and *Sylvia* warblers in north-east Nigeria. Vogelwarte 41: 249–262

Ottosson U, Bengtsson D, Gustafsson R, Hall P, Hjort C, Leventis AP, Neumann R, Pettersson J, Rhönnstad P, Rumsey S, Waldenström J, Velmala W (2002) New birds of Nigeria observed during the Lake Chad Bird Migration Project. Bull ABC 9: 52–55

Petermann S, Bader H, Vauk G (1985) Die altersabhängige und saisonale Hodenentwicklung bei Silbermöwen (*Larus argentatus*) aus der Deutschen Bucht. Seevögel 6: 42–44

Peters A, Delhey K, Andersson S, van Noordwijk, H, Förschler MI (2008) Condition-dependence of multiple carotenoid-based plumage traits: an experimental study. Functional Ecology 22: 831–839

Petersen B, Exo K-M (1999) Nahrungsökologische Bedeutung *Lanice conchilega*-dominierter Makrozoobenthos-Gemeinschaften für Wat- und Wasservögel. J Ornithol 140: 237

Petersen B, Exo K-M (1999) Predation of waders and gulls on *Lanice conchilega* tidal flats of the Wadden Sea. Mar Ecol Progr Ser 178: 229–240

Pierce AJ, Stevens DK, Mulder R, Salewski V (2007) Plastic colour rings and the incidence of leg injury in flycatchers (*Muscicapidae, Monarchidae*). Ringing and Migration 23: 205–210

Piersma T, Pérez-Tris J, Mouritsen H, Bauchinger U, Bairlein F (2005) Is there a ‚migratory syndrome' common to all migrant birds? Ann New York Acad Sci 1046: 282–294

Pleines, S (1991) Siedlungsdynamik der Austernfischerpopulation (*Haematopus ostralegus*) auf der jungen Insel Mellum. In: Haeseler, V, Janiesch P (Hrsg): 3. Oldenburger Workshop zur Küstenökologie: 82, Bibliotheks- und Informationssystem der Universität Oldenburg

Plötz J (1979) Zum Vorkommen und zur Bestimmung von Nematoden in Silbermöwen (*Larus argentatus*) und Mantelmöwen (*Larus marinus*) von der Insel Helgoland. Abh Gebiet Vogelk 6: 139–152

Plötz J (1980) Parasitosen durch Nematodenbefall bei Silbermöwen (*Larus argentatus*) und Mantelmöwen (*Larus marinus*) von der Insel Helgoland. Angew Ornithol 5: 195–200

Plötz J (1982) Über den Lebenszyklus von *Paracuaria tridentata* und *Cosmocephalus obvelatus* (Nematoda, *Acuariidae*) von Seevögeln. Seevögel, Sonderband 1982: 125–126

Poluszynski J (1979) Some Observations ob Breeding Kittiwakes (*Rissa tridactyla*) on Helgoland. Abh Gebiet Vogelk 6: 113–120

Portofée C, Dierschke J (1999) Das Auftreten des Goldhähnchen-Laubsängers *Phylloscopus proregulus* auf Helgoland und im übrigen Deutschland. Ornithol Jber Helgoland 9: 91–95

Preller H, Roussos E, Stork H-J (1979) Ganztagsbeobachtungen am Helgoländer Vogelfelsen. Abh Gebiet Vogelk 6: 121–126

Projektgruppe OffshoreWEA, Knust R, Heuers J, Schröder A, Exo K-M, Hüppop O, Ketzenberg C, Wendeln H, Lucke K, Gabriel J (2001) Empfehlungen zu Mindestanforderungen an die projektbezogene Untersuchung möglicher bau- und betriebsbedingter Auswirkungen von Offshore-Windenergieanlagen auf die Meeresumwelt der Nord- und Ostsee. www.umweltbundesamt.de/wasser/themen/offshore.htm

Prüter J (1982) Durchzug und Rast der Lachmöwe (*Larus ridibundus*) auf Helgoland und Folgerungen für die Durchführung bestandslenkender Maßnahmen. Z Angew Zool 69: 165–182

Prüter J (1982) Saisonale Häufigkeitsunterschiede bei ausgewählten Zugvogelarten nach Fangergebnissen auf Helgoland. Seevögel, Sonderband 1982: 45–50

Prüter J (1983) Bestandsentwicklung und Durchzug der Heringsmöwe (*Larus fuscus*) in der Deutschen Bucht. Seevögel 4: 29–35

Prüter J (1984) Methoden und vorläufige Ergebnisse der Großmöwenberingung auf Helgoland. Seevögel 5, Sonderband: 61–65

Prüter J (1985) IV. „Baltic-Birds"-Tagung in Südschweden. Nds Jäger 39: 348–349

Prüter J (1985) Zur Art-, Alters- und Geschlechtszusammensetzung der Großmöwenbestände auf Helgoland. Seevögel 6, Sonderband: 137–140

Prüter J (1986) Das Vorkommen der häufigen Möwenarten (*Laridae*) im Seegebiet der Deutschen Bucht. Seevögel 7: 13–20

Prüter J (1988) Weitere Untersuchungen zur Ernährung von Mantel- (*Larus marinus*) und Silbermöwe (*Larus argentatus*) bei Helgoland im Winterhalbjahr. Seevögel 9, Sonderband: 79–91

Prüter J (1989) Phänologie und Ernährungsökologie der Dreizehenmöwen (*Rissa tridactyla*) -Brutpopulation auf Helgoland. Ökol Vögel 11: 189–200

Prüter J, Fleet D (1984) Farbabweichungen bei Buch- und Bergfinken. Beobachtungen an einem Wildfang-Hybriden auf der Insel Helgoland. Gef Welt 108: 109–110

Prüter J, Stühmer F (1984) Mantelmöwe (*Larus marinus*) schlägt Brandseeschwalbe (*Sterna sandvicensis*) aus einem Rastverband. Orn Mitt 36: 41

Prüter J, Vauk G (1984) Möwenjagd zur Selbstversorgung am Beispiel einer jagdlichen Abhandlung aus dem Süden Norwegens. Nieders Jäger 22: 1230–1233

Prüter J, Vauk G (1984) Umsiedlung einer Schwarzkopfmöwe (*Larus melanocephalus*) von der Ostseeküste Mecklenburgs in das schleswig-holsteinische Binnenland. Beitr Vogelk 30: 51–52

Prüter J, Vauk G (1984) Zahl und Herkunft der auf Helgoland rastenden Silbermöwen (*Larus argentatus*). Vogelwarte 32: 219–225

Prüter J, Vauk G (1985) Methoden und Möglichkeiten des Massenfangs von Möwen. Transactions of the XVIIth Congr Intern Union Game Biologists, Brussels: 823–830

Prüter J, Vauk G (1988) Ergebnisse einer zweiten Silbermöwen (*Larus argentatus*) -Bestandsregelung auf der Insel Scharhörn, Elbmündung. Z Jagdwiss 34: 120–124

Pulido F, Coppack T (2004) Correlation between timing of juvenile moult and onset of migration in the blackcap (*Sylvia atricapilla*). Anim Behav 68: 167–173

Quaisser C, Hüppop O (1995) Was stört den Kulturfolger Grosstrappe *Otis tarda* in der Kulturlandschaft? Ornithol Beob 92: 269–274

Quellmalz A, Schmoll T, Dietrich V, Winkel W, Epplen JT, Lubjuhn T (2004) Genetische Ähnlichkeit und Fremdvaterschaften bei Tannenmeisen (*Parus ater*). Vogelwarte 42: 245

Rahne U, Winkel W (1998) Trauerschnäpper (*Ficedula hypoleuca*) aus Norddeutschland in Guinea/Westafrika wiedergefunden. Vogelwarte 39: 298–300

Rainio K, Tøttrup AP, Lehikoinen E, Coppack T (2007) Effects of climate change on the degree of protandry in migratory songbirds. Clim Res 35: 107–114

Raiss R (1976) Aufenthaltsdauer und Körpergewichtsverlauf von auf dem Herbstzug in Helgoland rastenden Sing-, Rotdrosseln und Amseln. J Ornithol 117: 345–352

Raiss R (1976) Zur Nahrungsökologie der Singdrossel (*Turdus ph. Philomelos* C.L. Brehm) auf dem Frühjahrszug in Helgoland. Zool Anz 196: 201–211

Raiss R (1979) Resting behaviour as an indicator for different migrational strategies in three species of European Thrushes (*Turdus* spec.). Abh Gebiet Vogelk 6: 203–213

Ranger JC (1984) Mustererkennung zur Klassifizierung verölter Wasser- und Vogelproben. Seevögel 5, Sonderband: 107–112

Reichenbach M, Exo K-M, Ketzenberg C, Gutsmiedl I (1999) Einfluss von Windkraftanlagen auf Vögel – Sanfte Energie im Konflikt mit dem Naturschutz? Positionen 8, Oldenburg: 56–67

Reichstein H, Vauk G (1967) Beitrag zur Kenntnis der Helgoländer Hausmaus, *Mus musculus helgolandicus* Zimmermann, 1953. Verh Deutsch Zool Ges Heidelberg: 386–394

Reid JB, Becker PH, Furness RW (1999) Evidence for decadal scale variations in seabird population ecology and links with the North Atlantic oscillation. In: Furness RW, Tasker ML (eds) Diets of seabirds and consequences of changes in food supply. ICES Cooperative Research Report 232, Copenhagen: 47–50

Reineking B (1982) Reinigung verölter Seevögel – eine Chance zum Überleben? Corax 9: 1–8

Reineking B (1983) Seevogelverluste durch Ölverschmutzung. Zurückliegende Beobachtungen auf Helgoland und ein Versuch zur Abschätzung der Gesamtverluste vor der deutschen Nordseeküste im Winterhalbjahr 1982/83. Seevögel 4: VIII-X

Reineking B (1984) Zum Seevogelsterben durch Ölpest an der deutschen Nordseeküste im Winter 1982/83. Seevögel 5: 43–49

Reineking B, Vauk G (1982) Seevögel, Opfer der Ölpest: Historie – Ursachen – Wirkung – Hilfen – eine Dokumentation. Niederelbe-Verlag, Otterndorf

Reineking B, Vauk G, Hartwig E, Vauk-Hentzelt E (1986) Stand der Untersuchungen zum Thema Seevogelverluste durch Ölverschmutzung an der deutschen Nordseeküste. Umweltbundesamt – Texte, Nov. 1986: „Meereskundliche Untersuchungen von Ölunfällen": 248–258

Rguibi Idrissi H, Julliard R, Bairlein F (2003) Variation of stopover duration of reed warblers in Morocco: effects of season, age and site. Vogelwarte 42: 143

Rguibi Idrissi H, Julliard R, Bairlein F (2003) Variation of stopover duration of reed warblers in Morocco: effects of season, age and site. Ibis 145: 650–656

Rguibi Idrissi H, Thévenot M, Bairlein F, Dakki M (2002) Premiers cas de nidification de la Rousserolle effarvatte *Acrocephalus scirpaceus* à Sidi Bou Ghaba (littoral nord atlantique du Maroc). Alauda 70: 223–225

Rheinwald G, Winkel W (1982) Aus der Arbeit der Deutschen Sektion des Internationalen Rates für Vogelschutz (DS/IRV) 1981/82. Ber Dtsch Sekt Int Rat Vogelschutz 22: 7–10

Rheinwald G, Winkel W (1983) Aus der Arbeit der Deutschen Sektion des Internationalen Rates für Vogelschutz (DS/IRV) 1982/83. Ber Dtsch Sekt Int Rat Vogelschutz 23: 7–10

Riegel M, Winkel W (1971) Über Todesursachen beim Weißstorch (*C. ciconia*) an Hand von Ringfundangaben. Vogelwarte 26: 128–135

Ringleben H (1948) Altes und Neues von der Vogelwarte „Helgoland". In: Ost oder West – tu Hus am best. Ein Heimatkalender für das Jahr 1949: 105

Ringleben H (1948) Die nordische Wühlmaus (Rattenkopf), *Microtus oeconomus* (Pallas), auf Neuwerk. Beitr z Natk Nieds 4: 4

Ringleben H (1948) Die rätselhafte Suschkingans. Wild u Hund 51: 155

Ringleben H (1948) Neues von der Vogelwarte „Helgoland". D Jäger 2: 107

Ringleben H (1948) Ornithologische Beobachtungen in Angeln 1947. Mitt Faunist Arb-Gem Schlesw-Holst NF Nr 6: 41

Ringleben H (1948) Singschwanbeobachtungen 1948. Mitt faunist Arb-Gem Schles-Holst NF Nr 10 + 11: 72

Ringleben H (1948) Über einen Schwalben- und einen Rotschwänze-Bastard. Vogelwarte 15: 40

Ringleben H (1948) Vogelwarte im neuen Heim. Natur u Technik 2: 210

Ringleben H (1949) *Colymbus adamsii* zum zweiten Mal für Deutschland nachgewiesen. Ornithol Ber 2: 51

Ringleben H (1949) Der Entensee bei Wilhelmshaven. Columba 1: 19

Ringleben H (1949) Eine Birkenzeisig-Brut auf Borkum. Ornithol Ber 2: 47

Ringleben H (1949) Frißt das Rotkehlchen die Früchte des Pfaffenhütchens? Vogelwelt 70: 49

Ringleben H (1949) Über das Verhalten einer Sturmmöwenpopulation bei Ausfall des Brutgeschäftes. Ornithol Ber 1: 40–47

Ringleben H (1949) Über einige weitere Fälle vom „Baumbrüten" der Sturmmöwe. Vogelwelt 70: 55

Ringleben H (1949) Über Serien-Nestbau bei verschiedenen Vogelarten. Vogelwelt 70: 56

Ringleben H (1949) Vom Vogelleben auf der Insel Neuwerk. Wald u Wild 2: 128

Ringleben H (1949) Zum Vorkommen des Wasserpiepers im Küstengebiet der Deutschen Bucht. Beitr Natur Niedersachsen 2: 15

Ringleben H (1950) Aus dem Leben unserer Raubvögel. 1. Die deutschen Raubvögel und ihre Kennzeichen. Waidwerk 4: 167

Ringleben H (1950) Aus dem Leben unserer Raubvögel. II. Raubvögel auf der Wanderschaft. Dtsche Jäger-Ztg – Das Waidwerk: 547

Ringleben H (1950) Carl Lindner. Vogelwelt 71: 199

Ringleben H (1950) Die Ölpest. Du und das Tier 9: 14

Ringleben H (1950) Die Schußwaffe im Dienste der Ornithologie unserer Zeit. Herrn Dr. O. Kleinschmidt zum 80. Geburtstag gewidmet. Columba 2: 77

Ringleben H (1950) Etwas über die Benutzung des ornithologischen Schrifttums. Herrn Prof. Stresemann nachträglich zum 60. Geburtstag gewidmet. Vogelwelt 71: 85

Ringleben H (1950) Gehäuftes Auftreten der Kurzschnabelgans als Wintergast in Nordwest-Deutschland. Wild u Hund 52: 346

Ringleben H (1950) Nachtigall und Sprosser als Durchzügler auf Neuwerk. Ornithol Mitt 2: 98

Ringleben H (1950) Stelzenläufer, *Himantopus h. himantopus* (L.), bei Wilhelmshaven. Ornithol Mitt 2: 44

Ringleben H (1950) Über „Die Vogelwelt unserer Heimat" (Referat). Gef Welt 74: 88

Ringleben H (1950) Vogelkundliches von einer Fahrt durch Lettland. Orn Mitt 2: 169–172

Ringleben H (1950) Vogelkundliches von einer Fahrt durch Lettland. Ornithol Mitt 2: 169

Ringleben H (1950) Vogelwarte Helgoland. Kosmos 46: 337

Ringleben H (1950) Weiteres über Nahrungsflüge des Eichelhähers. Vogelwelt 71: 130

Ringleben H (1950) Winterschlaf bei Vögeln. Orion 5: 103

Ringleben H (1950) Zum Vorkommen der Kurzschnabelgans, *Anser brachyrhynchus* Baillon, als Wintergast am Jadebusen. Vogelwelt 71: 118

Ringleben H (1950) Zum Vorkommen von *Passerella i. iliaca* in Europa. Vogelwarte 15: 249

Ringleben H (1950) Zur Ausbreitung der Türkentaube in Mitteleuropa. Vögel d Heimat 20: 231

Ringleben H (1950) Zur Ausbreitung und Verbreitung des Weißstorchs, *Ciconia c. ciconia* (L.) in Nordost-Europa. Ornithol Ber 3: 26

Ringleben H (1950?) Die Ölpest. Du und das Tier 9: 14

Ringleben H (1951) „Die Tauben" der Kurischen Nehrung. Dtsch Jäger-Ztg – Waidwerk 4: 72

Ringleben H (1951) 4 Jahrzehnte Vogelwarte Helgoland. Naturw Rdsch 4: 168

Ringleben H (1951) *Anser brachryhynchus* Baillon und *Anser erythropus* (L.) als Wintergäste am Jadebusen. J Ornithol 93: 69

Ringleben H (1951) Aus dem Leben des Mittelsägers (*Mergus serrator* L.). Vogelwelt 72: 43–50

Ringleben H (1951) Aus dem Leben des Mittelsägers (*Mergus serrator* L.) – Schluß. Vogelwelt 72: 119–128

Ringleben H (1951) Das Heiderebhuhn – ein aussterbender Vogel der Heimat. Westfäl Jägerbote 4: 114

Ringleben H (1951) Der Goldregenpfeifer. Westfäl Jägerbote 4: 44

Ringleben H (1951) Die Vogelwarte Helgoland einst und jetzt. Dtsch Jäger-Ztg – Waidwerk: 324

Ringleben H (1951) Ein Jubiläum der Vogelkunde. Aus der Heimat 59: 61

Ringleben H (1951) Einige Bemerkungen über winterliche Schlafplatzgesellschaften der Elster. Vögel d Heimat 21: 274

Ringleben H (1951) Etwas von unseren Wintergänsen. Westfäl Jägerbote 3: 7

Ringleben H (1951) Junge Silbermöwen als Gäste. Westfäl Jägerbote 4: 114

Ringleben H (1951) Massenmord an Seevögeln. Pirsch 3: 764

Ringleben H (1951) Norddeutschlands schönstes Wasservogelparadies. Dtsch Jäger 69: 15

Ringleben H (1951) Nordische Gänse als Wintergäste in Deutschland. Dtsch Jäger-Ztg – Waidwerk 30: 828

Ringleben H (1951) Seltene Drosseln als Gäste in Deutschland. Westfäl Jägerbote 4: 69

Ringleben H (1951) Silbermöwen im Binnenland. Dtsch Jäger-Ztg – Waidwerk: 205

Ringleben H (1951) Vögel überqueren den Ozean. Orion 6: 152

Ringleben H (1951) Wieviele Vögel gibt es auf der Erde? Orion 15: 596–598

Ringleben H (1951) Zum Vorkommen des Brachpiepers im westlichen Thüringen. Mitt Thür Orn 2: 38

Ringleben H (1951) Zwei Jubiläen der Vogelkunde. Westfäl Jägerbote 4: 7

Ringleben H (1952) Achtet auf junge Silbermöwen. Orion 7: 7

Ringleben H (1952) Beobachtungen an der Elster (*Pica pica*) im nordwestlichen Teil der Sowjetunion in Freileben und Gefangenschaft. Zool Garten 19: 288–294

Ringleben H (1952) Beringte Bleßgänse in Deutschland erlegt. Wild u Hund 55: 302

Ringleben H (1952) Das Vogelwarten-Museum in Wilhelmshaven im Dienst der Heimatkunde. Historien-Kalender auf das Jahr 1953: 54

Ringleben H (1952) Das Vogelwarten-Museum in Wilhelmshaven im Dienst der Heimatkunde. Historien-Kalender 116: 54–56

Ringleben H (1952) Die deutschen Vogelwarten und Vogelschutzwarten. Naturwiss Rdsch 12: 500–502

Ringleben H (1952) Die Ölpest, eine internationale Gefahr für die Seevögel. Vögel d Heimat 22: 18

Ringleben H (1952) Die Wachtel, unser kleinster Hühnervogel. Westfäl Jägerbote 5: 47

Ringleben H (1952) Eine wenig genutzte Möglichkeit

Ringleben H zur Beobachtung durchziehender Limikolen im Binnenland. Mitt Thür Orn 3: 20

Ringleben H (1952) Entenvögel sollen gezählt werden. Pirsch 4: 59

Ringleben H (1952) Haarwild der Kurischen Nehrung. Westfäl Jägerbote 5: 160

Ringleben H (1952) Internationale Entenvogel-Forschung. Dtsch Jäger 69: 13

Ringleben H (1952) Internationale Entenvogelzählung. Dtsch Jäger-Ztg 62: 245

Ringleben H (1952) Internationale Entenvogel-Zählung. Westfäl Jägerbote 4: 141

Ringleben H (1952) Junge Silbermöwen als Gäste in Österreich. Anblick 7: 48

Ringleben H (1952) Kloake-Picken beim Sandregenpfeifer im Herbst. Vogelwelt 73: 171

Ringleben H (1952) Nachtkerzen-Samen als beliebte Winternahrung von Finkenvögeln. Vogelwelt 73: 172

Ringleben H (1952) Oculi, da kommen sie! Westfäl Jägerbote 4: 165

Ringleben H (1952) Rostgans am Entensee bei Wilhelmshaven. Vogelwelt 73: 172

Ringleben H (1952) Seltsame Milchdiebe. Orion 7: 835

Ringleben H (1952) Vogelflug oder Vogelzug? Orion 7: 455

Ringleben H (1952) Wer beteiligt sich an der Entenzählung? Wild u Hund 54: 440

Ringleben H (1953) Amerikanischer Kuckuck flog nach Deutschland. Dtsch Jäger-Ztg 10, Jagdl Warte: 112

Ringleben H (1953) Amerikanischer Kuckuck in Deutschland. Orion 8: 695

Ringleben H (1953) Bemerkenswerte Nistplatzwahl bei der Sturmmöwe. Vogelring 22: 86

Ringleben H (1953) Bemerkenswertes über Deutschlands Vogelwelt. Westfäl Jägerbote 6: 249

Ringleben H (1953) Beobachtungen an der Elster (*Pica pica*) im nordwestlichen Teil der Sowjetunion in Freileben und Gefangenschaft. Zool. Garten NF 19: 288

Ringleben H (1953) Das Vogelwarten-Museum in Wilhelmshaven im Dienste der Heimatkunde. Historien-Kalender 116: 54–56

ringleben H (1953) Der Entensee bei Wilhelmshaven wird trockengelegt. Wild u Hund 56: 298

Ringleben H (1953) Der Kolkrabe. Kosmos 49: 321

Ringleben H (1953) Ein neues Vogelwarten-Museum in Wilhelmshaven. Dtsch Jäger 71: 17

Ringleben H (1953) Ein verlorenes Vogelparadies. Orion 8: 952

Ringleben H (1953) Grabmäler als Nistplätze für Kleinvögel. Vögel d Heimat 23: 101

Ringleben H (1953) Großes Vogelsterben an der Ostsee. Vögel d Heimat 23: 244

Ringleben H (1953) Heimische Schnepfenvögel. Westfäl Jägerbote 6: 346

Ringleben H (1953) Kommt der Felsenpieper im nordwestdeutschen Binnenland vor? Beitr Naturk Niedersachsen 6: 82

Ringleben H (1953) Nagetierdienst sucht Mitarbeiter. Dtsch Bauern-Ztg 6, Nr 33

Ringleben H (1953) Notizen über einige bemerkenswerte Veränderungen in der Brutvogelwelt Niedersachsens. Pirsch 5: 773

Ringleben H (1953) Phänologischer Nagetierdienst. Land u Garten 29: 27

Ringleben H (1953) Vom Zug der Spornammer durch West-Europa, insbesondere im Herbst 1950. Vogelwelt 74: 1

Ringleben H (1953) Wechsel im Bestand der Wintergänse. Orion 8: 100

Ringleben H (1953) Weiterhin Veröffentlichung des phänologischen Nagetierdienstes im praktischen Desinfektor. Prakt Desinfektor 45: 249

Ringleben H (1953) Zum Auftreten der Spornammer. Vogelwelt 74: 149

Ringleben H (1953) Zum Vorkommen nordischer Wildgänse als Durchzügler und wintergäste in Schleswig-Holstein. Schr naturw Ver Schles-Holst 26: 138

Ringleben H (1953) Zur Bestandsabnahme und Zugverschiebung bei Wildgänsen in Mitteleuropa. Vögel d Heimat 24: 44

Ringleben H (1953) Zur Einführung des „Phänologischen Nagetierdienstes". Prakt Schädlingsbekämpfer 5: 98

Ringleben H (1953) Zur Einführung eines phänologischen Nagetierdienstes. Hannoversche Land- u Forstwirtschaftl Ztg 106: 1154

Ringleben H (1954) Brandgänse in höchster Gefahr! Orion 23/24: 1000–1001

Ringleben H (1954) Sibirische Tannenhäher in Deutschland. Orion 23/24: 11–13

Ringleben H (1967) 100 Jahre Zoologischer Garten Hannover. Natur, Kultur u Jagd (Beitr Naturk Niedersachsen) 20: 37

Ringleben H (1967) Avifaunistik in Niedersachsen (und Bremen). Vogelwelt 88: 190

Ringleben H (1967) Die Kurzschnabelgans. Dtsch Jäger-Ztg 24: 976

Ringleben H (1967) Krähenvögel in unserer Winterlandschaft. Wo befinden sich ihre Schlafplätze? Niedersächs Jäger 2: 39

Ringleben H (1967) Weiteres über Willi Auer als Ornithologe. Jh Ver vaterl Naturkde Württemberg 122: 170–171

Ringleben H (1967) Wo die Vögel ziehen. Vogelkundliche Erinnerungen an Rossitten, Kurisches Haff – Kurische Nehrung. Elbing-Kreis-Heft 22: 53

Ringleben H (1967) Zur Nahrungsaufnahme der Beutelmeise. J Ornithol 108: 354

Ringleben H (1968) „Gebirgsvögel" und andere Vogelarten im Harz. Naturkdl Jber Mus Heineanum Halberstadt 3: 28

Ringleben H (1968) Eiderenten. Dtsch Jäger-Ztg 11: 402

Ringleben H (1968) Gänsestudien. 5. Zum Wintervorkommen der Graugans in Deutschland – mit Hinweisen auf Nachbarländer. Falke 15: 52–89

Ringleben H (1968) Gehören weißköpfige Schwanzmeisen stets der Nominatrasse an? Vogel u Heimat 17: 257

Ringleben H (1968) Immer noch Tannenhäher. Niedersächs Jäger 24: 582

Ringleben H (1968) Rotfußfalken – auch in Westfalen? Westfäl Jägerbote 21: 275

Ringleben H (1968) Rotfußfalken in Niedersachsen. Niedersächs Jäger 18: 408

Ringleben H (1968) Sibirische Tannenhäher-Invasion. Dtsch Jäger-Ztg 13: 518

Ringleben H (1968) Tannehäher auf Wanderschaft. Niedersächs Jäger 17: 376

Ringleben H (1968) Tannenhäher auf dem Vormarsch. Westfäl Jägerbote 21: 250

Ringleben H (1968) Wo sind Krähenschlafplätze? Dtsch Jäger-Ztg 26: 1023

Ringleben H (1968) Zu: Seltene Wintergäste nahmen Abschied. Niedersächs Jäger 11: 234Ringleben H (1968) Löns als Zoologe in Niedersachsen. Niedersachsen 68: 183

Ringleben H (1969) Bemerkungen zu Heinrich Gätkes Buch „Die Vogelwarte Helgoland" und über das Vorkommen einiger seltener Vögel auf Helgoland. Bonn Zool Beitr 1: 211–218

Ringleben H (1969) Beobachtungen an Haubentauchern zur Brutzeit. Vogelwelt 90: 17–24

Ringleben H (1969) Das Vorkommen außereuropäischer Drosselarten in Niedersachsen. Vogelk Ber Niedersachs 1: 11

Ringleben H (1969) Ein Rotkehlstrandläufer, *Calidris ruficollis*, in Deutschland. J Ornithol 110: 108

Ringleben H (1969) Ein Wiedehopf (*Upupa epops*) auf dem Leipziger Hauptbahnhof. Beitr Vogelk 15: 85

Ringleben H (1969) Enten, die wir schonen. Dtsch Jäger-Ztg 3: 89

Ringleben H (1969) Familie Regenpfeifer. In: Grzimeks Tierleben, Bd VIII: 175

Ringleben H (1969) Flamingos in Deutschland und ihre Kennzeichen. Falke 16: 174

Ringleben H (1969) Gefährdete Großvögel in Niedersachsen. Niedersächs Jäger 8: 186

Ringleben H (1969) Gibt es noch Haselwild im Harz? Niedersächs Jäger 24

Ringleben H (1969) In ihrem Bestand gefährdete Brutvögel in Niedersachsen. Intern Rat Vogelschutz, dtsch Sekt, Ber 8: 39

Ringleben H (1969) Julius Groß †. Vogelk Ber Niedersachs 1: 35

Ringleben H (1969) Karl Weber †. Vogelk Ber Niedersachs 1: 36

Ringleben H (1969) Matthias Brinkmann †. Vogelk Ber Niedersachs 1: 89

Ringleben H (1969) Nikolai von Transehe †. Vogelk Ber Niedersachs 1: 90

Ringleben H (1969) Schaden durch äsende Wildgänse? Dtsch Jäger-Ztg 14: 526

Ringleben H (1969) Vogelbeobachtungen am Cumbacher Teich. Thür orn Rundbrf 14: 27

Ringleben H (1969) Vom Graureiher in Niedersachsen. Niedersächs Jäger 6: 127

Ringleben H (1969) Walther Hennings †. Vogelk Ber Niedersachs 1: 36

Ringleben H (1969) Wieder Elche in Deutschland? Dtsch Jäger-Ztg 21: 827

Ringleben H (1969) Wilhelm Bartels †. Vogelk Ber Niedersachs 1: 63

Ringleben H (1969) Wo brüten noch Graugänse? Dtsch Jäger-Ztg 6: 210

Ringleben H (1969) Wo werden die Vögel beringt? Niedersächs Jäger 10: 248

Ringleben H (1969) Zu: Unglaublicher Kampf der Sperber gegen Fischadler. Niedersächs Jäger 4: 90

Ringleben H (1969) Zum Vorkommen rotschnäbliger Graugänse in Niedersachsen. Vogelk Ber Niedersachs 1: 34

Ringleben H (1970) Arno Marx †. Ber Niedersachs 2: 88

Ringleben H (1970) Die Wildgänse. 3. Auflage. Dtsch Jagdschutzverb eV, Niederwildausschuß, Merkblatt 15

Ringleben H (1970) Gätke, Heinrich Carl Ludwig. In: Schleswig-Holsteinisches Biographisches Lexikon, Neumünster Bd 1: 144

Ringleben H (1970) Gedanken über zeitgemäßen Vogelschutz im Rahmen des Naturschutzes in Niedersachsen. Ein Beitrag zum Europäischen Naturschutzjahr 1970. N Archiv Nieders 19: 264

Ringleben H (1970) Gehäuftes Auftreten Dunkler Wasserläufer im niedersächsischen Küstengebiet. Vogelk Ber Niedersachs 2: 45

Ringleben H (1970) Großtrappen als Gäste in Niedersachsen. Niedersächs Jäger 7: 161

Ringleben H (1970) In memoriam (Dr. R. Dahlgrün u. H.W. Ottens). Vogelk Ber Niedersachs 2: 23

Ringleben H (1970) Karl Tenius †. Vogelk Ber Niedersachs 2: 89

Ringleben H (1970) Kostbarkeit im Revier: Goldregenpfeifer … Dtsch Jäger-Ztg 12: 454

Ringleben H (1970) Kritische Anmerkungen zur „Fauna" von A. Weiss. Thür orn Rundbrf 16: 38

Ringleben H (1970) Maria Troll †. Vogelk Ber Niedersachs 2: 88

Ringleben H (1970) Über das Trappenvorkommen in Westfalen. Westfäl Jägerbote 23: 81

Ringleben H (1970) Vogelkundliche Berichte aus Niedersachsen. Niedersachsen 70: 48

Ringleben H (1970) Wildgänse in diesen Wintertagen. Dtsch Jäger-Ztg 24: 952

Ringleben H (1970) Wird der Luchs wieder bei uns heimisch? Niedersächs Jäger 17: 449

Ringleben H (1970) Zu: Massenvernichtung von Gelegen durch Hochflut. Niedersächs Jäger 18: 496

Ringleben H (1970) Zur Brutbiologie, insbesondere zum Nestbau der Rauchschwalbe. Falke 17: 340

Ringleben H (1971) Arthur Apel †. Vogelk Ber Niedersachs 3: 87

Ringleben H (1971) Der Fregattvogel von der Weser. Vogelkdl Ber Nieders 3: 51–56

Ringleben H (1971) Der Maschsee aus der Sicht des Vogelkundlers. In: 1881–1971 – 90 Jahre Hannoverscher Vogelschutzverein, Festschrift: 12

Ringleben H (1971) Die Brutvögel vom Memmert 1906–1970. (Tabelle). In: Leege O. Der Vater des Memmert, Erforscher Ostfrieslands und seiner Inseln. Hrsg Nitzschke H. Aurich : 213

Ringleben H (1971) Die Typus-Lokalität von *Anthus spinoletta littoralis* C.L. Brehm, 1823. J Ornithol 112: 94

Ringleben H (1971) Dorngrasmücke (*Sylvia communis*) bringt Buchfinkenschlag. Vogelk Ber Niedersachs 3: 27

Ringleben H (1971) Höhlenbrüter Brandgas. Dtsch Jäger-Ztg 89: 314

Ringleben H (1971) Johann Brandes †. Vogelk Ber Niedersachs 3: 87

Ringleben H (1971) Nachsatz der Schriftleitung (zu: Greve K, Über Zuggeselligkeit bei der Heckenbraunelle (*Prunella modularis*)). Vogelk Ber Niedersachs 3: 85

Ringleben H (1971) Nachschrift der Schriftleitung (zu: Geißler I: Nachts singender Gelbspötter (*Hippolais icterina*)). Vogelk Ber Niedersachs 3: 27

Ringleben H (1971) Otto Wiepken †. Vogelk Ber Niedersachs 3: 88

Ringleben H (1971) Seeschwalben: Nein! Dtsch Jäger-Ztg 89: 729

Ringleben H (1971) Vom Frühjahrszug des Wespenbussards. Westfäl Jägerbote 23: 148

Ringleben H (1971) Werner Rabeler †. Vogelk Ber Niedersachs 3: 88

Ringleben H (1971) Wieder Tannenhäher. Dtsch Jäger-Ztg 89: 861

Ringleben H (1971) Zum ehemaligen Vorkommen der Rauhfußhühner im Harz. Niedersächs Jäger 13: 343

Ringleben H (1972) [Dr. Otto Niebuhr †]. Niedersachsen 72: 235

Ringleben H (1972) 100 Jahre „Gefiederte Welt". Gef Welt 96: 178

Ringleben H (1972) Christoph Heinemayer †. Vogelk Ber Niedersachs 4: 90

Ringleben H (1972) Dr. Otto Niebuhr zum Gedenken. Vogelk Ber Niedersachs 4: 89

Ringleben H (1972) Dr. Walter Borchert †. Vogelk Ber Niedersachs 4: 91

Ringleben H (1972) Erneuter Einflug von Tannenhähern. Niedersächs Jäger 1: 14

Ringleben H (1972) Flugwild über dem Wattenmeer. Dtsch Jäger-Ztg 90: 259 + 262

Ringleben H (1972) Nachbrutzeitliche Beobachtungen an Brandgänsen. Falke 19: 408

Ringleben H (1972) Ornithologische Beobachtungen zwischen Winter und Frühjahr 1971 in und bei Bad Nauheim. Vogelring 33: 70

Ringleben H (1972) Rudolf Drost †. Vogelk Ber Niedersachs 4: 24

Ringleben H (1972) Walter von Sanden-Guja †. Vogelk Ber Niedersachs 4: 25

Ringleben H (1972) Zu: „Warum versammeln sich Kolkraben?" Wild u Hund 74: 532

Ringleben H (1972) Zu: Amsel als gefährdeter Bodenbrüter. Niedersächs Jäger 17: 452

Ringleben H (1972) Zum Vorkommen von *Emberiza cirlus* in Niedersachsen. Vogelk Ber Niedersachs 4: 21

Ringleben H (1972) Zusatz zu: Hakengimpel (*Pinicola enucleator*) im Sommer in der Lüneburger Heide. Vogelk Ber Niedersachs 4: 23

Ringleben H (1973) „Rätselsänger" schon vor einem Jahrhundert und in jüngster Zeit in Niedersachsen. Vogelk Ber Niedersachs 5: 43

Ringleben H (1973) Anmerkung zu: Garve E u Jeckel G, Bemerkenswerte ornithologische Feststellungen aus Niedersachsen. Vogelk Ber Niedersachs 5: 25

Ringleben H (1973) Der Braunsichler – *Plegadis flacinellus* – in Niedersachsen. Aus der Avifauna von Niedersachsens: 9

Ringleben H (1973) Die Krähenscharbe – *Phalacrocorax aristoelis* – in Niedersachsen. Aus der Avifauna von Niedersachsens: 7

Ringleben H (1973) Dr. Hugo Weigold †. Niedersachsen 73: 508

Ringleben H (1973) Erwin Stresemann in memoriam. Vogelk Ber Niedersachs 5: 28

Ringleben H (1973) Friedrich Wilhelm Vömel †. Vogelk Ber Niedersachs 5: 51

Ringleben H (1973) Hugo Weigold †. Vogelk Ber Niedersachs 5: 49

Ringleben H (1973) Junger Schwarstorch bei Wilhelmshaven. Niedersächs Jäger 22: 646

Ringleben H (1973) Reinhard Wendehorst †. Vogelk Ber Niedersachs 5: 50

Ringleben H (1973) Zu: Erlebnisse mit Bussarden. Niedersächs Jäger 19: 536

Ringleben H (1973) Zum Erscheinungsjahr von H. Krohn, „Die Vogelwelt Schleswig-Holsteins". Vogel u Heimat 22: 199

Ringleben H (1973) Zum Vorkommen der Ohrenlerche, *Eremophilla alpestris flava* (GMEL.), in Thüringen. Mit einigen Bemerkungen über die Wanderungen der Art. Thür orn Rundbrf 21: 18

Ringleben H (1973) Zur Beobachtung und Bewertung von „Seltenheiten". Vogelk Ber Niedersachs 5: 21

Ringleben H (1974) Anmerkung zu Busch, F.-D., Heringsmöwe (*Larus fuscus*) 1973 auf der Insel Spiekeroog brütend. Vogelk Ber Niedersachs 6: 18

Ringleben H (1974) Günther Niethammer zum Gedenken. Vogelk Ber Niedersachs 6: 20

Ringleben H (1974) Hermann Schlotter †. Vogelk Ber Niedersachs 6: 20

Ringleben H (1974) Hochverehrter, lieber Freund (Dr. Richard Heyder). Vogelk Ber Niedersachs 6: 81

Ringleben H (1974) Ludwig Müller-Scheessel †. Vogelk Ber Niedersachs 6: 80

Ringleben H (1974) Nach 25 Jahren. Gef Welt 98: 41

Ringleben H (1974) Notizen aus dem Vogelleben der Alpillen. Gef Welt 98: 57

Ringleben H (1974) Over de herkomst en het voorkomen van een Vale Gier te Harlingen. Vanellus 27: 32

Ringleben H (1974) Über unbeständige Brutvorstöße nach Niedersachsen und Ansiedlungen gebietsfremder Vögel in diesem Land. Vogelk Ber Niedersachs 6: 85

Ringleben H (1975) Anmerkung zu: Ernst, F., Brutnachweis der Bekassine (*Gallinago gallinago*) bei Bad Sachsa. Vogelk Ber Niedersachs 7: 59

Ringleben H (1975) Anmerkung Zu: Petzold E, u. F. Arnold, Lasurmeise (*Parus cyanus*) im Kreis Hildesheim. Vogelk Ber Niedersachs 7: 62

Ringleben H (1975) D. Müller-Using †. Vogelk Ber Niedersachs 7: 64

Ringleben H (1975) Entflogene Singvögel auf Helgoland. Gef Welt 99: 47

Ringleben H (1975) Nilgans und Rostgans als freilebende Brutvögel in Mitteleuropa. Falke 22: 230

Ringleben H (1975) Über unbeständige Brutvorstöße nach Niedersachsen und Ansiedlungen gebietsfremder Vögel in diesem Lande. II. Teil: Non-Passeriformes. Vogelkdl Ber Nieders 7: 32–39

Ringleben H, Becker P (1975) Welche Bewandtnis hat es mit dem „Brutfleck" beim } des Zitronenfinken (*Serinus citrinellus*)? J Ornithol 116: 325

Ringleben H, Berck K-H (1972) Kurzschnabelgans – *Anser brachyrhynchus* – in der Wetterau. Luscinia 41: 185

Ringleben H, Berndt R, Feindt P, Focke E, Goethe F, Niebuhr O, Oelke H (1969) Was wir wollen. Vogelk Ber Niedersachs 1: 2

Ringleben H, Berndt R, Frantzen M (1974) Die in Niedersachsen gefährdeten Vogelarten. Vogelk Ber Niedersachs 6: 1

Ringleben H, Brinkmann J (1975) Provencegrasmücke (*Sylvia undata*) auf Wangerooge. Vogelk Ber Niedersachs 7: 94

Ringleben H, Bub H (1950) Die Vogelwelt des Entensees bei Wilhelmshaven. Selbstverlag, Göttingen, 32 S.

Ringleben H, Haack W (1972) Über den Mauserzug nichtbrütender Graugänse (*Anser anser*) im nord- und mitteleuropäischen Raum. Vogelwarte 26: 257

Ringleben H, Schramm A (1969) Beobachtungen an Haubentauchern zur Brutzeit. Vogelwelt 90: 17–24

Ringleben H, Schumann H (1973) Aus der Avifauna von Niedersachsen: Darstellung einiger Vogelarten. 80 S.

Rittinghaus H (1950) Über das Verhalten eines vom Sandregenpfeifer (*Charadrius hiaticula*) ausgebrüteten und geführten Seeregenpfeifers (*Ch. alexandrinus*). Vogelwarte 15: 187–192

Rittinghaus H (1951) Der Star als Nahrungsschmarotzer der Zwergseeschwalbe (*Sterna albifrons*). Vogelwarte 16: 15–17

Rittinghaus H (1951) Silbermöwe frißt Kot von Seehunden. Vogelwelt 7: 129

Rittinghaus H (1953) Adoptionsversuche mit Sand- und Seeregenpfeifern. J Ornithol 94: 144–159

Rittinghaus H (1956) Etwas über die „indirekte" Verbreitung der Ölpest in einem Seevogelschutzgebiet. Orn Mitt 8: 43–46

Rittinghaus H (1956) Über das Verlassen der Bruthöhle und den Folgetrieb bei jungen Brandenten. Natur u Volk 86: 168–173

Rittinghaus H (1956) Untersuchungen am Seeregenpfeifer (*Charadrius alexandrinus* L.) auf der Insel Oldeoog. J Ornithol 97: 117–155

Rittinghaus H (1957) Mißbildungen an Füßen bei frischgeschlüpften Seeregenpfeifern. Natur u Volk 87: 103–108

Rittinghaus H (1957) Über die kinematographische Protokollierung bei verhaltenskundlichen Untersuchungen am Seeregenpfeifer (*Charadrius alexandrinus* L.). Research Film 2: 311–313

Rittinghaus H (1957) Über einige bemerkenswerte Verhaltensweisen des Seeregenpfeifers (*Charadrius alexandrinus* L.) während der Brutzeit. Verein Jordsand: 107–112

Rittinghaus H (1958) *Charadrius alexandrinus* (L.): Balz I (Solobalz des Männchens). Inst Wiss Film: 3

Rittinghaus H (1958) *Charadrius alexandrinus* (L.): Brüten und Hudern. Inst Wiss Film: 3

Rittinghaus H (1958) *Charadrius alexandrinus* (L.): Führen der Jungen. Inst Wiss Film: 3

Rittinghaus H (1958) *Charadrius alexandrinus* (L.): Nahrungssuche. Inst Wiss Film: 3

Rittinghaus H (1959) *Charadrius alexandrinus* (L.): Verleiten I. Inst Wiss Film: 3–5

Rittinghaus H (1961) Der Seeregenpfeifer: *Charadrius alexandrinus* L. Neue Brehm-Bücherei, 126 S.

Rittinghaus H (1961) *Larus argentatus* (Laridae): Rivalenkampf im Wasser. Inst Wiss Film: 3–5

Rittinghaus H (1962) Der wissenschaftliche Film als Forschungsmittel bei ethologisch-ökologischen Untersuchungen an Laro-Limikolen. Research Film 4: 361–366

Rittinghaus H (1962) Untersuchungen zur Biologie des Mornellregenpfeifers (*Eudromias morinellus* L.) in Schwedisch Lappland. Z Tierpsychol 19: 539–558

Rittinghaus H (1963) Sonderbare Nistplätze des Austernfischers. Natur u Museum 93: 155–164

Rittinghaus H (1964) Betrachtungen zu den Nistgewohnheiten der Zwergschwalbe. Natur u Museum 94: 231–237

Rittinghaus H (1964) *Charadrius alexandrinus* (Charadriidae): Verhalten der Eltern beim Schlüpfen der Jungen. Inst Wiss Film: 3–5

Rittinghaus H (1964) *Charadrius hiaticula* (Charadriidae): Hudern der Jungen. Inst Wiss Film: 3–4

Rittinghaus H (1964) *Eudromias morinellus* (Charadriidae): Verleiten I – Brutverhalten. Inst Wiss Film: 313–315

Rittinghaus H (1964) *Haematopus ostralegus* (Haematopodidae): Nahrungssuche I – Altvogel. Inst Wiss Film: 3–5

Rittinghaus H (1964) *Haematopus ostralegus* (Haematopodidae): Nahrungssuche II – Futterzeigen – Altvogel mit Küken. Inst Wiss Film: 3–4

Rittinghaus H (1964) *Haematopus ostralegus* (Haematopodidae): Revierverteidigung. Inst Wiss Film: 3–10

Rittinghaus H (1964) *Haematopus ostralegus* (Haematopodidae): Verhalten von Eltern und Jungen am Nest. Inst Wiss Film: 3–5

Rittinghaus H (1964) *Phalaropus lobatus* (Phalaropodidae): Nahrungserwerb. Inst Wiss Film: 309–311

Rittinghaus H (1964) *Tadorna tadorna* (Anatidae): Nahrungsaufnahme. Inst Wiss Film: 307–308

Rittinghaus H (1966) *Charadrius alexandrinus* (Charadriidae): Balz und Kopulation. Inst Wiss Film: 541–544

Rittinghaus H (1966) *Sterna hirundo* (Laridae): Nahrungserwerb (Stoßtauchen). Inst Wiss Film: 531–540

Rittinghaus H (1969) *Calidris alpina* (Charadriidae): Nahrungserwerb. Inst Wiss Film: 3–5

Rittinghaus H (1969) *Charadrius hiaticula* (Charadriidae): Nahrungssuche. Inst Wiss Film: 3–5

Rittinghaus H (1969) Ein Beitrag zur Ökologie und zum Verhalten des Goldregenpfeifers, *Pluvialis apricarius*, zu Beginn der Brutzeit. Vogelwarte 25: 57–65

Rittinghaus H (1969) *Haematopus ostralegus* (Haematopodidae): Baden. Inst Wiss Film: 3–5

Rittinghaus H (1969) *Numenius arquata* (Charadriidae): Nahrungssuche. Inst Wiss Film: 3–5

Rittinghaus H (1969) *Sterna albifrons* (Laridae): Balz und Kopulation. Inst Wiss Film: 3–7

Rittinghaus H (1969) *Sterna albifrons* (Laridae): Brüten und Hudern. Inst Wiss Film: 3–5

Rittinghaus H (1969) *Sterna albifrons* (Laridae): Fütterung der Jungen. Inst Wiss Film: 3–6

Rittinghaus H (1969) *Sterna albifrons* (Laridae): Nestgründung. Inst Wiss Film: 3–5

Rittinghaus H (1969) *Sterna albifrons* (Laridae): Verhalten der Eltern beim Schlüpfen der Jungen. Inst Wiss Film: 3–6

Rittinghaus H (1969) *Sterna hirundo* (Laridae): Balz und Kopulation. Inst Wiss Film: 3–7

Rittinghaus H (1969) *Sterna hirundo* (Laridae): Brüten und Hudern. Inst Wiss Film: 3–6

Rittinghaus H (1969) *Sterna hirundo* (Laridae): Fütterung der Jungen. Inst Wiss Film: 3–7

Rittinghaus H (1969) *Sterna macrura* (Laridae): Brüten und Hudern. Inst Wiss Film: 3–5

Rittinghaus H (1969) *Sterna macrura* (Laridae): Fütterung der Jungen. Inst Wiss Film: 3–5

Rittinghaus H (1969) *Tringa totanus* (Charadriidae): Nahrungssuche. Inst Wiss. Film: 3–5

Rittinghaus H (1972) *Sterna sandvicensis* (Laridae): Flucht aus der Gruppe. Inst Wiss Film: 3–6

Rittinghaus H (1972) *Sterna sandvicensis* (Laridae): Füttern kleiner Jungvögel im Nest. Inst Wiss Film: 3–5

Rittinghaus H (1972) *Sterna sandvicensis* (Laridae): Herausführen eines Jungvogels aus der Kolonie. Inst Wiss Film: 3–6

Rittinghaus H (1974) *Larus argentatus* (Laridae): Nahrungserwerb (Trampeln). Inst Wiss Film: 3–11

Rittinghaus H (1975) *Charadrius hiaticula* (Charadriidae): Verhalten von Eltern und Jungen am Nest. Inst Wiss Film: 3–7

Rittinghaus H (1975) *Haematopus ostralegus* (Haematopodidae): Führen und Füttern kleiner Jungvögeln. Inst Wiss Film: 36

Rittinghaus H (1975) *Haematopus ostralegus* (Haematopodidae): Kopulation. Inst Wiss Film: 3–5

Rittinghaus H (1975) *Haematopus ostralegus* (Haematopodidae): Nahrungserwerb, Öffnen von Miesmuscheln. Inst Wiss Film: 3–7

Rittinghaus H (1975) *Larus argentatus* (Laridae): Nahrungserwerb (Trampeln). Inst Wiss Film: 3–9

Rittinghaus H (1975) *Larus argentatus* (Laridae): Verhalten der Eltern beim Schlüpfen der Jungen. Inst Wiss Film: 3–8

Rittinghaus H (1975) *Larus ridibundus* (Laridae): Nahrungserwerb (Trampeln). Inst Wiss Film: 3–9

Rittinghaus H (1975) *Pluvialis squatarola* (Charadriidae): Nahrungssuche. Inst Wiss Film: 3–5

Rittinghaus H (1975) *Sterna sandvicensis* (Laridae), *Haematopus ostralegus* (Haematopodidae): Aggression am Nistplatz. Inst Wiss Film: 3–6

Rittinghaus H (1977) Oldeoog – Perspektiven eines Seevogelschutzgebietes. Orn Mitt 10: 211–217

Robinson RA, Crick HQP, Learmonth JA, Maclean IMD, Thomas CD, Bairlein F, Forchhammer MC, Francis CM, Gill JA, Godley BJ, Harwood J, Hays GC, Huntley B, Hutson AM, Pierce GJ, Rehfisch MM, Sims DW, Begoña Santos M, Sparks TH, Stroud DA, Visser ME (2008) Travelling through a warming world: climate change and migratory species. Endang Species Res doi: 10.3354/esr00095.

Røskaft E, Järvi T, Nyholm NEI, Virolainen M, Winkel W, Zang H (1986) Geographic variation in secondary sexual plumage colour characteristics of the male Pied Flycatcher. Ornis Scandinavica 17: 293–298.

Rösler S (1980) Zum Verhalten des Eissturmvogels (*Fulmarus glacialis*) auf offener See. Vogelwarte 30: 268–270

Rösner H-U, Becker PH, Exo K-M, Hälterlein B, Südbeck P (1998) Staatenübergreifendes Vogelmonitoring für ein geschütztes Wattenmeer. J Ornithol 139: 205–206

Sacher T, Coppack T, Bairlein F (2003) Die Untersuchung einer Gründerpopulation der Amsel (*Turdus merula*). Jber Institut Vogelforschung 6: 12

Sacher T, Coppack T, Bairlein F (2004) Der Brutbestand der Amsel (*Turdus merula*) auf Helgoland: Phänomen und offene Fragen. Vogelwarte 43: 72

Sacher T, Coppack T, Bairlein F (2005) Zugverhalten einer Inselpopulation der Amsel (*Turdus merula*). Vogelwarte 44: 45

Sacher T, Coppack T, Bairlein F (2006) Brutvorkommen und Zugverhalten der Amsel auf Helgoland. Jber Institut Vogelforschung 7: 11

Sacher T, Coppack T, Bairlein F (2006) Genetic structure and migratory behavior in a recently founded population of Eurasian Blackbirds. J Ornithol 147 suppl 1: 241

Sacher T, Engler J, Gorschewski A, Gottschling M, Hesler N, Bairlein F, Coppack T (2006) Die Helgoländer Amselpopulation: ein Modell für Populationsgenetik und Zugbiologie. Ornithol Jber Helgoland 16: 76–84

Saether B-E, Engen S, Grøtan V, Begnballe T, Both C, Tryjanowski P, Leivits A, Wright J, Møller AP, Visser ME, Winkel W (2008) Forms of density regulation and (quasi) stationary distributions of population sizes in birds. Oikos 117: 1197–1208

Saether B-E, Engen S, Grøtan V, Fiedler W, Matthysen E, Visser ME, Wright J, Møller AP, Adriaensen F, van Balen H, Balmer D, Mainwaring MC, McCleery H, Pampus M, Winkel W (2007) The extended Moran effect and large-scale synchronous fluctuations in the size of great tit and blue tit populations. J Anim Ecol 76: 315–325

Sæther B-E, Engen S, Møller AP, Visser ME, Matthysen E, Fiedler W, Lambrechts MM, Becker PH, Brommer JE, Dickinson J, du Feu C, Gehlbach FR, Merilä J, Rendell W, Thompson D, Török J (2005) Time to extinction of bird populations. Ecology 86: 693–700

Sæther B-E, Engen S, Møller AP, Weimerskirch H, Visser ME, Fiedler W, Matthysen E, Lambrechts MM, Freckleton R, Badyaev A, Becker PH, Brommer JE, Bukacinski D, Bukacinska M, Christensen H, Dickinson J, du Feu C, Gehlbach FR, Heg O, Hötker H, Merilä J, Tottrup Nielsen J, Rendell W, Thompson D, Török J, van Hecke P (2004) Life history variation predicts stochastic effects on avian population dynamcis. Am Nat 164: 793–802

Sæther B-E, Lande R, Engen S, Weimerskirch H, Lillegard M, Altwegg R, Becker PH, Bregnballe R, Brommer JE, McCleery RH, Merilä J, Nyholm E, Rendell W, Robertson RR, Tryjanowski P, Visser ME (2005) Generation time and temporal scaling of bird population dynamics. Nature 436: 99–102

Salewski V (1996) Microhabitat and feeding strategies of the Pied Flycatcher and the Willow Warbler in their winter quarters compared with resident species in West Africa. Programme and book of abstracts PAOC 9, Accra, Ghana, 01.12.-08.12.1996: 41–42

Salewski V (1997) Discovery of a nest of Puvel's Akalat *Illadopsis puveli*. Malimbus 19: 34–36

Salewski V (1997) Notes on some bird species from Comoé National Park, Ivory Coast. Malimbus 19: 61–68

Salewski V (1997) The immature plumage of Sun Lark *Galerida modesta*. Bull ABC 4: 136

Salewski V (1997) Untersuchungen zur Ökologie paläarktischer Singvögel im westafrikanischen Überwinterungsgebiet. Jber Institut Vogelforschung 3: 19

Salewski V (1998) A record of an immature Ovambo Sparrowhawk *Accipiter ovampensis* from Ivory Coast. Bull ABC 5: 120–121

Salewski V (1998) Brown-throated Sand Martin – new for Ivory Coast. Malimbus 20: 127–128

Salewski V (1998) Yellow-breasted Apalis *Apalis flavida*: a new bird for Mali. Bull ABC 5: 59

Salewski V (1999) Birding Comoé National Park, Ivory Coast. Bull ABC 6: 30–39

Salewski V (1999) Untersuchungen zur Überwinterungsökologie paläarktischer Singvögel in Westafrika unter besonderer Berücksichtigung der Wechselwirkungen zu residenten Arten. W & T Verlag, Berlin

Salewski V (1999) Untersuchungen zur Überwinterungsökologie paläarktischer Singvögel in Westafrika unter besonderer Berücksichtigung der Wechselwirkungen zu residenten Arten. J Ornithol 140: 513–514

Salewski V (2000) Microhabitat use and feeding strategies of the Pied Flycatcher and the Willow Warbler in their West-African winter quarters compared with resident species. Ostrich 71: 191–193

Salewski V, Altwegg R, Erni B, Falk KH, Bairlein F, Leisler B (2004) Moult of three Palaearctic migrants in their West African winter quarters. J Ornithol 145: 109–116

Salewski V, Bairlein F (1997) Comoe Nationalpark, Elfenbeinküste. Forschung und Vogelbeobachtung im größten Schutzgebiet Westafrikas. Der Falke 44: 356–363

Salewski V, Bairlein F, Leisler B (1997) The strategies of two Palaearctic migrants wintering in West-Africa. Abst. 1. Meeting EOU: 135

Salewski V, Bairlein F, Leisler B (1998) Überwinterungsstrategien paläarktischer Singvögel in West Afrika. 91. Jahresversammlung der Deutschen Zoologischen Gesellschaft, Leipzig, 1.-4.6.98. Zoology 101 (Suppl. I); 13

Salewski V, Bairlein F, Leisler B (1998) Überwinterungsstrategien paläarktischer Singvögel in Afrika. 11. Jahresversammlung der Deutschen Gesellschaft für Tropenökologie, Bielefeld, 20.2.-22.2.1998. Bielefelder Ökologische Beiträge 12: 141

Salewski V, Bairlein F, Leisler B (1998) Überwinterungsstrategien paläarktischer Singvögel in Afrika. 131. Jahresversammlung der Deutschen Ornithologen-Gesellschaft, Jena, 7.-12.10.1998. J Ornithol 140: 251

Salewski V, Bairlein F, Leisler B (1999) Recurrence and site fidelity of Palearctic passerine migrants in West-Africa. EURING: Results and perspectives of bird ringing. 29.9.-3.10.1999, Helgoland. Programme and Abstracts: 33

Salewski V, Bairlein F, Leisler B (1999) Wintering strategies of Palaearctic migrants in West-Africa. Zoology 101 Suppl 1: 13

Salewski V, Bairlein F, Leisler B (2000) Recurrence of some palaearctic migrants passerine species in West Africa. Ring Migr 20: 29–30

Salewski V, Bairlein F, Leisler B (2000) Site fidelity of Palearctic passerine migrants in the Northern Guinea savanan zone, West Africa. Vogelwarte 40: 298–301

Salewski V, Bairlein F, Leisler B (2002) Different wintering strategies of two Palearctic migrants in West Africa – a consequence of foraging strategies? Ibis 144: 85–93

Salewski V, Bairlein F, Leisler B (2002) Remige moult in Spotted Flycatcher (*Muscicapa striata*) on its West African wintering ground. Vogelwarte 41: 301–303

Salewski V, Bairlein F, Leisler B (2003) Niche partitioning of two Palearctic passerine migrants with Afrotropical residents in their West African wintering quarters. Behav Ecol 14: 493–502

Salewski V, Bairlein F, Leisler B (2006) Minimum survival data of some tropical passerine species in Comoe National Park, Ivory Coast. Malimbus 28: 49–51

Salewski V, Bairlein F, Leisler B (2006) Paläarktische Zugvögel – Konkurrenz mit tropischen Arten? Vogelwarte 44: 1–15

Salewski V, Falk KH, Bairlein F, Leisler B (2002) A preliminary assessment of the habitat Palearctic migrants at a constant effort mist netting site in Ivory Coast, West Africa. Ostrich 73: 114–118

Salewski V, Falk KH, Bairlein F, Leisler B (2002) Numbers, body mass and fat scores of three A preliminary assessment of the habitat selection of two Palearctic migrant passerines in West Africa. Ardea 90 (special issue): 479–487

Salewski V, Göken F (1999) A southern record of Cinnamon-breasted Rock Bunting *Emberiza tahapisi* in Lamto, Ivory Coast. Malimbus 21: 121–122

Salewski V, Göken F (1999) New tape recordings of three West African birds. Malimbus 21: 117–122

Salewski V, Göken F (2001) Black-and-White Mannikin Lonchura bicolor, new for Comoé National Park, Ivory Coast. Malimbus 23: 56

Salewski V, Grage TU (1999) New tape recordings of three West African birds. Malimbus 21: 117–121

Salewski V, Korb J (1998) New bird records from Comoé National Park, Ivory Coast. Malimbus 20: 54–55

Salewski V, Rainey H, Bairlein F (2001) Have birds shifted their range limits southwards in Cote d'Ivoire, West Africa? Bull ABC 8: 117–120

Salewski V, v. Stünzner-Karbe D, Bairlein F, Leisler B (1998) Winter site fidelity and territoriality of the Pied Flycatcher in ist West-African Winter quarters. In: Adams NJ, Slotow RH (eds) Proc. 22 Int. Ornithol Congr Durban. Ostrich 69: 197

Santos SICO, De Neve L, Lumeij JT, Förschler MI (2007) Strong effects of various incidence and observation angles on spectrometric assessment of plumage colouration in birds. Behav Ecol Sociobiol 61: 1499–1506

Schaefer HM (1999) Ein Vergleich der Avifauna unterschiedlich stark anthropogen beeinflußter Gebiete in Zentralmexiko. Tagungsband der 12. Jahrestagung der Deutschen Gesellschaft für Tropenökologie, Ulm, 17.-19.2.99: 103

Schaefer HM, Schmidt V (2001) Fruchtangebot und Fruchtwahl von Vögeln in Baumkronen. Tagungsband der 14. Jahrestagung der Deutschen Gesellschaft für Tropenökologie, Bremen, 13.-16.2.01: 100

Schaefer HM, Schmidt V, Bairlein F (2003) Discrimination abilities for nutrients: which difference matters for choosy birds and why? Anim Behav 65: 531–541

Schaefer HM, Schmidt V, Winkler H (2003) Testing the defence trade-off hypothesis: how contents of nutrients and secondary compounds affect fruit removal. Oikos 102: 318–328

Schaefer HM, Spitzer K, Bairlein F (2008) Long-term effects of previous experience determine nutrient discrimination abilities in birds. Frontiers in Zoology 5: 4 DOI: 10.1186/1742-9994-5-4

Schaefer HM, Winkler H, Schmidt V, Bairlein F (2001) Können frugivore Vögel es sich leisten, in der Natur wählerisch zu sein? J Ornithol 142 Sonderheft 1: 213

Schaub M, Jenni L, Bairlein F (2008) Fuel stores, fuel accumulation, and the decision to depart from a migration stopover site. Behav Ecol 19: 657–666

Schauroth C, Becker PH (2008) Post-fledging body mass increase in Common Terns *Sterna hirundo*: Influence of age, sex and year. Ibis 150: 50–58

Scheiffarth, G (1991) Brutzeitliche Territoriensituation des Austernfischers (*Haematopus ostralegus*) unter hoher intraspezifischer Konkurrenz. In: Haeseler, V, Janiesch P (Hrsg): 3. Oldenburger Workshop zur Küstenökologie: 83–84, Bibliotheks- und Informationssystem der Universität Oldenburg

Scheiffarth, G (1991) Brutzeitliche Territoriensituation des Austernfischers (*Haematopus ostralegus*) unter hoher intraspezifischer Konkurrenz. J Ornithol 132: 478–479

Scheiffarth, G (1995) Warum verlassen Pfuhlschnepfen (*Limosa lapponica*) im Herbst das Wattenmeer? Saisonale Aspekte der Nahrungsökologie. J Ornithol 136: 336–337

Scheiffarth, G (1995) Why do Bar-tailed Godwits *Limosa lapponica* leave the northern parts of the Wadden Sea in autumn? Wader Study Group Bull 76: 17

Scheiffarth, G (1996) How expensive is wintering in the Wadden Sea? Thermostastic costs of Bar-tailed Godwits (*Limosa lapponica*) in the northern part of the Wadden Sea. Verh Dtsch Zool Ges 89.1: 178

Scheiffarth G (1998) Das Rätsel der Sandbank: Wo gehen Pfuhlschnepfen (*Limosa lapponica*) auf Nahrungssuche? Seevögel 19, Sonderheft: 86

Scheiffarth G (2001) Bar-tailed Godwits (*Limosa lapponica*) in the Sylt-Rømø Wadden Sea: which birds, when, from where and where to? Vogelwarte 41: 53–69

Scheiffarth G (2001) The diet of Bar-tailed Godwits *Limosa lapponica* in the Wadden Sea: combining visual observations and faeces analyses. Ardea 89: 481–494

Scheiffarth G (2003) The interaction between migration strategy and population dynamics: is there higher winter mortality in short-distance migrants and lower juvenile survival on long-distance migrants? Wader Study Group Bull 100: 157–158

Scheiffarth G (2004) Das Ökosystem Wattenmeer. In: Behrends B, Dittmann S, Liebezeit G, Kaiser M, Knoke V, Petri G, Rahmel J, Roy M, Scheiffarth G, Wilhelmsen U (eds) Gesamtsynthese Ökosystemforschung Wattenmeer – Zusammenfassender Bericht zu Forschungsergebnissen und Systemschutz im deutschen Wattenmeer: 1–8. Umweltbundesamt Berlin

Scheiffarth G, Bairlein F (1998) Spring migration strategies of two populations of Bar-tailed Godwits *Limosa lapponica* in the Wadden Sea. In: Adams NJ, Slotow RH (Hrsg) Proc 22 Int Ornithol Congr Durban. Ostrich 69: 365

Scheiffarth G, Bairlein F (1998) Wann frieren Pfuhlschnepfen? BIOforum 21: 572–574.

Scheiffarth G, Becker PH (2008) Roosting waterbirds at the Osterems, German Wadden Sea: seasonal and spatial trends studied by aerial and ground surveys. Senckenbergiana maritima 38: 137–142

Scheiffarth, G, Ens B, Schmidt A (2007) What will happen to birds when Pacific Oysters take over the mussel beds in the Wadden Sea? Wadden Sea Newsletter 33: 10–14

Scheiffarth G, Exo K-M (1991) Territorialität des Austernfischers (*Haematopus ostralegus*) dichteabhängige Brutbestandsregulation auf einer Nordseeinsel. Verh Dtsch Zool Ges 84: 325–326

Scheiffarth G, Frank D (2005) Shellfish eating birds in the Wadden Sea – What can we learn from current monitoring programmes? Wadden Sea Ecosystem 20: 187–200

Scheiffarth G, Frank D, Bradter U, Thoden B (2006) Crushing shells in a stomach: more than simple mechanics. J Ornithol 147 suppl 1: 246

Scheiffarth G, Kempf N, Potel P (2001) Numbers and distribution of Eider Ducks *Somateria mollissima* in the German Wadden Sea in winter 1999/2000: fleeing the fate of death? Wadden Sea Newsletter 2001-1: 14–15

Scheiffarth G, Ketzenberg C, Exo K-M (1993) Utilization of the Wadden Sea by waders: differences in time budgets between two populations of Bar-tailed Godwits (*Limosa lapponica*) on spring migration. Verh Dtsch Zool Ges 86.1: 287

Scheiffarth G, Ketzenberg C (1994) Unterschiedliche zeitlich – räumliche Nutzung des Wattenmeeres: Pfuhlschnepfe ≠ Pfuhlschnepfe. Berichte aus der Ökosystemforschung Wattenmeer, Bd. 4/2: 133–134, Geschäftsstelle Ökosystemforschung Wattenmeer, Berlin

Scheiffarth G, Nehls G (1995) Utilization of tidal flats by shorebirds in the Wadden Sea: where do Bartailed Godwits *Limosa lapponica* forage? Wader Study Group Bull 76: 23

Scheiffarth G, Nehls G (1996) Who meets whom? Spatial and seasonal differences in the composition of birds communities on tidal flats. Wader Study Group Bull 79: 59

Scheiffarth G, Nehls G, Austen I (1996) Modelling distribution of shorebirds in the Wadden Sea and visualisation of results with the GIS IDIRSI. In: Lorup E, Strobl J (eds) IDRISI GIS 96 = Salzburger Geographische Materialien, Bd. 25, Institut für Geographie der Universität Salzburg

Scheiffarth G, Nehls G, Hertzler I (1996) Wer, wann, wo? Räumliche und zeitliche Variation von Vogelgemeinschaften auf Wattflächen. J Ornithol 137: 409–410

Scheiffarth G, Nehls G (1997): Consumption of benthic macrofauna by carnivorous birds in the Wadden Sea. Helgoländer Meeresunters 51: 373–387

Scheiffarth G, Nehls G (1998) Saisonale und tidale Wanderungen von Watvögeln im Sylt-Rømø Wattenmeer. In: Gätje C, Reise K (Hrsg) Ökosystem Wattenmeer – Austausch-, Transport- und Stoffumwandlungsprozesse. 515–528. Springer-Verlag, Berlin

Scheiffarth G, Wahls S, Ketzenberg C, Exo K-M (2002) Spring migration strategies of two populations of Bar-tailed Godwits (*Limosa lapponica*) in the Wadden Sea: time minimisers or energy minimisers? Oikos 96: 346–354

Scheiffarth G, Becker PH (2008) Roosting waterbirds at the Osterems, German Wadden Sea: seasonal and spatial trends studied by aerial and ground surveys. Senckenbergiana maritima 38: 137–142

Scheiffarth, G (1991) Brutzeitliche Territoriensituation des Austernfischers (*Haematopus ostralegus*) unter hoher intraspezifischer Konkurrenz. In: Haeseler, V, Janiesch P (Hrsg): 3. Oldenburger Workshop zur Küstenökologie: 83–84, Bibliotheks- und Informationssystem der Universität Oldenburg

Schlaich A, Grote K, Maier M, Rößler J, Wellbrock A, Exo K-M (2008) Kunstnest-Experimente zur Analyse der räumlich-zeitlichen Variation der Prädation von Wiesenvogelegen – eine Pilotstudie in den Salzwiesen des Niedersächsischen Wattenmeeres. Vogelwarte 46: 366–367

Schloß W (1969) Funde Helgoländer Trottellumen (*Uria aalge albionis*). Auspicium 3: 139–152

Schloß W (1970) Funde auf Helgoland beringter Grünlinge (*Carduelis chloris*). Auspicium 4: 71–76

Schloß W (1970) Teichhuhn ((*Gallinula choropus*) – Ringfunde. Auspicium 4: 17–30

Schloß W (1971) Funde auf Helgoland beringter Stare (*Sturnus vulgaris*). Auspicium 4: 253–260

Schloß W (1973) Funde auf Helgoland beringter Vögel. Auspicium 5: 85–163

Schloß W (1977) Funde auf Helgoland beringter Vögel. Auspicium 6: 125–162

Schmaljohann H, Bruderer B, Liechti F (2008) Sustained bird flights occur at temperatures beyond expected limits of water loss rates. Animal Behaviour 76: 1133–1138

Schmaljohann H, Dierschke V (2005) Optimal bird migration and predation risk: a field experiment with northern wheatears *Oenanthe oenanthe*. J Anim Ecol 74: 131–138

Schmaljohann H, Liechti F (2009) Adjustments of wingbeat frequency and airspeed to air density in free flying migratory birds. Journal of Experimental Biology 212: 3633–3642

Schmaljohann H, Liechti F, Bächler E, Steuri T, Bruderer B (2008) Quantification of bird migration by radar – a detection probability problem. Ibis 150: 342–355

Schmaljohann H, Liechti F, Bruderer B (2009) Transsahara migrants select flight altitudes to minimize energy costs rather than water loss. Behavioural Ecology and Sociobiology 63: 1609–1619

Schmaljohann H, Naef-Daenzer B (2008) Bleib ich oder zieh ich ab? Welche Faktoren bestimmen die genaue Abzugszeit von Nachtziehern? Vogelwarte 46: 358–359

Schmid U, Grossmann A (1985) Beobachtung pelagischer Vogelarten vor Scharhörn im Herbst 1984. Seevögel 6: 4–5

Schmidt E (1980) Das Artenspektrum der Libellen der Insel Helgoland unter dem Aspekt der Fund- und Einwanderungswahrscheinlichkeit (Odonata). Entom Generalis 6: 247–250

Schmidt E, Hüppop K (2007) Erstbeobachtungen und Sangesbeginn von 97 Vogelarten in den Jahren 1963 bis 2006 in einer Gemeinde im Landkreis Parchim (Mecklenburg-Vorpommern). Vogelwarte 45: 27–58

Schmidt R, Vauk G (1982) Seltene Eulenarten auf Helgoland. Orn Mitt 34: 138–139

Schmidt RC, Vauk G (1981) Zug, Rast und Ringfunde auf Helgoland durchziehender Wald- und Sumpfohreulen (*Asio otus* und *flammeus*). Vogelwelt 102: 180–189

Schmidt S, Exo K-M (1999) Wo bitte geht's zu Tisch? – Raumnutzungsmuster von Limikolen und Möwen im Rückseitenwatt der Insel Spiekeroog. J Ornithol 140: 237

Schmidt V, Schaefer HM (2001) Welche Farbe darf es denn sein? Farbwahl tropischer Tangarenarten. Tagungsband der 14. Jahrestagung der Deutschen Gesellschaft für Tropenökologie, Bremen, 13.-16.2.01: 103

Schmidt V, Winkler H, Schaefer HM, Bairlein F (2001) Farbwahlexperimente an verschiedenen Tangaren-Arten. J Ornithol 142 Sonderheft 1: 213

Schmoll T, Dietrich V, Winkel W, Epplen J T, Lubjuhn T (2003) An experimental approach to reveal context-dependence of „good genes" effects. Vogelwarte 42: 102–103

Schmoll T, Dietrich V, Winkel W, Epplen J T, Lubjuhn T (2003) Fremde Väter – Gute Gene? Fitness-Konsequenzen alternativer Fortpflanzungsstrategien bei Tannenmeisen (*Parus ater*). J Ornithol 144: 233–234

Schmoll T, Dietrich V, Winkel W, Epplen J T, Lubjuhn T (2003) Long-term fitness consequences of female extra-pair matings in a socially monogamous passerine. Proc R Soc Lond B 270: 259–264

Schmoll T, Dietrich V, Winkel W, Epplen JT, Schurr F, Lubjuhn T (2005) Paternal genetic effects on offspring fitness are context dependent within the extra-pair mating system of a socially monogamous passerine. Evolution 59: 645–657

Schmoll T, Dietrich V, Winkel W, Lubjuhn T (2004) Blood sampling does not affect fledging success and fledging local recruitment in coal tits (*Parus ater*). J Ornithol 145: 79–80

Schmoll T, Mund V, Dietrich-Bischoff V, Winkel W, Lubjuhn T (2007) Male age predicts extrapair and total fertilization success in the socially monogamous coal tit. Behav Ecol 18: 1073–1081

Schmoll T, Quellmalz A, Dietrich V, Winkel W, Epplen JT, Lubjuhn T (2005) Genetic similarity between social pair mates is not related to extra-pair paternity in the socially monogamous coal tit. Anim Behav 69: 1013–1022

Schmoll T, Schurr FM, Winkel W, Epplen JT, Lubjuhn T (2007) Polyandry in coal tits *Parus ater*: fitness consequences of putting eggs into multiple genetic baskets. J Evol Biol 20: 1115–1125

Schmoll T, Schurr FM, Winkel W, Epplen JT, Lubjuhn T (2009) Lifespan, lifetime reproductive performance and paternity loss of within-pair and extra-pair offspring in the coal tit *Periparus ater*. Proc R Soc B 276: 337–345

Schmoll T, Schurr FM, Winkel W, Lubjuhn T (2006) Female extra-pair mating, fitness and genetic diversity: Expression in socially monogamous Coal Tits. J Ornithol 147 suppl 1: 248

Schmoll T, Winkel W, Lubjuhn T (2008) Molekulargenetischer Nachweis gemischter Mutterschaften in Bruten der Tannenmeise *Parus ater*. Vogelwarte 46: 223–227

Schnebel B, Dierschke V, Rautenschlein S, Ryll M, Neumann U (2007) Investigations on Infection Status with H5 and H7 Avian Influenza Virus in Short-Distance and Long-Distance Migrant Birds in 2001. Avian Diseases 50: 432–433

Schnebel B, Dierschke V, Ryll M, Zinke A (2003) Kommen Zugvögel als Überträger von tierseuchenrelevanten Erregern in Frage? Zur Risikoabschätzung von ziehenden Kleinvögeln als Vektoren aviärer Influenza A- und Paramyxo-Viren vom Rastplatz Helgoland. In: Neumann U, Weber R (Hrsg) Tagung der Fachgruppe „Geflügelkrankheiten", 63. Fachgespräch, DVG Service, Gießen: 88–93

Schnebel B., Dierschke V., Rautenschlein S., Ryll M. (2005) No detection of avian influenza A viruses of the subtypes H5 and H7 and isolation of lentogenic avian paramyxovirus serotype 1 in passerine birds during stopover in the year 2001 on the island Helgoland (North Sea). Dtsch tierärztl Wschr 112: 441–480

Schodde R, Hannon S, Scheiffarth G, Bairlein F (eds, 2006) Abstracts of the 24th International Congress, Hamburg, Germany, 2006. J Ornithol 147 suppl 1: 1–298

Schonart E (1978) Ornithologische Beobachtungen während des Herbstzuges 1976 auf der Forschungsplattform „Nordsee". Orn Mitt 30: 29–33

Schonart F (1977) In de broedtijd op Helgoland. Het Vogeljaar 25: 180–182

Schonart F, Vauk G (1976) Die Inselstation Helgoland des Instituts für Vogelforschung „Vogelwarte Helgoland" – Aufgaben und Zeile. Wir und die Vögel 8: 10–12

Schönn S, Scherzinger W, Exo K-M, Ille R (1991) Der Steinkauz. Neue Brehm-Bücherei 606, Wittenberg Lutherstadt

Schratter HS, Schrey E (1987) Saker (*Falco cherrug*) im Herbst 1985 auf Helgoland. Vogelk Ber Nieders 19: 46–50

Schrey E (1979) Bestandslenkung durch Eieraustausch bei Lachmöwen (*Larus ridibundus*) und Silbermöwen (*Larus argentatus*). Z Angew Zool 66: 21–26

Schrey E (1979) Zug, Brut und Überwinterung des Stars (*Sturnus vulgaris*) auf der Insel Helgoland. Abh Gebiet Vogelk 6: 191–202

Schrey E (1980) Die Bebrütungsdauer von Kunstgelegen bei Silbermöwen (*Larus argentatus*) und Lachmöwen (*Larus ridibundus*) nach Untersuchungen auf Norderoog. Seevögel 1: 29–32

Schrey E (1980) Untersuchungen zur Salmonellenbelastung Cuxhavener Möwen. Angew Ornithol 5: 201–203

Schrey E (1981) Nahrungsökologische Untersuchungen an Helgoländer Staren (*Sturnus vulgaris*). Vogelwelt 102: 219–232

Schrey E (1982) Die Möwen (Laridae) der Cuxhavener Müllkippe – saisonale Bestandsschwankungen und Herkunft nach Ringfunden. Seevögel, Sonderband 1982: 107–113

Schrey E (1984) Zur Nahrung der Lachmöwe (*Larus ridibundus*) im Bereich der Stadt Cuxhaven. Seevögel 5, Sonderband: 73–79

Schrey E (1985) Magenanalysen bei Staren (*Sturnus vulgaris* L.) – Ein Beitrag zur Kenntnis der Helgoländer Landfauna. Faun-Ökol Mitt 5: 381–387

Schrey E (1986) Verschmutzung der Küste und des

Meeres durch Abfälle. Grüne Mappe 1986 (Hrsg LNV Schleswig-Holstein): 44–45

Schrey E (1987) Die Vögel und Säugetiere der Deutschen Bucht. Wilhelmshavener Tage Nr. 1: 31–35

Schrey E, Grosch K (1990) Garbage pollution by shipping in the seabird-reserve Oehe-Schleimündung (German Baltic Sea). Proc V. Conf on the study and conservation of mogratory birds of the Baltic basin; Baltic birds 5, Riga (1987), Vol. 2: 127–131

Schrey E, Vauk GJM (1987) Records of entangled Gannets (*Sula bassana*) at Helgoland, German Bight. Mar Poll Bull 18: 350–352

Schrey E. Vauk G (1985) Möwen – Möwenkot/Hygiene. Umweltbundesamt Kurzinformationsblatt 575

Schumann K (1987) Zug und Rast der Brandseeschwalbe (*Sterna sandvicensis*) auf Helgoland in den Jahren 1969 – 1983. Seevögel 8: 1–4

Schüz E, Weigold H (1931) Atlas des Voglezuges. R. Friedländer & Sohn, Berlin

Schwabl H, Bairlein F, Gwinner E (1991). Basal and stress-induced corticosterone levels of garden warblers, *Sylvia borin*, during migration. J. Comp. Physiol. B 161: 576–580.

Schwarz C, Bairlein F (2004) Dispersal and migration. Anim Biodiv Conserv 27: 297–298

Scott D, Scheiffarth G (2009) Bar-tailed Godwit *Limosa lapponica*. In: Delany S, Scott D, Dodman T, Stroud D (eds) An Atlas of Wader Populations in Africa and Western Eurasia. Wetlands International, Wageningen: 291–297

Segelbacher G, Sacher T, Schwarzenberger A, Woitsch S, Bairlein F, Coppack T (2008) Eight microsatellite loci characterized in the European blackbird, *Turdus mer*ula. J Ornithol 149: 131–133

Siano R (2005) The re-introduction of capercaillie (*Tetrao urogallus* L.) in the Harz Mountains National Park. Grouse News 29: 16–18

Siano R (2008) Überleben, Raum- und Habitatnutzung sowie Ernährung ausgewilderter Auerhühner (*Tetrao urogallus* L.) im Nationalpark Harz. Cuviller Verlag, Göttingen

Siano R, Bairlein F, Exo K-M, Herzog SA (2006) Spatial distribution of captive-reared Capercaillies released in the Harz Mountains, central Germany. J Ornithol 147 suppl 1: 251–252

Siano R, Bairlein F, Exo K-M, Herzog SA (2006) Überlebensdauer, Todesursachen und Raumnutzung gezüchteter Auerhühner (*Tetrao urogallus*), ausgewildert im Nationalpark Harz. Vogelwarte 44: 145–158

Siano R, Bairlein F, Herzog S, Exo K-M (2005) Spacing of Capercaillie (*Tetrao urogallus* L.) in the Harz Mountains National Park after release from captive breeding. Xth Int Symp Grouse, Luchon: 66

Siano R, Herzog S, Bairlein F, Exo K-M (2005) Survival of Capercaillies (*Tetrao urogallus*, L.) released in the Harz Mountains National Park, Germany. XXVIIth Congress of the International Game Biologists, Book of Extended Abstracts: 228–230

Singer D, Nicolai J (1990) Organisationsprinzipien im Gesang der Heidelerche (*Lullua arborea*). J Ornithol 131: 279–290

Sommer U, Schmieder KR, Becker PH (1997) Untersuchung von Seevogeleiern auf chlorierte Pestizide, PCBs und Quecksilber. BIOforum 20 (3/97): 68–72

Sonntag N, Hüppop O (2005) Snacks from the depth: summer and winter diet of Common Guillemots *Uria aalge* around the island of Helgoland. Atlantic Seabirds 7: 1–14

Sparks TH, Bairlein F, Bojarinova JG, Hüppop O, Lehikoinen EA, Rainio K, Sokolov LV, Walker D (2005) Examining the total arrival distribution of migratory birds. Global Change Biol 11: 22–30

Spottiswoode C, Tøttrup AP, Coppack T (2006) Sexual selection predicts advancement of avian spring migration in response to climate change. Proc R Soc Lond B 273: 3023–3029

Sprenger J, Braasch A, Becker PH (2007) Ein Konkurrent weniger – Gewichtsentwicklung und Hormone bei Flussseeschwalben-Küken *Sterna hirundo* nach dem Verlust eines Geschwisters. Vogelwarte 45: 363–364

Stark JM, Bairlein F (1996) Testing high resolution magnetic resonance imaging in live birds. Symp Comp Nutr Soc 1: 140–141

Steen van den E, Pinxten R, Jaspers VLB, Covaci A, Barba E, Carere C, Cicho ñ M , Dubiec A, Eeva T, Heeb P, Kempenaers B, Lifjeld JT, Lubjuhn T, Mänd R, Massa B, Nilsson J-Å, Norte AC, Orell M, Podzemny P, Sanz JJ, Senar JC, Soler JJ, Sorace A, Török J, Visser ME, Winkel W, Eens M (2009) Brominated flame retardants and organochlorines in the European environment using great tit eggs as a biomonitoring tool. Environment International 35: 310–317

Steiner HM, Vauk G (1966) Säugetiere aus dem Beysehir-Gebiet (Vil. Konya, Kleinasien). Zool Anz 176: 97–102

Sternberg H, Winkel W (1970) Über die Eigröße des Trauerschnäppers (*Ficedula hypoleuca*) und ihre Beziehung zu Zeit, Alter und Biotop. Vogelwarte 25: 260–267.

Stiebel H, Bairlein F (2008) Frugivorie mitteleuropäischer Vögel I: Nahrung und Nahrungserwerb. Vogelwarte 46: 1–23

Stiebel H, Bairlein F (2008) Frugivorie mitteleuropäischer Vögel II: Einfluss des Fruchtangebotes auf die räumliche und zeitliche Habitatnutzung frugivorer Vogelarten. Vogelwarte 46: 81–94

Stiebel H, Bairlein F, Wink M (2001) Sekundäre Pflanzenstoffe im Fruchtfleisch als Erklärung von

Fruchtpräferenzen frugivorer Vögel? J Ornithol 142 Sonderheft 1: 217

Stock M, Becker PH, Exo K-M (1994) Menschliche Aktivitäten im Wattenmeer – ein Problem für die Vogelwelt? In: Lozan JL, Rachor E, Reise K, v. Westernhagen H, Lenz W (Hrsg) Warnsignale aus dem Wattenmeer: 285–295, Blackwell Wissenschaftsverlag, Berlin

Stühmer F (1985) Doppelschnepfe (*Gallinago media*) auf Helgoland. Orn Mitt 37: 19

Stühmer F (1988) Zahlreiches Erscheinen seltener Gäste auf Helgoland im Jahre 1987. Seevögel 9, Sonderband: 119–120

Stühmer F, Dierschke J, Dierschke V (2000) Zum Vorkommen der Zaunammer *Emberiza cirlus* auf Helgoland. Ornithol Jber Helgoland 10: 82–86

Stühmer F, Moritz D (1986) Erster Nachweis des Sumpfläufers (*Limicola falcinellus*) seit über 100 Jahren auf Helgoland. Ornithol Mitt 38: 220–221

Stühmer F, Röw J (1988) Eine Methode zum nächtlichen Fang von Möwen (*Laridae*) auf Helgoland. Seevögel 9, Sonderband: 113–114

Stühmer F, Zuchuat O (1987) Wegzug der Trauerseeschwalbe (*Chlidonias niger*) sowie Erstnachweis der Weißflügelseeschwalbe (*Chlidonias leucopterus*) auf Helgoland im Juli/August 1986. Vogelwelt 108: 144–148

Sudmann S, Becker PH (2004) Kritische PCB-Belastung für den Bruterfolg der Flussseeschwalbe (*Sterna hirundo*) am Niederrhein. Jber Institut Vogelforschung 6: 21

Sudmann SR (2000) Flussseeschwalbe. In: NWO: Avifaunistischer Jahresbericht 1999 für Nordrhein-Westfalen. Charadrius 36: 143–200

Sudmann SR, Becker PH (1992) Zeitaufwand für die Nahrungssuche von Flußseeschwalben (*Sterna hirundo*) während der Brut- und Huderphase. J Ornithol 133: 437–442

Sudmann SR, Becker PH, Wendeln H (1994) Sumpfohreule *Asio flammeus* und Waldohreule *A. otus* als Prädatoren in Kolonien der Flußseeschwalbe *Sterna hirundo*. Vogelwelt 115: 121–126

Sudmann SR, Boschert M, Zintl H (2003) Hat die Flussseeschwalbe (*Sterna hirundo*) an Flüssen noch eine Überlebenschance? Charadrius 39: 48–57

Sudmann SR, von Rienen F (2000) Fernausgelöste Farbspritzanlagen zur individuellen Kennzeichnung von Vögeln. Vogelwarte 40: 319–322

Sundev G, Scheiffarth G, Yosef R, Ketzenberg C, Chuluunbaatar U (2008) Waders in Mongolia: present & future research and conservation. Wader Study Group Bull 115: 211–212

Tasker ML, Becker PH (1992) Influences of human activities on seabird populations in the North Sea. Neth J Aquatic Ecol 26: 59–73

Tasker ML, Becker PH, Chapdelaine G (1999) Exploration of the short- and medium-term consequences of a reduction in the amounts of fish discarded. In: Furness RW, Tasker ML (eds) Diets of seabirds and consequences of changes in food supply. ICES Cooperative Research Report 232, Copenhagen: 42–46

Telle H-J, Vauk G (1963) Über das Vorkommen, das Verhalten und die Vernichtung der Wanderratte (*Rattus norvegicus* Berkenhout) im Jahre 1962 auf Helgoland. Anz Schädlingsk 36: 70–73

Thiedemann O (1986) Die Macro- und Microlepidopteren der Insel Helgoland. Verh Ver naturw Heimatforsch Hamburg 39: 1–37

Thiery J (1987) Zwölfjähriger Sandregenpfeifer (*Charadrius hiaticula*) brütet auf Helgoland. Seevögel 8: 28

Thompson DR, Becker PH, Furness RW (1993) Long-term changes in mercury concentrations in herring gulls *Larus argentatus* and common terns *Sterna hirundo* from the German North Sea coast. J Appl Ecol 30: 316–320

Thomsen C, Vauk G (1975) 20 Jahre Beringungsarbeit auf Helgoland. Jahrb Kreis Pinneberg: 94–120

Thyen S (1997) Habitatwahl und Schlüpferfolg des Rotschenkels (*Tringa totanus*) in landwirtschaftlich genutzten Salzrasen der niedersächsischen Küste. Vogelwarte 39: 117–130

Thyen S (2000) Verteilung und Schlupferfolg von Brutvögeln in landwirtschaftlich genutzten Außengroden Niedersachsens. Seevögel 21, Sonderheft 2: 45–50

Thyen S, Exo K-M (2002) Auswirkungen der Salzrasen-Sukzession auf die Reproduktion von Rotschenkeln *Tringa totanus* im Wattenmeer. Jber Institut Vogelforschung 5: 13–14

Thyen S, Becker PH (1999) Belastung der Eier von Flußseeschwalben und Austernfischern mit Umweltchemikalien. SDN-Magazin 1999: 20–25. Schutzgemeinschaft Deutsche Nordseeküste, Varel

Thyen S, Becker PH (2000) Aktuelle Ergebnisse des Schadstoffmonitorings mit Küstenvögeln im Wattenmeer. Vogelwelt 121: 281–291

Thyen S, Becker PH (2000) Aktuelle Ergebnisse des Schadstoffmonitorings mit Küstenvögeln im Wattenmeer. Vogelwelt 121: 281–291

Thyen S, Becker PH (2006) Effects of individual life-history traits and weather on reproductive output of Black-headed Gulls *Larus ridibundus* in the Wadden Sea, 1991–1997. Bird Study 53: 132–141

Thyen S, Becker PH, Behmann H (2000) Organochlorine and mercury contamination of Little Terns (*Sterna albifrons*) breeding at the western Baltic Sea, 1978–1996. Environ Pollut 108: 225–238

Thyen S, Becker PH, Exo K-M (2005) Bruterfolg von Küstenvögeln und dessen Einflussgrößen im Wattenmeer. Vogelwarte 43: 68

Thyen S, Becker PH, Exo K-M, Hälterlein B, Hötker H, Südbeck P (1998) Monitoring Breeding Success of Coastal Birds – Final Report of the Pilot Studies 1996–1997. CWSS Wadden Sea Ecosystem 8, Common Wadden Sea Secretariat, Wilhelmshaven, 7–55

Thyen S, Becker PH, Exo K-M, Hälterlein B, Hötker H, Südbeck P (2000) Bruterfolgsmonitoring bei Küstenvögeln im Wattenmeer 1996 und 1997. Vogelwelt 121: 269–280

Thyen S, Büttger H, Exo K-M (2005) Nistplatzwahl von Rotschenkeln Tringa totanus im Wattenmeer: Konsequenzen für Reproduktion, Prädation und Salzrasen-Management. Vogelwelt 126: 365–369

Thyen S, Büttger H, Exo K-M (2005) Nistplatzwahl von Rotschenkeln Tringa totanus im Wattenmeer: Konsequenzen für Reproduktion, Prädation und Salzrasen-Management. Vogelwelt 126: 365–369

Thyen S, Büttger H, Exo K-M, Oberdiek N (2005) Spatial variation of Redshank reproduction in the Wadden Sea: evidence for ecological trap or buffer effect? Wader Study Group Bull 108: 29

Thyen S, Büttger H, Exo K-M, Oberdiek N (2006) Spatial variation in the reproduction of Common Redshanks in the Wadden Sea, Germany: Evidence for an ecological trap or a buffer? J Ornithol 147 suppl 1: 263

Thyen S, Büttger H, Exo K-M. (2004) The importance of the Wadden Sea saltmarshes for reproduction of Redshanks Tringa totanus. Wader Study Group Bull 105: 8

Thyen S, Exo K-M (2001) Is reproduction of Redshank Tringa totanus affected by salt marsh succession and structure. Wader Study Group Bull 96: 30–31

Thyen S, Exo K-M (2003) Sukzession der Salzrasen an der niedersächsischen Küste: Chance oder Risiko für Brutvögel der Außengroden? Vogelkdl Ber Niedersachsen 35: 173–178

Thyen S, Exo K-M (2003) Wadden Sea saltmarshes: Ecological trap or hideaway for breeding Redshanks Tringa totanus? Wader Study Group Bull 100: 43–46

Thyen S, Exo K-M (2004) „Püttenprojekt Petersgroden": Die Bedeutung einer Kleientnahmestelle für Rastvögel während der Zugperioden. Jber Institut Vogelforschung 6: 17–18

Thyen S, Exo K-M (2004) Die Bedeutung von Salzrasen des niedersächsischen Wattenmeeres für die Reproduktion von Rotschenkeln Tringa totanus. In: Michael-Otto-Institut im NABU (Hrsg) Schutz von Feuchtgrünland für Wiesenvögel in Deutschland. Tagungsbericht NABU (Naturschutzbund Deutschland e.V.), Bergenhusen: 20–26

Thyen S, Exo K-M (2005) Interactive effects of time and vegetation on reproduction of redshanks (Tringa totanus) breeding in Wadden Sea saltmarshes. J Ornithol 146: 215–225

Thyen S, Exo K-M (2005) Ökofaunistik I – Brut- und Rastvögel. – In: Flemming BW, Bartholomä A (Hrsg) Untersuchungen zur ökologischen Entwicklung bei der Wiederverlandung einer Kleipütte im Außendeich bei Petersgroden (Jadebusen). Forschungszentrum Terramare Berichte Nr. 14: 36–45

Thyen S, Exo K-M (2005) Ökologische Entwicklung einer wiederverlandenden Außendeichskleipütte im westlichen Jadebusen. Nachrichten des Marschenrates 42: 61–63

Thyen S, Exo K-M (2006) Räumliche Variation der Reproduktion von Rotschenkeln Tringa totanus im Wattenmeer: Ökologische Falle oder „buffer effect"? Jber Institut Vogelforschung 7: 16

Thyen S, Exo K-M (2006) Wiesenvögel und Landwirtschaft im Nationalpark „Niedersächsisches Wattenmeer": Notwendiges Management oder nachhaltige Störung. Vechtaer Fachdidaktische Forschungen und Berichte 13: 89

Thyen S, Exo K-M, Appel U, Südbeck P (2000) Phänologie, Bestandsentwicklung und Monitoring von Wasser- und Watvögeln an der friesländischen Küste 1969–1994: Ergebnisse 26–jähriger Wasser- und Watvogelzählungen der Wissenschaftlichen Arbeitsgemeinschaft für Natur- und Umweltschutz e.V., Jever. Schriftenreihe für Naturschutz und Landschaftspflege in Niedersachsen 40: 1–100

Thyen S, Exo K-M, Cervencl A, Esser W, Oberdiek N (2008) Salzwiesen im niedersächsischen Wattenmeer als Brutgebiet für Rotschenkel Tringa totanus: Wertvolle Rückzugsgebiete oder ökologische Falle? Vogelwarte 46: 121–130

Thyen S, Exo K-M, Leyrer J (2002) Day- and nighttime activity of Redshanks Tringa totanus breeding in Wadden Sea saltmarshes. Wader Study Group Bull 99: 17

Thyen S, Exo K-M, Marencic H, Oberdiek N, Smart J, Stock M (2005) Coastal salt marshes throughout the world – Significance and mechanisms in life histories of waders. Wadden Sea Newsletter 2005/1: 31–33

Thyen S, Exo K-M, Marencic H, Oberdiek N, Smart J, Stock M (2008) The role of coastal saltmarshes in the annual life-cycle of waders: outcome of a workshop held in November 2004, Papenburg, Germany. Wader Study Group Bull 115: 98–101

Tøttrup AP, Thorup K, Coppack T, Rainio K, Lehikoinen E, Rahbek C (2006) Long-term phenological changes in spring migration through northern Europe: A comparative approach. J Ornithol 147 suppl 1: 51

Totzke U (1999) Grenzen der äußerlichen Depotfettmengenschätzung bei Zugvögeln. J Ornithol 140: 253

Totzke U, Bairlein F (1998) Implications of food supply and fattening in the migratory garden warbler (*Sylvia borin*). Ostrich 69: 385–386

Totzke U, Bairlein F (1998) The body mass cycle of the migratory garden warbler (*Sylvia borin*) is associated with changes of basal metabolite levels. Comp Biochem Physiol A 121: 127–133

Totzke U, Bairlein F (1999) Ähnlichkeiten bei der Fettdeposition für den Zug und für den Winter? J Ornithol 140: 244

Totzke U, Bairlein F, Hübinger A (1996) Variations of plasma metabolites and hormes during migratory fat deposition of the Garden Warbler *Sylvia borin*. Verh Dtsch Zool Ges 89.1: 191

Totzke U, Bairlein F, Hübinger A (1997) The fat deposition in migratory birds: metabolic changes as in human type-IIb-diabetes? Exp Clin Endocrinol Diabetes 105 (Suppl. 1): 29

Totzke U, Fenske M, Hüppop O, Raabe H, Schach N (1999) Influence of fasting on blood ans plasma composition in herring gulls (*Larus argentatus*). Physiol Biochem Zool 72: 426–437

Totzke U, Hübinger A, Bairlein F (1997) A role of pancreatic hormones in the regulation of autumnal fat deposition of the garden warbler (*Sylvia borin*)? Gen Comp Endocrinol 107: 166–171

Totzke U, Hübinger A, Bairlein F (1997) Metabolic and hormonal adaptations in the Garden Warbler (*Sylvia borin*) during the premigratory fat deposition. Abstr 1. Meeting EOU: 177

Totzke U, Hübinger A, Bairlein F (1998) Glucose utilization rate and pancreatic hormone response to oral glucose loads are influenced by the migratory condition and fasting in the garden warbler (*Sylvia borin*). J Endocrinol 158: 191–196

Totzke U, Hübinger A, Dittami J, Bairlein F (2000) The autumnal fattening of the long-distance migratory garden warbler (*Sylvia borin*) is stimulated by intermittent fasting. J Comp Physiol B 170: 627–631

Totzke U, Hübinger A, Korthaus G, Bairlein F (1999) Fasting increases the plasma glucagon response in the migratory garden warbler (*Sylvia borin*). Gen Comp Endocrinol 115: 116–121

Trierweiler C, Drent R, Komdeur J, Exo K-M, Bairlein F, Koks B (2008) Satellitentelemetrische Untersuchungen der Zugrouten und Raumnutzungsmuster von Wiesenweihen *Circus pygargus* im Winterquartier. Vogelwarte 46: 303–304

Trierweiler C, Drent RH, Exo K-M, Komdeur J, Bairlein F, Koks BJ (2009) Autumn migration routes and migratory connectivity of European Montagu's Harrier (*Circus pygargus*) populations – results from satellite tracking. 7th Conf European Ornithologists' Union, Sempach: 85

Trierweiler C, Drent RH, Komdeur J, Exo K-M, Bairlein F, Koks BJ (2008) The annual cycle of Montagu's Harrier *Circus pygargus*: driven by voles and grasshoppers. Limosa 81: 107–115

Trierweiler C, Exo K-M, Komdeur J, Bairlein F, Smits L, Koks B (2009) Ein Langstreckenzieher auf der Jagd nach Heuschrecken: Weltreisende Wiesenweihen. Der Falke 56: 214–220

Trierweiler C, Exo K-M, Komdeur J, Bairlein F, Smits L, Koks B J (2009) Weltreisende Wiesenweihen. Der Falke 56: 249–255

Trierweiler C, Koks B, Bairlein F, Exo K-M, Komdeur J, Dijkstra C (2006) Migratory routes and wintering behaviour of NW-European Montagu's Harriers revealed by satellite telemetry. J Ornithol 147 suppl 1: 265

Trierweiler C, Koks BJ, Bairlein F, Exo K-M, Komdeur J, Dijkstra C (2006) Zugstrategien und Schutz NW-europäischer Wiesenweihen (*Circus pygargus*). Jber Institut Vogelforschung 7: 12

Trierweiler C, Koks BJ, Drent RH, Exo K-M, Komdeur J, Dijkstra C, Bairlein F (2007) Satellite tracking of two Montagu's Harriers (*Circus pygargus*) dual pathways during autumn migration. J Ornithol 148: 513–516

Trierweiler C, Koks BJ, Visser E, Draaijer L, Ploeger J, Dijkstra C (2006) Grauwe Kiekendieven *Circus pygargus* in Nederland in 2005. De Takkeling 14: 54–67

Trierweiler C, Komdeur J, Drent RH, Exo K-M, Bairlein F, Koks BJ (2007) Tracking migratory routes of Montagu's herriers. CEES Progress Report 2006: 29–32

Tuck GS, Heinzel H, Goethe F, Goethe E (1980) Die Meeresvögel der Welt: ein Taschenbuch für Ornithologen und Naturfreunde. Parey, Berlin

Ulrich RG et al (2009) Hantaviren und Nagetiere in Deutschland: Das Netzwerk „Nagetier-übertragene Pathogene". Mitt Julius Kühn-Inst 421: 76–92

Valkiunas G, Bairlein F, Iezhova TA, Dolnik OV (2004) Factors affecting the relapse of Haemoproteus belopolskyi infections and the parasitemia of *Trypanosoma* spp. in a naturally infected European songbird, the Blackcap, *Sylvia atricapilla*. Parasit Research 93: 218–222

Vauk G (1957) Das Vorkommen der Türkentaube (*Streptopelia decaocto*) auf Helgoland. Orn Mitt 10: 218

Vauk G (1957) Die Brutvögel von Helgoland 1956. Vogelwelt 78: 58–61

Vauk G (1957) Ornithologische Winterbeobachtungen auf der Baleareninsel Mallorca. Bonn Zool Beitr 8: 193–195

Vauk G (1958) Einige Bemerkungen zum Vorkommen und Verhalten der Wanderratte *Rattus norvegicus* (Verkenhout, 1769) auf der Insel Helgoland. Säugetierkdl Mitt 6: 74–76

Vauk G (1958) Massensterben von Zugvögeln im

Vauk G (1959) Invasionsartige Wanderungen von Kohlmeise und Blaumeise (*Parus major* und *P. caeruleus*) in der Deutschen Bucht, besonders auf Helgoland, im Herbst 1957 und Frühjahr 1958. Vogelwarte 20: 124–127

Vauk G (1961) Braunkopfammern (*Emberiza melanocephala bruniceps* Brandt) auf Helgoland. Vogelwelt 82: 179–182

Vauk G (1961) Fichtenammer (*Emberiza l. leucocephala* Gmelin) auf Helgoland. Vogelwarte 21: 52

Vauk G (1962) Beobachtungen über Zugbewegungen und Wiederansiedlung des Haussperlings (*Passer d. domesticus* L.) auf Helgoland. Schr Naturw Ver Schlesw-Holst 33: 33–36

Vauk G (1962) Das Silbermöwenproblem auf Helgoland. Intern. Rat Vogelsch, Deutsche Sekt Ber Nr 2: 1–6

Vauk G (1962) Ornithologische Boebachtungen im Spätherbst 1961 am Neusiedlersee. Egretta 5: 13–21

Vauk G (1963) Beobachtungen an Türkentauben (*Streptopelia decaocto*) auf Helgoland 1960–1962. Vogelwarte 22: 35–38

Vauk G (1963) Nahrungsökologische Untersuchungen an einer Schleiereule der nordwestdeutschen Marschlandschaft. Beitr Naturk Niedersachsen 16: 6–9

Vauk G (1964) Erstnachweis einer Blaumerle (*Monticola solitarius*) auf Helgoland. J Ornithol 105: 352

Vauk G (1964) Gedanken zur Bekämpfung der Tollwut. Pirsch 16: 231–232

Vauk G (1964) Invasion von Kreuzschnäbeln (*Loxia*) und Buntsprechen (*Deudrocopus major*) auf Helgoland in den Jahren 1962 und 1963. Vogelwelt 85: 113–120

Vauk G (1964) Schonung der Waldschnepfe in Notzeiten. Wild und Hund 67: 23

Vauk G (1964) Über die Höhe der Tierverluste auf unseren Straßen. Pirsch 16: 73–74

Vauk G (1964) Wildfütterungen und ihre Gäste. Wild und Hund 55: 846–847

Vauk G (1964) Zoologisches Arbeitsvorhaben Grönwohld, 1. Bericht. Mitt Landesjagdverb Schleswig-Holstein 10: 3–4

Vauk G (1964) Zoologisches Arbeitsvorhaben Grönwohld, 2. Bericht. Mitt Landesjagdverb Schleswig-Holstein 10: 15

Vauk G (1965) Der Marderhund, ein Fremdling in deutschen Revieren. Pirsch 17: 804–805

Vauk G (1965) Wildkaninchen (*Oryctolagus cuniculus*) auf Helgoland. Bonn Zool Beitr 16: 33–35

Vauk G (1965) Zehn Jahre Beringungsarbeit auf Helgoland. Corax 1: 55–61

Vauk G (1965) Zoologisches Arbeitsvorhaben Grönwohld, 3. Bericht. Mitt Landesjagdverb Schleswig-Holstein 11: 7–8

Vauk G (1966) Der Lummenfelsen Helgoland. Sonderdruck der Vogelwarte Helgoland über das Naturschutzgebiet „Lummenfelsen Helgoland".

Vauk G (1966) Fragen um die Ölpest. Mitt Schlesw-Holst Jäger 12: 3–4

Vauk G (1967) Bisher im Jagdlehrrevier Grönwohld des LJV Schleswig-Holstein nachgewiesene Vogelarten. Mitt Schleswig-Holstein Jäger 13:2

Vauk G (1967) In: Arbeitssitzung über Gewässerverölung, Ölbekämpfung und Ölabbau. Helg Wissenschaftl Meeresunters 16: 294–295

Vauk G (1967) Irrgäste, Invasoren und Brutvögel auf Helgoland im Jahre 1966. Vogelwelt 88: 173–176

Vauk G (1968) Gedanken zur Planung, zum Aufbau, zur Organisation und zur Arbeit einer Ornithologischen Station in Walvis Bay, Südwestafrika. SWA Wiss Ges, Windhoek, SWA 27 S

Vauk G (1968) Phaenologische Daten aus dem Jahre 1967 von der Insel Helgoland. Vogelwelt 89: 142–145

Vauk G (1968) Wildtiere und Verkehr. Handb Landschafftspfl U Naturschutz 2: 490–495. Bayer Landw Verl, München

Vauk G (1970) Bemerkenswerte ornithologische Beobachtungen auf Helgoland 1969. Vogelwelt 91: 238–240

Vauk G (1970) Ornithologische Notizen Helgoland 1968. Vogelwelt 91: 11–15

Vauk G (1971) Helgoländer Notizen aus dem Jahre 1970. Vogelwelt 92: 187–189

Vauk G (1971) Zwei bemerkenswerte Beobachtungen am Schabrackenschakal (*canis mesomelas*) in SW-Afrika. Z Säugetierk 36: 213–214

Vauk G (1972) Bemerkenswerte Gäste, Invasoren und Brutvögel auf Helgoland im Jahre 1971. Vogelwelt 93: 106–109

Vauk G (1972) Die Vögel Helgolands. Verlag Paul Parey, Hamburg und Berlin

Vauk G (1972) Vogelwarte Helgoland: Aufgabe und Bedeutung der Inselstation. Pirsch 24: 293–295

Vauk G (1972) Weitere Feststellungen über den Durchzug der Türkentaube (*Streptopelia decaocto*) auf Helgoland 1963–1970. Vogelwarte 26: 285–289

Vauk G (1972) Welches Geschlecht haben in W-Deutschland überwinternde Feldlerchen (*Alauda avensis*)? J Ornithol 113: 105–106

Vauk G (1973) Aufgaben und Bedeutung der Inselstation Helgoland des Instituts für Vogelforschung „Vogelwarte Helgoland". Jahrb Kreis Pinneberg: 180–192

Vauk G (1973) Beobachtungen am Seehund (*Phoca vitulina* L.) auf Helgoland. Z Jagdwiss 19: 117–121

Vauk G (1973) Entwicklung und derzeitiger Stand des Jagdrechts und der Jagdausübung auf Helgoland. Intern Rat Vogelsch, Deutsche Sekt, Ber Nr 13: 29–34

Vauk G (1973) Ergebnisse einer ornithologischen Arbeitsreise an den Beysehir-Gölü (SW-Anatolien) im April/Mai 1964. Beitr Vogelk 19: 225–260

Vauk G (1973) Gefahren am Verkehrsschutzzaun. Deutsche Jägerz 918: 187–189

Vauk G (1973) Knotenpunkt im Weltflugverkehr der Vögel. Die Inselstation des Instituts für Vogelforschung „Vogelwarte Helgoland". Nordfriesland 7: 76–80

Vauk G (1973) Seltene Gäste, Irrgäste und Bemerkungen zu den Brutvögeln Helgolands 1972. Vogelwelt 94: 146–154

Vauk G (1974) 11. Internationaler Wildbiologen-Kongreß. Nds Jäger 17: 5–7

Vauk G (1974) Contra Schnepfenjagd. Jäger 2: 13

Vauk G (1974) Fledermausbeobachtungen auf der Insel Helgoland. Z Säugetierk 39: 133–135

Vauk G (1974) Schwer erklärbarer Löffelverlust bei einem Wildkaninchen (*Oryctolagus cuniculus*) Säugetierkdl Mitt 22: 145

Vauk G (1975) Helgoland, hoekstean van het internationale Waddengebied. Waddenbulletin 6: 181–186

Vauk G (1975) Helgoländer Notizen. Vogelwelt 95: 102–107

Vauk G (1975) Seehunds-Kolloquium auf Helgoland. Nieders Jäger 18: 540–541

Vauk G (1975) Seltene Gäste und Invasionsvögel auf Helgoland 1974. Vogelwelt 96: 139–143

Vauk G (1976) Helgoland as a centre fort he study of birds. Bird Migration (Herausgeb Kumari E) Tallin, Estn SSR: 294–301

Vauk G (1976) Naturschutz und Jagd? Nieders Jäger 15: 529–534

Vauk G (1977) Geschichte der Vogelforschung und der Vogelwarte auf Helgoland. Otterndorfer Verlagsdruckerei, Huster H, KG Otterndorf/NE

Vauk G (1978) Brut des Waldwasserläufers (*Tringa ochropus*) im Kreis Celle. Beitr Natur Niedersachsen 31: 51

Vauk G (1978) Die Meeresgewässer um Helgoland, wichtiges Überwinterungsgebiet für Wasservögel in Kältewintern. Proc IWRB-Symp Sea Ducks, Stockholm; Juni 1975: 19–28

Vauk G (1978) Erstnachweis der Kegelrobbe (*Halichoerus grypus*) für Helgoland. Z Jagdwiss 24: 44–45

Vauk G (1978) Seevögel als Indikatoren für zeitlich und örtlich begrenzte Meeresverschmutzung im Gebiet von Helgoland (Deutsche Bucht). Veröff Inst Meeresforsch Bremerh 18: 95–100

Vauk G (1979) Begründung und Ziel der Möwenforschung und der Möwenberingung in Niedersachsen und Schleswig-Holstein. Niedersächs Jäger 24: 461–466

Vauk G (1979) Kiebitz (*Vanellus vanellu*) brütet in 2jähriger Fichtenkultur. Beitr Naturk Niedersachsen 32: 40–41

Vauk G (1979) Konzeption und Zielsetzung der wissenschaftlichen Arbeit an der Inselstation Helgoland des Instituts für Vogelforschung. Abh Gebiet Vogelk 6: 29.-51

Vauk G (1979) Zwei freifliegende Flamingos (*Phoenicopterus* spec.) auf dem Dollart. Beitr Naturk Niedersachsen 32: 41

Vauk G (1980) Bemerkenswerter Nahrungserwerb eines Junge fütternden Roten Milans (*Milvus milvus*). Beitr Naturk Niedersachsen 33: 55–56

Vauk G (1980) Bodenbrut der Rabenkrähe (*Corvus c. corone*) in einer Möwenkolonie. Z Jagdwiss 26: 93–95

Vauk G (1980) Ein weiterer Brutplatz des Waldwasserläufers (*Tringa ochropus*) im Kreise Celle. Beitr Naturk Niedersachsen 33: 97–98

Vauk G (1980) Helgoland und seine Vogelwarte. In: Rickmers HP (Hrsg): Helgoland, Naturdenkmal der Nordsee – Deutsche Schicksalsinsel: 87–94. CW Dingwort Verlag, Hamburg

Vauk G (1980) Zum Ablauf des Seevogelsterbens als Folge „schleichender Ölpest" auf Helgoland im Frühjahr 1979. Vogelwarte 30: 271–276.

Vauk G (1981) Aufgabe für den Jäger: Biotope erhalten, schaffen und pflegen. Nieders Jäger 26: 758–761

Vauk G (1981) Ölpestbericht Helgoland 1980. Seevögel 2: 7–10

Vauk G (1981) Seevogelverluste durch Ölpest in einigen Gebieten an der schleswig-holsteinischen Nordseeküste in den Monaten November 1980 bis Januar 1981. Seevögel 2: 7–10

Vauk G (1981) Wanderung einer jungen Kegelrobbe (*Halichoerus grypus*) von Nordostengland nach Helgoland. Z Jagdwiss 27: 189–191

Vauk G (1981) Wiederentdeckung von Werken aus dem künstlerischen Schaffen Heinrich Gätkes. Jahrb Kreis Pinneberg 1980: 175–178

Vauk G (1982) Bestandsentwicklung der Silbermöwe (*Larus argentatus*) und die Regulierung ihres Bestandes durch jagdliche Maßnahmen auf der Insel Helgoland. Seevögel 3: 71–84

Vauk G (1982) Die Geschichte und die Arbeit des „Vereins Jordsand zum Schutz der Seevögel und der Natur e. V.", 75 Jahre Natur- und Vogelschutzarbeit. Nieders Jäger 27: 456–460

Vauk G (1982) In welchen Bereichen kann und muß der Seevogelschutz an unseren Küsten verbessert werden? Grüne Mappe; Hrsg Landesnaturschutzverband Schleswig-Holstein 1982/83: 36

Vauk G (1982) Möglichkeiten der Vermittlung von naturkundlichen Informationen und Naturerlebnissen an Urlauber in Seevogelschutzgebieten. Schriftenreihe des Bundesmin f Ernährung, Land-

wirtschaft und Forsten, Angew Wissenschaft Heft 275: 167–177
Vauk G (1982) Möwen bejagen, ja oder nein? Pirsch 34: 1208–1210
Vauk G (1982) Neue Dokumente zum Leben des Helgoländer Ornithologen Heinrich Gätke. Jahrb Kreis Pinneberg 1982/83: 101–105
Vauk G (1982) Ölpestbericht Helgoland 1981. Seevögel 3: 107–109
Vauk G (1982) Tatort Nordsee, Seevögel als Bioindikatoren. Dokumentation Verbrechensbek Bund. Dez 1982, Hrsg Bund Deutscher Kriminalbeamter (Vorträge 6. Fachtagung Kripo International, Hannover, Sept. 1982: 23–30
Vauk G (1983) Ölpestbericht Helgoland 1982. Seevögel 4: 1–3
Vauk G (1983) Rettet der geplante Nationalpark das Wattenmeer? Nieders Jäger 28: 1257–1265
Vauk G (1984) Oil pollution dangers on the German coast. Mar Poll Bull 15: 89–93
Vauk G (1984) Seevögel als Bioindikatoren der schleichenden Ölpest-Beobachtungen der letzten drei Jahre. Dokumentation der „Öl-Konferenz" in Wilhelmshaven, 27.8.83. Hrsg Schutzgem Dt Nordseeküste und Stadt Wilhelmshaven: 73–90
Vauk G (1984) Vorwort zu: Populationsentwicklung, Ökologie und Verhalten des Wildkaninchens von Monika Joschko. Nieders Jäger 29: 30
Vauk G (1985) 75 Jahre Vogelwarte Helgoland. Nds Jäger 39: 343–347
Vauk G (1985) Fremdenverkehr und Naturschutz – Probleme und Gemeinsamkeiten. Fremdenverkehrsverb Nordsee – Niedersachsen – Bremen, Schriftenreihe He. 65: 18–28
Vauk G (1985) Vögel auf Deponien. Müll- und Abfallbeseitigung. Müllhandbuch 1/85: 1–7
Vauk G (1985) Vogelfelsen Helgoland. In: Natur-Magazin draußen Nr. 39 Helgoland. Harksheider Verlagsges Norderstedt
Vauk G (1986) Die Vogelwarte Helgoland. Niedersachsen 1986: 128–141
Vauk G (1986) Nationalpark Niedersächsisches Wattenmeer: Historie – Bedeutung – Schutz. Seevögel 7: XI – XIV
Vauk G (1986) Seevögel als Bioindikatoren für die Beurteilung von Meeresverschmutzungen. Seevögel 7: XLVII – L
Vauk G (1987) Denkanstöße. Die Pirsch 39: 48–49
Vauk G (1987) Fremdenverkehr und Naturschutz, Probleme und Gemeinsamkeiten. Beitr Naturschutz 8: 77–84
Vauk G (1989) Naturdenkmal Lummenfels Helgoland. Niederelbe-Verlag, Otterndorf.
Vauk G, Bindig W, Goethe F, Gruner D (1972) Die Geschichte der Vogelforschung und der Vogelwarte auf Helgoland. Der Helgoländer, Jahrgänge 1968–1972
Vauk G, Bindig, W. (1957) Die Brutvögel Helgolands 1956. Vogelwelt 78: 58–61
Vauk G, Bindig, W. (1958) Rauhfußkauz (*Argolius funereus*) auf Helgoland. Orn Mitt 12: 5
Vauk G, Bindig, W. (1959) Bericht über die Brutvögel Helgolands 1957 und 1958. Vogelwelt 80: 88–92
Vauk G, Bruns HA (1983) Zug und Rast von Feldgänsen (*Anser anser, A. fabalis, A. brachyrhynchos, A. albifrons, A. caerulescens*) auf Helgoland in den Jahren 1962–1982 mit Anmerkungen zum Vorkommen der Branta-Arten. Z Jagdwiss 29: 162–176
Vauk G, Clemens T (1982) Ein zweiter Nachweis der Zwergfledermaus (*Pipistrellus pipistrellus*) auf Helgoland. Myotis 20: 72–73
Vauk G, Gräfe F (1961) Fisch-Otolithen, ein wichtiges Hilfsmittel zur Nahrungsanalyse bei Lariden. Zool Anz 167: 391–394
Vauk G, Gräfe F (1962) Schwarzkehldrossel (*Turdus ruficollis astrogularis* Jarocki) auf Helgoland. J Ornithol 103: 304
Vauk G, Gräfe F (1962) Volierenfalle zum Türkentaubenfang. Vogelwarte 21: 204–206
Vauk G, Gräfe F (1962) Weißbartgrasmücke (*Sylvia cantillans* Fall.) auf Helgoland. J Ornithol 103: 108
Vauk G, Gräfe F (1963) Entwicklung der Brutpopulationen von Seevögeln auf Helgoland. Intern Rat Vogelschutz, Deutsche Sekt Ber Nr 3: 32–36
Vauk G, Gräfe F (1964) Erster Fernfund einer auf Helgoland beringten Dreizehenmöwe (*Rissa t. tridactyla*). Vogelwarte 22: 277
Vauk G, Gräfe F (1964) Seltene und bemerkenswerte Vogelformen auf Helgoland 1962. Vogelwelt 85: 58–60
Vauk G, Gräfe F (1965) Orpheusgrasmücke (*Sylvia h. hortensis*) 1964 auf Helgoland. J Ornithol 106: 221
Vauk G, Hartwig E (1969) Über das Auftreten des Zwergschnäppers auf Helgoland in den Jahren 1953–1967. J Ornithol 110: 325–327
Vauk G, Hartwig E, Reineking B, Schrey E, Vauk-Hentzelt E (1990) Langzeituntersuchung zur Auswirkung der Ölverschmutzung der deutschen Nordseeküste auf Seevögel. Seevögel 11: 17–20
Vauk G, Hartwig E, Schrey E, Vauk-Hentzelt E (1987) Verölung der Seevögel. In: Nieders Umweltministerium (Hrsg): Umwelt-Vorsorge Nordsee: Belastungen – Gütesituation – Maßnahmen: 59–66. Hannover
Vauk G, Hornberger C (1972) Über den Durchzug der Dorngrasmücke (*Sylvia communis*) auf Helgoland 1958–1969. Vogelwarte 26: 298–303
Vauk G, Janke K, Kremer B (1985) Helgoland. HB-Verlag, Hamburg
Vauk G, Jokele I (1975) Vorkommen, Herkunft und

Vauk G, Kempken E (1986) Foltertod in Wald und Feld. Nds. Jäger 31: 238–242

Vauk G, Kuschert H (1979) Abnorme Schnabel- und Beinfärbung bei Silbermöwe (*Larus argentatus*), Heringsmöwe (*Larus fuscus*) und Dreizehenmöwe (*Rissa tridactyla*). Orn Mitt 31: 252

Vauk G, Kuschert H (1981) Die Schneegans (*Anser caerulescens* ssp.), Brutvogel im Großen Plöner See (Schleswig-Holstein). Seevögel 2: 61–62

Vauk G, Löhmer, K. (1969) Ein weiterer Beitrag zur Ernährung der Silbermöwe (*Larus argentatus*) in der Deutschen Bucht. Veröff Inst Meeresforsch Bremerh 12: 157–160

Vauk G, Lohse H (1977) Biocid – Belastung von Seevögeln sowie einiger Landvögel und Säuger der Insel Helgoland. Veröff Übersee-Mus Bremen

Vauk G, Lohse H (1978) Biocid-Belastung von Seevögeln sowie einiger Landvögel und Säuger der Insel Helgoland. Veröff Übersee-Mus Bremen, Reihe E 1: 3–27

Vauk G, Lohse H, Zunk B (1979) Untersuchungen zur Schwermetallbelastung Helgoländer Land- und Seevögel sowie einiger Säuger der Insel. Veröff Übersee-Mus Bremen, Reihe E

Vauk G, Mathiske U (1980) Erfolgreiche Brut eines Austernfischers (*Haematopus ostralegus*) auf einem Hausdach in der Innenstadt Bremerhavens. Seevögel 1: 47–48

Vauk G, Moritz D (1979) Festschrift zum 25 jährigen Bestehen der Inselstation Helgoland des Instituts für Vogelforschung „Vogelwarte Helgoland". Mettcker, Jever.

Vauk G, Nemetschek G (1977) Maße und Gewichte Helgoländer Waldschnepfen (*Scolopax rusticola*). Z Jagdwiss 23: 12–19

Vauk G, Pierstorff K (1973) Ergebnisse dreizehnjähriger Ölpestbeobachtungen auf Helgoland (1960–1972). Corax 4: 136–146

Vauk G, Prüter J (1986) Durchführung und erste Ergebnisse einer Silbermöwen- (*Larus argentatus*) Bestandsregelung auf der Insel Scharhörn im Mai 1986. Seevögel 7: 35–39

Vauk G, Prüter J (1987) Möwen: Arten, Bestände, Verbreitung, Probleme. Niederelbe-Verlag, Otterndorf.

Vauk G, Reichstein H (1967) Beitrag zur Kenntnis der Helgoländer Hausmaus, *Mus musculus helgolandicus* Zimmermann, 1953. Verh Deutsch Zool Ges Heidelberg: 386–394

Vauk G, Reineking B (1980) Ergebnisse weiterer sieben Jahre Ölpestbeobachtungen auf Helgoland (1973–1979). Seevögel 1: 22–28

Vauk G, Reineking B (1983) Ergebnisse und Perspektiven der Ölpestforschung. Grüne Mappe 1984; Hrsg LNV Schlesw-Holst 1984: 35–36

Vauk G, Schrey E (1984) Tiere auf Mülldeponien – Entstehung eines Problems und Vorschläge zu dessen Beseitigung. Seevögel 5, Sonderband: 93–99 (ident. Nachdruck in: Texte 15/84, Hrsg. Umweltbundesamt Berlin; Fortschritte Deponietechnik 84: 193–208)

Vauk G, Schrey E (1987) Litter Polution from Ships in the German Bight. Mar Poll Bull 18: 316–319

Vauk G, Schrey E (1987) Vermüllung der Nordsee. In: Nieders Umweltministerium (Hrsg): Umwelt-Vorsorge Nordsee; Belastungen – Gütesituation – Maßnahmen: 67–73. Hannover

Vauk G, Schröder H (1972) Der Durchzug des Gartenrotschwanz, *Phoenicurus ph. Phoenicurus*, auf Helgoland, unter Berücksichtigung von Alter und Geschlecht 1958–1968. Zool Anz 188: 291–300

Vauk G, Steiniger F (1960) Über eine Salmonellen-Mischinfektion bei einer Sturmmöwe auf Helgoland. Deutsche Tierärztl. Wochenschr. 67: 300–301

Vauk G, Vauk-Hentzelt E, Stede M (1980) Nachweise von Geflügeltuberkulose (*Tuberculosos avium*) bei freilebenden Silbermöwen (*Larus argentatus*). Angew Ornithol 5: 185–189

Vauk G, Wittig E (1971) Nahrungsökologische Untersuchungen an Frühjahrsdurchzüglern der Amsel (*Turdus merula*) auf der Insel Helgoland. Vogelwarte 26: 238–245

Vauk-Hentzelt E (1976) Wiederfundraten und Todesursachen auf Helgoland beringter Vögel (1909–1972) Corax 5: 161–176

Vauk-Hentzelt E (1979) Zur Bestimmung der Cestoden von Silbermöwen (*Larus argentatus*) und Dreizehnmöwe (*Rissa tridactyla*) aus dem Bereich der Insel Helgoland. Abh Gebiet Vogelk 6: 153–161

Vauk-Hentzelt E (1982) Mißbildungen, Verletzungen und Krankheiten auf Helgoland erlegter Silbermöwen. Nieders Jäger 27: 700–702

Vauk-Hentzelt E (1983) Mantelmöwe (*Larus marinus*) raubt junge Trottellumme (*Uria aalge*). Seevögel 4: 64.

Vauk-Hentzelt E (1984) Ölpestbericht Helgoland 1983. Seevögel 5: 21–22

Vauk-Hentzelt E (1985) Ölpestbericht Helgoland 1984. Seevögel 6: 1–3

Vauk-Hentzelt E (1986) Internationales Symposium über Erkrankungen der Zoo- und Wildtiere. Nds Jäger 31: 1027–1028

Vauk-Hentzelt E (1986) Krankheiten bei wildlebenden Möwen (*Larus* spec.) aus dem Bereich der Insel Helgoland. Verhandlungsber d 28. Intern Sympos üb die Erkrankungen der Zootiere, Rostock: 129–134

Vauk-Hentzelt E (1986) Ölpestbericht Helgoland 1985. Seevögel 7: 46–50

Vauk-Hentzelt E (1987) Ölpestbericht Helgoland 1986. Seevögel 8: 37–41

Vauk-Hentzelt E, Bachmann L (1983) Zur Ernährung nestjunger Dreizehenmöwen (*Rissa tridactyla*) aus der Kolonie des Helgoländer Lummenfelsens. Seevögel 4: 42–45

Vauk-Hentzelt E, Böckeler W (1982) Experiments with Eggs of *Reighardia sternae* (Pentastomida) und Eventual Epidemiological Consequences. Zbl Bakt Hyg I. Abt Referate, Bd 277: 110–111

Vauk-Hentzelt E, Böckeler W (1985) Zur Biologie des Luftsackparasiten *Rheighardia sternae* (Pentastomida) und seine Auswirkungen auf die Wirtsvögel. Transactions of the XVIIth Congr Intern Union Game Biologists, Brussels: 751–759

Vauk-Hentzelt E, Sahmow A (1988) Ölpestbericht Helgoland 1987. Seevögel 9, Sonderband: 125–128

Vauk-Hentzelt E, Schrey E (1984) Gefiederverölung bei einer Türkentaube (*Streptopelia decaocto*). Seevögel 5: 63–64

Vauk-Hentzelt E, Schrey E, Vauk G (1986) Bestandsentwicklung der Trottellumme (*Uria aalge*) auf Helgoland 1956–1984. Seevögel 7: 40–45

Vauk-Hentzelt E, Schumann K (1980) Zur Winterernährung durchziehender und rastender Sturmmöwen (*Larus canus*) aus dem Bereich der Insel Helgoland. Angew Ornithol 5: 178–184

Vauk-Hentzelt E, Vauk G (1984) Nahrungsökologische Untersuchungen an Mittelmeer-Silbermöwen (*Larus argentatus michahellis*). Seevögel 5, Sonderband: 67–71

Vogel C, Moritz D (1995) Langjährige Änderungen von Zugzeiten auf Helgoland. Jber Institut Vogelforschung 2: 8–9

Voß M (1986) Zur Bürzelfärbung junger Dreizehenmöwen (*Rissa tridactyla*). Seevögel 7: 12

Voß M, Hartwig E, Vauk G (1987) Untersuchungen zum Nahrungsverbrauch der Dreizehenmöwe (*Rissa tridactyla*) auf Helgoland an handaufgezogenen Jungtieren. Seevögel 8: 5–13

Vries R de (1982) Das Zugverhalten des Berghänflings (*Carduelis f. flavirostris*) auf Helgoland. Seevögel, Sonderband 1982: 27–33

Wagner V, Kühn R, Becker PH (2007) Stabile Isotopen- und Mikrosatellitenanalyse als Methoden zur Untersuchung der Populationsstruktur der Flussseeschwalbe *Sterna hirundo*. Vogelwarte 45: 335–336

Wahls S, Exo K-M (1996) Kiebitzregenpfeifer (*Pluvialis squatarola*) im Wattenmeer – Zwischenstop im Schlaraffenland? Verh Dtsch Zool Ges 89.1: 316

Wahls S, Ketzenberg C, Exo K-M (1995) Time and energy budgets of Grey Plovers *Pluvialis squatarola* during spring and fall migration in the Wadden Sea of Lower Saxony. Wader Study Group Bulletin 76: 19.

Walbrun B (1985) Pflanzen auf Helgoland. In Natur-Magazin draußen Nr. 39 Helgoland. Harksheider Verlagsges, Norderstedt

Walbrun B (1988) Die Vegetation der Insel Helgoland mit ihren pflanzensoziologischen Einheiten. Seevögel 9, Sonderband: 61–71

Walter G, Liebisch A, Vauk G (1979) Untersuchungen zur Biologie und Verbreitung von Zecken (*Ixodoidea, Ixodidae*) in Norddeutschland. II. Zecken der Zugvögel auf der Insel Helgoland. Z Angew Zool 66: 445–461

Walter O, Hüppop O, Garthe S (1995) Eine komplexe Dreiecksbeziehung Seevögel, Fischbestände und Fischerei. Schriftenr der Schutzgem Dt Nordseeküste e. V. 8: 80–108

Walter U (1997) Die Bedeutung der Garnelenfischerei für die Seevögel an der niedersächsischen Küste. Berichte – Forschungszentrum Terramare 3: 1–106

Walter U (1997) Quantitative analysis of discards from brown shrimps trawlers in the coastal area of the East Frisian islands. Arch Fishery Mar Res 45: 61–76

Walter U, Becker PH (1994) Die Bedeutung der Fischerei und des Schiffolgens für die Ernährung von Seevögeln im Wattenmeer. Ber Ökosystemforsch Wattenmeer 4 (1994) Bd 2: 15–17

Walter U, Becker PH (1994) The significance of discards of the Brown Shrimp fisheries for seabirds in the Wadden Sea – preliminary results. Ophelia 1, Suppl 6: 253–262

Walter U, Becker PH (1996) Die Bedeutung der Fischerei und des Schiffolgens für die Ernährung von Seevögeln im Wattenmeer. UBA-Forschungsbericht 10802085/21, TP A4.6: 1–293

Walter U, Becker PH (1997) Occurence and consumption of seabirds scavenging on shrimper discards in the Wadden Sea. ICES J Mar Sci 54: 684–694

Walter U, Becker PH (1998) Influence of physical factors and fishing activity on the occurrence of seabirds scavenging around shrimpers in the Wadden Sea. Senckenbergiana maritima 29: 155–162

Walther G-R, Post E, Convey A, Menzel A, Parmesan C, Beebee TJC, Fromentin J-M, Hoegh-Guldberg O, Bairlein F (2002) Ecological responses to recent climate change (review). Nature 416: 389–395

Warncke G, Bairlein F, Starck M (1992) Anpassungsstrategien im Stoffwechsel trocken- und feuchtadaptierter Zebrafinken (*Taeniopygia guttata*). I: Wasserhaushalt. Verh Deutsch Zool Ges 85.1: 173

Weigold H (1909) Eine *Saxicola stapazina* auf Helgoland erlegt. Ornithol Monatsber 17: 56

Weigold H (1910) 1. Jahresbericht über den Vogelzug auf Helgoland 1909. J Ornithol 58: 1–158

Weigold H (1910) Biologische Studien an *Lyncodaph-*

niden und *Chydoriden*. Intern Revue d ges Hydrobiologie und Hydrographie 3: 2–118

Weigold H (1910) Der Schnepfenzug afu Helgoland und in Nordwestdeutschland im Herbst 1910. Deutsche Jägerzeitung 57: 11–13, 27–28

Weigold H (1910) Die diesjährige Lummen-"Jagd" auf Helgoland. Ornithol Monatsschr 35: 363

Weigold H (1910) Die Vogelwarte Helgoland einst und jetzt und die Methoden der Vogelzugforschung. Verhandl Intern Ornithol-Kongr Berlin: 564–574

Weigold H (1910) Ein neuer deutscher Brutvogel (*Motacilla flava rayi*). Ornithol Monatsber 18: 157–158

Weigold H (1910) Krabbentaucher an der deutschen Küste. Ornithol Monatsber 18: 123–125

Weigold H (1910) Nachklänge der vorjährigen Kreuzschnäbel-Überschwemmung. Ornithol Jahrb 21: Heft 4 + 5

Weigold H (1910) Was soll aus der Vogelwarte Helgoland werden? Orn Mschr 35: 64–86

Weigold H (1911) Anleitung zur Beobachtung auf dem Gebiete der Zoologie. Berlin

Weigold H (1911) Birkenzeisige und andere Nordländer im Anzuge. Ornithol Montasschr 36: 88

Weigold H (1911) Die Vogelwarte einst und jetzt und die Methoden der Vogelzugforschung. Verh V. Intern Orn-Kongr Berlin 1910: 563–574. Hrsg Schalow H, Berlin

Weigold H (1911) Eine laute Anklage. Ornithol Monatsschr 36: 353

Weigold H (1912) 3. Jahresbericht der Vogelwarte der Biologischen Anstalt auf Helgoland. J Ornithol 60: 1–75

Weigold H (1912) Der Sprung ins Leben. Kosmos 3: 90–93

Weigold H (1912) Die deutschen Versuche mit gezeichneten Dorschen (*Gadus morrhua*). I. Bericht. Wiss Meeresuntersuch NF 10: Heft 2

Weigold H (1912) Ein Monat Ornithologie in den Wüsten und Kulturoasen Nordwestmesopotamiens und Innersyriens. J Ornithol 60: 250–297, 366–410 und 61: 2–40

Weigold H (1912) Leben und Wanderungen der Lachmöwe. Reclams Universum 28: 505–510

Weigold H (1912) Mein Eindruck von der Vogelkolonie Trischen. Schlesw-Holstein Natur- u Vogelschutzblätter 1: Nr. 3

Weigold H (1912) Wie können wir das biologische Problem des Vogelzuges exakt erforschen? Ein Beitrag zur Methodik biologischer Forschung. Orn Mschr 37: 112–123

Weigold H (1913) 4. Jahresbericht der Vogelwarte der Biologischen Anstalt auf Helgoland 1912. J Ornithol 61: 1–59

Weigold H (1913) Die Entstehung und Erfolge der Vogelfreistätten. Blätter Volkskultur: 305–308

Weigold H (1913) Eine mediterrane Oase in der Vogelwelt Südostungarns. Aquila 20: 179–212

Weigold H (1913) Einige Bermerkungen zu Hegyfokys „Wie der Vogelzug ‚exakt' zu erforschen wäre". Aquila 20: 218–229

Weigold H (1913) Lebensweise und wirtschaftliche Bedeutung der deutschen Seemöwen. Fischereibote 5

Weigold H (1913) Markierte Helgoländer Waldschnepfen. Ornithol Monatsschr 38: 323

Weigold H (1913) Über iberische Kohlmeisen. Falco 9: 32

Weigold H (1913) Zwischen Zug und Brut am Mäander. (Ein Beitrag zur Ornithologie Kleinasiens). J Ornithol 61: 562–597 und 62 (1914) 58–93

Weigold H (1914) Die neue Seevogelkolonie auf Mellum. Ornithol Monatsschr 39: 68–97

Weigold H (1914) Vogelleben auf Trischen während der Hochflut am 20. und 21. Juli 1913. Ornithol Monatsschr 39: 101–113

Weigold H (1914) Wie kann der Vogelkenner und -freund der Wissenschaft helfen? J Ornithol 72: 184–191

Weigold H (1915) Die Szetschwan-Expedition. Aquila 22: 401–407

Weigold H (1916) Einige vorläufige Bemerkungen über die zoologischen Ergebnisse der Stötznerschen Szetschwan-Expedition. Ornithol Monatsber 24: 71–75, 90–92

Weigold H (1919) Die Vögel von Neuwerk auf der Wanderschaft. Schriften Zool Station Büsum Meereskunde Nr. 1: 18–26

Weigold H (1920) Das große Lummensterben. Z Vogelschutz 1: 148–152 (Nachtrag Ebenda 2: 104–106)

Weigold H (1920) Das Schicksal der großen Reiherkolonie bei Schmede. Z Vogelsch 1: 210

Weigold H (1920) Der erste Beweis für das Vorkommen von Rückwanderungen im Herbst. Ornithol Monatsber 28: 70–71

Weigold H (1920) Fliegerbeobachtungen über die Höhe des Vogelzuges. Flug und Luftschiffahrt 2: 67–68, 86–87, 113.116

Weigold H (1920) Helgoland und Naturschutz. Z Vogelsch 1: 1–12

Weigold H (1920) Im Weltkrieg von der Mellumplate nach dem Kapland. Ornithol Monatsschr 45: 225–241

Weigold H (1921) Bemerkungen über Helgoländer Beobachtungen. J Ornithol 69: 116.

Weigold H (1921) Bienenfresser, Girlitz und Richardspieper auf Helgoland. Ornithol Monatsber 29: 92–93

Weigold H (1921) Die ersten Lebensdaufnahmen vom Waldrapp. Waldrapp 3: 1–4

Weigold H (1921) Die Steindrossel zum 5. Mal auf Helgoland erlegt. Ornithol Monatsber 29: 16

Weigold H (1921) Eine zweite *Locustella lanceolata* auf Helgoland. Ornithol Monatsber 29: 15

Weigold H (1921) Eisvögel am Leuchtturm. Ornithol Monatsber 29: 16

Weigold H (1921) Melanismus einer Trollumme. Ornithol Monatsber 29: 16

Weigold H (1921) Nachtrag zu dem Aufsatz „Das große Lummensterben". Zeitschr Vogelsch 2: 104–106

Weigold H (1921) Rettet die Lewitz. Zeitschr Vogelsch 2: 1–4

Weigold H (1921) Teeröl als Vernichter von Hochseevögeln. Deutsche Jägerzeitung 38: 582–585

Weigold H (1922) Chronologische Notizen in: Zool Ergebnisse der Walter Stötznerschen Ecpedition nach Szetschwan, Osttibet und Tschili. 2. Teil

Weigold H (1922) Das Ende der Hochseevögel – Die Fischbrut in Gefahr – Ingenieure helft! Kosmos 19: 195–196

Weigold H (1922) Die Vögel an und auf dem Meere. In: Kuckuck, Der Strandwanderer. 12. Auflage

Weigold H (1922) Die wissenschaftliche Vogelfangstation im Biologischen Versuchsgarten in Helgoland. Naturwissenschaften 10: 960–964

Weigold H (1922) Frühling 1913. In Portugal, Spanien und Tanger. Ein Beitrag zur Ornis der Iberischen Halbinsel. Mitt ü d Vogelwelt 21: 83–91, 128–147 und 22 (1923) 47–54

Weigold H (1922) *Muscicapa elisae* n. sp.. Falco 18: 1–2

Weigold H (1922) Vorwort, Fundortverzeichnis und Muscicapidae in: Zool. Ergebnisse usw auf Grund der Sammlungen und Beobachtungen Dr. Hugo Weigolds. I. Teil, Heft 2. Abhandl u Berichte d Zool u Antrop-Ethnogr Mus zu Dresden XV

Weigold H (1922) Wer hilft bei der Erforschung des Seevogellebens und des Vogelzuges über das Meer? Schrift für Süßwasesr- und Meereskunde, Probeheft: 2–4

Weigold H (1922) Zwei neue Formen aus Westchina: *Muscicapa mutteri stölzneri* f. n., *Brachypteryx nipalensis harterti* f. n.. Ornithol Monatsber 30: 63

Weigold H (1923) Das Färben der Vögel zu Vogelzugsversuchen. Ornithol Monatsber 31: 133

Weigold H (1923) Die Jagdprüfung in Bremen und der Naturschutz. Deutsche Jägerzeitung 81: 7–9

Weigold H (1923) Die Natur Westchinas und Osttibets. Naturw. Umschau d Chemiker-Zeitung: 19–22

Weigold H (1923) Einjähriger *Acrocephalus arundinaceus* 155 km von der Heimat (brütend?). Ornithol Monatsber 31: 135

Weigold H (1923) *Emberiza melanocephala* Scop. und *Lanius senator* L. auf Helgoland. Ornithol Monatsber 31: 134–135

Weigold H (1923) Gedanken in 2000 m Höhe. Naturschutz 4: 1218–134

Weigold H (1923) Kein Ende des mordenden Öls. Mitt ü d Vogelwelt 22: 18

Weigold H (1923) *Phylloscopus trochilus eversmanni* (Bp.) regelmäßiger Durchzügler auf Helgoland. Ornithol Monatsber 31: 134

Weigold H (1923) Vogelmord an Starkstromleitungen. Deutsche Jägerzeitung 82: 117 der „Jagdl Warte"

Weigold H (1923) Wiederansiedlung von Dreizehenmöwen, *rissa tridactyla* (L.), in Helgoland? Ornithol Monatsber 31: 133–134

Weigold H (1923/24) Berühren Vogelzugstraßen Helgoland und welche? Ist etwa der Leuchtturm allein die Ursache der Existenz dieser Straßen? Aquila 30–31: 129–135

Weigold H (1924) Das Wetter und der Herbstzug der Waldschnepfe. J Ornithol 72: 416–421

Weigold H (1924) Der blendende Tod. Naturschutz 5: 73–77

Weigold H (1924) Die Vogelfreistätten der deutschen Nordsee. Meereskunde 159

Weigold H (1924) Ein meteorologisches Gutachten zu der NordländerInvasion im Sommer 1923 und zu der *Phylloscopus inornatus*-Welle im Oktober 1923. Ornithol Monatsber 32: 76–78

Weigold H (1924) Ein thüringischer Kuckuck auf dem Wege nach Ägypten erlegt. Ornithol Monatsber 32: 46

Weigold H (1924) Helgoländer Gartenrötel in den Nordwest-Pyrenäen erbeutet. Ornithol Monatsber 32: 46–47

Weigold H (1924) Kulturfortschritte als Ursachen der Massenvernichtung von Vögeln. Naturforscher: 580–583

Weigold H (1924) Nachschrift zu Banzhaf und Panzer, Vom Herbstvogelzug 1923 auf Helgoland. Ornithol Monatsber 32: 72–75

Weigold H (1924) Naturschutz, ein Schlagwort oder eine Kulturforderung? Aus d Heimat 37: 49–51 und Mitt Vogelwelt 23: 112–114

Weigold H (1924) Naturschutz, eine dringende Pflicht der Naturforscher. Vortrag auf der Hundertjahrfeier Deutscher Naturforscher und Ärzte. Naturschutz 5, Heft 1

Weigold H (1924) *Proparus striaticollis* (Verr.) und *P. vinipectus bieti* Oust., zwei Charaktervögel Südosttibets. Ornithol Monatsber 33

Weigold H (1924) Unsere Schutzbefohlenen auf Mellum. Das Jagdgebiet, Heft 1: Das Natuschutzgebiet „Alte Mellum"

Weigold H (1924) VII. Bericht der Vogelwarte der Staatl. Biologischen Anstalt auf Helgoland. J Ornithol 72: 17–68

Weigold H (1924) Vogelparadiese an der Nordsee. Deutsche Illustrierte Wochenschau 16: 3–5

Weigold H (1924) Was uns der Vogelring über das Schicksal der Mellumvögel erzählt hat. Beilage

„Der Sonntag" der Wilhelmshavener Zeitung, 4. Jahrg Nr 2, vom 28.6.1924

Weigold H (1924) Woran erkennt man ein Entwicklungszentrum? Ornithol Monatsber 32: 80

Weigold H (1925) Das Naturkunde-Museum. Der Plan eines Museumsneubaues in Hannover. Hannov Kurier v 8. u. 9.1.1925

Weigold H (1925) Vogelliebhaber in China. 5. Jahrbuch der Austausch-Zentrale für Exotenliebhaber und -züchter: 11–16

Weigold H (1926) Maße, Gewichte und Zug nach Alter und Geschlecht bei Helgoländer Zugvögeln. Wiss Meeresunters NF Abt Helgoland 17, Oldenburg i O

Weigold H (1930) Der Vogelzug auf Helgoland, graphisch dargestellt. Abh Geb Vogelzugforschung

Weigold H 1911) 2. Jahresbericht der Vogelwarte der Biologischen Anstalt auf Helgoland. J Ornithol 59: 1–216

Weigold H (1911) Wieder ein Ostasiate (*Locustella lanceolata*) auf Helgoland. Ornithol Monatsber 19: 14

Weigold H (2005) Die Biogeographie Tibets und seiner Vorländer. Mitt Verein Sächsischer Ornithologen 9, Sonderheft 3: 1–445

Weigold H, Havestadt J (1923) Beringte Helgoländer Drosseln. Ornithol Monatsber 31: 10–11

Weigold H, Kleinschmidt O (1922) *Corvidae, Certhiidae, Sittidae, Paridae, Cinclidae* in: Zool Ergebnisse der Walter Stötznerschen Expedition nach Szetschwan, Osttibet usw auf Grund der Sammlungen und Beobachtungen Dr. Hugo Weigolds. I. Teil. Abhandl und Berichte d Zool u Antrop-Ethnogr Mus Dresden XV

Weigold H, Kleinschmidt O (1922) *Corvus neglectus, Nucfrage heispila interdictus* f. n., *Parus communis jeholicus* f. n.. Falco 18: 2

Wellbrock A, Exo K-M, Thyen S (2007) Temporal variation in energy intake of waders on an artificial mudflat. Wader Study Group Bull 114: 31

Wellbrock A, Thyen S, Exo K-M (2008) Die Bedeutung der Kleipütte Petersgroden für Rastvögel, dargestellt am Beispiel von Rotschenkel und Alpenstrandläufer. Jber Institut Vogelforschung 8: 21

Wellbrock A, Thyen S, Exo K-M (2008) Kleientnahme für den Deichbau: Was passiert, wenn Baumaschinen gehen und Vögel auf ein Baggerloch in der Salzwiese treffen? Vogelwarte 46: 367–368

Weller A, Hüppop K, Hüppop O (2006) Marines Drehkreuz für „Überflieger": Vogelfelsen im Wattenmeer. Zum Fliegen geboren – Flying free NF 24: 6–10

Wendeln H (1994) Body mass changes during incubation and chick-rearing in Common Terns. J Ornithol 135 (Sonderheft): 7

Wendeln H (1997) Allocation of parental duties and foraging behavior influence body condition of adult Common Terns, *Sterna hirundo*. Bird Behavior 12: 47–54

Wendeln H (1997) Body mass of female Common Terns *Sterna hirundo* during courtship: relationships to male quality, egg mass, diet, laying date and age. Colonial Waterbirds 20: 235–243

Wendeln H, Becker PH (1996) Body mass change in breeding Common Terns (*Sterna hirundo*). Bird Study 43: 85–95

Wendeln H, Becker PH (1997) Zusammenhänge zwischen Reproduktion, Alter und Kondition bei Flußseeschwalben. Jber Institut Vogelforschung 3: 25

Wendeln H, Becker PH (1998) Populationsbiologische Untersuchungen an einer Kolonie der Flussseeschwalbe *Sterna hirundo*. Vogelwelt 119: 209–213

Wendeln H, Becker PH (1999) Effects of parental quality and effort on the reproduction of common terns. J Anim Ecol 68: 205–214

Wendeln H, Becker PH (1999) Significance of ring removal in Africa for a Common Tern *Sterna hirundo* colony. Ringing and Migration 19: 210–212

Wendeln H, Becker PH (2000) Does disturbance by nocturnal predators affect body mass of adult Common Terns? Waterbirds 22: 401–410

Wendeln H, Becker PH, González-Solís J (2000) Parental care of replacement clutches in common terns (*Sterna hirundo*). Behav Ecol Sociobiol 47: 382–392

Wendeln H, Becker PH, Wagener M (1997) Beziehungen zwischen Körpermasse und Körpergröße bei Paarpartnern der Flußseeschwalbe (*Sterna hirundo*). Vogelwarte 39: 141–148

Wendeln H, Liechti F, Hill R, Hüppop O, Kube J (2007) Sind Schiffsradargeräte für quantitative Vogelzugmessungen geeignet? – Ein Vergleich mit dem Zielfolgeradar „Superfledermaus". Vogelwarte 45: 336–337

Wendeln H, Mickstein S, Becker PH (1994) Auswirkungen individueller Ernährungsstrategien von Flußseeschwalben (*Sterna hirundo*) auf die Anwesenheit am Koloniestandort. Vogelwarte 37: 290–303

Wendeln H, Mickstein S, Becker PH (1994) Effects of foraging strategies of Common Terns on colony site attendance. In: Dittami J, Bock W, Taborsky M, van den Elzen R, Vogel-Millesi E (Hrsg) J Ornithol 135 (Sonderheft): 153

Wendeln H, Nagel R, Becker PH (1996) A technique to spray dyes on birds. J Field Ornithol 67: 442–446

Wennerberg L, Exo K-M (2004) Conservation genetics of Golden Plovers in Germany: A breeding population close to extinction? Wader Study Group Bull 105: 21

Wenzel S, Exo K-M, Neumann B, Thyen S (2002) Claypits in Wadden Sea saltmarshes: attractive staging and feeding sites for migratory birds? Wader Study Group Bull 99: 17–18

Westphal U (1991) Botulismus bei Vögeln – u. getrennte Bibliographie. Aula-Verlag Wiesbaden

Wilkens S, Exo K-M (1998) Brutbestand und Dichteabhängigkeit des Bruterfolgs der Silbermöwe (*Larus argentatus*) auf Mellum. J Ornithol 139: 21–36

Wilkens S, K-M Exo (1998) Brutbestand und Dichteabhängigkeit des Bruterfolgs der Silbermöwe (*Larus argentatus*) auf Mellum – eine Studie im Rahmen des trilateralen Wattenmeer-Monitorings. Seevögel 19, Sonderheft: 103–104

Wimmer W, Winkel W (2000) Libellen (*Odonata*) in der Nestlingsnahrung des Trauerschnäppers *Ficedula hypoleuca* (Aves). Libellula 19: 241–246

Wimmer W, Winkel W (2000) Zum Auftreten von *Gonioctena quinquepunctata* (Fabr.) (Coleoptera: Chrysomelidae) an *Prunus serotina* Ehrh. und in der Nestlingsnahrung höhlenbrütender Singvögel im Emsland. Braunschweiger Naturkundliche Schriften 6: 131–138

Wimmer W, Winkel W (2001) Schnecken (Gastropoda) in der Nestlingsnahrung des Trauerschnäppers (*Ficedula hypoleuca*). Vogelwarte 41: 70–80

Wimmer W, Winkel W (2002) Vergleichende Untersuchungen zur Nestlingsnahrung des Trauerschnäppers (*Ficedula hypoleuca*). Jber Institut Vogelforschung 5: 9–10

Wimmer W, Winkel W, Winkel D (2004) Zur Nestlingsnahrung von Kohl- und Tannenmeise im Kiefern-Lärchenforst. Jber Institut Vogelforschung 6:11

Winkel W (1970) Experimentelle Untersuchungen zur Brutbiologie von Kohl- und Blaumeise (*Parus major* und *P. caeruleus*). Über Legeperiode, Eigröße, Brutdauer, Nestlingsentwicklung und Reaktion auf Veränderung der Eizahl. J Ornithol 111: 154–174

Winkel W (1970) Hinweise zur Art- und Altersbestimmung von Nestlingen höhlenbrütender Vogelarten anhand ihrer Körperentwicklung. Vogelwelt 91: 52–59

Winkel W (1970) Über das „Einemsen" von Zuckervögeln und Brillenvögeln (Coerebidae und Zosteropidae). Beitr Vogelkunde 15: 456–458

Winkel W (1970) Wegweiser durch den Jaderberger Tiergarten. Druck Ad. Allmers, Varel

Winkel W (1970) Wie reagiert der Feldsperling (*Passer montanus*) auf die Fortnahme bebrüteter Eier? Vogelwelt 91: 243–245

Winkel W (1971) Über den Bruttrieb der Silbermöwe (*Larus argentatus*) in Beziehung zur Farbe der Eier. Vogelwarte 26: 249–254

Winkel W (1972) Beobachtungen zum Abwehrverhalten („Zischen") nestjunger Meisen (*Parus* spp.). Vogelwelt 93: 68–71

Winkel W (1972) Über die 20. Arbeitstagung der DS/IRV in Ratzeburg 1972. Ber Dtsch Sekt Int Rat Vogelschutz 12: 28–33

Winkel W (1972) Versuche zum Farb- und Formsehvermögen des Türkisvogels (*Cyanerpes cyaneus*). Film C 1092 des Inst. Wiss. Film, Göttingen

Winkel W (1972) Volierenbeobachtungen zur Ethologie unf Brutbiologie des Kappensai (*Chlorophanes spiza* – Coerebidae). Zool Garten (NF) 42: 143–158

Winkel W (1973) Über die 21. Arbeitstagung der DS/RV in Bonn-Bad Godesberg 1973. Ber Dtsch Sekt Int Rat Vogelschutz 13: 14–18

Winkel W (1973) Über Wintergewichte bei Kohlmeisen (*Parus major*) im nördlichen Niedersachsen. Vogelkundl Ber Niedersachs 5: 8–12

Winkel W (1973) Vogelberingung und Vogelschutz. In: Pfeifer S (Hrsg) Taschenbuch für Vogelschutz, 4. Aufl: 252–260. DBV-Verlag, Stuttgart

Winkel W (1974) Über die 22. Arbeitstagung der Deutschen Sektion des Internationalen Rates für Vogelschutz in Leer 1974. Ber Dtsch Sekt. Int Rat Vogelschutz 14: 29–34

Winkel W (1974) Über Flügellänge des Trauerschnäppers (*Ficedula hypoleuca*). Untersuchungen an beringten Individuen einer niedersächsischen Brutpopulation. Vogelkundl Ber Niedersachs 6: 107–112

Winkel W (1974) Über Verfrachtungen von Kohl- und Blaumeisen (*Parus major* und *P. caeruleus*) außerhalb der Brutzeit im nordwestdeutschen Küstenraum. Vogelwarte 27: 264–278

Winkel W (1975) Über die 23. Arbeitstagung der Deutschen Sektion des Internationalen Rates für Vogelschutz in Braunau/Inn 1975. Ber Dtsch Sekt Int Rat Vogelschutz 15: 17–20

Winkel W (1975) Vergleichend-brutbiologische Untersuchungen an fünf Meisen-Arten (*Parus* spp.) in einem niedersächsischen Aufforstungsgebiet mit Japanischer Lärche *Larix leptolepis*. Vogelwelt 96: 41–63 und 104–114

Winkel W (1976) Experimentelle Freilanduntersuchungen zum Bruttrieb der Silbermöwe (*Larus argentatus*). Über den Einfluß von Fleckung, Farbe, Größe, Form, Gewicht und Zahl der Eier. Vogelwarte 28: 212–229

Winkel W (1976) Über die 24. Arbeitstagung der Deutschen Sektion des Internationalen Rates für Vogelschutz (DS/IRV) in Saarlois 1976. Ber Dtsch Sekt Int Rat Vogelschutz 16: 35–38

Winkel W (1977) Silbermöwenforschung auf der Vogelinsel Mellum. Niedersachsen 77: 16–17.

Winkel W (1977) Über die 26. Arbeitstagung der Deutschen Sektion des Internationalen Rates für Vogelschutz (DS/IRV) in Stade 1977. Ber Dtsch Sekt Int Rat Vogelschutz 17: 15–22

Winkel W (1977) Zum Verhalten von Kohlmeisen (*Parus major*) während der Bebrütungsphase. Vogelwarte 29, Sonderheft: 101–111

Winkel W (1978) Über die 28. Arbeitstagung der Deutschen Sektion des Internationalen Rates für Vogelschutz (DS/IRV) in Radolfzell-Güttingen 1978. Ber. Dtsch Sekt Int Rat Vogelschutz Nr. 18: 18–20.

Winkel W (1979) Nachweis von Trigynie beim Trauerschnäpper (*Ficedula hypoleuca*). Vogelwelt 100: 156–159

Winkel W (1979) Über die 30. Arbeitstagung der Deutschen Sektion des Internationalen Rates für Vogelschutz (DS/IRV) in Speyer 1979. Ber Dtsch Sekt Int Rat Vogelschutz 19: 11–13

Winkel W (1979) Über die Reaktion von Kohlmeisen (*Parus major*) auf experimentell veränderte Brutsituationen. Vogelwarte 30: 138–142

Winkel W (1979) Über einige brutbiologische Befunde an Nachgelegen des Feldsperlings (*Passer montanus*). Vogelwelt 100: 191–195

Winkel W (1980) Befunde zur Eigröße und Brutbiologie der Haubenmeise (*Parus cristatus*) in einem niedersächsischen Aufforstungsgebiet mit Japanischer Lärche (*Larix leptolepis*). Vogelk Ber Niedersachs 12, Sonderheft: 44–51

Winkel W (1980) Registrierung der Nestbesuchs-Aktivität bei einer Schachtelbrut der Kohlmeise (*Parus major*). Vogelwelt 101: 30–33

Winkel W (1980) Über den Bebrütungsrhythmus einer Kohlmeise (*Parus major*) bei experimenteller Veränderung der Nisthöhlentemperatur. J Ornithol 121: 102–105

Winkel W (1980) Über die 32. Arbeitstagung der Deutschen Sektion des Internationalen Rates für Vogelschutz (DS/IRV) in Wörth/Donau 1980. Ber Dtsch Sekt Int Rat Vogelschutz 20: 11–12

Winkel W (1980) Über die Flügellänge von Kohl-, Blau- und Tannenmeisen (*Parus major*, *P. caeruleus* und *P. ater*) in Beziehung zu Geschlecht und Alter. Beitr Vogelkd 26: 213–221

Winkel W (1980) Vogelberingung und Vogelschutz. In: Pfeifer S (Hrsg) Taschenbuch für Vogelschutz. 5. Aufl.: 256–264. Verlag Strobach, Frankfurt/M.

Winkel W (1981) Zur Populationsentwicklung von fünf Meisen-Arten (*Parus* spp.) in einem Lärchen-Versuchsgebiet vor und nach dem strengen Winter 1978/79. Vogelwelt 102: 41–47

Winkel W (1981) Ein Fall von Bigynie bei der Blaumeise (*Parus caeruleus*)? Vogelwelt 102: 141–142

Winkel W (1981) Über die 34. Arbeitstagung der Deutschen Sektion des Internationalen Rates für Vogelschutz (DS/IRV) in Göttingen 1981. Ber Dtsch Sekt Int Rat Vogelschutz 21: 11–12

Winkel W (1981) Zum Ortstreue-Verhalten von Kohl-, Blau- und Tannenmeisen (*Parus major*, *P. caeruleus*, *P. ater*). in einem 325 ha großen Untersuchungsgebiet. Vogelwelt 102: 81–106

Winkel W (1982) Zum Ortstreue-Verhalten des Trauerschnäppers (*Ficedula hypoleuca*) im westlichen Randbereich seines mitteleuropäischen Verbreitungsgebietes. J Ornithol 123: 155–173

Winkel W (1982) Zur Höhlenbrüter-Erstbesiedlung eines neu eingerichteten Nisthöhlen-Untersuchungsgebietes sowie Befunde über Alter und Herkunft der Ansiedler. Orn Mitt 34: 263–267

Winkel W (1984) Altersklassen und Überlebensrate weiblicher Tannenmeisen (*Parus ater*). Vogelwarte 32: 298–302

Winkel W (1984) Zur Eigröße von Sumpf- und Weidenmeise (*Parus palustris* und *P. montanus*). Vogelwelt 105: 219–224

Winkel W (1985) Zur Erstbesiedlung eines mit Nisthöhlen verschiedener Brutraumgröße bestückten Untersuchungsgebietes durch Meisen und andere Höhlenbrüter. Vogelwelt 106: 256–264

Winkel W (1986) Abschnitt „Coerebinae". In: Robiller F (Hrsg) Lexikon der Vogelhaltung: 155. Landbuch-Verlag Hannover

Winkel W (1986) Brutzeit-Daten vom Gartenrotschwanz (*Phoenicurus phoenicurus*). Untersuchungsbefunde aus einem Lärchenversuchsgebiet. Vogelwelt 107: 210–220

Winkel W (1986/87) Dr. Rudolf Berndt zum Gedenken. Ber Dtsch Sekt Int Rat Vogelschutz 26: 7–9

Winkel W (1987) Hausrotschwanz (*Phoenicurus ochruros*) brütet erfolgreich unter mobilem Lastkraftwagen. Vogelwelt 108: 190–192

Winkel W (1987) Dr. Rudolf Berndt †. Vogelwelt 108: 240

Winkel W (1987) In memoriam Dr. Rudolf Berndt. Seevögel 8: LVI

Winkel W (1989) Langfristige Bestandsentwicklung von Kohlmeise (*Parus major*) und Trauerschnäpper (*Ficedula hypoleuca*) Ergebnisse aus Niedersachsen. J Ornithol 130: 335–343

Winkel W (1989) Zum Dispersionsverhalten und Lebensalter des Kleibers (*Sitta europaea caesia*). Vogelwarte 35: 37–48

Winkel W (1991) Langfristige Bestandstrends. Befunde aus dem Braunschweiger „Höhlenbrüterprogramm". Braunschweig Heimat 77: 84–89

Winkel W (1991) Ornithologische Fachausdrücke: Ökologie – Der Vogel in seiner Umwelt. Ornithologen Kalender '92: 171–177. Aula, Wiesbaden

Winkel W (1991) Zur Nutzung von Nistkästen im Jahreslauf. Befunde aus dem Braunschweiger „Höhlenbrüterprogramm". Braunschweig Heimat 77: 79–83

Winkel W (1992) Der Wendehals (*Jynx torquilla*) als Brutvogel in Nisthöhlen-Untersuchungsgebieten

Winkel W (1993) Langfristige Bestandsdynamik von Höhlenbrütern (*Parus, Sitta, Phoenicurus, Ficedula, Jynx*) im Braunschweiger Raum. Jber Institut Vogelforschung 1: 20–21

Winkel W (1993) Waldschnepfe (*Scolopax rusticola*) trägt 7-tägiges Küken im Flug fort. Orn Mitt 45: 223–224

Winkel W (1993) Zum Ansiedlungsverhalten des Trauerschnäppers (*Ficedula hypoleuca*) und anderer Höhlenbrüter-Arten. Jber Institut Vogelforschung 1: 15.

Winkel W (1993) Zum Brutverhalten einer in leerem Nest brütenden Kohlmeise (*Parus major*). Vogelwarte 37: 146–148

Winkel W (1993) Zum Migrationsverhalten von Kohl- und Blaumeise. Jber Institut Vogelforschung 1: 9

Winkel W (1993) Zur Brutbiologie der Kohlmeise (*Parus major*). Befunde aus dem Braunschweiger „Höhlenbrüterprogramm". Braunschweig Heimat 79: 98–105

Winkel W (1994) Bemerkungen zur Brutkleid-Variabilität männlicher Trauerschnäpper (*Ficedula hypoleuca*). Falke 41: 42–44

Winkel W (1994) Der Nationalpark Galápagos – Vögel zum Greifen nahe, aber Berühren verboten. Gef Welt 118: 279–283

Winkel W (1994) Der Trauerschnäpper (*Ficedula hypoleuca*) – ein Vogelportrait. Befunde aus dem „Braunschweiger Höhlenbrüterprogramm" des Instituts für Vogelforschung „Vogelwarte Helgoland". Braunschweig Heimat 80: 117–126

Winkel W (1994) Polygynie des Trauerschnäppers (*Ficedula hypoleuca*) im Braunschweiger Raum. Vogelwarte 37: 199–205

Winkel W (1994) Zur langfristigen Bestandsentwicklung des Feldsperlings (*Passer montanus*) im Braunschweiger Raum. Vogelwarte 37: 307–309

Winkel W (1995) Einige Beobachtungen an der Indischen Binsenralle (*Heliopais personata*). Gef. Welt 119: 133–134

Winkel W (1995) Kohlmeisen (*Parus major*) brüten auf leerem Nest – ein neues Phänomen. Jber Institut Vogelforschung 2: 17

Winkel W (1995) Langfristige Veränderungen von Schlüpftermin, Gelegegröße und Bruterfolg bei Kohlmeisen, Blaumeisen und Kleibern. Jber Institut Vogelforschung 2: 18

Winkel W (1995) Zum Polygamie-Verhalten des Trauerschnäppers (*Ficedula hypoleuca*). Jber Institut Vogelforschung 2: 16

Winkel W (1996) Das Braunschweiger Höhlenbrüterprogramm des Instituts für Vogelforschung „Vogelwarte Helgoland". Vogelwelt 177: 269–275

Winkel W (1996) Langzeit-Erfassung brutbiologischer Parameter bei Höhlenbrütern (*Parus* spp., *Sitta europaea*) – gibt es signifikante Veränderungen? Verh Dtsch Zool Ges 89.1: 130

Winkel W (1996) Zum primären Geschlechterverhältnis des Kleibers (*Sitta europaea*). Vogelwarte 38: 194–196

Winkel W (1997) Der Wendehals (*Jynx torquilla*) als Nisthöhlenbrüter. Braunschweig Heimat 81–82, 1995–96: 91–100

Winkel W (1998) Das Braunschweiger Höhlenbrüterprogramm. NABU Bezirksgruppe Braunschweig, Mitteilungsblatt 73: 9–10

Winkel W (1998) Großlibelle als Beuteobjekt des Trauerschnäppers. Falke 45: 290

Winkel W (1998) Monoterritorial bigyny in the Pied Flycatcher *Ficedula hypoleuca*. Ibis 140: 178–180

Winkel W (1998) Sind unfruchtbare Kohlmeisen-Weibchen *Parus major* nur eine Ausnahmeerscheinung? Orn Mitt 51: 160–166

Winkel W (1998): Das Institut für Vogelforschung „Vogelwarte Helgoland". vdbiol Biologen heute 438: 20

Winkel W (1999) Der Kleiber – ein Vogelporträt. Braunschweig Heimat 85: 4–8

Winkel W (2001) Wissenschaftliche Vogelberingung – auch nach 100 Jahren noch immer eine unverzichtbare Methode der Vogelforschung. Naturschutz Nachrichten 20 (1)/21 (1)/22 (2), Salzgitter: 6–11

Winkel W (2002) Sind Vögel Anzeiger von Umwelt- und Klimaveränderungen? Langzeittrends bei Meisen und anderen Kleinhöhlenbrütern im Braunschweiger Raum. Milvus 21: 1–12

Winkel W (2003) Abschnitt „Coerebinae". In: Robiller F (Hrsg) Das große Lexikon der Vogelpflege: 208. Verlag Eugen Ulmer, Stuttgart

Winkel W (2006) Brutphänologie von Höhlenbrütern in Abhängigkeit von Klimaveränderungen. Vogelwarte 44: 52

Winkel W, Berndt R (1972) Beobachtungen und Experimente zur Dauer der Huderperiode beim Trauerschnäpper. J Ornithol 113: 9–20

Winkel W, Berndt R (1987) Weibliche Trauerschnäpper zogen nach Gelegeaufgabe in Mitteleuropa vorzeitig zur Iberischen Halbinsel. Vogelwarte 34: 47–49.

Winkel W, Brün J, Lubjuhn T (1997) Untersuchungen zur Fortpflanzungsstrategie des Trauerschnäppers am Westrand seines Verbreitungsareals mit Hilfe des „genetischen Fingerabdrucks". Jber Institut Vogelforschung 3: 27–28

Winkel W, Brün J, Lubjuhn T (1998) Reproductive success in monogamous and bigynous Pied Flycatcher *Ficedula hypoleuca*. Ostrich 69: 340–341

Winkel W, Brün J, Lubjuhn T (1998) Vaterschaftsnachweise bei einem trigyn verpaarten Trauerschnäpper (*Ficedula hypoleuca*). J Ornithol 139: 349–351

Winkel W, Dietrich V, Schmoll T, Lubjuhn T (2002) Besteht bei der Tannenmeise (*Parus ater*) ein Zusammenhang zwischen Fremdvaterschaften und Scheidung? Jber Institut Vogelforschung 5: 17

Winkel W, Frantzen M (1987) Erfassung von „Important Bird Areas" der Bundesrepublik Deutschland. Ber Dtsch Sekt Int Rat Vogelschutz 27: 13–58

Winkel W, Frantzen M (1989) Ortstreue, Emigration und Lebensalter von Kohlmeisen (*Parus major*) im Braunschweiger Raum. Vogelwarte 35: 64–79

Winkel W, Frantzen M (1991) Ringfund-Analyse zum Zug einer niedersächsischen Population des Trauerschnäppers *Ficedula hypoleuca*. Vogelk Ber Nieders 23: 90–98

Winkel W, Frantzen M (1991) Zur Populationsdynamik der Blaumeise (*Parus caeruleus*). Langfristige Studien bei Braunschweig. J Ornithol 132: 81–96

Winkel W, Hudde H (1988) Über das Nächtigen von Vögeln in künstlichen Nisthöhlen während des Winters. Vogelwarte 34: 174–188.

Winkel W, Hudde H (1990) Zum vermehrten Auftreten von „Brüten in leerem Nest". Befunde an Meisen (*Parus*) und anderen Höhlenbrütern aus verschiedenen Untersuchungsräumen Norddeutschlands. Vogelwarte 35: 341–350

Winkel W, Hudde H (1993) *Ficedula hypoleuca* (Pallas 1764) – Trauerfliegenschnäpper, Trauerschnäpper. In: Glutz von Blotzheim UN, Bauer KM (Hrsg) Handbuch der Vögel Mitteleuropas, Bd. 13: 165–263

Winkel W, Hudde H (1996) Langzeit-Erfassung brutbiologischer Parameter beim Kleiber *Sitta europaea* in zwei norddeutschen Untersuchungsgebieten. J Ornithol 137: 193–202

Winkel W, Hudde H (1997) Long-term trends in reproductive traits of tits (*Parus major*, *P. caeruleus*) and Pied Flycatcher (*Ficedula hypoleuca*). J Avian Biol 28: 187–190

Winkel W, Richter D, Berndt R (1970) Über Beziehungen zwischen Farbtyp und Lebensalter männlicher Trauerschnäpper (*Ficedula hypoleuca*). Vogelwelt 91: 161–170.

Winkel W, Schumann H, Berndt R (1962) Über die Farbtypenzugehörigkeit männlicher Trauerschnäpper (*Ficedula hypoleuca*) bei Braunschweig. Vogelwarte 21: 314–318.

Winkel W, Thielcke G (1973) Aus der Arbeit der Deutschen Sektion des Internationalen Rates für Vogelschutz 1972/73. Ber Dtsch Sekt Int Rat Vogelschutz 13: 7–14

Winkel W, Thielcke G (1974) Aus der Arbeit der Deutschen Sektion des Internationalen Rates für Vogelschutz (DS/IRV) 1973/74. Ber Dtsch Sekt Int Rat Vogelschutz 14: 20–29

Winkel W, Thielcke G (1975) Aus der Arbeit der Deutschen Sektion des Internationalen Rates für Vogelschutz (DS/IRV) 1974/75. Ber Dtsch Sekt Int Rat Vogelschutz 15: 7–17

Winkel W, Thielcke G (1976) Aus der Arbeit der Deutschen Sektion des Internationalen Rates für Vogelschutz (DS/IRV) 1975/76. Ber Dtsch Sekt Int Rat Vogelschutz 16: 28–34

Winkel W, Thielcke G (1977) Aus der Arbeit der Deutschen Sektion des Internationalen Rates für Vogelschutz (DS/IRV) 1976/77. Ber Dtsch Sekt Int Rat Vogelschutz 17: 7–15

Winkel W, Thielcke G (1978) Aus der Arbeit der Deutschen Sektion des Internationalen Rates für Vogelschutz (DS/IRV) 1977/78. Ber Dtsch Sekt Int Rat Vogelschutz 18: 12–18

Winkel W, Thielcke G (1979) Aus der Arbeit der Deutschen Sektion des Internationalen Rates für Vogelschutz (DS/IRV) 1978/79. Ber Dtsch Sekt. Int Rat Vogelschutz 19: 7–11

Winkel W, Thielcke G (1980) Aus der Arbeit der Deutschen Sektion des Internationalen Rates für Vogelschutz (DS/IRV) 1979/80. Ber Dtsch Sekt Int Rat Vogelschutz 20: 7–10

Winkel W, Thielcke G (1981) Aus der Arbeit der Deutschen Sektion des Internationalen Rates für Vogelschutz (DS/IRV) 1980/81. Ber Dtsch Sekt Int Rat Vogelschutz 21: 7–10

Winkel W, Wimmer W (1999) Forschung in der Natur – Die Braunschweiger Außenstation des Instituts für Vogelforschung „Vogelwarte Helgoland". Umwelzt für die Region Braunschwg 6: 23–25

Winkel W, Wimmer W (2000) Zum Fütterverhalten bigyn verpaarter Tauerschnäpper-Männchen (*Ficedula hypoleuca*) – erste Ergebnisse. Jber Institut Vogelforschung 4: 20–21

Winkel W, Winkel D (1973) Höhlenschlafen bei Kohlmeisen (*Parus major*) zur Zeit der Brut und Mauser. Vogelwelt 94: 50–60

Winkel W, Winkel D (1974) Brutbiologische Untersuchungen am Trauerschnäpper (*Ficedula hypoleuca*) während seiner Legeperiode. Vogelwelt 95: 60–70

Winkel W, Winkel D (1976) Über die brutzeitliche Gewichtsentwicklung beim Trauerschnäpper (*Ficedula hypoleuca*). – Ein Beitrag zur Frage „Belastung während der Fortpflanzungsperiode". J Ornithol 117: 419–432

Winkel W, Winkel D (1980) Winteruntersuchungen über das Nächtigen von Kohl- und Blaumeise (*Parus major* und *P. caeruleus*) in künstlichen Nisthöhlen eines niedersächsischen Aufforstungsgebietes mit Japanischer Lärche *Larix leptolepis*. Vogelwelt 101: 47–61

Winkel W, Winkel D (1980) Zum Paarzusammenhalt bei Kohl-, Blau- und Tannenmeise (*Parus major*, *P. caeruleus* und *P. ater*). Vogelwarte 30: 325–333

Winkel W, Winkel D (1984) Polygynie des Trauerschnäppers (*Ficedula hypoleuca*) am Westrand seines Areals in Mitteleuropa. J Ornithol 125: 1–14

Winkel W, Winkel D (1985) Zum Brutbestand von Meisen (*Parus spp.*) und anderen Höhlenbrüter-Arten eines 325 ha großen Nisthöhlen-Untersuchungsgebietes von 1974 bis 1984. Vogelwelt 106: 24–32

Winkel W, Winkel D (1987) Gelegestärke und Ausfliege-Erfolg bei Erst- und Zweitbruten von Kohl- und Tannenmeisen (*Parus major, P. ater*). Befunde aus einem Lärchenforst. Vogelwelt 108: 209–220.

Winkel W, Winkel D (1988) Zur Abwanderung von Kohl- und Tannenmeisen (*Parus major, P. ater*) eines Lärchen-Versuchsgebietes. Vogelwarte 34: 225–232.

Winkel W, Winkel D (1988) Zur Nutzung künstlicher Nisthöhlen als Winterschlafplatz (mit Daten über Flügellänge und Gewicht beim Kleiber *Sitta europaea*). Vogelk Ber Nieders 19: 5–11.

Winkel W, Winkel D (1990) How does translocation affect the subsequent distribution of breeding pairs in a population of Pied Flycatchers (*Ficedula hypoleuca*)? NATO ASI Series, Vol. G 24 Population Biology of Passerine Birds (ed. by Blondel J et al.), pp. 461–472. Springer-Verlag, Berlin.

Winkel W, Winkel D (1992) Der Brutverlauf bei Kohlmeisen (*Parus major*) und seine Beeinflussung durch Umweltfaktoren. Orn Mitt 44: 3–14

Winkel W, Winkel D (1992) Hybriden-Männchen Halsbandschnäpper x Trauerschnäpper (*Ficedula albicollis* x *F. hypoleuca*) in Niedersachsen. Vogelk Ber Nieders 24: 52–56

Winkel W, Winkel D (1992) Zur Alterseinstufung von Trauerschnäpper-Brutvögeln (*Ficedula hypoleuca*) nach dem Abstand zwischen äußerster Handschwinge und Flügelspitze. Vogelwarte 36: 233–235

Winkel W, Winkel D (1993) Zur Ansiedlung von Trauerschnäppern (*Ficedula hypoleuca*) nach Verfrachtung zu Beginn der Brutzeit. Vogelwarte 37: 50–54

Winkel W, Winkel D (1994) Costs and Benefits of a Second Brood in Coal Tits (*Parus ater*). J Ornithol 135 Sonderheft: 22

Winkel W, Winkel D (1995) Kosten und Nutzen von Zweitbruten bei der Tannenmeise (*Parus ater*). J Ornithol 136: 29–36

Winkel W, Winkel D (1995) Schwarz gefärbte Trauerschnäpper-Männchen (*Ficedula hypoleuca*) aus England und Schweden als Brutvögel in Norddeutschland. Vogelwarte 38: 109–111

Winkel W, Winkel D (1995) Zur pränuptialen Mauser Großer Armdecken bei juvenilen und adulten Trauerschnäppern (*Ficedula hypoleuca*). Vogelwarte 38: 53–54

Winkel W, Winkel D (1996) Der lange Winter 1995/96 und die Brutbiologie der Meisen. Falke 43: 337–338

Winkel W, Winkel D (1996) Männliche Trauerschnäpper ohne Stirnfleck sind in norddeutschen Brutbeständen keine Seltenheit. Vogelwarte 38: 259–261

Winkel W, Winkel D (1997) Zum Einfluß der Populationsdichte auf die Zweitbrutrate von Tannenmeisen (*Parus ater*). Jber Institut Vogelforschung 3: 29

Winkel W, Winkel D (1998) Bestandszunahme des Trauerschnäppers (*Ficedula hypoleuca*) am Westrand seines mitteleuropäischen Verbreitungsareals. Vogelwarte 39: 222–224

Winkel W, Winkel D (1998) Lifetime reproduction in the Pied Flycatcher at the western boundary of its Central European range. Biol Cons Fauna 102: 244

Winkel W, Winkel D (1999) Sterilität eines männlichen Trauerschnäppers (*Ficedula hypoleuca*) in drei aufeinanderfolgenden Jahren. Vogelwarte 40: 136–137

Winkel W, Winkel D (2000) Experimente zur nistökologischen Einnischung von Höhlenbrütern. Jber Institut Vogelforschung 4: 22

Winkel W, Winkel D (2000) Winterortstreue des Kleinspechts (*Picoides minor*). Vogelwarte 40: 322–324

Winkel W, Winkel D (2001) Brillenpinguine – eine neue Attraktion für Kapstadt/Südafrika. Gef Welt 125: 24–25

Winkel W, Winkel D (2001) Chlorochroismus bei Nestlingen des Trauerschnäppers *Ficedula hypoleuca*. Orn Mitt 12: 411–413

Winkel W, Winkel D (2002) Erfolgsbrut einer Tannenmeise (*Parus ater*) an ungewöhnlichem Neststandort. Vogelwarte 41: 298–300

Winkel W, Winkel D (2003) Feldforschung mit Tradition – das Braunschweiger Höhlenbrüterprogramm des Instituts für Vogelforschung „Vogelwarte Helgoland" vorgestellt am Beispiel des Trauerschnäppers (*Ficedula hypoleuca*). Milvus 22: 1–16

Winkel W, Winkel D (2004) Variabilität der Brutkleidfärbung männlicher Trauerschnäpper (*Ficedula hypoleuca*) am Westrand ihres mitteleuropäischen Verbreitungsareals. Vogelwarte 42: 213–218

Winkel W, Winkel D (2004) Vögel, Säugetiere und Insekten als Bewohner von Meisenkästen; Befunde aus Untersuchungsgebieten bei Braunschweig und Lingen/Emsland. Milvus 23: 1–18

Winkel W, Winkel D (2005) Erste Zweitbruten beim Kleiber *Sitta europaea* in der Langzeit-Populationsstudie bei Braunschweig. Vogelwarte 43: 185–187

Winkel W, Winkel D (2006) Das Höhlenbrüterprogramm des Instituts für Vogelforschung „Vogelwarte Helgoland" – populationsökologische Forschung mit Hilfe der wissenschaftlichen Vogelberingung. Ber Vogelwarte Hiddensee 17: 13–21

Winkel W, Winkel D (2006) Extrem unterschiedlicher Bruterfolg von Kohl- und Tannenmeisen im nasskalten Frühjahr 2005 – Befunde aus einem Koniferenforst. Jber Institut Vogelforschung 7: 19

Winkel W, Winkel D (2008) Trauerschnäpper brüteten 2007 extrem früh – Befunde aus einem Koniferenforst bei Lingen/Emsland. Jber Institut Vogelforschung 8: 17

Winkel W, Winkel D, Huk T (2004) Langzeit-Erfassung brutbiologischer Parameter von Trauerschnäpper, Kohl- und Tannenmeise – Befunde aus einem Kiefernforst bei Lingen/Emsland. Jber Institut Vogelforschung 6: 15–16

Winkel W, Winkel D, Huk T (2006) Kosten und Nutzen bigyner Verpaarungen beim Trauerschnäpper. Jber Institut Vogelforschung 7: 17–18

Winkel W, Winkel D, Lubjuhn T (2001) Vaterschaftsnachweise bei vier ungewöhnlich dicht benachbart brütenden Kohlmeisen-Paaren (*Parus major*). J Ornithol 142: 429–432

Winkel W, Winkel D, Lubjuhn T (2002) Blaumeisenpaar (*Parus caeruleus*) zieht in einer Brut 17 Nestlinge auf. Vogelwarte 41: 269–271

Winkel W, Zang H (1998) Blaumeise – *Parus caeruleus*. In: Zang H, Heckenroth J (Hrsg) Die Vögel Niedersachsens. Naturschutz Landschaftspfl Niedersachs B, H 2.10: 66–77

Winkel W, Zang H (1998) Kohlmeise – *Parus major*. In: Zang H, Heckenroth J (Hrsg) Die Vögel Niedersachsens. Naturschutz Landschaftspfl Niedersachs B, H 2.10: 78–90

Winkel W, Zang H (2005) Gartenrotschwanz – *Phoenicurus phoenicurus*. In: Zang H, Heckenroth H, Südbeck P (Hrsg) Die Vögel Niedersachsens. Naturschutz Landschaftspfl Niedersachs B, H 2.9: 74–86

Witt K, Bauer H-G, Berthold P, Boye P, Hüppop O, Knief W (1996) Rote Liste der Brutvögel Deutschlands. 2. Fassung, 01.06.1996. Ber Vogelschutz 34: 11–35

Witt K, Bauer H-G, Berthold P, Boye P, Hüppop O, Knief W (1998) Rote Liste der Brutvögel (Aves). Schriftenreihe für Landschaftspflege und Naturschutz 55: 40–47

Wolf C (1995) Austernfischer am Niederrhein – ökologische Anpassungen an einen neuen Lebensraum. Mitt Außenstelle Grietherbusch Zool Inst Univ Köln 2: 9–11.

Wolf C (1997) Austernfischer am Niederrhein – ökologische Anpassungen an einen neuen Lebensraum. Mitt Außenstelle Grietherbusch Zool Inst Univ Köln 3/4: 12–14

Wolf C (1999) Ethoökologische Untersuchungen am Austernfischer (*Haematopus ostralegus*) – Chancen und Risiken für einen Küstenvogel im Binnenland. J Ornithol 140: 215–216

Wolf C (2002) Behavioural ecology of Oystercatchers (*Haematopus ostralegus*) – risks and opportunities for a shorebird in inland habitats. Wader Study Group Bull 78: 8–9.

Wübbenhorst J, Bairlein F, Henning F, Schottler B, Wolters V (2000) Bruterfolg des Kiebitzes *Vanellus vanellus* in einem trocken-kalten Frühjahr. Vogelwelt 121: 15–25

Wübbenhorst J, Ludwigs J-D (2000) Extrem frühe Trauerschnäpper (*Ficedula hypoleuca*) – Beobachtung in Niedersachsen – mögliche Ursachen für das unzeitgemäße Auftreten eines Langstreckenziehers. Vogelkundl Ber Niedersachs 32: 79–81

Wurm S, Hüppop O (2003) Fischereiabhängige Veränderungen in der Ernährung Helgoländer Großmöwen im Winter. Corax 19: 15–26

Wurm S, Hüppop O (1998) Reaktion der Herzschlagrate von Flußseeschwalben (*Sterna hirundo*) auf das Angebot akustischer Reize. Seevögel Sonderh 19: 92–95

Zang H, Winkel W (1998) Haubenmeise – *Parus cristatus*. In: Zang H, Heckenroth J (Hrsg) Die Vögel Niedersachsens. Naturschutz Landschaftspfl Niedersachs B, H 2.10: 49–54

Zang H, Winkel W (1998) Kleiber – *Sitta europaea*. In: Zang H, Heckenroth J (Hrsg) Die Vögel Niedersachsens. Naturschutz Landschaftspfl Niedersachs B, H 2.10: 91–98

Zang H, Winkel W (1998) Sumpfmeise – *Parus palustris*. In: Zang H, Heckenroth J (Hrsg) Die Vögel Niedersachsens. Naturschutz Landschaftspfl Niedersachs B, H 2.10: 35–39

Zang H, Winkel W (2005) Trauerschnäpper – *Ficedula hypoleuca*. In: Zang H, Heckenroth H, Südbeck P (Hrsg) Die Vögel Niedersachsens. Naturschutz Landschaftspfl Niedersachs B, H 2.9: 430–448

Zaugg S, Saporta G, van Loon E, Schmaljohann H, Liechti F (2008) Automatic identification of bird targets with radar via patterns produced by wing flapping. Journal of the Royal Society Interface 5: 1041–1053

Zink G, Bairlein F (1995) Der Zug europäischer Singvögel. Bd 3. AULA-Verlag, Wiesbaden

Zinke A, Schnebel B, Dierschke V, Ryll M (2003) Prevalence and intensity of excretion of coccidial oocysts in migrating passerines on Helgoland. J Ornithol 145: 74–78

Der Falke – Journal für Vogelbeobachter

57. Jahrgang

Durch seine inhaltlich hochwertigen und verständlichen Beiträge in Verbindung mit brillanter, farbiger Illustration ist „Der Falke" die ideale Einstimmung zur Vogelbeobachtung. Zugleich spielt er eine einflussreiche Rolle für den Schutz von Vögeln in Deutschland und darüber hinaus.

Monat für Monat lesen Sie:
- Aktuelles über Biologie und Ökologie der Vögel
- Berichte über die interessantesten Beobachtungsgebiete
- Neue Ergebnisse aus der Forschung
- Freizeit- und Reisetipps
- Kurzberichte über Beobachtungen von Lesern
- Veranstaltungshinweise, Kontakte und Kleinanzeigen

Erscheinungsweise: 12 Hefte à ca. 40 Seiten, durchgehend farbig jeweils am Monatsanfang.

Abonnementpreis: € 49,00 (ermäßigt € 37,00 für Schüler, Studenten und Azubis, Bescheinigung erforderlich) zzgl. Versand.

Deutschlands führendes Monatsjournal für alle, die an den Vögeln, ihrer Schönheit, ihrer Ökologie und ihrem Schutz interessiert sind.

Weitere Informationen unter: **www.falke-journal.de**

Preisstand 2010

Für alte und junge Strand(er)forscher!

Hans-Heiner Bergmann

Vogelfedern an Nord- und Ostsee
Finden und Bestimmen

NEU

Nirgendwo anders in Deutschland gibt es eine derartige Vielfalt an Vogelfedern als an der Nord- und Ostsee! Mit Hilfe dieses praktischen Taschenbuches lassen sich die Federfunde jetzt exakt bestimmen und zuordnen. Hans-Heiner Bergmann zeigt Ihnen zudem, wo Sie bei Ihren Strandspaziergängen genauer hinsehen sollten und natürlich auch, wie man mit Vogelfedern sachgemäß umgeht um schließlich zu einer respektablen Sammlung zu kommen.

1. Auflage 2010, 128 S., ca. 80 farb. Abb., kt., m. Schutzeinband

ISBN: 978-3-494-01492-0
Best.-Nr.: 494-01492

€ 14,95

Quelle & Meyer

Preisstand 2010

Quelle & Meyer Verlag GmbH & Co
Industriepark 3 • 56291 Wiebelsheim • Tel.: 06766/903-140 • Fax.: 06766/903-320
www.verlagsgemeinschaft.de

Welcher Vogel ruft denn da?

NEU

Hans-Heiner Bergmann
Grundkurs Vogelstimmen
Heimische Vögel an ihren Stimmen erkennen

Um Vögel an ihrer Stimme zu erkennen, benötigt man einen einprägsamen „Einstieg". Reine Tondokumente, wie sie zahlreich im Handel angeboten werden, sind hierfür nicht ausreichend.
Hans-Heiner Bergmann, Vogelstimmenexperte, hat in dieses didaktisch besonders für Einsteiger konzipierte Buch zusammen mit Uwe Westphal seine jahrzehntelange Erfahrung aus unzähligen Bestimmungskursen eingebracht. Alle Lektionen sind durch eine beigefügte DVD akustisch unterlegt. Ein nach Lebensräumen aufgebautes Trainingsprogramm sowie eine herausnehmbare Bestimmungskartei machen für die Praxis „fit".

1. Auflage 2010, 128 S., 120 farb. Abb., geb., mit DVD

ISBN: 978-3-494-01477-7
Best.-Nr.: 494-01477   € 16,95

H.-H. Bergmann/H.-W. Helb/S. Baumann
Die Stimmen der Vögel Europas
474 Vogelportraits mit 914 Rufen und Gesängen auf 2.200 Sonagrammen

Dieses Buch erschließt die bezaubernde Welt der Vogelstimmen. Sämtliche in Europa vorkommenden Vogelarten sind in Farbe abgebildet und werden ausführlich mit ihren Lautäußerungen beschrieben. Alle im Buch durch farbige Sonagramme dargestellten Rufe und Gesänge sind mittels der beigefügten DVD auch akustisch unterlegt. Die Tonbeispiele sind sowohl in der Originallänge als auch in MP3-Komprimierung enthalten.

1. Auflage 2008. 672 S., 474 Farbfotos, geb., mit DVD

ISBN: 978-3-89104-710-1
Best.-Nr.: 315-01084   € 39,95

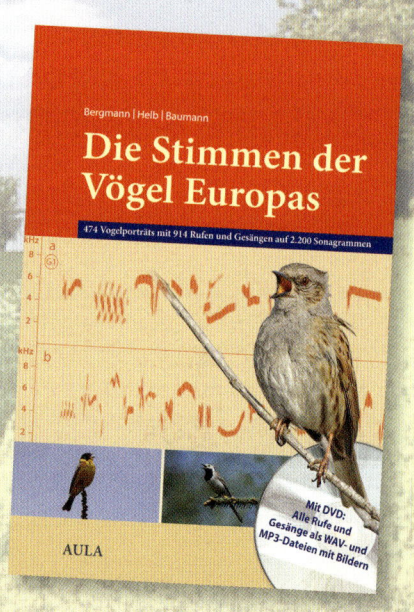

Preisstand 2010

Verlagsgemeinschaft Quelle & Meyer und AULA-Verlag
Industriepark 3 • 56291 Wiebelsheim • Tel.: 06766/903-140 • Fax.: 06766/903-320
www.verlagsgemeinschaft.com

Der einfache und erfolgreiche Einstieg in die Vogelbestimmung!

NEU

C. Moning/T. Griesohn-Pflieger/M. Horn

Grundkurs Vogelbestimmung

Eine Einführung zur Beobachtung und Bestimmung unserer einheimischen Vögel

Vögel richtig zu bestimmen ist gar nicht so einfach! Mit diesem Grundkurs hat das orientierungslose Blättern in einem der gebräuchlichen „Bilderbücher" ein Ende! Die Autoren, alles erfahrene Praktiker, führen Sie systematisch zur richtigen Vogelart. So erfahren Sie auf einprägsame Weise, auf welche Details beim Bestimmen geachtet werden sollte und mit welchen Hilfsmitteln und „Brücken" man sie sich merken kann.

1. Auflage 2010, 350 S. 400 farb. Abb., geb.

ISBN: 978-3-494-01416-6
Best.-Nr.: 494-01416

€ 19,95

NEU

H.-J. Fünfstück/A. Ebert/I. Weiß

Taschenlexikon der Vögel Deutschlands

Ein kompetenter Begleiter durch die heimische Vogelwelt

Alle in Deutschland vorkommenden Vogelarten werden in diesem Taschenlexikon systematisch beschrieben und sind farbig abgebildet.
Neben Angaben über Verbreitung, Status, Verhalten und Fortpflanzung finden Vogelbeobachter hier viele zusätzliche und wichtige Informationen, die sie in reinen Bestimmungsbüchern meist vergeblich suchen. Es sollte deshalb stets zur Hand sein, wenn man Vögel beobachten und bestimmen will!

1. Auflage 2010, 600 S., 500 farb. Abb., geb.

ISBN: 978-3-494-01471-5
Best.-Nr.: 494-01471

€ 24,95

Preisstand 2010

Verlagsgemeinschaft Quelle & Meyer und AULA-Verlag
Industriepark 3 • 56291 Wiebelsheim • Tel.: 06766/903-140 • Fax.: 06766/903-320
www.verlagsgemeinschaft.com